o soldado absoluto

Wagner William

o soldado absoluto

uma biografia
do marechal Henrique Lott

8ª EDIÇÃO

EDITORA RECORD
RIO DE JANEIRO • SÃO PAULO
2024

CIP-BRASIL. CATALOGAÇÃO-NA-FONTE
SINDICATO NACIONAL DOS EDITORES DE LIVROS, RJ.

W688L
8ª ed.

William, Wagner
　　O soldado absoluto / Wagner William. – 8ª ed. – Rio de Janeiro:
Record, 2024.

　　ISBN 978-85-01-06781-4

　　1. Lott, Henrique Teixeira, 1894-1984. 2. Militares – Brasil – Biografia.
3. Políticos – Brasil – Biografia. I. Título.

05-3184

CDD: 923.281
CDU: 929:32(81)

Todos os direitos reservados. Proibida a reprodução, armazenamento ou transmissão de partes deste livro, através de quaisquer meios, sem prévia autorização por escrito.

Copyright © Wagner William, 2005

Projeto de encarte: EG Design / Vera Megre

Direitos exclusivos desta edição reservados pela
EDITORA RECORD LTDA.
Rua Argentina, 171 – Rio de Janeiro, RJ – 20921-380 – Tel.: (21) 2585-2000.

Impresso no Brasil

ISBN 978-85-01-06781-4

Seja um leitor preferencial Record.
Cadastre-se em www.record.com.br e receba
informações sobre nossos lançamentos e nossas promoções.

Atendimento e venda direta ao leitor:
sac@record.com.br

*Para Lucas e Bruno
e uma geração que pode
repensar esse Brasil*

"De tanto ver triunfar as nulidades;
de tanto ver prosperar a desonra,
de tanto ver crescer a injustiça.
De tanto ver agigantarem-se os poderes nas mãos dos maus,
o homem chega a desanimar-se da virtude,
a rir-se da honra e a ter vergonha de ser honesto."

RUI BARBOSA

"Ai que ninguém volta
ao que já deixou
ninguém larga a grande roda
ninguém sabe onde é que andou
Ai que ninguém lembra
nem o que sonhou."

PEDRO AYRES MAGALHÃES

Sumário

Capítulo 1 13
Capítulo 2 26
Capítulo 3 55
Capítulo 4 91
Capítulo 5 100
Capítulo 6 151
Capítulo 7 166
Capítulo 8 223
Capítulo 9 250
Capítulo 10 258
Capítulo 11 269
Capítulo 12 284
Capítulo 13 302
Capítulo 14 355
Capítulo 15 396
Capítulo 16 406

Capítulo 17 457
Capítulo 18 472
Capítulo 19 480
Capítulo 20 484
Capítulo 21 488
Capítulo 22 492
Capítulo 23 495

Notas 497
Entrevistados 541
Bibliografia 545
Outras fontes 551
Siglas 555
Índice onomástico 557
Agradecimentos 571

Capítulo 1

Aquele 24 de agosto não permitiria vacilos. Vargas estava morto. O suicídio do presidente provocou um perigoso clima de luto e desespero que tomou conta do país. A todo instante, as emissoras de rádio divulgavam uma carta-testamento deixada pelo presidente. Havia choro, ódio e inconformismo nas ruas. O vice-presidente, Café Filho, não poderia perder um só momento na tentativa de iniciar o seu Governo. Nas ruas, carros de polícia incendiados, jornais antigetulistas depredados, ameaças de morte. O que mais preocupava o vice-presidente, além dessa agitação, era a situação militar, que poderia garantir-lhe, ou não, o poder de fato. Era vital escolher imediatamente os nomes para a formação do Ministério. Adhemar de Barros, presidente do seu partido, o PSP, o havia liberado da necessidade de qualquer acordo político. Café nunca se entrosara com Adhemar. Sua vice-presidência resultara do "Pacto da Frente Popular", um acordo que garantiu o apoio do poderoso político paulista a Vargas, na aliança PTB-PSP. Assim que foi eleito, porém, Vargas ignorou o PSP e Adhemar rompeu com o presidente.

Café, que na noite anterior dormira — com a ajuda de sedativos — na casa do seu médico e amigo Raimundo de Brito, tentou falar com os ministros militares; não conseguiu. Pediu que fosse enviada proteção policial para o Palácio das Laranjeiras; não foi atendido. Decidiu então ir para o Palácio acompanhado por uma minúscula comitiva. Além de enfrentar os tumultos de rua, seu carro teve de passar por uma feira-livre, mas o acesso foi facilitado pelos próprios feirantes[1] que reconheceram o novo presidente. Ainda na manhã do dia 24, conseguiu instalar-se no Palácio das Laranjeiras recepcionado pelo embaixador Vasco Leitão da Cunha, secretário do Ministério das Relações Exteriores.

Enquanto a capital ardia em protestos, Café iniciou os contatos para a formação do novo governo. Um dos primeiros convocados foi o brigadeiro Eduardo Gomes, figura histórica do tenentismo e do episódio os "Dezoito do Forte", e duas vezes candidato derrotado à presidência. Por intermédio de Prado Kelly, um dos líderes da UDN, partido de elite, bom de nome e ruim de voto, que sempre manteve uma violenta oposição a Vargas, Gomes foi convidado para o Ministério da Aeronáutica. Menos de duas horas depois do pedido, o brigadeiro, acompanhado por Kelly, chegou ao Palácio para aceitar o cargo.

Café também buscou o apoio do PSD, um dos alicerces que sustentavam o Governo Vargas, por meio de Amaral Peixoto, presidente do partido. Casado com Alzira Vargas, filha de Getulio, Peixoto ainda estava chocado com o suicídio do sogro, e revoltado com o discurso feito dias antes por Café no Senado, no qual revelou ter levado a Getulio uma fórmula em que ambos renunciariam para que fossem realizadas novas eleições. Foi o ataque final ao agonizante governo. Peixoto ignorou os apelos do novo presidente e considerou uma ofensa o pedido. Em nome da família Vargas, recusou quaisquer homenagens fúnebres por parte do novo Governo. A revolta não ficou só na família. Os ministros de Vargas simplesmente abandonaram seus cargos sem comunicados e explicações, agravando o problema da composição do ministério.

Nas primeiras cinco horas após a morte de Vargas, o novo presidente não recebeu qualquer tipo de proteção civil ou militar. Nenhum dos ministros militares preocupou-se com ele. Café ainda era um vácuo do poder. O país não conseguia assimilar o novo momento. O Governo Café Filho começava sem reconhecimento popular nem apoio político. Poucos lembraram-se de Café durante esse período. Somente depois da uma da tarde um grupo de fuzileiros navais chegou para proteger o Palácio. Seu comandante, o tenente Álvaro Leonardo Pereira, fez a primeira continência ao novo presidente.

O Palácio das Laranjeiras não costumava ser usado por Getulio. Não havia sabonete nem papel higiênico nos banheiros.[2] Nem sequer papel de expediente. A nomeação de Eduardo Gomes foi verbal.

Um sopro de normalidade começou a surgir quando, por volta das duas da tarde, o coronel Paulo Torres, responsável pelo Departamento Federal de Segurança Pública, chegou no Palácio e recebeu as primeiras ordens de Café: acabar com os tumultos, mas agindo com "cautela para evitar excessos contra o povo".[3]

No fim do dia que jamais iria terminar, os generais Ângelo Mendes de Moraes e Zenóbio da Costa — que era ministro da Guerra de Getulio —, entraram na sala reservada ao presidente e o surpreenderam trocando de roupa. Depois de um constrangido pedido de desculpas, o general Zenóbio, que até então ignorara o novo presidente, solicitou sua exoneração do Ministério da Guerra (antigo nome dado ao Ministério do Exército). Café lembrou-lhe que o momento político era muito delicado para realizar uma mudança dessa importância. Zenóbio continuou firme e indicou o general Moraes para substituí-lo, mas Café insistiu garantindo que já se fixara na fórmula da sua permanência,[4] convencendo o ministro a permanecer no cargo. O presidente ainda solicitou que mantivesse a ordem e providenciasse proteção especial aos adversários políticos de Getulio, que vinham recebendo ameaças.

Dessa maneira, Café achava que se livrara de um grande problema. Desde a proclamação da República, o cargo de ministro da Guerra era um dos mais poderosos do Brasil, com um forte peso político. Inúmeras vezes, o país assistiu e acostumou-se a ver o Exército fazer o papel de fiador do regime. E três dessas ocasiões ainda estavam bem vivas: a Revolução de 1930, o Estado Novo de 1937 e a deposição de Vargas em 1945.

Somente no início da noite do dia 24 o general Juarez Távora, outro representante do tenentismo da década de vinte, e um dos maiores líderes das Forças Armadas também naquele momento, foi ao Palácio das Laranjeiras, que, agora sim, encontrava-se completamente tomado por políticos de vários partidos. A maioria deles tentava obter uma indicação ou um cargo. Gabinetes e salas transbordavam e os corredores começavam a lotar. Café mal conseguia se mover e era cercado por abraços e pedidos; conselhos e pedidos; elogios e pedidos. Os mais ousados chegavam a autonomear-se para os Ministérios, mas acabavam descobertos e imediatamente "demitidos". Depois de um rápido encontro com Távora, Café o nomeou para a chefia do Gabinete Militar. Durante a conversa, nada foi discutido sobre Zenóbio.

O ministério que, a princípio, o novo presidente pretendia montar com a união das várias correntes, acabou sendo quase inteiramente composto por membros da União Democrática Nacional. A exceção era Seabra Fagundes, que não tinha filiação partidária e foi nomeado para a pasta da Justiça.

Na noite do dia 24, Café dormiu novamente na casa de Raimundo de Brito. Na manhã do dia seguinte voltou ao Palácio das Laranjeiras, enquanto novos incidentes abalavam a capital federal, dessa vez durante a trasladação do corpo de Vargas para o aeroporto Santos Dumont. O embarque para São Borja, no Rio Grande do Sul, voltou a provocar tumultos que só foram controlados com a ação das tropas federais. Duas horas depois do avião ter deixado o Rio, Café instalou-se no Catete, com a intenção de sinalizar que tudo deveria voltar ao normal.[5]

O presidente então solicitou a Távora que ouvisse o Almirantado e fizesse uma lista com indicados ao Ministério da Marinha. Em primeiro lugar entre os escolhidos estava o nome de um conhecido seu, o almirante Amorim do Valle. Café, que na sua juventude desejara ser militar, o considerou ideal para o cargo. Convite feito e aceito, Valle era o novo ministro da Marinha.

Logo surgiria um novo problema. O marechal Mascarenhas de Moraes, que graças a sua atuação à frente da FEB na Segunda Guerra tornou-se o primeiro militar a ser promovido a marechal, solicitou sua demissão da chefia do Estado-Maior das Forças Armadas. Demonstrando estar profundamente abalado com o gesto de Getulio, Mascarenhas sentia-se constrangido em permanecer no cargo. Café aceitou o argumento, mas pediu dois dias para contornar a situação.

Na tarde do dia 25,[6] Café foi mais uma vez procurado no Catete por um afobado Zenóbio, cuja situação havia ficado insustentável depois que a família Vargas veio a público para atacar os ministros militares do falecido presidente. Surgiam acusações pesadas de que houvera um acordo entre a oposição e os ministros militares de Getulio. Segundo esse acordo, eles permitiriam o afastamento do presidente se, em troca, fossem mantidos no poder.

Uma nuvem de suspeita levantava-se assim contra os chefes militares e também contra o próprio presidente. Durante esse encontro Zenóbio tornou a pedir demissão, dessa vez saindo da sala sem ao menos esperar resposta.[7] Mas em um comunicado que divulgaria à imprensa, *Aos homens de bem do meu país*, Zenóbio afirmava que ouvira do presidente que ele e o ministro da Marinha estavam impossibilitados de ficar nos postos "porque a família Vargas acusava o presidente e os ministros da Guerra e da Marinha de terem se comprometido a exigir o afastamento do presidente Vargas, desde que no novo governo fosse garantida a permanência desses dois ministros".

Completamente transtornado, o agora ex-ministro — ainda na portaria do Catete — foi cercado por jornalistas e fez declarações fortes contra Café: "Não servirei a gente dessa espécie."[8] Logo surgem boatos de que iria comandar um levante militar. O frágil cenário de calma política foi quase destruído por essa entrevista. Para Zenóbio, os militares que estavam com Café mostravam-se inconformados com a manutenção do ministro de Vargas na Pasta da Guerra e insistiam na sua demissão. Café chamou Eduardo Gomes, que ainda tentou uma saída pacífica:

— Se o senhor autorizar, posso procurar o general Zenóbio e tentar convencê-lo a retirar o pedido de demissão.

Café negou a autorização. Após a reunião com Gomes, pediu que Távora se encontrasse com ele na casa de Raimundo de Brito.

Mais uma grave crise política estava deflagrada no seu curtíssimo governo. Era preciso rapidez na escolha do novo ministro da Guerra, alguém capaz de superar a nítida e perigosa desunião das Forças Armadas, separadas entre os que eram a favor e contra Getulio. Por essa razão, Café exigiu de Távora um nome que não estivesse envolvivo com nenhum grupo militar:

— Preciso de um chefe de prestígio reconhecido e com tradição de liderança dentro e fora da caserna. Um general que, além de possuir todas as qualidades para o cargo, restaure a unidade e a disciplina militares e não pertença a nenhum grupo político.

Logo em seguida, Juarez voltou ao seu gabinete para passar instruções ao coronel Rodrigo Otávio. No caminho, encontrou o coronel Jurandyr de Bizarria Mamede e o tenente-coronel Golbery do Couto e Silva, seus dedicados auxiliares no corpo permanente da Escola Superior de Guerra. Ambos deram a mesma sugestão: o general Fiúza de Castro, chefe do Estado-Maior do Exército. Távora explicou que Fiúza era um de seus nomes preferidos, mas não poderia indicá-lo porque ele pertencia ao grupo do general Canrobert Pereira da Costa — presidente do Clube Militar e um dos líderes de maior prestígio no Exército e na Cruzada Democrática, movimento que reunia a ala conservadora dos militares. A indicação de um seguidor de Canrobert, velho rival de Zenóbio, provocaria forte reação. Como Távora recebera uma ordem direta para não apresentar nomes de generais ligados a grupos, Fiúza estava descartado.[9]

Távora, Canrobert e o próprio Fiúza reuniram-se para examinar as três patentes mais altas do Exército, e chegaram a três opções: o marechal Mascarenhas; o general-de-exército (quatro estrelas) Anor Teixeira dos Santos, comandante do III Exército; e o general-de-divisão (três estrelas) Henrique Duffles Baptista Teixeira Lott, diretor geral de Engenharia e Comunicações do Exército, e membro da Comissão de Promoção do Exército.

A idéia de nomear um ministro politicamente neutro não desagradava a Távora porque, além de cumprir a ordem do presidente, sentia-se ainda sem força suficiente para afastar o grupo de Zenóbio. Em nova reunião, Távora excluiu o nome de Anor porque, como comandante do III Exército, responsável pela região de Porto Alegre, não havia tentado impedir as manifestações de trabalhadores e estudantes ocorridas logo após o suicídio de Getulio. Antes de submeter os nomes a Café, Juarez procurou os indicados. Eram nove da noite quando ele telefonou para a casa de Lott, que costumava dormir às oito e meia e acordar às quatro da manhã para fazer exercícios físicos, e já estava dormindo. Foi o que sua esposa, Antonieta, disse a Juarez, que insistiu:

— Mas preciso falar com ele com urgência.

Antonieta quebrou uma regra e foi despertar o marido. Depois de um rápido cumprimento, Juarez foi direto:

— O seu nome está cogitado para ministro da Guerra. Guarde reserva porque há outro nome.

— Agradeço a lembrança, mas não aceito. Por que eu na Pasta da Guerra?

— Só há dois nomes para a situação: o seu e o do marechal Mascarenhas de Moraes.

— Por que não o marechal Mascarenhas?

Távora conhecia Lott e soube convencê-lo. Invocou o sacrifício do cargo e o dever de colaborar com o governo. Lott terminou por aceitar, mas a expectativa da possível nomeação não atrapalhou seu sono. Terminada a conversa ao telefone, voltou a dormir. Antonieta, porém, não gostou muito da conversa. Temia pelo que poderia ocorrer a Lott, seu marido há apenas quatro anos. Eles eram primos e ambos viúvos quando se casaram em 1951.

Logo em seguida, Mascarenhas, a primeira opção, recusou o convite, alegando novamente os laços com Getulio. Távora, então, acompanhado pelos coronéis Mamede, Rodrigo Otávio e outros oficiais, procurou o presidente para comunicar sua escolha.

Café não conhecia Lott pessoalmente, mas logo se lembrou dele porque Adhemar de Barros, enquanto governador de São Paulo, elogiara muito as atitudes do general, na ocasião o comandante da II Região Militar. Durante a presidência de Dutra, Adhemar vinha sofrendo acusações de deputados que pediam intervenção federal no estado. A atitude imparcial de Lott ajudou a manter a ordem e evitar que a crise política chegasse às ruas.

O presidente concordou com a indicação de Lott e ordenou que ele se apresentasse imediatamente na casa de Raimundo de Brito. Eram quase onze da noite. Távora voltou a telefonar-lhe e mais uma vez tirou Lott da cama. Um carro foi buscá-lo para levá-lo até a presença do presidente.

Pouco tempo depois, Lott, como sempre impecavelmente fardado, apresentou-se a Café. Mantinha sua postura física tradicional, dando a impressão de estar com uma tábua atada a seu corpo de 1,69m de altura.

Depois de explicar-lhe o conturbado pedido de demissão de Zenóbio, o presidente fez o convite para ser seu novo ministro. Lott mostrou-se feliz:

— Presidente, Vossa Excelência surpreende-me com esta prova de confiança.

Já entendendo que o general aceitara o convite, Café apressou a informal cerimônia:

— Quero que o senhor vá tomar posse agora mesmo.

Em seguida, dirigiu-se a Juarez:

— General, desejo que o senhor acompanhe o general Lott ao Palácio da Guerra para investi-lo, em meu nome, no cargo de ministro. Ficarei aqui aguardando a comunicação do ato.[10]

Mais uma vez — repetindo o que ocorrera com o brigadeiro Eduardo Gomes — um militar assumiria o Ministério sem o termo de posse e sem o decreto de nomeação publicado no *Diário Oficial*. Mas era necessária uma cerimônia de posse urgente para responder à atitude provocadora de Zenóbio e evitar qualquer surpresa. Passava um pouco das onze da noite quando Lott, Juarez, o general Penha Brasil, os coronéis Mamede, Rodrigo Otávio e outros oficiais seguiram para o Ministério. Antes de sair, Lott pediu que um carro fosse buscar o seu enteado, major Antonio José Duffles, para levá-lo até o Ministério, onde se encontrariam. Duffles era filho do primeiro casamento de dona Antonieta.

No prédio do Ministério, Lott cumpria o ritual e as formalidades da posse; na sala ao lado, Juarez e os oficiais do gabinete do general Zenóbio, aos gritos, travavam uma violenta discussão com insultos e acusações. A entrada de Lott na sala, acompanhado por Duffles, gerou um silêncio imediato e encerrou o bate-boca. Lott quis saber o que aconteceu. Távora disse apenas que era um assunto desagradável que considerava encerrado.

Na madrugada do dia 26 de agosto, o general Henrique Baptista Duffles Teixeira Lott tornava-se ministro da Guerra. O presidente era imediatamente avisado. Lott permaneceu no Ministério até receber notícias do fim das agitações nas ruas. Às nove da manhã comandou a primeira reunião do Alto Comando do Exército, quando fez um relatório sobre a situação em todo o país.

A única vez que Lott abandonara sua neutralidade política foi para assinar o "Manifesto dos Generais", um documento que exigia a renúncia de Vargas "como melhor caminho para tranqüilizar o povo e manter unidas as Forças Armadas (...) processando-se a sua substituição de acordo com os preceitos constitucionais". Os generais Fiúza de Castro, Canrobert Pereira da Costa, Juarez Távora, Alcides Etchegoyen, Machado Lopes, Castello Branco, Pery Bevilacqua, Saldanha Mazza, Nestor Souto de Oliveira, Nilo Sucupira, Antônio Coelho dos Reis, Penha Brasil e Jair Dantas Ribeiro[11] também firmaram o documento.

O primeiro ato administrativo do novo ministro foi a nomeação do general-de-brigada Antonio José Coelho dos Reis como chefe de gabinete do ministério. Reis passara pela ESG e pelo comando da Escola de Estado-Maior e cuidara da censura no temido DIP. Em seguida, Lott deu uma entrevista à imprensa na qual pedia à população para "colaborar com as autoridades no sentido de restabelecer a ordem e a tranqüilidade, evitando, assim, que pessoas mal-intencionadas explorem a situação, com fins ideológicos ou políticos.[12]" Escolheu também os capitães-de-cavalaria Wilson Grossman e William Stockler como ajudantes-de-ordens.

A indicação de Lott foi, em geral, bem recebida e acalmou getulistas e não-getulistas. Considerado um exemplo de militar profissional rígido e impecável, nada havia contra ele porque sempre se manteve distante da política e de suas lutas. Apenas o general Góis Monteiro, dentre os principais nomes do Exército, reclamou da escolha, alegando que Lott não possuía experiência suficiente e jogo de cintura necessário para ser ministro. Os outros oficiais, no entanto, consideraram a escolha acertada. Lott criara fama dentro e fora dos quartéis pela maneira única com que encarava a farda; já havia sido instrutor da Escola de Sargentos, da Escola de Aperfeiçoamento de Oficiais, três vezes instrutor da Escola Militar e da Escola do Estado-Maior, subdiretor de ensino e comandante da Escola do Estado-Maior. Por ter exercido esses cargos, Lott não apenas era conhecido como conhecia muitos oficiais que estavam na cena política naquele momento, tendo reconhecido que essa foi uma das razões[13] que o levaram a aceitar o cargo.

O comandante da Zona Militar Leste, Odylio Denys, antigo companheiro da "Missão Indígena", apresentou-se a Lott e pediu demissão para deixá-lo à vontade na escolha de outro comandante. Lott não aceitou o pedido e elogiou muito sua ação ao conter os tumultos logo após a morte de Vargas. Os elogios que vinham de "um general de experiência e de grande capacidade de ação, reconhecidas em todo o Exército",[14] convenceram Denys a permanecer no posto.

Ministério completo. Vargas sepultado. Café teria uns dias de paz, mas o conflito permanecia. Qualquer assunto tornava-se tema de uma possível causa de divisão das Forças Armadas. Falava-se muito na unidade militar, o que era uma lenda. O próprio Exército estava dividido a tal ponto que nada poderia uni-lo.

De um lado, oficiais getulistas que seguiam sua cartilha e defendiam idéias nacionalistas mostravam-se inconformados com a perda de Vargas. Um líder que criou leis que protegeram os trabalhadores e começou a industrializar o país com investimentos diretos do Estado em setores estratégicos e regendo o mercado através de regras que ele mesmo elaborava e aplicava no câmbio, impostos, sistema financeiro e de crédito.

De outro, coronéis insubordinados que defendiam a intervenção militar nos temas políticos, graças à — conforme acreditavam — incapacidade civil de administrar o país. Concentrados na Escola Superior de Guerra, onde estudavam geopolítica e economia, formando a intelectualidade das Forças Armadas e fazendo questão de alardear esse conhecimento, a maioria fizera o curso na Escola Superior de Guerra francesa. Ganharam o apelido de "Coronéis da Sorbonne". Faziam parte desse grupo Golbery do Couto e Silva, Humberto de Alencar Castello Branco e Bizarria Mamede.

A questão do nacionalismo dominava o cenário político brasileiro,[15] um reflexo do mundo no pós-guerra que, no Brasil, surgia como reação a qualquer intervenção estrangeira. Uma reação que, dependendo da visão dos grupos, poderia ser dilatada.

A tese do nacionalismo apaixonava militares e civis.[16] Na década de cinqüenta, o debate sobre como explorar as potências e as riquezas do país estava em total evidência. Contudo, o próprio grupo nacionalista de intelectuais, militares, jornalistas e políticos, baseado na premissa da defesa dos interesses nacionais, partiria para soluções distintas e por vezes antagônicas.

Nas Forças Armadas, o debate também dividia lados quase fanáticos. Um dos pontos principais era a questão da exploração do petróleo em território brasileiro. A paixão tomou conta da discussão. O grupo nacionalista proclamava o *slogan* "O petróleo é nosso" e defendia que o ouro negro e os minérios atômicos deveriam ser explorados pelo Estado brasileiro. Era a tese Horta Barbosa, que antagonizava os "liberais" ou "entreguistas", que, por sua vez, afirmavam que o país não tinha capacidade para explorar suas riquezas e defendiam a participação do capital estrangeiro na pesquisa e no desenvolvimento de técnicas de exploração de petróleo e minérios. Esta era a idéia defendida por Juarez Távora. Para homens como ele, nacionalismo era fazer as produções agrícola e industrial crescerem, mesmo em mãos estrangeiras, reforçando as ligações com os Estados Unidos e mantendo afastados os trabalhadores e sindicalistas das decisões políticas.

Uma corrente nacionalista mais à esquerda defendia o Estado como detentor das riquezas e intervindo na economia. Havia até uma terceira vertente que chegava a questionar se os empresários brasileiros estavam preparados para essas mudanças e teriam capacidade e coragem para enfrentar os concorrentes estrangeiros ou prefeririam se vender.

O novo ministro da Guerra situava-se na corrente que achava que as riquezas nacionais deveriam permanecer em mãos nacionais, de preferência nas mãos do Estado, mas sem rejeitar o capital estrangeiro que entrasse no país para criar novas frentes de produção.

Fora dos quartéis, para combater as idéias da ESG, um grupo de estudiosos passou a reunir-se e formular teorias sobre questões econômicas e sociais, e fazer análises do momento político brasileiro em agosto de 1952. O Parque Nacional de Itatiaia foi o local do encontro. Esses intelectuais passaram a ser conhecidos como "grupo de Itatiaia". Um ano depois, seria criado o Instituto Brasileiro de Economia, Sociologia e Política (IBESP), que editaria cinco volumes da série *Cadernos de Nosso Tempo*, nos quais seria formulada a tese do nacionalismo, que mexeria com o país nos anos seguintes. Esse grupo — que mais tarde finalmente se transformaria no Instituto Superior de Estudos Brasileiros (ISEB) e era formado, entre outros, por Hélio Jaguaribe, Inácio Rangel e Guerreiro Ramos — percebeu que uma revolução nacional estava acontecendo. Vargas tinha conseguido uma aliança de empresários, técnicos do governo e trabalhadores com a esquerda, e com "setores da oligarquia substituidora de importações.[17] Muitos setores não estavam voltados para exportação porque não se prepararam para a industrialização que fora acelerada graças aos excedentes do café. Os recursos eram transferidos para a indústria através do confisco cambial, que provocou a revolta dos barões de café, únicos representantes da oligarquia agrária. Eram tempos de mudança. Mas nem todos percebiam. O Brasil rumava para se tornar um país industrial.

Apesar dos conflitos ideológicos dentro dos quartéis, a maioria dos militares mantinha-se neutra e silenciosa, ignorando as correntes de esquerda e direita, que se alternavam no comando. Essa maioria assistia às disputas de poder preocupada apenas com a manutenção dos dois elos básicos para a sobrevivência das Forças Armadas: a disciplina e a hierarquia.

Nada representava mais essa disputa de poder no Exército do que o Clube Militar, que, apesar de possuir o *status* de associação recreativa, jamais se resumira apenas a isso. Suas eleições podiam mudar o destino do país.[18] Era um território legalmente [19] livre para o debate militar, que fervia com intrigas, conversas e idéias contrárias e obrigava a um "confronto institucionalizado[20]" entre as diversas correntes que o freqüentavam. O clube não respondia diretamente ao ministro da Guerra, mas tinha seu reconhecimento oficial, tornando-se um verdadeiro porta-voz da classe. Seus dirigentes alcançavam projeção nacional e suas declarações passavam a ter grande repercussão. Os caminhos para o desenvolvimento econômico, a participação do capital estrangeiro, as relações internacionais, a organização política interna e, claro, o nacionalismo — ou que tipo de nacionalismo — foram temas eternamente discutidos no clube de um Exército já dividido por Vargas. No clube ecoavam as idéias da sociedade política. Um caldeirão que agitou as Forças Armadas. As metas finais eram quase um consenso, mas os caminhos para atingi-las deixavam rupturas insuperáveis.

No ocaso da era Vargas, o país vivia um momento terrível. Desejos de vingança. A Aeronáutica queria ir à forra e encontrar o assassino do major Rubens Vaz, morto enquanto protegia o maior adversário de Getulio, o deputado Carlos Lacerda. Se Vargas dividia, seu fantasma dilacerava.[21]

Nesse clima, a nomeação do ministro da Guerra ultrapassava a questão político-militar e assumia uma importância decisiva para a manutenção da estabilidade e da democracia. Nada como escolher um ministro que tivera uma participação fundamental em uma reunião para debater a crise de 1954, antes do suicídio de Vargas. Foi a única vez que Lott deu o ar da graça em reuniões como aquela. Estavam reunidos oficiais de várias patentes e das três Forças. O general Zenóbio discutia sem parar. Lott pediu a palavra. Depois de muito falar, Zenóbio passou a palavra a ele, que fez apenas três perguntas:

— Queria levantar algumas questões preliminares: desejo saber se os regulamentos permitem que generais, almirantes e brigadeiros se reúnam para debater crises políticas como estamos fazendo. Em caso afirmativo, estão presentes aqui generais-de-Exército, de divisão e de brigada; almirantes-de-esquadra, vice-almirantes e contra-almirantes; e tenentes-brigadeiros, majores-brigadeiros e brigadeiros. Desejo saber se essas diversas patentes podem participar da mesma reunião ou se, de acordo com os regulamentos, conviria que se reunissem separadamente oficiais de hierarquia idêntica. Se essa reunião for permitida, gostaria de saber também se ela deveria continuar com todos falando indistintamente ou se deveria ser estabelecida a hierarquia para que cada um tome a palavra.

Esse era Lott. Até então assistia à reunião em silêncio; quando se manifestou, mostrou aos oficiais as próprias incoerências, colocando a reunião de pernas para o ar. Durante duas horas só se debateu as três dúvidas de Lott sobre as preliminares. A resposta ficou para o dia seguinte.[22]

De fatos e histórias como essa foi sendo criada a imagem do general-ministro, escolhido por representar para a maioria no Exército um oficial legalista, disciplinador, cumpridor do regulamento. Sem concessões.

Capítulo 2

A vida na caserna com seus ritos e suas leis próprias é um mundo particular regido pelo venerado Regulamento Disciplinar do Exército, mas não livre de códigos de comportamento que, por vezes, superavam suas regras. Como a escolha pela farda geralmente passava pela influência familiar, criavam-se castas e clãs. Sobrenomes comuns que conviviam, prestavam continência, conspiravam e lutavam juntos. E até em lados opostos.

Lott vinha de uma família de militares. Seu avô paterno, Edward William Jacobson Lott, nascido em Exeter, na Inglaterra, trabalhava em uma companhia mineradora que iria explorar minérios em Minas Gerais. O pai de Edward era um *commodores* da Marinha britânica, filho de um coronel do Exército britânico. Edward até tentou, mas não foi aceito na Escola Militar por não ter altura suficiente. Veio para o Brasil a trabalho, adaptou-se bem e continuou morando na região. Casou-se com a brasileira Maria Tereza Gomes da Silva Caldeira. O casal teve nove filhos, e o quinto deles chamou-se Henrique Matthew Caldeira Lott, que, como os irmãos, foi educado dentro do padrão britânico.

Henrique Matthew tornou-se dono de uma olaria. Casou-se com uma descendente de portugueses e holandeses, Maria Baptistina Duffles Teixeira, neta de seu ex-patrão, Tomaz Duffles. Onze meses e cinco dias depois, às onze horas e vinte minutos do dia 16 de novembro de 1894, um dia depois da posse do primeiro presidente civil do Brasil, Prudente de Moraes, nascia Henrique Baptista Duffles Teixeira Lott, na Estação de Sítio,[23] um subdistrito de Barbacena, em Minas Gerais. Henrique Baptista foi o primeiro, seguiram-se dez irmãos: Carmem, João Baptista, Eduardo, Aracy, Alaíde, Nelson, Aurelina, Edith, Mary e Marietta. Henrique estudou no Ginásio Mineiro em Barbacena. Quando tinha oito anos de idade, a família mudou para o Rio de Janeiro, distrito federal, onde o menino decidiu manter a tradição da família. Além do bisavô e tataravô paternos, que serviram no Exército Inglês, na família de sua mãe também havia militares.

Seguindo os tradicionais perfis de nacionalidades, poderia apostar-se que a postura firme do futuro ministro viera dos avôs paternos. Lott, porém, aprenderia a "ser inglês" com o lado português de sua família. A começar pela mãe, a professora primária Maria Baptistina Duffles Teixeira Lott, formada pela escola Normal do Distrito Federal depois de Henrique ter nascido. Uma mulher que raramente esboçava qualquer manifestação de alegria ou tristeza.

Mas seria o avô materno, o português João Baptista da Costa Teixeira, o grande responsável por forjar o caráter do menino. Costa Teixeira nascera em Lisboa e casara-se com Sebastiana de Camargo Duffles, descendente de holandeses radicados no Brasil. O garoto iria herdar o jeito seco da família, levando para toda a vida uma determinação constante que raramente deixava escapar qualquer emoção, o que não o impedia de, quando jovem, sair no braço para resolver algumas discussões.

O pai ensinava inglês ao filho e exigia que falasse corretamente. Lia trechos de livros em inglês até o garoto não agüentar mais e cair no sono, para ser despertado com um cascudo na cabeça. Um dos passatempos preferidos do menino não poderia ser outro: leitura. Adorava histórias como *Fantoches de Madame Diabo*, de Xavier Aymond de Montépin, que leu no original, em francês. Devorava livros do gênero capa e espada. Em inglês ou francês.

O pequeno Henrique só iria cumprir sua vocação quando o avô materno, depois de ficar viúvo, foi morar com a família, em Botafogo. João Baptista costumava dormir muito cedo. Impunha então uma regra aos netos: perguntava qual deles desejava acordar de madrugada, sendo que quem não levantasse não seria mais chamado. O menino Henrique sempre respondia na hora ao despertar do avô. Nunca ficou dormindo. E durante toda a sua vida continuaria acordando de madrugada.

O primogênito teve aulas em casa com a mãe, que ainda não se formara professora. O avô João ensinava aritmética, mas não se contentava. Preocupava-se também com sua formação moral, impondo-lhe regras rígidas e precoces responsabilidades. Rigorosas aulas de inglês com o pai; de francês, com a mãe. Aos dez anos de idade, o resultado não poderia ser outro: concluiu o primário em primeiro lugar. Começava a saga de um eterno primeiro aluno.

Terminado o primário, os pais de Henrique matricularam-no no famoso Colégio Militar do Rio de Janeiro. Seis anos depois, em 1910, uma nova comemoração: Lott finalizou o curso em primeiro lugar.

Decidido a entrar para o mundo militar, tentou inscrever-se na Escola Naval. A família já passava por algumas dificuldades. Os negócios do pai estavam piorando. Lott não tinha roupas civis apropriadas e foi com a farda do Colégio Militar fazer a matrícula. No local da inscrição, percebeu uma clara diferença de tratamento entre os alunos de melhor aparência — como o primo Edgard do Amaral, filho de um general, com quem fora se matricular — e outros que, como ele, tinham um aspecto mais simples. Desistiu da Marinha. Pela primeira vez sentiu na pele a diferença disciplinar entre a Marinha e o Exército.

Sua decepção não durou muito. Ainda no caminho de volta, encontrou colegas que lhe disseram que a histórica Escola de Guerra[24] iria reabrir. Pediu autorização aos pais porque, como filho de civil, teria de pagar uma taxa trimestral que era superior a um salário mensal de sua mãe. Os pais concordaram. Em março de 1911, aos dezesseis anos, Henrique tomou o trem na estação D. Pedro II e seguiu até o subúrbio de Realengo, onde ficava a lendária Escola. Iria fazer parte da primeira turma da Escola depois de sua reabertura. Lott gostou do ambiente e já mostrava firme disposição para seguir a carreira. Estudava e morava de segunda a sexta na Escola Militar. Logo elegeu seu instrutor de cavalaria como professor preferido, um militar que iria admirar por toda vida: Eurico Gaspar Dutra.

Menos de um ano depois, no dia em que completava dezessete anos, Lott perderia o pai, o homem que lhe incentivava, cobrava e grande influência teve sobre sua formação. A mãe e a irmã, Carmem, ficaram doentes. Sentiu sua responsabilidade aumentar como irmão mais velho. Tornou-se um ídolo para os irmãos que rezavam sempre para que ele tivesse boas notas e fosse o primeiro da turma. Havia algo além de amor fraternal naquelas orações. Dona Baptistina estabelecera um prêmio para as crianças que, curiosamente, seria medido pelas notas do filho mais velho: eles teriam direito a uma lata de sardinha, da marca Felipe Canot, nos almoços de sábado, desde que Lott se mantivesse em primeiro lugar na Escola. Não houve um só sábado sem sardinha naquela casa.

Cada vez mais acostumado ao quartel, Lott passou a fazer do Exército a sua vida, e a instituição também o adotou. A mãe, além de criar os outros filhos sozinha, assumiu a função de diretora de escola.

Depois de terminar o curso aos 19 anos, aprovado com distinção, Lott entrou para o oficialato do Exército. Em 2 de janeiro de 1914 foi declarado aspirante a oficial, com a turma que fazia a primeira formatura na escola. Passou ao 56º Batalhão de Caçadores (56º BC), na Praia Vermelha, no mesmo prédio da antiga Escola Militar, já influenciado pela presença nessa unidade de Armínio Borba de Moura, que fazia parte do grupo de oficiais que fizera estágio na Alemanha e que estava modernizando o Exército brasileiro.

Em 21 de setembro seguiu para o Paraná com o 56º BC. Estourara a Guerra do Contestado, um dos mais sangrentos conflitos internos do Brasil no século XX. Uma disputa entre Santa Catarina e Paraná, que lutavam por uma região situada entre os rios Uruguai, Iguaçu e do Peixe, e a Argentina, na fronteira dos dois estados. O Exército repetia o erro de Canudos e enviava pequenas colunas para o combate, em vez de mandar tropas numerosas. Algumas dessas colunas foram dizimadas pelos revoltosos. O combate ocorria em mata de pinheiros e araucárias, uma zona conhecida pelos rebeldes. Depois de combater por três meses, Lott pegou tifo, paratifo e impaludismo combinados. Levado a um pequeno hospital da região em uma maca própria para transportar cadáveres, seu estado era preocupante. Logo em seguida, foi transferido para Curitiba.

Assim que soube da doença do primogênito, Maria Baptistina deixou a filha mais velha tomando conta dos irmãos, e embarcou para o Paraná, onde encontrou o filho com 47 quilos — 20 quilos a menos do que pesava quando seguiu para a guerra. A junta médica deu-lhe 60 dias de licença para tratamento de saúde. Graças aos esforços de sua mãe, voltou ao Rio. Uma viagem dramática em que Lott quase morreu de parada cardíaca.

Pouco depois, em melhor estado, partiu para sua cidade natal. O clima, o leite e as frutas fizeram-no voltar à boa forma. Terminada a licença, pediu autorização para matricular-se no curso de Engenharia do Exército. Em fevereiro de 1916 foi promovido a segundo-tenente. No mesmo ano, em abril, aos 21 anos de idade, casou-se com Laura Ferreira do Amaral, de 16 anos. Em fevereiro do ano seguinte o casal teve o primeiro filho, uma menina chamada Henriette, que teve apenas algumas horas de vida.

No fim de 1917 não pôde mais continuar o curso, que foi fechado por ordem do governo. O Rio de Janeiro enfrentava uma tragédia. Em 1918, a gripe espanhola mataria só na capital do país mais de 15 mil pessoas. Nos quartéis, passou a vigorar o regime de prontidão. Lott recebeu ordem de embarcar. Levando sua esposa, que estava novamente grávida, foi servir no 59º BC em Belo Horizonte. Em Minas, continuou com seu rígido padrão de vida. Para economizar o dinheiro da condução, ia a pé da sua casa, na rua Gonçalves Dias, até o quartel no Barro Preto. Colocou um podômetro na perna para registrar quanto andava por dia. Na média, o aparelho registrava 35 quilômetros. Lott gostava muito da manteiga mineira e, como detestava o rancho servido no quartel, alimentava-se todos os dias de um mesmo e estranho prato: arroz com angu e manteiga. Em março de 1918, nasceu sua filha Heloísa Maria.

Um ano depois, voltou ao 55º BC no Rio. Os cursos militares tinham sido reabertos. Lott ganhou licença e retomou os estudos. Em maio de 1919, nasceu sua segunda filha, Edna Marília, ao mesmo tempo em que Lott tornava-se instrutor de sargentos da Vila Militar. Desde suas primeiras aulas, transmitia a todos os alunos a noção que tinha de que a carreira militar era "um verdadeiro sacerdócio, cheia de sacrifícios, de renúncias e de desprendimentos". Preocupou-se também em ir além do currículo para conscientizá-los dos problemas básicos ligados à defesa nacional.

Fez os cursos de engenharia militar e terminou como primeiro da turma. Novamente apresentou-se ao 55º BC e foi nomeado para o curso de

Aperfeiçoamento de Instrução de Infantaria, a arma do Exército para a qual fora classificado. Mais uma vez conquistou o primeiro lugar. Esse curso apresentava uma radical diferença em relação aos anteriores. Contava com a participação de instrutores da Missão Militar francesa, comandada pelo general Maurice Gamelin.

A contratação desta Missão dava continuidade à tentativa de modernização do Exército brasileiro. Depois de vexames como Canudos, o governo decidiu renovar os ensinamentos das escolas militares, que formavam intelectuais de farda, com grande erudição, muito conhecimento teórico e nenhuma prática do campo de batalha. A partir de 1906, o ministro Rio Branco, com dinheiro do Itamaraty, passou a enviar jovens oficiais para a Alemanha, que se preparava para a Primeira Guerra Mundial. Em 1911, a Guarda Nacional era extinta e o controle militar passava exclusivamente para as mãos do Exército. No ano seguinte, uma brilhante safra retornou para o Brasil repleta de novas idéias e disposta a aplicá-las. Não demorou para ganharem o apelido de "jovens turcos"[25] ou "alemães". No ano seguinte Leitão de Carvalho, Bertoldo Klinger e Euclydes Figueiredo, entre outros, fundaram a revista *A Defesa Nacional*, que divulgava os novos fundamentos aprendidos nos quartéis alemães. O tema das discussões na revista evoluiu para muito além do campo de batalha. Os "jovens turcos" passaram a discutir o desenvolvimento nacional, a opinar sobre industrialização e exploração de recursos naturais. Segundo os "alemães", o Exército deveria funcionar como motor do desenvolvimento, para integrar o país.

Ao mesmo tempo, a Primeira Guerra despertava os sentimentos nacionalistas. Movimentos civis acompanhavam a linha militar. Em São Paulo, Olavo Bilac e Alberto Torres estimularam a criação do "Centro Nacionalista" em 1915. Os "jovens turcos", acima de tudo, queriam mudanças. Em 1917, foi estabelecido um concurso para selecionar os instrutores da Escola e eles se destacaram dos demais com folga. Logo iriam sacudir a Escola Militar do Realengo e influenciar fortemente várias gerações, reforçando o novo enfoque bem mais profissional do Exército. O nível de ensino aumentaria muito. Em 1919, nascia também a "Missão Indígena", dirigida pelos "alemães". Lott participou dessa experiência, na qual oficiais selecionados pela capacidade pedagógica receberiam orientações para repassar a seus alunos a nova filosofia do Exército, além de estabelecer uma radical mudança na mentalidade dos futuros instrutores. Ser convidado para participar representava uma grande honra para tenentes e coronéis.

O movimento do "tenentismo" foi a primeira cria da "Missão Indígena". A década de vinte sofreria com esse desejo de mudança que pulsava nos quartéis. Os "5 de julho" de 1922, em Copacabana, e de 1924 em São Paulo, além da Coluna Prestes, comandada pelo destacado oficial e líder comunista Luiz Carlos Prestes seriam reflexos dessa corrente. Com patentes de general na década de quarenta, essa turma colocaria em xeque a participação brasileira na Segunda Guerra, ou pelo menos discutiria de que lado o Brasil deveria ficar. Sua segunda geração chegaria ao generalato na década de sessenta, com idéias bem definidas sobre o "desenvolvimento nacional".

Com a derrota alemã na Primeira Guerra, o grupo dos "jovens turcos" se desfez, mas *A Defesa Nacional* continuava atuante, pedindo a continuidade do processo de modernização do Exército e defendendo a vinda da Missão Militar francesa. A adoção do serviço militar deu novo impulso ao Exército. O alistamento obrigatório repercutiu em todo o país e provocou o aumento do efetivo e uma modernização quase que forçada. Todo esquema de distribuição, infra-estrutura, alojamento, instalações, equipamentos e armamentos (na maioria, alemães) teria de ser repensado. Frentes militares seriam criadas com novos quartéis e escolas — todas seguindo o método de ensino preconizado pelos franceses, que permaneceriam atuando no Exército brasileiro até 1940, promovendo intercâmbios entre os dois países e mudando os rumos das Forças Armadas, que rapidamente adotariam as mudanças trazidas pela Primeira Guerra.[26]

Com os "jovens turcos" e a chegada da Missão Militar francesa, os militares descobriam que poderiam ser mais que um joguete no cenário político. Era o nascimento do poder político do Exército. Era o surgimento do partido militar. Com a ausência de conflitos externos, as Forças Armadas do Brasil passariam a atuar como juízes de embates constitucionais. O país se acostumaria a considerar o Exército um guardião da ordem política. Convocado, presente e muitas vezes esperado como a solução prática quando algo ameaçava sair fora da ordem. A nação acomodava-se com essa fácil posição. Havendo algum problema, o Exército, por amor ou dever, conveniência ou sacrifício, estaria lá para resolver. Assim construiu-se na primeira metade do século XX uma imagem de respeito, pureza e correção, que faria o Exército pairar acima das questões nacionais.

Em novembro de 1920, ao lado dos segundos-tenentes Olympio Falconière e Odylio Denys, que participaram da Missão Indígena com ele, Lott foi enviado para a 2ª Companhia como Instrutor de Combate — Serviço de Campanha —, Organização do Terreno. No mês seguinte, foi promovido a primeiro-tenente. Trabalhou no Serviço Geográfico do Exército, no Morro da Conceição, um dos locais mais antigos do Rio. Em serviço, dormia em uma barraca de campanha. Não havia nada por perto e a alimentação destinada aos militares era carne seca, comida que Lott detestava. Assim, mais uma vez, criava outro prato exótico: ovo cozido com banana-nanica.[27]

Foi um dos responsáveis pelo levantamento da carta geográfica militar do Distrito Federal. Continuava indo a pé para o trabalho, afinal era preciso economizar, porque, em agosto de 1921, nasceria a terceira filha do casal, Regina Célia. Em seguida viriam Henriette e Elys, e mais tarde o caçula e único homem, Lauro Henrique.

Em abril de 1923, retornaria à Escola Militar do Realengo, ainda em ebulição, para ser instrutor de Infantaria. Como tenente foi instrutor de Costa e Silva e de Castello Branco, cujo pai falsificara a identidade, diminuindo a idade do filho em quase três anos para que ingressasse na categoria aluno-gratuito no colégio.[28]

Já se tornava famosa entre os alunos a rigidez do instrutor que caprichava nos exercícios físicos, levando à exaustão seus alunos.[29] Lott acompanhava as mudanças nos ensinamentos das escolas militares. Na esteira das modificações implantadas pela Missão Militar francesa, estava uma profissionalização do Exército com uma formação voltada ao ensino efetivamente militar e não mais tão teórico, seguindo o currículo francês.

Em 1924, Lott matriculou-se na Escola de Aperfeiçoamento de Oficiais (EsAO), também dirigido e orientado pelos franceses para oficiais das quatros armas: Infantaria, Cavalaria, Artilharia e Engenharia. Era um curso planejado para o aluno aprender a comandar grandes tropas. Lott estava no curso de Aperfeiçoamento de Oficiais quando ocorreu o segundo "5 de julho". Em São Paulo, estourou um novo movimento armado, articulado pelo general reformado Isidoro Dias Lopes, pelo major Miguel Costa e pelo tenente Joaquim Távora, com a participação dos tenentes Eduardo Gomes, Juarez Távora, João Cabanas e Newton Estillac Leal. Mais uma vez o ministro da Guerra determinou o fechamento dos cursos. Lott seguiu para Juiz de Fora, onde serviria na Brigada do general Florindo Ramos. Permaneceu lá por um mês apenas. No dia cinco de agosto, os rebeldes abandonaram São Paulo e o curso foi reaberto.

Na Escola de Aperfeiçoamento, teve como colega de turma o antigo aluno Castello Branco, que fora catapultado a essa condição graças às inúmeras prisões dos oficiais ligados ao movimento de 1922. Naquele mundo restrito dos militares, com princípios próprios, em que a disciplina e a hierarquia são os mais importantes valores, começava a nascer uma rivalidade que não teria mais fim. Lott era mais antigo que Castello, fora seu instrutor no Realengo e o fez cavar muita trincheira.[30] Essa primazia de Lott sobre Castello nunca seria aceita pelo ex-aluno. Na EsAO, Lott aprendeu táticas, estudos de estratégia e doutrinas militares, e a organizar exercícios de combate. Percebia também que a influência alemã, desde a derrota na Primeira Guerra, deixara de inspirar o Exército.

Nos exames finais, Lott manteve a escrita e conquistou o primeiro lugar por ordem de merecimento intelectual de sua arma, com média de 8,587. O segundo colocado, com média de 8,179, era o outro primeiro-tenente, Castello Branco.[31] Iniciava-se[32] uma eterna corrida pelo primeiro lugar.

Graças a esse excelente resultado na Escola de Aperfeiçoamento de Oficiais, Lott matriculou-se na Escola de Estado-Maior do Exército, mais um curso cuja estrutura havia sido modificada completamente pela Missão Militar francesa. Terminou o curso em dezembro de 1927, já promovido a capitão. Mais uma vez foi o primeiro aluno da turma por ordem de merecimento.

Nomeado pelo ministro da Guerra Instrutor da Escola de Aperfeiçoamento de Oficiais, Lott teria como alunos alguns oficiais mais antigos que ele. Em 1929, pela quarta e última vez, retornaria à Escola Militar do Realengo, mas, dessa vez, como instrutor. Mudou-se com toda família para a residência destinada ao instrutor da Escola. Era o primeiro a entrar e o último a sair. Às três da manhã já estava no quartel, pronto para checar os alojamentos e a tirar da cama os alunos que continuavam dormindo depois do toque de alvorada.

Com a mudança, passou a ter mais tempo para a família, na então tranqüila vida do subúrbio no Rio. Transmitia aos filhos a mesma educação recebida dos pais, sob a lei da "obrigação do dever". Ensinava noções de economia, falava sobre compostura e muito sobre religiosidade. Nunca deixou de levar a família à missa aos domingos, conforme as orientações que recebera da própria mãe, também muito religiosa e seguidora da Igreja Católica Apostólica Romana. Rezava após as refeições para agradecer. Preocupava-se com o desempenho dos filhos, que sempre estudaram em escolas da Prefeitura e sofriam com as constantes mudanças e transferências do pai. Era ele quem cuidava e fazia os curativos quando um dos seis filhos — Heloísa, Edna, Regina, Henriette, Elys e Lauro — ficava doente ou machucado. Chegava a buscar em livros de medicina explicações sobre a doença. Durante os almoços familiares, era comum ele explicar o processo digestivo para os filhos, chegando a citar os nomes das enzimas. Além de esportes, gostava de pescar. A filha Henriette tornou-se a companheira nas pescarias. Nas folgas, aproveitava para ler. Estava sempre com um livro na mão.

Sua carreira impecável e em ascensão garantia certo conforto à família. Acostumou-se a guardar parte do soldo para comprar uma casa. Com a economia que fez ao morar na residência do instrutor da Escola, conseguiu comprar um terreno para construir uma casa que hipotecara à companhia construtora, amortizando a dívida mensalmente.

Caso raro de aluno que vai bem na parte teórica e na educação física, desde criança Lott mostrava-se absolutamente fanático por exercícios e pela prática de esportes, que lhe deram um físico muito forte. O porte atlético parecia integrar-se à personalidade marcante. Era como se o corpo passasse a refletir a alma. A postura impecável refletia a rígida educação de um homem fechado, com referências internas, que ouvia conselhos, mas sempre tomava sozinho as decisões que considerava importantes. Outra obsessão de Lott era o relógio. Tinha horário fixo para levantar, almoçar, jantar e até para beber água.

Era extremamente rígido na educação das filhas, traduzindo a herança dos costumes que recebeu. Suas filhas estudaram no tradicional Instituto de Educação, o supra-sumo da educação feminina, que preparava as jovens para o casamento e para serem professoras, como ele queria.

No tumultuado ano de 1930, sua carreira até então irretocável sofreria o primeiro revés. Lott conseguira passar à margem das modificações políticas ocorridas nos quartéis durante a década de vinte. No Realengo, sua única preocupação era ensinar teoria e exercícios de guerra aos alunos. Como capitão, responsabilizava-se pelos cadetes e pela Escola, onde era admirado como um "soldado modelar".[33] Mas em outubro de 1930 com a tomada do quartel-general da III Região Militar, estourou a Revolução em Porto Alegre, que tomou conta do país. A capital federal, a princípio, manteve-se ao lado do presidente Washington Luiz. Estado por estado, os revolucionários seguiram vencendo. No Rio, foi estabelecido regime de prontidão e unidades começaram a ser deslocadas. Na escola, Lott era o comandante dos cadetes. Ele e os tenentes conseguiram fazer com que a unidade não participasse da revolução. Com a ajuda dos tenentes, controlou a agitação dos alunos, contagiados pelo clima de revolução, principalmente porque alguns deles eram parentes dos envolvidos. Ao contrário do que foi feito na revolta de 1922, a Escola não participou do movimento.

Durante todo o mês de outubro, com a Revolução em andamento, Lott raras vezes foi para casa. Andava com as chaves dos depósitos de armamento e de munição no bolso. Por essa atitude seria muito prejudicado em sua carreira. Com a vitória da revolução e a conseqüente chegada de Getulio Vargas ao poder, Lott manteve sua posição de neutralidade e pediu demissão. Iria tomar duas caronas[34] na promoção para major e para tenente-coronel. Nos dez anos seguintes, seria promovido apenas duas vezes, e por merecimento. Para o resto da vida, mesmo sem se arrepender, teria consciência de que essa atitude prejudicou muito sua carreira.

O capitão Lott foi imediatamente afastado da Escola. Um amigo, general Deschamp Cavalcanti, comandante-interino da Polícia Militar do Distrito Federal, ainda tentou levá-lo para servir na Polícia. Mas ele não se dobrava. Se não fora a favor do movimento, não seria correto bandear-se para o lado dos vencedores. Permaneceu na Polícia por apenas uma semana. No mesmo mês de novembro, foi servir no Estado-Maior do Exército.

Depois de um ano difícil, foi nomeado auxiliar de tática de infantaria da Escola de Estado-Maior do Exército. Contudo, mais uma vez uma ameaça ao governo fecharia os cursos para oficiais. A Revolução Constitucionalista de julho de 1932, em São Paulo, levou-o a ser nomeado adjunto do Estado-Maior da 4ª Divisão de Infantaria (DI), em Juiz de Fora; em seguida, tornou-se chefe da 4ª seção do Estado-Maior da 4ª DI. Somente em 1933 foi promovido a major e transferido de volta à Escola de Estado-Maior do Exército. Dois anos depois serviu como comandante do 18º Batalhão de Caçadores (BC), em Campo Grande. Nos meses de agosto e setembro de 1935, foi comandante do 16º BC de Cuiabá.

Sem padrinho, parentes nem peixe, Lott esperava apenas seguir na carreira e conquistar novos postos; jamais tivera contato com ministros, a não ser em solenidades oficiais. Chegou a major sem favores. Vinha do baixo clero. Nenhum sobrenome que pudesse abrir portas. E, pelas caronas que levava, desconfiava que a retaliação à sua atitude durante a Revolução iria durar muito. Foi então com muita surpresa que recebeu o convite para fazer parte da Comissão de Estudos para a Indústria Brasileira de Compra de Armamentos, em Bruxelas, na Bélgica. A facilidade com que falava inglês e francês pesara na escolha. Seria a primeira vez que Lott deixaria o país. Em dezembro de 1935, o major e a família embarcaram no navio *General Osório*, rumo à Europa. O chefe da Comissão ordenou, então, que Lott chefiasse a Subcomissão de Armas Automáticas, com sede em Copenhague, na Dinamarca. Em janeiro de 1936, Lott assumiu sua nova função. Tornava-se o responsável pela fiscalização da fabricação de metralhadoras adquiridas pelo Exército brasileiro.

Em outro país, mas seguindo as mesmas regras. Para espanto dos dinamarqueses, manteve o regime de quartel, chegando de madrugada à fábrica e, como os operários, de bicicleta. Lott examinava e aprovava, uma a uma, todas as metralhadoras que eram enviadas ao Brasil. O governo dinamarquês permitia que os testes fossem feitos apenas na madrugada, e na praia. Lá estava Lott, toda manhã, enfrentando facilmente o frio. Testar armas para ele era fácil. Era bom de mira. Um dos melhores atiradores do Exército.

Lott analisou várias marcas de armas e foi um dos que decidiu pela compra da marca Matsen. Recebeu uma proposta de gratificação, caso o Exército Brasileiro fechasse o negócio. Ao negociante, respondeu que oficial brasileiro não recebe gratificação e propôs que ele diminuísse o preço das metralhadoras para que o Exército pudesse economizar.

Suas filhas foram matriculadas no Colégio Assunção. Chocadas com o pouco caso que os dinamarqueses faziam do Brasil, resolveram, em resposta, estudar muito para conquistar os primeiros lugares na classe, no melhor estilo do pai. E conseguiram. O espírito de competição estava no sangue. Nos dias de folga, a família visitava museus e atrações de Copenhague. Lott contava sempre com o apoio da mulher Laura para manter a rotina de muito estudo das filhas. Heloisa e Edna, as duas mais velhas, tiveram de retornar ao Rio para completar o curso no Brasil. Lauro, que não se adaptou, também voltou.

As diferenças não eram acertadas só com as filhas. Lott também se estranhava com europeus que esnobavam o Brasil. Esse período serviu para aumentar e insuflar suas idéias políticas. Em sua correspondência, relatava discussões que o tiravam do sério com europeus que, entre outras, perguntavam se existia estrada de ferro no Brasil. Em uma das cartas à sua mãe escreveu: "Decididamente, vou voltar para o Brasil jacobino, tudo hei de fazer que estiver nas minhas fracas possibilidades para tornar o nosso Brasil mais forte, porque estes idiotas daqui confundem poderio militar com civilização."[35]

Continuava um espartano. Fazia questão de tomar banho de banheira com água na temperatura ambiente. Rigorosamente detalhista com os filhos quando o assunto era dinheiro, contava até os centavos que cada um deles conseguia economizar. E os incentivava a criarem uma caderneta para anotar os gastos.

Durante uma folga, visitou Paris com a família. Encontrou-se com os oficiais Penasco Alvim e Castello Branco que estavam matriculados para o curso da Escola Superior de Guerra francesa. Não se conformou com o fato de Castello, mais moderno que ele e sempre atrás dele na colocação final dos cursos, ter conseguido a matrícula. Lott tentara várias vezes requerer sua inscrição — a que teria direito por ter tirado o primeiro lugar no curso de Estado-Maior — e não conseguira. Pouco antes de terminar a comissão, mais uma vez requereu a autorização ao Ministério da Guerra, que finalmente aprovou o pedido. Como Lott já estava na Europa, haveria até a economia com o dinheiro das passagens. No dia 3 de novembro de 1937, ele iniciou o curso na École Supérieure de Guerre.

Havia mudado com a família para Paris. Foi morar em um prédio na Avenue de Suffren, alugado a comissões militares brasileiras. A família Lott ficou em um apartamento que tinha uma janela que não fechava, dois andares acima de Castello.

Durante o curso, os dois rivais não se dobravam. A competição entre eles não havia chegado à metade. Castello o considerava um "despeitado, alguém que procurava manter um ar de infinita superioridade".[36] As famílias se davam bem, saíam juntas para passeios, mas entre os dois a convivência diária só piorou a relação. Lott divertia-se e ria com os oficiais franceses das histórias de Castello, péssimo motorista, ao volante. Castello chegava a ter reações violentas às brincadeiras.

Em maio de 1938, Lott foi promovido a tenente-coronel. No ano seguinte, concluiu o curso com distinção: "apto a ser um ótimo oficial de Estado-Maior, tem o nível dos melhores oficiais franceses em sua patente". Essa era uma consideração padrão dada aos alunos que se saíam bem no Curso, já que os franceses não davam nota para estrangeiros. Dessa vez, e pela única vez, Castello poderia dizer que não ficara atrás de Lott. Terminaram empatados, condecorados com o grau de Cavalheiro da Legião de Honra.

Depois de Paris, o apelido de Castello mudou. Conhecido na caserna como "Tamanco" — feio e mal-acabado —, a alcunha ganhou um acréscimo chique: passou a ser "De Tamanco".

Lott e Castello. Uma história de competições, diferenças e coincidências que marcavam dois homens estudiosos e caseiros, que nunca pularam muro de quartéis para cair na farra. Até então nenhum deles havia aderido a causas. Em 1922, 24 e 30, mantiveram-se ao lado do governo. Castello politizou-se ligeiramente na década de trinta, escrevendo artigos de jornais que criticavam o próprio Exército. Ambos assinariam o Manifesto dos Generais contra Getulio e depois se explicariam com uma justificativa semelhante: não havia mais condições para se governar e o país seria prejudicado. Pela liderança e bom desempenho, também se tornariam vítimas de piadas e histórias maldosas. Havia até coincidências de datas e nomes entre as famílias. Argentina, esposa de Castello, nascera no mesmo dia que Lott: 16 de novembro; a filha de Castello recebeu o mesmo nome da segunda mulher de Lott: Antonieta.

Se muito os unia, diferenças extremas aumentavam uma disputa particular: Lott era loiro, de pele rosada, bochechudo e mantinha uma eterna postura de atleta, enquanto Castello era feio, troncudo e sem pescoço. Para Castello, ser o primeiro nos cursos servia para destacar-se dos demais e atender à sua vaidade; para Lott, tirar o primeiro lugar era uma obrigação à qual ele mesmo se impunha.

Antes de voltar ao Brasil, Lott recebeu a missão reservada de percorrer o território europeu como observador militar. A Segunda Guerra estava para começar. Em outubro de 1939, de volta ao país, foi nomeado comandante do Batalhão-Escola da Vila Militar, onde iria pôr em prática o que aprendera na Europa. Com os vencimentos que recebera e com a economia que fizera no exterior, comprou uma casa na rua Xavier da Silveira, em Copacabana.

Poderia voltar a dedicar-se a uma velha paixão: nadar. Se bem que Lott adorava praticar qualquer esporte. No quartel fazia esgrima, ginástica, barras paralelas e argolas e praticava equitação. Chegou até a aprender jiu-jítsu e a jogar futebol, mas só com a finalidade de exercitar as pernas, porque estava longe de ser um craque. Sem ser fanático, torcia para o Botafogo, graças à amizade com o colega de Colégio Militar Benjamin Sodré. Eram companheiros de alojamento. Sodré jogava pelo Botafogo, campeão carioca de 1910, título que rendeu ao time o apelido de "O Glorioso". Por causa de Sodré, Lott passou a torcer pelo alvinegro. (Mais tarde, esse entrosamento futebolístico teria grande importância para solucionar uma crise no país.)

Continuava o mesmo em relação ao relógio. Toda manhã, costumava correr e nadar na praia no estilo *crawl*. Ensinou os filhos a nadarem no mar. Os freqüentadores da praia acostumaram-se a acertar o relógio pela corrida matutina de Lott, porque ele realizava sempre o mesmo trajeto, sempre no mesmo horário e nunca se atrasava.

No dia 27 de dezembro, dona Maria Baptistina, que acompanhava toda a carreira do filho através do *Almanaque do Exército* publicado no *Diário de Notícias*, foi ao jornaleiro comprar um exemplar porque a promoção de Lott ao posto de coronel era aguardada para aquele dia. Para sua decepção, o filho tomava mais uma carona na carreira. Lott estava no Peru, nas solenidades de posse do presidente Manoel Prado. A mãe não se conformou e escreveu uma carta enérgica ao ministro da Guerra, Eurico Gaspar Dutra, protestando e explicando que seria a vez do filho[37] ser promovido. Era o certo, pelos caminhos certos, como a tradição da família ensinava.

De volta ao Batalhão-Escola, tornou-se um comandante fora-do-comum. Permanecia no quartel a semana inteira, só ficando com a família nos fins de semana e nas tardes de quarta. O método de Lott ficaria famoso e se tornaria uma lenda na caserna. Depois do toque de revista, às nove da noite, checava os pátios e fiscalizava o serviço do oficial de dia. Às quatro da manhã, estava de pé para fazer seus exercícios físicos e rezar. Em seguida, percorria todo o quartel. Acompanhava o toque de alvorada às cinco e meia da manhã, quando conferia, nos alojamentos, o cumprimento de suas ordens.[38] Afinal, estavam no Exército, onde só manda quem aprende a obedecer. O homem dos regulamentos militares aguardava no portão do quartel, com o cronômetro na mão, marcando a chegada e a saída das companhias. Percorria a cavalo os locais dos exercícios. A tropa passou a conhecê-lo. Farda impecável, sapatos brilhantes, que ele mesmo engraxava. Tornou-se um exemplo de disciplina, forjado no estrito cumprimento do dever. Era admirá-lo ou odiá-lo.

Ganhou um apelido que lhe soava como elogio: "Caxias", figura histórica que mais admirava. Sua rigidez não lhe permitia entender como problemas pessoais poderiam interferir na vida da caserna. Nunca levantava a voz para punir, e fez com que o índice de punições diminuísse. Era um oficial diferente que amava o que fazia. Jamais deixou escapar um palavrão, seja na presença da família ou nos quartéis. O máximo que se permitia era chamar alguém de "pateta" ou "palerma", mas isso só quando perdia totalmente a paciência.

Dona Maria Baptistina teve que esperar um ano para comemorar. Em dezembro de 1940, o filho foi promovido a coronel. Tinha 46 anos de idade.

Faltava apenas uma promoção para se tornar general. Pouco tempo antes, Lott tornara-se instrutor-chefe do curso de tática-geral e de estado-maior da Escola de Estado-Maior, cargo que fora ocupado durante muito tempo por oficiais franceses. Logo em seguida, tornou-se vice-diretor e passaria por uma peregrinação por todo o país. Para não prejudicar o estudo dos filhos, foi sozinho. A família permaneceu no Rio de Janeiro. Em 1942, estava no comando do 15º Regimento de Infantaria (15ºRI) em João Pessoa. Nessa época, como determinava a lei, recebeu a Medalha de Ouro pelos "30 anos de efetivos serviços sem falta desabonadora".

Pouco depois, no entanto, sua carreira militar quase acabou. O general Leitão de Carvalho, um dos "jovens turcos" e inspetor do 1º Grupo de Regiões, analisou o 15º RI e fez críticas ao oficiais comandados por Lott. Sentindo-se atingido, Lott contestou e saiu em defesa dos comandados. Leitão de Carvalho pareceu aceitar a explicação do coronel, porém, mais tarde, Lott foi chamado para comparecer ao hotel onde o general se encontrava. Na frente de seus oficiais de Estado-Maior, Carvalho repreendeu Lott, que não concordou com a atitude e respondeu com energia. Retornou à sua unidade e escreveu ao ministro da Guerra, requerendo sua transferência para a reserva remunerada. O requerimento seguiu para a guarnição de Natal, comandada pelo general Gustavo Cordeiro de Farias, colega de Lott no Colégio Militar. Farias pediu-lhe que reconsiderasse. Em carta pessoal, Lott respondeu que "teve seus brios militares ofendidos". Farias então levou a carta ao presidente Vargas, que determinou que o pedido fosse arquivado e que Lott fosse classificado para o 26º BC, em Belém. Na correspondência que escreveu à irmã Marietta, Lott não desabafou, nem acusou o general Leitão,[39] apenas fez um comentário que demonstrava todo seu modo de pensar: "Não seria justo que eu tomasse qualquer atitude sem sofrer as conseqüências." As conseqüências seriam sofridas bem mais tarde, com um castigo que o magoaria por toda a vida, já que o comandante da 7ª Região Militar, que abrangia a maior parte dos estados do Nordeste, inclusive a Paraíba, era o general Mascarenhas de Moraes, que havia dado total liberdade para o general Leitão observar e interpelar os comandados. A atitude do coronel provocara um mal-estar entre Mascarenhas e Leitão. A punição ocorreria bem longe dali.

No comando do 26º BC, Lott impôs seu estilo com o mesmo rigor no cumprimento de horários e tarefas. Colocou o quartel em um ritmo nunca visto antes ao determinar que o exercício de ordem unida fosse feito todos os dias às cinco e meia da manhã.

Em 1942, voltou à Escola de Estado-Maior, agora como comandante e diretor de ensino. A Segunda Guerra despedaçava a Europa. No dia 22 de agosto, o governo declarou guerra ao Eixo, em resposta aos ataques à Marinha Mercante brasileira. Convocado para participar da organização da Força Expedicionária Brasileira (FEB), Lott deixou a Escola para estagiar com grupo seleto de oficiais nos Estados Unidos e fazer o curso na Escola de Comando (Staff School), no Fort Leavenworth. Com ele seguiram entre outros Zeno Estillac Leal, Castello Branco, Penha Brasil, Henrique Eduardo da Silva Morais e Floriano de Lima Brayner, que iriam se inteirar da técnica que estava sendo aplicada na Guerra. Era o começo do fim da filosofia da escola francesa no Exército brasileiro. A partir da entrada do Brasil na guerra, não só no Exército, mas em todas as manifestações sociais e culturais, teria início o declínio da influência francesa[40] no país.

Para atuar na Segunda Guerra, os brasileiros deveriam esquecer do que haviam aprendido com os militares franceses. A Escola Americana apresentava muitas diferenças. Na França, a preparação era feita com economia, poupava-se munição, sobravam cuidados; já os norte-americanos treinavam tiro com a arma carregada e usavam muita criatividade: o general norte-americano que cuidava do reabastecimento não era militar de carreira, e sim dono de supermercado; o oficial responsável pelo sistema de camuflagem na frente de combate era um cenógrafo.[41]

A lentidão marcava os preparativos para a entrada do país no conflito. O embarque para o estágio se realizou depois de quase um ano da declaração de guerra. Em julho de 1943, os oficiais brasileiros matricularam-se na Comand and General Staff School (Escola de Comando e Estado-Maior). Depois do curso, ainda conheceram e estagiaram em algumas unidades do Exército americano. Tiveram acesso à tática, aos armamentos e à forma com que os Estados Unidos montaram a estrutura de preparação para a guerra. Esses oficiais formavam uma geração única na história do Exército brasileiro, que começou a ser ensinada segundo a filosofia do exército alemão, viveu o auge da influência da Missão Militar francesa e teve acesso ao moderno exército americano em plena Segunda Guerra.[42]

De volta ao Brasil, em outubro de 1943, Lott foi nomeado subchefe da comissão que iria organizar o Corpo Expedicionário. A princípio, o governo desejava mandar para a Itália três divisões de infantaria. O general responsável pela comissão era Anor Teixeira dos Santos, que, como boa parte dos oficiais brasileiros à época, nutria certa simpatia pela máquina de guerra e pela causa alemã. A lentidão continuava dominando o processo. Os projetos e idéias solicitados pelo ministro da Guerra, Gaspar Dutra, demoravam muito para ser enviados.[43]

No dia 15 de maio de 1944, Lott e alguns oficiais do Exército reuniram-se no gabinete do ministro da Guerra. Haviam recebido convites sigilosos e individuais. Dutra sentia a necessidade de acelerar a montagem da FEB e a partida do primeiro escalão. Estava descontente com o ritmo do trabalho. Além disso, a indicação de Mascarenhas para o comando da primeira divisão não fora do total agrado de Dutra. Nunca foram amigos, mas tratavam-se respeitosamente. O ministro criou então um Estado-Maior especial e secreto, que funcionaria no nono andar do prédio do Ministério, e determinou que se apressasse o trabalho. O coronel Lima Brayner e os tenentes-coronéis Amaury Kruel e Castello Branco também faziam parte desse grupo. O coronel Lott ficaria responsável pela representação da FEB no interior, supervisionado pelo general Hayes Kröner, adido militar norte-americano. Dois membros da Missão Militar americana também faziam parte da equipe. Esses escolhidos iriam tomar conhecimento dos documentos de "alto segredo", relacionados ao embarque da FEB.

Já integrado à doutrina de guerra americana, Lott dirigiu uma das equipes, selecionando oficiais das três Forças para agilizar a partida da FEB. Ele e sua equipe trabalhariam dia e noite para montar o esquema. A decisão de se enviar apenas uma Divisão já fora tomada. Mascarenhas ganhava então o comando da FEB, mas seus auxiliares diretos foram indicados por Dutra: Olympio Falconière como inspetor-geral; Zenóbio da Costa, comandante da Infantaria, e Osvaldo Cordeiro de Farias, comandante da Artilharia. Também por indicação de Dutra, o coronel Lima Brayner assumiria a chefia de seu Estado-Maior. Lott ficava sem função. Antes da guerra para valer, outro combate moveria a FEB. Brayner quis indicar os tenentes-coronéis que chefiariam as quatro seções subordinadas a ele. Mascarenhas, que engolira a indicação de Zenóbio, vetou todos os nomes. Acabou escolhendo Sena Campos para a seção de Pessoal, Amaury Kruel, para Informações, Castello Branco, para Operações, e Thales Ribeiro da Costa, para Logística. Brayner revoltou-se com as escolhas e considerou o gesto de Mascarenhas como uma afronta pessoal.

A 1ª DIE foi organizada nos mesmos moldes de uma Divisão de Infantaria do Exército dos EUA. No total eram 14.254 homens (734 oficiais e 13.520 pracinhas). Foram seguidos os regulamentos, a organização e os processos de combate ensinados em Leavenworth. Até a criatividade americana foi copiada com a convocação de operários de fábricas de fechaduras que se tornaram armeiros.[44]

O primeiro escalão seguiu para a Itália no navio *General Mann* em 2 de julho de 1944. Lott ficou no Brasil organizando os outros embarques e procurou Dutra para explicar sua situação. Mostrava-se, pela primeira vez, inconformado com a distribuição dos cargos. Participara da direção dos trabalhos de planejamento na preparação e embarque da FEB e não teria função na Itália. Disse ao ministro que sabia que "a guerra era um risco, mas que estava preparado para esse risco". Vivia um drama de consciência. Dutra cedeu ao argumento de Lott e garantiu seu embarque com o terceiro escalão. Em 22 de setembro de 1944, dois novos escalões brasileiros partiriam para o palco da guerra. Mais uma vez o navio *General Mann* levaria as tropas brasileiras, dessa vez o segundo escalão, com 5.075 homens, comandado pelo general Cordeiro de Farias. O terceiro escalão seguiria no navio *General Meigs*, sob as ordens do general Olympio Falconière, com 5.239 homens, e Lott servindo como executivo. Os dois navios chegariam em Nápoles no dia 6 de outubro. Um quarto e quinto escalões seguiriam meses depois.

Lott acreditava que poderia servir de ligação entre o comando do corpo expedicionário e o comando norte-americano. Mas havia a possibilidade de Lott substituir um oficial que não estava se entrosando com os americanos. Acreditando que ficaria na Itália, Lott inclusive levou alguns oficiais que seriam seus auxiliares diretos durante o conflito.

Já corriam boatos na Itália sobre uma troca de Mascarenhas por Zenóbio, que assumiria o comando efetivo das operações. Quando os navios chegaram ao local de desembarque, uma forte tempestade obrigou o grupamento a mudar de barco para alcançar o cais. Lott era o responsável pela administração do pessoal e só saiu na última embarcação. Assim que chegou ao quartel-general em Pisa, todos já haviam seguido. Entre eles, os generais Cordeiro de Farias, além do próprio Falconière. Dutra, que saíra de avião do Brasil no mesmo dia em que os navios deixavam o país, já estava na Itália. A informação de que Lott queria ficar, independente do posto, já circulava de boca em boca. Mascarenhas foi comunicado oficialmente por Dutra. Essa indicação seria indigesta demais para ele, que já se sentia pressionado pelo sucesso que o general Zenóbio da Costa estava conseguindo com suas vitórias. Lott e Mascarenhas eram "velhos desafetos"[45] desde o incidente em 1942, quando Lott comandava o 15º RI, em João Pessoa, e se estranhara com o general Leitão. Também não havia lugar para um coronel. Lott organizara a 1ª DIE como chefe de 1ª Seção de Estado-Maior[46] e poderia ter escolhido um cargo para si próprio, mas preferiu não se autonomear. Surgiu então uma idéia que agradou os oficiais: colocá-lo como elemento de ligação junto ao Comando do 5º Exército americano, já que Lott conhecia por dentro os problemas da FEB e falava inglês e francês com fluência, além de arranhar alemão e entender espanhol e italiano.

Mais uma vez, os caminhos de Lott e Castello se cruzavam. Como os outros oficiais, Castello quis saber se Lott tinha alguma notícia de familiares ou do Brasil. Lott nada trouxera para ele, que escreveria em seguida para a esposa: "Todos, com muita bondade, me falam de minha família. O Lott, porém, com o seu jeito de sempre, me disse apenas que 'tudo vai bem'. Não foi capaz nem de lhe telefonar."[47] Enquanto apenas o primeiro escalão estava na Itália, Castello tinha se tornado o homem de confiança de Mascarenhas.

A partir desse momento, existem duas versões para explicar os motivos para Lott não ter permanecido na Itália, que, no fundo, demonstravam que a guerra dos bastidores poderia ser pior que o combate contra os alemães.

A primeira, fulminante, contada pelo próprio Lott na entrevista concedida ao Cpdoc da Fundação Getulio Vargas: assim que chegou no desembarque, foi procurado por um oficial americano, que perguntou sobre as necessidades do grupo. Lott respondeu que o armamento estava correto. O oficial americano perguntou então sobre as necessidades da tropa. Como Lott ainda não tivera contato com o comandante, disse-lhe que voltaria com a resposta. O americano insistiu, alegando urgência. Assim que chegou ao QG da FEB, Lott procurou o general Mascarenhas, que conversava em uma cabana com Falconière e Cordeiro de Farias. Aproximou-se e fez continência. Ouviu a conversa, que tratava de amenidades e, preocupado com a urgência pedida pelo oficial americano, interrompeu, dirigindo-se a Mascarenhas:

— General, dá licença?

— Não, o senhor espere.

Lott permaneceu lá. Esperando. Mascarenhas saiu e foi dar-lhe as boas-vindas:

— Estou surpreendido porque vieram aqui oficiais-generais que eu não pedi, além de outros oficiais de Estado-Maior que eu não tinha pedido que viessem.

— Eles são generais, eu sou coronel, de sorte que o problema não é meu; o problema é do senhor ministro da Guerra. Pelas informações que temos, ele deve vir aqui visitar o teatro de operações e na ocasião o senhor poderá falar com ele. Agora, quanto a oficiais com Estado-Maior, disseram que existia uma função em que seriam necessários esses oficiais. Agora o senhor me diz que não pediu e nem desejava esses oficiais... Meu general, nunca servi com quem não quisesse meu serviço, de sorte que eu peço permissão para, quando o senhor ministro da Guerra chegar, o senhor lhe pedir que eu regresse ao Brasil.

Quando Dutra soube do fato, jogou panos quentes, alegando que os americanos garantiam que a guerra iria terminar logo e que ele precisava de Lott para trabalhar em uma comissão de oficiais no Brasil. Determinou então que o coronel voltasse com ele no mesmo avião.[48]

A outra versão, relatada pelo marechal Floriano de Lima Brayner, em *A verdade sobre a FEB*, dá um tom de uma pequena conspiração. Segundo Brayner escreveu, Dutra aceitara a indicação de Lott, mas houve uma reação por parte de um oficial que fez questão de lembrar do caso de 1942. De acordo com a narração de Lima Brayner,

> houve quem fosse martelar os ouvidos do comandante da FEB. Alguém que alimentava planos de dominação "por linhas interiores" procurou e conseguiu iluminar as arestas da personalidade do ex-comandante do 15º RI no Nordeste, apontando-o (a Lott) como arbitrário, prepotente, teimoso, criador de casos, enfim, um homem difícil.

Lima Brayner não dá o nome do alcoviteiro, mas tudo leva a crer que estivesse se referindo ao velho rival de Lott. Envenenado, Mascarenhas acabou não aceitando Lott, que acatou a decisão. Teria força moral e política para ir a Dutra e pedir um posto. Não foi. Os amigos também procuraram consolá-lo. Resignou-se com a decisão, mas a decepção de participar da Segunda Guerra por apenas uma semana o seguiria por toda vida.

Sua permanência na Itália também foi prejudicada por uma deliberada confusão, criada na Itália por alguns oficiais brasileiros, sobre os antepassados de Lott. A pele rosada, os olhos azuis acinzentados e o porte físico, que refletiam suas origens holandesa e inglesa, despertavam a desconfiança de um antepassado alemão.[49] Esse foi o boato espalhado. Os oficiais que não souberam da discussão acreditaram que ele foi mandado de volta "por ser alemão".

A rivalidade interna era tão forte que a FEB acabou assim dispensando o único oficial que dominava as línguas inglesa e francesa. O intérprete "brasileiro" ficou sendo o norte-americano Vernon Walters, major encarregado de ser a ponte entre o exército de seu país e a FEB. Walters falava bem português, espanhol, italiano e russo. O isolamento de Castello aumentaria sua amizade com Walters. Seriam vizinhos de quarto no hotel que era usado como QG brasileiro em Porreta Terme.[50] Mais tarde uma série de tentativas fracassadas de avanço das tropas brasileiras, somada à pressão dos oficiais americanos, agravaria a divisão na FEB.

Lott voltou no mesmo avião que trazia Dutra, no dia 18 de outubro. Seu prêmio de consolação foi a nomeação, por parte do ministro, como chefe do Estado-Maior da FEB no Brasil. Um nome pomposo, que na prática significava apenas burocracia e organização do material bélico de que as Forças Armadas iriam precisar na volta ao Brasil. A criação desse Estado-Maior era um reflexo direto da futura e inevitável influência norte-americana no Exército brasileiro. Os Estados Unidos já previam o fim da guerra e precisavam se livrar de todo o equipamento excedente ou ultrapassado.

A mágoa durou em Lott. No Brasil, deixava escapar raros comentários em família que demonstravam sua frustração por não ter ficado na Itália:

— É um absurdo eu ficar enviando soldados para guerra e não estar lá.

Em novembro, com trinta anos de serviço e cinqüenta de idade, tornou-se general-de-brigada, mesmo assim não tinha vontade de comemorar. Sua primeira comissão seria a Infantaria Divisionária da 3ª Região Militar, guarnição de Santa Maria. A fronteira com a Argentina era considerada estraté gica e perigosa para o governo Vargas. Ainda temia-se um possível ataque, graças às ligações de Perón com os países do Eixo.

No Rio Grande do Sul, Lott foi consultado se estava de acordo com o fim do governo Vargas. Concordou com o movimento, mas se negou a participar. Em março de 1946, com Dutra na presidência, Lott comandava a ID2 em Lorena. Em maio assumiu o comando interino da II Região, à qual São Paulo pertencia. Um mês depois, tornou-se subchefe do Estado-Maior do Exército, no Rio. A família seguia seus passos. Rio Grande do Sul, Lorena, São Paulo e Rio.

Quando ficava em casa, insistia em realizar três tarefas: acender o fogão de lenha, ferver o leite "cientificamente", como ele mesmo dizia, e mimar a pequena Laura Lúcia, a primeira neta, filha de Edna. Ele costumava acordar bem cedo e ir até o berço de Laura. Trocava a fralda, esquentava e cuidava pessoalmente da mamadeira dela. Tornou-se um avô muito coruja. Repetindo a história da família, aos cinco anos a menina já aprendia as primeiras letras com ele.

Lott também tinha uma mania de limpeza que ultrapassava as regras normais de higiene: tudo deveria estar sem qualquer vestígio de sujeira. Se alguém chegava da rua e vinha cumprimentá-lo, limpava as mãos com álcool logo em seguida. Desenvolveu um verdadeiro horror às doenças e ficava muito irritado quando pegava um resfriado.

Pouco depois, retornaria ao exterior. Fora nomeado adido militar junto à Embaixada brasileira em Washington e delegado da Junta Interamericana da Defesa, uma importante função em um cenário mundial dividido pela Guerra Fria. Era o primeiro cargo de projeção para o qual era nomeado. Viajaria com a esposa Laura e com as filhas solteiras Heloísa e Elys.

Como adido militar em Washington teria a missão de fiscalizar o embarque de armamentos e viaturas adquiridos pelo Brasil no acordo realizado entre os dois países. Sua indicação para o cargo estava relacionada à função que desempenhou logo após ter deixado a Itália. O tratado comecial era uma continuidade do que fora acertado com a participação brasileira na Segunda Guerra. Agora, tentava-se dar uma cara americana ao Exército[51] oficialmente. Sepultavam-se os ensinamentos da Missão Militar francesa. Todo o armamento seria substituído por equipamentos fabricados nos Estados Unidos. O trabalho, Lott fazia com prazer, o que o deixava irritado eram os eventos sociais a que teria de comparecer:

A vida social para mim é desagradável. Sofri muito quando fui adido militar nos Estados Unidos, porque era obrigado a manter uma atividade social. Para mim era muito desagradável, muito cacete comparecer àquelas recepções (...) A atividade social, então, é para mim um sacrifício. Em geral, na vida social a sinceridade tem uma parcela muito pequena no que se passa.[52]

Além da capacidade militar, seria testado também no aspecto diplomático. Nos coquetéis, cansado de recusar bebidas alcoólicas, passou a usar a tática de pegar a primeira taça de bebida que lhe ofereciam e ficar com ela na mão, intocada, até ir embora.

Durante esse período, a filha Heloísa conheceu o futuro marido. Casou-se em 1948 e passou a morar nos Estados Unidos.

A chamado do governo, retornou ao Rio. Nesse intervalo, comprou uma casa de veraneio em Teresópolis, realizando seu sonho de morar na montanha. Batizou a nova residência de "Meu Cantinho". De volta a Washington, em dezembro de 1948, foi promovido a general-de-divisão (três estrelas). Tinha também a função de coordenar e dar suporte aos militares brasileiros que se encontravam em solo americano. Em março de 1947, oficiais brasileiros fizeram um curso de engenharia nos Estados Unidos. Terminado o curso, o grupo, chefiado pelo tenente-coronel Rodrigo Otávio, conheceu as instalações de engenharia do leste americano. No fim da visita, voltaram a Nova York para viajar ao Brasil pela Pan Air. Quando Lott soube que iria chegar em Washington um avião da FAB, ordenou que os oficiais voassem até lá e voltassem no avião da FAB. Essa operação resultaria em uma boa economia para os cofres do Exército, já que as passagens da cara viagem internacional seriam devolvidas. Além do fato de terem de trocar um Constellation da Pan Air por um DC-3 da FAB, os oficiais, principalmente os casados, irritaram-se muito porque demorariam mais alguns dias para rever as famílias, depois de quase um ano longe de casa. Assim que chegou a Washington, o grupo foi chamado ao gabinete do adido, onde Lott daria uma satisfação e explicaria o quanto aquele atraso ajudaria no orçamento do Exército.

Era começo da primavera na capital norte-americana. As flores começavam a brotar nas árvores. Depois de um inverno muito feio, esse era o quadro de rara beleza que se podia admirar da janela do gabinete de Lott. Uma paisagem que encantou o tenente Hugo Ligneul, que, no auge dos seus 22 anos, absolutamente fascinado por estar vivendo aquele momento e ainda saboreando o primeiro lugar que tirara no curso, não deu a mínima atenção ao que o adido dizia. Afinal, Lott estava explicando aos casados por que eles tiveram de adiar a viagem. Hugo, feliz e solteiro, não demonstrava o mínimo interesse pela justificativa e só olhava pela janela, admirando as lindas flores do jardim.

Lott, por sua vez, prosseguia com sua explicação:

— Os senhores precisam compreender que isso representou uma economia de passagens e não custa nada aos senhores ficarem aqui até que o avião siga para o Brasil dentro de alguns dias.

Mas um dos oficiais presentes ousou interromper:

— Mas, general, o senhor precisa compreender que nós estamos longe de nossas famílias há quase um ano.

Lott ficou vermelho, mais vermelho do que costumava ficar quando se irritava. Deu um murro na mesa e gritou:

— Não tenho que compreender coisa nenhuma. Estou dando uma explicação que os senhores nem mereceriam receber. Ponham-se todos daqui pra fora!

E voltando-se para Hugo:

— E o senhor aí, fica!

O grupo retirou-se. Hugo começou a ouvir:

— O senhor não tem educação nenhuma! Não tem educação! Nem civil, nem militar! Estou dando uma satisfação que eu não precisaria ter dado... e o senhor aí, olhando pela janela?!

Pela cabeça de Hugo passava o inconformismo pela injustiça que, a seu ver, estava sofrendo: além de ter sido o primeiro no curso, era o único que não estava se importando em ficar mais alguns dias nos Estados Unidos. No entanto, aquele general, que só se preocupava com posição de sentido e continência, foi cismar logo com ele!?... Hugo deixou o gabinete chorando e, absolutamente transtornado, desabafou a Rodrigo Otávio:

— De que vale tudo isso? Vale esse curso que eu fiz, vale o primeiro lugar que eu tirei, ou vale um general que quer todo mundo em posição de sentido?

Alguns anos depois, em abril de 1951, o mesmo Hugo Ligneul precisou falar com Lott. Não ficou em posição de sentido. Queria pedir a autorização para que ele permitisse seu namoro com Elys. Ouviu um comentário do general, que nunca soube, nem jamais perguntou, se tinha um duplo sentido:

— Eu acho que o conheço...

— Mas eu nunca vi o senhor antes — "garantiu" Hugo.

O namoro deu certo. Tão certo que em dezembro de 1951, quase cinco anos depois de um primeiro encontro nada amistoso, Lott se tornaria sogro daquele "indisciplinado" tenente.

Após cumprir o tempo previsto para servir como adido, Lott recebeu, em março de 1949, a primeira comissão no posto para comandar a estratégica 2ª Região Militar, sediada na capital paulista. Sua posição de católico praticante fez com que o Centro Regional de União Católica o convidasse para presidente. Lott aceitou e instalou a sede do Centro no QG de São Paulo.

Em São Paulo também servia o capitão Hugo Ligneul, que, apesar de ainda não ser noivo de Elys, passou a ser muito assediado por pessoas influentes. Acostumados a agradar os generais com presentes, queriam saber quais eram os gostos pessoais de Lott:

— De que o general gosta? Como podemos agradá-lo?

— Olha, não o conheço muito bem, mas parece que ele não gosta de nada.

— Tem sempre algo que eles gostam. Tem militar que gosta de charutos, de bebida, outros gostam de mulher, outros de ir para Campos do Jordão...

Ligneul acabou com a esperança dos bajuladores:

— Ele não bebe, não fuma, é caseiro e não aceita presente.

No início de 1950, dona Laura foi internada no Hospital Santa Catarina para uma operação de vesícula. A cirurgia correu bem, mas quando já estava prestes a receber alta, dona Laura sofreu uma insuficiência cardíaca, sendo acometida de embolia pulmonar. No dia 13 de abril, ela não resistiu e faleceu. Foi um choque para a família. Lott e os filhos ficaram desolados. O sepultamento foi realizado em São Paulo, no Cemitério da Consolação. O governador Adhemar de Barros compareceu ao enterro e, "como homenagem do povo paulista", custeou as despesas. Lott agradeceu. E, no dia seguinte, doou o dinheiro correspondente a uma casa de Caridade de São Paulo.

Lott, um homem que se dividia entre o lar e o quartel, perdeu o norte após a morte da esposa. Sua solidão começou a preocupar os filhos. Em breve, Elys, sua única filha solteira, iria casar. Após o período de luto fechado, sua irmã Marietta passou a incentivá-lo a casar novamente. Depois de muito refletir, Lott autorizou a irmã a conversar com sua prima, Antonieta, viúva como ele, e com quem tivera um namorico adolescente. Ela recebeu autorização do filho, o então capitão Antonio Duffles, e aceitou. O casamento foi realizado em 31 de julho de 1951.

Três meses depois, a dor da perda voltaria a abalar Lott. A pequena Laura Lúcia, a neta querida, morreu vítima de leucemia linfóide com apenas sete anos, no dia 8 de outubro de 1951. Dessa vez, o homem frio não conseguiu segurar o que sentia. Chegou a dizer que nunca mais iria se apegar tanto aos netos, para não sofrer como naquele momento. A morte de Laura Lúcia entristeceu a família, por ser ela a primeira neta e primeira sobrinha daquele lado da família. Laurinha, como era chamada, havia se tornado o xodó das tias e do avô, que se apegara demais a ela. Conservaria uma foto da menina em um porta-retrato em seu quarto durante toda a vida. E, mesmo muito tempo depois da morte da neta, dona Antonieta o vira várias noites tentando resistir ao choro. A partir daquela tragédia, conforme desabafara, os outros netos sofreriam com o distanciamento do avô. Quatro anos mais tarde, na mesma data de 8 de outubro, Edna, depois de ter três meninos — Oscar Henrique, Nelson Luiz e Carlos Eduardo —, deu à luz uma menina que também recebeu o nome de Laura Lúcia.

Lott não permaneceu muito mais tempo em São Paulo. Em setembro de 1952, foi nomeado diretor-geral de Engenharia do Exército. Teria de voltar ao Rio. Entregou a casa da rua Xavier da Silveira para os filhos e comprou um apartamento, também em Copacabana, na rua Dias da Rocha. No ano seguinte, acumularia a função de membro da Comissão de Promoção do Exército.

O começo da década de cinqüenta fora uma sucessão de emoções, perdas e tristezas para Lott, que pela primeira vez pensou em encerrar a carreira militar. Estava com 58 anos de idade e chegara a general-de-divisão depois de dedicar a vida ao Exército e ao país. Mas dona Antonieta o convenceu a continuar. Ela sabia que, mais que tudo, Lott era um soldado.

Capítulo 3

A Escola Superior de Guerra foi criada através do Decreto 25.705, de 22 de outubro de 1948, subordinada à Presidência através do Estado-Maior das Forças Armadas. Seguia a filosofia do Nationar War College, de Washington, mas apesar da influência norte-americana, mais forte ainda era a participação dos generais que receberam os ensinamentos da escola francesa. Assim, a ESG tornou-se uma instituição única, que mesclou as orientações americana e francesa para desenvolver seus próprios conceitos. A ideologia da ESG defendia um alinhamento político e ideológico com os Estados Unidos. Incentivava, dentro das próprias Forças Armadas, um desenvolvimento que deveria ser norteado por valores empresarias e multinacionais, e que resultaria em um Estado que manteria a estabilidade através do autoritarismo político da doutrina de segurança nacional,[53] e de um governo forte e centralizador.[54] Preparava também o país para uma possível Terceira Guerra. A Lei de Segurança Nacional seria moldada pelo conceito de segurança nacional da ESG, seguindo o binômio "segurança e desenvolvimento". Da ESG sairiam os "coronéis da Sorbonne", que se julgavam intectualmente superiores aos demais colegas, que, por sua vez, classificavam o grupo de "entreguista". E havia quem falasse em união dentro do Exército... A ESG acabou se tornando o centro de refúgio para os militares que eram mantidos longe dos comandos e do Estado-Maior por serem considerados oficiais de "muita capacidade e pouca confiança."[55]

Era um Exército dividido por grupos e ideologias. Rachado por Getulio. Separado por questões como a exploração do petróleo. Os oficiais da ESG defendiam a entrada de capital estrangeiro no setor, abrindo assim as portas para a cooperação internacional com os americanos. Do outro lado do *front*, ficava a ala nacionalista, defensora do monopólio do Estado brasileiro na exploração do petróleo.

O debate, como sempre, foi parar no Clube Militar. A poderosa associação, cuja diretoria era eleita de dois em dois anos, fazia suas opiniões repercutirem em todo o cenário político. A questão do petróleo foi fundamental na eleição do Clube em 1950, vencida por Estillac Leal, da ala nacionalista. A *Revista do Clube Militar*, órgão oficial do Clube, foi muito usada por Estillac para divulgar as idéias da sua chapa. O grupo nacionalista também criticava uma possível participação do Brasil na Guerra da Coréia. Na primeira *Revista do Clube Militar* lançada sob o comando de Estillac foi publicado o artigo "Considerações sobre a Guerra na Coréia", que atacava a invasão norte-americana. A Cruzada Democrática, chapa que concorria ao Clube Militar e era formada por militares da ala "entreguista", acusou o artigo de ser favorável ao governo comunista da Coréia do Norte. A caixa-postal da revista ficou lotada de cartas, telegramas e abaixo-assinados com protestos.[56] A tensão aumentou tanto[57] que, em novembro de 1950, a revista teve sua circulação interrompida, voltando a circular apenas em março do ano seguinte. A paz estava longe, principalmente depois de Estillac ser nomeado ministro da Guerra por Getulio.

Lott requereu sua matrícula para fazer o curso na ESG, que tinha como comandante o general Juarez Távora, mas continuou como diretor de Engenharia. Foi nesse cargo que acompanhou o dramático ano de 1954, mantendo-se longe dessa e de qualquer outra disputa. Por causa disso foi escolhido ministro da Guerra.

Assim que o nome do novo ministro da Guerra de Café Filho foi divulgado, os repórteres correram para traçar seu perfil. Recolheram informações que invariavelmente caíam no clichê da "rígida obediência à disciplina". Era um "caxias". As anedotas sobre a fama de durão de Lott, que antes circulavam apenas nos quartéis, tomaram as páginas dos jornais. Das piadas mais famosas, a "história da marcha", com algumas variações — dependendo de quem a contava —, era uma das mais repetidas pelos oficiais. Dizia que Lott realizou uma marcha de 16 km, no quintal de sua própria casa, acompanhado de seu ordenança. Terminada a marcha, ele decidiu abarracar. O ordenança então lhe disse que faltavam os paus da barraca e saiu para buscá-los quando Lott o deteve:

— Por aí, não. O senhor tem de fazer o caminho de volta andando os 16 km em sentido contrário.

Com as variações da quilometragem, da rotina com que fazia e do local onde teria se realizado a marcha, essa piada ficou tão conhecida que houve quem jurasse que acontecera de verdade, inscrindo mais detalhes e garantindo que ele fizera a marcha enquanto era ministro. A revista *O Cruzeiro* publicou essa piada na edição de 18 de setembro de 1954. Muitos outros contariam a mesma anedota com pequenas variações, jurando que acontecera depois dessa data. Mas as piadas e histórias engraçadas eram comuns na caserna, quase que naturais para se contrapor a um mundo rígido de normas.

A verdadeira história ocorreu durante o período em que Lott comandava o 26º BC do Pará, quando dava ordem unida para seus comandados às cinco e meia da manhã. Os soldados faziam o exercício com o fardamento de campanha completo, mas Lott viu uma mochila largada em um canto. Perguntou de quem era e o dono apareceu, explicando que deixara a mochila ali para poder fazer os exercícios com mais facilidade. Lott mandou que ele colocasse a mochila nas costas como todos outros. O soldado obedeceu e retornou aos exercícios. Lott o chamou e determinou que "voltasse" até o início do "percurso" para então reiniciar seus exercícios — só que, dessa vez, com a mochila nas costas...

Em um dos primeiros despachos de Café com seu ministro da Guerra, Lott solicitou a substituição do comandante do Exército em São Paulo, general Newton Estillac Leal, um dos principais representantes da ala nacionalista. O presidente, eternamente preocupado com as reações que poderiam surgir, questionou o pedido:

— Essa exoneração não pode trazer alguma dificuldade?

Lott, que conhecia quase todos os oficiais e suas ideologias, garantiu que não, recebendo então a autorização do presidente. O comando de São Paulo passou ao general Olympio Falconière.

Pouco tempo depois, Estillac Leal, que passara a ser o inspetor geral do Exército, visitou Café. Eram antigos conhecidos. Café já se preparava para ouvir reclamações sobre Lott quando foi surpreendido com comentários favoráveis ao ministro da Guerra. Um dos líderes da corrente nacionalista, Estillac não só apoiava a postura de Lott como garantia que o seu grupo estava com ele. No entanto, aproveitou a ocasião para criticar o grupo da Escola Superior de Guerra. O comentário de Estillac deixava claro que o minúsculo período de trégua no Exército estava próximo do fim.

Estillac morreria no cargo em 1º de maio de 1955, sendo substituído por Zenóbio da Costa, que estava sem comissão. Os ideais nacionalistas de Estillac permaneceriam influenciando outros oficiais. Zenóbio manteve no gabinete os coronéis Nelson Werneck Sodré e Henrique Moura e Cunha. No ambiente da inspetoria viria a surgir o Movimento Militar Constitucionalista (MMC), formado por oficiais do gabinete de Zenóbio, que não aceitavam o poder nas mãos dos "entreguistas".

Os irmãos e coronéis Alexínio e Alberto Bittencourt tomaram a liderança do MMC, que, como reflexo da desordem das Forças Armadas naquele momento, não tinha nenhum general entre seus quadros. Uma das maiores motivações para a criação do movimento era demonstrar que o Exército não poderia se submeter aos partidos políticos. Havia elementos da corrente nacionalista entre os sargentos, os fuzileiros navais da Marinha, os sargentos da Aeronáutica e nas polícias estaduais. O MMC mantinha uma organização própria que emitia boletins reservados e análises do panorama político.

As tensões políticas aumentavam cada vez mais, mesmo entre aliados. Os generais Távora e Canrobert, agora chefe do EMFA no lugar de Mascarenhas, se desentendiam quanto à linha do governo, enquanto o grupo getulista continuava insatisfeito com a chegada dos rivais ao poder.

Ao mesmo tempo, nasciam as pressões da UDN e do PSD para que Café adiasse as eleições regionais de 3 de outubro de 1954. Temiam que o eleitor votasse ainda sob o impacto da morte de Getulio. Café não cedeu e manteve a data. As eleições para onze[58] governos estaduais e para todo o poder Legislativo se realizaram em um clima surpreendentemente tranqüilo, apenas um mês e dez dias depois do suicídio de Vargas. Em um ambiente de calma, a grande surpresa foi o fracasso do PTB tanto nas eleições para o Senado como para o governo no Rio Grande do Sul. Causou espanto a derrota do presidente do PTB, João Goulart, afilhado político do presidente morto. Jango, seu apelido de criança, recebeu 346.198 votos, perdendo a disputa no Senado para o professor Armando Pereira da Câmara, que obteve 402.438 votos. O principal herdeiro do getulismo sofria um revés em seu próprio quintal. Mas essa era uma derrota que podia ser explicada pela rivalidade local entre o PTB e o PSD, que fez uma aliança com a UDN, o PL e o PR locais. Além de impor essa humilhação a Goulart, a aliança também elegeu Ildo Meneghetti para o governo.

Em São Paulo, Jânio Quadros, um político que não se prendia a partidos e que surgia com um discurso novo, venceu uma eleição disputadíssima. Depois de uma campanha polêmica na qual chegara a retirar sua candidatura, inconformado com a escolha do candidato a vice pelo seu antigo partido, o PDC, Jânio elegeu-se com menos de vinte mil votos à frente de Adhemar de Barros.

Já no Rio de Janeiro, o general Caiado de Castro conquistou com facilidade a cadeira no Senado. Amigo de Vargas, Caiado, que sofrera uma síncope durante o velório, obteve facilmente a vaga. O jornalista Carlos Lacerda, a encarnação do antigetulismo, brilhante orador que havia deslocado o jogo político contra Getulio, elegeu-se deputado federal com a espetacular marca de 159.707 votos do eleitorado carioca. À votação de Lacerda, os eleitores de Getulio responderam com 120.913 votos dados a Lutero Vargas, filho do falecido presidente. Miguel Couto Filho, do PSD, ex-ministro da Saúde de Vargas, foi eleito para suceder Amaral Peixoto no governo do estado.

Em Sergipe, Lourival Fontes, chefe da Casa Civil de Vargas, elegeu-se senador. O general Cordeiro de Farias, antigetulista ferrenho, foi eleito governador em Pernambuco. Já na Bahia, um antigo ministro de Getulio, Antônio Balbino, venceu as eleições para o governo recebendo os votos da UDN e do PTB; para o Senado foram eleitos Juracy Magalhães, da UDN, e Lima Teixeira, do PTB.

A temida influência de Vargas não pesou na decisão dos eleitores como se esperava. O PSD tinha 112 deputados e passou para 114; a UDN caiu de 84 para 74; e o PTB, de 51 foi a 56. Predominaram as alianças locais. Os candidatos do PTB que se elegeram para os governos estaduais receberam, alguns, o apoio do PSD, e outros, o apoio da UDN — resultado da confusa mistura regional que se tornaria tradição nas eleições brasileiras.

Mas seria difícil que esse clima calmo se repetisse nas eleições presidenciais do ano seguinte. Já no final de 1954, surgiam os primeiros desentendimentos nas Forças Armadas, ou na parte das Forças Armadas "que estava no poder". A pedido de Juarez, o presidente recebeu o general Alcides Etchegoyen (então Inspetor de Artilharia de Costa e Antiaérea) para um jantar. Além dos três, também participaram o coronel Rodrigo Otávio e outros oficiais. O tema do jantar era Lott. Já havia uma insatisfação com a forma pela qual ele comandava o Ministério. Os militares sabiam que precisavam de Lott porque sua neutralidade política estava conseguindo dominar os ânimos do Exército, contudo queriam que ele traçasse uma orientação do Ministério de acordo com os ideais do grupo que tomou o poder no 24 de agosto. Para Etchegoyen, Lott estava sendo muito complacente com os militares que foram favoráveis a Getulio e isso iria enfraquecer cada vez mais o atual governo. A ameaça da perda de poder, caso ele não reorientasse o Ministério da Guerra, estava presente nas palavras que Etchegoyen, um dos líderes daquele grupo, dirigiu a Café:

— Do jeito que as coisas vão, será, para mim, uma surpresa se daqui a quinze dias o senhor ainda estiver no poder.

Em encontros pessoais, Café teve algumas chances de conhecer bem a personalidade do seu ministro. No dia 16 de novembro, quando Lott comemorava o seu 60º aniversário, Café e outros visitantes se encontraram na casa do ministro quando, impaciente por ter passado sua hora de dormir, ele simplesmente subiu para o quarto, deixando o presidente e os outros convidados na sala.

Aos poucos o ministro foi tomando conta da cadeira. Ele agradava pelo método estritamente profissional que aplicava na administração do Ministério. Mesmo enfrentando os imprevistos da gangorra política que tinha pela frente, Lott conseguiu, ainda no seu primeiro ano como ministro, solucionar um dos problemas do Exército que vinha tirando o sono de muitos dos seus predecessores: a reestruturação da instituição. No ponto chave de conduta do Ministério, Lott passou a implantar uma política de proteção ao militar como indivíduo, e não como membro de uma corporação, destacando um lado humano que jamais fora levado em conta ao se tratar de soldados.

Seria preciso, além de boa vontade, muita coragem. Disposto a acabar de vez com o "sistema da peixada" — não esquecia das caronas que tomou por causa da revolução de 1930 , propôs mudanças na lei de promoções, que até então poderiam ser feitas por merecimento ou por antiguidade, conforme o posto, e preservando a proporção entre os oficiais da Cavalaria, Infantaria, Engenharia e Artilharia. O oficial, para ser promovido por antiguidade, deveria ter um tempo de serviço de acordo com sua promoção; por merecimento, deveria ter uma folha de serviços que se sobressaísse aos mesmos oficiais no mesmo posto. Esses critérios subjetivos eram facilmente modificados por questões de amizade, parentesco, favores e dívidas pessoais.

Sobravam antigos projetos que não saíram do papel. Lott aproveitou os vários estudos e deu início a uma efetiva mudança para tentar equilibrar as promoções entre as quatro turmas de armas. Infantaria, Cavalaria, Engenharia e Artilharia tinham números diferentes de componentes. Como a Engenharia possuía uma quantidade menor de oficiais, eles chegavam ao generalato com mais rapidez e facilidade, provocando situações de tensão que prejudicavam o relacionamento entre os aspirantes. Com a Lei 2.657, Lott buscou um equilíbrio dos quadros. A solução encontrada foi dividir em terços o número de oficiais de cada arma e promovê-los igualmente. Assim, a mesma quantidade de oficiais seria promovida em cada arma. A portaria ganhou o nome de "Lei da Vingança" pelos oficiais da Engenharia e Artilharia, que perderiam uma grande vantagem na corrida pelas promoções. Lott e seus auxiliares imediatos eram da Infantaria.

A "promoção por merecimento" também deixava de ser totalmente parcial para obedecer a um sistema de contagem de pontos que procurava evitar injustiças:

> Um modo tal que a vida do oficial, ao invés de ser avaliada com base em um critério vago, se enquadrasse em aspectos objetivos: curso da escola, notas, funções com destaque, participação em combate, elogio por bravura. Tudo isso valia pontos. Depois, fazia-se a soma desses pontos para cada um dos oficiais e, de acordo com o resultado dessa soma, os oficiais eram classificados. Durante o tempo em que fui ministro procedi assim e propus ao presidente da República que não modificasse a ordem em que os oficiais eram apresentados, resultando que durante minha passagem pelo Ministério da Guerra os oficiais do quadro de acesso de merecimento eram promovidos na ordem da proposta.[59]

Lott mexeu também com a mais nervosa das promoções: de coronel a general-de-brigada. Implantou um método eleitoral pelo qual os coronéis em condições de alcançar o generalato faziam uma votação entre si. Os mais votados seriam promovidos. Pouco tempo depois, Lott teve de ampliar o sistema de escolha já que os coronéis começaram a votar em si mesmos. Os generais da ativa também passariam a ter direito a voto. Se não era um modo ideal, o método implantado por Lott deixou satisfeita grande parte dos oficiais, já que acabava com a promoção por apadrinhamento.

Seguindo essas novas determinações, Lott iria espantar os quartéis ao promover João Baptista de Mattos ao generalato no dia 26 de julho de 1955. Ele se tornou o primeiro general negro da história do Exército.[60] Mattos foi o primeiro de sua família a aprender a ler. Sua avó fora escrava. A mãe escapou graças à Lei do Ventre Livre.

Por trás de toda essa preocupação com a neutralidade do ministro da Guerra já era possível ver a crescente expectativa de Café com as eleições presidenciais marcadas para o dia 3 de outubro de 1955. O brigadeiro Eduardo Gomes insistia para que Café adotasse o sistema de maioria absoluta na futura eleição presidencial. Apesar de concordar com o brigadeiro, Café sabia que só o Legislativo poderia mudar a lei, e, como ele não tinha muita força no Congresso, dificilmente a mudança seria realizada.

Chegava ao fim um dezembro quente no Rio de Janeiro com temperaturas superiores a 38°C. No último dia de 1954, os ministros militares e os chefes de Estado-Maior das Forças Armadas enviaram uma carta ao presidente, na qual mostravam-se habituados a ser chamados em momentos de crise e apelavam aos partidos políticos para que encontrassem uma solução de consenso, além de afirmarem que não se candidatariam à presidência:

> Profundamente preocupados com os perigos que certamente advirão, em meio à grave crise econômica e social que atravessa o país, de uma campanha eleitoral violenta, os chefes militares das três forças armadas, mais diretamente responsáveis, perante Vossa Excelência, pela preservação da ordem e tranqüilidade públicas, e levados pelo fato de que em todos os momentos de crise nacional a elas, sistematicamente, se têm dirigido os anseios populares para as soluções capitais, sentem-se no dever moral de encarecer junto a Vossa Excelência a necessidade de um apelo do Governo da República a todas as forças políticas nacionais, em favor de um movimento altruístico de recomposição patriótica, que permita a solução do problema da sucessão presidencial em nível de compreensão e espírito de colaboração interpartidária, sem o acirramento dos ódios e dissensões que vêm de abalar seriamente a vida nacional. E, ao fazê-lo, querem outrossim declarar que não os move qualquer desejo de ver aceita a candidatura de um militar, apressando-se aqueles mais apontados, em comentários da imprensa, como possíveis candidatos e que também assinam este documento, a afirmar perante Vossa Excelência que não se consideram como tais, nem encararão como conveniente o lançamento de suas candidaturas nas circunstâncias atuais(...)

Assinavam o "Documento dos Militares": o marechal Mascarenhas de Moraes; os generais Lott, Távora e Canrobert Pereira da Costa; os almirantes Valle e Saladino Coelho; e os brigadeiros Eduardo Gomes e Gervásio Duncán de Lima.[61] O documento fora entregue a Café pelo almirante Valle. Estava dentro de um envelope fechado com o carimbo de "secreto".[62] Assim que recebeu o memorial, Café procurou, um a um, os chefes militares para que explicassem individualmente suas razões. Lott justificou sua assinatura de maneira seca:

— Subscrevi-o porque sou contra a intervenção dos militares na política.[63]

A rigor, o memorial não apresentava restrição a qualquer nome, mas quase exigia o lançamento de um candidato único. Café, porém, transformaria o documento em um ultimato. Essa condição também era vista pelo idealizador do memorial, Juarez Távora — autor do rascunho da carta[64] —, como uma forma de acabar com a candidatura declarada do governador mineiro do PSD, Juscelino Kubitschek. O memorial apresentava o compromisso da não candidatura de um militar e garantia que as Forças Armadas não violariam o regime. Foram essas duas propostas que agradaram muito a Lott e garantiram sua assinatura.[65] O documento também servia como suporte ao artigo "Enquanto é tempo", de Carlos Lacerda, publicado no jornal de sua propriedade, a *Tribuna da Imprensa*, que reforçava a idéia do candidato único. Reconhecendo que as Forças Armadas estavam divididas, Lacerda pedia que os militares interviessem na situação política do país:

> Se as Forças Armadas viessem para as ruas, já teriam vindo ao encontro do desejo de muitos, que consiste em entregar a mãos fortes a sucessão presidencial, para a reorganização completa do país (...) Pretender reduzir ao silêncio as Forças Armadas e negar-lhes o direito de opinar na crise brasileira é, mais que um contra-senso, uma traição.[66]

No mesmo artigo, Lacerda ainda acusava Juscelino Kubitschek de ser o único obstáculo à união das forças democráticas.

Nos corredores e nos gabinetes, porém, alguns dos signatários já sondavam ou eram sondados para se renderem a uma possível candidatura: Eduardo Gomes, procurado insistentemente pela UDN; Canrobert Pereira da Costa, que já revelara a Café ter conquistado o apoio do PR e de outros pequenos partidos; e Juarez Távora, que contava com a simpatia da ala do PSD ligada ao governador de Pernambuco Etelvino Lins. E até mesmo seus cinco meses de vida pública já credenciavam Lott a ser procurado por políticos de diversos partidos para convencê-lo a sair candidato. Aos pedidos, respondia que não possuía nem eleitorado, nem vocação. Chegou a reclamar com Café do assédio que vinha sofrendo, já que os visitantes o procuravam em sua casa à noite e o impediam de dormir em seu horário costumeiro, prejudicando sua inabalável rotina.[67]

Aos poucos, o memorial, que era secreto, tornou-se público. Convenientemente, foi sendo publicado em partes, em trechos idênticos, por vários jornais. Após os encontros com os chefes militares, Café se achou na perfeita condição de fiador da sugestão e passou a consultar os políticos sobre o candidato único. Com o memorial debaixo do braço, procurou Adhemar de Barros, que garantiu que não seria candidato. Em seguida, chamou Juscelino, que garantiu que só o PSD poderia decidir sobre sua candidatura, pronunciando uma frase que entraria para a história: "Poupou-me Deus o sentimento do medo." Nesse encontro, realizado no dia 20 de janeiro, Café afirmou-lhe que não havia restrição a seu nome, mas pediu a união nacional em torno de um só candidato. Juscelino disse que não retiraria a candidatura. Café então deixou de rodeios e mostrou-lhe o memorial:

> O que se alegava contra ele era a maneira como se antecipara, lançando-se isoladamente (...) numa campanha partidária, e assim precipitando uma disputa que a muitos parecia arriscada, em face da delicada conjuntura nacional.[68]

A atitude desafiadora de Juscelino assombrava a UDN com o possível retorno à política de Vargas. Café então tentava colocá-lo em uma armadilha: se ele apoiasse o movimento de união nacional em torno de um candidato único, seu nome seria estudado como possível solução.[69] Quem caíra na cilada fora o próprio presidente. Ao ler o Memorial, Juscelino, apesar de não enxergar nenhum veto direto à sua candidatura no manifesto, mostrou-se contra sua divulgação.

À saída do encontro, com ambos tensos, Juscelino, meio transtornado e diante do presidente, ainda redigiu uma nota e assegurou que enviaria uma resposta para Café continuar suas consultas. Mesmo assim, continuava contestando o presidente:

— No dia em que o governador de dez milhões de brasileiros, em ordem com todos os preceitos legais, e ainda por cima indicado pelo partido de maior eleitorado no país, não puder ser candidato, acabou-se a democracia no Brasil.

Café finalizou:

— Depois não diga que não o avisei.[70]

E ficaria aguardando uma carta que nunca viria.

Esquecendo-se de combater uma crise econômica que não conseguia controlar, Café fez justamente o contrário do combinado com Juscelino e, no dia 27, uma semana depois do encontro, em discurso na *Hora do Brasil*, divulgou o manifesto:

> Os prenúncios de uma sucessão convulsionada surgiram desde que foi indicada por um partido uma candidatura, sem maiores entendimentos com as outras forças políticas. Simultaneamente irromperam sintomas em cujo mérito não me cabe entrar, mas a que muitos atribuem um propósito de restaurar a ordem de coisas encerrada tragicamente a 24 de agosto de 1954.

Era exatamente o que Juscelino queria, como explicou mais tarde ao jornalista Murilo Melo Filho:

> No íntimo, eu estava certo de que Café desejava publicar o memorial. E então, como imaginava que ele faria exatamente o contrário do que eu aconselhasse, disse-lhe ser visceralmente contra a publicação. E aconteceu o que eu previa. Café revelou-o por inteiro e com essa revelação trouxe mais alguns milhares de votos para o meu cesto, pois os eleitores reagiram contra aquele posicionamento dos militares.[71]

No dia seguinte, dia 28, Juscelino abriria guerra contra Café através de uma entrevista publicada em *O Correio da Manhã*, na qual desmentia o presidente, chamava-o de "mentiroso" e confirmava sua candidatura, repetindo: "Poupou-me Deus o sentimento do medo." Naquela noite, o candidato ainda fez um corajoso discurso:

> A duração da minha candidatura está condicionada à duração da própria democracia em nossa pátria. Estou certo de que as Forças Armadas, fiéis ao seu passado, à sua tradição e senso de legalidade, garantirão a realização de eleições livres, dentro do funcionamento normal do regime e da Constituição.[72]

O discurso de Juscelino parecia até ser feito para conquistar Lott, que considerou a divulgação pública do documento um abuso de confiança[73] de Café em relação a ele. Ainda no mês de janeiro, o documento assinado pelos militares fez Juscelino ganhar uma forte adesão. O advogado udenista Sobral Pinto fora chamado pelo amigo Carlos Lacerda para uma conversa na sede da Tribuna da Imprensa. O jornalista abriu o jogo:

— A candidatura Juscelino está liquidada.

— Como assim?

Com uma dose de exagero, Lacerda explicou:

— Os militares assinaram um documento no qual impugnam a sua candidatura pelo PSD.

Sobral reagiu imediatamente:

— Nesse caso, eu passo para o lado de lá. Não para apoiar a candidatura do Juscelino à presidência, pois sou adversário do PSD, mas para sustentar o direito dele de manter sua candidatura, sem a oposição petulante, arrogante e inadmissível de certos militares.[74]

Reagindo às manifestações dos militares que estavam do lado de Lacerda, o advogado Sobral Pinto, partidário da UDN, passou a ser procurado por políticos de vários partidos, oficiais militares e pessoas comuns, que viam nele um homem que saberia colocar a legalidade acima da paixão pelo poder. Sobral preocupava-se porque, naquele momento, o regime brasileiro estava ameaçado. Fundou então a Liga de Defesa da Legalidade para proclamar que o regime democrático brasileiro se encontrava na dependência de três fatores:

acatamento ao resultado da eleição de três de outubro; garantia à Justiça Eleitoral para apurar os resultados das urnas e diplomar o presidente e o vice-presidente eleitos; posse, em 31 de janeiro de 1956, dos candidatos diplomados pelo Superior Tribunal Eleitoral.[75]

Escreveu artigos no *Jornal do Commercio* atacando educadamente Lott, que não deixava de responder e explicar suas atitudes. A troca de artigos prolongou-se até julho, quando os dois marcaram um encontro, realizado na tarde de um sábado, na casa do general, que foi logo explicando:

— Na polêmica que tem mantido comigo, o senhor afirma que os chefes militares vetaram a candidatura do senhor Juscelino Kubitschek de Oliveira, porque desejam que um deles seja o futuro presidente. Acabo de verificar que o senhor tinha razão. O general Juarez Távora, um dos signatários do memorando, escreveu-me uma carta com o documento anexo — no qual figuravam as assinaturas dos chefes militares, inclusive a dele — pedindo que eu o assinasse, pois como ministro da Guerra tenho as tropas nas mãos. Acabo de saber que o general Juarez Távora aceitou sua candidatura à presidência da República, levantada pela UDN do Distrito Federal e com o apoio das outras seções estaduais do partido. De maneira que eu vejo que o senhor estava com a razão: o PSD tinha todo o direito de apresentar a candidatura do senhor Juscelino Kubitschek.[76]

Sobral, homem da UDN, mostrava sua honesta preocupação ao procurar Lott e escancarar a "agitação subversiva sob o disfarce lamentável de batalha judiciária". Depois do encontro, nasceu uma amizade entre dois homens que descobriram ter o mesmo ponto de vista em relação à eleição. Para Sobral, a UDN desejava tumultuar o processo, com infinitos recursos processuais que retardassem a apuração dos votos no prazo constitucional e assim impossibilitar a proclamação dos vencedores antes de 31 de janeiro de 1956. Nessa data, o país ficaria sem governo, pela desorganização do regime, e o resultado seria uma nação sem comando. O momento ideal para que outras forças tomassem o poder sem base legal.[77] O inimigo principal do plano udenista era o governador mineiro.

Juscelino estava matando um leão por dia no seu caminho rumo à presidência. Conseguira vencer na executiva nacional do PSD mineiro, derrotando por um voto o presidente do partido em Minas e cacique da política local, Benedito Valadares. No dia 25 de novembro de 1954, o diretório nacional do PSD, presidido por Amaral Peixoto, aprovou seu nome por 123 votos a favor e 36 contra. E em 10 de fevereiro de 1956 Juscelino tornou-se o candidato oficial do partido, com o apoio de 1.646 delegados da convenção nacional, nenhum voto contra e 276 abstenções. O PSD homologou e lançou oficialmente sua candidatura a presidente, mas Juscelino não contou com o apoio dos delegados de Santa Catarina, Rio Grande do Sul e Pernambuco, que se abstiveram de votar. Comandavam o partido nesses estados, respectivamente, Nereu Ramos, Perachi Barcelos e Etelvino Lins, que defendiam a candidatura única pregada por Café. Agora era hora de Juscelino enfrentar a UDN em todo o Brasil, já que desde que assumira o governo mineiro, em 1951, acostumara-se a enfrentar "apenas" a fúria da UDN mineira. E que fúria... além de exigir que Juscelino entregasse uma relação de bens à Câmara, os udenistas chegaram a propor a criação de uma Comissão Parlamentar de Inquérito para investigar a origem desses bens. A CPI não foi longe, mas tentava-se com isso impugnar sua candidatura.

Carismático, bom de voto, com dois mandatos de deputado federal e a prefeitura de Belo Horizonte, Juscelino governara Minas apoiado no binômio Energia e Transportes. Levara investimentos industriais para o estado e fez várias obras (escolas, postos de saúde, pontes) que marcaram uma gestão aplaudida pela população. Além de conquistar a imagem de um administrador competente, era um orador que empolgava multidões, dono de uma simpatia contagiante.

No dia da morte de Vargas, abriu os portões dos jardins do Palácio da Liberdade, sede do Executivo mineiro, e propôs que uma comissão de trabalhadores o acompanhasse ao Rio para velar o corpo no Catete. Foi o único governador de estado que teve a coragem de comparecer ao velório de Vargas, além de Amaral Peixoto, governador do Rio, que era genro do ex-presidente. Uma atitude que jamais seria esquecida, tanto pelos seguidores do presidente, dos quais conquistara a admiração, quanto por seus inimigos, que tiveram a atenção despertada.

Poucos dias antes da convenção do PSD que indicaria Juscelino candidato oficial do partido à presidência da República, o coronel Jurandyr

Mamede afirmou ao deputado Álvaro Lins que a homologação da candidatura do ex-governador mineiro iria provocar a "saída da procissão"[78], com os tanques do Exército tomando as ruas. O blefe de Mamede foi registrado pelo deputado Armando Falcão em um discurso que seria realizado na Câmara dos Deputados em 7 de fevereiro de 1956.

Em 4 de dezembro de 1954, o diretório nacional do PTB tomava a decisão de liberar João Goulart para reeditar a aliança PSD-PTB. O primeiro encontro entre Juscelino e Jango ocorreu na casa de Osvaldo Aranha. Além da rejeição ao nome de Juscelino, a indicação de Goulart, presidente do PTB, a candidato a vice caiu como uma bomba entre os antigetulistas. Estava disparado o alarme nas Forças Armadas. A continuidade da união PSD-PTB provocou agitação e medo. A UDN e os militares antigetulistas temiam a volta dos "gregórios". Se Jango já era temido quando estava no Ministério do Trabalho de Getulio,[79] o que não poderia acontecer se chegasse à vice-presidência?

Em abril, o PTB formalizou a chapa, indicando oficialmente em sua convenção nacional o nome de João Goulart. Conforme a Constituição de 1946, a estranha lei eleitoral definia que haveria duas eleições: uma para presidente e outra para vice. Assim, poderia ocorrer a absurda situação de o país ter um presidente de uma coligação e um vice de outra. O vice-presidente eleito, segundo outro dispositivo dessa mesma Constituição, se tornaria o presidente do Senado.

O governador mineiro assustava também porque, enquanto muitos discutiam, ele já estava em campanha aberta. Entre dezembro de 1954 e fevereiro de 1955, viajou de norte a sul do país. Visitava os diretórios estaduais. Nadava de braçada. Inimigos, só dentro do próprio partido.

A chapa Juscelino-Jango reuniu duas máquinas eleitorais: O PSD, no campo; e o PTB, nas cidades. Uma aliança que sobreviveu graças à herança política e social de Vargas. Na esteira dessa chapa, foram aderindo o PTN, PR, PST, Movimento Nacional Popular. O PCB não gostou do acordo, porém, mais tarde, Luiz Carlos Prestes escreveria uma carta na qual oficializava o apoio comunista à chapa PSD-PTB.

Como candidato oficial da coligação, Juscelino voltaria a percorrer o país, sempre repetindo: "Poupou-me Deus o sentimento do medo." Prometia acelerar a industrialização do país, garantir investimentos públicos e desenvolvimento, que trariam emprego e progresso. Em março, Juscelino renunciou ao governo de Minas. Seu vice, Clóvis Salgado, assumiu, garantindo apoio à sua candidatura.

Seus concorrentes estavam bem atrasados. Em 21 de março, o Partido de Representação Popular (PRP) lançou Plínio Salgado e sepultou de vez a tese da união nacional. Num vaivém de candidatos, pedidos e acordos, a UDN mostrava-se perdida, preocupada muito mais com Juscelino do que com sua própria escolha. O leque de candidatos seria fechado em fins de maio, quando o PSP, como se esperava, lançou Adhemar de Barros.

O memorial de dezembro teve o efeito de um rojão: subiu rapidamente, fez barulho e desapareceu. Assim que voltou de uma viagem a Portugal, em março de 1955, Café viu-se envolvido nos bastidores da candidatura, lançada pelo PDC e apoiada pela UDN, de Juarez Távora — justamente o militar idealizador do documento que garantiria que não haveria militares candidatos. A realidade transformou o memorial não no fim, como estava escrito, mas no início do "desejo de ver aceita a candidatura de um militar".

No dia 1º de abril, conforme narrou em sua autobiografia, Távora foi procurado pelos deputados Auro de Moura Andrade e Olavo Fontoura, que tinham uma proposta do governador paulista Jânio Quadros, que ainda estava "indeciso" se saía ou não como candidato. Era uma data emblemática para essa indecisão. Jânio concordaria em desistir se Távora fosse candidato à presidência, mas havia algumas condições para tal gesto de grandeza: 1ª) o candidato a vice tinha de ser de São Paulo; 2ª) o Ministério de Café deveria ser modificado, reunindo mais paulistas; e 3ª) a decisão deveria ser tomada em 24 horas, para que, se Távora não concordasse, Jânio pudesse se desincompatibilizar dentro do prazo legal para concorrer ele mesmo à presidência.[80]

Surpreso com o inesperado pedido, Távora respondeu que teria de verificar, primeiramente, se ainda estava de pé o compromisso assumido por ele e outros militares, em dezembro de 1954, de não se candidatarem. E seria quase impossível reunir todos os signatários daquele documento em menos de 24 horas. Quanto ao vice de sua chapa, Távora explicou que essa era uma decisão dos partidos. A mesma justificativa valeu para a questão de mais paulistas no Ministério. Para ele, tratava-se de uma escolha que competia apenas a Café. Mesmo assim, ao despedir-se dos deputados, Távora disse que iria até Eduardo Gomes para tentar reunir-se com os militares e com o presidente.

À tarde, dirigiu-se à residência oficial da Gávea Pequena e encontrou-se com o presidente que se mostrou satisfeito com a idéia. Café manifestou-se a favor da reformulação do Ministério para atender ao acordo político. A reunião com os militares foi marcada para a manhã seguinte, dia 2, com a presença de Lott. Todos concordaram que, com o lançamento da candidatura de Juscelino, o compromisso tornara-se sem sentido. A reunião aprovava a candidatura militar. Assim, Távora telefonou para Café comunicando sua decisão de candidatar-se. O caminho estava livre para a negociação. E negociou-se até demais. O senador Reginaldo Fernandes foi escolhido por Café para ir a São Paulo e falar em seu nome para acertar os detalhes da candidatura Távora. Jânio agora exigia que suas condições fossem cumpridas.

Em São Paulo, o senador Fernandes encontrou-se com Olavo Fontoura e Auro de Moura Andrade para uma reunião que contou com a presença de Carvalho Pinto, Marrey Júnior e Castilho Cabral, além do próprio Jânio. Reginaldo Fernandes deixou claro que, em troca do apoio de Jânio à candidatura de Távora, Café estaria disposto a recompor seu Ministério. O senador chegou a perguntar a Jânio quais os Ministérios que seriam importantes para São Paulo. O governador citou apenas o da Viação, mas pediu a presidência do Banco do Brasil. Ainda fez charme, afirmando que só poderia enviar os nomes após consultas.

Um problema que surgiu foi a indicação a vice. Jânio queria Moura Andrade, mas Café empenhava-se pelo amigo e governador do Paraná, Bento Munhoz da Rocha. Mais uma vez, Jânio aproveitou-se da discórdia: acabou aceitando o nome de Munhoz da Rocha, mas aumentou as exigências. Em seguida, o governador ainda escreveu não um comunicado, mas um memorando com as condições que impunha para São Paulo apoiar a chapa Juarez-Munhoz. O documento foi assinado por todos os presentes. O senador cobrou então a oficialização do acordo, relembrando que aquele era o último dia (2 de abril) para desincompatibilizações. Era preciso que o governador fizesse um comunicado tornando pública a sua desistência da candidatura em prol da chapa Juarez-Munhoz. Jânio não demonstrou pressa:

— Amanhã comunicarei à nação a nossa decisão.

Nesse mesmo dia, por volta das dez da noite, Fernandes, além de Olavo Fontoura e Auro de Moura Andrade, que também participaram da negociação, retornaram ao Rio para entregar o memorando a Café. Jânio pediu que o presidente também o assinasse. Café não gostou do que leu. Porém, a duas horas do fim do prazo de desincompatibilização, o acordo transformara-se em uma chantagem política. Restou apenas ao presidente escrever à margem a expressão "de acordo".[81]

Em seguida, Moura Andrade telefonou a Jânio para confirmar a assinatura do presidente. Dez minutos depois, Jânio fez o que sabia fazer de melhor. Barulho. Anunciou que continuaria no governo de São Paulo e lançou seu apoio oficial a chapa Juarez Távora e Munhoz da Rocha, que renunciara ao governo do Paraná para concorrer. Em seguida, os emissários de Jânio dirigiram-se à casa de Távora.

O encontro começou amigavelmente, com Fernandes, Moura Andrade e Olavo Fontoura relatando que não houve maiores problemas na reunião. Távora agradeceu e disse que se afastaria do Gabinete Militar, descansando uns dias antes de iniciar a campanha. Os representantes de Jânio, porém, insistiram em mostrar o documento a Távora, que ficou chocado com o que leu. O texto do memorando escrito por Jânio e avalizado por Café colocava Távora nas mãos do governador paulista, já que nele estavam definidas as ações "para acertarem um caminho de entendimento e cooperação recíprocos, em benefício de São Paulo e do Brasil". Távora não se conformou porque o memorando reduzia o seu futuro governo a item de barganha do acordo entre Jânio e Café. Alterou-se com os detalhes da negociação. No documento assinado pelo governador paulista e pelo presidente da República, sua candidatura ficava condicionada à humilhante saída do Ministério de dois grandes amigos: Eugênio Gudin, da Fazenda, e o coronel Rodrigo Otávio, da Viação e Obras Públicas,[82] que se tornariam peças substituídas no jogo de Jânio. Távora ficou mais inconformado porque Café cedeu os Ministérios que Jânio queria, mas soube manter Munhoz da Rocha como vice. Lembrou que o vice só poderia ser escolhido depois de consulta aos partidos, conforme havia conversado na véspera[83] com os mesmos representantes de Jânio que agora lhe entregavam o documento.

Távora se conteve e não deixou transparecer toda decepção que sentia. Apenas limitou-se a dizer aos emissários do governador que gostaria de falar com ele, pedindo-lhes o telefone do Palácio dos Campos Elíseos e de sua residência. Eles responderam que Jânio viria ao Rio para acertar os detalhes da campanha. Na manhã seguinte, Távora foi à missa e recebeu a visita de Eduardo Gomes e Cordeiro de Farias, que também se mostraram decepcionados com o acordo.[84] Depois desse encontro, Távora, que estava inconformado, ficou furioso.

Café não gostou, mas assinou. Távora não gostou e acabou com a armadilha do governador paulista. Apenas um dia depois de sua candidatura ser teatralmente lançada, Távora enviou, através de Cordeiro de Farias, uma carta ao presidente na qual cutucava o acordo e lançava uma bomba:

> Nessas condições, sem prejuízo de Vossa Excelência dar a São Paulo aquilo que lhe prometeu e que São Paulo certamente merece, venho declarar-lhe que me sinto inteiramente desvinculado de qualquer compromisso até agora assumido, recusando-me a permitir que meu nome seja coordenado como candidato à Presidência da República, em função de tais compromissos.[85]

Távora também escreveu uma carta para Jânio. Outra nota foi distribuída através da Agência Nacional, na qual explicava:

> Contrariamente à minha vontade reiteradamente expressa àqueles emissários e ao senhor presidente — ali se vinculava ao meu nome a satisfação das reivindicações do Governador de São Paulo (...)

Na tarde do dia 5 de abril, Távora oficializou sua renúncia à candidatura durante uma reunião da UDN. Os tais compromissos foram acertados depois de uma longa negociação, mas quando Café colocou seu "de acordo" nas propostas de Jânio, esqueceu-se de perguntar se Távora também estava "de acordo". Um dia depois das cartas, na segunda-feira, Lacerda visitou Távora e classificou de barganha[86] o acordo: dois ministros para Jânio, um candidato a vice para Café.

Em seguida, Távora foi ao Palácio do Catete pedir sua exoneração. Encontrou um presidente visivelmente abalado. A pedido do médico Raimundo de Brito, Távora não solicitou sua saída. Brito temia que essa atitude pudesse mexer ainda mais com o presidente e causasse algum problema cardíaco, a que Café era sujeito. Mais tarde descobriu o real motivo do abatimento de Café: quando Távora desistiu da candidatura, o governador do Paraná, Munhoz da Rocha, já havia renunciado para ser candidato a vice e perdera, então, o resto de seu mandato. Távora reconheceu que esse era um "aspecto indesculpável da decisão" que tomara.[87]

Desmoronava um poderoso acerto político que poderia reunir forças da UDN, PR, PSP e uma parte do PSD e do PTB, além do PDC de Távora. Café desistia das articulações, alegando que participara das conversas "em virtude do apelo dos chefes militares e com o objetivo de encaminhar uma composição geral capaz de preservar o regime dos perigos que o ameaçavam".[88] Mas nada de dar nome aos "perigos".

O estrago estava feito. Távora renunciou à candidatura depois que o prazo para desincompatibilizações se esgotara. Jânio não mais poderia ser candidato. O efeito dominó da divulgação do acordo e da desistência de Távora provocou os pedidos de exoneração de Eugênio Gudin, ministro da Fazenda, Rodrigo Otávio, da Viação, e Clemente Mariani, presidente do Banco do Brasil. A saída de Gudin, em especial, interrompia o plano de reforma cambial que estava em andamento.

Jânio fingiu que não era com ele. No dia 4 foi ao Rio procurar o presidente. A carta de Távora foi entregue por Cordeiro de Farias ainda no aeroporto. O governador mostrou-se indignado com a renúncia. Depois do encontro com Café, deixou o Palácio sem procurar Távora. Demonstrando irritação, passava a "imagem de uma vítima de equívocos ou manobras de origem indefinida".[89] Por sorte, tinha feito um acordo com um homem que manteve a palavra — ou que se julgava culpado pela desastrosa manobra — e que, mesmo prejudicando a atuação do seu próprio governo, entregou a Jânio as vagas nos Ministérios da Fazenda e da Viação e da presidência do Banco do Brasil.[90] Távora pediu exoneração dois dias depois. Café não fez qualquer objeção.

Imediatamente após a renúncia de Távora, a UDN comunicou que aceitaria o candidato indicado pelos dissidentes do PSD e agarrou-se ao escolhido, Etelvino Lins. Uma candidatura que começava nessas situações não teria muita chance de decolar. O novo candidato não conseguiria empolgar.

Távora tentou sair de cena. Passou alguns dias na fazenda de um amigo em Minas Gerais, mas não teve como evitar a peregrinação de militares e políticos que insistiam para que ele voltasse atrás. Com a esfacelada campanha de Etelvino ainda na rua, pouco mais de um mês após a sua renúncia, Juarez reuniu em sua casa, no dia 11 de maio, os líderes da UDN, do PSB, PL, PDC e do PSD dissidente e dobrou-se aos pedidos: renunciou à renúncia, voltando à campanha. Nessa mesma reunião estava presente Etelvino, que declarou a todos que iria continuar candidato. Só desistiria oficialmente no dia 24 de junho, quando se encontrava completamente esquecido.

Contudo, a partir daquele momento, Café manteve-se afastado da candidatura e adotou uma postura neutra durante a campanha, da qual Juarez já havia perdido mais de um mês entre idas e vindas. Além de ganhar a inimizade de boa parte do PSP de Café Filho, dos eleitores de Jânio, do PR de Munhoz da Rocha e dos dissidentes do PSD que apoiavam Etelvino, Távora também contava com o ódio dos petebistas, que o apontavam como um dos "assassinos" de Vargas. Era uma candidatura dura de levar. A UDN só se manifestaria oficialmente no dia 13 de julho, quando indicou Milton Campos para vice.

Além das suas trapalhadas políticas, Juarez sofria com uma condição inflamatória do intestino, que era provocada pela ingestão de glúten: uma doença conhecida como doença celíaca ou sprue celíaco, que desgastava ainda mais seu estado físico e psicológico. Contraiu a doença em 1925, mas só seria identificada 25 anos depois, quando quase toda mucosa de seu tubo digestivo estava destruída. Assim, a falta de digestão e de assimilação dos alimentos poderia transformar-se em uma perigosa anemia.[91] O ritmo de campanha pioraria seu estado, mas a enfrentaria dessa vez sem desistir. Para piorar, insistia em falar para a população de investigações, inquéritos e sacrifícios, enquanto Juscelino prometia céus e terra: seriam "Cinqüenta anos de progresso em cinco de governo."

Com os candidatos finalmente definidos, o presidente mostrava-se um defensor da democracia, porém nada fazia para punir os pronunciamentos cada vez mais ferozes dos militares e políticos que estavam bem do seu lado. Café procurava uma identidade. O comunista e divorcista da década anterior agora procurava se aninhar com os militares e com a Igreja. Fora vice de Getulio, voltara-se contra ele, ascendera em sua tragédia e agora tinha ao seu lado inimigos do falecido presidente, mas não se posicionava para combater o getulismo. Era muita pressão.

No dia 1º de junho, o *Diário de Notícias*, de Porto Alegre, iniciou uma série de entrevistas com o almirante Penna Botto, líder de forte influência na Marinha e que também era o presidente da Cruzada Brasileira Anticomunista, uma entidade de pouca expressão, mas com posições contundentes. O tema das entrevistas era o processo sucessório. Botto explicou que se manifestava como civil, apesar de estar fardado e no seu posto de comando — o gabinete do destróier *Greenhalgh*.[92] Uma situação estranha para alguém que se declarava civil. Garantiu que a Cruzada exigiria que os candidatos não tivessem ligações com o Partido Trabalhista Brasileiro e o Partido Socialista, nem com Jânio Quadros — que no começo de sua carreira política manteve ligações com organizações comunistas — ou Adhemar de Barros. O almirante ia além e dava opiniões sobre a Petrobrás, declarando ser "contrário à exploração exclusivamente estatal do petróleo". Falava sobre a situação política e incentivava os oficiais a participarem ativamente do processo sucessório, uma posição contrária à orientação do presidente. Os pronunciamentos de Botto foram ganhando influência na Escola de Estado-Maior e afinavam-se com as idéias de Lacerda. Um perigo.

Os militares entraram no jogo. A partir dessa declaração, oficiais de várias patentes passaram a manifestar opiniões sobre quaisquer assuntos. Quase um ano depois da morte de Vargas, o rancor entre os grupos militares pró e contra o ex-presidente aumentara muito.

Esse clima de tensão e de desgoverno interessava ao grupo de Carlos Lacerda e Penna Botto. Lacerda já considerava certa a vitória de Juscelino e passaria agora a lutar para que não houvesse eleição.[93] A avalanche de afirmações polêmicas e pessimistas já começava a mexer com a opinião pública. No meio do fogo cruzado, Lott, recém-promovido a general-de-exército (quatro estrelas), a mais alta patente da ativa, tentava transmitir tranqüilidade à população. Sua gestão à frente do Ministério seguia bem no que se referia aos assuntos internos. Como general-de-exército, recebeu uma das mais importantes condecorações: a Medalha Marechal Hermes de Aplicação e Estudo. Lott foi honrado com essa condecoração de prata dourada com três coroas por ter alcançado o primeiro lugar em todos os cursos regulares que freqüentou. Entrava para o restrito grupo dos tríplices coroados do Exército.

Mas sentia-se isolado quando os problemas ultrapassavam os limites do seu gabinete. Por várias vezes procurara a imprensa para garantir a defesa da legalidade. Legalidade, muito se falava em legalidade. Mas parecia haver apenas um jogo de aparência para a sociedade.

Agosto, novamente. O painel da divisão das Forças Armadas já estava montado. Oficiais do Exército, comandados por Canrobert, Juarez e Etchegoyen e os coronéis da Sorbonne, estavam livres para conspirar na Escola Superior de Guerra. Eles formavam a Cruzada Democrática e garantiam a ação de Lacerda, que, amparado pela imunidade de deputado federal, buscava demolir qualquer estabilidade política com seus artigos e discursos. Rivalizando com esse grupo, a Inspetoria Geral do Exército acabou se tornando um "centro conspirativo pela preservação do regime",[94] servindo de quartel-general para o MMC. Na visão do coronel Alberto Bittencourt, o MMC tinha de mostrar aos generais que eles não poderiam mais tomar decisões militares conforme as orientações dos partidos políticos, nem desprezando a opinião dos coronéis. Alberto pregava que o Exército não deveria ser "pelego de partido político", e acreditava na missão do "partido fardado".[95] E o "partido fardado" tinha uma obrigação naquele momento: garantir a posse do presidente eleito, fosse quem fosse.

A adesão aos dois grupos aumentava na proporção em que cresciam os rumores de golpe. Os membros do grupo nacionalista não mantinham contato com Lott. Gostavam das suas declarações, mas se mostravam desconfiantes e acreditavam que o ministro não participaria de qualquer movimento. Lott recebia informações da Segunda Seção do Ministério sobre a movimentação política dentro da Inspetoria[96], e não a aprovava. Toda essa atividade o incomodava demais, por ser contrária à disciplina militar. Mais de uma vez Zenóbio recebera instruções de Lott para proibi-la.

O jogo era esse. E, apesar dessa franca e aberta diferença, Cruzada e MMC não se hostilizavam. Talvez porque o MMC fizesse questão de manter em completo sigilo suas atividades, não divulgando sua movimentação; ao contrário de Penna Botto e Lacerda, que alardeavam suas opiniões.

Agosto. Mês do primeiro aniversário do suicídio de Vargas e do assassinato do major Rubens Vaz. Não era mais possível esconder a tensão no país. Os boatos de golpe tornavam-se cada vez mais fortes. Em uma solenidade que lembrava o primeiro ano da morte do major Vaz, no dia 5, o presidente do Clube Militar, general Canrobert, fez um discurso pedindo a mudança dos costumes políticos, a apuração rigorosa do crime da rua Toneleros, a punição dos culpados e a união das Forças Armadas. Fez referência a uma "pretensa legalidade" que poderia "fomentar a desordem e a corrupção para satisfação de seus apetites de poder". Não chegou a defender o golpe militar, mas previu que qualquer que fosse o resultado da eleição, uma sombra de intranqüilidade e medo iria tomar conta do país, provocando fúrias remoídas. Citou a "falsidade democrática" e a "pseudolegalidade em que vivia o país", lamentando mais uma vez o fracasso da tese da "união nacional":

O que importa, antes de mais nada, é cerrar fileiras, cimentar a união militar, reforçar a coesão das Forças Armadas, para que possamos enfrentar com firmeza e decisão possíveis horas dramáticas que não nos serão poupadas e evitar ao país quaisquer sérios abalos em que possam de fato sucumbir as próprias instituições nacionais(...) Mas novas ameaças surgem e se avolumam contra essa união das classes armadas, contra a qual conspiram de novo, como sempre tem conspirado infelizmente entre nós as forças maléficas das paixões partidárias, exacerbadas todas as ambições incontroladas de indivíduos e de grupos diversos e todos os oportunismos sempre incontidos no afã de assegurar-se desde a primeira hora a certeza de paga de seus serviços por parte dos presumíveis poderosos de amanhã.

Em certos pontos, o discurso refletia o que Lott tanto temia:

Eis-nos, agora, às vésperas de um pleito eleitoral da maior significação. Qualquer que possa vir a ser o resultado das urnas, enormes interesses insatisfeitos e velhos ódios recalcados, valendo-se da denúncia de fraudes e ilegalidades imaginárias ou reais, não tardarão a acender o estopim da intranqüilidade e da desordem nesta infeliz terra brasileira.

Canrobert lembrou e cobrou a punição aos responsáveis pela morte do major Vaz:

Tarda ainda a Justiça na punição exemplar dos culpados por aquele tão nefando e traiçoeiro crime que chegou a abalar a consciência cívica nacional e ameaçou até as próprias instituições da República.

O discurso foi usado por militares mais exaltados, que interpretaram as palavras de Canrobert de um modo radical e apaixonado, e passaram a atacar o sistema eleitoral. Na Câmara o discurso também provocou reações. Parlamentares ligados a Juscelino foram a Café pedir a prisão do general. Mas o jornal *Ultima Hora*, que tinha ligações com o grupo getulista, analisou o discurso como um desabafo de um candidato frustrado por não ter conseguido levar adiante sua campanha. Afinal, Canrobert tentara concorrer à presidência em 1950. Houve também uma corrida à casa de Dutra. Militares e deputados queriam ouvir a opinião do ex-presidente.

Os ministros militares tiveram acesso ao discurso de Canrobert e não viram problema. Lott conversou com Canrobert, um dos raros generais que o chamavam de Duffles, como era conhecido no Colégio Militar, e percebeu o que aquelas palavras representavam: o velho dilema da encruzilhada que tantas vezes surgira na vida de um líder das Forças Armadas no Brasil. Em seu discurso, Canrobert refazia a história recente do país e o drama militar que parecia não ter fim, e que apontava para saídas cada vez mais radicais.

Lott liberara o discurso de Canrobert assim como também não impedira que Jarbas Passarinho, aluno da Escola de Estado-Maior, se pronunciasse à beira do túmulo do major Vaz, em outra homenagem por ocasião do primeiro aniversário do falecimento. Passarinho, que já mostrava talento para discursar e era famoso no Exército como orador, foi chamado ao gabinete de Lott para que o ministro examinasse o conteúdo do seu manifesto. Antes de levar o discurso de duas laudas a Lott, passou uma cópia para Mamede. Combinaram que, se Lott alterasse as palavras de Passarinho, seria Mamede quem tomaria a palavra para ler o discurso original.[97]

Assim que Lott recebeu o discurso das mãos de Passarinho, abriu a gaveta, pegou uma caneta bicolor e logo escolheu a tinta vermelha. Leu duas vezes e não fez alteração. Apenas questionou:

— O senhor está afirmando em um ponto do discurso que "o tempo enxovalha a nossa farda"?

— Ministro, o senhor me desculpe mas isso é uma questão de estilo. Eu acho que enxovalha, porque enxovalhar é sujar. E um ano depois da morte de Vaz, nós não sabemos quem foi o assassino.

Lott aceitou a argumentação e perguntou simplesmente:

— Quem vai falar depois de mim?

— Não sei.

Passarinho realmente não sabia. Lott então concluiu a conversa:

— Eu só irei lá para ouvir o seu discurso.

Passarinho ficou surpreso. Ao chegar ao gabinete, tinha certeza de que seria preso.[98] No entanto, saiu de lá quase elogiado. Quanto a Lott, fez exatamente como dissera: assim que Passarinho terminou o discurso no cemitério São João Batista, deixou a cerimônia, acompanhado por Eduardo Gomes.

As acusações disparadas pelos dois lados tumultuavam qualquer tentativa de estabilização política. E não faltava quem desse mais palpite. Novas idéias eram lançadas e confundiam ainda mais o processo de sucessão: surgiam teorias que defendiam a adoção imediata do parlamentarismo, enquanto outras vozes pregavam a implantação do sistema colegiado (semelhante ao adotado no Uruguai).

De todas as sugestões de modificação do sistema eleitoral, somente uma idéia foi efetivamente acolhida pelo governo: a tentativa de adoção da cédula única, que provocaria uma crise entre o Executivo e o Legislativo. Há tempos a UDN exigia a adoção de uma cédula oficial, que só deveria ser impressa pela Justiça Eleitoral e teria o nome dos candidatos. A três meses da votação, porém, seria impossível aplicar uma mudança desse porte. A proposta da cédula oficial acabou derrotada em votação na Câmara no dia 16 de agosto.

Depois do fracasso dessa tentativa, chegou-se a um meio-termo: a cédula única, na qual a ordem dos candidatos seria sempre a mesma. Preocupado com a inevitável reclamação dos futuros derrotados, quaisquer que fossem eles, Lott vinha defendendo havia muito tempo a necessidade de garantir a transparência do processo eleitoral. Passou a defender abertamente a adoção da cédula única, que teria a mesma ordem dos nomes dos candidatos, mas poderia ser impressa e distribuída por qualquer partido. A idéia também recebeu o apoio imediato do presidente do Superior Tribunal Eleitoral, ministro Edgar Costa.

Porém a aprovação por parte da Câmara dos Deputados da adoção da cédula única se transformaria em uma batalha para garantir legitimidade ao processo. Lott decidiu se envolver. Recebeu em seu gabinete o senador Apolônio Sales e o deputado José Maria Alkimim, da tropa de choque de Juscelino. Temia que — como apontara Sobral — uma sucessão de ações na Justiça pudesse fazer com que o Brasil não tivesse um presidente empossado e diplomado em 31 de janeiro de 1956, data da posse.

O PSD achava a cédula única uma ameaça. O poder dos "coronéis" que usavam sua força para impingir o voto de cabresto nos eleitores da sua região ficaria abalado. A lei em vigor permitia que fossem depositadas na urna cédulas cedidas pelos partidos, fazendo a festa dos cabos eleitorais que levavam e entregavam o voto para o eleitor, que assim cumpriria seu "dever cívico" sem ao menos saber em quem votara.

A chance de um encontro entre Lott e o presidente da Câmara, o deputado mineiro Carlos Luz, surgiu na época da entrega da Grã-Cruz da Ordem Militar. Luz seria um dos agraciados. Ele pertencia ao PSD, mas chegara à presidência da Câmara apresentando-se como dissidente, com o apoio da UDN e contra o candidato oficial do seu partido, Ranieri Mazzilli. Sua vitória foi muito comemorada pelos udenistas, que viram esse fato como o aval de que chegariam à presidência.

Lott foi pessoalmente falar com Luz. Expôs suas preocupações com franqueza e defendeu a aprovação do projeto da cédula única. Essa atitude foi entendida como uma forma de pressão militar que atentava contra a independência dos poderes. Pelo menos era isso o que os jornais do dia seguinte estampavam em manchetes. Até o *Correio da Manhã*, que vinha elogiando as atitudes de Lott, passou ao ataque. Surgiram críticas de todas as partes. No primeiro despacho com Café depois da reação da imprensa, Lott mostrou-se decepcionado:

— Cumpri suas recomendações, presidente. Deve ter sido o doutor Luz quem revelou o assunto da nossa conversa confidencial.[99]

Foi a primeira vez que Lott e Luz se estranharam. Não seria a última.

Depois de muitas polêmicas, a adoção da cédula única foi aprovada. Em 27 de agosto, a Lei 2.250 criava a "folha única de votação": todos os candidatos teriam seus nomes relacionados em uma única cédula seguindo uma ordem fixa. Essa folha poderia ser impressa e distribuída tanto pelos partidos quanto pelo governo. Os eleitores também teriam que votar na mesma seção eleitoral. Isso daria um enorme trabalho ao PSD. O partido já havia impresso cédulas que continham apenas os nomes de Juscelino e Jango. Começaria uma corrida contra o tempo para abastecer seus diretórios municipais com a cédula única.

No dia 19 de agosto, o que era boato ganhou texto e assinatura, através de mais um artigo que Lacerda escreveu e publicou no seu jornal *Tribuna da Imprensa*. O título do editorial não deixava dúvida: "Justiça, liberdade, autoridade e reconstrução — Programa para o contragolpe". Agora, franca e abertamente, Lacerda pregava didaticamente várias soluções extralegais para o fim da crise: instituição do parlamentarismo; extinção dos partidos políticos com menos de um milhão de votos; adiamento das eleições, no mínimo até 1º de janeiro de 1956; dissolução do Congresso Nacional, sendo que, nas virtuais eleições de janeiro, seria escolhida uma Assembléia Constituinte para aprovar a nova Constituição, a ser elaborada pelo Gabinete do Governo Parlamentarista; e a entrega da chefia do primeiro gabinete parlamentarista para um militar. Para sustentar essas propostas, o deputado defendia a criação de uma nova lei eleitoral, com eleições indiretas. Suas intenções iam além do plano político. Lacerda pedia também a "revisão da política em relação ao petróleo" e a "admissão de concessões para a liberdade de pesquisa", dois itens que provocaram a ira dos nacionalistas.

Para Lacerda, "justiça, liberdade, autoridade e reconstrução" orientariam o "golpe de estado, na realidade, o contragolpe contra essas monstruosas eleições que se anunciam". Chegava a alertar que "o único perigo para o país era a eleição".

O manual da justificativa para o golpe estava nas bancas:

À força de querer isolar os militares da vida cívica, o elemento político que se julga ou se diz civilista acaba por condenar-se ao isolamento (...) e não traz ao golpe de estado, indispensável e saneador, destinado a promover a transformação do regime encaminhando-o para a democracia, a necessária juridicidade e a colaboração de sua experiência (...) é preciso não se deixar surpreender pelos acontecimentos e, ao contrário, colocar-se à frente deles, com capacidade de previsão e firme decisão de dominá-los pela inteligência e pela ação.

Mas, para o presidente, tudo seguia normalmente. Em entrevista ao jornalista Carlos Castello Branco para a revista *O Cruzeiro*, Café não enxergava nada que saísse da ordem:

(...) A crise não veio. Estamos vivendo num ambiente de completa normalidade (...) acentue-se também a atmosfera de respeito mútuo entre os candidatos e até entre os seus partidários. Excetuadas as posições parlamentares e jornalísticas, cujo tom não decorre da atmosfera eleitoral, não se está usando, como tantas outras vezes, o achincalhe ou a calúnia na contrapropaganda. Apesar da existência de candidato militar, os militares continuam atentos às tarefas militares. O ambiente não é pois de crise, mas de campanha presidencial em que, a dois meses apenas do pleito, não se registraram desordens de maior significação. As coordenadas históricas, todavia, subsistem em suas raízes profundas. As crises políticas, como as militares, decorrem de acontecimentos que o Governo se esforça por evitar.

À pergunta que encerrou a entrevista:

"Admite a hipótese de vir a renunciar à presidência da República?", Café deu uma resposta que poderia ter muitas interpretações, mas inaceitável naquele momento:

> Admito. Todo cargo eletivo, especialmente o de presidente da República, só pode ser exercido na sua plenitude. Desde que o mandatário se convença que sua permanência não é útil ao país ou encontre dificuldades insuperáveis para o uso legítimo do poder, deve renunciar. Foi o que aconselhei, a 22 de agosto, ao presidente Vargas, como colaboração, oferecendo-lhe minha própria renúncia.[100]

Não foi preciso mais que um dia para o paraíso de Café desmoronar com uma entrevista do governador de Pernambuco, general Osvaldo Cordeiro de Farias ao *O Jornal*. Com suas palavras, Farias mostrava que um dos dois não estava se referindo ao mesmo país:

> Está praticamente instaurado o estado de emergência (...) só os superficiais não vêem as proporções da crise nacional. Os debates eleitorais distorcem a verdadeira imagem do país (...) ocorre de fato que enfrentamos uma crise econômica, financeira e social — e não uma simples eleição (...).

No dia 23 de agosto, o vice-almirante Sylvio de Camargo, comandante-geral do Corpo de Fuzileiros Navais, enviou um relatório secreto ao ministro da Marinha, Amorim do Valle, alertando sobre o ambiente de rebeldia entre os oficiais daquela Força:

> A minha preocupação continua viva porque a situação política se mistura com possíveis agitações militares, mesmo com iminente possibilidade de uma guerra civil. Estou sentindo que as paixões políticas das mais ofuscantes anuviam o raciocínio e sentimentos mesmo dos mais honestos e mais inteligentes, dos que julgam agir só por patriotismo.

Camargo afirmava ser "público e notório" o conhecimento de que existia um grupo dentro da Marinha que atuava fora dos quadros hierárquicos e que "defendia a implantação de um regime extralegal, conforme vinha sendo sugerido pelo jornalista Carlos Lacerda".

O vice-almirante era mais um que alertava que os "coronéis da Sorbonne" pregavam uma solução extralegal para a crise política, além de alardearem que possuíam um serviço especial de informações, mantido com o apoio de todos os oficiais da Marinha, de parte da Força Aérea e de uma porcentagem pequena, mas "extremamente enérgica", do Exército. Camargo prosseguia o relatório denunciando:

A ação desse grupo é de tal ordem que quem não está com vendas nos olhos pode admitir que, de um momento para o outro, possa ele desencadear um movimento revolucionário de consequências imprevisíveis(...) Temo que esse grupo leve as Forças Armadas a uma ação política com desconhecimento de seus chefes, julgando obrigá-los a aderir à última hora, por convicção ou comodismo.

O relatório do almirante tocou em um tema que os defensores do golpe faziam questão de esquecer: o desprezo que os comunistas sentiam por Juscelino, considerado por eles um entreguista e agente do imperialismo norte-americano. Camargo chegou a citar um manifesto sobre as eleições, escrito por Luiz Carlos Prestes:

São candidaturas (de Juscelino e Jango) que não têm uma origem popular e que foram apresentadas e são sustentadas por forças bem conhecidas do povo, que não são nem democráticas e nem antiimperialistas.

Contudo interessava aos golpistas, como contra-informação, criar supostas ligações entre Juscelino e os comunistas. Mais um meio de confundir a população e fazer pesar o ambiente. Camargo chegou a temer que as agitações militares se transformassem em uma guerra civil, e que "as paixões políticas levassem parte da Marinha a iniciar um movimento armado, apoiando um golpe de Estado".[101] Enquanto isso, Penna Botto abusava de comandar espalhafatosas manobras de alto-mar com a esquadra.

Na mesma semana em que o relatório chegou às mãos do ministro, o *Jornal do Commercio*, de Recife, publicou o "Manifesto de apoio à legalidade". Mais de trezentos oficiais que serviam nas bases do norte e nordeste do país assinavam um violento artigo no qual atacavam a onda de golpe que estava se formando, registrando a firme decisão com frases como "manter a legalidade a qualquer preço". Era o MMC, que seguia sua pregação através de boletins reservados, mostrava-se disposto a um conflito, acentuava a divisão das Forças Armadas e ameaçava:

> O povo sente que a desordem nada constrói e não será pelo caminho da ilegalidade que conseguiremos resolver nossos problemas. Somente os aproveitadores de todos os tempos — revolucionários de ontem e golpistas de hoje — tentam intranqüilizar a nação em proveito próprio. E vemos, com tristeza, que uns poucos elementos das Forças Armadas fazem, uns inadvertidamente e outros por mera ambição, o jogo dos políticos fracassados. Esse jogo é, porém, bastante perigoso, pois pode de um momento para o outro levar o povo ao desespero e conduzir-nos aos horrores de uma guerra civil. Ninguém se iluda: estamos sobre um barril de pólvora e quem deflagrar a luta não conduzirá os acontecimentos! Que os ambiciosos acendam o estopim e verão os resultados![102]

E ainda no eterno mês de agosto, como se as agitações não fossem suficientes, o Partido Comunista do Brasil, cuja sigla era PCB, voltou atrás. Percebendo a ameaça de golpe, lançou o "Manifesto Eleitoral do Partido Comunista do Brasil", publicado na *Imprensa Popular*, apoiando a chapa Juscelino-Jango para *"lutar contra o golpe, em defesa da Constituição e das liberdades democráticas e impedir a implantação de uma ditadura militar fascista"*.[103]

Era tudo o que a UDN queria.

Os militares irritaram-se profundamente com a divulgação desse artigo. Até Lott mostrou-se preocupado com a aceitação desse apoio por parte de Juscelino e Jango.

Pelo menos agosto tinha terminado.

E setembro começava com o Senado rejeitando a emenda que instituía a maioria absoluta.

No dia 5, Botto concedeu uma entrevista ao jornal de Lacerda. Com essa parceria, a repercussão já começava a partir do título: "Não podem voltar ao poder os homens que humilharam este país". Botto opinava sobre a situação política, chamava as eleições — que nem haviam ocorrido — de desonestas; atacava os candidatos Adhemar de Barros e Juscelino Kubitschek, afirmando que ambos não tinham condições morais de exercer a Presidência; e garantia que o vice de Juscelino, João Goulart, levaria o Brasil ao caos de uma república comunista:

> Adhemar e Juscelino não têm condições morais para a Presidência da República (...) Não é possível que, através de eleições desonestas, voltem ao poder os homens que humilharam e arrasaram este país (...) Não vemos como entregar a solução do problema sucessório a esses políticos desbriados e sem qualidades. Como dar solução eleitoral ao mesmo problema, quando se impinge a um eleitorado, 80% sem discernimento e sem cultura cívica, desiludido e sem confiança, trabalhando por demagogia de última classe, candidatos totalmente inaceitáveis?

A entrevista também foi reproduzida, como matéria paga, no *Diário de Notícias*.

A um mês da eleição, políticos do PTB adiantaram-se e procuraram Lott para alertá-lo de que João Goulart seria envolvido em uma farsa. A dezessete dias da eleição, aconteceu. Uma carta assinada pelo deputado argentino Antonio Brandi, da província de Corrientes, foi publicada nos jornais brasileiros e divulgada com estardalhaço por Lacerda, que afirmava tê-la recebido dos argentinos Malfussi e Cordero. Na verdade, dois golpistas com problemas na Justiça: Fernando Francisco Malfussi e Alberto Jorge Mestre Cordero, que queriam ganhar dinheiro com a armação, pois sabiam que havia uma procura por provas que pudessem comprometer Goulart no Brasil. A carta acusava "um deputado" de ter participado de transações secretas com o Governo Perón, com o objetivo de montar uma coordenação sindical entre Brasil e Argentina, que seria sustentada por um grande negócio de venda de pinho a importadores argentinos. Entre algumas contradições, a carta citava também contrabando de armas e de material bélico para o Brasil através da cidade de Uruguaiana, para serem usados em uma revolução sindicalista. Assinava o deputado Antonio Jesus Brandi. Jango contestou com raiva a veracidade do documento e colocou-se à disposição do ministro da Guerra para ajudar nas investigações.

A bancada petebista percebeu o estrago que essa acusação poderia causar na candidatura Jango e solicitou que Lott instalasse imediatamente um inquérito militar para descobrir o que havia de real na carta. Lott informou Café sobre a "Carta Brandi". O presidente convocou os ministros da Marinha e da Aeronáutica para uma reunião. Ficou decidido que o general Emílio Maurell Filho realizaria o inquérito. Lott faria a mediação com o governo argentino. Contudo, por mais rápida que fosse a investigação, haveria tempo suficiente para que a imprensa contrária a Juscelino e Jango se deliciasse.

Para piorar, no dia 2 de outubro, véspera da eleição, o general Maurell enviou a Café um cabograma cifrado em que admitia a possibilidade da "Carta Brandi" ser verdadeira. Segundo as conclusões da Polícia Federal argentina, era "sumamente provável" que a assinatura na carta fosse mesmo de Brandi. Foi essa expressão que Maurell usou no telegrama enviado a Lott, que foi publicado em vários jornais no dia da eleição. Somente quando a apuração dos votos estava chegando ao fim, as investigações confirmaram a falsidade da "Carta Brandi". No dia 31, um comunicado de Maurell classificava a carta de "incontestavelmente falsa".

Às vésperas da eleição, Lott foi questionado sobre a ameaça à posse de João Goulart e respondeu que poderia haver protestos e agitação no caso de uma vitória de Jango, porque existia uma má vontade contra o candidato do PTB. Porém repetiu o que já havia afirmado várias vezes durante o processo sucessório: que cumpriria o seu dever e faria tudo para que a vontade popular fosse respeitada.

3 de outubro de 1955. O povo saiu às ruas para votar. A eleição se realizou normalmente. Apesar de ter espalhado tropas do Exército por todo o

país, com medo de possíveis conflitos, Lott cumpriu sua promessa. Ele também participou da eleição. Votou em Juarez.

No dia seguinte, ministros e políticos declararam que a eleição correu normalmente. Na expectativa dos resultados, não surgiu qualquer desconfiança em relação à votação. Passada a batalha pela realização das eleições, o desafio agora era garantir a posse dos eleitos.

Capítulo 4

Nos dias seguintes à eleição, Távora estava na frente na apuração dos votos. A partir do dia 10, porém, Juscelino assumiu a liderança para vencer. Assim que a apuração chegou perto do fim, com a vitória do pessedista, o silêncio foi rompido por uma onda de pedidos de impugnação e acusações de corrupção. A virada surpreendente, graças aos votos do Nordeste e de Minas Gerais, deu margem à desconfiança. A confirmação da vitória da chapa Juscelino para presidente e Jango para vice fez renascer a tese da maioria absoluta. A pequena margem de votos[104] enfureceu ainda mais a UDN: de um total de 15.343.450 eleitores, compareceram às urnas 9.097.014 (59,3%), que votaram da seguinte maneira para presidente:

Juscelino Kubitschek 3.077.411 / 33,8%
Juarez Távora 2.610.462 / 28,7%
Adhemar de Barros 2.222.725 / 24,4%
Plínio Salgado 714.379 / 7,9%
Brancos e nulos 472.037 / 5,2%
E para vice-presidente:
João Goulart 3.591.409 / 39,5%
Milton Campos 3.384.739 / 37,2%
Danton Coelho 1.140.261 / 12,5%
Brancos e nulos 980.605 / 10,8%

Como o eleitor poderia votar em candidatos de partidos diferentes, a disputa pela vice-presidência foi mais apertada ainda: Milton Campos, apesar de ter perdido, recebeu mais votos que o próprio Juscelino.

Começava o choro. Os carpideiros do poder reclamavam por qualquer motivo. Até os votos que, possivelmente, Juscelino recebera dos comunistas chegaram a ser questionados, como se fosse possível saber quantos foram. (A idéia da UDN era descontar os votos que o PCB recebera na última eleição — de que participara como partido legal — do total de votos de Juscelino e Jango.) Contudo a Lei Eleitoral não cassava o direto de voto dos comunistas, que também eram obrigados a votar.

Enquanto Café afastava-se cada vez mais da discussão sobre as eleições, Lott assumia e trazia para si a responsabilidade. Transformava-se no foco de vencidos e vencedores. Tinha perfeita noção do que o esperava. Em uma conversa com o deputado Armando Falcão, mostrou-se, com uma lógica extremamente simples, disposto a cumprir o que vinha pregando durante a campanha:

— Agora, o problema é respeitar o veredicto das urnas. Não cederei a nenhuma pressão, não me cabendo fazer indagações sobre as pessoas dos eleitos. Se o sistema é o voto popular e o povo fez a escolha, não há mais o que discutir.

O dia 10 marcou não só a virada de Juscelino como o início de uma série de visitas a Lott. Quinze dias após as eleições, os ministros da Aeronáutica e da Marinha procuraram o general. O brigadeiro, já pensando em contar com o apoio de Lott, revelou que várias teses seriam rapidamente apresentadas ao Tribunal Eleitoral: a existência de um suposto acordo entre Juscelino e os comunistas; a questão da maioria absoluta na eleição; e uma série de denúncias de fraude na votação. Gomes e Valle queriam que Lott se declarasse a favor de todas as decisões tomadas pela Justiça depois de examinar as teses. A escolha de Lott para o Ministério, "o militar profissional em estado de pureza, e, (...) também, a personificação da ingenuidade, da boa fé e da credulidade",[105] começava a mostrar-se um erro por parte daqueles que pensavam em ter o poder sem eleição. Mantendo-se firme na sua posição, Lott proclamava seu mantra a todos os jornais que o entrevistavam:

— É a Justiça Eleitoral quem deve proclamar os vencedores da eleição, sem interferência alguma dos ministros militares.

Valle pediu a Lott que pelo menos não continuasse manifestando essa opinião em público. Lott nada respondeu. O almirante tentava comprometer o general com o seu silêncio, para que pudessem pressionar o Tribunal a acatar a tese golpista.

Gomes não desistiu e sugeriu que Lott procurasse o presidente do Tribunal Eleitoral, ministro Luiz Galloti, que havia substituído Edgar Costa em setembro, para comunicar-lhe que os chefes militares, baseando-se no art. 1º da Constituição — "todo poder emana do povo e em seu nome será exercido" —, defendiam que somente o candidato que conquistasse a maioria absoluta poderia ser reconhecido como presidente da República. Lott foi ao ministro, que explicou que o Tribunal, por unanimidade, diplomara Vargas como vencedor das eleições de 3 de outubro de 1950, sem se preocupar com a maioria absoluta porque não era exigida pela Constituição. Lott defenderia a decisão do Tribunal, sem admitir exceções:

— Não se pode mudar a regra do jogo depois que o jogo começou — comentava repetidas vezes.

A maioria absoluta tornou-se a principal divergência[106] entre Lott e os outros ministros militares. Para Lott, o assunto estava encerrado. Para Gomes e Valle, estava longe de terminar.

Se os golpistas desejavam mudar as regras antes da eleição, o que não fariam agora que um grande inimigo iria assumir a presidência?

Alguns dias depois, Lott recebeu mais uma visita de Valle e ouviu da boca do almirante uma espantosa previsão, que seria dramaticamente confirmada poucos dias depois. Após tentar mais uma vez convencer Lott, o almirante afirmou — com muita segurança e em tom de ameaça — que, entre todas as unidades de Artilharia de Costa, só o Forte de Copacabana teria munição suficiente para enfrentar qualquer conflito armado em uma situação de emergência:

— E, nesse caso, o senhor vai ficar falando sozinho, como aconteceu com o general Zenóbio em agosto de 1954.[107]

Eduardo Gomes também não se deu por vencido. No último domingo de outubro fez uma visita a um amigo comum — general Manoel de

Azambuja Brilhante — e pediu sua ajuda para convencer Lott a defender a tese da maioria absoluta.

No dia seguinte, o general Brilhante foi ao gabinete do ministro. Azambuja Brilhante até que tentou, mas a resposta parecia sair automaticamente da boca de Lott:

— De forma alguma vou interferir nesse assunto por julgar ser uma intromissão indébita e ofensiva ao Supremo Tribunal.

Alguns dias depois, Azambuja Brilhante encontrou-se com o brigadeiro para relatar a frustrada tentativa.[108] Eduardo Gomes confirmaria mais tarde que, dos três ministros militares, só Lott era a favor da posse dos candidatos eleitos.[109]

Definitivamente, a tese da maioria absoluta não tinha amparo legal. O ministro Gallotti já havia declarado publicamente várias vezes que, nas eleições de 3 de outubro de 1950, essa exigência não fora inscrita na Constituição. E Vargas, que vencera aquelas eleições sem ter conquistado a maioria absoluta, foi normalmente diplomado presidente. Como não foi feita nenhuma mudança referente a esta obrigatoriedade na lei eleitoral, ficava claro que o futuro presidente da República poderia ser eleito por maioria simples.[110] O candidato derrotado Juarez Távora, a princípio, manteve-se coerente com o que afirmara durante a campanha. Não se manifestou pela tese da maioria absoluta.

A oposição viu que não conseguiria nada apostando nessa possibilidade. Desistiu da idéia e mudou o discurso, passando a atacar a posse de Juscelino e Jango através da tese da ilegalidade do governo recém-eleito.

Com a vitória de Juscelino e Jango, as bravatas dos que se posicionavam contra a posse passaram a ser vistas com mais seriedade. Até militares que mantinham uma posição neutra deixaram-se levar pelo debate. Os que antes acreditavam em uma saída legal para o fim da crise política passaram a defender a virada de mesa. A Cruzada Brasileira Anticomunista não descansava, colocando anúncios em jornais para tentar impedir a posse. Segundo a Cruzada, os vencedores receberam votos de *um eleitorado formado pela massa ignorante, sofredora, desiludida, trabalhada pela mais sórdida das demagogias e envenenada pela propaganda solerte do Partido Comunista*.[111]

Juscelino estava atento e já se preparava para reagir ao golpe: aumentara os contatos com o MMC e reforçara o esquema militar em Minas. Na imprensa, contava com o "apoio" de Assis Chateaubriand, que, durante a campanha, colocara o império dos *Diários Associados* a seu lado em troca de uma manobra eleitoral que lhe permitiu ser eleito senador pelo Maranhão. Mas agora Juscelino pedia apoio para sua posse e o preço que teria de pagar era outro, um pouco mais caro. Juscelino então comprometeu-se a nomeá-lo embaixador na Inglaterra.[112]

No dia 12 de outubro, depois das urnas apontarem para a vitória certa da chapa PSD-PTB Botto — não o civil, mas o comandante-em-chefe da esquadra — enviou ao comandante da flotilha de contratorpedeiros a "Ordem Geral de Serviço (ou Memorando) n° 17, Confidencial-Urgente", que se tornaria uma peça chave na comprovação da existência de um plano de golpe. Na ordem, Botto solicitava que o conjunto da esquadra fosse abastecido com uma anormal quantidade de munição de guerra, combustível, alimentos e água, tudo para "manobras". Os contratorpedeiros (CT) *Beberibe*, *Benevente*, *Baependi* e outros receberiam — somente entre os dias 14 e 21 — munições para canhão, metralhadoras, fuzis, pistolas e granadas. Uma quantidade exagerada de armamentos para quem desejava realizar apenas exercícios de rotina. O memorando pedia também extrema urgência na realização das ordens, revelando uma séria preocupação com a manutenção do sigilo e com a repercussão que a divulgação do pedido poderia trazer. A esquadra preparava uma postura ofensiva no caso de se realizarem operações de guerra na capital federal. Segundo as ordens de Botto, os navios deveriam estar prontos "a fornecer contingentes de desembarque armados e equipados (...), desempenhar qualquer missão no interior da Baía da Guanabara e suas proximidades (...) e a suspender no prazo mínimo de duas horas". A flotilha de contratorpedeiros deveria estar pronta para agir, inclusive em terra, por meio de tropas nas proximidades do Rio de Janeiro. Uma dotação de guerra era solicitada para um exercício de manobra. O golpe estava em marcha. Ou, pelo menos, o plano B do golpe, já que os conspiradores ainda tinham algumas opções.

O explosivo memorando de Botto foi distribuído para o ministro e para os principais chefes da Marinha quando a apuração já dava como certa a vitória de Juscelino. Não houve surpresa nem reação contrária. Todos na Marinha tinham conhecimento dos preparativos, como, bem mais tarde, o próprio Botto iria confirmar em uma palestra na Secretaria de Educação de Belo Horizonte, realizada em abril de 1956:

> a Marinha não foi colhida de surpresa. Tomou providências cabíveis, tanto é assim que às 18h10 (de 10 de novembro) eu dava ordens para que todos os navios acendessem fogos e às 22h estava a bordo do meu capitânia.[113]

Botto, dessa vez não o comandante, mas o civil e líder da Cruzada Brasileira Anticomunista, também assinou mais um violento artigo publicado em *O Globo*. Dirigindo-se aos "brasileiros patriotas", o almirante atacava:

> é indispensável impedir que Juscelino e Jango tomem posse dos cargos para que foram indevidamente eleitos (...) Entre respeitar o resultado das eleições, mas levar o Brasil à perdição; e impedir que os eleitos pela minoria tomem posse, mas salvar o Brasil, não há hesitação possível (...) Acresce que tal impedimento tem aspecto legal porquanto não só o Partido Comunista, embora fora da lei, participou como Organização Partidária ostensivamente na eleição, como também porque a dupla Juscelino e Jango apenas teve cerca de terça parte da votação global.[114]

O país começava a pegar fogo. Os fantasmas criados antes da campanha ganhavam gigantescas dimensões com as costumeiras acusações que apavoravam a classe média. Após o fracasso do seu candidato, os derrotados decidiam agora como chegar ao poder. Havia dois caminhos: realizar uma ação militar com o chamado "golpe de força", para o qual a Marinha já demonstrara estar bem preparada, através do que se convencionou chamar de "manobras de alto-mar" e "planos de operações". O temor em relação ao "golpe de força" era grande porque poderia provocar uma guerra civil com conseqüências imprevisíveis. A reação popular era uma incógnita, após a vitória pelo voto da chapa Juscelino-Jango. A outra opção era o chamado "golpe branco", que seria feito desequilibrando-se o jogo de forças políticas que compunham o frágil governo Café Filho. Os riscos e as ameaças seriam bem menores; a arquitetura e a execução, mais rápidas. Porém era necessário afastar o único integrante do governo que não aceitaria uma mudança nas regras: Lott. Assim, o "golpe branco" foi escolhido, como acusaria o deputado Flores da Cunha, em janeiro de 1959, ao dar uma entrevista à Rádio Mayrink Veiga:

> O plano elaborado pelo brigadeiro Eduardo Gomes e pelos coronéis da Sorbonne visava a uma revolução branca. Com o sr. Carlos Luz na chefia do governo, pois o sr. Café Filho recusou-se a prestar-se ao papel determinado pelo grupo; e afastado o general Lott da Pasta da Guerra, uma sucessão de recursos interpostos à Justiça Eleitoral invocando a tese da maioria absoluta, a fraude eleitoral e ao apoio comunista, esgotaria o prazo legal para a proclamação do candidato eleito e conseqüente posse. Daí, passaria o sr. Carlos Luz a governar o país em regime discricionário por um, dois ou três anos, até que decidissem proceder a novas eleições.[115]

Os golpistas abandonavam os discursos. Buscavam um fato novo que lhes desse a chance para agir. A primeira oportunidade surgiu quando um dos líderes do MMC, general Zenóbio, na condição de inspetor geral do Exército, enviou o "Boletim Especial nº1 de 15 de Outubro de 1955" aos jornais para alertar o Exército de forma contundente:

> Soldado do Brasil!
> Chegou o momento de nos pronunciarmos incisivamente perante a Nação. Nem mais um instante de espera; do contrário, a desonra e as trevas cairão definitivamente sobre nós.
> Mais do que nunca, precisamos estar alertas, formando com decisão e bravura em torno desse insigne soldado da Legalidade que é o general Henrique Teixeira Lott, nosso único e incontestável chefe na defesa das instituições, que é a defesa do próprio Brasil.
> Não tenhamos ilusões: a Legalidade somente será preservada com teu sangue e com as armas que o Povo te entregou para que lhe defendas a liberdade de trabalhar, de pensar, de votar, de criticar, de protestar (...)
> Aos eleitos, caberá cumprir com honra seus deveres, para não traírem a confiança do Povo e reafirmarem a legitimidade de sua alta investidura,

que só se confundirá com a própria legalidade, que nos cabe assegurar, na medida em que a presidam os sãos princípios da moral pública (...)

Desde os acontecimentos de agosto de 1954, tenho mantido o mais absoluto silêncio, a mais completa discrição, com o firme propósito de não tumultuar a vida da Nação e não criar dificuldades maiores ao Governo. Agora, porém, quando sinto que o desespero de uma minoria desvairada se converte em uma ameaça mais grave à Ordem e ao Progresso do Brasil, à tranqüilidade e à liberdade do Povo Brasileiro, o meu silêncio valeria por uma conivência, que seria imperdoável em quem, como eu, viveu intensamente os dias mais dramáticos da História da nossa República(...) Nas horas mais difíceis de nossa História, temos tido a felicidade de encontrar na chefia do Exército um soldado ímpar e sem mácula, bravo e resoluto, para apontar-nos a estrada da Justiça e da Razão. É o que acontece agora, quando no comando supremo de nossas forças se encontra essa figura invulgar de soldado, que é o General Henrique Teixeira Lott, cuja vida profissional é a exaltação mesma da disciplina e do respeito à lei.

Que todos nós, generais, oficiais, sargentos e soldados, cerremos fileira em torno do grande chefe, que, na defesa da Legalidade, que ora se lhe entrega, será invencível. Reafirmemos-lhe o nosso mais decidido apoio à sua ação enérgica e serena nessa defesa, que é a sua vocação nunca desmentida.[116]

A reação foi forte. Zenóbio, ao divulgar essa nota, desobedecera a ordem de Café Filho, que havia proibido terminantemente que militares se manifestassem sobre temas políticos. Os golpistas exigiram a punição do ex-ministro de Vargas. A real intenção era atingir a Lott. Imaginavam que a nota fora divulgada com a sua autorização. Era a deixa para tirá-lo de cena, porque Lott se sentiria obrigado a pedir demissão. Mas Zenóbio havia enviado a nota diretamente para a imprensa, sem que nenhum membro do Ministério soubesse. Lott tomou conhecimento da nota ao ouvi-la pela Rádio Continental.

O presidente cedeu às pressões e pediu a Lott que exonerasse Zenóbio. O ministro concordou, pois Café agia dentro da regra que estabelecera, mas percebeu que, por trás da determinação, havia uma provocação. Mesmo sabendo que Zenóbio queria apenas defender a manutenção da ordem legal, a Lott só restava cumprir a ordem — mas não sem pensar em uma resposta imediata. Seguindo o mesmo argumento do caso Zenóbio, Lott propôs, na hora, a demissão do general Alcides Etchegoyen da função de inspetor de artilharia antiaérea. Em um encontro que tiveram, Etchegoyen manifestara uma opinião totalmente contrária à linha isenta que o Ministério desejava seguir. Assim, o impacto da exoneração de Zenóbio seria diminuído pela demissão de Etchegoyen. Café aceitou a proposta:

— Às quatro horas da tarde, quando o senhor me trouxer o ato de exoneração do general Zenóbio, traga este outro, demitindo o general Etchegoyen.

Lott voltou com os dois pedidos às quatro da tarde... em ponto.[117] Escapava da primeira cilada.

Depois desse contra ataque político de Lott, o confronto ficou aberto. O chefe de gabinete de Zenóbio, coronel Alberto Bittencourt, do MMC, também foi exonerado. Os inimigos do ministro não iriam desistir. Surgiram boatos sobre sua saída do governo. Manchetes de jornais revezavam-se entre informar e desmentir sua demissão. Os golpistas apenas aguardariam uma nova chance para tentar abalar a autoridade de Lott. Esse ataque ficaria conhecido como "Caso Mamede".

Capítulo 5

Após uma longa luta contra o câncer, o general Canrobert faleceu no dia 31 de outubro, depois de voltar dos Estados Unidos, onde fazia tratamento médico. Sua morte causou comoção nos meios militares. Tinha muito carisma entre os colegas. Seu nome fora sondado para candidato à presidência por duas vezes e, em ambas, foi usado e descartado na dança da sucessão. Canrobert era um dos poucos militares que tinham a admiração de Lott. Não eram amigos íntimos, mas mantinham uma convivência sincera de respeito mútuo.[118]

O enterro do general seria realizado com honras militares, mas a família dispensou-as. Foi marcado para a tarde do dia 1º de novembro, no cemitério do Caju. Café teria um despacho marcado com os ministros militares, mas antecipou a reunião e reforçou sua ordem para que os ministros se mantivessem atentos contra qualquer ato de indisciplina durante o sepultamento.[119] O memorando de Botto já contava vinte dias.

Acertou-se que apenas quatro discursos iriam ser realizados. Lott relutou, mas acabou aceitando falar representando o Exército; em seguida, o almirante Borges Fortes, pela Marinha, e o brigadeiro Gervásio Duncan, pela Aeronáutica. O último discurso deveria ser feito pelo general Pedro Leonardo de Campos, que havia assumido a presidência do Clube Militar, no lugar de Canrobert.

O enterro seguia normalmente apesar da forte chuva. Uma tenda foi improvisada. Falaram Lott, Duncan, Fortes e o major Faria Terra, pelo Clube da Aeronáutica. Porém, no lugar de Leonardo de Campos, o coronel Bizarria Mamede tomou a palavra para discursar em nome do Clube Militar.

Para espanto de alguns e satisfação de outros militares presentes, Mamede apresentou-se com um discurso na mão e fugiu totalmente à linha da homenagem que estava sendo prestada. Pronunciou um manifesto com tons políticos e de maneira inflamada:

General Canrobert Pereira da Costa: aqui estamos, camaradas e amigos do Clube Militar, à beira do seu túmulo recém-aberto, em romaria de saudade e afeto para a derradeira e comovida homenagem a quem tanto devem nossa associação e nossa classe. Na residência do clube que, em seu quadro social congrega toda a família militar, ninguém tanto se esforçou para cimentar mais e mais a união da três Forças Armadas, nem tão bem soube preocupar-se com os problemas mais prementes da classe cujos anseios e inquietações sempre quis fazê-los todos seus e de cujo pundonor e de cuja honra sempre se fez devotado paladino (...)

Mas também vimos aqui — e principalmente — para responder, ante os teus despojos, à mensagem corajosa de verdade e de civismo que, em dias de agosto último, abandonando o teu leito de enfermo, dirigiste a todos nós e a toda a nação, num último alerta contra a insensatez e o desvario das paixões desenfreadas que ameaçam de ruína os próprios destinos do país.

Ressoam ainda em nossos ouvidos, com todo vigor de sua emoção concentrada e de uma convicção inabalável, aquelas palavras imperativas de fé: "Estejais certos, camaradas, de que nós, vossos chefes, não vos decepcionaremos."

Aqui estamos, pois, para dizer-te, com emoção não menor, que tu não nos decepcionaste um só instante.

Sabemos que nunca renegaste, nem renegarias jamais, os altos propósitos, patrióticos como os que mais o fossem, absolutamente desinteressados e apartidários como não poderiam deixar de ser, pelos quais as Forças Armadas, tendo à frente os seus chefes em expressivo movimento de solidariedade e união, se viram forçados a um pronunciamento, extralegal, sem dúvida, mas plenamente justificado pela moral e pela razão ante o imperativo das circunstâncias, a fim de vencer, como se impunha, a crise trágica de agosto de 1954.

Vimo-te sempre fiel àquele generoso apelo em prol da união nacional, mediante o qual, em momento decisivo, os altos chefes militares se viram impelidos, pelos ditames de suas consciências de cidadãos e de soldados, a advertir a todos dos perigos da desunião em honra tão grave e contra a insânia suicida das intransigências partidárias ou personalistas que jamais sabem ceder de bom grado aos interesses superiores da pátria. E, sobretudo, sentimos, a todos os instantes, como pulsava animosa em teu velho coração de soldado a convicção determinada de que seria necessário — e seria seguramente possível, em identidade de vistas com os chefes altamente credenciados que se encontram à testa do Exército, da Marinha e da Aeronáutica — preservar sempre e acima de tudo, a despeito de quaisquer forças que se conjugassem para destruí-la, a união sagrada de nossas Forças Armadas, profundamente compenetradas de seu papel histórico de fator de equilíbrio e de contenção ante o tumultuar dos interesses partidários.

Nunca duvidamos de teu amor e respeito, tantas vezes comprovados, às instituições políticas que implantamos em nossa terra, mas que desejavas ver cada vez mais fortalecidas, através da verdade e da modalidade democráticas, contra a corrupção e a fraude, contra a arrogância e a prepotência, contra a hipocrisia dos oportunistas contumazes e a insídia dos extremismos totalitários, aliados todos, como tu o disseste, a "arrogarem o direito de oprimir a nação e macular, à vista de todos, os verdadeiros e insofismáveis postulados da ordem democrática que fingem defender e aclamar, para, afinal, poderem anulá-los pela artimanha ou pela força".

Pouco importa, afinal, se hajam exibidos hipocritamente escandalizados, ante a justeza de tuas palavras, os maiores interessados na perpetuação dessa "mentira democrática" que tão bem conhecem e exploram, e "da pseudolegalidade imoral e corrompida", em que buscam justificativa fácil para os seus apetites de poder e de mando.

Não será por acaso indiscutível mentira democrática, um regime presidencial que, dada a enorme soma de poder que concentra em mãos do Executivo, possa vir a consagrar, para a investidura do mais alto mandatário da nação, uma vitória da minoria?

Não será também por acaso pseudolegalidade patente, aquela que ousa legitimar-se para defesa intransigente de um mecanismo adrede preparado para assegurar, em toda a sua plenitude, o voto do analfabeto, proibido por lei?

Compenetrado das pesadas responsabilidades que cabem aos altos chefes militares, sobretudo em país como o nosso, em marcha, a duras penas, para a concretização de seu ideal democrático e onde, por isso mesmo, a violência por parte daqueles chefes será indispensável, muitas vezes, para prevenir dias amargos para o povo e evitar a desordem pública e a derrocada nacional — soubeste manter sempre, com serenidade e decisão, a posição do mais justo equilíbrio entre um partidarismo — inadmissível para teus foros de soldados — e a passividade e a omissão — de qualquer forma incompatível com teu elevado conceito de que seja a verdadeira liderança militar.

Em verdade, soubeste ser realmente um chefe — um chefe, tal como o definiste em breve oração que veio a ser, afinal, tua derradeira mensagem de incentivo e de fé à juventude militar brasileira.

(...) Ficam conosco, porém, as tuas palavras e, mais ainda do que essas palavras, o espelho imaculado de teu exemplo, como guia da nossa geração e guia também das gerações futuras.

E esse exemplo há de multiplicar-se e frutificará.

Com o rosto fechado, Lott ficou vermelho de raiva. Bem vermelho, porque sua pele rosada não escondia quando seus sentimentos estavam feridos. Mudou de cor à medida que Mamede fazia o pronunciamento que tocava em temas como voto do analfabeto e maioria absoluta. Ao fim do discurso, todos os presentes puderam ver o entusiasmado cumprimento que o presidente da Câmara, Carlos Luz, dirigiu ao coronel. Lott chocara-se também porque Mamede demonstrara uma brutal falta de respeito à família do falecido. Algo que Lott nunca imaginaria. Ou aceitaria.

Muitos quiseram interpretar o discurso de Mamede como uma continuação do discurso que Canrobert realizara em homenagem à memória do tenente Vaz no Clube da Aeronáutica. Mas as palavras de Canrobert, apesar de fortes, buscavam um possível entendimento e jamais um conflito. Além disso, o discurso de Canrobert fora realizado em uma cerimônia cívico-militar reservada; já o coronel Mamede escolhera um momento tétrico para manifestar uma opinião política. Precavido, distribuiu algumas cópias do pronunciamento a quatro oficiais presentes, que prosseguiriam o discurso se ele fosse preso em flagrante. Ficou escancarada uma provocação de Mamede contra a linha de conduta do ministro, como o ataque direto e gratuito da "defesa intransigente" do voto do analfabeto, cujo maior incentivador era o próprio Lott.

As diferenças entre os dois pronunciamentos eram muitas. O discurso de Canrobert, antes de ser divulgado, chegara às mãos do presidente, que o achou "inconveniente". Foi o próprio Lott quem o convenceu a autorizar a manifestação do chefe do Estado-Maior das Forças Armadas.[120] O momento político era outro. E, mesmo assim, preocupado com a repercussão de suas palavras, Canrobert procurou Café para explicar que parte da imprensa estava distorcendo a sua opinião.

Lott ainda procurou saber se o general Pedro Leonardo de Campos, presidente em exercício do Clube Militar, havia aprovado o discurso de Mamede. Campos respondeu que escrevera um discurso com uma linha totalmente diferente, mas que a diretoria do Clube Militar considerara "inadequado ao momento". Para Lott, o que havia acontecido era simples, o que deveria acontecer era lógico. Um oficial desobedecera à ordem do presidente da República, que proibia pronunciamentos em público sobre quaisquer temas políticos. Esse oficial teria de ser punido.

Começaria a luta de Lott para enquadrar um militar com vocação para conspiração. Em 1930, servindo na Paraíba como primeiro-tenente, o cearense Mamede participara ativamente da Revolução. Pouco tempo depois, transferido para o Recife, assumira o comando da Polícia Militar do Estado, acabando com um movimento de apoio à revolução paulista de 1932. Essa fidelidade a Getulio seria recompensada com uma promoção no ano seguinte. Em 1941, passou a major. Enquanto participava das ações da FEB, em 1944, tornou-se tenente-coronel. Por sua atuação em Monte Castello e Montese foi condecorado nos Estados Unidos com a Medalha de Bronze. Fez o curso da Escola de Guerra da França, tornando-se um dos principais "coronéis da Sorbonne". De volta ao Brasil, esquecera do seu engajado passado getulista e passara a tramar sua derrubada com outros militares.

Além de escolher uma péssima hora para manifestar-se, Mamede havia criticado publicamente o governo, e dera opiniões sobre o quadro político, tornando-se, assim, mais um militar que desobedecia à determinação do presidente. Como nos casos de Zenóbio e Etchegoyen, seria quase automática a aplicação da punição. Mas Lott não poderia agir imediatamente, porque o coronel estava servindo na Escola Superior e não se encontrava sob a jurisdição do Ministério da Guerra. Para puni-lo, havia dois caminhos: seu retorno ao Exército ou uma solicitação para que o chefe do Estado-Maior das Forças Armadas tomasse as atitudes necessárias.

No mesmo dia do enterro, Eduardo Gomes telefonou para Lott e informou que enviaria, através do chefe de gabinete do Ministério da Aeronáutica, brigadeiro Travassos, uma exposição de motivos sobre as atividades comunistas no país. Esse documento carregava um pedido explosivo: o fechamento de várias entidades e organizações que eram consideradas simpatizantes do comunismo. Lott concordou em receber o documento. Disse que iria estudá-lo e assinaria se concordasse. Rapidamente mudou de assunto para falar sobre o que lhe interessava: perguntou qual a opinião do brigadeiro a respeito do discurso de Mamede. Gomes respondeu que não vira nada que atentasse contra o governo nas palavras de Mamede. Lott encerrou a conversa.

No dia seguinte, feriado de Finados, o documento que pedia o fechamento da imprensa ligada aos comunistas chegou às mãos de Café, que não deu maior importância às repercussões do discurso de Mamede. Sua maior atenção era para o documento assinado pelos três ministros militares, cujo conteúdo parecia incoerente, uma vez que o Partido Comunista estava proibido; portanto, não poderia haver publicações comunistas. Apesar de ser contrário ao comunismo, Lott não se empenhou nessa questão, que caiu do céu de repente em um momento ideal para desviar-lhe a atenção. Porém só uma questão lhe movia: punir o coronel rebelde. Achava a proposta de fechamento dos jornais comunistas um "assunto melindroso", enquanto o caso Mamede mexia com o destino do país.

Café chegou a chamar o ministro da Justiça para debater a questão do documento. Prado Kelly ouviu seus argumentos e considerou inconstitucional o pedido. O presidente se preocupava demais com o problema errado

— ou usava essa questão para fugir à perseguição de Lott. Achava que o discurso de Mamede não era um ato de indisciplina militar, já que o coronel falara em nome do Clube Militar, que era uma associação civil.

Em virtude do feriado de Finados, em sinal de um respeito tradicional na época, não houve mais qualquer atividade política naquele dia. Lott deixou para se encontrar com Café no dia seguinte.

Logo na manhã do dia 3, Lott procurou o presidente para discutir o caso Mamede. Foi informado pelo coronel José Canavarro Pereira, chefe da Casa Militar, que Café fora levado ao Hospital dos Servidores do Estado com dores no coração. Lott insistiu e perguntou a Canavarro se o presidente tomara conhecimento do discurso. Ele não sabia responder, mas prometeu verificar.

Os jornais favoráveis a Juscelino questionaram o enfarte de Café Filho, que tinha um histórico de problemas cardíacos. Surgiu uma desconfiança em relação à gravidade de seu estado. A dúvida era se realmente seria necessária a internação ou se alguns dias de repouso no próprio Palácio restabeleceriam a saúde do presidente.

Três horas depois, Canavarro procurou Lott para dizer que o estado de Café era muito grave; o presidente não tinha condição de se envolver nessa discussão.

Consciente de que não poderia esperar por uma melhora do presidente, Lott não desistiu de aplicar uma pena em Mamede. Procurou, então, a autoridade imediatamente abaixo do presidente com poder para resolver o caso, o brigadeiro Duncan, chefe interino do EMFA, e que também discursara no enterro de Canrobert. Lott queria saber se Duncan já havia punido o coronel Mamede. Duncan respondeu com outra pergunta:

— O senhor já conversou a esse respeito com o brigadeiro Eduardo Gomes?

Se Duncan tentou ser sutil, Lott não quis suavizar:

— O brigadeiro Eduardo Gomes nada tem a ver com o caso.

Lott comunicou então que enviaria uma notificação pedindo a volta de Mamede para os quadros do Exército. Era claro o boicote às suas atitudes. Decidiu então usar a lei para punir Mamede. Havia um dispositivo legal que fixava em três anos o prazo máximo para qualquer oficial servir ao EMFA. Como Mamede já havia ultrapassado esse prazo, Lott simplesmente exigiu que a determinação fosse cumprida. Assim o coronel voltaria a responder ao ministro da Guerra e a punição poderia ser aplicada. Porém novamente Duncan atrapalhou o plano do general, afirmando que o coronel Mamede ainda era muito importante para a Escola Superior de Guerra e que não poderia dispensá-lo, seguindo informação de seu comandante, o almirante Ernesto de Araújo. Lott ainda insistiu pela via formal, expedindo um aviso à chefia do Estado-Maior, no qual solicitava a dispensa de Mamede da comissão em que se encontrava. O aviso foi recebido antes do meio-dia pelo chefe de gabinete do Estado-Maior.

Auxiliado por seus assessores, Lott descobriria que, como ministro da Guerra, tinha poder para punir Mamede. O artigo 10 do Regulamento Disciplinar do Exército (RDE) garantia que todos os militares do Exército ativo estavam sujeitos a esse Regulamento. Já o artigo 37 afirmava ser "da competência do ministro da Guerra aplicar penas a todas as pessoas sujeitas ao RDE". Logo, os dois artigos combinados garantiriam uma base legal e regulamentar para enquadrar Mamede. Mas, mesmo com essa informação, decidiu obedecer à hierarquia, optando por seguir o rito que se costumava tomar no Exército, respeitando a autoridade.

Ainda no mesmo dia, Lott tentou falar com o presidente, mas não foi recebido. O ministro da Agricultura, Munhoz da Rocha, também esteve no Hospital e encontrou-se com Café. Os jornais do dia seguinte, além de trazerem fotos de um presidente fumando tranqüilamente em seu quarto, ainda exploraram a porta na cara recebida pelo ministro da Guerra. A *Tribuna da Imprensa* publicou uma suposta mensagem do presidente a Lott, que o coronel Canavarro não teve coragem de transmitir-lhe frente a frente:

> Por intermédio do chefe da Casa Militar da Presidência, o senhor Café Filho fez saber ao general Lott que não considera conveniente a designação do general Alcides Etchegoyen para comandar em Recife e a punição do coronel Jurandyr Mamede por seu discurso no enterro de Canrobert.

No mesmo jornal, as provocações atingiram o auge com mais um artigo de Carlos Lacerda. Dessa vez, o deputado foi além das palavras, afirmando que fazer discursos e escrever artigos de nada mais adiantava. Era a hora da ação, chegava o momento de se instalar um novo regime, através de uma revolução rápida e sem sangue como pregava em seu artigo *A Hora das Forças Armadas*:

A posse desses dois aventureiros irresponsáveis só poderá ser evitada por um ato de força. Nesse mesmo ato se contém a instauração de um regime cuja legalidade tem de ser por ele próprio criada (...) Ou se estabelece o regime de emergência ou tomam posse Kubitschek e Jango para imporem ao país, em pouco tempo, uma ditadura e, como inevitável conseqüência, uma guerra civil (...) Em vez de ação da Justiça para evitar o "golpe" é preciso uma ação militar para reformar, a fim de valorizá-la, a estrutura do Poder Judiciário (...) O problema, já agora, é militar. Ou os chefes militares já compreenderam isso e vão agir, ou não compreenderam e não vão agir. Se não agem, Juscelino e Goulart tomam posse. Se agem, eles não tomam posse (...) O legalismo é, neste momento, apenas o pretexto para entregar o Poder aos inimigos do Brasil (...) o novo regime deverá sair de uma revolução que, nesta altura, ainda pode ser incruenta e relativamente rápida.[121]

Acompanhando a romaria de Lott e já considerando inevitável o conflito, no dia 5 de novembro o Movimento Militar Constitucionalista lançou o "Boletim Confidencial n° 12", que esquadrinhava o momento político:

I. Situação geral:

Realizadas as eleições de 3 de outubro, tratam as Forças Golpistas (FG) de tumultuar os resultados do pleito visto como os eleitos não foram aqueles que lhes convém, e envidam todos os esforços para impedir a posse ou mesmo a sua proclamação. Forças constitucionais (FC) muito mais poderosas estão preparadas para combatê-las, convencidas de que a solução do problema só poderá ser obtida pelas armas (...)

II. Situação particular:

A. Na capital do país:

a. tentativas dos golpistas para criar um ambiente pró-golpe, mantendo acesa a mecha da agitação permanente (Congresso, imprensa, rádio)

b. (...) teses de maioria absoluta e anulação do pleito,

c. criação de uma crise militar na base do 'Discurso do Cemitério'; tudo será feito para, se for punido Mamede, criar uma 'onda' que leve na crista e afogue o ministro da Guerra,

d. A doença presidencial e conseqüente afastamento de Café Filho dá rumo favorável às pretensões golpistas. Com a ascensão de Carlos Luz, que tratarão de tornar definitiva, pretendem afastar Lott, o que virá facilitar o golpe, pois, no Governo, é este o único elemento que se opõe aos golpistas, e que lhes oferece obstáculo. Caso Lott deixe a Pasta, então o golpe estará nas ruas (...)

g. Gozam os golpistas de alta proteção policial.

III. Manobra Atual dos Golpistas

1. Caso não surta efeito a tentativa ostensiva de solução branca (...) pretendem os golpistas desencadear uma revolução armada (...) e instaurar um regime de Emergência Provisória (...)

2. Esperam ir até o estado de beligerância, para cujo reconhecimento contam a priori com pelo menos duas potências estrangeiras; uma na América do Norte, outra na América do Sul.

IV. Dispositivo das Forças Golpistas

1. Setor civil: parlamentares da UDN-PL-PDC-PSB, imprensa e Clube da Lanterna.[122]

2. Setor Aeronáutica: (...) distribuição do armamento e munição (farta), elevação de efetivos, substituição nos comandos por elementos golpistas.

3. Setor Marinha: (...) base na esquadra que está suprida para um mês (a partir de 17 de outubro).

4. Setor Exército: ECEME, chefia presuntiva: Etchegoyen, chefia efetiva: Mamede.

5. Elementos militares de outra natureza: Estado-Maior das Forças Armadas, quadro permanente da ESG, Casa Militar, Conselho de Segurança Nacional.

6. Setor Governadores: foram sondados: São Paulo, Rio Grande do Sul e Pernambuco.

V. Tipo de operação: aeronaval. Esquadra em movimento para demonstração ou ataque.

VI. Tipo de governo a instaurar: modelo argentino, inclusive com expurgos nas Forças Armadas e Tribunais de Honra, Expurgo do Judiciário, revisão da Legislação Trabalhista, concessões às potências estrangeiras e extinção da Petrobrás, nova Lei Eleitoral.

VII. Execução da Operação: a partir de hoje e até o dia 31 de janeiro de 1956, em qualquer data. Mais provavelmente até 20 de novembro corrente (...)

1. O MMC alerta seus elementos:
   a. um golpe é esperado e considerado inevitável,
   b. deverá ser armado e a ele será procurado dar caráter nacional.
   A base de força reside em elementos aeronavais,

2. Em face disso prescrevemos as seguintes medidas, convencidos de que o golpe só poderá ser combatido e detido pelas armas:
   a. policiar fortemente as zonas de ação,
   b. preparar-se para o combate,
   c. intensificar o aliciamento de capitães, subalternos e graduados,
   d. ter planos prontos para desencadeamento imediato, sem esperar ordens, nem uns pelos outros,
   e. atacar, sem perda de tempo, os elementos aeronavais sediados nas respectivas guarnições (...)
   f. Preparar-se para a guerra de nervos e a onda de boatos e não dar crédito a notícias espalhadas sobre o fato consumado,
   g. tomar todas as medidas de segurança e particularmente contra as operações tipo putsch e comando e mesmo contra atentados pessoais,
   h. as presentes medidas são para execução imediata.

IX. Senha para início do contragolpe: Exoneração do general Lott com a nomeação dos seguintes generais para o cargos de ministro da Guerra: Fiúza, Etchegoyen, e outros.

O MMC estava "convencido de que o Golpe só poderá ser combatido e detido pelas armas". E, mais uma vez, indicava como "senha" para início da reação a exoneração de Lott e a nomeação de Fiúza ou Etchegoyen.[123] Se isso acontecesse, o MMC também sairia às ruas para desencadear o movimento de reação.

Ainda no dia 5, o brigadeiro Netto dos Reys declarou ao *Correio da Manhã* que os candidatos eleitos deveriam tomar posse e que os militares precisariam manter-se alheios à política. Apenas um dia depois, o ministro da Aeronáutica, alegando seguir a ordem do presidente — a mesma que Lott tentava cumprir — anunciou a prisão de Reys por dez dias. Vítima de uma lenta humilhação, Lott não conseguia punir seu subordinado. O ministro da Aeronáutica mostrava uma coerência própria para aplicar a lei somente em quem interessava.

Até Távora, que vinha mantendo uma postura neutra, resolveu se manifestar. A febre do golpe contagiava. O candidato derrotado lançava um comunicado à imprensa em que denunciava, com mais de um mês de atraso,

um plano deliberado de falsificação da vontade popular (...) nessas condições, só nos resta uma esperança de correção pacífica dos vícios eleitorais que estão comprometendo nossa incipiente democracia (...) é a ação drástica, corajosa e imparcial da Superior Justiça Eleitoral, não apenas no sentido de expurgar, dos resultados apurados, as votações viciadas de fraude, de suborno ou de violência, mas também de punir, exemplarmente, os mandantes e executores de tais crimes.[124]

Lott não mudava de opinião, mas decidia modificar a estratégia. Aguardaria a melhora do estado de saúde do presidente para tomar uma nova atitude. Como não havia previsão sobre a saída de Café do hospital, já era considerada certa a ascensão à presidência do deputado Carlos Luz.

E foi como virtual futuro presidente que Luz visitou Lott em sua casa. Antes mesmo de Café decidir se afastar da presidência, o deputado procurou o ministro para solicitar um relatório completo sobre a situação no Exército. A explicação detalhada durou mais de duas horas.[125] Lott aproveitou para reforçar a opinião quase geral dos oficiais de que as garantias constitucionais e as decisões da Justiça Eleitoral deveriam ser mantidas, citou o confronto entre a Cruzada Democrática, que pregava o golpe, e o MMC, que queria manter — até pela força — a ordem constitucional. Lembrou também que outro grupo, que chamou de "moderado", incluindo-se nele, mostrava-se disposto a cumprir a Constituição e preservar a unidade das Forças Armadas. Sobre o Caso Mamede, Lott insistiu que havia uma quebra da disciplina que deveria ser punida, como determinara o presidente. Apresentou ao deputado quatro opções para solucionar o problema:

1ª) a volta do coronel aos quadros do Exército sem qualquer punição.
2ª) punição do oficial pelo EMFA.
3ª) punição pelo próprio presidente.
4ª) punição pelo ministro da Guerra.

Afirmou que preferia a primeira opção, a mais leve. Mas deixou claro que, se fosse tomada qualquer atitude fora do esquema apresentado, ele abandonaria o Ministério.[126] Uma declaração tranqüilizadora para Luz, que já tinha um caminho para se livrar do ministro.

Finalmente no dia 8, pela manhã, todo o Ministério era chamado ao hospital para um encontro com o presidente. Enquanto esperavam para serem chamados isoladamente, os ministros militares discutiam o caso Mamede. Gomes manteve-se calmo, mas Amorim e Lott se estranharam. Durante a nervosa conversa, Lott mostrou seu inconformismo:

— Não é possível que Mamede me faça caretas por trás da cortina da Escola Superior de Guerra.[127]

Durante a reunião, Café parecia estar animado e bem de saúde, mas convocara um encontro justamente para comunicar que decidira passar o governo imediatamente para o presidente da Câmara. Constitucionalmente, uma carta escrita por Café seria suficiente para transmitir o poder provisoriamente para Carlos Luz, mas Café esquecera-se de que se ausentara do governo sem pedir licença ao Congresso. Enviou então uma carta na qual pedia a Luz, conforme recomendação médica, "mais alguns dias para o repouso indispensável para o restabelecimento". Na mesma carta transmitia o exercício das funções de presidente para Luz, segundo os termos do art. 79, parágrafo 1° da Constituição.[128]

Tornava-se realidade o que o advogado Sobral Pinto dissera ao ministro da Guerra alguns dias antes. Sobral recebera uma informação de que Café seria examinado no dia 7 de novembro por uma junta médica que o aconselharia a deixar o governo. Repassara a Lott tudo que ouviu. Bingo.

Na tarde do dia 8, com a comunicação da ausência do vice-presidente, conforme determinava a Constituição de 1946, o presidente da Câmara dos Deputados tomava posse, após o país ter ficado, a rigor, uma semana com um presidente em um quarto de hospital, incapacitado de exercer suas funções. O deputado Carlos Luz, um pessedista dissidente e contrário a Juscelino, assumia a presidência e imediatamente convocava uma reunião do Ministério.

Pouco depois, Lott ainda receberia outro aviso. O deputado José Maria Alkimim, logo após deixar o hospital, procurou o deputado Vitorino Côrrea. Ambos se dirigiram ao gabinete do ministro da Guerra, onde Alkimim fez uma advertência:

— Estou certo de que o senhor será demitido dentro de mais algumas horas. Andei no Palácio Tiradentes, no Palácio do Catete e no Hospital dos Servidores. Estive com muitos deputados, com Carlos Luz e com Café Filho. De todos esses encontros e essas conversas, cheguei à conclusão de que uma verdadeira peça de teatro foi cuidadosamente armada.

A peça já estava escrita e ensaiada há tempo. Lott queria saber como Alkimim chegara àquela conclusão. O deputado disse então que, no dia seguinte, o ministro seria chamado por Carlos Luz. E seria demitido. O espanto tomou conta de Lott. Ele realmente acabara de ser chamado para uma reunião na manhã seguinte. Vendo que sua previsão estava certa, Alkimim finalizou:

— A sua presença aqui no Ministério da Guerra é a única pedra que resta no sapato de um golpe cuidadosamente preparado para frustrar a posse do presidente Juscelino. Estão tentando removê-la.[129]

O novo presidente espalhou que convocara a reunião com o Ministério para comunicar que todos seriam mantidos nos cargos. Lott chegou e foi cercado pelos repórteres. Desmentiu os boatos de que pedira demissão. Talvez inspirado por Luz que dissera um dia antes que a situação era "grave e delicada", deu o tom do seu humor:

— A situação política do país está melhor do que muita gente gostaria que estivesse.

Cumprimentou os colegas, mas evitou Eduardo Gomes e Amorim do Valle. Pouco antes eles tiveram uma outra discussão. Valle insistia em uma participação "mais ativa" do Exército no problema político. Era inevitável o conflito. O ministro da Justiça, Prado Kelly, tomou a palavra para dizer que desejaria apresentar sua exoneração, mas como o presidente pedia que todos permanecessem em seus cargos, ele desistira da idéia. Outros seguiram Kelly. A intenção, com esse jogo de cena, era que Lott aproveitasse o momento e solicitasse sua exoneração, que seria imediatamente aceita, mas o ministro da Guerra já conhecia o roteiro e nem se abalou.

Talvez para zombar dos "colegas" do Ministério, a certa altura Lott pediu a palavra. Expectativa. Na frente dos demais ministros, apenas solicitou uma audiência com o presidente. A reunião não tinha mais motivo para existir. Durou quinze minutos. Em seguida, Lott foi recebido pelo presidente em um encontro particular. O general insistiu para que fosse tomada uma atitude imediata em relação ao caso Mamede. Além da natural repercussão nas Forças Armadas, a ausência de uma decisão em relação ao coronel já causava reflexo nos meios políticos e na imprensa. Classificou a situação de "insustentável" e dava uma explicação vital para Luz, que deveria ter prestado atenção: quem estaria sofrendo danos irreparáveis com essa demora era "o elo básico do Exército: a disciplina". Luz disse simplesmente que não poderia tomar uma decisão tão séria sem saber qual seria a opinião do procurador geral da República, Themístocles Cavalcanti. Pediu um tempo para estudar o caso e falou que marcaria uma nova reunião em breve.

Lott encerrou o diálogo mostrando que não estava nada satisfeito:

— Dada a situação, o senhor deveria meditar bem. Pois eu sei que o senhor é partidário de uma solução extralegal para o problema sucessório.

Surpreso, Luz perdeu a cor e replicou:

— Isso é uma infâmia. Não é verdade.

E Lott ousou ainda mais:

— Nesse caso, deixarei o cargo porque não posso ser ministro de um governo golpista.[130]

Saiu do gabinete logo em seguida. Visivelmente irritado.

O país despertou perplexo no dia 9. Na *Tribuna da Imprensa*, Lacerda publicou o mais objetivo e violento artigo de toda a orquestração contra a posse de Juscelino. À vontade com o novo presidente e sentindo-se protegido por ele, Lacerda fazia questão de deixar clara a intenção daqueles que compunham o novo governo. Com o artigo "Não podem tomar posse", os bastidores da ascensão de Luz tornavam-se públicos:

> É preciso que fique claro que o presidente da Câmara não assumiu o Governo da República para preparar a posse dos srs. Juscelino Kubitschek e João Goulart. Esses homens não podem tomar posse, não devem tomar posse, não tomarão posse (...) É preciso dizer toda a verdade. O Governo inaugurado ontem, sob o aspecto legal de uma sucessão rotineira, é um Governo que só nasceu e só se manterá pelo consenso dos chefes militares responsáveis pelo 24 de agosto, cujo equívoco, agora, estão em situação de desfazer (...) A consciência nacional, o povo revoltado, as Forças Armadas mobilizadas pelo Brasil não permitirão, agora, que novo desvirtuamento se dê. Juscelino e Jango não podem tomar posse.

Lott aguardava a resposta do novo presidente. Nesse dia, o boato de sua saída se tornou uma quase certeza. Teve de responder várias vezes à pergunta sobre sua demissão:

— Nada sei a esse respeito. De minha parte não existe tal propósito. Não estou demissionário.[131]

Para os jornalistas, precisou explicar até a presença do general Tasso Tinoco, primo de Eduardo Gomes, no Rio. Tinoco dissera que precisava ir ao Rio para visitar um parente doente.

A resposta prometida por Luz viria com um dia de atraso. Pela manhã, Lott recebeu um telefonema do Catete que o convocava para uma audiência às seis da tarde daquele 10 de novembro, data que marcava o golpe do Estado Novo em 1937. Lott almoçou na redação de *O Globo*, a convite de Roberto Marinho e do jornalista Herbert Moses. Em seguida, retornou a seu gabinete. Como fazia em qualquer compromisso, oficial ou particular, pretendeu se adiantar, mas foi surpreendido pelo trânsito. Entrou no Palácio sete minutos atrasado.

Para sua surpresa, foi convidado a esperar no salão contíguo à sala de despachos da presidência. De lá, pôde observar que vários políticos, que chegaram depois, foram recebidos por Luz, enquanto ele continuava aguardando. As emissoras de rádio, ao vivo, divulgavam a expectativa do encontro. Jornalistas e fotógrafos amontoavam-se à porta para observar o auge da patética jornada do ministro, que também teve de ouvir algumas piadas sobre a sua longa espera. E Lott sentado, quepe sobre a perna, esperando.

Odylo Costa Filho, assessor de imprensa de Café, foi quem dera a ordem para que a poderosa Rádio Nacional levasse ao ar, com todos os requintes, a espera de Lott para ser atendido.[132] Os quartéis também estavam de ouvido no rádio, acompanhando esse momento que menosprezava não só Lott, mas também o próprio Exército, e que abalava profundamente o "elo básico". Enquanto isso, às seis e dez da tarde, conforme ele próprio afirmaria mais tarde, Botto dava ordens para que os navios acendessem fogos, antes mesmo de o ministro ser oficialmente recebido.

E Lott aguardava, aguardava pacientemente. Quase às oito da noite, depois de mais de uma hora e meia de espera, Luz decidiu chamar o general. A espera, por si só, já seria uma grande ofensa. Mais grave para um ministro. Mais grave ainda no caso de Lott, um conhecido seguidor de horários, que esperou demais por um encontro previamente marcado. O rigor com que Lott cumpria os horários era bem conhecido também no meio político.

A audiência começou com Luz tentando dar uma explicação geral do momento político ao ministro, que cortou o presidente dizendo que já conhecia muito bem a situação. Iniciou-se então um diálogo seco e ríspido entre o ministro e o presidente, que citou o parecer do procurador geral da República. Luz cometia mais um erro[133] em sua relação com o Exército. E novamente recebeu uma explicação:

— A ingerência de um civil sobre matéria disciplinar do Exército é inútil, pois a disciplina só se aprende servindo, comandando e sofrendo. Interessa-me, unicamente, a solução que o senhor pretende dar ao caso Mamede.

Em seguida, Lott repetiu as quatro hipóteses que deixara com o presidente para solução do caso. Ressaltou que gostaria simplesmente que o coronel voltasse a responder aos quadros do Exército.

Luz finalmente comunicou sua decisão:

— Não há nada a punir.

— Então, sr. presidente, desejo saber a quem devo passar a pasta da Guerra, porque não posso continuar como ministro quando a disciplina militar foi ferida. Não posso ser responsável por uma organização em que a disciplina não é respeitada.

— Ao general Fiúza de Castro, um oficial que recebeu muitos elogios quando deixou o Exército.

A resposta imediata de Luz. O nome indicado. As previsões de Sobral Pinto e Alkimim. O boletim do MMC. Tudo indicava a participação de Luz na conspiração. Lott ainda tentou lembrar ao presidente que o problema iria persistir:

— Sem questionar os elogios, a escolha vai sujeitar o general Fiúza a dificuldades, principalmente se começasse a sua gestão garantindo a impunidade do coronel Mamede. O novo ministro seria submetido a uma triste situação de constrangimento, tendo que endossar uma solução para um problema disciplinar que fora rejeitada por seu antecessor e considerada inadequada pela maioria dos chefes militares.[134]

Luz limitou-se a dizer que julgava que o general Fiúza estava no Palácio. Há mais de dez horas Fiúza encontrava-se no Palácio. Pouco depois das dez da manhã fora convidado pelo próprio Luz e aceitara ser o novo ministro. O coronel Menezes Cortes, chefe da Polícia, também estava lá desde o começo da tarde. Lott quis sair. Luz sugeriu então que ele tivesse uma conversa com Fiúza para discutir a transferência do cargo. Em um rápido encontro, ainda no Palácio, marcaram a cerimônia de posse para as três da tarde do dia seguinte. Luz e Fiúza ainda tentaram fazer com que a transferência fosse imediata, mas Lott respondeu que precisava "limpar as gavetas" e escrever o boletim de despedida.

A demissão já estava publicada no *Diário Oficial*, que rodou na gráfica da Imprensa Nacional por volta das cinco da tarde. Na página 11, além de exonerar Lott, o redator do *Diário Oficial* ainda o "rebaixava" de posto. Lott, que era general-de-exército, era identificado como general-de-divisão:

> O presidente da Câmara dos Deputados, no exercício do cargo de presidente da República, resolve: CONCEDER EXONERAÇÃO: de acordo com o art. 87, item III, da Constituição Federal, ao general-de-divisão Henrique Baptista Duffles Teixeira Lott do cargo de ministro de Estado dos Negócios da Guerra. NOMEAR: de acordo com o artigo 87, item III, da Constituição Federal, o general-de-exército R-1 Álvaro Fiúza de Castro para exercer o cargo de ministro de Estado dos Negócios da Guerra.

A audiência das "seis da tarde", mais as quase duas horas de espera e o encontro com o presidente faziam parte de um teatro de Carlos Luz.[135] A personalidade de Lott, de tão conhecida, já se tornava folclórica. A expectativa era que ele não suportaria tamanha falta de respeito e pediria demissão. A notícia e o chá-de-cadeira eram discutidos nas rádios antes mesmo de o fato ser consumado. Em Minas Gerais, o choque era maior: um mineiro destratava outro mineiro, ameaçando o futuro governo de mais um mineiro.

Antes mesmo de receber Lott, o novo presidente já tinha enviado o chefe do Gabinete Civil, Monteiro de Castro, ao encontro de Café no hospital, "por volta das dezenove horas":

> — Presidente Café, o doutor Carlos Luz manda avisar-lhe que acaba de conceder exoneração ao General Lott e vai nomear o General Fiúza de Castro para a pasta da Guerra.
> — O presidente Carlos Luz incumbiu-o de fazer-me uma consulta ou uma comunicação? — perguntou Café.
> — Creio que é uma comunicação, pois o general Fiúza de Castro já foi convidado e está no Catete — retrucou o chefe do Gabinete Civil.
> — Então, não me cabe opinar. Diga ao presidente Luz que recebi a comunicação dele.[136]

Com esse comentário, caía por terra a isenção de Café, que aceitava uma mudança radical no quadro deixado por ele, afinal, Carlos Luz estava "na qualidade de substituto, enquanto perdurasse o referido impedimento". Jamais passou pela sua cabeça tentar reverter a decisão. Talvez soubesse que sua volta não estava prevista. Chegou a escrever uma carta, que nunca foi entregue, cheia de elogios a Lott. De concreto, nada. Café assumia para si o ato da exoneração. Lamentava o fato, mas o considerava inevitável quando sabia que, se voltasse, como dizia querer, poderia reverter a demissão. Parecia muito conformado e aliviado:

> (...) Lamento sinceramente este desfecho, que chegou ao meu conhecimento como um fato consumado à minha revelia (...) Era meu desejo encerrar a minha gestão presidencial sem alterações no ministério. Vejo, entretanto, que ao voltar ao exercício do meu mandato, tão logo complete dentro de poucos dias o período de recuperação determinado pelos médicos, terei o pesar de ver-me privado de tão útil e leal colaboração, proporcionada ao curso de mais de um ano, em que ficaram confirmadas as suas qualidades de chefe militar e as virtudes de seu devotado patriotismo, postas à prova desde o difícil momento da vida nacional em que o convoquei para as funções de que agora se retira(...).[137]

Depois do breve encontro com Fiúza, Lott conformou-se. Não pensou em reagir e estava disposto a passar o cargo,[138] apesar da certeza de que havia um golpe branco em andamento. No caminho para casa, mandou seu ajudante-de-ordens entrar em contato com o futuro ministro e providenciar um carro para o general, que não estava mais no serviço ativo. Chegou a relembrar algumas passagens de Fiúza, que conhecia há muitos anos. Enquanto Lott voltava para casa, Fiúza permaneceu no Catete, acompanhado por Etchegoyen, assinando várias transferências de oficiais e mudanças de comando que seriam efetivadas logo após sua posse.

Por volta das oito e meia da noite, o *Repórter Esso*, na Rádio Nacional, divulgava que Lott seria substituído por Fiúza e que o novo ministro da Guerra já havia convidado o general Adhemar de Queiroz, um dos mais fanáticos do grupo dos coronéis, para a chefia do Gabinete. A posição de

Queiroz contra a posse dos novos eleitos era conhecida por todos no meio militar. Lott chegou na sua residência pouco depois do anúncio do *Repórter Esso*. A decepção era evidente em seu rosto. Ele jamais comentava problemas profissionais em casa, mas não conseguiu esconder os fatos[139] e contou o que acontecera. A filha Regina e seu marido, Paulo Dutra, além de dona Antonieta, ouviram seu desabafo. Então foi informado que o general Odylio Denys, comandante da Zona Militar Leste, havia estado lá, querendo falar-lhe com urgência. Ao invés de usar o telefone comum, Lott usou o telefone de campanha que mandara instalar, porque desconfiava que o seu telefone estava grampeado. Pouco tempo depois, Denys estava na casa de Lott. O comandante da Zona Militar Leste apresentou uma análise do que poderia acontecer, agora que Lott não era mais ministro:

— Antes de você falar com Carlos Luz, a *Hora do Brasil* já informava a sua demissão. A intenção do atual presidente é provocar uma crise de comando no Exército para fortalecer a Marinha e a Aeronáutica. Você não pode ficar desmoralizado neste episódio. Eu não ficarei no cargo. Nem os generais a mim subordinados.[140]

Denys garantiu que ele e todos os generais fiéis ao ministro deixariam seus cargos, criando uma crise de comando, e que haviam decidido reagir:

— A Marinha e a Aeronáutica estão de prontidão neste momento. Sugiro que a guarnição do Exército do Distrito Federal faça o mesmo.

Mas Lott acabou com a euforia de Denys:

— É muito difícil para mim transpor os limites da legalidade. Também não acho que a prontidão seja conveniente, porque a população ficaria alarmada. Eu já me comprometi a passar o cargo ao general Fiúza.

Vendo que, naquele momento, Lott não aceitaria liderar um movimento contra o atual governo, Denys voltou para casa, visivelmente insatisfeito.[141]

Dona Antonieta, Regina e Paulo Dutra se encarregaram então de transmitir a Lott mais informações que haviam recebido de um oficial da Marinha: os navios realmente estavam com os fogos acesos e de prontidão.

Regina, sempre ousada, chegou a pressionar o pai:

— Papai, vai haver derramamento de sangue, porque Juscelino ganhou, mas não vai levar. Há boatos de que ele não aceitará essa situação e que vai levantar Minas.

Lott, que ouvia tudo calado e sério, surpreendentemente respondeu:

— Eu vou dormir, não aturo mais vocês.

Jantou rapidamente, foi para o quarto e vestiu o pijama.[142] Mas não conseguiu dormir. Todos os acontecimentos passavam por sua cabeça: os pronunciamentos de Amorim do Valle e Eduardo Gomes; as entrevistas de Botto; o aviso de Sobral Pinto[143] a respeito do afastamento de Café, a informação de que seria exonerado do Ministério; o cumprimento efusivo de Luz e Mamede; a visita de Luz à sua casa antes mesmo de ele se tornar presidente; a solução do caso Mamede; a prontidão da Marinha... Chegou à conclusão de que a solução defendida por Lacerda seria vitoriosa: as eleições seriam anuladas e as atividades do Congresso, suspensas.

Uma entrevista exclusiva[144] concedida por Lott ao jornalista Otto Lara Resende, publicada na revista *Manchete* de 19 de novembro de 1955, revelou, através de uma reportagem histórica, todo o seu drama de consciência durante aqueles momentos:

Eu estava convencido de que deveria manter-me nos limites da legalidade e nenhum gesto de rebeldia devia partir de mim, por minha iniciativa. Certo de que assim agia bem, não tomei qualquer providência de ordem militar. Jantei e deitei-me, para dormir. Não dormi. Passei cerca de quatro horas insone, com o coração aos pulos. Cheguei até a recear que algo fosse me acontecer, apesar da rijeza dos meus 60 anos... Foi aí que vivi o dilema a que meu amigo Canrobert se referiu no seu discutido discurso. Conformar-me, aceitar minha demissão como um fato consumado, a que nada deveria opor, ou rebelar-me? A paixão pela legalidade me impedia qualquer gesto que importasse em quebra das normas constitucionais. Mas, por outro lado, meditava: minha demissão viria permitir a substituição de camaradas experientes e menos apaixonados, por elementos exaltados, partidários da solução ilegal. A legalidade estava, assim, ferida de morte, e sem possibilidade de uma defesa imediata e eficiente. O Exército, a Marinha e a Aeronáutica viriam a cair nas mãos dos comandantes favoráveis ao golpe nas instituições e, acima deles, um presidente da república interino alimentava a mesma intenção de suspender as garantias democráticas, negando o pronunciamento livre das urnas. Viria a dissolução do Congresso, a derrubada da Justiça. Os cargos e postos públicos seriam distribuídos entre inaptos, a boa intenção de alguns, sinceramente convencidos da necessidade da intervenção militar, não supriria as inconveniências de uma, tal estado de coisas. Sem nenhuma dúvida, marcharíamos a passos rápidos para a guerra civil e para a anarquia. Tudo isso seria conseqüência de minha conformação naquele momento. Mas havia alternativa: sair temporariamente do quadro legal para chefiar um movimento que afastasse o presidente, moralmente incapaz de exercer as altas funções, assim como outras autoridades militares favoráveis à solução ilegal. Havia, é claro, a possibilidade de uma luta com derramamento de sangue, na qual brasileiros com armas e balas brasileiras iriam eventualmente fazer uma guerra civil. Sobretudo, era preciso evitar o derramamento de sangue — e meu afastamento da Pasta da Guerra não garantiria que o sangue dos brasileiros não ia ser derramado, antes pelo contrário. Essa alternativa de uma rápida intervenção minha ainda apresentava a vantagem de, bem-sucedida, vir a preservar as instituições democráticas, reduzir o sofrimento do povo, cumprir o papel constitucional das Forças Armadas em favor da lei e da ordem. Cerca de uma hora da madrugada, cheguei à conclusão de que devia agir imediatamente. Não tinha tempo a perder.

Quando soube da notícia da demissão, Duffles foi até a casa de Lott, que já tinha se recolhido. Ficou conversando com sua mãe até a meia-noite e foi embora. Ao entrar no quarto, dona Antonieta encontrou Lott acordado, preparando-se para sair.

Os políticos favoráveis a Juscelino acompanharam a demissão de Lott e procuraram também armar uma reação. O apartamento do deputado Vitor Isler ficou lotado. Os deputados do PSD e de outros partidos lá reunidos decidiram que Alkimim convocaria uma sessão extraordinária da Câmara para a manhã seguinte. Lá mesmo foi redigido e enviado um requerimento ao presidente da Câmara, Flores da Cunha, que se encontrava na casa de Osvaldo Aranha. Flores recebeu e despachou o documento imediatamente.

Os dirigentes do MMC, que haviam prometido que "quem deflagrasse a luta não conduziria os acontecimentos", mobilizaram-se rapidamente e reuniram-se na residência do general Zenóbio. Mantinham ligação com o grupo de Juscelino. Não deflagraram a luta, então queriam "conduzir os acontecimentos". Na tentativa de reforçar o grupo, buscaram a adesão de três generais com comando no Rio, tentando convencê-los a formarem a "linha dos generais", sob o argumento que o general Zenóbio estava disposto a liderar a reação. Na entrevista a Otto Lara, foi pensando no MMC que Lott fizera a ressalva "antes pelo contrário" sobre sua saída evitar o derramamento de sangue. Ele tinha informações certas de que o MMC partiria para um conflito armado após a sua demissão.

Os oficiais do MMC reuniram-se rapidamente com a "linha do Congresso", formada pelos parlamentares que apoiavam o movimento; os deputados José Maria Alkimim e Flores da Cunha.

O senador Nereu Ramos, vice-presidente do Senado, era o terceiro na ordem de sucessão de Vargas e ganhava uma importância enorme naquela noite. Depois de Café — que, pela Constituição de 46, como vice-presidente, tinha a prerrogativa da presidência efetiva do Senado — e do presidente da Câmara, Carlos Luz, ele era o próximo na linha sucessória.

Ao mesmo tempo em que o MMC ensaiava a reação e que Alkimim orquestrava a resposta política, outro grupo de generais se mobilizava. Às onze da noite, Denys reunia-se em sua casa com mais nove generais do Rio: Antonio de Lima Câmara, João de Segadas Viana, Augusto Frederico de Araújo Correia Lima, Manoel de Azambuja Brilhante, Osvaldo de Araújo Motta, Djalma Dias Ribeiro, Teophilo de Arruda, Justino Alves Bastos e Nilo Horácio de Oliveira Sucupira; também estava presente Olympio Falconière, comandante da Zona Militar Centro.[145]

Nenhuma ideologia movia o encontro. Esses onze generais se encontraram para manifestar o inconformismo com a insubordinação no Exército, onde um coronel estava derrubando um general.[146] Também estavam ofendidos com a espera de quase duas horas a que Carlos Luz submeteu não só Lott, mas todo o Exército. Unanimemente, decidiram que deveria ser realizado um movimento que depusesse o presidente Carlos Luz, mas ainda esperavam por Lott. Pretendiam agir para que o movimento dos generais saísse antes do MMC, já que, segundo Denys, os "intentos" não coincidiriam.[147]

Os generais tinham informações de que o movimento do MMC — que se reunira na casa de Zenóbio — iria para a rua de qualquer maneira e com qualquer chefe, até com os próprios coronéis encabeçando a ação. Eles tinham planos estabelecidos[148] para tomar a cidade. Chegou a ser marcada a "realização de um golpe revolucionário às quatro horas do dia 11".[149] Mais tarde, a imprensa oposicionista trataria de transformar em mito o poder do MMC, que seria apontado como responsável pelas ações militares do 11 de novembro. O MMC nasceu e morreu para garantir a posse dos eleitos, mostrando-se, de uma maneira torta, fiel à hierarquia.

O dia 11 tinha começado havia poucos minutos. O dilema não permitiu que Lott dormisse. De sua janela, pôde ver luzes acesas e homens fardados na residência de Denys. Eram casas vizinhas. Ligou novamente para ele pelo telefone de campanha:

— Meu caro Denys, não consegui pegar no sono de jeito nenhum. O que está acontecendo na sua casa?

Denys contou que alguns generais e coronéis estavam pensando em se dirigir aos quartéis para reagir. Denys questionou mais uma vez Lott sobre sua posição. Ele lhe transmitiu a sua posição definitiva:

— Não posso ficar omisso. Temos de agir imediatamente para evitar a eclosão de uma guerra civil.

Era a motivação final para que os generais presentes, que até então se mostravam indecisos, acompanhassem o movimento imediatamente.[150] Em pouco tempo, o carro de Denys apanhava Lott, fardado e com uma mauser 45 na cintura. Para Falconière, "não havia quem pudesse conter o movimento de 11 de novembro. Se os generais não estivessem à frente, tê-lo-iam executado os próprios comandantes das Unidades."[151]

No carro, Lott, Denys, Falconière e outros oficiais seguiram para prédio do Ministério da Guerra. O dilema de consciência ainda perturbava Lott, que comentou:

— Nós estamos na ilegalidade.

E Denys deu sua versão:

— Mas daqui a pouco a legalidade estará conosco.[152]

O gabinete do ministro, no nono andar, estava às escuras. Decidiram permanecer no segundo andar, onde ficava o gabinete de Denys, no comando da Zona Militar Leste. De lá, Lott chamou seus oficiais de gabinete e os comandantes das grandes unidades. Ao mesmo tempo, dando início à reação, Denys tentava impedir a saída dos oficiais da Marinha e da Aeronáutica, que mantinham suas forças de prontidão desde as sete da noite do dia anterior. Não havia unidade do Exército de prontidão. Apenas duas companhias do Batalhão de Guardas, que chegaram ao QG logo após a chegada dos chefes militares, poderiam ser deslocadas imediatamente.

Uma dessas companhias ocupou a sede do Departamento Federal de Segurança Pública, passando a controlar sua excelente rede de comunicação. O coronel Menezes Cortes, chefe de Polícia, foi um dos primeiros a ser preso. A outra companhia interditou o acesso ao Palácio do Catete.

Rapidamente, os ajudantes-de-ordens do ministro — William Stockler, Wilson Grossman, Duvally Verlangeiro, Nilson Mario dos Santos e os oficiais-de-gabinete Joaquim Montenegro e Arivaldo Silveira Fontes — deslocaram-se para o ministério. Lott passou a coordenar a ação. Determinou que seus auxiliares realizassem vários telefonemas para todo o Brasil, controlando a monitoração dos quartéis que estavam com o ministro.

Conforme os comandantes das grandes unidades chegavam ao QG, recebiam um envelope lacrado contendo instruções detalhadas das missões a seguir. Os envelopes estavam guardados no cofre do gabinete de Denys. Eram planos de ação que serviriam para enfrentar qualquer distúrbio no país — mas que foram adaptados para a situação específica de um golpe — elaborados a pedido de Lott, que resolvera tomar "providências acauteladoras".[153] A partir de julho, assim que ele percebeu que a sua divergência com os outros ministros militares estava aumentando muito, entregou a Denys a missão secreta de preparar planos de defesa da ordem pública. Eram estratégias que seriam adotadas em quatro situações distintas: uma rebelião da Marinha; uma rebelião da Aeronáutica; da Marinha e Aeronáutica juntas; ou da Marinha, Aeronáutica e parte do Exército. O plano de reação previa a possibilidade de os golpistas pegarem em armas. O objetivo principal era mobilizar rapidamente a Zona Militar Leste, basicamente na região do Rio de Janeiro. Os planos foram elaborados pelo tenente-coronel Humberto de Souza Mello e datilografados pelo capitão Rubens Bayma Denys, filho de Odylio. Só esses dois oficiais, além de Denys e Lott, conheciam o conteúdo dos planos.[154] Nem Café, muito menos os auxiliares diretos do ministro, sabiam de sua existência.[155] O sigilo e a organização seriam fundamentais para o sucesso da ação.

O Ministério da Guerra dificilmente seria pego de surpresa.[156] Durante os últimos meses, Lott analisara e fizera algumas alterações nas estratégias porque os primeiros planos apresentados não levavam em consideração os escalões hierárquicos ao unir Infantaria, Artilharia e Cavalaria. Adaptou-os também conforme surgiam fatos novos, já com o cheiro de golpe no ar. Pouco antes da morte de Canrobert, ficaram com sua versão definitiva. As ordens foram datilografadas, seladas, guardadas em envelopes com o nome do responsável por sua aplicação e classificadas como "documento secreto".[157] As tropas tomaram imediatamente pontos estratégicos como o Arsenal da Marinha, o Campo dos Afonsos e as Fortalezas.

A distribuição desses envelopes e a rápida e perfeita execução das ordens renderiam a acusação de que Lott estaria havia muito tempo com um plano militar preparado para executar o contragolpe. À uma e quarenta da manhã do dia 11 de novembro de 1955 iniciou-se a ação com as unidades ocupando o Departamento Federal de Segurança Pública, o Palácio do Catete, o Departamento dos Correios e Telégrafos, o jornal *A Noite* e a Rádio Nacional (que então pertenciam ao Patrimônio Nacional). A *Tribuna da Imprensa* teve a circulação proibida e ficou ocupada até a uma da tarde do dia 12. A Companhia de Telefonia Brasileira ficou sob vigilância.[158] Ao todo 25 mil homens, o efetivo total da guarnição do Rio, estavam em ação.

Com as tropas nas ruas no Rio, Lott passou a acionar as unidades do Exército em todo o país, por meio de rádio, radiofonia e telefone; aproveitando o sistema de comunicações do Ministério. Usando uma tática particular, teve a preocupação[159] de orientar seus oficiais para que não dessem ordens: simplesmente deveriam informar os comandos sobre o que se passava na capital e pedir suas opiniões. Todos foram unânimes em reconhecer a autoridade de Lott como chefe do Exército e se solidarizaram com ele, garantindo-lhe apoio militar. Apenas uma única unidade, cujo comandante não estava presente, não quis se manifestar. Todos os outros quartéis ficaram a seu lado. Habilmente, Lott explorava o erro capital dos golpistas, que acreditaram que conseguiriam o poder sem lutar, tendo a seu lado apenas o Serviço de Informações do Exército, a ESG e oficiais sem comando.

Para o sucesso da operação em São Paulo foi importante a participação do major do Serviço de Informações da Zona Militar Centro, Carlos Ramos de Alencar, que atuava com empenho, já que seu comandante, Falconière, estava no Rio ao lado de Lott. Naquela madrugada, no QG de São Paulo, Alencar recebeu uma ligação do Rio:

— O ministro Lott está sendo solicitado a se manter no posto. Mas ele condicionou sua permanência ao apoio dos comandantes de Exército.

Alencar respondeu que o general Falconière se encontrava no Rio e era a favor da continuidade de Lott no Ministério. A Zona Militar Centro estava com ele. A adesão seguia fácil porque, dessa vez, não eram coronéis ou tenentes que assumiam o comando de mais um movimento militar. A chefia do movimento obedecia à hierarquia do Exército.

Comando. O sucesso da operação iria dever muito a essa questão. A disciplina militar estava de volta e teria de sobrepor-se à questão política no interior dos quartéis. Apesar de os oficiais solidários a Lott estarem agindo contra a Constituição, enxergavam no gesto do general uma volta ao comprometimento do Exército com a ordem e a democracia no país. Era a manutenção do "elo básico".

Os chefes também se esforçavam para acabar com qualquer sombra de dúvida sobre a intenção do golpe. O vice-presidente do Senado, Nereu Ramos, os presidentes da Câmara dos deputados, Flores da Cunha; e do Supremo Tribunal, José Linhares, eram constantemente informados do que se passava. Alguns já estavam no Ministério. A grande preocupação de Lott era deixar claro que, assim que se resolvesse a questão militar, o problema seria político-constitucional.

Durante a madrugada, por volta das duas da manhã, Fiúza de Castro, o ex futuro ministro, telefonou para Lott e questionou-o quanto a existência de manobras de tropas do Exército nas ruas. Lott não poderia dizer a verdade:

— General, eu ainda sou o ministro da Guerra em exercício e, como tal, estou adotando medidas para resguardar a ordem pública.

Em pleno movimento de contra-reação, não poderia comunicar ao inimigo que estava planejando um ataque. Mais tarde, Fiúza acusaria Lott de ter mentido. Na entrevista a Otto Lara, Lott se defenderia dizendo que não mentira para Fiúza, apenas "cometera uma restrição mental".[160]

O Exército saía dos quartéis e colocava as tropas nas ruas. O desejo da UDN de Lacerda foi realizado.

A notícia do contragolpe se espalhava. Lott telefonou para Alkimim, para os presidentes da Câmara e do Senado e para o cardeal Dom Jaime de Barros. A reação do Exército mudou completamente o ânimo dos deputados pessedistas, que agora festejavam a virada. Decidiram então seguir para o Ministério e demonstrar apoio. O gabinete de Lott ficou lotado. Os primeiros a chegar foram o marechal Mascarenhas de Moraes, o senador Nereu Ramos e o presidente da Câmara e deputado da UDN — embora totalmente antilacerdista —, Flores da Cunha. Lott mostrava-se firme, mas visivelmente constrangido com sua atitude. Ao deputado federal Armando Falcão revelou: "Nunca admiti sequer um arranhão no Regulamento Disciplinar do Exército. E eis-me agora, de repente, situado na incômoda posição de quem foi forçado pelas circunstâncias a rasgar a Carta Magna. Nesta altura dos acontecimentos, porém, não cabem recuos nem vacilações. É completar a obra e restaurar depressa a normalidade".[161]

Passava uma urgente aflição de se livrar daquela situação. O marechal Mascarenhas sugeriu que Lott fosse para o Palácio do Catete, que possuía sistemas de telefonia, rádio e telegrafia tecnicamente superiores aos do Ministério da Guerra. Lott agradeceu, mas recusou na hora: "Se eu transferir o meu QG para o Palácio do Catete, vão dizer que eu estou assaltando a presidência, a fim de assumir o poder. Quem vai para lá, na linha sucessória legítima, é o doutor Nereu Ramos, presidente do Senado Federal".[162]

Mascarenhas ainda insistiu, alegando que Lott era, naquele momento, o chefe de um governo de fato. Mesmo assim, Lott continuou a comandar a reação do seu próprio gabinete, no nono andar do prédio do Ministério. Pressionava Alkimim para que realizasse, o mais rápido possível, a solução legal para a substituição do presidente, enquanto Nereu mantinha-se na defensiva, extremamente preocupado com o choque de forças que a sua posse poderia causar entre o Senado e a Câmara, afinal, Luz era o presidente da Câmara, que se tornara presidente constituído. Nereu negava-se a assumir naquela condição.

Alkimim tentou então negociar a volta de Café. Telefonou para o médico Raimundo de Brito, que afirmou que Café poderia ter um colapso e morrer[163] se reassumisse naquele momento. Lott queria uma solução legal. Alkimim comandava as negociações para que a Câmara fizesse tudo para Nereu assumir. Nereu não aceitava.

Às quatro da manhã, ocorreu o fato mais inusitado naquela tensa madrugada. O capitão Wilson Grossman, homem de confiança que trabalhava no gabinete do ministro, avisou a Lott que Carlos Luz estava ao telefone, pedindo para falar-lhe. Lott deu uma resposta inacreditavelmente franca:

— Diga a ele que não posso atender porque estou muito ocupado.

Grossman seguiu as ordens do ministro. E fez mais: deliciou-se ao transmitir aos berros a resposta para Luz. Os oficiais que se encontravam por perto apreciaram a cena e ouviram claramente a mensagem do ministro. Luz teria de esperar.

O dia começava a nascer. Cinzento e chuvoso.

Para surpresa de muitos que estavam presentes no gabinete de Lott, Alencastro Guimarães, ministro do Trabalho, lá compareceu, acompanhado pelo deputado Danton Coelho, e manteve uma conversa amistosa com Lott. Mais tarde, Alencastro iria alegar que fora até lá somente "para colher informações sobre a situação e que se decidiria mais tarde sobre a atitude que tomaria..."

A capital federal amanheceu sob o domínio do Exército. Os ministros da Aeronáutica e da Marinha divulgaram um comunicado classificando a atitude como "ilegal e subversiva".

Lott solicitou ao marechal Mascarenhas e ao general Lima Brayner que "convidassem" os generais Etchegoyen e Fiúza a comparecer ao seu gabinete. Etchegoyen tentava organizar uma reação ao movimento, fazendo apelos para que os oficiais contrários à posse de Nereu fossem ao Catete. Outros rebelados tentaram se dirigir para lá, mas a guarda já havia trocado de posição e prendeu esses oficiais, entre eles o major Newton Cruz. Etchegoyen, Fiúza e alguns oficiais permaneciam reunidos no antigo gabinete de Getulio, onde aconteceria uma prisão cercada de perigo e tensão. O marechal Mascarenhas e os generais Lima Brayner e Emílio Maurell (o investigador da carta Brandi) comandaram a invasão da sala pela guarda do Palácio, armada com metralhadoras, para prender os oficiais. Fiúza protestou e discursou, alegando que estava na reserva e não concordava com qualquer ação golpista. Mascarenhas o interrompeu:

— Chega, general. O senhor está preso.

Fiúza se calou. Etchegoyen, que estava de pé, atrás da maior cadeira da sala, onde se sentava o presidente, interpelou Mascarenhas:

— Por ordem de quem?

— Em nome do ministro, o general Lott.

— Admira-me que o senhor aceite ordem de um general sedicioso.

Silêncio. Todos os presentes estavam armados. Os dois filhos de Etchegoyen correram para o lado do pai com armas em punho. A sala lotada. Em poucos segundos, todos eles tinham as armas engatilhadas, a um tiro de uma tragédia. Mascarenhas contornou a situação, lembrando do movimento de 1930, quando Etchegoyen era seu tenente: Mascarenhas não aderira e acabara preso, mas sem sofrer nenhuma violência; apenas fora convidado a ficar em sua casa. As palavras de Mascarenhas favoreceram um entendimento porque não constrangeram nem Etchegoyen nem Fiúza, o que poderia dar margem a represálias.[164]

Etchegoyen acabou cedendo, desde que fosse levado na companhia exclusiva dos filhos. Porém, naquele mesmo momento, começou a passar mal, com distúrbios cardíacos, e teve de ser levado às pressas para o Hospital Central do Exército. Fiúza foi conduzido até o QG. Lott mandou que o levassem para seu gabinete, e pediu que Renato Archer, Heleno Nunes e o major William Stockler permanecessem, talvez como testemunhas[165] do sabão que iria passar no ex-futuro ministro:

— General Fiúza, como é que o senhor, que deixou o Exército e passou para a reserva recebendo todas as homenagens que um oficial pode receber de minha parte, pôde ter a coragem de aceitar o meu lugar sem ter sequer a gentileza de me dar um telefonema?

— Ouvi dizer que o ministro estava demissionário, que havia renunciado à pasta. E desde que passei à reserva não lia mais jornais...

Lott o interrompeu:

— O senhor conversou com o presidente Carlos Luz antes de eu ser demitido. Ele lhe disse que eu não havia renunciado. Como ouviu dizer? Deveria ter me telefonado. Isso é tudo mentira.[166]

Fiúza permaneceu preso no Gabinete até que a situação ficasse totalmente sob controle. Chegaram mais oficiais detidos: Golbery do Couto e Silva, Newton Fontoura de Oliveira Reis, Antonio Herrera e Sebastião Chaves. Havia ainda camaradagem no Exército. O coronel Nelson Werneck Sodré, que tinha ido ao Ministério para se solidarizar com o movimento, mas não recebera missão, serviu, ele próprio, cafezinhos aos companheiros presos.[167] Não ficaram mais de 48 horas detidos. E não foram levados para prisões. Aguardaram nas salas do Ministério. Em sofás. Lott preocupava-se em respeitar a hierarquia até para mandar prender e ensinava como isso deveria ser feito. Ainda era uma época de cavalheiros que serviam café aos inimigos, cujas detenções não ultrapassavam dois dias.

Exatamente às seis horas e vinte e seis minutos era enviado o primeiro radiograma a todos os comandantes de Zona Militar, Região Militar e Grande Unidade. A mensagem confirmava os entendimentos mantidos por rádio e telefone:

> Relativamente solução presidencial dada caso Mamede vg julgada pelos chefes Exército sediados nesta capital e Cmt ZMC (Denys, comandante da Zona Militar) aqui presente como ato positiva provocação vg decidi procurar restabelecer aplicação preceitos disciplinares objetivando impedir que se desagregue por partes coesão Exército pt Guarnições Rio vg Minas e São Paulo estão solidárias pt
> (a) General Lott, min Guerra

Ao mesmo tempo, o general Coelho dos Reis, chefe-de-gabinete de Lott, também se dirigiu aos chefes de Estado-Maior dos Grandes Comandos, com a proclamação de Lott:

> Ministro Guerra expediu seguinte radiograma pt Tendo em conta solução dada presidente Carlos Luz caso Coronel Mamede vg Chefes Exército vg julgando tal ato de positiva provocação brios Exército vg que viu postergados princípios disciplina vg decidiram credenciar-nos como intérprete anseios Exército objetivando retorno situação quadros normais regime constitucional vigente pt Acreditamos solidariedade companheiros Marinha e Aeronáutica e apelamos Governadores Estado solicitando apoio essa atitude pt

Desse telegrama, que mais tarde seria repassado à imprensa, surgiu o pomposo nome pelo qual o 11 de Novembro passaria a ser conhecido: "Movimento de Retorno aos Quadros Constitucionais Vigentes." Esse título só se tornaria famoso graças à entrevista de Lott ao jornalista Otto Lara Resende para a *Manchete*.[168] Era esse nome que estava escrito a mão por Lott no verso da folha em que o texto original do telegrama fora datilografado. Nos cantos dessa folha, Lott anotou os números de telefone das rádios Continental, Globo, Mauá e Mundial; além de escrever "o Marechal Mascarenhas foi ao Palácio do Catete".

Em resposta aos telegramas de Lott, radiogramas de todo o país começavam a chegar ao Ministério manifestando solidariedade, enviados por comandantes de Zonas Militares, Divisões de Infantaria e de Cavalaria, Regiões Militares e Câmaras de Vereadores, além dos governadores de Minas, Rio, Bahia, Maranhão, Piauí e Ceará.

Juscelino estava em Belo Horizonte para uma reunião com o governador Clóvis Salgado. Durante a madrugada, o presidente eleito soube da demissão de Lott e procurou os políticos locais e a polícia mineira. Preparava-se para combater a conspiração[169] e tentava uma articulação com o Exército. Às seis da manhã, informado da movimentação na capital, Juscelino encontrava-se no Palácio da Liberdade reunido com o general Jayme de Almeida, comandante da região, e com o governador. Saiu da reunião e foi cercado pelos repórteres: "Estou indo pro Rio", disse. Entrou no carro e seguiu para o aeroporto. Mas o comando da Base Aérea de Belo Horizonte havia proibido qualquer avião de levantar vôo. Juscelino insistiu em vão. Nenhum avião iria decolar de Belo Horizonte. Jayme de Almeida se dirigiu a Juscelino e conversaram por um momento. Juscelino então apoiou os braços na mesa e chorou muito, na frente de seus assessores e dos jornalistas.[170]

A cidade de São Paulo foi escolhida pelo brigadeiro Eduardo Gomes para organizar e manter a resistência ao contragolpe. Se isso acontecesse, era provável que houvesse derramamento de sangue. O brigadeiro poderia contar com o apoio da Esquadra e da Força Pública e da 2ª DI — comandada pelo general Tasso Tinoco, que estava no Rio "visitando um parente doente" e voltara a São Paulo de avião, juntamente com o major-brigadeiro Ivo Borges, Comandante da 4ª Zona Aérea.

Gomes determinou que aviões de caça e bombardeio decolassem do Campo dos Afonsos e do Galeão, no Rio, em direção à Base Aérea de Cumbica, em São Paulo. Vinte e dois jatos Gloster Meteor do 1º Grupo de Aviação de Caça[171] cumpriram a ordem. O palco da reação deslocava-se para São Paulo. Seguindo determinações do Ministério, deslocaram-se para a cidade, o 3º Regimento de Infantaria (RI), do general Nelson de Melo, dois grupos de artilharia (Itu e Jundiaí), o Batalhão de Carros de Combate Leves (BCCL) de Campinas, o 4º RI de Quitaúna e o 1º GCan 90 de Quitaúna. Na tarde do dia 11, Gomes voou para São Paulo num C47.

Ao mesmo tempo, Denys ordenava que as tropas do estado de Minas Gerais, a 4ª Divisão de Infantaria (DI), movimentassem se em direção ao Rio, ou, se necessário, para São Paulo para onde marchavam as tropas do Paraná (5ª DI), enquanto as de Mato Grosso (4ª DC) avançavam sobre o corte do rio Paraná.

A capital federal estava dominada. Lott queria agora evitar um conflito desnecessário e enviou o almirante José Augusto Vieira para falar com o ministro Amorim do Valle, tentando impedir uma possível reação da Marinha. Passava um pouco das oito da manhã quando Vieira saiu do Ministério do Exército. No portão principal, encontrou o general-de-brigada Penha Brasil, a quem pediu ajuda para realizar a missão. Vieira e Brasil foram primeiramente à guarnição do Quartel Central do Corpo de Fuzileiros Navais (CFN), na Ilha das Cobras, para falar com o almirante Sylvio de Camargo, a quem pediriam apoio, já que Camargo alertara diversas vezes sobre o perigoso espírito golpista que se formava na Marinha.

No Quartel, foram informados de que Camargo estava no Ministério da Marinha. Encontraram Camargo no gabinete do ministro. Vieira esperava contar com sua adesão:

— Venho até aqui cumprindo ordens do general Lott para tentar evitar um conflito entre Marinha e Exército. Quero saber qual é a sua posição em relação aos acontecimentos.

Surpreendentemente, Camargo mostrou-se fiel ao seu chefe imediato:

— Eu apóio o almirante Amorim do Valle.

Decepcionados, Vieira e Brasil não insistiram, já que a atitude de Camargo demonstrava uma admirável opinião. Camargo manteve a posição, não participou dos movimentos de 11 de novembro e mais tarde pediria sua passagem para a reserva remunerada.

Em seguida, encararam um ministro da Marinha visivelmente transtornado. Augusto Vieira e Penha Brasil estavam na delicada e irregular situação de mediadores entre a Marinha e o Exército. Tentaram explicar ao ministro que o Legislativo já estava agindo constitucionalmente para preparar o impedimento de Luz. Valle, cada vez mais nervoso com as palavras de Vieira, explodiu:

— Sou eu quem está com a legalidade. As Câmaras não valem nada. Lott deveria formar uma junta militar porque o comunismo vai tomar conta do país.[172]

Percebendo que o ministro ficava cada vez mais fora de si, Vieira pediu ajuda ao general Brasil, que conseguiu levar o ministro para uma sala ao lado. Mas o resultado foi o mesmo. Valle voltou a perder a calma e mostrou-se irredutível. A Marinha não aceitava a deposição de Carlos Luz. Antes de sair, Vieira ainda foi ofendido por Valle e respondeu na hora.

Assim que foi comunicado pelos dois oficiais da decisão de Valle, Lott ordenou que blindados cercassem o Ministério da Marinha. Essa ordem fez com que Valle e alguns oficiais se refugiassem no cruzador *Barroso*. Pouco depois, Amorim desistiu da fuga. Em seguida, o vice-almirante Benjamin Sodré — amigo de Lott no Colégio Militar e ex-jogador do Botafogo que chegara à presidência do clube em 1941 — foi até o Ministério e dirigiu-se a Lott com uma proposta da Marinha. Era praticamente a mesma solução que Vieira tentara levar até Valle. A Marinha, enfim, baixava a guarda. Como o almirante foi visto por vários jornalistas entrando no prédio, Lott aproveitou a oportunidade para divulgar às emissoras de rádio que Sodré o procurara para apresentar a adesão do almirantado ao movimento. Era o Botafogo dando uma força para a posse de Juscelino.

Mais tarde, Benjamin Sodré realmente comunicaria a Lott que "o almirantado estava pronto para acatar qualquer decisão do Congresso". Amorim só seria preso em fevereiro de 1956 e cumpriria a pena em sua casa.

O motivo da prisão não foi a sua atitude em 11 de novembro, mas ter concedido uma entrevista na *Tribuna da Imprensa* em que atacava o movimento.

Uma nota oficial e timbrada do gabinete do Ministério da Guerra[173] foi então distribuída por Lott, determinando que os oficiais do Exército que estivessem servindo no Gabinete Militar da Presidência, no Conselho de Segurança, no Estado-Maior das Forças Armadas e na Escola Superior de Guerra deveriam comparecer, com a máxima urgência, ao gabinete do ministro da Guerra. Lott conseguiu. Mamede teria de apresentar-se a ele.

Com a vitória de Lott já desenhada, aconteceu o momento mais dramático de todo o movimento de contragolpe. Ainda no dia 10, pouco depois das oito da noite, o comandante Pedro Tedim Barreto compareceu a bordo do cruzador *Tamandaré* para avisar que o almirante Penna Botto passara a ordem de que os navios, na situação de "prontos", acendessem as caldeiras e se preparassem para navegar no prazo de cinco horas.[174] Designado para o comando do cruzador há menos de um mês, o almirante Silvio Heck já conhecia os planos de Botto e tinha dormido a bordo na noite anterior. Mandou acender as caldeiras e ficou preparado para desatracar, podendo usar o poder de fogo da artilharia a qualquer momento. Todas essas atitudes foram tomadas antes mesmo de Lott voltar da reunião com Luz, na qual lhe seria comunicado que não fazia mais parte do governo.

Às nove da noite, Heck determinou que todos os oficiais do cruzador fossem convocados para retornar a bordo.[175] A vigilância no *Tamandaré*, atracado na Ilha das Cobras, foi dobrada. As metralhadoras de 20 mm e os canhões de 40 mm estavam carregados. Havia a ordem de que os oficiais a bordo permanecessem em prontidão rigorosa.[176] A Aeronáutica também estava de prontidão rigorosa desde as sete da noite. Naquele mesmo horário, Lott "esperava sentado" por Carlos Luz. A reação do ministro era imprevisível. Com a calma aceitação da demissão por parte de Lott, os golpistas haviam relaxado, dando como certo o sucesso do golpe branco. Menosprezaram a ação do Exército. Foram para a festa enquanto Lott, Denys e os generais legalistas saíam para a luta. A comemoração foi curta.

O almirante Penna Botto chegou ao cruzador pouco depois das cinco da manhã[177] (mais tarde, Botto iria afirmar que estava no cruzador às dez da noite[178]). Checou as condições da nave e se dirigiu para o Ministério da Marinha, onde se encontravam Carlos Luz e seus ministros Prado Kelly, Munhoz da Rocha e Marcondes Ferraz, além de Carlos Lacerda, do tenente-coronel Jayme Portela e dos coronéis Mamede e Canavarro Pereira. Decidiram que os chefes da Marinha e da Aeronáutica lançariam um manifesto:

> Os ministros da Marinha e da Aeronáutica (...) consideram ilegal e subversivo o gesto dos companheiros transviados que pretextando uma inexistente e inconcebível desconsideração ao glorioso Exército nacional, tão tragicamente vêm ameaçar a paz da família brasileira e criar horas de aflição e angústia a todos os bons patriotas.

Com o contragolpe de Lott vitorioso na capital federal, Carlos Luz se pronunciou ao grupo: "Eu não me entrego. Fui investido da presidência da República e só saio dela pela força. Estou inocente em tudo isso, fui traído pelo ministro da Guerra e não me submeto a uma traição." O grupo decidiu então deixar o Rio a bordo do cruzador *Tamandaré* para tentar um desembarque em Santos, já que a guarnição da Marinha local se comunicara com o ministro Valle e manifestara-se a favor de Carlos Luz. Enquanto isso, Eduardo Gomes e Tasso Tinoco tentavam organizar a resistência, conquistando o apoio da 2ª Divisão de Infantaria, em São Paulo. Os rebeldes tinham a informação de que o governador paulista, Jânio Quadros, também iria resistir.[179] Acreditaram nisso. Pretendiam instalar a sede do governo federal em Santos.

Valle também prometia apoio e enviou um comunicado ao chefe de Estado-Maior da Armada (CEMA) com data de 11 de novembro. Um memorando completo com "Diretivas". Eram sete itens. No primeiro deixava claro que sua intenção "era deslocar-se para Santos, acompanhando o presidente da República e transportando a máxima força que a Marinha possuir disponível no momento, para demonstrar a fidelidade da Marinha à autoridade legal".[180] A partir do item dois, no entanto, a empolgação diminuía. Valle lembrava que seria igualmente essencial que uma parte da Marinha permanecesse no Rio para guarnecer os navios, escolas, quartéis e arsenais; explicava que os voluntários poderiam embarcar imediatamente utilizando as lanchas e navios que o CEMA determinasse; dava instruções para que o Corpo de Fuzileiros Navais embarcasse "o máximo da tropa equipada"; e ordenava que se mantivesse o presidente constantemente atualizado. Terminava o comunicado afirmando que fará todos esforços para "poupar ao Brasil o sangue de seus filhos"; tendo esperanças de que "o patriotismo e o bom senso prevaleçam sobre as paixões momentâneas".

Havia uma forte neblina e garoa no Rio. Às nove e dezenove da manhã, com uma guarnição de 1.150 homens, o cruzador *Tamandaré* zarpou com destino a São Paulo, "perfeitamente habilitado para a operação que se propusera, no que se prende a munição, 'inclusive de boca'."[181] No navio, junto com Carlos Luz, estavam o almirante Ernesto Araújo, os ministros Prado Kelly, Munhoz da Rocha e Marcondes Ferraz, o chefe do Gabinete Civil Monteiro de Castro, Carlos Lacerda, o tenente-coronel Jayme Portela, os coronéis Mamede e Canavarro Pereira, chefe da Casa Militar, e mais oito oficiais, além de Jouvert de Souza Lima.[182] Mesmo com a Fortaleza da Lage içando o sinal de interdição para navios de guerra, o cruzador seguiu em frente e forçou a saída da barra do Rio de Janeiro. No comando do *Tamandaré* — que funcionaria, nas duas primeiras horas de viagem, apenas com duas caldeiras,[183] estavam o almirante Silvio Heck e o próprio Botto.

Como a embarcação não obedecia às ordens de retornar ao porto, Lott, acompanhando a ação do Ministério, mandou enquadrar, dar tiros de advertência e, se o cruzador continuasse no mesmo rumo, atirar para acertar. "Atire na linha d'água" foi a ordem dada pelo ministro[184] ao comandante da Artilharia de Costa, general Augusto Frederico Correia Lima. Lott não brincava de guerra.

> Eu disse que já havia determinado que não deixasse sair. A ordem era essa e deveria ser executada: "Dê uns tiros de pólvora seca; depois mais tiros de intimidação; se ele continuar, então tem que atirar na frente do navio; finalmente atirar em cima. É imprescindível que o navio não saia, porque se sair vai para Santos, e teremos uma guerra civil. É melhor perdermos o navio com quem está a bordo do que ter guerra civil no Brasil".[185]

Essa determinação de Lott lhe renderia um processo por parte de Penna Botto, entre outras razões, por crime doloso. Enquanto o *Tamandaré* atravessava Copacabana, os moradores dos prédios estendiam lençóis brancos.

Havia o temor de que o cruzador disparasse contra os fortes. Além dos tiros, os ricochetes poderiam causar um grande estrago. O Forte de Copacabana, com artilharia de tiro direto, foi o primeiro a disparar, com tiros de regulação. Em seguida, deu um tiro que caiu alguns metros à frente do *Tamandaré*. A intenção era obrigar o cruzador a mudar de rumo, mas a embarcação apenas desviou-se um pouco da direção original. O cargueiro italiano *Roberto Paiodi*[186] tentava fugir da área de tiro e, arriscando-se a ficar encalhado, foi para perto da areia. O *Tamandaré*, que seguia na direção de Copacabana, deu um giro de 180°, passando a seguir rumo ao Forte Imbuhy, em Niterói, procurando emparelhar com o cargueiro estrangeiro. Chegou ao canal de entrada da Baía de Guanabara, entre as Fortalezas da Lage, de São João e de Santa Cruz, cujas armas tinham capacidade de disparar tiros rasantes e potentes que representariam uma ameaça para a população civil. Um tiro disparado pelo Forte Santa Cruz poderia atingir os bairros da Urca ou Botafogo.

O cruzador continuava sua escapada e passou a ser alvo de tiros disparados do Forte Duque de Caxias, o único que possuía obuses, e que se encontrava com bandeirolas içadas, sinalizando que o cruzador estava proibido de passar.

Com muitos recrutas que ainda recebiam instrução, o Forte Duque de Caxias, mais conhecido pelo seu antigo nome, Forte do Leme, era comandado pelo major Fernando Correia Lima. Tinha um armamento especial, oito obuseiros gigantes Krupp (280 mm), de origem alemã, de tiro muito curvo, que atingia uma trajetória maior que 45°, um tiro com mais chance de acertar o alvo sem o perigo do ricochete. Os recrutas fariam seu tiro de batismo naquele dia, e não seria treinamento.

De serviço também estava o terceiro-sargento Adelino Carlos Martins Filho. Era o adaptador do alcance da câmara de tiro. Trabalhava com telefone de campanha, recebendo as coordenadas e os dados apurados pelos soldados que ficavam no telêmetro, e corrigia a direção do obus. A primeira ordem foi para "enquadrar" o cruzador — dar quatro tiros de advertência. A ordem foi cumprida: quatro tiros foram disparados. Mas só houve tempo para os tiros de enquadramento porque o Tamandaré conseguiu emparelhar com o cargueiro estrangeiro quando o forte preparava a segunda seqüência de tiros. O comandante mandou cessar fogo. O cruzador escapava de novos disparos, que poderiam vir dos Fortes de São João, Santa Cruz e Rio Branco, e rumava livre para Santos, "protegido" pelo cargueiro.

Na época, correu a versão de que os oficiais responsáveis pela artilharia dos fortes atiraram para não acertar, desobedecendo às ordens do ministro. Os fortes eram comandados pela Artilharia de Costa, que respondia diretamente ao ministro da Guerra. Todo os militares que estavam de serviço ficaram detidos durante 24 horas, sem poder abandonar o local. Uma investigação iria apurar porque a mira dos fortes estava tão ruim. Havia a possibilidade real de erro porque, naquela época, os tiros de obuses apresentavam uma dispersão e poderiam cair dentro de uma margem aceitável. O erro seria corrigido por observação. A regulagem ainda era feita manualmente.

Em depoimento prestado à 11ª Vara Criminal em agosto de 1959, Lott explicou passo a passo a sua determinação em relação ao *Tamandaré*:

> Tendo o *Tamandaré* desrespeitado as sucessivas intimações das fortalezas da barra do Rio de Janeiro de não sair, foi alvejado por cerca de uma dúzia de disparos (...) mas não foi atingido e escapou graças ao forte nevoeiro (...) se pudesse ter sido atingido, teria sido danificado (...) em primeiro lugar, foram tiros de advertência; depois, tiros de regulação, não tendo sido iniciados os tiros de eficácia, devido a ter o navio sumido na bruma e não dispor as fortalezas, no momento, de radar.[187]

Mais uma revolução sem sangue. Os disparos foram dados mas não acertaram o cruzador.[188] Luz deu ordem para que o cruzador não reagisse. Lott nunca abriria efetivamente uma investigação sobre tiros que jamais chegaram ao alvo.

Com o *Tamandaré* em alto-mar, Botto recebeu um telegrama cifrado de Eduardo Gomes. Comunicava que voaria para São Paulo para esperar o cruzador junto com Jânio e com o general Tasso Tinoco.

A saída do *Tamandaré* aumentou a pressão sobre Lott, que ansiava por uma solução constitucional imediata para aquele estranho momento histórico[189] em que se derrubava um presidente para manter a democracia. Pediu mais uma vez a Nereu Ramos e a Flores da Cunha que promovessem a substituição legal do presidente Carlos Luz, seguindo a Constituição. E voltando-se para o deputado Armando Falcão, reforçava o seu pensamento:

> Faço um apelo veemente: diga a seus colegas no Parlamento que peço a urgente votação da resolução que declara vaga a presidência da República, a fim de constituir-se imediatamente o novo governo civil. Não quero segurar muito tempo esta batata quente. O mais depressa que se possa, vamos normalizar a situação.[190]

Flores fazia a sua parte. O presidente em exercício da Câmara não ficara muito tempo no Ministério. Dirigira-se para a Câmara e praticamente abrira o prédio, depois de conseguir uma chave com o porteiro da garagem,[191] por volta das cinco da manhã. Passou a telefonar para os deputados, convocando-os para uma sessão marcada para as dez da manhã.

Somente às oito e meia da manhã Alkimim, Nereu, Apolônio Sales e Renato Archer, deixaram o Ministério da Guerra para ir ao Congresso. A única saída encontrada pelos deputados seria propor o impedimento de Carlos Luz.

Ainda pela manhã, uma fórmula jurídica, criada por Gustavo Capanema, declararia Luz impedido. A sessão foi aberta às onze da manhã por Flores da Cunha, que usava no pescoço um lenço símbolo dos republicanos gaúchos. Em seguida, passou à leitura do pedido de Lott para que o Congresso destituísse Luz e, seguindo a linha sucessória, empossasse o vice-presidente do Senado, Nereu Ramos, como presidente. Mas parte da tropa da UDN estava se preparando para a guerra verbal, enquanto outra parte preparava-se para uma guerra naval.

Após cinco horas de viagem, o cruzador *Tamandaré* ainda se encontrava no estado do Rio, perto da Ilha Grande. A esperança dos golpistas de montar um novo governo em São Paulo se mantinha, apesar do aflitivo silêncio do governador Jânio Quadros, com sua conveniente neutralidade.

Na capital paulista, a partir das oito e meia da manhã, emissoras de rádio começaram a divulgar uma proclamação distribuída com o timbre do

Departamento de Ordem Pública e Social (DOPS), mas assinada pelo próprio general Tinoco e pelo brigadeiro Ivo Borges:

> O major brigadeiro comandante da 4ª Zona Aérea e o general div comandante da 2ª DI e Guarnição de São Paulo dirigem-se ao povo e aos seus comandados no sentido de manifestarem o seu respeito à Constituição e às leis do país, recebendo e acatando ordens do presidente Carlos Luz, através de seus ministros Militares.[192]

Tinoco realmente mostrava-se disposto ao conflito. Às nove da manhã, deu ordens por telefone para que a unidade sob seu comando entrasse em prontidão. À uma da tarde, determinou que a sua tropa adotasse "ordem de marcha". Duas horas depois, ordenou o deslocamento imediato de algumas unidades para a Base Aérea de Cumbica, a fim de que cumprissem uma missão sobre a qual seriam informadas mais tarde. Às quatro da tarde, Tinoco solicitou que outras unidades se deslocassem para a zona do seu QG. Todas essas ordens foram registradas nos Boletins Internos nos 253 e 254 da AD/2, de 11 e 12 de novembro de 1955.

A reação de Tinoco era contra o ministro da Guerra, e também contra seu chefe imediato, Falconière, que tentava retornar a São Paulo de automóvel naquela manhã. Quando Falconière chegou em Guaratinguetá, seu carro foi parado por oficiais da Escola de Especialistas da Aeronáutica, que estavam com armas automáticas. Apareceram, então, os brigadeiros Guedes Muniz e Arquimedes Cordeiro, que "pediram" a Falconière que fosse até a sede da escola, onde poderia falar ao telefone com o brigadeiro Eduardo Gomes.

Falconière, a princípio, recusou, mas como era virtualmente um prisioneiro, foi obrigado a aceitar. Também percebeu que não havia muita pressa por parte dos oficiais. A intenção deles era dar o maior tempo possível para que Tinoco conseguisse assumir o controle militar de São Paulo à sua revelia.

A ligação foi feita depois de muita demora. Por sorte ou ironia, o brigadeiro Eduardo Gomes deu a Falconière uma chance de escapar. Depois de fazer um pequeno relato sobre a situação na capital, Gomes lançou a pergunta que permitia duas interpretações:

— O senhor está indo a São Paulo com o objetivo de defender a legalidade e a Constituição?

Falconière interpretou e respondeu:

— Sim, estou indo para São Paulo para defender a legalidade e a Constituição.

Passou o fone a Muniz, que ofereceu um avião para levá-lo ao Campo de Marte, em São Paulo. Ele polidamente recusou a oferta, mas ainda foi obrigado a aceitar um aperitivo oferecido pelo Comando da Escola. Somente às onze da manhã foi liberado para continuar a viagem. A contra-informação funcionava. Nessa mesma hora, as estações de rádio paulistanas recebiam do DEOPS de São Paulo a notícia de que Falconière fora preso no Campo de Marte.[193]

Barricadas e tanques na rua. Trincheiras construídas em pleno centro da capital, com canhões e metralhadoras no Parque Dom Pedro II.[194] Escolas e bancos fechados. A população paulistana estranhou, mas surpreendentemente não se alarmou com a operação de guerra que mudou o ritmo da cidade.

Ainda na manhã do dia 11, o governador Jânio Quadros reuniu-se, no QG da 2ª DI, com o general Tinoco e com o major-brigadeiro Ivo Borges. À tarde, seria a vez do brigadeiro Eduardo Gomes encontrar-se com Jânio no Palácio dos Campos Elíseos. Antes dessa reunião, Gomes já falara com o brigadeiro Borges. O DOPS mostrava-se totalmente solidário a Tinoco, ajudando na divulgação de falsas notícias. O Ministério da Guerra preocupava-se com um possível apoio da polícia paulista ao desembarque de Carlos Luz, e ordenava que as unidades do Exército sediadas em Petrópolis, Três Rios e Juiz de Fora, que marchavam para o Rio, seguissem para São Paulo. As tropas do Paraná, Santa Catarina e Mato Grosso receberam a mesma orientação.

Apesar do apoio não declarado do governo do Estado e de ter voltado a São Paulo horas antes de Falconière, Tinoco não conseguiu força suficiente para conquistar o comando da Zona Militar Centro. Ao longo do dia, esquadrões, unidades e até oficiais da sua própria divisão passaram a manifestar-se a favor de Lott, graças à atuação do major Carlos Ramos de Alencar no Serviço de Informações. Alencar agiu para que a polícia de Jânio não oferecesse resistência, e, em Santos, para impedir qualquer apoio ao *Tamandaré*. A Tinoco restou apenas o 2º Esquadrão de Reconhecimento Mecanizado, que se localizava no próprio QG da 2ª DI. Na madrugada do dia 12, Falconière dominava completamente a situação em São Paulo. Com um telefonema para o general Tinoco, encerrou, de um modo bem-humorado, o conflito na capital paulista:

— General Tinoco, eu preciso falar com o senhor imediatamente.

— Mas se eu for encontrá-lo, o senhor vai me prender.

— Então, o senhor não precisa vir ao meu encontro. Eu não vou prendê-lo. Gostaria apenas que o senhor fosse para a sua casa e não saísse de lá até segunda ordem...

À uma e meia da manhã, Tinoco apresentou-se no QG da Zona Militar Centro para entregar o comando ao general Costa e Silva, que comandava Caçapava e viera para São Paulo acompanhando Falconière. Em seguida, Tinoco foi para casa e só saiu de lá após segunda ordem.

Em terra firme, a situação estava dominada. Mas ainda havia revolucionários de primeira viagem. E outros mais experimentados. Às três da manhã do dia 12, pelo rádio, o comandante do *Tamandaré* recebeu um apelo para que a tripulação reconhecesse a situação de fato. A mensagem, em tom pessoal, propunha o fim do conflito:

Ao ilustre almirante comandante do Cruzador *Tamandaré*. O general Stenio Caio de Albuquerque Lima, comandante da II Região Militar e da defesa do litoral paulista, tem o prazer de cumprimentar os camaradas da Marinha e informar-lhes que a situação dos corpos de tropa e dos serviços do Exército sediados nos estados de São Paulo, Mato Grosso e Paraná é de absoluta coesão, estando integrados nos respectivos altos comandos aos quais se encontram subordinados. Com o fim de se evitar qualquer incompreensão ou derramamento inútil de sangue irmão, este comando apela para o ilustre Almirante e seus comandados, no sentido de reconhecerem a situação de fato, já resolvida e controlada na capital federal e no país inteiro, onde a situação está completamente normalizada. Esclareço, ainda, aos ilustres camaradas que, dados os mais fortes laços que me ligam ao almirante Amorim do Valle, de quem sou compadre e amigo fraternal, estou em condições de assegurar ao doutor Carlos Luz o direito de asilo que desejar, desde que desembarque como simples cidadão e mediante entendimentos que poderão ser feitos com este comando que permanecerá em Santos.

Às quatro da tarde do dia 12, Heck entrou em contato com o capitão dos portos de Santos, comandante Bulcão Viana, defensor dos golpistas. Pela manhã, Viana chegara a informar o comandante do Forte dos Andradas, no Guarujá, que o general Falconière havia fugido. Dessa vez, Viana garantia "que o governo de São Paulo estava tomando providências para hospedar e garantir o governo federal". Uma hora depois, um novo comunicado de Viana inverteu o cenário e reconheceu os fatos. Mesmo com o apoio a Lott crescendo cada vez mais em todo o estado paulista, os golpistas ainda tentaram facilitar a entrada do *Tamandaré* no porto de Santos. O major Garção Salema, também partidário de Luz e no comando da Base Aérea, informou o comandante do Forte dos Andradas, capitão Floriano, que iria "testar" algumas metralhadoras em alto-mar usando dois aviões. Logo em seguida, um avião em vôo rasante atingiu a tropa que guardava duas das peças da artilharia do forte. O fato foi comunicado imediatamente ao comandante do Grupamento, coronel Panasco Alvim. Contudo, a tentativa de intimidação não deu resultado.

Após o segundo comunicado do comandante Bulcão Viana, reconhecendo o crescente apoio a Lott em São Paulo, os golpistas do *Tamandaré* mudaram de idéia e o cruzador começou a se afastar da costa. Eles tentavam ganhar tempo para convencer Carlos Luz a concordar com a maioria a bordo, que não desistira da idéia e desejava partir para Salvador ou Recife.

O major Salema, no Forte dos Andradas, voltou a fazer uma nova investida. Telefonou várias vezes para o comandante do Forte, capitão Floriano, tentando convencê-lo a permitir a entrada do *Tamandaré* no porto de Santos, invocando até o nome do brigadeiro Eduardo Gomes, que, segundo afirmava, estaria a seu lado. Àquela altura, o cruzador encontrava-se próximo à Ilha do Farol da Moela.

No fim da tarde de sexta, com as notícias que recebiam, os membros da República do Tamandaré reconheceram que, embora a embarcação já estivesse na entrada da barra de Santos, definitivamente não haveria a menor chance de atracar naquela cidade. Carlos Luz reuniu os ministros, os oficiais e Lacerda para fazer uma votação sobre o destino do *Tamandaré*. A maioria mantinha-se a favor do desembarque em Santos. Até que chegou a hora de Mamede votar. Seu voto, com proféticas palavras, conseguiu influenciar a todos: "Estamos sendo derrotados apenas nesta batalha, mas a guerra vai prosseguir por muitos anos ainda. Não podemos nos meter numa operação-suicida, como seria este desembarque em Santos, sob condições inteiramente desvantajosas. Seria um sacrifício inglório. Nunca, como agora, se presta o adágio segundo o qual mais vale um combatente vivo do que um herói morto. Voto pelo retorno ao Rio".[195] Um a um, todos os que haviam votado pelo desembarque em Santos mudaram de opinião, influenciados pelas palavras de Mamede. Penna Botto foi o único que protestou, mas por fim acatou a decisão e fez o regresso para a capital. Finalmente seria mandada a resposta para o general Caio de Albuquerque Lima: *"Agradeço telegrama em termos conciliatórios. Entrarei no porto do Rio amanhã, às 10 horas."* Assinava Carlos Penna Botto. Luz também enviaria um radiograma a Valle e a Eduardo Gomes, comunicando a decisão da votação e pedindo que ambos *"se abstenham de novos esforços no sentido de resistência a fim de evitarmos que se derrame o sangue generoso dos brasileiros e se lancem as forças militares umas contra as outras".* O brigadeiro repassou a nota na íntegra em uma circular na qual ordenava aos oficiais e sargentos que seguiram suas ordens e se deslocaram para São Paulo, que se recolhessem às suas unidades ou aos seus aviões e que cessasse qualquer resistência. A circular de Gomes foi interceptada pelo CPOR do Rio às cinco da manhã do dia 12.[196]

A desistência tinha um motivador decisivo: Luz não era mais o presidente. Durante todo o dia 11, com o *Tamandaré* rumando para Santos, e com trincheiras abertas em plena avenida São João, centro de São Paulo, travou-se uma guerra verbal na Câmara e no Senado, que começou com uma reunião marcada para as oito da manhã com os vice-líderes dos partidos. Depois de muitas discussões, o presidente em exercício da Câmara, Flores da Cunha, pediu que o líder da maioria, Gustavo Capanema, desse sua opinião. Nesse momento, receberam a carta de Luz, que dizia estar "a bordo de uma unidade da nossa Marinha de Guerra, em águas territoriais". Capanema destacou que Luz não informava nem o nome do navio e comunicava estar em águas territoriais indefinidas, o que caracterizaria o impedimento do presidente. Flores solicitou que Capanema redigisse o texto da proposição. Em seguida convocou deputados para uma sessão plenária histórica — pela importância e pelo tumulto — que só começaria às onze da manhã, com a presença de soldados armados com metralhadoras.

Flores tinha um passado marcante como revolucionário gaúcho. Ao convocar a sessão, posicionava-se contra a ação do seu partido, a UDN. Leu o requerimento do deputado José Maria Alkimim, que pedia a convocação da Câmara, declarou que esteve com Lott para demonstrar solidariedade, e leu a proclamação do ministro da Guerra, a mesma que havia sido repassada aos chefes de Estado-Maior. O deputado João Agripino, da UDN da Paraíba, protestou e questionou a visita que Flores fizera a Lott. Perguntou em nome de quem hipotecara solidariedade ao movimento.

Flores respondeu que se encontrou com Lott não só por solidariedade, como também porque ele encarnava a legalidade. Chamou Agripino de ex-companheiro. Naquele instante, irritado com os ataques, desligava-se da UDN. Após uma série de nervosas questões de ordem, a proposição de Alkimim foi redigida e lida por Capanema. Mais apartes. Os principais nomes da UDN presentes à sessão, Adauto Lúcio Cardoso, Afonso Arinos, Aliomar Baleeiro, Ernani Sátyro e outros, protestaram, e quase não deixaram Capanema terminar seu discurso. Mestres no Parlamento, sabiam como obstruir as votações e usariam todas as possibilidades que os regimentos ofereciam para impedir a decisão da maioria, que votaria a favor de Lott. Alkimim requeria urgência para a votação. Alberto Torres pediu verificação de quórum. Seguiram-se mais manobras. Afonso Arinos solicitou então que a votação fosse nominal. Flores concordou. À certa altura, Baleeiro, que tinha batido boca com Flores, pediu a palavra pela décima vez. Queria colocar mais uma questão de ordem. Com a paciência esgotada, Flores interrompeu-o: "Cale a boca, baiano pernóstico, porque agora nós vamos votar de uma vez por todas".[197]

Depois dessa, eles votaram.

Às três e meia da tarde, Flores da Cunha anunciou o resultado: por 185 votos a 72,[198] era aprovada a moção que declarava Carlos Luz impedido de exercer a presidência. Em seguida, por 43 votos a 9, o Senado confirmou em tempo recorde a decisão. Através desse caminho legal, Nereu aceitaria a presidência, retornando ao QG Militar para comunicar a decisão a Lott. Tentou discutir o novo ministério com ele, que, a princípio, reagiu, mas acabou indicando alguns nomes, que foram aceitos por Nereu: general Floriano Lima Brayner, na chefia do Gabinete Militar; e Lucas Lopes, no Ministério da Viação e Obras Públicas.[199]

A posse foi realizada no Palácio do Catete, às seis e meia da tarde. Na qualidade de chefe de um movimento militar armado vitorioso,[200] Lott leu o termo legal com as decisões da Câmara e do Senado e fez um pequeno pronunciamento:

> A Constituição foi respeitada e restabelecida a legalidade. Com a união de todos os brasileiros, superaremos a crise e encontraremos o caminho da paz e da tranqüilidade. O Exército cumpriu o seu dever.

Em seguida, assinou o termo. O eleitor de Juarez garantia a posse de Nereu... e de Juscelino.

Emocionado, era a vez de Nereu falar:

> Aqui estou para a posse, para cumprir uma decisão da Câmara e do Senado. Tive a honra de ser escolhido pelos meus pares para assumir a presidência da República, restabelecendo assim a ordem legal. Cumpro o meu dever de brasileiro e peço a Deus que me ilumine nessa hora e me indique o caminho da pacificação da família brasileira.[201]

O pequeno discurso foi transmitido pela Rádio Nacional. Muito aplaudido, Nereu empossou o novo ministério, reconduzindo Lott à pasta da Guerra.

Onze da manhã do dia 13, domingo. Depois de o *Tamandaré* margear Copacabana com a tripulação no convés cantando "Cisne Branco", os ex-golpistas foram informados de que deveriam esperar a chegada de um negociador. Foi enviado o deputado Ovídio de Abreu, que conversaria com Carlos Luz e acertaria as condições do desembarque. A negociação se arrastou por mais de duas horas. Os deputados Milton Campos e Afonso Arinos conseguiram de Gabriel Landa, embaixador de Cuba (antes de Fidel Castro), asilo para Lacerda. Os coronéis Mamede e Canavarro foram presos, recolhidos ao Ministério da Guerra. No dia 16, Botto transferiria o cargo de comandante da Esquadra para o vice-almirante Carlos da Silveira Carneiro.

Acertou-se que Luz escreveria uma carta de renúncia e não abriria processo contra seu impedimento, desde que pudesse comparecer à tribuna e fizesse um discurso sem apartes para dar sua versão.

Poucos dias depois, Penna Botto concedeu uma entrevista ao jornalista Evandro Carlos de Andrade, da *Manchete*, confirmando que realmente houvera uma preparação e que o *Tamandaré* estava preparado para resistir:

> Embora adestrada otimamente como estava e dispondo de uma bateria com grande volume e rapidez de fogo, sabia ela (a tripulação) perfeitamente bem que seria possível silenciar aquele forte numa questão de poucos minutos. Isto poderia implicar numa terrível matança da inocente e indefesa população civil de Copacabana.[202]

O tempo e novas declarações reduziriam a força do mais poderoso cruzador da Marinha a uma aventura quixotesca. Mas naqueles dias de novembro a versão dos derrotados era que o *Tamandaré* saíra preparado para tomar o poder.

No dia 14, Luz fez um longo discurso na Câmara no qual criticou duramente Lott e comunicou oficialmente ao presidente da Câmara dos Deputados a sua renúncia à presidência daquela casa. A muito custo, não foi aparteado, uma das suas condições para renunciar. Estava resolvida uma delicada questão político-constitucional, já que, com o impedimento de Luz, a Câmara dos Deputados ficara com dois presidentes.

A imprensa oposicionista acirrava os ataques aos generais do 11 de novembro e, principalmente, a Lott, que personificara o fim dos sonhos de poder dos golpistas.[203] No dia 14, foi enviado ao presidente um memorando assinado por Lott e pelos novos ministros militares recém-nomeados por Nereu — Marinha, almirante Alves Câmara, e Aeronáutica, brigadeiro Alves Seco — com o título de "Retorno aos Quadros Constitucionais Vigentes. Exposição dos ministros militares ao presidente Nereu Ramos":

O Movimento (...) não foi ditado apenas pelo imperativo de restaurar, em sua plenitude, o princípio de disciplina, essencial à vida e à honra das instituições militares, mas também, e principalmente, pela necessidade de impedir a consumação iminente da subversão da ordem nacional (...) O então presidente da Câmara dos Deputados, em poucas horas no exercício do cargo, revelou-se sob a influência dos que urdiam contra o regime, instrumento eficaz posto a serviço de sua subversão. Agravando por atos deliberados, infringentes de disciplina, a crise que se processava, o então presidente procurava, ao mesmo tempo, confiar os altos departamentos da administração militar a quem abrisse as portas ao movimento destruidor da legalidade (...) Imediatamente (após o Movimento), reunindo em torno de sua pessoa, numa verdadeira confissão pública, os cabeças mais evidentes da agitação, o então presidente fazia-se ao largo de um vaso de guerra, deixando acéfalo o Poder Executivo.

Depois de lembrar que os políticos e os jornais contrários à posse continuariam a se aproveitar do momento difícil para tentar um novo expediente contra a Constituição, solicitavam, "com a máxima presteza, a decretação do estado de sítio, com apoio do art. 206, *in fine* da Constituição Federal".

Apesar do pedido de urgência, Nereu só iria solicitar ao Congresso a adoção daquela medida depois de uma definição sobre a situação de Café.

No dia 11, Lott ainda concedeu uma rápida entrevista a *United Press* e deu os nomes dos conspiradores: Carlos Luz, Carlos Lacerda, Mamede, Amorim do Valle e Eduardo Gomes, que foi o único que protestou, garantindo que não participara de conspiração alguma. Exigiu uma retratação de Lott, que emitiu uma nota na qual justificava a inclusão de seu nome graças aos informes que recebera e à atitude do brigadeiro durante o 11 de novembro. Mas admitia a possibilidade de estar errado:

Desejo mesmo, com toda a franqueza, que os fatos venham a evidenciar o meu erro, dada a estima que sempre dediquei àquele camarada.[204]

O Movimento do 11 de novembro foi determinante por mostrar abertamente o quanto as Forças Armadas estavam divididas e o quanto seria importante restaurar essa unidade para que voltassem a ter o peso político de antes. A postura de Lott, extremamente profissional, mas nada política, não iria ajudar nessa restauração. A divisão nas Forças Armadas refletia o cenário político brasileiro[205] e até mundial. Uma divisão que nunca teve uma data de início,[206] mas que atingiria o auge em menos de dez anos.

A imprensa, depois da vitória de Lott, ficou sob censura. Durante dez dias proibiu-se a divulgação de notícias favoráveis ao governo Luz.

No dia 16, Lott fazia aniversário — 61 anos. Celebrou-se uma missa na Igreja da Candelária, que ficou lotada. Em seu gabinete, recebeu mais uma homenagem. Ao agradecer, subverteu o discurso de Mamede, dando enfim sua interpretação às palavras de Canrobert:

> Aqueles que intencionalmente procuraram deturpar as palavras do nosso prezado amigo general Canrobert Pereira da Costa dando-lhe interpretação outra da que ele desejava dar; quando, fazendo uma análise retrospectiva dos fatos da nossa história, acentuou que muitas vezes nós, militares, éramos forçados a lutar durante largo tempo, em momentos, às vezes horas, angustiosas, para saber do nosso dever, para onde deveríamos orientar-nos; devem saber que esta mesma luta que ele tão bem traçou com as suas palavras, eu a tive na madrugada de 11 último. Entre a necessidade de desrespeitar dispositivos legais e me rebelar contra o cidadão que temporariamente exercia a Magistratura suprema do país e de outro lado o de permitir, mantendo-me submisso às decisões dessa autoridade, que, no futuro mais ou menos próximo, as próprias instituições nacionais fossem golpeadas fundamente e talvez destruídas; eu preferi, inicialmente, transpor o limite da legalidade para, tão logo quanto possível, voltar à situação de legalidade (...)

No mesmo dia, o *Diário Oficial* trazia a exoneração de Mamede das suas funções na Escola Superior de Guerra, e também as dos coronéis Antonio Mendonça Molina e Heitor Almeida Herrera e do tenente-coronel Golbery do Couto e Silva.

A população mostrava-se solidária ao contragolpe. Se Juscelino ganhou, deveria levar. Mas o país ainda contava com dois presidentes.

Capítulo 6

Depois do sucesso do 11 de novembro, a situação do governador Jânio Quadros tornou-se delicada em seu estado. Os políticos oposicionistas aproveitaram. A Assembléia Legislativa aprovou uma moção de aplausos, encaminhada pelo então deputado Franco Montoro, à atitude das Forças Armadas. Lott já havia ganho uma moção de solidariedade da Câmara de Vereadores do Distrito Federal.

A oposição paulista valeu-se da onda de apoio a Lott e tentou uma jogada política. Reunidos na Assembléia, os deputados deram início a um movimento para tentar derrubar o governador através de um *impeachment* ou de uma intervenção federal. O prefeito da capital paulista, Lino de Matos, apoiou a articulação. Os oposicionistas buscaram o apoio decisivo do general Falconière, que, depois de consultar Lott, negou-se a participar. Justificou que o movimento liderado pelo Exército buscava apenas a manutenção da democracia no Brasil, mantendo-se acima dos conflitos e interesses de grupos políticos regionais.

Para demonstrar sua posição neutra quanto à discussão política local, Falconière aceitou o convite que assessores de Jânio lhe fizeram e enviou uma delegação ao Palácio do governador no dia 13. Na verdade, Falconière queria que seus enviados conseguissem algum esclarecimento sobre o comunicado de Jânio, distribuído à imprensa no dia 12, em que o governador afirmava ser "mentirosa" a notícia de que "teria hipotecado solidariedade a chefes militares ou civis responsáveis pelo recente movimento, ou beneficiários deste". O encontro nada esclareceu e, dois dias depois, Jânio divulgaria o manifesto "Ao Povo de São Paulo" em que, mais uma vez, tentava passar uma imagem neutra quanto ao conflito:

> Aguardarei o desenrolar dos fatos na firme disposição de manter a mais rigorosa obediência à Constituição e à Lei (...) Recusei-me a aderir ao novo Governo. Recusei-me porque não é meu propósito aderir a qualquer Governo para cuja formação não tenha concorrido.

Em abril de 1959, Jânio tinha uma nova opinião e a declarou ao *Diário da Noite:*

> O 11 de novembro encerrou uma grande lição. Deixou bem claro que o nosso Exército está decidido a garantir o desenvolvimento pacífico das instituições civis.

Lott até que tentou saber qual era o lado de Jânio. Ainda na manhã do dia 11, entrou em contato com o arcebispo de São Paulo e seu amigo, cardeal Mota, em Aparecida, para solicitar que ele levasse uma carta ao governador paulista. Na mensagem para o cardeal, Lott fazia um pedido:

> Prezado amigo Cardeal Mota (...) imperativos do momento levaram o Exército Brasileiro a atitude extrema, no sentido de preservar o princípio da ordem constitucional e da disciplina. Venho, nesta emergência, apelar para o prezado amigo no sentido de levar ao Chefe do Governo do Estado de São Paulo a certeza de que os recentes acontecimentos objetivam exclusivamente aquele fim, como convém aos supremos interesses da Pátria.

O cardeal deslocou-se até a capital paulista e entregou pessoalmente a carta a Jânio. Três dias depois, Lott receberia uma mensagem do cardeal: "Fiz o que pude para o melhor desempenho da comunicação". A resposta de Jânio nunca veio.

Derrotada pelo voto e pela força, a UDN ainda não havia desistido de realizar novas tentativas para impedir a posse de Juscelino. A primeira e mais inesperada delas ocorreu três dias após a vitória de Lott: uma visita surpresa feita ao ministro pelo deputado udenista Adauto Lúcio Cardoso, que mais tarde batizaria o 11 de novembro com o nome de "Novembrada".[207] O deputado, um dos principais nomes da UDN, foi levado à residência do general por Clóvis Andrade Magalhães, parente distante de Adauto, e primo-irmão de dona Antonieta. Para não ser visto entrando na casa do inimigo, o deputado ficou abaixado no banco do carro. Afirmando ter o consentimento de Milton Campos,[208] presidente da UDN, Adauto saltou do carro, avistou Lott e já começou a elogiá-lo pela atitude. Uma armadilha política. Tentava transferir-lhe a responsabilidade pelo sucesso ou pelo fracasso do futuro governo em um quase monólogo repleto de frases que tentavam comprometê-lo:

— São graves suas responsabilidades no governo que se inaugura e cuja legitimidade o senhor impusera pelas Armas. A oposição está destroçada.

A seguir, o deputado entregou a Lott uma culpa que não era dele:

— Apelo ao senhor para que restaure a unidade das Forças Armadas, que o movimento do dia 11 comprometeu...

Lott continuou ouvindo o deputado, mas sabia que atribuir o rompimento da "unidade" das Forças Armadas ao 11 de novembro era superdimensionar o movimento. Classificar a atitude de Lott como o principal motivo dessa divisão era esquecer de passagens históricas que geraram a cisão das Forças Armadas que nunca foram lá muito unidas. Desde o Império, quando a Marinha permaneceu monarquista e o Exército proclamou a República, passando pelo Movimento Tenentista, a Intentona Comunista, a Revolução de 1930, o Estado Novo, a primeira queda de Getulio, a eleição de Dutra, a volta de Vargas, o suicídio... As Forças Armadas vinham de uma escalada de disputas, vitórias e derrotas que só aumentavam o rancor. O 11 de novembro tornava-se mais um pedaço de um painel de ressentimentos políticos.

Para chegar finalmente aonde queria, Adauto Cardoso citou uma figura adorada pelos militares, especialmente por Lott, em mais uma frase de duplo sentido:

— Recorde-se de Caxias, general. Caxias não se deteve, não parou na sua obra (...) É nosso dever ajudá-lo a reparar as desastrosas conseqüências que sua conduta poderia trazer para o regime.

Lott compreendeu as entrelinhas do apelo, mas não aceitou participar de qualquer tentativa de "reparar desastrosas conseqüências". Ao contrário, iria "parar na sua obra". Apesar da espantosa proposta de passar para o outro lado, transformando um contragolpe preventivo em um efetivo golpe militar, Lott não deu maior importância a esse encontro. Só iria relembrá-lo mais de quatro anos depois, quando um artigo do deputado João Agripino publicado na *Tribuna da Imprensa* de 19 de janeiro de 1960 o desafiou, pedindo que "desse nome aos bois". Para evitar a posse de Juscelino, a UDN garantiria apoio político para que Lott ficasse no poder, esquecendo-se completamente de todas as palavras que havia dito contra o general.

O assédio a Lott não ficaria só nessa tentativa. Era a vez do pivô da reação mostrar uma surpreendente capacidade de dissimulação. No mesmo dia da visita escondida de Adauto Cardoso, o coronel Mamede enviou a um oficial-de-gabinete do Ministério da Guerra uma carta na qual demonstrava, sem pudor, solidariedade ao gesto de Lott. Chegava a justificar a atitude de Lott e a defendê-la. Era cômica a semelhança da proposta de Adauto com a mensagem de Mamede, que, ao menos, reconhecia que o Exército vinha de "uma série quase infindável de equívocos, erros e incompreensões":

O General Lott está em condições excepcionais para unificar definitivamente o Exército, promover um entendimento eficaz com a Marinha e a Aeronáutica, à base de uma conduta generosa para com os vencidos dessas duas Forças, a fim de evitar humilhação, ódio e ressentimentos (...) É certo que este catastrófico equívoco que estamos vivendo é o termo de uma série quase infindável de outros equívocos, erros e incompreensões, inclusive de alguns altos chefes militares ainda não libertos da política partidária — erros que o General Lott procurou evitar — diga-se isso em abono de sua preocupação de preservar a ordem interna (...) É, pois, indispensável, que a Nação inteira passe a ter a certeza de que esse grande movimento que acaba de ser feito pelo Exército o foi realmente em defesa de seus brios feridos e de seu prestígio e nunca como um pretexto habilmente explorado para consolidar a vitória de uma candidatura cujos promotores não têm feito senão atirar os militares uns contra os outros(...) A autoridade do General Lott é total, neste momento, no plano político e no plano militar. Foi sua autoridade moral que deu a vitória ao movimento do Exército. E é urgente que ele dê um passo a mais, o passo decisivo para a pacificação geral, esperada desde a morte do presidente Vargas. Seu papel histórico, neste momento, é, pois, restabelecer a união das Forças Armadas e promover a paz política, eliminando, de vez, as causas de desavença entre militares, entre civis, e entre civis e militares(...) Para promover a paz política é indispensável que o Congresso atual se transforme imediatamente em Congresso Constituinte para fazer a reforma da atual Constituição, fonte também de nossa desordem política(...) Com isso, a apuração do pleito eleitoral de 3 de outubro seria suspensa, efetuando-se as novas eleições logo após a reforma constitucional. Isso tudo poderá ser feito sem maior abalo para a ordem legal vigente com a volta simples do presidente Café Filho ao exercício da Presidência.

O estilo era diferente, a finalidade, a mesma. Mamede não usou figuras em seu discurso, como fez Adauto Cardoso. Ele tentou mexer com o orgulho de Lott e mudar a sua motivação para o contragolpe. Porém, foi mais desafiador ao pedir, simplesmente, a impugnação das eleições e a convocação de um novo pleito. Fazer essa proposta era esquecer totalmente das atitudes e declarações de Lott. Mamede ainda queria que ele mostrasse ao país que comandara o Movimento por causa de seus "brios feridos" e não para garantir "a vitória de uma candidatura". Os golpistas desistiam de combater Lott e buscavam, agora, arregimentá-lo. Esqueciam-se de que para Lott a "paz entre os militares" era regida pelo Regulamento.

No dia 18, seguindo um curioso revezamento de pedintes, chegou a vez do general Juarez Távora tentar convencer Lott. Távora não encontrou Lott no gabinete, mas escreveu um cartão em que solicitava um encontro, antes de cumprir uma licença de três meses. No dia seguinte, 19, o encontro foi realizado na residência oficial do ministro da Guerra. Távora pintou um terrível quadro sobre a situação do Brasil para apontar que a única saída razoável para o Exército era a volta do presidente Café Filho à chefia do governo.

Lott fez mais um de seus comentários que, de tão óbvio, parecia irônico:

— De fato, talvez essa fosse a situação mais adequada no momento, dependendo dos propósitos do senhor Café Filho.

Tentava, assim, sondar Távora sobre as intenções de Café. Os dois debateram e apresentaram várias possibilidades sobre a volta de Café ao governo: com o seu antigo ministério, mas sem Lott, o que Távora classificou como uma loucura; manter o ministério de Nereu, que Lott achava pouco possível; ou, na tese defendida por Lott, montar um novo ministério sem qualquer envolvido nos dois últimos, inclusive com um novo ministro da Guerra.

No encontro, Távora indiretamente revelaria que a UDN ainda mantinha as esperanças. Depois de perder nas urnas, depois de um golpe fracassado, e de tentar fazer com que Lott mudasse de lado, agora todas as fichas seriam apostadas na volta de Café. A conversa ficou mais tensa, e Juarez disse o que queria:

— A solução sensata e razoável seria a volta de Café à presidência para cumprir o seu mandato até o fim, quando ele entregaria o governo a Juscelino, o presidente eleito.

— Mas será que entrega mesmo?[209]

Depois dessa pergunta de Lott, o encontro, que durou mais de duas horas, foi encerrado, mas a maratona pelo poder continuou. Um assistente do veterano político Otávio Mangabeira manteve contato com assessores do ministro para que marcassem uma reunião entre os dois. Era mais um que desejava falar pessoalmente com Lott. O encontro nunca ocorreu porque Mangabeira impôs a condição de que não fosse realizado nem no ministério e nem na casa de Lott, que respondeu assim ao pedido:

Embora pronto a ouvi-lo prazerosamente, não me disponho a fazê-lo em ambiente de mistério e fora do meu gabinete de trabalho.

Além do encontro com Adauto, da carta de Mamede e da reunião com Eduardo Gomes, o grupo derrotado também não saía do apartamento onde Café se recuperava. Eles sondavam qual seria a reação à sua volta ao poder. Questionado por um emissário, Nereu afirmou que passaria o governo assim que ele se recuperasse. A informação animou o grupo.

Esquecendo-se do que ocorrera durante a campanha, Juarez foi um dos que mais lutou pela volta de Café à presidência. Talvez tenha se esforçado mais que o próprio Café. Depois de Lott, ele ainda se encontrou com Falconière, com o cardeal D. Jaime Câmara e com o bispo D. José Távora.

As movimentações em torno de Café já despertavam a atenção do público e da imprensa. O caricaturista Nino Borges publicara uma charge no *Correio Paulistano* que representava a questão do momento. Na charge, Lott era entrevistado por um repórter:

— E o Café, general?

— O Café vai bem. Está sendo tratado a "pão de Lott".

Oficiais e políticos preocupados com a movimentação em torno de Café reuniram-se no gabinete do ministro. Lott apresentou o tema e foi logo dando a sua opinião:

— Tenho receio de que o presidente assuma nessas condições. Está sofrendo muitas pressões e não conseguiria resistir-lhes. Este é o meu temor e o meu cuidado em evitar lutas fratricidas. Eu já tinha violentado toda a minha carreira militar ao dar o contragolpe há dez dias e não posso permitir que tudo volte à situação anterior.[210]

Nessa mesma reunião, os oficiais-generais e o presidente da Câmara concluíram que a volta de Café Filho ao poder representaria um retrocesso. O movimento perderia a razão de ser. O país retornaria ao mesmo clima anterior ao 11 de novembro. Era fundamental deixar claro que o impedimento de Carlos Luz não tinha como objetivo atingir a pessoa do presidente da Câmara e sim a ameaça à democracia que sua chegada à presidência representava.

Além disso, o ato de Café Filho iria se sobrepor à decisão do Congresso, que havia colocado no poder o presidente do Senado, Nereu Ramos. Sem contar as infinitas batalhas jurídicas que poderiam surgir já que uma decisão individual de Café teria mais importância que uma decisão do Congresso. Só o próprio Legislativo poderia decidir se Café estava desimpedido para retornar à presidência. Lott teria de dizer-lhe isso pessoalmente, enquanto ganhavam força os boatos de que ele seria demitido assim que Café reassumisse.

À uma hora da manhã do dia 20, o general Célio de Araújo Lima e mais dois majores foram até a casa de Juarez e lhe deram voz de prisão, levando-o para o Ministério da Guerra. Távora foi encaminhado ao general Saldanha Mazza, que ordenou que se improvisasse uma cama onde ele pudesse dormir. Antes das cinco da manhã, contudo, ele foi acordado pelo general Mendes de Moraes, que, depois de afirmar que sua prisão fora um engano, ofereceu um carro oficial do Ministério para levá-lo até sua residência. Távora voltou para casa em seguida, mas em um carro de aluguel, sem saber por qual motivo fora preso.[211] Ele e Lott ainda se encontrariam duas vezes nos próximos quatro meses. Nas duas oportunidades, Távora diria a Lott que o único caminho para as Forças Armadas voltarem a se unir seria o seu afastamento do Ministério. Em 14 de abril de 1956, Távora escreveria aos jornais uma carta na qual confirmava sua opinião, colocando a permanência de Lott no Ministério como um dos grandes empecilhos[212] à harmonização das Forças Armadas. Por essa atitude, receberia pessoalmente uma advertência de Lott.

No sábado, dia 19, um dos oficiais do Ministério avisou a Lott que Café Filho, transferido desde o dia 14 para a Clínica de Repouso São Vicente, desejava falar-lhe. O encontro foi marcado para domingo, dia 20, às três e meia da tarde. Lott chegou quinze minutos antes. Foi chamado imediatamente.

Café recebeu Lott de maneira bem amistosa e foi logo esclarecendo que acabara de ficar por dentro dos fatos. Mostrou, então, um exemplar da revista *Manchete* de 19 de novembro, que continha a entrevista do ministro da Guerra, e reafirmou:

— Estou tomando conhecimento agora de tudo o que se passou desde a minha internação, no dia primeiro.

Café demonstrava espanto:

— Fiquei muito surpreso ao saber da visita que Carlos Luz fez ao senhor, em sua casa, no dia 6; porque somente no dia 7 eu tomei a decisão, seguindo prescrição médica, de deixar, temporariamente, a presidência.[213]

(Quatro dias antes de Café se afastar, em um discretíssimo encontro, Carlos Luz teria comunicado ao marechal Dutra que seria feita uma mudança no Ministério da Guerra. Quatro anos depois, respondendo a interrogatório em juízo, em um processo que Lott moveu contra o *Diário de Notícias*, Luz afirmou "não se recordar" do fato.)

Depois de relembrar ao ministro que havia sofrido um distúrbio cardiovascular, Café prosseguiu:

— A sua demissão foi uma iniciativa tomada pelo senhor Carlos Luz à minha revelia. Um fato dessa importância deveria ter o meu conhecimento prévio!

Como Café não se mostrava propenso a abrir o jogo, Lott, sabendo que o general Denys também estava na clínica e precisava falar-lhe com urgência, procurou cortar as justificativas de Café. Iniciou-se uma conversa seca, porém educada, em que os dois pareciam testar-se. A iniciativa partiu de Lott:

— Eu preciso tratar de um assunto desagradável, mas não sei se suas condições de saúde permitem.

— O senhor pode tratar de qualquer assunto, porque minhas condições de saúde são bastante satisfatórias.

— A sua volta ao poder neste momento seria inconveniente, as paixões ainda estão acesas. O senhor poderia ter uma recaída e precisaria se afastar do cargo novamente.[214]

— Amanhã serei examinado por uma junta de médicos. Se eles julgarem que estou em condições de reassumir o governo, não terei dúvidas em fazê-lo.

O diálogo prosseguiu com Café lembrando ainda que, se os médicos não aconselhassem a sua volta, ele obedeceria ao laudo. Mas se o parecer médico fosse positivo...

— Não ficaria bem para a minha dignidade manter-me comodamente à margem dos acontecimentos numa fase tão grave como a que atravessa o país. Voltarei ao poder sem me submeter a quaisquer condições. Se não me quiserem mais, que me deponham ou prendam.

— Não. Isso seria uma desgraça.[215] Uma desgraça no fim da minha vida. A sua decisão não me surpreende.

Em seguida, Lott despediu-se, afirmando que iria comunicar a decisão do presidente aos seus camaradas. Lott estava preocupado com o reflexo que a deposição poderia causar na saúde de Café. Procurou em seguida o médico Raimundo de Brito. Insistiu sobre os possíveis danos à saúde de Café se ele reassumisse a presidência.

Lott deixou o hospital no carro de Denys. Já sabia que Café era visitado pelos seus antigos ministros e por políticos da oposição. Café tentava manter entendimentos com o presidente Nereu Ramos para acertar como seria feita a sua reassunção imediata à presidência. Se Café se achasse em boas condições de saúde, Nereu já declarara que lhe passaria o poder. Mas Lott não permitiria isso:

No 11 de novembro eu já sabia que Café Filho estava a favor do golpe e mais tarde, quando ele tentou reassumir as funções, tomei as providências para impedi-lo. Para mim, desta vez foi mais desagradável. Carlos Luz estava no governo acidentalmente, mas Café Filho é que tinha me escolhido para auxiliar. Além disso, mantivemos muito boas relações, até ele adoecer. Entretanto, como homem humilde que chegou à presidência da República carregado pelo voto popular, Café Filho deveria, antes de mais nada, respeitar esse voto. E eu estava convicto que ele ia respeitar. Eu caí das nuvens depois do 11 de novembro, quando o procurei e saí desorientado: "O que vou fazer agora? Não posso recuar. O Exército já se movimentou e tomou uma decisão. Se a gente voltar atrás haverá uma guerra civil, certamente, porque muitos dos que me seguiram naturalmente vão reagir à minha decisão de aceitar a posse de Café Filho. Será a guerra civil."[216]

Foi um domingo muito movimentado no Ministério. À noite, reuniram-se Denys e os generais Azambuja Brilhante, comandante da guarnição da Vila Militar, Segadas Viana, da Divisão Blindada, Djalma Dias Ribeiro, da Divisão de Pára-quedistas, Nilo Sucupira, da Divisão de Infantaria, Augusto Frederico Correia Lima, da Artilharia de Costa, e Lima Câmara, da I Região Militar. Todos eles eram subordinados à Zona Militar Leste. Os generais mostraram-se contrários ao retorno de Café. Os tanques da Divisão Blindada voltavam a se movimentar pela cidade. Na manhã seguinte, chuvosa como no dia 11, Café recebeu alta de uma junta médica formada pelos doutores Genival Londres, Aloysio de Castro, Jairo Ramos, Luiz Feijó, Aarão Benchimol, Aloísio Sales, Theobaldo Vianna, Raimundo de Brito e Deolindo Couto.[217] Deixou o hospital no começo da tarde disposto a cumprir o que havia dito a Lott. Passou a Prado Kelly a ordem de redigir o ofício que seria destinado a Nereu Ramos e aos presidentes da Câmara, Senado e Supremo Tribunal Federal, no qual comunicaria que estava reassumindo a Presidência a partir daquele momento. A carta contava com a astuta colocação "nesta data e a partir deste momento, reassumo" — dispensando uma transmissão oficial de cargo.

Enquanto Café deixava o hospital, o Ministério se reunia com Nereu Ramos. Concluíram que a volta de Café à presidência faria

eclodir, fatalmente, uma nova crise, retornando o país à situação vivida nas vésperas de 11 de novembro. Era mister compreender que o impedimento do sr. Carlos Luz não poderia limitar-se à pessoa do presidente da Câmara — deveria, forçosamente, ser mais amplo. Não era lógico que a decisão do Congresso, investindo na Presidência da República o Vice-presidente do Senado, dr. Nereu Ramos, tivesse ineficácia diante de um simples ato de vontade do sr. Café Filho.[218]

Às cinco da tarde, Café seguiu para seu apartamento, na esquina da Avenida Nossa Senhora de Copacabana com a rua Joaquim Nabuco, em Copacabana, acompanhado por Eduardo Gomes, Amorim do Valle, Munhoz da Rocha, Prado Kelly e Alencastro Guimarães. Porém, antes mesmo de deixar a clínica São Vicente, já fora informado de que seu secretário particular, Oséas Martins, que levara o ofício ao presidente em exercício, não pôde entrar no Catete, que estava totalmente cercado por tropas e carros de guerra. Uma pequena agitação dentro das Forças Armadas ressurgia. Oficiais defensores de Café passaram a exigir que ele reassumisse o poder de qualquer maneira. A essa altura, o edifício onde Café morava, no Posto 6, estava cercado por simpatizantes e curiosos, além de tanques e forças militares, enviados por Lott. Um cerco espalhafatoso foi montado. As emissoras de rádio divulgavam a notícia da volta de Café, mas as tropas impediam qualquer movimentação. Em São Paulo, as cenas do 11 de novembro se repetiam. Soldados na rua, caminhões militares abastecidos e trincheiras escavadas nos mesmos locais.

O major Hermes da Fonseca Neto, um dos comandantes das forças militares enviadas por Lott, subiu ao apartamento de Café e comunicou-lhe que não poderia deixar a residência. Só restou a ele ficar à janela, de pijama, observando as tropas, enquanto o Congresso Nacional reunia-se em sessão permanente e, mais uma vez, dramática.

Como aconteceu na madrugada do dia 11, Alkimim, o líder civil do movimento, reuniu-se com deputados na casa de Tancredo Neves. Em pauta: como apresentar ao Congresso o impedimento de Café, que já estava fisicamente impedido. O líder do PSD, Gustavo Capanema, reconhecia que não havia base legal para afastar Café. A moção foi apresentada então por Ulysses Guimarães, que reunira a assinatura de 127 deputados favoráveis à manutenção do impedimento a Café Filho. Tarcísio Vieira de Mello, vice-líder do partido, foi à tribuna ler um discurso preparado para justificar o afastamento. Flores da Cunha convocou então uma sessão extraordinária, que começaria por volta das oito e meia da noite. Somente às duas e meia da manhã do dia seguinte, por 179 votos a 94, a Câmara aprovou o projeto de resolução 21/55, que acabava com os sonhos de Café:

> (...) Considerando que ao Congresso Nacional cabe o dever de preservar o regime, agora, como antes, ameaçado. Resolve declarar que permanece o impedimento anteriormente reconhecido, até deliberação em contrário do Congresso Nacional.

A resolução foi enviada ao Senado e aprovada depois de sete horas de muitos debates no Palácio Monroe. Por 35 votos a favor e 16 contra, Café Filho não era mais o presidente da República. Eram quase nove da manhã do dia 22 de novembro.

Os três ministros militares divulgaram um documento em que reafirmavam seu total apoio ao presidente Nereu Ramos e à liberdade de decisão do Congresso Nacional. Mais uma vez, destacavam a firme decisão de assegurar a tranqüilidade pública em todo o país e a estabilidade do Regime, de molde a evitar que a Nação se encaminhe para qualquer forma de governo extralegal, conservando-se, ainda, imune à infiltração de elementos que esposem ideologias contrárias aos sentimentos democráticos-cristãos de nossa nacionalidade.[219]

Lott insistiria na decretação do estado de sítio para garantir a posse de Juscelino. Por trás do autoritário pedido, escondia-se uma manobra jurídica: como Café, no mesmo dia 22, impetrou um mandado de segurança junto ao Supremo Tribunal Federal, através do qual pretendia reassumir a presidência, o argumento da vigência do estado de sítio provocaria a suspensão do julgamento. Café também entraria na Justiça com um pedido de *habeas-corpus* para conseguir o direito de ir e vir, e assim poder sair de seu apartamento, que continuava vigiado.

No dia seguinte, o pedido de estado de sítio, encaminhado por Nereu, foi aprovado em regime de urgência. Mais uma vez a Câmara viraria a madrugada para aprová-lo por 178 votos a 91. Às quatro da manhã, o pedido chegou ao Palácio Monroe. Era a vez do Senado votar. Dessa vez, a UDN não protestava tanto. O Senado aprovou o projeto por 35 a 16, sem mexer no texto que viera da Câmara. O estado de sítio entraria em vigor com todas suas dramáticas conseqüências: suspensão das garantias constitucionais e da liberdade de imprensa, dando respaldo oficial à censura que já havia nas redações. Às nove e meia da manhã, Nereu sancionou o Decreto 2.654, de 25 de novembro de 1955, publicado no *Diário Oficial* do mesmo dia, que instituia o estado de sítio por 30 dias. O comandante da I Região Militar, o general-de-divisão Antonio José de Lima Câmara, foi nomeado executor. No dia 6 de janeiro, o estado de sítio seria prorrogado por mais 30 dias.

O poder Judiciário acompanharia o Legislativo e se decidiria em favor da manutenção do impedimento de Café, que entrara com um mandado de segurança. Julgado somente em novembro de 1956, o mandado foi dado como prejudicado, pela simples razão de o país ter um novo presidente cumprindo seu mandato.

Mais tarde, em uma entrevista ao jornal *O Globo*, Lott foi duramente questionado sobre as provas da participação de Café na conspiração:

— Quando o senhor havia chegado à conclusão de que, se o sr. Café Filho reassumisse, não daria posse aos eleitos?

— Não é possível responder com precisão. A declaração que me fez na parte final de nossa entrevista, no dia 20, na clínica São Vicente, "de que assumiria o poder sem condições", combinada com o juízo que eu havia feito de sua personalidade através de contatos amiudados de mais de um ano conduziram-me que ele se achava, no momento, em uma de suas crises de temperamento (...) sem sentir, talvez, o senhor Café Filho se distanciou dos seus deveres e, de certo modo, perdeu o contato com a realidade do cruciante momento que vive o país (...) mas a influência do grupo que o cercava é responsável também. Ora, quando senti que o senhor Café Filho estava disposto a voltar e que isso significaria o retorno da situação derrubada, graças a Deus, sem derramamento de sangue, compreendi que o interesse do Brasil era maior que tudo o mais (...) e na frente de todo interesse pessoal está o interesse do Brasil, e para que este não sofresse mais que os melindres do senhor Café Filho, era preciso uma declaração sua, categórica, em termos insofismáveis, de que não iria recolocar a Nação no mesmo estado de intranqüilidade a respeito da posse dos eleitos. Era o momento de ele lançar um manifesto claro, sem meias palavras, de acatamento à vontade do povo, que já se tinha manifestado através do Congresso(...)

— E por que o senhor decidiu que a volta do senhor Café Filho não podia mais ser possível?

— No momento em que ele disse estar disposto a reassumir, sem condições, e que, uma vez no Catete, o Exército e o Congresso o depusessem, compreendi que na minha frente não estava o homem capaz de pensar nos milhões de brasileiros espalhados neste imenso território e dependendo de uma insignificante minoria para comer, vestir e morar. O pensamento do Exército é que antes de tudo está o povo, o povo e só ele que conta. O que pode significar nesta hora para milhões de brasileiros o capricho de um homem? E o político que se distancia dessa realidade, até eu, que não sou político nem tenho a menor inclinação para a política, sei que não pode mais prestar serviços à Nação. Saí do quarto do senhor Café Filho certo de que ele estava incapaz para o exercício das funções de grandes responsabilidades exigidas pelos graves acontecimentos que envolvem o país (...)[220]

Lacerda, em Nova York, ficaria furioso com essa entrevista. Terminou de ler a reportagem e escreveu uma carta a Lott, a quem classificava de "ditador do Brasil". Eram oito páginas carregadas de cólera, nas quais Lacerda prometia que, enquanto o ministro tivesse poder, seria "queira ou não o seu ódio". Cumpriria a promessa. Nos cinco anos do futuro governo, ele jamais se "esqueceria" de Lott.

Café nunca mais voltaria à vida pública. Trabalharia em uma empresa de administração de imóveis até 1959. Dois anos depois, Carlos Lacerda, então governador da Guanabara, o nomearia ministro do Tribunal de Contas do Estado.

Depois de novembro de 1955, Lott era a personificação do principal inimigo de um grupo que continuaria desejando e lutando para chegar ao poder de qualquer maneira. Ao mesmo tempo, seria o nome que se transformaria em uma das peças de sustentação do governo Juscelino. Era o alvo.

Capítulo 7

Nos últimos dias do ano, Lott chamou Castello, então comandante da Escola de Comando e Estado-Maior do Exército (ECEME), para adverti-lo sobre a "militância conspirativa" de seus alunos e instrutores, que chegaram a assinar um manifesto em que condenavam "a traição de Lott."[221] Castello, que pessoalmente defendeu[222] a atitude de Lott para garantir a posse do presidente eleito, garantiu que não havia documento algum. A conversa para Lott estava encerrada. Ele acreditou na versão do comandante.

Na cerimônia de fim de ano, porém, alunos e professores da ECEME escancararam o que Castello tentava encobrir. Ignoraram Lott na sua entrada; vaiaram-no na saída. Dias depois, os assessores de informação de Lott entregavam-lhe a lista dos signatários do "documento que não existia". Dessa vez sem fazer uma nova consulta a Castello, Lott determinou que os alunos fossem transferidos. Castello discordou da ordem, tentou argumentar, mas recebeu de volta uma consideração que mexia com o "elo básico do Exército" e cutucava sua capacidade:

— Se o senhor não consegue controlar seus subordinados, também não terá condições de comandar uma instituição do porte da ECEME.[223]

Depois de ouvir esse desafio, Castello solicitou sua exoneração do comando, mas convenceu os seus subordinados a não divulgarem o documento, que então passara a existir. O pedido de demissão foi aceito. Castello deixou a ECEME no dia 2 de janeiro de 1956, voltando ao posto de subchefe do Estado-Maior das Forças Armadas. O general Emílio Maurell Filho o substituiu no comando da Escola. O ressentimento de Castello em relação a Lott disparou, somado às antigas desavenças pessoais e até escolares. Pouco tempo depois, em uma conversa informal com Nelson Werneck Sodré, Castello reclamaria "do rígido formalismo de Lott, cortando qualquer intimidade, esquecendo antigos laços de estima".[224]

Mais uma vez, Lott achava que a autoridade do ministro bastava. Faltou-lhe a política. Ou a habilidade, que ele encarava como "uma espécie de concessão e não era de seu hábito fazer concessões".[225] Nem ao menos se preocupara em registrar aqueles acontecimentos. Deixava isso a cargo da sua Segunda Seção, responsável pelas informações. Mas sua visão pessoal do golpe, suas atitudes e justificativas, ficaram eternizadas na entrevista que deu a Otto Lara Resende, da revista *Manchete*. Adotou-a como a versão informal do contragolpe, até não suportar mais as acusações sem provas da oposição e determinar que escrevessem a versão oficial, muitos anos depois.

Nereu levava sua presidência em banho-maria, enquanto Juscelino montava um governo que sinalizava mudanças. A chamada "ala moça" do PSD ganhava espaço enquanto velhos caciques amargavam um afastamento do poder, como resposta aos conservadores do partido que tentaram boicotar sua candidatura. Um dos maiores problemas na formação de seu governo era o Ministério da Guerra. A confirmação da escolha de Lott se deu somente depois de uma reunião entre Juscelino, Augusto Frederico Schmidt, poeta e amigo do presidente eleito, e Armando Falcão. Juscelino temia pela escolha de um militar tão poderoso. Falcão tranqüilizou-o:

— Presidente, o Lott não quer ser nada. Deseja vestir o pijama, e cuidar do jardim da casa que tem em Teresópolis. Não é aspiração dele continuar ministro da Guerra. Mas eu, se fosse você, lhe faria um apelo para continuar à frente do Exército. É homem desambicioso. Chefe militar competente, respeitado e firme. Não acredite na conversa dos que ou não conhecem bem o Lott, ou procuram jogá-lo fora do seu governo como meio de vê-lo nascer enfraquecido. Não hesite. Mande chamar o general Lott e insista para ele continuar na pasta da Guerra.

Schmidt, que também defendia a permanência de Lott, apoiou Falcão. Faltava convencer o ministro a permanecer na Pasta. Depois dessa reunião na casa do poeta, Alkimim fez o primeiro convite a Lott, que não aceitou.

Iniciou-se uma seqüência de visitas de políticos, oficiais e amigos comuns à casa do ministro, em São Cristóvão, para tentar convencê-lo. Nereu Ramos diminuiu muito a resistência de Lott ao revelar que fora convidado para a pasta da Justiça, mas só aceitaria se ele continuasse como ministro. Lott começou a ceder. Mas não aceitou imediatamente. Decidiu que faria uma consulta aos generais do Exército por meio de uma circular reservada. A maioria dos companheiros concordou com sua permanência. Somente depois que seu nome foi ratificado pelos generais, Lott procurou Juscelino e aceitou o convite. O primeiro encontro não terminou lá muito bem. Lott passava dos limites com sua brutal sinceridade:

— Presidente, não leve a mal minhas palavras. Mas eu me permito dar-lhe uma opinião franca. Duas coisas derrubam qualquer governo: a corrupção e a covardia. Tenho certeza de que, na sua gestão, não haverá nem uma nem outra.

Juscelino respondeu no ato:

— Ministro, não vou andar com o Código Penal na mão, mas serei inflexível no combate à corrupção. Quanto à covardia, já declarei, de público, que Deus me poupou do sentimento do medo.[226]

No dia 30 de janeiro, Lott recebeu a visita de Sobral Pinto, que foi cobrar-lhe a promessa de que passaria para a reserva em 30 de janeiro de 1956 e só assim poderia comprovar que o movimento de 11 de novembro não fora motivado por ambição. Sobral justificou a ousadia de tal cobrança por considerá-lo "um homem de bem e desinteressado". O encontro durou três horas. Lott repetiu o que Falcão testemunhara. Tentou entregar o cargo. Fez tudo para deixar o Ministério. Porém Juscelino e os generais apelaram para que continuasse até, pelo menos, a situação política se acalmar. Lott cedeu e confessou que, ao aceitar manter-se no cargo, sabia que seria atacado, insultado e injuriado. Era um encontro de homens francos. Sobral disse que não duvidava de suas intenções, mas as considerava infundadas. Deixou a casa de Lott com uma certeza no pensamento: o ministro cometera um erro, iria se prejudicar e encobrir com uma sombra de dúvida os movimentos de 11 e 21 no novembro.[227] Quase um ano depois desse encontro, Sobral escreveria um artigo no *Diário de Notícias* em que admitia estar errado:

> É meu dever proclamar, neste instante, que o general Teixeira Lott, permanecendo à testa dos negócios da Guerra, não agiu por ambição, mas somente pela nobre, superior e louvável aspiração de obstar que a anarquia militar descesse sobre a Nação, para lançá-la nas convulsões sinistras da guerra civil.[228]

Estava certo qualquer um que visse ameaças ao futuro governo. Mesmo antes da posse de Juscelino, Penna Botto voltou ao ataque com mais uma exagerada declaração, dessa vez durante uma palestra em um congresso da Cruzada Anticomunista, que continuava sua pregação: "os movimentos de novembro de 1955 tiveram textura, planificação e execução tipicamente bolchevistas, nelas tendo tido direta intromissão os oficiais marxistas que por desgraça existem no Exército do país". Restava saber quem seriam os "bolchevistas", já que só quatro oficiais sabiam dos planos: Lott, Denys, Bayma Denys e Souza Mello, nenhum deles com a mínima vocação comunista.

Lacerda, que deixou o país logo após os acontecimentos de novembro, asilado em Cuba de Fulgêncio Batista e depois nos Estados Unidos, também criticaria o novo governo — que nem tinha tomado posse — seguindo a mesma cantilena do almirante. Em carta ao jornal *The New York Times*, seu apaixonado ponto de vista relacionava o futuro governo e Lott com o comunismo soviético:

> O sistema russo teve êxito no Brasil (...) o Partido Comunista depende do Governo de Kubitschek e Lott.

Às três e meia da tarde de 31 de janeiro de 1956, como previsto na lei, Juscelino Kubitschek de Oliveira tomou posse em sessão solene do Congresso Nacional. Foi uma festa capaz de mostrar ao país que dias mais alegres estavam surgindo. Por ordem do presidente, os portões do Catete foram abertos para que fosse cumprida a promessa de campanha: "O povo entrará no Catete com Juscelino." O carisma e o talento inegável para conduzir platéias puderam ser comprovados em um discurso improvisado que mexeu com a multidão. Começava o governo JK.

No dia seguinte, às sete da manhã, Juscelino reuniu o novo ministério. Assumia o governo do país em uma época marcada por rotações no mapa do poder. A Europa reerguia-se aos poucos, mas rasgada pela nova ameaça do conflito da cortina de ferro que separava comunistas de capitalistas, Ocidente de Oriente.

Nem simpatia e nem gratidão. Ao manter Lott no comando do Ministério da Guerra, Juscelino sabia que não havia outro homem naquele momento que pudesse garantir o apoio do Exército ao governo. Talvez sem se darem conta, buscavam o mesmo objetivo: o equilíbrio de forças. Para manter a ordem, Lott teria de chocar-se tanto contra as forças militares conspiradoras quanto com os grupos de esquerda e comunistas.[229] Enfrentaria diariamente o grupo militar de direita, mas estava longe de ser um homem de esquerda.

Ao longo de seu governo, Juscelino também iria jogar com as forças políticas de esquerda e de direita. Na Câmara, no início do seu mandato, daria corda para a "ala moça" do PSD, que era formada pelos políticos mais à esquerda do partido e que dominou os cargos mais importantes. A "ala moça" seria usada pelo presidente para combater os velhos líderes do PSD,[230] que perceberam a tentativa de mudança do eixo do poderoso partido. Eram apenas nove deputados, mas participavam ativamente da vida do plenário: Renato Archer e Cid Carvalho, do Maranhão; João Pacheco Chaves e Ulysses Guimarães, de São Paulo; José Joffily, da Paraíba; Nestor Jost, do Rio Grande do Sul; Oliveira Brito e Vieira de Mello, da Bahia; e Leoberto Leal, de Santa Catarina.[231]

A ala moça recebia apoio de outros deputados, que participavam de seus planos, como José Maria Alkimim. Juscelino falava em temas inéditos e os jovens deputados entusiasmavam-se. Não tinham medo do novo. Acompanhavam o presidente certo, na hora certa. Era o momento de o Brasil ter

"50 anos de desenvolvimento em 5 de governo". Na esteira, Lott surpreendia quem temia um militar fechado e uma ameaça para as mudanças. O ministro da Guerra acompanharia a onda e entraria em sintonia com a "ala moça" do PSD, caindo nas graças daqueles deputados. Iriam defender o voto do analfabeto, a reforma administrativa e até a reforma agrária (Lott defendia a "multiplicação de pequenas propriedades rurais como meio de desenvolver a agricultura[232]"). Lutariam juntos pelo "Plano de Metas" de Juscelino: 31 metas divididas em cinco grandes grupos: energia, transportes, alimentação, indústrias de base e educação. Entrariam até na polêmica da "meta-síntese": a construção da nova capital, Brasília.

Em março, a "ala moça" já deitava e rolava. O deputado paulista Ulysses Guimarães foi escolhido presidente da Câmara, enquanto Vieira de Mello era o líder do governo. As raposas estavam perdendo espaço.

Não demorou muito para que a idéia da "ala moça" contagiasse deputados de outros partidos. Seus discursos e ação serviriam como inspiração para o surgimento da Frente Parlamentar Nacionalista (FPN), marcada por um compromisso com um conjunto de causas econômicas que seus integrantes gostariam de ver resolvidas através de um ângulo puramente nacional, como o monopólio da Petrobrás, a regulamentação das remessas de lucros para o exterior, a participação do capital estrangeiro e a criação de uma política de energia nuclear. E, claro, o nacionalismo como doutrina de governo. Não se confundia com o conceito de nacionalismo que se espalhava pelo mundo, com características de direita. O nacionalismo idealizado por membros da FPN era uma visão de esquerda, com reformas sociais e econômicas do ângulo do interesse do país. Teses básicas de natureza econômica, mas também proposições de caráter social, na área de trabalhadores urbanos, universidades; e no campo, como organização dos trabalhadores rurais, seja através das ligas componesas, de caráter civil, até dos sindicatos rurais que começaram a se estruturar nesse mesmo período.[233]

A Frente Parlamentar Nacionalista reuniria os políticos mais progressistas dos diversos partidos. Os nacionalistas e a "ala moça" do PSD; o grupo ideológico do PTB, que receberia o nome de "grupo compacto" e que se mantinha longe da influência de Goulart; e até uma parte da UDN, formada principalmente pelo "movimento renovador", que se afinava com os ideais nacionalistas e mais tarde se transformaria na "bossa nova". O deputado Bento Gonçalves tornou-se presidente da Frente, que chegaria a alcançar um número de 110 parlamentares, transformando-se no fiel da balança no Congresso, um núcleo alternativo de partido político.

Mas o novo presidente teria de se impor. Mal começara o governo e era acusado de esconder-se atrás de Lott. O primeiro ato de Juscelino já mostrava sua disposição: a redação e envio ao Congresso de mensagem na qual suspendia a aplicação do estado de sítio, apesar dos protestos do ex-presidente e agora ministro da Justiça, Nereu Ramos, e do próprio Lott. A lei de suspensão do estado de sítio foi sancionada no dia 9. Com isso, caía também a censura à imprensa. Foi uma vitória de Juscelino contra seus próprios aliados.

Além de Lott, Juscelino mantivera Denys no comando da Zona Militar Leste e o general-de-brigada Augusto Magessi Pereira como chefe de Polícia do Distrito Federal, que atuava em todo o território brasileiro. Formou-se, como batizado pela professora Maria Victoria Benevides, o "tripé de segurança" do Governo Kubitschek: Lott no Ministério, Denys à frente do I Exército, com tropa para defender a mais importante região política do país, e o chefe da polícia.[234] Mas manter a calma política também significava continuar as acrobacias no Congresso, equilibrando a aliança PSD-PTB e os nacionalistas, com a garantia militar construída através da manutenção de seu tripé de sustentação ou, para alguns, através "das botas do general Lott".[235]

Conforme Juscelino conquistasse mais apoio da população e da oposição, sua sustentação política e militar perderia importância estratégica. Contudo, naquele início de governo, Lott e Denys eram imprescindíveis à estabilidade acompanhados por um chefe de polícia de confiança.

No novo governo, Lott continuou com seus ajudantes da gestão anterior como Stockler e Grossman, e convocou o homem que tanto se destacara em São Paulo no 11 de novembro, major Carlos Ramos de Alencar, um especialista em informações, que se tornaria um dos seus homens de confiança. Alencar era neto do almirante Alexandrino Faria de Alencar, ministro da Marinha de cinco presidentes; Affonso Pena, Nilo Peçanha, Hermes Fonseca, Wenceslau Braz e Arthur Bernardes. Lott chamou Alencar sem conhecê-lo pessoalmente. Fora sua participação na madrugada decisiva que garantiu o convite. O major Joaquim Augusto Montenegro, oficial-de-gabinete encarregado das audiências, também foi mantido. Lott reservava as segundas, a partir das quatro da tarde, para atender os civis, qualquer pessoa. Sua sala de espera costumava ficar lotada. De senhoras da alta-sociedade a operários. Poucos vinham pedir favores; a maioria fazia reclamações ou denúncias que eram anotadas por William Stockler. Havia também quem esperasse a sua vez apenas para conhecer o ministro. Às quartas, Lott restabeleceu uma rotina que fora instalada por Zenóbio, quando ministro, ao atender aos militares. Pouco importava a patente. Qualquer militar que quisesse falar com o ministro seria recebido. Uma prática que chocou o intocável mundo dos generais, que reclamavam de uma abertura maior. Classificado como intransigente e difícil pelo alto clero, Lott atendia a todos: "ouvia-os pacientemente, anotava, decidia".[236] Dez militares, todas as quartas; dez civis na segunda, durante todo o período em que esteve no Ministério. Para os militares que serviam longe do Rio, deu autorização para que escrevessem e expusessem problemas e sugestões. Montou uma pequena equipe de sargentos, liderada por um oficial, que ficava responsável pela leitura das cartas que os militares lhe escreviam. Incentivou-os a participarem. Na maioria das vezes, o ministro atendia aos pedidos.

Mesmo com a posse, a imprensa udenista continuava o ataque a Juscelino e não perdoava a censura imposta nos dias que se seguiram ao 11 de novembro; já o grupo de oficiais contrários a JK, ainda com os tiros do *Tamandaré* ecoando em suas cabeças, continuaria pregando a indisciplina e incentivando rebeliões. O objetivo foi alcançado rapidamente. No décimo segundo dia do novo governo aconteceria a primeira grave crise militar.

11 de fevereiro de 1956. Sábado de carnaval. As orquestras de salão dos famosos bailes da capital federal preparavam-se para tocar várias e várias vezes a marchinha que estava estourando naquele ano: "A Turma do funil". Outra turma menos festiva, comandada pelo major da Aeronáutica Haroldo Coimbra Veloso e pelo capitão José Chaves Lameirão, dominava o oficial-de-dia da Base Aérea dos Afonsos, tomava um avião Beechcraft, que

foi carregado com armas e munição, e decolava sem plano e sem autorização de vôo rumo à Floresta Amazônica.

O avião dos revoltosos fez escala em Varginha e Uberlândia. No dia seguinte, estava na base de Cachimbo, já na Amazônia. De lá, deslocou-se para Jacareacanga, no Pará, a algumas horas a pé da margem do rio Tapajós e a 300 quilômetros de Manaus. Uma base da FAB com 300 habitantes, em sua maioria índios da tribo dos munducurus, que conheciam o major Veloso porque ele criara aquele campo de pouso, com 40 casas e luz elétrica. A pista, irregular e com pouco mais de 300 metros, era usada somente para pousos de emergência. Seis sargentos da Aeronáutica vigiavam o local. Cinqüenta trabalhadores abriam picadas pela região. Veloso tomou conta do lugar e em seguida deslocou-se para Santarém, o mais importante ponto de entroncamento da aviação comercial na região.

Os rebeldes tinham deixado um delirante manifesto na redação da *Tribuna da Imprensa*:

1. O senhor Juscelino Kubitschek entrou em entendimentos com grupos financeiros internacionais para entrega do petróleo e venda de reservas minerais estratégicas.
2. Oficiais comunistas ocupam posições chaves, em comandos militares, desde o movimento de 11 e 21 de novembro, quando foram depostos os senhores Carlos Luz e Café Filho.
3. Esses movimentos chefiados pelo General Henrique Lott romperam a unidade das Forças Armadas.

Lott foi avisado do início da rebelião e imediatamente comunicou Juscelino pelo telefone. Passava um pouco da uma da tarde do sábado. O presidente chamou o ministro da Marinha, almirante Alves Câmara, e o ministro da Aeronáutica, brigadeiro Alves Seco, que estava encontrando enorme dificuldade em controlar os seus subordinados. Juscelino exigiu uma rápida resposta das Forças Armadas, determinando que dois aviões decolassem no rastro dos revoltosos. Alves Seco respondeu que não tinha condições de atender essa determinação porque "ninguém, na FAB, obedeceria ordem do governo".[237] Falava-se em "Estado-Maior clandestino"[238] para proteger os rebelados. Juscelino chamou então o seu ajudante-de ordens, major-aviador Renato Goulart Pereira. Perguntou-lhe se poderia realizar aquela ação e mais quantos outros oficiais da Aeronáutica o acompanhariam na missão. Pereira colocou-se à disposição do presidente e deu o nome de quatro oficiais.

— Através de uma simples indagação, já encontrei cinco pessoas dispostas a cumprir uma ordem do governo, e o senhor me afirmou que não existia uma só capaz de aceitá-la — disse Juscelino a um empalidecido ministro da Aeronáutica.[239]

"Todo mundo bebe, mas ninguém dorme no ponto." Lott estava só esperando uma autorização para entrar na briga. Já tinha colocado de prontidão as unidades do Exército de Salvador, Fortaleza e Belém e ofereceu-se para colocar as tropas no conflito. Juscelino, sabendo que a "Aeronáutica constituía um permanente foco de inquietação"[240], preferiu aguardar e, a princípio, deixar o Exército de fora.

O pedido de solidariedade que Lameirão e Veloso lançaram encontrou acolhida na Aeronáutica. Pilotos escolhidos para comandar aviões de caça que partiriam da Base Aérea de Santa Cruz simplesmente recusaram a missão de combater os revoltosos. Teriam de ser detidos.

A faísca revolucionária espalhou-se pelo país. No Ceará, a crise escapou ao controle do governo. O brigadeiro Correa de Mello (que, graças a seu estilo de pilotagem, ganhara o apelido de "Mello Maluco") foi enviado para controlar os revoltosos naquele estado. A reação à rebelião não acontecia apenas por sabotagem de oficiais simpáticos a Veloso. Havia um motim no estado. Mello não hesitou: prendeu todos os oficiais.

Porém, as capitais Salvador, Recife e Belém seguiram a onda revoltosa. No domingo, na capital paraense, o major Paulo Victor da Silva foi questionado pelo coronel Almir dos Santos Policarpo se aceitaria a missão de atacar Jacareacanga. O major aceitou. Quando já estava no ar, pilotando um Douglas C-47 que levava trinta soldados, Paulo Victor comunicou-se com a 1ª. Zona Aérea:

— Missão cumprida. Só que com insucesso e ao revés. Porque, a partir deste momento, estou solidário com o major Veloso.[241]

Os boatos que chegavam à capital citavam um exército de soldados, guerrilheiros, índios e seringueiros seguindo as ordens de Veloso. No Rio,

Lott colocou todo o Exército de prontidão: estava preparado para agir assim que Juscelino desse a ordem.

Com os reforços que chegaram a bordo do C-47 de Paulo Victor, os revoltosos montaram um posto de guerra em Santarém, com trinta soldados armados e até uniformizados, além de possuírem mantimentos e combustível. Carlos César Petit, co-piloto de Paulo Victor, não aderiu ao movimento e foi preso pelos rebeldes.

O contra-ataque do governo só nasceu depois de mais uma reunião convocada pelo presidente. Decidiu-se então envolver o Exército, com o envio de soldados; a Marinha, com os navios *Lobo d'Almada* e *Presidente Vargas*, que estavam ancorados em Belém; e a Aeronáutica com aviões catalinas[242] da Base Aérea. A liderança da "Operação Taco" — a retomada de Jacareacanga — foi entregue ao brigadeiro Alves Cabral, comandante da 1ª Zona Aérea, sediada em Belém.

Foram adotadas três ações de ataque: com pára-quedistas; com tropas que seguiriam pelos rios e com soldados transportados em catalinas. Difícil mesmo era conciliar os ânimos para que a operação desse certo. Afinal, oficiais da FAB teriam de transportar pára-quedistas do Exército. O boicote continuava em marcha na Aeronáutica. O local de decolagem precisou ser trocado do Campo dos Afonsos para o Galeão; Juscelino teve de solicitar aviões civis, do Lóide Aéreo; e catorze pilotos foram presos por se recusarem a voar. A esquadrilha partiu em direção a Belém com mais de dez horas de atraso.

Com a Marinha, a dificuldade era a mesma. O comandante Edir Rocha, diretor do Serviço de Navegação no Amazonas e Portos do Pará, pedira demissão por não concordar em usar o navio *Presidente Vargas* para transportar as tropas.

Os rebeldes passeavam. O objetivo era implantar um núcleo de resistência ao governo recém-empossado e assim conquistar a simpatia de outras unidades militares. Veloso queria tomar o Brasil Central alcançando até Santarém, que realmente chegaria facilmente a dominar, interceptando a rota Belém—Manaus. Santarém se tornaria a sede do levante. Para lá correram os repórteres que passaram a acompanhar tranqüilamente a ação dos revoltosos, que sabiam apenas que o navio *Presidente Vargas* estava para chegar trazendo tropas do governo.

Os rebeldes esperavam. Por inimigos e por aliados. Ao correspondente do jornal *O Estado de S. Paulo*, Veloso afirmou que estava cumprindo "ordens superiores", mas não citou nomes.

Veloso não escolheu aquela região apenas pelas dificuldades de confronto. Ele convivera com a população local e ensinara aos habitantes táticas de guerrilha. Era popular na região, caminhava pelas ruas explicando suas motivações. Até a versão de que contaria com o apoio de mais de dois mil índios circulou. O governo contra-atacava lançando folhetos sobre a cidade, incentivando a população a não colaborar com os rebelados. Fotos de Veloso armado com metralhadora e facão eram publicadas nos jornais.

O sossego terminou quando Lameirão, fazendo um vôo de reconhecimento, confundiu o navio *Presidente Vargas* com o *Lobo d'Almada*, que naquele momento só levava civis, e alertou sua base. Os rebeldes apressaram-se para combater o navio errado. O navio certo chegaria apenas 48 horas depois. No dia 23 de fevereiro, temendo pelo futuro de uma rebelião que não ganhava adeptos, Veloso ordenou uma retirada para Jacareacanga usando o mesmo avião do major Paulo Victor e seus trinta soldados.

Pouco depois, o brigadeiro Cabral descia em Santarém com as tropas da Infantaria. Fuzileiros navais comandados pelo coronel Hugo Delayte chegavam a bordo do *Presidente Vargas*. O repórter de *O Cruzeiro*, Leopoldo Oberst, seguia todos os passos de Delayte durante a operação. Em Jacareacanga, Veloso fazia sua maior aposta. Acreditava que poderia resistir. Contava com a floresta como sua principal aliada. Com essa retirada, Veloso também pretendia preparar uma armadilha contra Delayte na Cachoeira dos Periquitos, no rio Tapajós.

Desapontado, Veloso revelou aos jornalistas possuir uma lista de nomes de oficiais que prometeram apoio, mas acabaram por traí-lo. Garantia que iria ajustar contas com eles.[243] Enquanto isso, Cabral dava ordens para que os soldados avançassem pela mata em busca do líder da revolta.

Tropas do governo comandadas pelo coronel Delayte, na Vila de São Luiz, trocaram fogo com os revoltosos. Aconteceria então a única morte do confronto. A vítima: o capitão José Barbosa Filho, o Cazuza, lugar-tenente de Veloso.

Para os rebeldes, morrera como um herói: assassinado covardemente com uma rajada de metralhadora, enquanto se encontrava deitado em uma rede com febre, sem esboçar qualquer ameaça contra o autor dos disparos, o sargento Francisco Inácio Mineiro. O motivo: um desentendimento pessoal ocorrido antes do conflito.[244]

Para as tropas do governo, foi morto como um rebelado: após o cerco da casa onde se pensava estar Veloso, o sargento Francisco Inácio Mineiro arrombou uma porta e apontou sua metralhadora para dois rebeldes que lá se encontravam. O primeiro, Raimundo, se rendeu. O outro homem correu a um canto da sala, apontou a arma e gritou:

— Não se rendam.

Era Cazuza. Caiu morto, fuzil em punho, atingido pelas balas da metralhadora do sargento. O motivo: legítima defesa.[245]

O tiroteio prosseguia lá fora. O grupo de Veloso, ouvindo os tiros, retornou em direção à cabana. Mas alertado por seus homens de que a mata se encontrava tomada pelos soldados, Veloso decidiu dispersar os homens, dizendo que iria para o mato. O jagunço que alertara Veloso tinha razão: a mata realmente estava tomada de soldados. Exatamente 22 homens. Completamente perdidos. Separaram-se do grupo de Delayte durante a caminhada entre o rio e a vila e espalharam-se, sem saber o que fazer, nem em quem atirar. Oberst encerrou sua reportagem sobre a rebelião contando que Delayte, ao entrar no quarto onde Veloso deveria estar descansando, encontrou dois repórteres do jornal *O Globo*, que, mesmo com os tiros, dormiam um sono profundo.[246]

Santarém, Itaituba e Vila de São Luís não estavam mais sob o domínio dos revoltosos. Cabral, no dia 28, seguiu com seu avião Beechcraft 1527 para Jacareacanga. O capitão Lameirão e o major Paulo Victor, que permaneceram em Jacareacanga, há três dias não tinham notícias de Veloso. A comida, os remédios e o combustível chegavam ao fim. Os estrategistas da rebelião não se prepararam para uma longa resistência porque esperavam rápidas adesões militares, que nunca vieram. Pelo rádio, Cabral tentava convencer Lameirão, falando do cerco que havia e do mal que a rebelião estava causando à região. Todas as embarcações foram proibidas de navegar, causando transtornos em Santarém, que ficara isolada. Lameirão pediu 24 horas para o brigadeiro Cabral, alegando que não poderia se render sem ouvir

Veloso. Ele acreditava que Veloso, a essa altura fugindo na mata, pudesse retornar a Jacareacanga. Cabral alertou Lameirão para o cerco da Vila de São Luís. Não adiantaria ficar esperando por Veloso. Na verdade, Cabral parecia ter certeza de que não haveria resistência armada. Tanta certeza que aceitou dar o prazo pedido:

— Deixem de bobagem. Amanhã, às dez horas, estarei de volta a Jacareacanga. Espero que vocês tenham usado a cabeça.

Pelo rádio, Lameirão, o inimigo, agradeceu:

— De acordo, brigadeiro. Amanhã, às dez horas.

Cabral encerrou o diálogo mostrando que conhecia bem quem estava combatendo:

— Muitas felicidades para vocês. Dê um abraço no Paulo, no Veloso. Um grande abraço no Velosinho. Gosto muito desse menino. Muito meu amigo. Até logo.

— Até logo, brigadeiro. Boa viagem.[247]

No dia 29, a história foi um pouco diferente. Novamente no seu Beechcraft com alguns oficiais e os repórteres de *O Cruzeiro*, Arlindo Silva e Luciano Carneiro, o brigadeiro Cabral não voava só. Nos céus de Jacareacanga, três catalinas levavam a tropa de pára-quedistas comandada pelo coronel Silvio Santa Rosa, e mais dois aviões de bombardeio B-25 acompanhavam o Beechcraft. Conforme o combinado na véspera, o capitão Barreira, a bordo de um dos catalinas, falaria com os rebeldes. Barreira era amigo de Paulo Victor, que estava na torre de controle da base, e tentou mais uma vez convencer os rebeldes a se renderem.[248] Avisou que as saídas estavam fechadas. Tropas bem armadas vigiavam os pontos vitais. O cerco sufocava os rebeldes. Veloso jamais alcançaria Jacareacanga:

— Essa é a situação, Paulo Victor. E vocês, como estão? Como vão os aviões de vocês?

— O C-47 está com pane nos dois motores.

— Onde está escondido?

— Na pista velha.

Paulo Victor voltou a pedir mais prazo. Em seguida houve problemas na comunicação entre os aviões e a base. Quando os ruídos cessaram, o brigadeiro Cabral entrou na conversa:

— De maneira nenhuma eu dou prazo de 24 horas. A situação de vocês é cada vez mais crítica. Trouxe a minha tropa para ocupar pacificamente o campo de pouso. Estou determinado a ocupá-lo de qualquer maneira. Rendam-se, se não querem morrer. Ou vocês entram em forma já e já, para aguardar o nosso desembarque, ou a ação militar vai ser iniciada imediatamente! Não sejam idiotas!

Cabral foi elevando cada vez mais o tom de voz. Parecia irritado. Só parecia. Mais tarde, confessaria que queria "vencer pela intimidação". Entre outras ameaças, disse que iria fuzilar Paulo Victor. Aos berros. Tanto berrou, que ganhou a batalha no grito. Paulo Victor desligou o rádio e tratou de escapar. Ele, o sargento Gunther e Lameirão ordenaram que uma pequena pista fosse aberta. Decolaram no C-47, o mesmo avião que Paulo Victor dissera estar com os dois motores em pane. Fugiram para Santa Cruz de la Sierra, na Bolívia. O avião não estava na pista antiga, e sim camuflado a uma boa distância da base.

Cabral, cansado de falar e não ter resposta, ordenou:

— B-25, B-25, metralhem a pista e destruam a estação de rádio. Catalinas, aterrissem no rio e desembarquem a tropa. A operação está iniciada.

Instantes depois, os aviões do governo pousaram em Jacareacanga para decolar logo em seguida em perseguição ao avião dos rebeldes. Não o alcançaram. Victor e Lameirão conseguiram chegar à cidade boliviana de Santa Cruz de la Sierra, onde pediram asilo. Era o dia 29 de fevereiro. A rebelião terminara. Restava apenas um rebelde. O líder.

Veloso havia escapado ao cerco à Vila de São Luís. De lancha tentara voltar a Jacareacanga. Foi localizado e seguido por um catalina da FAB, mas a noite chegou e lhe deu proteção. Conseguiu atracar e começou a caminhar em direção a Itaituba. Encontrou um barraco no meio da mata e pediu ajuda ao morador. Disse que era um jornalista de São Paulo, queria comida e uma canoa com motor. O morador, chamado João Simeão, reconheceu-o pelas fotos que estavam sendo distribuídas e, enquanto Veloso se encontrava distraído, disse a um amigo que fosse chamar as autoridades em Itaituba, a 36 milhas da Vila de São Luís. Uma patrulha, comandada pelo capitão Milton Castro, foi avisada. A ordem de captura partiu do próprio brigadeiro Alves Cabral, que nesse momento se encontrava em Itaituba. Formou-se uma patrulha e os catalinas foram chamados. No meio dos soldados estavam o cinegrafista Maurício Dantas, da *TV Tupi,* e o repórter Luciano Carneiro, de *O Cruzeiro*. Na patrulha, o militar mais irritado com Veloso era o sargento Arlindo Dourado, que se referia a "uma diferença" entre ele e o líder rebelde. Dourado era o técnico de futebol do Paysandu de Belém. Como ele teve de deixar o time na fase final do campeonato paraense para perseguir Veloso, o time jogou sem técnico. E perdeu. Dourado não se conformava. Mas o Paysandu iria se recuperar, saindo de uma fila de oito anos sem título, e ganharia o campeonato.

Depois de comer, Veloso havia deitado na varanda da casa. Acordou cercado. Ao vê-lo preso, Alves Cabral não se conteve:

— Mas logo você, Veloso! Você e o Paulo Victor, meus amigos... e fazerem tanta bobagem!

— Não foi bobagem, brigadeiro.

— Você sabe que inclusive perdi o meu carnaval?

Veloso não respondeu, apenas deu um leve sorriso. Foi levado para Itaituba no mesmo avião em que Cabral, que continuava preocupado com o preso:

— Já almoçou, Velosinho?

O major aceitou um café e seguiu conversando sobre política com os oficiais.[249]

O oficial da Aeronáutica Rui Moreira Lima, quando saiu do Cachimbo, foi visitar Veloso na prisão, em Belém. Ouviu o seu desabafo: "Eu não sei por que estão me mantendo incomunicável. Metade da FAB não viria aqui para não se comprometer, e a outra metade não viria aqui com vergonha de não ter cumprido o que foi estabelecido."[250]

Para os derrotados, ainda restava uma forma de protesto. A missa celebrada pela alma do rebelde Cazuza contou com a presença de alguns oficiais e do brigadeiro Eduardo Gomes, que já tinha silenciado sobre o movimento o suficiente para deixar clara a sua opinião. Sobrou também para o inepto ministro da Aeronáutica, Alves Seco, que, em março, pediu exoneração e foi substituído pelo brigadeiro Henrique Fleiuss, que assumiu prometendo ser leal à confiança do presidente.

No dia 1º de março, Juscelino provava que seu governo estava marcado para ter um outro destino. O presidente surpreendia o Brasil: "Vamos virar a página, passar uma esponja em todos os acontecimentos e começar vida nova, porque o país deseja paz para trabalhar." Enviava ao Congresso um projeto de lei que concedia anistia ampla e geral a todos os envolvidos nos movimentos ocorridos "a partir de 10 de novembro de 1955 até 1º de março de 1956, ficando em perpétuo silêncio quaisquer processos criminais ou disciplinares contra eles".[251]

Uma grande jogada política. Ao promover a anistia aos rebelados de Jacareacanga, Juscelino, com uma só canetada, evitava novos problemas com os militares que combateram sua posse e mostrava seu espírito pacificador. Lott foi contra a anistia, mas não entrou em polêmica. Quem realmente não concordou com a proposta foi o brigadeiro Alves Cabral, que se manifestou abertamente contra. Chegou a afirmar que, se a anistia fosse concedida, ele é que iria para a cadeia. Alguns oficiais defenderam a possibilidade de ele ser enquadrado no regulamento disciplinar das Forças Armadas, mas Juscelino usou seu talento novamente e, depois de um almoço com o brigadeiro, acabou ouvindo um pedido de desculpas pelas críticas. Os autores do movimento, sem reação depois da anistia de JK, apressaram-se a explicar que o movimento era anticomunista e contra Jango, e não contra o presidente, que prosseguia seu discurso, recomendando que se procurasse "desarmar os espíritos".[252]

Apesar de autor da idéia da anistia, Juscelino também guardava sua caixa de maldades. Os oficiais contrários a seu governo tomariam várias caronas nas listas de promoções. Só o coronel-aviador João Adil de Oliveira, que presidiu o IPM do assassinato do major Vaz e tentou incriminar o general Mendes de Moraes, acabaria tomando 21 caronas.[253] Adil classificaria o governo Juscelino de "ilegal" e atacaria Lott várias vezes. Lott por sua vez foi o único oficial a prestar solidariedade a Mendes de Moraes durante as investigações.

Jacareacanga fez muito pelo governo. Sem querer, os rebeldes diminuíram a desconfiança que existia entre Juscelino e Lott, Lott e Juscelino. Eles se entrosaram nas decisões tomadas durante a rebelião.[254] Eram personalidades extremamente diferentes. Entrevistados logo depois do lançamento do Sputinik, Juscelino dizia que "gostaria de ir até a lua"; Lott tinha outra opinião: "Eu não. De forma alguma". O ministro ganhava moral para realizar várias mudanças na estrutura do Exército; podia dispensar, transferir e até prender oficiais. Nos postos-chave só os oficiais que tinham sua confiança. Em pouco tempo, Lott teria na mão o comando total do Exército. Mas os tempos ainda não eram de paz.

Na reabertura do Congresso, o único militar de alta patente a comparecer foi Lott. Todos interpretaram essas ausências como um protesto contra o vice-presidente Jango, que presidia os trabalhos e que, conforme a Constituição, era também o presidente do Senado, o mais jovem político a assumir esse cargo.

Não se desarmavam espíritos com apenas uma anistia. O almirante Penna Botto estava de volta, com uma entrevista à *Tribuna da Imprensa*, na qual atacava Lott mais uma vez. O ministro da Marinha determinou a prisão do almirante, que permaneceu por dez dias em prisão disciplinar no corpo de fuzileiros navais. Saiu no dia 20 de março. Um mês antes havia sido promovido por Juscelino.

As provocações continuavam perturbando a disciplina do Exército. Uma série de acusações surgiu assim que Juscelino assumiu. Os militares inconformados espalhavam a teoria do "terceiro golpe"[255] de Lott. Outro boato, mais chocante ainda, surgiu em fins de maio envolvendo o nome de Juarez Távora e de líderes da Marinha e da Aeronáutica que estariam planejando um complô para assassinar Lott. Em julho de 1957, esse boato resultou em uma queixa-crime movida pelos oficiais apontados como suspeitos. Lott foi intimado a responder em cinco dias se fora ele quem repassara as informações sobre o complô. Limitou-se a mandar uma carta, confirmando que não escrevera o que não escrevera. O Supremo Tribunal Federal determinou o arquivamento da notificação.

Távora seguia surpreendendo a cada declaração. Condenara Jacareacanga e agora defendia que a demissão de Lott não serviria para pacificar as Forças Armadas, cuja divisão continuava aumentando, com mais gente na briga. Políticos passaram a fazer parte dessa rivalidade. Os oposicionistas se dedicariam a arrumar um pretexto qualquer para tirar o país da normalidade. O tema, batido e surrado, era a infiltração comunista no Exército. Na falta de um elemento mais concreto, a ameaça vermelha era um fantasma costumeiramente adotado como apelo. Proclamando-se contra o comunismo, Lott resistiria a todas armadilhas e denúncias. Com um homem que tão abertamente se manifestava, essa ameaça não pegava. Para ele o problema estava não no discurso social do comunismo, e sim no sentido anticristão da doutrina. Católico apostólico romano de carteirinha, não aceitava o comunismo e apresentava um preceito básico de sua religião para justificar seu pensamento:

> Ora, uma das idéias básicas do cristianismo é que nós todos somos irmãos e devemos, primeiro, amar a Deus acima de todas as coisas e depois amar ao próximo como a nós mesmos. Então, somos todos iguais e se somos todos iguais não pode haver ditadura nem do proletariado nem dos militares nem de quem quer que seja. Por isso, o comunismo é coisa errada.[256]

Lott acabaria também com a velha justificativa de que ser rotulado de comunista bastaria para prejudicar a carreira do oficial. Era o fim do veto ideológico, de uma "realeza"[257] que tudo podia e das acusações gratuitas a oficiais que eram tachados, muitas vezes sem razão, de comunistas. Era comum que militares denunciassem ao ministro a existência de comunistas no Exército. Foram várias audiências em que ouviu a mesma ladainha. Cada vez que um oficial entrava em seu gabinete para acusar um colega, o ministro pedia apenas que o denunciante formalizasse a acusação por escrito e apresentasse a prova.[258] Nunca houve um só militar que prosseguisse. Uma acusação leviana poderia gerar um processo contra o próprio acusador. Era claro que muitos aproveitavam o momento para acusar seus inimigos na caserna e com isso obter alguma vantagem. Lott nunca caiu nessa. Os reclamões oficiais teriam de ser mais criativos.

Se Juscelino anistiava os rebeldes de Jacareacanga, Lott não perdoava militares que saíam da linha. Até os capelães militares passaram a ser "pessoal militar". Seguindo uma dispersão organizada por Denys, Lott enviou para as circunscrições de recrutamento, espalhadas pelo país, todos os envolvidos na conspiração do 11 de novembro. Um costumeiro procedimento de retaliação, por muitos considerado um erro[259] estratégico, porque expunha o pouco prestígio político das circunscrições, que tinham duas funções: uma, militar, que era preparar a mobilização para a mudança da situação de paz para a de guerra; a outra, civil, que era fornecer à população os documentos relativos ao serviço militar. Mas não havia outra opção. Mamede fora enviado para Bauru; Menezes Cortes, para Aracaju; Syzeno Sarmento, Natal. Jarbas Passarinho por sua vez foi mandado para o "lugar que ninguém queria ir"[260]: Santiago do Boqueirão, no Rio Grande do Sul. Amigos de Passarinho procuraram Lott para denunciar que ele estava sendo perseguido, pois havia conquistado o direito de escolher o local onde desejaria servir graças aos seus bons resultados no curso da Escola de Estado-Maior. Afinal, terminara o curso como primeiro aluno. Tinha esse direito. Lott aceitou os argumentos e determinou que Passarinho fosse enviado para Belém do Pará, sua escolha inicial. Embora afastasse "profissionalmente" os envolvidos na conspiração, Lott evitava cometer injustiças. Não lhes dava missão de comando, mas os que tinham Estado-Maior eram chefes das circunscrições. As gratificações foram mantidas. O desempenho continuava sendo levado em conta para uma possível promoção.

Ao mexer com os intocáveis da Sorbonne, adotando uma posição considerada corajosa, Lott agradou a cota dos oficiais que se mantinha politicamente neutra, "a maioria silenciosa" que se dedicava a cumprir o regulamento, mas não se conformava com a mamata daquela panela que sempre servia nas "melhores bocas".[261] A partir de Lott, oficiais que vinham fazendo uma carreira brilhante, mas que não pertenciam à ESG, tiveram chance de ter comando, como os marcados esquerdistas nacionalistas, coronel Tácito Lívio Reis de Freitas, no Vale do Paraíba, e coronel Henrique Cordeiro Oest, no comando do 20º Batalhão de Caçadores em Maceió e do 18º Regimento de Infantaria em Porto Alegre.[262] A ideologia deixava de ser fundamental para definir a carreira do oficial. Essa virada foi saudada pelos oficiais perseguidos e pelos "neutros" que não tinham força política. Mas desagradou, e muito, a direita militar acostumada a sempre afastar as mesmas figuras.[263] Era um outro Exército. Acabava a rejeição sem explicação do requerimento do curso de Estado-Maior, que era obrigatório para acesso ao generalato. A comissão da Escola teria de explicar por que dissera não a um aluno e aceitara outro.

Lott bem que tentou, a princípio, não se envolver em questões políticas, mas, naquele conturbado início de 1956, as decisões do governo precisavam do apoio do Exército, ou a imprensa oposicionista geraria uma crise por dia. Seguindo a linha de pensamento do Catete, Lott geralmente atuava como um escudo de Juscelino. Era o primeiro a ser atacado porque qualquer declaração sua retumbava no Congresso. A oposição, acreditando no próprio delírio, afirmava que o governo JK não tinha legitimidade e, sendo assim, seus atos eram ilegais. Boatos espalhados pela forte imprensa contrária a Juscelino freqüentemente tomavam o país. Naquele momento, corria no Rio a piada que dizia que a chapa JJ (Juscelino-Jango) na verdade queria dizer "de janeiro a junho".[264]

As polêmicas declarações de Lott serviam a Juscelino, pois desviavam o foco do ataque para o ministro. A oposição tentava agora a implantação do parlamentarismo, por intermédio da eterna emenda do deputado Raul Pilla, do Partido Libertador. A inexperiência política de Lott o transformava em constante vítima de armadilhas nas entrevistas, como a que deu ao jornal *O Globo*, publicada em 18 de abril, e que provocou uma forte reação do Congresso. Ao ser questionado sobre o parlamentarismo, atacou:

Nas atuais condições do Brasil, a adoção do parlamentarismo é uma aventura muito perigosa. Não me parece aconselhável tal mudança no regime sem que o povo tenha se manifestado a respeito. Não é uma idéia líquida, ou melhor, juridicamente aceitável, dentro dos princípios que regem as normas constitucionais. Seria a modificação da maneira mesma de governar o povo brasileiro sem que ao menos ele tenha sido consultado sobre essa mudança.[265]

Essa declaração provocou interpretações de todos os tipos. Deputados protestaram contra essa intromissão. Foram feitos tantos comentários que o ministro precisou dar uma nova declaração, explicando que "como ministro e cidadão estava contra o parlamentarismo".

Para tentar encerrar a discussão, Lott concedeu mais uma entrevista, dessa vez ao jornalista Carlos Castello Branco, publicada na revista *O Cruzeiro* de 7 de maio. Não deu muito certo. Lott atacou a movimentação oposicionista e manteve sua opinião contrária ao parlamentarismo. O PL reagiu com um manifesto contra Lott, sugerindo que sua intervenção no poder Legislativo[266] chegava a caracterizar uma ditadura militar.

Nessa entrevista Lott foi além e defendeu o direito de voto do analfabeto; sugeriu que os militares do serviço ativo não fossem elegíveis para cargos públicos e pronunciou-se também contra a exportação de areia monazítica, alegando que o processamento dos elementos minerais que se encontravam na areia deveria ser feito no Brasil. Mais provocações. O conserto provocou um desastre. Mais reclamações. A crise resultante dessas declarações iria render. No mês seguinte, chegaria ao Senado. Com Lott só recebendo críticas.

A sanha oposicionista evoluiu para uma acusação de que Lott tentara com o 11 de novembro implantar uma ditadura militar. E tome resposta. Lott afirmou publicamente que, se quisesse, teria implantado uma ditadura. A polêmica com o Legislativo recebeu até nome: "Caso Lott". Tanto o presidente quanto o ministro terminaram por minimizar a discussão, dizendo que isso era mais uma campanha para desestabilizar o governo.

A oposição, contudo, não se conformou com essa entrevista. Passou a classificar o presidente de fantoche[267] manipulado por Lott. O deputado udenista Ernani Sátyro discursou na Câmara dizendo que essas declarações seguiam o propósito de "deixar bem claro que quem estava mandando em tudo e governando o país" era Lott.[268]

Uma manifestação sincera veio do advogado Sobral Pinto, que escreveu uma carta ao ministro. Sobral mostrava satisfação ao saber que Lott era contra o parlamentarismo, mas considerava "inoportuna e inábil" a manifestação, "pelas explorações políticas que iria permitir aos seus implacáveis inimigos". Prosseguiu o puxão de orelha dando um conselho duro, mas que atingiu Lott, abrindo seus olhos para que não tomasse o caminho errado:

Se de mim dependesse, nenhum militar, ministro ou não, compareceria às colunas dos jornais para tratar de assuntos políticos (...) o senhor foi o autor do gesto de 11 de novembro, a salvação das instituições democráticas brasileiras, identificadas com o respeito intransigente ao resultado das eleições (...) é com este espírito que venho dizer-lhe que é preciso encerrar, com firmeza e decisão, o ciclo das suas entrevistas. Se continuar a proceder pela forma por que vem atuando, acabará por criar no país, um clima de indisciplina, que fomentará a desmoralização do poder civil (...).[269]

Sobral chamava a atenção de Lott para as conseqüências do 24 de agosto em uma carta com um tom sarcástico do qual nascia uma análise certeira — e eterna — sobre as sucessões presidenciais na era pós-Estado Novo:

O acontecimento (24 de agosto) revelou em toda a plenitude, uma cisão sombria nas classes dirigentes da Nação, quer civil quer militar. O que há de perigoso e de funesto nesta cisão é que ela nasceu, em grande parte, do orgulho, da ambição, do despeito, e do amor ao privilégio. Cada grupo, tanto civil quanto militar, se julga o detentor da ciência governamental dos povos modernos. Os adversários são sempre imbecis e ignorantes. Por outro lado, cada grupo deseja alcançar sozinho o poder, e, para isto, usa a força e o dinheiro. Cada grupo, ao se ver vencido, não se conforma com a derrota e não se mostra disposto a lutar com paciência para, através de longa pregação, conquistar as graças do eleitorado. Finalmente, o grupo que, através de alianças espúrias, consegue tomar as rédeas do governo, pela força, pela fraude, pela demagogia ou pela simpatia popular, não cessa de proclamar a necessidade de reformas políticas, sociais e jurídicas de grande envergadura, mas, quando chega a hora de realizá-las, não consente em abrir mão dos privilégios de que ainda dispõe e que tantos embaraços criam ao desenvolvimento do bem comum do país. As dificuldades da hora presente são, na sua maior parte, reflexo direto desta cisão das camadas dirigentes da Nação, e de que o 24 de agosto de 1954 foi uma das manifestações mais graves. A própria "questão militar" que as suas entrevistas agravaram é, na essência, o resultado desta cisão, cuja natureza, causas, desenvolvimento e efeito ninguém procura estudar com isenção, desinteresse e nobreza.

Na carta, Sobral também tocou na defesa que Lott fazia do voto dos analfabetos. Receava que os analfabetos se tornassem "presa indefesa dos piores elementos da nossa sociedade".

Em fins de maio, a poeira ainda não baixara. Em discurso na Zona Militar Centro, Lott acabava com o boato da ditadura militar: "Cumpre-me declarar, de uma vez por todas, que não há naqueles que agiram a 11 de novembro, nenhum propósito de perturbar o funcionamento das instituições brasileiras."[270]

Do outro lado, a "banda de música", a facção mais oposicionista da UDN, que tanto fizera incendiando os governos Vargas e Café, continuava afinada. Adauto Lúcio Cardoso, Afonso Arinos, Aliomar Baleeiro e Bilac Pinto, principais nomes do partido, prometiam continuar a oposição cega ao governo, fosse qual fosse, com discursos quase que diários, enquanto esperavam a volta do maestro exilado Carlos Lacerda. Depois de três derrotas eleitorais e de viver um luto de poder, a UDN veria escapar lentamente — através do sucesso do Plano de Metas, quando as grandes obras de Juscelino começaram a sair do papel, e dos agrados às Forças Armadas — o apoio que recebia da ala militar. Com o Plano de Metas fazendo a alegria de políticos e militares, boa parte da oposição e dos meios de comunicação passaria a apoiar o presidente.

Da sustentação de Juscelino, além da coligação PSD-PTB, também faziam parte o Partido Republicano (PR), o Partido Trabalhista Nacional (PTN) e o Partido Social Trabalhista (PST). O PSD contava com quatro importantes Ministérios: Fazenda, com Alkimim; Viação, com Lúcio Meira; Relações Exteriores, com Macedo Soares; além da Justiça, com Nereu. O PTB ficou com as pastas da Agricultura e do Trabalho, o que potencializava ainda mais seu poder e influência sobre sindicalistas, institutos de previdência e os próprios trabalhadores.

Ainda em maio, os quartéis voltariam a ferver com a realização de uma nova eleição no Clube Militar. Empenhado em sufocar as vozes conspirativas, Lott baixou um "aviso" ministerial: "Manteremos atitude de completa isenção, a fim de assegurarmos inteira neutralidade da administração do Exército em todo o processo."[271]

Ter o comando do Clube seria fundamental para frear as conspirações no Exército. Foram proibidas a propaganda e a abordagem dentro dos quartéis ou nas unidades do Exército em horário de trabalho, mas não havia neutralidade possível naquela disputa. A divisão estava mantida, com duas chapas que representavam lados eternamente em combate: a azul, com os derrotados de novembro, e a amarela, com os oficiais que formaram o MMC. Quem estivesse a favor do ministro votaria no general Segadas Viana, do MMC, oficial que se destacou como comandante da divisão blindada no 11 de novembro. Quem estivesse contra, em Nicanor Guimarães de Sousa, general-candidato da Cruzada Democrática.

Mesmo com esse radicalismo, a tensa eleição parecia brincadeira de criança, se comparada à de 1952, quando prendiam-se e transferiam-se militares nacionalistas para impedir-lhes o voto. Houve denúncias no Senado e até relatos de tortura. Era o auge da discussão sobre o Acordo Militar Brasil-Estados Unidos, os limites da Petrobrás e a participação brasileira na Guerra da Coréia.[272]

Lott não votou — nem nunca votaria — na eleição do Clube[273], mas seu candidato, o general João de Segadas Viana, da corrente nacionalista, venceu por uma apertadíssima diferença de votos. Segadas, que perdeu nas urnas do Rio por 1.180 votos, acabaria ganhando por 60 votos de diferença de um total de 13.000.[274] Lott se fortaleceria muito com esse resultado.[275] Segadas defendia a total neutralidade do Clube em temas políticos. A Revista do Clube Militar também mudaria radicalmente de orientação, passando a publicar artigos sobre o desenvolvimento nacional, assinados por intelectuais do Instituto Superior de Estudos Brasileiros (ISEB), órgão criado pelo Ministério da Educação e Cultura em fins de 1955.

O derrotado Nicanor Guimarães de Sousa, candidato da Cruzada Democrática, usou várias táticas para tentar impugnar votos contrários e ainda conseguiu arrastar a apuração por seis dias.[276]

Ainda em maio, o governo teria de enfrentar uma cidade em fúria. A Light aumentara os preços das passagens de bonde no Rio de Janeiro. A população e os estudantes protestaram violentamente. A polícia reagiu com mais força ainda. O caos tomou conta do Rio. Juscelino convocou Lott e Denys e determinou que restabelecessem a ordem. Forças militares ocuparam a cidade. A sede da UNE foi isolada. A confusão estava encerrada. Com essa atitude, Juscelino demonstrava que não hesitaria em usar o poder militar para manter a ordem em seu governo.[277] Depois disso, marcou um encontro com os líderes da UNE, no qual mostrou que era imbatível em reuniões e conquistou as lideranças estudantis.

Depois da atuação de Lott e Denys para debelar a crise que tomou conta do Rio de Janeiro, a importância de Denys para o governo ficou mais evidente. E o valor que o governo dava ao general ficou claro em agosto, quando surgiu a idéia da criação de uma lei apenas para mantê-lo na ativa: a "Lei Denys". Um projeto feito sob medida. Permitia que Denys se mantivesse mais dois anos na ativa, mesmo tendo alcançado o limite de idade para a reserva, pois essa lei passaria a facultar o tempo de serviço ativo dos oficiais das três Forças. Sem essa alteração, ele teria de ser reformado em agosto.

A batalha da aprovação da "Lei Denys" incendiou a Câmara. A intenção era prorrogar a permanência do general na ativa, adiando por dois anos sua transferência para a reserva. A UDN, que se mostrava especialista em obstrução,[278] dessa vez foi derrotada. Em 23 de julho de 1956, o projeto foi aprovado na Câmara. Percebendo que seria derrotada, a UDN ausentou-se durante a votação. Denys continuaria à frente do I Exército.

Lott prosseguia com seus planos de mudança no Exército. Alterou a denominação das estruturas militares. De acordo com o decreto 39.863, de 18 de agosto de 1956, as Zonas Militares Leste, Centro, Sul e Norte passaram a ser chamadas respectivamente de I, II, III e IV Exército. Não foi apenas uma maquiagem nominal: muitas organizações militares sentiram as mudanças no que se referia à dotação de pessoal e material, ao emprego e à mudança de sede.[279]

Através da promulgação de uma lei que trazia uma série de alterações na base do Ministério, Lott também modernizava a estrutura do Exército, com quatro grandes departamentos: Estado-Maior do Exército, Departamento Geral do Pessoal, Departamento de Produção e Obras, Departamento de Provisão Geral. Tais departamentos absorveram os numerosos postos administrativos existentes e passaram a ser subordinados diretamente ao ministro da Guerra.

Lott manteve uma atenção especial para a reorganização militar da Amazônia.[280] Criou o Comando Militar da Amazônia, que passaria a ter jurisdição sobre as tropas e estabelecimentos do Exército no Pará, Rondônia, Acre, Amapá e Amazonas, e parte dos estados de Goiás e Mato Grosso, para ir além dos problemas militares: incentivar a ocupação efetiva da região e tentar acabar com os conflitos relativos às demarcações de fronteiras, englobando diversos pelotões e companhias que se espalhavam pela região.

Os quatro exércitos e o Comando Militar da Amazônia formariam a força terrestre, com jurisdição operacional sobre as grandes regiões geográficas do Brasil. A Comissão Superior de Economia e Finanças (Cosef) surgiu para planejar e administrar o orçamento do Exército, superior aos dos Ministérios da Marinha e da Aeronáutica somados. Mais tarde, em 1959, seria criado o Instituto Militar de Engenharia (IME), que reuniria as atividades do Instituto Militar de Tecnologia e a Escola Técnica do Exército.

Várias mudanças seriam feitas na base e organização do Ministério com novos comandos e abertura de colégios (em Belo Horizonte, Salvador, Curitiba e Recife) e ginásios militares. Lott considerava a abertura de colégios militares uma "boa tradição" do Exército.[281] Com a experiência de anos como instrutor, era grande a sua preocupação com o ensino primário e secundário e com a mudança do currículo. Foram introduzidos cursos de sociologia para que se tentasse dar um novo enfoque em uma formação baseada tradicionalmente na matemática e no positivismo de Benjamin Constant.

Houve também um grande impulso na indústria nacional de material bélico com a criação — muito incentivada por Lott — do Quadro de Material Bélico, reflexo do tempo em que ele supervisionava a fabricação de armas na Dinamarca, mas achava que o Exército teria condições de produzir sua própria munição. Promoveu o reaparelhamento da Fábrica do Realengo, que produzia munição de Infantaria. Nestas oficinas, o Exército passaria a fabricar armas que antes eram compradas no exterior, como canhões antiaéreos, pistolas e foguetes de sinalização, facas de trincheira, além de material de uso corrente como telefones e fogões de campanha. Em 1959, o Exército fabricaria mosquetões, metralhadoras (calibre 50), morteiros, lança-rojões, extintores de incêndio, cartuchos, projéteis, pólvoras de base simples e dupla e explosivos como a Nitropenta e o Hexogeno.[282]

Mesmo com essas mudanças, Lott continuava sendo um alvo[283] permanente dos ataques da imprensa e dos oficiais oposicionistas que, afastados do poder, não concordavam[284] com os novos métodos introduzidos no comando do Ministério.

No meio militar, na imprensa, na Câmara. Em agosto, o deputado udenista Raimundo Padilha acusou Lott de estar entregando pontos estratégicos do Exército a oficiais comunistas. A resposta de Lott foi desconcertante:

— O procedimento do deputado Raimundo Padilha, durante a última guerra, tirou-lhe a autoridade moral para fazer qualquer acusação.[285]

Lott referia-se ao fato de Padilha ter-se mostrado simpático à Alemanha nazista durante a Segunda Guerra Mundial. A *Tribuna da Imprensa* tomou as dores de Padilha, esqueceu-se da questão do Nazismo e aproveitou para acusar Juscelino de estar "afinado com os comunistas e dominado por traidores". A oposição queria apenas um motivo. A provocação daria certo. No dia 23 de agosto, o chefe da Polícia, Magessi Pereira, determinou a invasão da redação da *Tribuna da Imprensa*. Foram feitas buscas e apreensões também de exemplares de *O Estado de S. Paulo*, o que impediu a circulação do jornal. Oficiais revoltados com o ataque contra Lott e Juscelino caíam na cilada e empurravam o governo para mais uma crise. Lacerda, na Espanha, denunciou a invasão que se tornava notícia internacional.

Quatro dias depois da invasão, o consultor-geral da República, Gonçalves de Oliveira, emitiu uma nota na qual "o governo aprovava o ato do chefe de polícia". Uma nova dor de cabeça surgiu com o lançamento da revista quinzenal *Maquis*. Dirigida por Amaral Neto, a revista tinha apenas um objetivo: combater Juscelino, Lott e Denys com manchetes de capa como: "Governo Kubitschek: Sindicato de Ladrões", ou uma fotomontagem de Lott com roupa de presidiário e o título: "Lott deve ir para a cadeia".[286]

Maquis e *Tribuna da Imprensa* atuavam na linha de frente da imprensa oposicionista, que jogava com qualquer regra para atingir seus alvos. Ultrapassavam tanto e tão freqüentemente seus limites, que os petebistas tentaram aprovar uma lei de imprensa para proibir os abusos. Lott ficava com o que a lei oferecia. Limitava-se a processar Amaral Neto a cada falsa acusação. Mas havia espoletas militares de todos os lados.

Na madrugada do dia 8 para 9 de setembro de 1956, o general Magessi Pereira aprontaria de novo. Determinou a invasão da sede da revista *Maquis*, que seguia na sua violenta oposição ao governo Juscelino. Foi apreendida a edição da revista que trazia uma capa extremamente ofensiva ao general Denys. Todas as pessoas que estavam na redação, inclusive duas esposas de funcionários que esperavam seus maridos, foram presas. Juscelino, assim que soube da invasão, determinou a liberação dos detidos. A Justiça emitiu uma senten ça favorável aos donos da revista, permitindo a circulação dos exemplares apreendidos. A Magessi só restava pedir demissão. Juscelino aceitou o pedido e, no dia seguinte, nomeou o coronel Batista Teixeira para seu lugar.

Ninguém parecia acreditar. A oposição não se empenhou muito porque apostava que esse delírio serviria para sepultar politicamente o presidente. Em abril de 1956, Juscelino enviou ao Congresso uma mensagem criando a

Companhia Urbanizadora da Nova Capital (Novacap). Em 19 de setembro, a Lei 2.874 foi sancionada. No dia 24, seguia o decreto que marcava o início das obras para a construção da nova capital do país, Brasília.

Já no dia 2 de outubro de 1956, Juscelino lotou um avião com políticos, jornalistas e ministros. Lott, general Nelson de Melo, chefe da casa militar, Antonio Balbino, governador da Bahia; Israel Pinheiro, presidente da Novacap, e o arquiteto Oscar Niemeyer rumaram para o Planalto Central. O avião pousou em um campo aberto pelo desbravador e engenheiro, diretor da Novacap, Bernardo Sayão. Para qualquer lugar que se olhasse só se via o cerrado, mas Juscelino enxergava mais e fez um discurso histórico sobre aquela "solidão que em breve será o cérebro das decisões nacionais..." Lott, braços cruzados, com cara de quem duvidava que uma cidade pudesse ser erguida naquele local, mirava o infinito, absolutamente cético. Algumas pessoas perguntavam:

— Como é que vai ser, general?

— Não sei, não...

Quando Juscelino chegou perto dele, Lott chamou-o de lado e pôs à prova a sua determinação:

— O senhor vai mesmo construir Brasília, presidente?

— Não só vou construí-la, general, mas irei transmitir a faixa presidencial ao meu sucessor com o goveno já instalado aqui.[287]

No dia 3 de maio de 1957, eles estariam de volta para participar da primeira missa celebrada em Brasília. Depois da cerimônia, realizada para 15 mil pessoas, Juscelino fascinou-se com o que estava vendo: políticos, índios, diplomatas, operários e candangos misturavam-se nos galpões. As mais elegantes mulheres da alta sociedade sentadas em caixotes comendo sanduíches. Juscelino também registrou o flagrante de um general Lott colhendo flores silvestres no cerrado.[288]

Se no meio militar era possível sonhar com uma trégua com a conquista da presidência do Clube Militar, entre os políticos só se esperavam brigas. Duas associações, em especial, perturbavam o governo Juscelino: O *Clube da Lanterna*, criado por Amaral Neto durante o governo Vargas, reunindo civis e militares antigetulistas e anticomunistas, voltara à atividade desde o final do estado de sítio com seus ataques constantes e despropositais, liderados por Lacerda; e a *Frente de Novembro*, fundada pelo coronel Nemo

Canabarro Lucas, um militar polêmico que lutara na Guerra Civil espanhola, e exercia o cargo de secretário-geral da Frente, cujos objetivos eram "dar conteúdo político ao Movimento de 11 de novembro de 1955" e defender o ministro da Guerra, considerado o líder da defesa da legalidade e da Constituição. Surgida em março de 1956, a *Frente de Novembro* era a antiga *Frente Nacionalista*, fundada em 9 de junho de 1955, e que suspendera as atividades logo após o 11 de novembro. Apesar dos nomes parecidos, essa Frente não tinha ligação com a *Frente Parlamentar Nacionalista*. Seu presidente era Figueiredo Alves, que também era presidente do sindicato dos gráficos do Distrito Federal. João Goulart era o presidente de honra. A nova organização da Frente tinha oficiais da ativa e da reserva ligados à ala nacionalista do exército, que usavam o pretexto da defesa de Lott e agitavam ainda mais os quartéis. A *Frente de Novembro* também tinha sua plataforma política e defendia a nacionalização das riquezas do país, a reforma agrária e o acesso ao crédito para as classes mais baixas. Em uma visão geral, defendia a emancipação econômica da nação. Para isso, seu "objetivo imediato"[289] era lançar a candidatura Lott à presidência. A longo prazo, seus idealizadores pretendiam transformar a Frente em um partido político.

Era o início oficial de uma combinação explosiva que perseguiria os passos de Lott. Por interesse, por oportunismo ou por ideologia. Esquerdistas, comunistas, pelegos de Jango, idealistas, sindicalistas, políticos em ascensão... uma mistura que preocupava o presidente.[290] A cada insulto sofrido por Lott, a *Frente de Novembro* saía em defesa do ministro. E não cansava de promover homenagens às quais Lott comparecia e fazia discursos contidos e corretos, enquanto Nemo incendiava a platéia.

A *Frente de Novembro* tornava-se objeto do ressentimento dos derrotados no 11 de novembro e também servia para que a "maioria silenciosa" seguidora do Regulamento e uma parte da oficialidade legalista, que havia apoiado Lott, começassem a se afastar dele.[291]

A cada homenagem a Lott, a UDN respondia, e a Frente replicava, e Penna Botto atacava, e Lott se defendia, e os sindicatos se manifestavam. E naquele primeiro ano de governo, Juscelino ainda não vivera seu pior momento político...

Em novembro de 1956, surgiu uma idéia sem dono, mas com vários fiadores[292]: de líderes trabalhistas a João Goulart; da pelegada que orbitava o vice-presidente a entidades sindicais mais sérias; da *Frente de Novembro* a políticos; de homens sinceros a oportunistas... Todos faziam questão de homenagear Lott no primeiro aniversário do movimento comandado pelo general. A cada sugestão dada, a idéia ganhava mais vulto. Decidiu-se que "os trabalhadores" comprariam uma "espada de ouro" e a entregariam a Lott, em praça pública, no dia 11 de novembro.

Juscelino mostrou-se contrário à idéia, porque daria motivos para a oposição berrar. Outro grupo que se posicionou contra a iniciativa foi a própria esquerda militar do Rio,[293] que considerava Nemo Canabarro um "espoleta militar" e antevia a onda de protestos que tal manifestação iria produzir. Os militares de esquerda temiam ver o nome de Lott irreversivelmente associado ao comunismo, além de considerar errada a idéia de Nemo de querer criar o Partido Nacionalista, que, na visão dos comunistas, iria dividir "o que deve ser patrimônio de todo brasileiro". Viam mais: uma festa por esse motivo, naquele momento, significaria uma provocação descabida à maioria das Forças Armadas.[294] Apesar dessa posição dos oficiais, o jornal comunista *Tribuna Popular* fazia sua convocação: "O povo festejará (...) a grande vitória de novembro".[295] Nemo também não queria saber de entendimentos com a esquerda militar, criando assim mais divisões no lado de Lott, que não ouviu os intermediários enviados por Juscelino para fazê-lo desistir da homenagem. Porém, mesmo se os ouvisse, seria tarde para recusar: já fora envolvido por uma engrenagem política que confluiu na sua direção:

> Eu só soube dos fatos quando vieram me perguntar se aceitava. A princípio relutei, porque previ a reação, mas afinal, como não havia qualquer impedimento legal, aceitei essa homenagem".[296]

Aos parentes, confessava não ter como recusar a "versão oficial" da "espada de ouro": uma homenagem de trabalhadores que se reuniram e juntaram dinheiro para comprar e ofertar-lhe uma lembrança. A polêmica peça havia sido feita na cidade gaúcha de Caxias do Sul. Tinha o punho e a bainha em ouro de 18 quilates; a lâmina era de aço de Toledo, Espanha. No punho, a inscrição: "Civis e militares oferecem ao general Lott." Na lâmina, outra inscrição: "A espada de novembro". Custou 405 mil cruzeiros, dinheiro arrecado através de manifestações populares.[297]

Mas a oposição também preparava seu show. Carlos Lacerda voltava do exílio marcando uma triunfante reentrada ao comparecer, no dia 10, a uma missa encomendada pela UDN em homenagem à "conduta exemplar patriótica" de todos que estiveram a bordo do *Tamandaré*. No mesmo dia, outro duro golpe da oposição: o *Jornal do Brasil* publicava um poema de Manuel Bandeira contra Lott:

Excelentíssimo general
Henrique Duffles Teixeira Lott,
A espada de ouro que por escote
Os seus cupinchas lhe vão brindar,
Não vale nada (não leve a mal
Que assim lhe fale) se comparada
Com a velha espada
De aço forjada,
Como as demais.
Espadas estas
Que a Pátria pobre, de mãos honestas,
Dá aos seus soldados e generais.
Seu aço limpo vem das raízes
Batalhadoras da nossa história:
Aço que fala dos que, felizes,
Tombaram puros no chão da glória!
O ouro da outra é ouro tirado,
Ouro raspado
Pelas mãos sujas da pelegada
Do bolso gordo dos argentários,
Do bolso raso dos operários,
Não vale nada!
É ouro sinistro,
Ouro marcado:
Mancha o ministro
Mancha o Soldado.[298]

A festa teve início às três e meia da tarde do dia 11. A cerimônia realmente ganhou a simpatia da maioria da população, para quem aquela manifestação não passava do que se dizia ser, uma homenagem. Quinze mil pessoas[299] estavam presentes tomando a frente do Ministério da Guerra e o Panteão de Caxias. Acompanhado por João Goulart, oficiais-generais e muitos políticos, Lott saiu do Ministério e, passando pelo meio da multidão, subiu ao palanque. Dezesseis oradores se revezaram em elogios. Entre eles, João Goulart, que lhe entregou a espada depois de fazer um discurso em que esquecia do caráter festivo e definitivamente dava um forte peso político à manifestação. Um discurso que revelava muito do pensamento do vice-presidente e que chegava a ser irônico pela interpretação apresentada pelo futuro presidente:

> Mas o que significa para todos nós, especialmente para os trabalhadores, o onze de novembro, que teve em V. Excia. sr. General Teixeira Lott, o grande comandante? Significa que, sem ele, teríamos visto triunfar, numa cortina de sofismas e argumentos sibilinos, a vontade daqueles a que as urnas haviam dito 'não' no dia 3 de outubro. E significa, ao mesmo tempo, que no Brasil a era de golpes de mão e das conspirações palacianas está definitivamente encerrada, e que ninguém irá ao poder senão pela vontade soberana do povo.

O tom agressivo aumentava conforme o discurso chegava perto do fim. Mais que festejar os vencedores, a idéia parecia ser provocar os vencidos:

> Os que tão depressa se haviam habituado a conquistas ou a exercer o poder sem o concurso da vontade popular, apoiando-se apenas no dom da intriga e na eloqüência da calúnia, perderam no 11 de novembro, uma vez por todas, a esperança de seduzir as Forças Armadas para que estas lhe emprestem meios de realizar suas ambições. Ninguém sabe melhor do que os verdadeiros chefes militares — dentre os quais tantos e tão destacados aqui se encontram — o que querem com eles os políticos ressentidos, pobres náufragos da confiança popular, para os quais não resta outro caminho senão o de intrigar os quartéis com os partidos, para recolherem o benefício dos chamados regimes de exceção. As classes militares, porém, que desejamos cada vez mais coesas e fortalecidas pelo prestígio e a autoridade que o alheiamento das paixões políticas sobradamente lhes confere, estão impregnadas — e impregnadas profundamente — do senso de legalidade. Sua vigilância sobre os destinos do país tem por fim assegurar a ordem e não perturbá-la; cumprir a ordem do povo, e não contrariá-la.

Depois de atacar seus inimigos tocando em temas que não seriam esquecidos, Goulart falou a palavra mágica que naquele momento unia políticos, militares, trabalhadores, petebistas, comunistas e sindicalistas:

> Um traço mais fundo une nossos espíritos e identifica o entendimento entre as Classes Armadas e o povo em face dos problemas do Brasil de hoje; esse traço é o nacionalismo. Não o nacionalismo xenófobo e irracional, que levante barreiras ao progresso e torne o país mais fraco, à força de temer a colaboração alheia; mas o nacionalismo esclarecido, pragmático construtivo, que quer dar uma consciência à nação e que não consente em ver sair do nosso território o centro da decisão e orientação dos nossos próprios problemas. Um nacionalismo, enfim, que possa afirmar este país sem se negar os demais, que não anestesie nossa sensibilidade ao entendimento compreensivo com todos os povos, mas que traga toda a autenticidade de nossa formação espiritual, fundamentalmente embebida na religião e profundamente democrática e antitotalitária. Não queiram assim os arautos da intriga ver nesta afinidade entre as idéias do povo e da tropa a marca de inspirações suspeitas (...) o povo brasileiro tem tido nas fileiras do exército a sua mais constante e eficiente escola de nacionalismo. Por seu lado, têm sido as classes trabalhadoras a grande vanguarda dessa luta, de que se fez intérprete e mártir aquele que selou com o sacrifício de sua vida o encontro do Brasil consigo mesmo, o imortal presidente Vargas.

Deu um ligeiro apoio à linha do governo Juscelino, para em seguida mostrar como faria no seu governo.[300] Foi o ensaio geral de Goulart para o Comício da Central do Brasil, que seria realizado oito anos depois. Um discurso que seguiria valendo por muitos anos:

> Temos consciência plena de que a essa altura de nossa evolução, os problemas da produção, do equipamento do país, dos investimentos, devem gozar da prioridade que efetivamente estão gozando, com uma nítida visão do futuro, no Governo esclarecido do eminente presidente Juscelino Kubitschek. Mas o enriquecimento do país exige melhor e mais justa distribuição de renda entre as classes que o compõem. Acentuar as diferenças de fortuna seria agravar as injustiças sociais, os desníveis que fomentam a insatisfação popular e criam o clima propício às agitações subversivas e

impatrióticas, de que se valem as vanguardas antidemocráticas e anticristãs, para se infiltrarem em nosso corpo social e político. O que se faz indispensável, portanto, é que o enriquecimento do país sirva para que o trabalhador e o homem da classe média, civil ou militar, no campo ou na cidade, possam elevar seu nível de vida, comprar mais, alargar o mercado interno, educar melhor os seus filhos; dinamizar a sociedade, de que eles são hoje, sem favor, a parte mais viva, mais criadora e politicamente mais atuante. Consolidação de uma mentalidade comum para as tarefas de nossa emancipação; identidade com um mesmo traço de nacionalismo construtivo; comunhão de interesses morais no respeito à legalidade e à vontade das urnas. Eis aí a inteira significação do ato que aqui comemoramos. Com este sentido, sr. General, é que venho interpretar os sentimentos de reconhecimento e de louvor que os trabalhadores deste país expressam a V. Exa., como corporificador desse profundo espírito de que o 11 de novembro se fez símbolo.

Goulart encerrou o discurso, finalmente, lembrando-se do homenageado:

É isto que o 11 de novembro quer e pode significar: a reunião, num mesmo setor de luta, numa mesma trincheira cívica, de todas essas forças, ontem dispersas, que procuram encontrar-se, no serviço da legalidade democrática e do desenvolvimento nacional, sr. General Teixeira Lott. A espada — esta espada — é um símbolo da ordem e da lei. Não fosse esta convicção do povo e ela não seria entregue às mãos de V. Exa. nesta consagração popular. O povo brasileiro sabe arrebatar a espada àqueles que não a sabem usar, e, por isso mesmo, sabe a quem deve e pode confiar para sua defesa e das suas instituições. Esta é a homenagem dos trabalhadores a V. Exa. e a todos os bravos militares, comandantes e comandados, que em 11 de novembro souberam honrar seus compromissos com a legalidade, respeitando o pronunciamento das urnas e a vontade do povo. Receba, pois, V. Exa. esta espada como a demonstração da fé e da confiança do povo no espírito democrático de suas Forças Armadas, sempre vigilantes na defesa da lei e no amor ao Brasil.[301]

No palanque, Lott recebeu a lembrança. Tomou a palavra e fez um discurso didático no qual repassou os principais fatos que provocaram o movimento, explicando suas atitudes mais uma vez. Antes, dividiu a homenagem:

> Só a podemos receber como depositários, pois dignos dela e de vossos aplausos, haveis de conosco convir, são o Exército e as Forças Armadas do Brasil que, em momento crucial para a sobrevivência de nossas instituições democráticas, souberam, imunes às paixões e interesses em choque, resguardar o Regime, preservar a legalidade e assegurar ao povo o respeito ao seu direito de livremente eleger e ver proclamar e empossar, de acordo com a lei, seus mandatários supremos pois, numa democracia, conforme estatui nossa Constituição em seu artigo 1º: "todo poder emana do povo e em seu nome será exercido."

Lott seguiu sua proclamação refazendo a seqüência cronológica dos fatos, começando pela tentativa de veto à chapa Juscelino-João Goulart; os ataques que sofreram na imprensa; a Carta Brandi. Lembrou que, depois dos resultados das eleições, houve uma divisão na minoria golpista: uma queria que as Forças Armadas se pronunciassem contra a posse dos eleitos, a outra, uma "chicana eleitoral" que pressionasse a Justiça Eleitoral a adotar a tese da maioria absoluta, deixando de diplomar os eleitos e arrastando a decisão do caso também por outros meios, como a impugnação dos votos dos comunistas. O objetivo dessa corrente seria chegar à data da posse sem que os eleitos fossem diplomados e jogar o país dentro de um turbilhão jurídico, propício para um — mais um — governo de emergência. Recordou o "incidente disciplinar" do discurso no enterro do general Canrobert, que detonou sua demissão, mas reconheceu que essa minoria cometeu um grande erro ao considerá-lo o único obstáculo a impedir o golpe:

> Não se apercebiam que nossa pessoa era apenas uma parcela mínima das Forças Armadas e que nosso afastamento da chefia do Exército não lhes daria o pleno domínio dessas forças, cuja maior parte estava firmemente decidida a respeitar a vontade popular na escolha de seus dirigentes.

Criticou o ataque permanente que a oposição mantinha ao presidente Juscelino, mesmo depois da anistia, e principalmente os esforços para dividir o governo com uma falsa imagem. Mas Lott deixou clara a sua posição política. Corajosamente clara. Principalmente quando dita em um palanque lotado de várias ideologias:

> Imputam-nos o sinistro intento de prepararmos a subversão do regime para, apoiados pelas massas trabalhadoras e pelos comunistas, instalarmos a ditadura proletária no Brasil. Cristão e democrata por índole e educação, soldado por vocação, desinteressado pela lides políticas, é inadmissível que em quaisquer circunstâncias participe de qualquer ação contrária às tendências cristãs e democráticas do nosso povo.

Encerrou o discurso pedindo apoio ao governo Juscelino:

> Já é mais que tempo de todos nossos concidadãos conjugarem seus esforços em apoio do nosso peclaro presidente dr. Juscelino Kubitschek, que afirmou e diariamente o está afirmando, em atos e atitudes, ser o presidente de todos os brasileiros. Unamo-nos e ajudêmo-lo, cada qual na esfera de suas atribuições e no máximo das próprias possibilidades, a fim de que possa, com seu dinâmico descortino, realizar a obra de Governo a que todos aspiramos e a que faz jus o Brasil. A belíssima espada, que na extrema generosidade de vossos sentimentos patrióticos, persististes em nos ofertar, aceitâmo-la, não porque nos julgássemos dela merecedores pelos serviços que prestamos, mas como um símbolo da confiança que depositais no patriotismo das Forças Armadas, a que temos a honra de pertencer, e que, conforme atestam outros militares de nossa história, sempre se esforçaram para cumprir, no ar, no mar, em terra, o juramento de defender, se preciso com sacrifício da vida, a honra, as instituições, as leis e as fronteiras da Pátria e sempre se consideraram servidores do povo brasileiro.[302]

Seguiram-se muitos aplausos. Lott apenas falou sobre o que viveu. Mas não tinha como voltar atrás. Estava envolvido pela engrenagem. Era um achado para as esquerdas. Um militar admirado nos quartéis com o qual o PTB poderia contar. Sem ter essa intenção, esse discurso marcaria o fim da sua autoproclamada isenção. A partir daquele momento, estava definitivamente no jogo. Ainda no palanque, o prefeito de São Paulo, Toledo Piza, refletia o pensamento que surgia:

> Líder só pode ser um homem de bem, um homem probo, um patriota, alguém que, disposto a todos os sacrifícios, encarne as tradições mais claras de nossa terra (...) esse líder o povo brasileiro aponta neste instante, na pessoa do general Teixeira Lott.

A festa terminou. Os discursos não. Continuaram ressoando. Ecoando vingança. No dia seguinte, o chefe do Estado-Maior da Armada, almirante Renato Guilhobel, puniu o contra-almirante José Augusto Vieira, que comparecera à homenagem com trajes civis para mostrar que estava ali por uma admiração pessoal a Lott.

A rivalidade foi reacesa. Se antes dos discursos a grita era geral, depois de Jango ter transformado a homenagem em uma apresentação de sua plataforma política, o descontentamento poderia ter conseqüências incontroláveis.

No mesmo dia da homenagem, Lacerda, políticos da UDN e oficiais da Marinha se reuniram no apartamento de Café Filho para homenageá-lo com um quadro do *Tamandaré*.

A mesma espada que dividiu a história de Lott, também dividiria o caminho de outro militar. Todos os generais foram convidados para a homenagem. Castello Branco, que desde junho pertencia à ESG, não compareceu. Dois dias antes da solenidade, respondeu ao convite escrevendo uma carta, publicada em *O Globo*, na qual atacava o Manifesto da Frente de Novembro:

> As Forças Armadas, por motivos políticos, estão politicamente e, conseqüentemente, divididas. Agora, a Força Popular e Nacionalista, querendo absorvê-las, pretende promover sua desagregação pelo processo odioso do expurgo dos que lhes são contrários e pela sujeição dos que fiquem a seu serviço. Vão elas, então, para o regime totalitarista, de natureza comunista ou nazista (...) Na ocasião em que muita gente idônea proclama honestamente a necessidade da democracia brasileira não se tornar militarizada, principalmente pelo fortalecimento do poder civil e pela vitalização militar-profissional das Forças Armadas, vem o Manifesto, retardatário e reacionário, ameaçar o Brasil com a militarização do Governo e das atividades nacionais.[303]

Era Castello, na época em que defendia "a necessidade da democracia brasileira não se militarizar" e se mostrava contra uma "militarização do governo" que não iria existir naquele momento. Pelo menos no governo Kubitschek.

No dia seguinte à divulgação da carta, jornais publicavam cartas e manifestações de apoio a Castello. Os generais Costa e Silva, Adhemar de Queiroz, Peixoto Keller, Ribas Júnior, Tasso Tinoco e Nicanor Sousa[304] viram a homenagem como provocação, vinda principalmente de Jango. Seguiram-se discursos no Congresso. Os militares exageravam nas acusações e consideraram o ato uma quebra de hierarquia, porque um general estava recebendo uma espada de ouro do povo.

Preocupado, mais uma vez, em explicar suas razões, Lott dedicou parte do discurso exclusivamente para se defender desse ataque. Com uma rebuscada resposta, esclarecia porque aceitara a homenagem, citando como sempre o regulamento:

> Investindo-se em exegetas dos regulamentos disciplinares do Exército, acusam, de infratores dos preceitos da disciplina, os militares que comparecem a essa cerimônia. Cegos pela paixão, são incapazes de entender que nossos regulamentos proíbem a participação de militares fardados em manifestações de caráter político partidário. Fingem, também, esquecer que os militares que aqui comparecem não são manifestantes, mas, sim, recipiendários de uma homenagem que lhes é prestada por seus concidadãos, pelo fato de terem assegurado, um ano atrás, o respeito ao preceito básico de nossa Constituição.

Argumentava que a idéia da cerimônia não partira dele, nem dos militares que se encontravam a seu lado. Ele apenas estava recebendo uma homenagem que vinha dos "trabalhadores".

Ao escrever a carta e autorizar a sua publicação, Castello, que se manteve à margem dos acontecimentos em 11 de novembro, surgia como liderança do grupo contrário a Lott. Protestos e reclamações, havia de sobra. Mas, até aquele momento, nenhum militar assumira e mostrara a cara contra Lott. Tinha de ser ele. Ao responder publicamente a Lott, Castello tomava a frente do grupo militar que procurava um líder.[305] Assim como para Lott a cerimônia da "espada de ouro" significou seu batismo político, Castello deixou de ser mais um general que não concordava com o poderoso ministro da Guerra para ser o general que o enfrentara. Pela coragem de encarar o eterno adversário, àquela altura com muito mais força que ele, Castello acabou tornando-se o guia desse grupo.

Não contente com a reação da oposição, o coronel Nemo Canabarro ainda falou à revista *Manchete*, e reconheceu a existência de dois grupos, formados por civis e militares, que se antagonizavam. Queria briga. Defendia que essa rivalidade só terminaria quando "uma das facções tivesse esmagado irremediavelmente a outra". Garantiu que os trabalhadores pegariam em armas: "Poderemos contar com três milhões de trabalhadores em torno do general Lott e em defesa do regime".[306] Depois dessa, Nemo foi preso pelo general Ciro do Espírito Santo Cardoso, diretor geral do Serviço Militar, por ter quebrado o código disciplinar das Forças Armadas.

Preocupado com a volta do clima pré-11 de novembro, que dessa vez geraria uma crise incontrolável, Juscelino tentava reagir e salvar seu governo. Ele sabia[307] que Lott não vira qualquer armação ou segunda intenção na homenagem. Aceitara a espada com a consciência em paz e a certeza de que estava realizando um gesto correto.

Mas uma agitação tomava conta do país. Juscelino preparou-se. Os ministros militares receberam uma recomendação sua que proibia oficiais — da ativa e da reserva, remunerada ou não — e até alunos do CPOR de realizar qualquer pronunciamento político. Ordenava que se punisse exemplarmente quem desobedecesse a essa ordem.

Juarez Távora, porém, ignorou a determinação. Participou de um programa de grande audiência, *Falando Francamente*, apresentado por Arnaldo Nogueira, na TV Tupi, e investiu contra o governo e contra Lott, a quem considerou responsável pelos abalos na política. Além dessa entrevista, Távora entregou aos jornais um depoimento no qual criticava os golpes de novembro:

A volta do presidente Café Filho ao poder, prestigiado pelo Exército, seria a última e única saída razoável para a ilegalidade criada com aquele golpe.

Ousado, também atacou violentamente Juscelino:

Gostaria de ter podido, ao ser proclamada a vitória do atual presidente, dar (...) uma pública manifestação de reconhecimento à lisura de sua vitória. Mas o fato, a meu ver lamentável, de se não haver S. Exa. interessado, como candidato, para que seus partidários apoiassem a reforma eleitoral, nos termos propostos, em começo de 1955, pela Justiça competente, concorreu para que as eleições que lhe deram a vitória se processassem com vários vícios que aquela reforma pretendia remover ou atenuar. (...) O prestígio da autoridade legal do atual presidente foi profundamente abalado com a deposição de dois presidentes tão legítimos quanto ele (...) infelizmente lhe escasseia autoridade moral para governar em paz o país em tão graves circunstâncias, pelo fato de haver-se acumpliciado com os comunistas durante a campanha; (...) de se haver recusado, como candidato, a autorizar a investigação da veracidade de sua declaração pública de bens, contestada no Congresso por adversários políticos; e, finalmente, de não haver concitado seus partidários a aprovarem a reforma da Lei Eleitoral.

A crise se alastrava sem sinais de que pudesse ser controlada. Oficiais eram punidos por terem, ou por não terem, participado da homenagem, dependendo do lado em que estava o seu superior. A Marinha preparava uma representação com suas altas patentes para procurar o presidente e protestar contra as atitudes da "Frente de Novembro". Seria entregue um memorial que não conteria uma palavra contra o presidente, apenas uma "advertência ao governo". Juscelino fora alertado sobre essa manifestação por seu ministro da Marinha, Alves Câmara, que levou uma cópia até ele. O presidente mandou que o ministro destruísse o documento, que poderia criar "uma crise de conseqüências imprevisíveis". O ministro alegou que não poderia destruir o documento porque, oficialmente, ele ainda não existia. Juscelino reagiu com ironia:

— O documento não está aqui? Eu não acabei de lê-lo, neste momento? Como ele não existe? O almirantado praticou um ato de indisciplina e tornou-se passível de punição. O que poderei fazer, para evitar um agravamento da crise, é aceitar que o documento seja destruído, dando-lhe o dito pelo não dito. Entretanto, se os almirantes não estiverem de acordo, só vejo um caminho: aplicar o regulamento disciplinar.

Alves Câmara retrucou dizendo que teria de prender todo o almirantado. Juscelino concordou que seria uma medida drástica, mas teria de tomá-la. Era manhã e Juscelino deu o prazo até as cinco da tarde para o documento ser destruído. O descontentamento do ministro era visível, chegou a falar em renunciar ao cargo. Juscelino então lhe disse que a "solidariedade ao governo" obrigava-o a cumprir a determinação do presidente antes de renunciar.[308]

Depois desse encontro, Juscelino, que se mostrava disposto a lutar, tirou da cama o ministro da Justiça, Nereu Ramos, que estava gripado e com febre. Chamou também o chefe da Polícia Batista Teixeira, o ministro da Fazenda, José Maria Alkimim, Lúcio Meira, ministro da Viação, e Tancredo Neves para um encontro. Das sugestões que ouviu na reunião, tirou a solução para a crise: o presidente deveria mandar fechar, ao mesmo tempo, a *Frente de Novembro* e o *Clube da Lanterna* de Amaral Neto, eliminando assim qualquer possibilidade de reclamação de ambos os lados.

Juscelino chamou Jango imediatamente. Ele era presidente de honra da Frente. Queria dar-lhe a notícia em primeira mão e explicou que aquele ato não tinha intenção de desprestigiá-lo. Jango lembrou que a atitude de Lott ao saber da notícia era imprevisível. O general Batista Teixeira chegou a perguntar se Juscelino já tinha um substituto para Lott.[309] Juscelino não poderia falar em seguida com Lott, pois estava atrasado para um compromisso agendado há muitos dias. Marcou então uma reunião às três da tarde com Lott.

Pouco antes das três, Juscelino, já de volta ao Catete, recebeu o ofício, com o despacho do ministro da Justiça, que pedia o fechamento do Clube e da Frente. Autorizou na hora. Fechou seus dois problemas, dando um claro recado aos explosivos aliados.[310]

Lott chegou em seguida. Juscelino falou-lhe do encontro com o ministro da Marinha. E da sua determinação para que se fechasse a *Frente de*

Novembro e o *Clube da Lanterna*. Também ordenou a prisão de Juarez Távora, por atacar a autoridade moral do presidente da República, com uma punição disciplinar de 48 horas de detenção domiciliar. Lott aceitou a ordem de prender Távora, mas esclareceu ao presidente que o regulamento disciplinar exigia que o acusado fosse interpelado para então ser preso. Como estavam em uma sexta-feira, e mesmo se a interpelação fosse feita imediatamente, a resposta do acusado só viria na segunda-feira. Uma espera que abriria caminho para mais manifestações. Juscelino insistiu. Lott, então, aceitou a determinação do presidente para prender Távora imediatamente. Foi ao Ministério da Guerra e ordenou a prisão. A repercussão foi imediata. Colocou-se em xeque a questão da interpelação. Távora prometeu recorrer para retirar essa passagem de sua folha de serviços. Mas foi preso. Ficou detido. Em sua casa. Por 48 horas.

Enquanto Lott estava no seu gabinete, o ministro da Marinha, às cinco da tarde, retornou para falar com Juscelino. Trazia outra declaração escrita pelos almirantes. Juscelino leu, não gostou e foi duro. Redigiu uma terceira declaração e deu ao ministro para que ele a levasse ao almirantado, intimando:

— Espero uma resposta pronta, porque às sete da noite, pela *Hora do Brasil*, desejo comunicar ao país não só a prisão do general Juarez Távora, mas também o desfecho da crise nos círculos da Armada.[311]

Alves Câmara levou a nota escrita por Juscelino aos almirantes e assinou-a na frente de todos. Mais uma vez, uma canetada encerrava uma ameaça de crise política.

Lott não teria porque reclamar, mas surgem boatos de que pedirá demissão, inconformado com o fechamento da Frente de Novembro.[312] Juscelino acreditava que a ausência de "malícia política" fizera com que Lott passasse a prestigiar as idéias da Frente.[313] O presidente telefonou a Lott para se informar sobre as reações à prisão de Juarez. Lott garantiu que não havia nenhum movimento de solidariedade a Távora que pudesse trazer problemas. Ao final do telefonema, informou que enviaria uma carta ao presidente para marcar uma audiência na qual pediria demissão. Acabava uma crise e começava outra.

Às dez da noite, Sobral Pinto procurou Juscelino. O advogado tinha informações sobre as inquietações no Exército e se oferecia para falar com

Lott a fim de demovê-lo da intenção de deixar o governo. Sobral, que conhecia a rotina diária de Lott, não o visitou imediatamente, deixou para encontrá-lo às cinco da manhã, enquanto ele fazia seus exercícios físicos. Lott estava magoado com o fechamento da *Frente de Novembro*. Sobral explicou-lhe as motivações do presidente e insistia nos aspectos pacificadores da medida. A conversa se arrastou por um longo tempo. Lott afinal concordou em ficar, e reconheceu que, se estivesse no lugar do presidente, tomaria a mesma atitude.

Mais uma vez, o talento de Juscelino mantinha as forças políticas em equilíbrio. Ao completar um ano no poder, decidiu falar abertamente com Lott. Durante um despacho com o ministro, pediu que ele evitasse responder aos ataques da imprensa e aumentar a polêmica com suas notas oficiais:

O senhor tem sido vítima de uma campanha de provocações e, brioso como é, tem reagido à altura. Essa atitude, considerada do ponto de vista humano, é perfeitamente compreensível. Entretanto, existe uma escala de valores diferente no campo político. O que os udenistas desejam é justamente fazer-lhe perder a calma e aceitar o desafio que constantemente lhe lançam. A UDN não se preocupa com os demais ministros. Mas tudo o que o senhor diz ou faz é explorado por ela. O senhor dispõe de uma situação única no seio do Exército, onde exerce uma liderança incontestável. Além do mais, seu espírito disciplinador pôs termo às conspirações nos quartéis, o que representou um tremendo golpe para a UDN, habituada a jogar com seus acólitos fardados para tentar um assalto ao poder. Daí as provocações que lhe fazem. Desejo, pois, fazer um pedido: de hoje em diante, evite dar novas entrevistas.

Lott ficou em silêncio. Juscelino então retomou a conversa, explicando que o seu nome iria surgir como candidato natural à sua sucessão. Lott o interrompeu:

— Mas, presidente, não sou candidato à sua sucessão.[314]

Juscelino já percebia que as declarações polêmicas e corajosas de Lott o projetavam nacionalmente. Tornava-se uma personalidade conhecida, alvo de jornais e jornalistas, principalmente depois da homenagem da "espada de ouro". Transmitia uma imagem de respeito e seriedade. Depois de mais alguns minutos de silêncio, Lott, "tamborilando com os dedos o braço da poltrona", disse que atenderia à solicitação do presidente. Daí em diante, passou a enviar, quando necessário, "notas oficiais" do Ministério da Guerra primeiro para o presidente, que, depois de aprová-las, as repassava para a Casa Civil fazer a divulgação.

Foi o momento mais grave de seu mandato, mas Juscelino conseguiu resolver tudo em praticamente um dia. A crise conseguiu ser controlada. Juscelino reconheceria depois à revista *O Cruzeiro*:

A 23 de novembro de 1956, eu tomei posse pela segunda vez. Tive a impressão que se preparava um 24 de agosto. Mas em poucas horas todos sentiram que eu não estava disposto a me matar.[315]

Depois do tapa, chegava a hora do afago. O presidente seguia com sua irresistível habilidade de conciliação política. No final de 1956, percebendo que precisava de um novo avião, já que seu velho DC-3 do início da Segunda Guerra voava baixo e lentamente e nem radar possuía, não esperou pelos papéis e foi direto ao ministro da Aeronáutica, Henrique Fleiuss, para acertar a compra de dois Viscounts. Eram pressurizados e bem mais modernos e seguros. A UDN protestou, denunciou e esperneou, mas a Aeronáutica ficou muito satisfeita.

Para a Marinha, Juscelino deu um presente há muito sonhado. Comprou o porta-aviões HMS *Vengeance*, uma unidade ultrapassada da esquadra britânica, que foi rebatizado de Minas Gerais. A Marinha exultou ao receber o mimo do presidente, mas a Força Aérea queria brincar também. Durante muito tempo as duas forças brigariam pelo porta-aviões. Uma animada discussão que parecia não ter fim. A Marinha não possuía aeronaves apropriadas para o porta-aviões, mas achava que a Força Aérea não tinha direito de pousar seus aviões na nave. Ou seja, um porta-aviões sem aviões. A crise entre Marinha e Aeronáutica arrastou-se por anos. Somente em 27 de janeiro de 1965, um decreto assinado pelo presidente Castello Branco colocaria fim à discussão. Os aviões que pousariam na nave seriam os da Aeronáutica mesmo. Castello alegou que o país não tinha condições de manter duas forças aéreas.

Contudo, naquele momento, Juscelino conseguira uma trégua estratégica, já que a Marinha e Aeronáutica voltaram as baterias navais e aéreas umas contra as outras, dando uma pausa nos ataques a seu governo e a Lott. Ainda no final de 1956, o governo norte-americano propôs a instalação de uma estação de rastreamento de foguetes em Pernambuco. Juscelino consultou os ministros militares, que não concordaram com o local escolhido e sugeriram a ilha de Fernando de Noronha. Os norte-americanos queriam sigilo absoluto sobre as operações que viriam a ser realizadas. Depois de muitas discussões e protestos da ala nacionalista, ficou liberada a presença de oficiais brasileiros em todos os setores da base, mas o plano de operações norte-americano permaneceria confidencial. O acordo foi assinado em dezembro de 1956. O Brasil receberia em troca cem milhões de dólares em armamentos.

Se as homenagens atrapalhavam o entendimento da dupla, na parte econômica Juscelino encontrou em Lott um parceiro ideológico. Sem contar que o carisma do presidente também abria caminho para uma boa relação. Com Juscelino e Lott, desenvolvimento e segurança nacional andariam de mãos dadas, sem a "Sorbonne" dar palpite. Os diversos institutos militares continuariam produzindo teorias sobre a linha de investimentos e posições que o governo deveria tomar, mas o ISEB também teria peso ao manifestar suas opiniões. Era a senha para o nacionalismo desenvolvimentista de Juscelino atingir seu auge.

Criava-se assim uma "sintonia" entre o presidente e seu ministro da Guerra que atingiu seu ponto mais forte na questão do capital estrangeiro.[316] Em entrevista à revista O Cruzeiro, em novembro de 1956, Lott, para não perder o costume, manifestava-se contra o comunismo, mas principalmente falava sobre o seu nacionalismo, um nacionalismo que Juscelino adoraria ver implantado: defendia a entrada maciça de capital estrangeiro no país, afirmando não ver diferença entre o capital estrangeiro e o nacional, desde que funcionasse como "mola mestra do progresso".

Essa declaração mostrava o caráter particular do nacionalismo de Lott, muito semelhante ao de Juscelino. Essa afinidade com a política econômica do presidente era vista com desconfiança por uma parte da corrente comunista que emprestava seu apoio ao governo e ao ministro. Lott não era ostensivamente um nacionalista conforme as definições daquele momento,[317] mas sustentava posições que eram admiradas[318] pelos políticos que defendiam o nacionalismo, já que essa era a primeira tentativa de um projeto semelhante para o Brasil, vindo de uma campanha presidencial em que o tema nacionalismo estava em primeiro plano.

Como o Programa de Metas dependia do capital estrangeiro, Juscelino e Lott, quase que ensaiados, iriam unificar o coro para atrair investidores. Por isso era fundamental que as Forças Armadas mantivessem a ordem.[319] Juscelino também abriria mão de participar de qualquer decisão polêmica em relação ao Exército, mas manobraria as outras Forças com a habilidade de sempre. O discurso de Lott seguia a cartilha desenvolvimentista, uma das tendências econômicas[320] daquele momento, e a mesma de Juscelino, que, segundo Hélio Jaguaribe, era um "nacionalista de resultados".

Lott também era importante como peça de manutenção da aliança PSD-PTB que Juscelino considerava a chave[321] para seu governo se manter com "um pé na cidade, um pé no campo", e vital para a manutenção da sustentação militar. Soube dominar sua área. Depois da espada de ouro, com Juscelino ajudando, os militares voltaram ao centro das decisões políticas. Postos importantes seriam preenchidos por oficiais. Novas estatais que surgiram também teriam militares em posições importantes do comando, enfraquecendo a perseguição que Lott sofria. Pelo menos nos quartéis, os gritos contra o ministro se transformaram em um silêncio interessado ou interesseiro. Barulho, só o que vinha da "Banda de Música". Mas se politicamente eles começavam a se ajustar, jamais chegou a existir uma amizade íntima entre ambos.[322] No máximo, uma relação de respeito. A inflexibilidade de Lott chegava a irritar[323] o presidente, oriundo da maleável escola do PSD. Depois do fim do governo Vargas, parecia difícil que um presidente que governasse apenas com o Congresso conseguisse terminar seu mandato.

Como ministro, Lott prosseguiu com a rigidez de sempre. Não era visto em encontros sociais. Da casa para o Ministério, do Ministério para casa e, aos domingos, missa. Dos tempos de quartel, manteve a disposição para praticar esportes. Continuava fazendo ginástica das quatro e meia às seis da manhã, que lhe garantiu um bíceps que media 40 centímetros. Depois da ginástica matinal, fazia a barba e tomava um banho frio. Com a pequena estatura, tinha a aparência de um armário baixo. Para manter seu ritual, precisava dormir cedo. Não se importava com as visitas que passaram a freqüentar sua casa e que invadiam seu horário de dormir. Dava sempre um jeito de driblá-las e escapar para o quarto, deixando para dona Antonieta a tarefa de acompanhar os visitantes.

Lott tinha conseguido diminuir a influência da "peixada" nas promoções e comissões do Exército. Procurava ser justo com todos os militares. Mesmo assim, provocava uma leve sensação de ingratidão em seus aliados, que se julgavam no direito de ter prioridade em relação aos oficiais que combateram o ministro. Lott, porém, tomava atitudes seguindo somente as regras, jamais se esforçaria para favorecer quem o estava apoiando. Essa falta de jogo político iria prejudicá-lo muito, porque suas atitudes inflexíveis, apesar de corretas aos olhos da lei, levariam à perda de qualquer chance de apoio. Seus aliados precisavam apenas de um agrado, um reconhecimento. Mas isso para o ministro seria impensável, significaria um sinal de fraqueza. A independência de Lott passava a incomodar, principalmente em uma instituição tão corporativa quanto o Exército.

No caminho das transformações, Lott faria uma revolução social dentro do Exército ao propor uma série de benefícios para a patente que executava as ordens e que era injustamente tratada. Os sargentos não eram promovidos e jamais chegavam a oficiais. Pelo cruel sistema, só conseguiam ir para a reserva quando escapavam da exclusão que sofriam por terem alcançado o limite de idade. Não tinham direito à estabilidade e precisavam pedir a renovação de três em três anos para se manter no emprego. Se o seu comandante negasse o pedido, o sargento era mandado embora sem direitos.

Lott foi a Juscelino e pediu mudanças. Houve protestos. Muitos oficiais puseram obstáculos na proposta e conseguiram retardar sua aprovação. Mas Lott não desistiu. No fim, o Estado-Maior, a quem Lott pedira sugestões para a questão, concordou e os sargentos passaram a ganhar estabilidade após dez anos de serviço, podendo ser, depois de completarem o tempo de serviço determinado, promovidos a segundos-tenentes e, em alguns casos, chegar a capitão.

Essas mudanças agradaram muito ao baixo clero do Exército. Tirava os sargentos de uma situação humilhante. O Clube dos Sargentos também ganharia mais importância. Lott passaria a ser adorado pela patente e ficaria com a fama de tratar melhor os sargentos do que os generais. Mas ai do sargento que não lhe prestasse continência.

Abriria seu gabinete para que oficiais e sargentos pudessem ter acesso direto ao Ministério para tentarem resolver suas pendências. Durante a presidência de Nereu, conseguiu a aprovação de uma lei que abria crédito especial para a construção de casas para oficiais e sargentos. Só para os sargentos seriam entregues 749 residências em quatro anos.

Para melhorar a comunicação interna, criou dois tipos de informe: o "Noticiário do Exército", com assuntos gerais e conteúdo informativo, distribuído a todas as guarnições militares, e as "Notas especiais de Informação", de circulação restrita, que continham pronunciamentos sobre questões polêmicas e se destinavam somente a oficiais. As duas primeiras "notas" foram distribuídas em folhas amarelas e ganharam o nome de "amarelinhas". Assinadas por Lott, ambas exibiam um conteúdo contundente. Nos corredores do Ministério da Guerra era comum ouvir frases como "essas amarelinhas ainda vão acabar com o Exército brasileiro"; ou então "se é amarelinha, só tem reclamação". Logo em seguida, o coronel Idálio Sardenberg assumiria a chefia da Segunda Seção em substituição ao coronel Augusto Fragoso — oficial competente, mas em nada afinado com as idéias de Lott. Sardenberg mudaria a cor das Notas de Informações para azul a fim de acabar com a terrível e precoce fama das "amarelinhas".

A pacificação dos ânimos do Exército continuava sendo uma prioridade para Lott. Aplicou um golpe nos conspiradores de plantão ao chamar para seu lado um dos maiores oradores do time contrário. Logo depois de um encontro amigável, no qual Lott "palestrou até afavelmente e por longo tempo", Jarbas Passarinho foi chamado para falar aos alunos da ESG, que faziam uma viagem para estudar a Amazônia, as colônias e a fronteira. Passarinho era famoso por seus discursos e considerado um injustiçado no Exército. Poucos sabiam, e os que sabiam fingiam não saber, que Passarinho servia no Pará por decisão própria, respeitada por Lott.

Mas naquele discurso, realizado no dia 7 de setembro de 1958, o orador deixou-se levar pelo clima inflamado das comemorações da independência, sendo aplaudido de pé pelos alunos da ESG. Não demorou para que o som das palmas chegasse à capital e se transformasse em um manifesto de desagravo por algo que não existia. O fato alcançou grande repercussão. A reação, tão surpreendente quanto certeira, veio ainda no mês de setembro: *"Convido o prezado camarada para servir funções oficial meu gabinete"*, dizia o telegrama assinado pelo ministro da Guerra. O major Passarinho não tinha como recusar. Disciplina e hierarquia. Um "convite" do ministro era uma ordem. Passarinho seria obrigado a trocar de lado.

O major Oziel de Almeida Costa, que trabalhara muito contra a posse de Juscelino, já havia tentado, ao responder respeitosamente que não aceitava o "convite" de servir no gabinete do ministro. Lott simplesmente o nomeou e ordenou que se apresentasse imediatamente. Se Oziel não assumisse, seria considerado desertor.

Passarinho não tinha saída, mas tentou. Escreveu uma carta a Lott, em que agradecia a "honra" de ter sido convidado, relatava a gravidez de sua mulher, as posições contrárias que tomara em relação ao governo, ressaltando no entanto que a decisão cabia ao ministro. E Lott decidiu. A Portaria ministerial 1.963, de 4 de outubro de 1957, trazia a nomeação de Passarinho para oficial-de-gabinete do ministro da Guerra, por "necessidade do serviço". A notícia espalhou-se rapidamente pelos quartéis e foi entendida como uma manobra de Passarinho, que estaria se vendendo em troca de uma ascensão segura na carreira. Passou a ser desprezado pelos mesmos que, há pouco tempo, o aplaudiam. Ameaçando deixar a carreira militar, Passarinho pediu ajuda a amigos que tinham acesso a Lott — Duffles entre eles —, mas o ministro não era de recuar em seus atos. A ironia maior era que havia muita procura para servir no Rio de Janeiro, e os que lá serviam se submetiam a um "juramento de fidelidade" imposto por Denys. Lott nada exigia dos convocados, mas garantia a eles, "segundo o general Idálio Sardenberg, 'condições honrosas de reintegração nas finalidades comuns'".[324] Depois de muitos pedidos, encontrou-se um meio-termo. A portaria não seria anulada, mas o oficial de gabinete do ministro seria colocado à disposição da Petrobrás — em uma função considerada de "interesse militar".

Anos depois, Passarinho ficou sabendo que o ministro o chamara para demonstrar que queria montar um gabinete profissional e não político,[325] que misturasse os melhores quadros dos dois lados, seguindo os critérios de confiança política e mérito pessoal. Essa atitude de Lott foi uma tentativa de "levar para seu próprio gabinete a conciliação do exército".[326] Uma carta do general Idálio Sardenberg, chefe da Divisão de Informações do gabinete de Lott, explicava por que o ministro, a quem o próprio Sardenberg não apoiava, decidiu convidar Passarinho para seu gabinete. A palestra para os alunos da ESG apenas demonstrara que o revanchismo ainda pulsava forte. Era com isso que Lott pretendia acabar, explicava Sardenberg, e instalar uma paz militar:

Os acontecimentos de 1954, 1955 e 1956, que haviam provocado uma divisão entre os militares, foram ultrapassados, mediante a imposição da autoridade do general Lott. Entendeu o general Lott que, vitoriosos os princípios legalistas que defendia, o interesse nacional aconselhava se buscasse uma fórmula de arrefecimento das paixões políticas (...) O instrumento escolhido para essa política foi substituir o critério da confiança política pelo do "mérito pessoal". Foi em resultado da aplicação desse princípio que vários oficiais, de notória atuação contra o general Lott, mas de mérito profissional reconhecido, foram convidados a aceitar comissões nos comandos, no exterior, nas chefias de Seções do Estado-Maior do Exército (inclusive na 2ª Seção) e no Gabinete do ministro (...) Era natural que nessa pesquisa dos melhores o nome do major Jarbas Passarinho, que já se destacara dentro do Exército, surgisse e fosse por mim submetido ao general Lott, que o aprovou e mandou convidar. Não era o primeiro, porquanto outros oficiais em condições idênticas já haviam sido convidados e nomeados por indicação minha para servirem na Divisão que eu chefiava (...) Era uma questão de sistemática: os convites eram dirigidos a militares, para funções militares para as quais eles se achavam preparados, previstas nos quadros e que não visavam favorecer, mas sim selecionar os melhores para cada função.[327]

Outra briga feia na qual Lott inovou e instituiu regras foi a escolha de oficiais para comissões no exterior. Nas concorridas disputas, os selecionados passariam a ser os oficiais que conquistassem as melhores notas nas escolas do

Exército. Além disso, a indicação para ser adido militar no exterior, uma das maiores recompensas para um oficial, deixava de ser escolha do ministro para realizar-se de acordo com o resultado obtido na Escola de Estado-Maior. Um ato corajoso que rompeu um antigo esquema de proteção e apadrinhamento que se arrastava por longo tempo. Mudanças como essa deixavam claras as regras que serviram para aliviar o ambiente e diminuir os ressentimentos.[328] Muitas vezes, a promoção ou a indicação para uma comissão no exterior de um oficial contrário a Lott provocava desconfiança no próprio beneficiado.[329]

Para reforçar sua determinação, continuava sendo ele próprio um exemplo. Cortou Duffles de uma comissão com uma alegação inusitada, mas verdadeira. Após ter feito o curso de engenharia nuclear, Duffles foi convidado pelo presidente da Comissão de Energia Nuclear, almirante Otacílio Cunha, a participar de uma Comitiva do Exército em um intercâmbio nos Estados Unidos. Lott, como ministro, vetou a ida de Duffles dizendo apenas: "Esse não, porque é meu parente."

O mesmo ocorreu com o major Hugo Ligneul, casado com sua filha Elys. Hugo servia no Estado-Maior do Exército e sempre manteve uma relação distante de Lott. Seu nome foi apresentado para uma comissão no exterior para substituir um oficial. Lott não concordou pelo velho motivo:

— Não, esse é meu genro.

O oficial que fez a proposta até tentou explicar:

— É seu genro por acaso. É o único oficial que satisfaz as condições, não há outro.

— Então, pergunte se o oficial pode ficar mais um ano.

Diante da pergunta do ministro, o oficial lotado no exterior concordou. No ano seguinte, quando o nome de Hugo foi novamente apresentado, ele tinha um concorrente. Lott deixou o genro no Brasil e deu a comissão para o outro oficial.

E até o próprio presidente ia descobrindo aos poucos que teria de abrir mão do Ministério da Guerra para fins políticos. Certa vez, houve um convite para que alguns alunos do Colégio Militar visitassem Portugal. Juscelino fez um pedido especial para que o ministro indicasse um determinado aluno. Lott explicou que havia procedimentos na seleção dos alunos que iriam viajar:

— Presidente, se ele estiver entre os selecionados, ele vai. Se não estiver, ele não vai.

Nem para o próprio filho Lott dava chance. Lauro, já com carreira na Aeronáutica, queria ingressar na Escola de Aviação. O pai sequer fez a inscrição. Quem matriculou Lauro foi seu padrinho, Gilberto Fontes Peixoto, médico do Exército, uma das poucas pessoas que poderiam se considerar amigo íntimo de Lott. Para os netos, o tratamento era o mesmo. Oscar Henrique, o primeiro neto, filho de Edna, desejava seguir a carreira do pai e do avô e cursar o Colégio Militar. Pediu para Lott requerer o exame. Recebeu um "não" do avô, que não queria dar munição para a imprensa. Mas como Oscar freqüentava o Colégio Pedro II, descobriu que filho de militar poderia requerer o exame sozinho. Oscar fez a prova. Estava no sangue: foi aprovado em primeiro lugar. Contou a novidade ao avô, que se mostrou surpreso e satisfeito, finalmente.

Não eram só seus parentes que recebiam tratamento de colegas de farda. Aos ministros de Juscelino, Lott dispensava os mesmos cuidados. Alguns episódios chegavam a ser engraçados. Em uma sexta-feira, o deputado Armando Falcão foi ao gabinete de Lott para tentar uma carona:

— Ministro, o senhor vai subir hoje para Teresópolis?

— Vou, sim. Por quê?

— Porque meu carro enguiçou e fiquei sem condução para ir ver minha gente em Araras. Será que o senhor pode me dar uma carona em seu automóvel?

— Posso, pois não, mas só até Teresópolis. De lá para Araras, o senhor arranja um táxi, porque a gasolina é do Exército, não é minha. Não posso gastá-la com ninguém de fora.

Falcão aceitou sem protestar.[330]

Dessa total independência resultava sua força moral. Lott não cedia a favores e não mexia um dedo se a finalidade fosse simplesmente agradar. Intransigente, irritantemente perfeccionista, sem nenhuma aptidão para ajeitar situações. Considerado extremamente racional, muitas vezes fugia a essa classificação e demonstrava uma sensibilidade extrema ao procurar se informar sobre a família do oficial, antes de tomar qualquer atitude em relação a ele. Ainda assim os políticos que orbitavam a seu redor não enxergavam esse estranho naquele meio e, entusiasmados com a rápida popularidade que ele conseguira em apenas um ano, passaram a considerá-lo um possível sucessor de Juscelino.

A única mudança real no comportamento de Lott foi no tratamento com a imprensa. Aos poucos, sua aversão a repórteres foi desaparecendo. Melhorou sua relação com jornalistas, de um quase desprezo a uma convivência de muito respeito. Mas não perdoava quando a ofensa era pessoal. Sempre de acordo com o que a lei lhe permitia, moveu mais de "sessenta processos por crime de injúria e calúnia contra jornais controlados pelas agências estrangeiras de publicidade, todos sem resultado".[331] Preocupava-se apenas com o respeito ao seu cargo; depois que deixou o Ministério, jamais voltou a processar alguém.

Mesmo após o primeiro ano de Juscelino no poder, a pressão contra o governo continuava grande. O Ministério da Guerra era um dos mais visados. Lott continuava sofrendo ataques, principalmente por parte de Carlos Lacerda. Mas o general sabia separar a questão política da pessoal. A cada insulto de Lacerda, e não foram poucos, Lott respondia com a abertura de um novo processo. Apesar de ser incentivado por políticos do governo a responder na mesma moeda, convocando a imprensa e fazendo ameaças, conseguia controlar-se. Lembrava da promessa feita a Juscelino e mantinha a calma. Acalmava os próprios parentes, seguindo seu modo de pensar: "Xingar não adianta nada, vamos fazer a coisa dentro da lei."

Os xingamentos aos quais se referia eram os editoriais de Lacerda, que freqüentemente ultrapassavam as razões políticas para transformarem-se em ofensas pessoais. Outras vezes ultrapassavam qualquer razão. Lott não se deixou levar por essas provocações. Contudo, as acusações acabavam ganhando mais importância porque atingiam um ministro e o próprio presidente. Cometendo um erro político, Lott preferia seguir a lei a reagir com declarações públicas à série de ataques, alguns hilariantes, que sofria. Não ligou para conselhos de que, para uma figura pública, uma ação direta poderia prejudicá-lo mais ainda. Tinha de defender a instituição:

Eu atuava porque era ministro da Guerra. Era meu dever defender o ministro da Guerra contra ofensas publicamente assacadas. Não importava que o cidadão fosse processado ou punido, era preciso que se provasse que as ofensas eram mentirosas para que a autoridade do ministro não fosse posta em causa. Depois que deixei o Ministério me xingaram de muita coisa, mas eu não me incomodava. Nunca mais tentei processar ninguém, nem agir contra quem quer que seja, porque passei a ser o cidadão Henrique Lott. De sorte que para o Brasil pouco importava que o Henrique Lott fosse chutado ou não, que lhe fizessem injustiça ou não. Lott era um entre muitos milhões de brasileiros. Naturalmente eu sofria com isso, mas não me achava na obrigação de defender-me e principalmente não achava conveniente criar novas agitações. Durante certo tempo, eu recebia cartas anônimas me xingando. O cidadão tinha primeiro o trabalho de escrever a carta, ter a raiva e soltar adrenalina, conforme descrevemos, depois dobrava a carta, selava, botava no correio e ficava esperando reação. Mas não vinha nenhuma reação, o que para ele era uma tristeza.[332]

E o ciclo estava fechado. Uma falsa acusação. Processo. Uma nova acusação. Um novo processo. Ao seguir o que a lei oferecia, acabava se tornando um prato cheio para novos ataques. Aceitou todas as decisões da Justiça sem contestá-las, apesar de ter motivos para perder a paciência. Apenas de Lacerda, em artigos publicados na *Tribuna da Imprensa* no ano de 1958, se poderia montar uma coleção de ofensas, algumas gratuitas e divertidas, outras delirantes: "irresponsável e incapaz", "desajustado"[333]; "traidor perigoso", "requinte de infâmia"[334]; "general parasitário"[335]; "desatinado e insensato"[336]; "preparador de um novo golpe"[337]; "chefe presuntivo do poder Judiciário e do poder Executivo", "monumental estadista do Campo de Santana", "Napoleão IV"[338]; "herói imarcescível da batalha naval do *Tamandaré*", "Caxias de Gericinó"[339]; "neutralista a serviço da Rússia", "boçalidade comprovada", "verdadeiro dirigente do comunismo no Brasil".[340] Porém a denúncia mais irresponsável e que o irritou tremendamente foi a campanha da *Tribuna da Imprensa* satirizando o Projeto 1.838/56, que criava um serviço agropecuário (Seape) no Exército.

Os oposicionistas distorceram o objetivo do projeto, que apenas pretendia que o Exército voluntariamente criasse uma fonte própria de sua produção agrícola para seu consumo, como o ministro Zenóbio, em 1954, fizera com a criação de granjas no Exército. Lott continuou com o projeto das granjas, que eram subordinadas às intendências ou aos corpos-de-tropa. Em 1959, haveria 160 granjas que se dedicavam à criação de aves, suínos, bovinos, ovinos e à apicultura, horticultura e fabricação de tijolos e sabão. Além de ajudar o próprio Exército, a produção das granjas beneficiava as populações locais, que tinham acesso a métodos de criação, plantio e à assistência sanitária dos rebanhos. A *Tribuna da Imprensa* e os deputados ligados a Lacerda chiaram com essa nova idéia do ministro, deturpando o projeto ao divulgar que o Exército queria formar agricultores e até "invadir a seara" do Ministério da Agricultura. Ao criticar esse projeto, esqueciam-se de atacar também os "Batalhões Ferroviários e Rodoviários", que construíam vias férreas — como os 630 km do Tronco Principal Sul —, estradas e melhoravam o sistema de abastecimento de água, com a construção de açudes. Esses batalhões jamais foram acusados de "invadir a seara" do Ministério da Viação.

Até as famílias integraram-se a esse projeto. As esposas de oficiais e soldados cuidavam das obras sociais, assistindo à população local. Ao atacar com tamanha fúria, a oposição talvez nem soubesse que a idéia não partira de Lott. Era um projeto antigo. Ele apenas tomou a iniciativa, mas era o que bastava para surgirem protestos. A preocupação de Lott era com o antigo problema analisado pelos estudiosos do Exército: a formação do militar voltada exclusivamente para a guerra poderia resultar em um perigoso tédio. Sem ocupação, os militares passaram a atuar sobre a sociedade e a política. Lott queria fazer dessas atividades paralelas voltadas para a sociedade uma das funções da arma.[341] Era um debate que agitava os quartéis havia tempos.

Lott tinha uma tese sobre a manutenção do território brasileiro e o esfacelamento do território espanhol durante a colonização. A Espanha trouxera o seu Exército para cá, mas não conseguiu manter a unidade. A Coroa portuguesa decidiu montar aqui um Exército com brasileiros. Essa diferença para ele[342] explicava por que o Vice-Reinado do Prata pulverizou-se e a antiga colônia portuguesa manteve-se unida.

Enquanto Lott cumpria rigorosamente as regras, Juscelino procurava manter o equilíbrio das forças políticas. Na base do bate e afaga. A cada gesto contra seus inimigos udenistas, seguia-se um ataque à esquerda ou aos sindicatos. A sintonia entre os dois continuava funcionando.

Lott enfrentou as violentas manifestações contra a política nacionalista do governo no setor do petróleo. Para isso, contava com o apoio de Juscelino que fizera sua campanha defendendo o monopólio estatal para a exploração de petróleo.[343] Tese angular da visão política da FPN, a defesa do monopólio estatal na área foi abraçada por Lott, que também se mostrava totalmente contrário à exportação indiscriminada de matéria-prima que contivesse minerais atômicos de alto valor estratégico. Essas posições sensibilizaram muito os nacionalistas, que também já viam naquele general um possível futuro candidato a presidente.[344]

Capítulo 8

A poeira não abaixava. O ano de 1957 começava com novas discussões mexendo com a população, que respirava política como nunca fizera antes. Idéias jorravam também em outras áreas. No cinema, ainda sentia-se o impacto de *Rio, 40 Graus*, de Nelson Pereira dos Santos, filme precursor do Cinema Novo, que advertia para os perigos do aumento de uma população esquecida que crescia à margem nas grandes cidades. Um caldeirão que corria o risco de explodir. Na música, jovens compositores preparavam-se para revolucionar a música mundial com a bossa-nova. Uma vibração ideológica bem brasileira festejava uma liberdade jamais permitida antes. Um ambiente politizado que provocava o surgimento quase que instantâneo de movimentos, cruzadas, frentes. Manifestações que refletiam um país que espelhava um mundo dividido por uma cortina de ferro, mas que ousava pensar em caminhos a seguir. Um Rio dividido por memoráveis lutas verbais entre Carlos Lacerda e Eloy Dutra. Militares e civis, trabalhadores e intelectuais apontavam problemas, procuravam saídas, democráticas ou radicais. Pelo menos, havia o debate.

O governo Juscelino firmava-se em uma época de liberdade política[345] como há muito não se via. Ou quase. Lacerda era a diferença e fez a diferença. Ele havia voltado ao país em outubro de 1956. Retornara disposto, como deixou claro em seu primeiro discurso: *"Volto para ver o Brasil re-*

nascer ou morrer por ele." Não pararia mais de dinamitar o governo. Juscelino sabia[346] o que o fascínio daquele político poderia causar se ele fosse até a televisão e ao rádio para fazer seus ataques. Os próprios parentes de Juscelino confessaram à professora Maria Victoria Benevides que não assistiam aos seus pronunciamentos porque "tinham medo de ser contaminados"[347] por sua palavras. Antes que Lacerda pudesse formar uma multidão de seguidores, Juscelino — em um de seus raros atos autoritários, que acabaria manchando seu governo — solicitou providências para que o "demolidor de presidentes" fosse proibido de falar no rádio e na televisão. Para isso, uma nova cláusula, tão simples quanto surreal, foi acrescentada aos contratos de concessão de emissoras de rádio e televisão: ficava proibida a transmissão de manifestações contra o governo. O próprio presidente[348] deu ordens ao coronel Olympio Mourão Filho, chefe da Comissão Técnica de Rádio — órgão que cuidava das emissoras de rádio e televisão, vinculado ao Ministério da Viação e Obras Públicas —, para proibir a presença no vídeo de Carlos Lacerda. Era a "cláusula R", que só seria suspensa no final de 1958. Ele faria toda sua campanha para deputado discursando na carroceria de um caminhão batizado de "Caminhão do Povo", realizando a "Caravana da Liberdade" lançada pelo próprio Lacerda e por Juracy Magalhães. Foi o meio que ambos encontraram para driblar a proibição de acesso aos meios de comunicação.[349] A "Caravana da Liberdade" percorreu vários pontos do país para preparar a candidatura da UDN à presidência.

A proibição de Lacerda no rádio e na TV acabaria se tornando a perigosa exceção que justificaria novas determinações. Em outubro de 1959, já como ministro da Justiça, Armando Falcão regulamentou a censura na televisão brasileira, impedindo a divulgação de declarações do deputado Tenório Cavalcanti sobre o "Caso Sacopã".[350]

Lacerda e Juscelino ficavam permanentemente um na mira do outro. No começo de 1957, durante uma sessão da Câmara dos Deputados, Lacerda leu no plenário o telegrama 295: *Secreto-Urgente — 295 — Quinta-feira — 13 horas,* assinado pelo embaixador brasileiro na Argentina, que informava ao Itamaraty que um inquérito oficial argentino apontava João Goulart como negociador de uma exportação de pinho para o governo da Argentina. Com a bênção do presidente Juan Perón, o dinheiro dessa transação teria sido usado na campanha presidencial de Getulio em 1950.

Como o Exército argentino havia derrubado o presidente e iniciara uma caça às bruxas peronistas, Lacerda passou a receber várias cópias de documentos com o timbre da República Argentina. Não demorou muito para que recebesse esse telegrama, que lhe foi entregue na redação da *Tribuna da Imprensa*.

O ministro do Exterior, Macedo Soares, imediatamente enviou a Juscelino uma mensagem acompanhada de um ofício da Procuradoria Geral da Justiça Militar em que solicitava um pedido de licença para que Lacerda fosse processado pelo Superior Tribunal Militar. A justificativa era que o deputado, ao divulgar um telegrama secreto na íntegra e com detalhes, acabou com o sigilo de muitas outras comunicações enviadas e recebidas pelo Itamaraty, através do código S-7. A rigor, o problema não era o conteúdo da mensagem, e sim a sua divulgação.

Em uma manobra a princípio brilhante, o governo tirava a atenção da suspeita sobre Goulart e contra-atacava acusando Lacerda de traição, já que ele teria incidido no artigo 27 da Lei 1.802, de 5 de janeiro de 1953, que regulava a utilização de quaisquer meios que possam pôr em perigo a defesa nacional. Se o pedido de licença fosse aceito pela Câmara, Lacerda perderia a imunidade e poderia ser julgado pela Justiça Militar por um crime contra a segurança nacional.

O debate sobre a autorização para processar Lacerda mobilizou o país. O coronel Nemo Canabarro reapareceu e foi à Câmara para pressionar pela concessão da licença. Contudo, a manobra esbarrou no espírito de corpo dos parlamentares, envolvidos por um clima de emoção que transformou Lacerda em mártir. Esse era o único tema das conversas na capital. A imprensa se dividiu. A UDN tirava proveito do caso. Manifestos circulavam pela cidade aumentando o apoio popular de Lacerda. No dia 16 de maio de 1957, por apenas 12 votos, o demolidor escapou. As galerias da Câmara estavam lotadas. Assim que a licença foi negada, os deputados e o público cantaram o hino nacional. Embora a UDN tivesse apenas 74 deputados, Lacerda conquistou 132 votos. Foi uma das maiores derrotas políticas do governo Juscelino, já que Lacerda recebeu votos de deputados do PSD e do PTB.[351] Até a Frente Parlamentar Nacionalista ficou a favor do deputado.

Atendendo a um pedido de Lacerda, Seixas Dória, deputado da UDN que participava da Frente, procurou o deputado paulista Dagoberto Salles, do PSD — um dos fundadores da Frente e político muito influente entre os nacionalistas — para pedir seu apoio. Salles prometeu votar contra a licença, não sem antes ressaltar: "apesar desse filho-da-puta não merecer isso".[352] Mesmo com uma postura ideológica totalmente oposta ao deputado, a FPN votou contra a licença. Poucos dias depois, Lacerda marcou uma reunião para agradecer os votos recebidos. Agradecer à sua maneira. Quando Dagoberto Salles pediu um aparte, interrompendo o "agradecimento", Lacerda respondeu: "Eu não dou aparte a comunistas".[353]

Mesmo assim, ele diminuiu seu ímpeto. Por um mês, manteve-se longe de polêmicas. Só um mês. Não agüentou mais do que isso. E quando voltou à baila, extrapolou. No dia 15 de junho, o editorial da *Tribuna da Imprensa*, com o título de "O Cafajeste Máximo", qualificava Juscelino como um "cafajeste sem escrúpulos". Para Lott, Lacerda reservava um "traidor cheio de remorsos, que terá de trair várias vezes para ver se salva ao menos a face, já que tudo o mais estava perdido". Foi esse editorial que fez Lott esquecer das palavras de paz de Juscelino logo após o episódio da "espada de ouro". Dessa vez, ele não suportou a provocação e encaminhou um ofício ao Ministério da Justiça em que pedia providências para um processo contra Lacerda: sustentava que o deputado ultrapassara "sem a menor dúvida, todos os limites de tolerância admitidos na legislação que regula a liberdade de imprensa em nosso país".[354]

Mas a Câmara, traumatizada pelo desgaste da votação recém-acabada, demonstrou pouco interesse pelo caso. Juscelino foi procurado pelo líder Vieira de Mello, que afirmou não conseguir reunir a maioria, nem ter como chegar a uma definição rapidamente. Ao não conceder a licença para sua provável cassação no caso do telegrama cifrado, a Câmara deu um salvo-conduto a Lacerda. O pedido não seguiu adiante. Iria ser examinado, mas sem o tratamento de urgência urgentíssima. Mesmo assim, o perigo Lacerda continuava longe do rádio e da TV.

Como a incerteza rondara o início do governo Juscelino, Lott preocupou-se demais com o serviço de informações. Sempre assessorado diretamente pelo major Alencar, que tinha a experiência do Serviço de Informações em

São Paulo, Lott incrementou o dispositivo que informava o ministro, vital naquele momento em que, por qualquer motivo, se falava na queda de Juscelino. Alencar trabalhava na segunda seção do Ministério, subordinado ao coronel Idálio Sardenberg, que não era lá muito afinado com as idéias de Lott.

O ministro preferiu não enfrentar o gigante, mas montou uma fortaleza para se proteger — como fez com o telefone da sua residência: ao invés de investigar os autores da escuta, pareceu aceitar o fato de que seu telefone fora grampeado e buscava outras soluções, como a instalação de um aparelho de campanha em sua própria casa.

Descobriu que teria de conviver com a fera. Não tinha como desfazer a teia de espionagem que já funcionava há muito. Mas ele e Juscelino provavelmente não tinham noção do perigo que deixaram à solta. As polícias estaduais, que foram federalizadas durante o Estado Novo, voltaram a ser dos governadores e não respondiam a nenhum ministério, nem ao governo federal. Os governos estaduais mantinham então seus serviços de informação nas Delegacias de Ordem Política e Social (DOPS), conforme os interesses locais.

Todos esses serviços jamais foram incomodados. Não houve interrupção nas investigações dos DOPS que, uma vez instalados, continuaram funcionando, realizando ações de espionagem que vinham de anos atrás, e que se concentravam algumas vezes em ações ineficazes e absolutamente contrárias ao governo federal. O DOPS de São Paulo preocupava-se — entre outras missões — em incinerar livros, conforme comprovava um auto de incineração de 26 de junho de 1957, encontrado pela equipe da historiadora Maria Luiza Tucci Carneiro, no Arquivo do Estado de São Paulo em dezembro de 2003. O documento registrava que 4.240 quilos de papel foram levados para o Serviço Incinerador da Prefeitura Municipal de São Paulo. O governo Juscelino já tinha um ano e meio e o DOPS paulista ainda queimava o *ABC dos Comunistas*, de Bukarin, 350 tomos de *Marxismo e o Problema Nacional e Colonial*, de Stálin, e 275 *Contra a Guerra e o Imperialismo*, de Luiz Carlos Prestes. Na lista, havia ainda as obras *O Cavaleiro da Esperança* e *Terras do Sem Fim*, de Jorge Amado, *Caetés*, de Graciliano Ramos, *O Espião*, de Máximo Górki, e o romance *Terra Vermelha*, de Francisco Ayres.[355]

Às vezes, Lott e Juscelino davam chance para que o porão prosperasse. Em 1957, entregaram a uma raposa a responsabilidade pelo galinheiro. Nomeado chefe do Departamento Federal de Segurança Pública, o general Amaury Kruel, que iria fazer parte do "tripé de segurança", montou um grupo especial da polícia para combater o crime na cidade do Rio de Janeiro. Havia forte pressão das associações comerciais e de parte da imprensa preocupadas com o aumento da criminalidade. Com o aval de Kruel, o delegado Cecil Borer criou então o Serviço de Diligências Especiais (SDE), que ganhou liberdade de ação. Surgia o "Esquadrão da Morte" e, ao mesmo tempo, aumentava o número de pontos de bicho e o lenocínio[356] na cidade. Não haveria como reverter a situação. O "Esquadrão da Morte" passaria a utilizar o Estado para realizar ações que lhe interessavam financeiramente. Em junho de 1959, depois de uma torrente de acusações de corrupção, reveladas pelas reportagens do jornalista Edmar Morel para a revista *Mundo Ilustrado*, escancarou-se o esquema montado por Kruel que arrecadava, junto com seu oficial de gabinete, o filho Nei Kruel, "nada menos que nove caixinhas: jogo do bicho, lenocínio, hotéis, ferro-velho, economia popular, cartomantes, aborto, drogas e cassinos clandestinos".[357]

As reportagens provocaram a instauração de uma Comissão Parlamentar de Inquérito. Durante as investigações, policiais armados agrediram os irmãos Carlos e Antonio Sampaio, que haviam feito as denúncias ao jornalista. O deputado federal da UDN Menezes Cortes — que durante o 11 de novembro ocupara o cargo de chefe da Segurança Pública e fora preso por ordem de Lott — foi reclamar com Kruel, que respondeu com um soco. Mais um escândalo. Próceres da UDN como Lacerda, José Sarney e Rondon Pacheco correram à chefatura em solidariedade ao colega agredido.[358] Lott solicitou que Kruel pedisse exoneração. Ele deixou o cargo em seguida.[359] Na despedida, acusou a imprensa e saiu ovacionado por delegados, detetives e investigadores. A UDN atingira o alvo escolhido. Os policiais que recolhiam as caixinhas acabaram condenados. Kruel e seu filho conseguiram ser absolvidos. Sobrou também para os dois comerciantes que fizeram a denúncia e foram condenados por corrupção passiva.[360]

A exemplo da incineração dos livros em São Paulo, as atividades de Kruel eram ligadas aos governos estaduais, mas aconteciam nas barbas do governo federal. Juscelino, escudado por Lott, olhava para a Câmara, para os golpes, para os Ministérios, para Brasília, para o Brasil. Mas ambos não viam o que acontecia no próprio quintal. Não sabiam ou não se importavam com as ligações telefônicas feitas pelo presidente no Catete que estavam grampeadas.[361] E Lott conformava-se em não usar o seu telefone residencial, que apresentava constantes "defeitos" em horas importantes. Como resultado, um terrível espanto tomaria conta de Juscelino ao descobrir, em 1965, que "todos os comícios de sua campanha de 1955 haviam sido gravados".[362] O porão não se surpreenderia.

Da liberdade dos arapongas estaduais surgiam verdadeiras redes que vigiavam os líderes federais do país. Com espiões por todos os lados, Lott reforçava a estrutura do Ministério para fazer funcionar a 2ª Seção do Estado-Maior e se abastecer de informações. Constituiu uma comissão no Estado-Maior, que criou um serviço de informações, arma das Comunicações, desmembrando-a da Engenharia. Foi transferindo o poder do Estado-Maior para o gabinete do Ministério. As unidades militares possuíam um Estado-Maior, cada um com quatro seções: pessoal, informações, operações e logística. Assim cada unidade tinha o seu serviço particular de espionagem. O Ministério tinha o seu serviço, mas espionava apenas para o ministro, o que lhe dava grande poder. Ao ministro cabia a orientação geral do Exército; ao Estado-Maior, a administração burocrática e o dia a dia.

Além dos governos estaduais, Lott entrava na briga pelas informações dentro do próprio Exército, onde cada Estado-Maior possuía sua 2ª Seção, cada qual espionando para sua unidade militar. Assim, no deus-nos-acuda da guerra de informações, Lott dispunha de poder para enviar um oficial para a Amazônia ou para o extremo sul do país, mas jamais conseguiria unificar o serviço de espionagem do Exército.[363]

Ele servira havia poucos anos como diretor de Comunicações e sabia que era preciso modernizar a rede. Interligou Rio, São Paulo e Porto Alegre com aparelhos teletipos; instalou novos equipamentos em duzentas estações de rádio; e nos postos militares especiais, telégrafos.

Além da Segunda Seção do Ministério da Guerra, havia também o Serviço Federal de Informações e Contra-Informações (Sfici), criado por Dutra, através do Decreto 9.775-A, de 6 de setembro de 1946, para "superintender e coordenar as atividades de Informações que interessassem à Segurança Nacional".[364] Uma estranha combinação de um órgão civil que respondia aos militares para abastecer de informações o presidente da República. Depois de dez anos hibernando, existindo apenas no papel, Juscelino colocou o serviço para funcionar. O coronel Humberto de Souza Mello, autor dos planos do 11 de novembro, o capitão Rubens Bayma Denys, o major Geraldo Knack e o delegado de polícia José Henrique Soares foram para os Estados Unidos conhecer a CIA e o FBI e aprender tudo sobre o combate aos comunistas. De volta ao Brasil, os quatro se dedicariam a montar o Serviço que ficara largado durante esse período. Adotando a mesma estrutura que os norte-americanos, o Sfici foi dividido em quatro seções: Exterior, Interior, Segurança Interna e Operações. Souza Mello tornou-se o chefe do Serviço.[365] Para efeitos oficiais, o Sfici só entrou na ativa em 1958, quando Juscelino assinou dois decretos com as diretrizes do Serviço. O presidente tinha seu serviço de informação que — ainda incipiente — muitas vezes trabalhou junto com a Segunda Seção do Ministério da Guerra, a mesma que abastecia Lott, e que só tinha estrutura para trabalhar no Rio de Janeiro. Além da Segunda Seção do Ministério, às vezes também contava com o Departamento Federal de Segurança Pública e com as polícias estaduais, quando lhes interessava repassar a informação. Para manter-se bem-informada, a presidência ficava assim dependendo da boa-vontade e do interesse desses órgãos. Também foram criadas Seções de Segurança Nacional nos Ministérios civis, todos subordinados à Secretaria Geral do Conselho de Segurança Nacional.

O Sfici durou até 13 de junho de 1964, quando o presidente Castello Branco assinou a Lei que criava o Serviço Nacional de Informações (SNI) para "superintender e coordenar" as atividades de informação e contra-informação. O SNI incorporava o antigo órgão e seria uma expansão da Secretaria do Conselho de Segurança Nacional. O escolhido para dirigir o poderoso órgão recém-criado foi o general Golbery do Couto e Silva, que, graças a sua atuação na Escola Superior de Guerra, encantaria os "coronéis da Sorbonne" e ganharia o apelido de "Papa da Sorbonne".[366]

Em maio de 1957, agricultores preocupados com a política voltada para a industrialização, que ameaçava a cafeicultura, planejavam realizar a "Marcha da Produção". Eles sairiam de vários pontos do país para, com uma caravana de carros e caminhões, chegar até o Catete e exigir do governo uma reforma cambial que beneficiasse a cafeicultura. Oficialmente a marcha estava sendo organizada pela Associação Rural de Marília, mas havia o forte apoio dos produtores do Paraná, São Paulo e Minas Gerais e um discreto incentivo do governador paulista Jânio Quadros. Seguindo ordens de Juscelino, Lott colocou os tanques nas estradas e desafiou autoridades locais que eram a favor da manifestação. A ação deu resultado: os cafeicultores não chegaram nem perto do Catete. Nesse mesmo ano, o governo ainda enfrentou uma greve de 400 mil trabalhadores em São Paulo. Foram dez dias de manifestações.

Preocupados com uma mudança que poderia redesenhar o mapa eleitoral brasileiro, a UDN e os militares contrários ao ministro atacaram com toda força uma das maiores bandeiras levadas por Lott durante o governo: o voto do analfabeto. Uma série de pesadas críticas desabara sobre o ministro quando ele defendeu o projeto de lei que instituía o voto dos analfabetos. O projeto chegou a ser apresentado por Armando Falcão, provocando apaixonados debates, mas acabou derrotado em votação na Câmara em agosto de 1957, trucidado pela UDN que via na idéia "uma manobra do governo para facilitar a prorrogação dos mandatos".[367] Considerado o grande derrotado, Lott não desistiria de sua idéia.

Na década de cinqüenta, os debates ideológicos estavam no auge. Duas grandes nações consolidavam suas posições de líderes e determinavam as orientações políticas e econômicas de quase todos os países do globo. Estados Unidos e União Soviética dividiam o planeta. Era preciso pensar em fórmulas alternativas de desenvolvimento. Principalmente em países que se situavam na periferia dessa disputa mundial.

Fundado em julho de 1955, antes da eleição que levou Juscelino à presidência, o Instituto Superior de Estudos Brasileiros (ISEB), subordinado ao Ministério da Educação e Cultura, tornou-se, durante os anos de desenvolvimentismo, o órgão formulador da teoria que sustentava a política econômica do programa de Metas de Juscelino, que conheceu os principais teóricos do ISEB em 1954, apresentado pelo amigo Augusto Frederico Schmidt. Na época, o grupo ainda denominava-se Instituto Brasileiro de Economia, Sociologia e Política (IBESP) e suas idéias gerais encaixaram-se com a visão modernizadora do futuro presidente. Os intelectuais do Instituto também estavam dispostos a colaborar e dar "sustentação ideológica"[368] ao exclusivo desenvolvimentismo juscelinista. O grupo era formado por civis, militares e nacionalistas moderados, até o rompimento em 1959, quando a questão do capital estrangeiro dividiu definitivamente o Instituto. Seus principais teóricos eram civis — Roland Corbisier, Guerreiro Ramos, Álvaro Vieira Pinto, Hélio Jaguaribe — com exceção do tenente-coronel Nelson Werneck Sodré. As idéias surgidas provocavam debates inéditos que empolgavam.[369] A derradeira polêmica[370] foi criada com o lançamento do livro *O Nacionalismo na Atualidade Brasileira*, de Hélio Jaguaribe, que defendia uma nova reflexão sobre o papel das empresas multinacionais que não eram necessariamente contrárias à industrialização. Para elas só havia um caminho: investir em fábricas no país ou ficar fora de um mercado promissor como o brasileiro. Era um fato histórico recente, percebido por ele, mas que não foi aceito ou assimilado pelos colegas do ISEB. Quanto à definição de nacionalismo, Jaguaribe ousou ainda mais ao classificá-lo como um "meio" de conseguir o desenvolvimento, e não o idolatrado objetivo a ser alcançado.[371] Para o ISEB o desenvolvimentismo seria a única alternativa para o Brasil sair do subdesenvolvimento.

Juscelino nunca foi um rígido seguidor das idéias do ISEB[372], e acabaria utilizando o nacionalismo desenvolvimentista para impulsionar um governo de realizações e trabalho, beirando o populismo, mas distante — por mexer com uma série de interesses cartoriais — de problemas estruturais mais amplos, como as reformas agrária e política.

Os outros vencedores do 11 de novembro seguiram ganhando espaço. Em março de 1958, foi firmado o acordo de Roboré, que recebeu o nome de "Notas Reversais". O Brasil conquistava o direito de explorar petróleo em território boliviano, desde que essa exploração fosse realizada apenas por empresas nacionais. As tentativas fracassaram e o acordo não deu certo. Roberto Campos foi o grande derrotado e acabou pedindo exoneração do BNDE. Uma CPI que investigava denúncias na Petrobrás desviou sua atenção para o Caso Roboré. Nos bastidores, a explicação: nada mais do que o duelo que tomava conta do país. O coronel Alexínio Bittencourt, o nacionalista, um dos líderes do MMC, era o presidente do Conselho Nacional do Petróleo. Roberto Campos, o "entreguista", era representante do Conselho de Segurança Nacional no mesmo Conselho. Alexínio vinha fazendo várias acusações contra Campos por associar a exploração de petróleo no Brasil à entrada de capitais estrangeiros, principalmente norte-americanos. Lott mostrou-se contra o acordo de Roboré, por um motivo diferente de todos: defendia que um país que queria ser independente não poderia adotar uma política imperialista em relação aos países vizinhos.

Ao relacionar diretamente a colaboração do BNDE, do qual era diretor, à associação entre a Petrobrás e grupos estrangeiros, Roberto Campos foi demitido da direção do banco pelo presidente, que atendeu à grita dos nacionalistas. Entre manter uma linha econômica a sofrer uma instabilidade no campo político, Juscelino iria preferir sempre a paz política para, depois de estar com esse lado garantido, mexer com a economia.[373]

Em 1958 seria preciso confirmar difíceis vitórias obtidas no começo do governo. Uma nova eleição para o Clube Militar aproximava-se. Justino Alves Bastos, candidato apoiado por Lott, concorria pela chapa amarela, representando a continuidade das forças que elegeram Segadas Viana. Um dos mais exaltados nacionalistas do grupo, Alves Bastos participou ativamente do 11 de novembro ao lado de Lott.

O candidato da oposição não poderia ser outro: Castello Branco encabeçava a chapa azul, da Cruzada Democrática. A tensão não chegou ao mesmo ponto da eleição anterior, mas os ataques continuaram. Não houve um resultado dramático. Alves Bastos venceu por uma diferença que ultrapassou mil votos: 8.972 votos contra 7.697. Anunciado o resultado, o derrotado nem se deu ao trabalho de parabenizar Alves Bastos:

> Não cumprimentei o vencedor por vários motivos: os agravos que eu recebi, todos estimulados por ele, e as molecagens que fez à minha pessoa. Com a vitória, ele fez um verdadeiro *show*, com a esposa e vários senhores, no salão, entre palmas e retratos, não sendo do meu feitio tomar parte em ridicularias,[374]

escreveria Castello mais tarde ao filho. Da desfeita, passou a críticas abertas. O *Jornal do Brasil* publicaria o artigo "Apesar da pressão aberta 7.697 oficiais discordaram da chapa do general Lott"[375] no qual Castello atacava desde a lisura da eleição até a pressão feita por "olheiros" do "poder militar".

Aconteceria de novo. Por ter se referido às represálias do "poder público", Castello foi chamado por Lott para confirmar se a entrevista correspondia ao que dissera. Também teria de esclarecer as "represálias" e o "poder militar" e se acreditava realmente na existência dos "olheiros".

Castello replicou, mandando uma carta a Lott na qual confirmava o teor da entrevista. Para as "represálias", citava o caso de um capitão que fora transferido por ter votado na chapa azul. Quanto ao "poder militar", Castello era contundente: "Na questão em apreço, isto é, no setor do Exército, trata-se do ministro da Guerra e dos grandes escalões que lhe são subordinados". Se era direto para atacar o ministro, divagava muito na questão dos "olheiros": "certeza, não tenho, pois não houve, para mim, naquele momento, a evidência do fato. Mas estou num ato legítimo de pensamento, que entrevê apenas o possível, no estado da dúvida."

Lott escreveu uma violenta tréplica. Começava, a seu estilo, numerando os artigos do RDE que Castello teria desobedecido. A disciplina e a hierarquia, sempre. Para a represália, Lott argumentava que "um único caso em 7.697 votantes da referida chapa não justifica a generalização feita nas declarações". Terminava a nota afirmando que "o conjunto de transgressões" implicava em uma falta grave, porém, atendendo os "serviços prestados ao Exército e à nação", reduziria a punição a um ofício com uma repreensão.[376] Castello não ficou satisfeito. Ainda respondeu que não convinha mais lembrar "episódios lamentáveis que contribuíram para a existência do clima em que se processaram a campanha e as eleições para o Clube Militar. Para mim é uma página virada, que ficou para trás".[377]

Era Castello, criticando o "poder militar" de Lott. Um "poder militar" que se limitava a atuar, quando atuava, em eleições de clubes e que, provocado, punia seus inimigos com ofícios e transferências.

A página não estava tão virada como assinalara Castello. Logo após a batalha das notas, ele precisou ser internado com uma crise de nervos e dores nas costas e no abdômen. Dois meses depois, voltava a escrever ao ministro, mostrando-se inconformado com a nódoa que significava aquela "repreensão" em sua ficha:

> Além de me fazer uma injustiça, Vossa Excelência me ofendeu (...) A cicatriz que ficou em mim é a resultante da apreciação que Vossa Excelência fez de minha conduta e de caber à minha pessoa, talvez a única, a expiação de todos os males provenientes daquelas eleições, em cujo decorrer eu me comportei sereno e disciplinado.[378]

Apelando para o clichê, Castello parecia garantir que nunca esqueceria das atitudes de Lott, que, por sua vez, dificilmente se referia a alguém com rancor. Uma das exceções era um instrutor que lhe dera uma nota 9 quando fizera um exame impecável na Escola Militar. Castello começava a tornar-se a outra exceção. Na vida pública, Lott já não escondia a diferença que sentia por ele. Abandonava o padrão para reclamar de suas atitudes. Apenas Castello e, mais tarde, Jânio conquistariam a "honra" de receber críticas públicas de Lott, que fazia questão de mostrar que Castello era seu freguês em notas. Certa vez, indagado por um oficial sobre sua opinião a respeito de Castello, comentava a falta de base de Castello: "Era um bom oficial, mas não fez um bom ginásio."[379]

Quatro dias depois daquela carta, saía a promoção de Castello, por tempo de serviço, a general-de-divisão. Augusto Frederico Schmidt e Negrão de Lima influenciaram decisivamente Juscelino para que a promoção fosse realizada. Schmidt foi ao presidente mesmo sabendo que Lott tinha problemas com Castello. Lott mostrou-se contrário à promoção, mas deixou a decisão a cargo de Juscelino. Negrão, padrinho de casamento de Castello, também pressionou pela promoção e Juscelino bancou a decisão.[380] Poucos anos mais tarde, receberia uma cassação em troca.

Castello teve de engolir a atitude neutra de Lott. Entregou a seguinte nota a Luís Viana, seu secretário e autor de sua biografia:

> Quanto à promoção a general-de-divisão, tenho a informar:
> 1°) não a pedi a ninguém;
> 2°) o ministro da Guerra (general Lott) me disse que eu fora promovido por obra exclusiva sua e nunca contra a sua dominante vontade.[381]

Mesmo assim, em conversas informais com outros oficiais, Castello ainda continuou a classificar o ministro como "o homem do nono andar do Ministério da Guerra"[382] ou o "condestável"[383], um "título" que acabou pegando em Lott. No século XIV era o posto militar de maior graduação no Exército de Portugal, abaixo apenas da suprema chefia do rei. O infante que se postava à direita do rei. O escudeiro-mor.

No bate e afaga de Juscelino, Castello não saiu por cima. Com a promoção veio também uma transferência. Iria ser comandante. Na Amazônia.

Aquele inesquecível ano de 1958 também seria marcado por uma das mais cruéis secas da história do Nordeste. Juscelino criou uma comissão que deveria enviar mantimentos e abrir frentes de trabalho nas cidades assoladas. Lott, alertado pelos comandantes militares do Nordeste, denunciou ao presidente que os mantimentos estavam sendo desviados por atravessadores, conhecidos como "fornecedores", que também agitavam a região, instigando a população contra o governo. A indústria da seca também prosperava. Juscelino aceitou o conselho do senador Rui Carneiro e viajou para visitar as regiões atingidas. Lá, impressionou-se com a devastação.

De volta à capital, enviou em segredo o subchefe da Casa Militar, coronel Orlando Ramagem, para fazer relatórios sobre a situação. O Relatório Ramagem apontou para a necessidade de intervenção militar em alguns estados, que seria feita através da ocupação do território, como Lott tentara fazer através da continuação das granjas, dos batalhões ferroviários e dos criticados serviços agropecuários do Exército. Uma atitude que Juscelino jamais tomaria, pois, apesar de conhecer a gravidade do problema, sabia que provocaria infinitos problemas políticos com os governadores.[384] Desanimado com os programas assistencialistas, Juscelino reuniu-se com os governadores para buscar novas soluções. A Operação Nordeste representou uma tentativa de se fazer uma nova política na região. Celso Furtado seria o responsável pela aplicação do programa. Os grandes proprietários de terra e os coronéis do cacau e do açúcar, que recebiam as subvenções do governo, protestaram. A idéia foi lançada oficialmente em março de 1959, com a criação da Superintendência para o Desenvolvimento do Nordeste (Sudene) e o Conselho de Desenvolvimento do Nordeste (Codene).

Além do Clube Militar, havia outra questão que deveria ser vencida em 1958. Em agosto chegaria ao fim o prazo da Lei Denys. Juscelino ainda precisava de seu "tripé" e fez uma manobra que rendeu mais críticas da oposição. Transferiu Denys para a reserva e o reconvocou em seguida. Ele permaneceria, agora promovido a marechal, no comando do I Exército.

Agosto também foi o mês da visita de John Foster Dulles, secretário de estado norte-americano, ao Brasil. Vinha para frear a repercussão da Operação Pan-Americana lançada por Juscelino. A política norte-americana em relação à América do Sul ficara em segundo plano. Todos os esforços dos Estados Unidos eram para combater o avanço do comunismo no planeta. No começo de junho, Juscelino, preocupado também com os recursos para tocar em frente seu Plano de Metas, enviou uma carta ao presidente Dwight Eisenhower pedindo uma revisão na relação norte-americana com os países do sul. Alguns dias depois, falando para os embaixadores latino-americanos, lançou a OPA, que reivindicava reajuste de preços para as matérias-primas vendidas aos Estados Unidos e dólares para bancar a industrialização no continente.[385] Em termos gerais, a idéia era unir os países do continente em uma cooperação para erradicar o subdesenvolvimento.

O lançamento da OPA alcançou tanta repercussão que os Estados Unidos tiveram de se mexer. No dia 4 de agosto, Dulles desembarcou no país para explicar sua posição. Vinha também com a missão de conseguir a assinatura de Juscelino em um tratado de combate aos focos comunistas na América Latina.

Foi além nos seus objetivos. Dulles chegou mansinho para logo em seguida pressionar para que se aumentasse a flexibilidade da Petrobrás. Lott comprou a briga e saiu em defesa da estatal, marcando seus pronunciamentos e entrevistas com uma frase que se tornaria célebre: "A Petrobrás é intocável".[386] Os nacionalistas deliraram. O peso da declaração do ministro esmagava qualquer *démarche* do secretário americano. Desde a campanha do petróleo, a corrente nacionalista passou a chamar os defensores da quebra do monopólio de "entreguistas". A manutenção do monopólio estatal era uma questão fundamental para Lott porque, antes de qualquer ideologia, ele defendia que manter a hegemonia seria vital para o desenvolvimento de qualquer nação. Esforçava-se para tirar o problema da Petrobrás do debate político:

> O monopólio estatal do petróleo não tem nada a ver com comunismo, nem socialismo, nem centrismo, nem direitismo; é um problema de caráter e de interesse nacional.[387]

Era também uma questão de honra para o grupo nacionalista, que buscava esvaziar a corrente "entreguista" de Juarez Távora, declaradamente favorável à quebra do monopólio da Petrobrás.

Para Lott, a OPA "representou um grito de alerta" que poderia mobilizar o continente. Lembrava mais uma vez que às Forças Armadas cabiam a defesa da soberania nacional e a garantia da ordem interna. Mas a realidade era bem outra. Esse conceito só poderia ser aplicado às Forças Armadas de países desenvolvidos. Como no Brasil o problema da soberania não estava limitado à defesa do território, cuja violação seria uma "hipótese pouco provável", o conceito de soberania ampliou-se para a defesa dos bens, das riquezas, desenvolvimento espiritual e material, preservação das instituições democráticas e manutenção das leis. Na prática, a ausência de um inimigo externo levou o soldado brasileiro a deixar os quartéis para "construir rodovias, ferrovias e pontes; acudir a população desamparada; construir linhas telegráficas (...) o aviador liga zonas isoladas (...) e o marinheiro contribui no desenvolvimento da atividade pesqueira, no funcionamento dos portos e na navegação de rios e canais". Essa filosofia passou a ser aceita pela população e virou regra nos quartéis, tornando natural, devido à total ausência do Estado, a intromissão, indevida ou salvadora, dos militares nos problemas nacionais. Era aí que o soldado encontrava o nacionalista. Lott era primeiro um militar e acreditava que a função do Exército ia além da segurança nacional.

Ele já havia acabado com a panela das promoções e das Escolas Militares, e passou a declarar-se a favor de se estender o direito de voto aos cabos e soldados, classificando o impedimento de "lamentável falha da Constituição". Os soldados e cabos mostravam-se a favor dessa medida e apoiavam seu ministro.[388]

A OPA não iria adiante. Já o Plano de Metas de Juscelino seguia conforme o presidente sonhara. Uma nunca vista série de indústrias, obras e investimentos em infra-estrutura havia arrefecido, temporariamente, a fúria da oposição. Mesmo com a seca e com as críticas à Lei Denys, Juscelino já não sofria ataques descabidos, estava consolidado o seu governo. Para a oposição só restava o discurso do ataque à construção de Brasília. O plano de Metas também agradou aos militares, mesmo os contrários ao presidente, que se interessavam pela política desenvolvimentista, desde que mantivessem seus interesses.[389]

Na balança do poder distribuído por Juscelino, os militares passaram a ocupar cargos de destaque nas estatais.[390] A presença deles nesses postos importantes acabou também dando um bom resultado para o governo. As empresas melhoraram o desempenho. Em contrapartida, os militares ganharam mais experiência e agilidade para lidar com os problemas das grandes estatais. Lott seguia indicando oficiais, respeitando mais a capacidade de cada um do que o posicionamento político. Ernesto Geisel seria chamado pessoalmente por Lott para a Petrobrás. Em julho de 1957, mesmo sabendo que Geisel nunca fora simpático às suas posições, convocou-o para a superintendência da refinaria de petróleo em Cubatão e para ser o representante do Exército no Conselho Nacional do Petróleo. Apesar de não pertencer ao grupo nacionalista, Geisel interessava a Lott porque era defensor do monopólio da Petrobrás. Mais tarde porém Geisel pediu exoneração do Conselho por questões de hierarquia, já que Alexínio Bittencourt, o mesmo do MMC, coronel mais moderno que ele, iria assumir a presidência do órgão. Lott ainda insistiu para que continuasse no posto. Quando Alexínio deixou o posto, Lott renomeou Geisel no dia seguinte.[391]

Militares também ocupariam cargos importantes em órgãos como a Sudene e a SPVEA. Essa tática do governo esvaziava[392] cada vez mais, dentro dos quartéis, a oposição comandada pelas viúvas do 11 de novembro. À medida que Juscelino consolidava seu poder, diminuía a importância de Lott. Enquanto o presidente esbanjava carisma e percorria o país de avião, Lott não era esquecido e seguia odiado por uma parcela dos oficiais.

Juscelino apostava no apoio dos militares para realizar seu plano de metas, em contrapartida, recebia a cooperação dos oficiais, em parte pelo que Lott estava conseguindo: equipamentos, aumento salarial, promoções, treinamento.[393] Durante seu governo, Juscelino destinaria 23% do orçamento federal para as despesas militares.[394] Com esses recursos financeiros, as Forças Armadas motivaram-se para realizar projetos que associavam desenvolvimento à soberania nacional.

Porém o preço que Juscelino pagava com o Plano de Metas era alto. Sem novos financiamentos, o ambicioso projeto poderia destruir, de vez, a estabilidade econômica do país. No início do governo, Juscelino apostara nas exportações para financiar seu plano. Era pouco. A balança de pagamentos, que vinha deficitária, continuou nessa marcha, pulverizando os lucros das exportações. Alguém teria de pagar. Os olhos voltaram-se para o Ministério da Fazenda. A pressão que a UDN exercia sobre o ministro Alkimim também era violenta, já que ele era o avalista indireto do Plano de Metas.

Em junho de 1958, Juscelino sacrificou o amigo Alkimim, que pediu demissão[395] do Ministério após uma série de ataques de todos os lados. Só o *Correio da Manhã*, entre março e junho, dedicara "18 violentos editoriais"[396] para atacar o ministro e sua política cafeeira.

O comandante civil do 11 de novembro estava fora. Principal aliado da ala moça, que até então bancara as mudanças idealizadas pelo presidente, Alkimim fora escolhido como culpado pela crescente inflação, por não ter obtido mais financiamentos internacionais, por não reverter o déficit na balança de pagamentos e por defender os preços do café no mercado americano. Austero e controlado, Alkimim tornou-se inflexível demais para viabilizar o Plano de Metas. A versão alegada foi que ele pedira demissão porque precisava desincompatibilizar-se para ser candidato nas eleições da Câmara. Lucas Lopes, mais ligado à industrialização, seria o novo ministro. Assumiu com a garantia presidencial de que teria liberdade para agir, desde que "não criasse qualquer embaraço à liberação das verbas destinadas ao Programa de Metas."[397]

A ala moça reagiu à saída de Alkimim, provocando uma seca resposta do presidente, que chamou seus integrantes para comunicar que não admitia interferência em áreas exclusivas da presidência.[398] Era um golpe forte no grupo que lhe fora fiel e servira de alicerce para suas obras. A esses deputados restava então apostar tudo no lançamento de um candidato a presidente que representasse seus ideais.

Ao mesmo tempo que seguia a cartilha desenvolvimentista, Lucas Lopes via que seria necessário segurar a inflação para manter a estabilidade. A mudança no ministério sinalizava que Juscelino percebera a necessidade da adoção urgente de uma linha antiinflacionária.[399] Urgente. Mas não naquele momento, às vésperas de eleições para a Câmara Federal, para o governo de onze estados, para um terço do Senado, Assembléias Estaduais e Câmara dos Vereadores do Distrito Federal. O presidente decidiu esperar os resultados, que não trouxeram novidade. A posição de PSD, PTB e UDN na Câmara continuou praticamente a mesma, apenas o PTB saiu-se melhor, conseguindo mais dez cadeiras. O PSP de Adhemar de Barros perdeu sete. Nas eleições para os governos estaduais, Adhemar sofreu outra derrota, em São Paulo, para Carvalho Pinto, candidato de Jânio, que fez uma manobra e saiu candidato a deputado federal pelo Paraná, já que ainda não existia a obrigatoriedade do domicílio eleitoral; foi o deputado mais votado. Roberto Silveira ganhou no Rio; Leonel Brizola, casado com Neusa, irmã de João Goulart, foi eleito no Rio Grande do Sul; Juracy Magalhães venceu na Bahia; Cid Sampaio em Pernambuco. A eleição comprovava que a aliança PSD-PTB só servia para interesses federais; nos quintais, o vale-tudo das coligações prevaleceu. O desgaste da aliança federal já mostrava sinais. Acirrava-se a diferença entre as legendas. O PCB aproximou-se do PTB, apoiou os candidatos nacionalistas e classificou de "entreguistas" os que defendiam o capital estrangeiro no país. PSD e PTB venceram juntos apenas no Ceará, com a eleição de Parsifal Barroso, e no Amazonas, com Gilberto Mestrinho. No restante do país, quando a aliança não foi derrotada, as chapas estavam em lados opostos, ou com grupos dissidentes apoiando a UDN.

Essa eleição também marcou um novo estilo da UDN, que descia do pedestal para enfrentar o corpo-a-corpo com o eleitor. Uma tática introduzida pelo seu novo presidente, Juracy Magalhães, que defendia o fim das "derrotas gloriosas" e o início do "crescer para vencer".[400] O partido que evitava a todo custo ser populista passava a adotar recursos como a "Caravana da Liberdade" com Lacerda, Herbert Levy, Abreu Sodré, Adauto Cardoso e outros.

Depois das eleições, Juscelino finalmente anunciou seu programa de estabilidade econômica, elaborado por Lucas Lopes e pelo seu substituto na direção do Banco Nacional de Desenvolvimento Econômico, Roberto Campos. O presidente apresentou o plano com seu otimismo tradicional, mas a desconfiança[401] permanecia. O aumento da inflação deturpava o cenário econômico e prejudicava a poupança interna. Juscelino também fora pressionado externamente a adotar esse plano. Os credores internacionais passaram a exigir provas de que — e como — o país honraria suas dívidas. O principal termômetro da opinião econômica mundial era o Fundo Monetário Internacional. A aprovação do FMI significava a aceitação de uma precondição para novos auxílios do governo dos Estados Unidos e de bancos particulares norte-americanos e europeus, sendo isso muito mais importante que os empréstimos que o Fundo liberava.[402] O arrocho do plano de estabilização provocou a reação de industriais e cafeicultores paulistas, e, ironicamente, do próprio Juscelino, que não aceitaria prejudicar seu Plano de Metas, mas continuava acreditando que os projetos eram compatíveis. Nesse mesmo ano, em 1958, os cafeicultores de São Paulo tentaram de novo. A "Marcha da Produção" voltava a pôr o pé na estrada. Dessa vez com um discurso mais forte. E novamente com um empurrãozinho de Jânio, que encorajava os líderes do movimento. Depois de uma assembléia realizada em Londrina, escolheram o dia 18 de outubro para o início do protesto. O objetivo era o mesmo: conseguir subsídios e financiamentos camaradas para a cafeicultura. Esses recursos abalariam o Plano de Estabilização Monetária do novo ministro. De qualquer maneira, decidiram prosseguir com a manifestação. Lucas Lopes veio a público e atacou o movimento, alegando que suas exigências eram inviáveis para a economia brasileira. Solicitou ao governo o uso das Forças Armadas para deter o movimento. Lott já estava com tudo pronto. Mesmo com viagem marcada para os Estados Unidos, deixou ordens para que se impedisse a marcha. O Exército repetiu a ação: bateram o pé firme, dispersando os manifestantes que engataram uma marcha-à-ré. A indústria conhecia a glória. A era da aristocracia rural vivia seu ocaso.

O acordo que ninguém viu, nem nunca fora acertado, continuava sendo cumprido.[403] Juscelino e Lott permaneciam na mais ajustada sintonia. Juscelino não se metia no setor militar, Lott não dava palpites na condução política e econômica do governo. Todas as suas declarações — política ou econômica, reforma agrária, relações internacionais, voto dos analfabetos, monopólio da Petrobrás — seguiam a mesma orientação do governo.[404] Nenhuma das declarações que repercutiram forte no Congresso e na imprensa foi contrária ao pensamento de Juscelino. Era o escudo do presidente, que por sua vez se referia a Lott como um "mal necessário", ao mesmo tempo em que "agradecia a Deus por ter nele um homem fiel, leal, honesto, capaz de morrer pela legalidade".[405]

Para ficar livre para voar, Juscelino precisava que a ordem fosse mantida. Depois do 11 de novembro, a força militar jamais poderia ser relegada. Era vital manter os chefes caminhando a seu lado. O escudo tinha de ser forte para agüentar tanta paulada. E Lott tornou-se o "alvo preferencial da oposição".[406] Cada opinião sua, qualquer que fosse, revertia-se em uma crítica feroz da oposição e da imprensa, que viam em sua atitude apenas uma intromissão despropositada. Um dos jornais que participava da minoria que apoiava Juscelino era o *Diário Carioca*, cujo redator-chefe era Danton Jobim. Dos outros jornais partiam os ataques costumeiros, que iam perdendo força com a consolidação do Plano de Metas. Lott empenhava-se rigidamente para que os oficiais não se envolvessem com política, acalmando os quartéis. A atuação de Juscelino também servia para aplacar o descontentamento de oficiais contrários. Começava um breve período de certa estabilidade política. Lott iria para seu quinto ano à frente do Ministério da Guerra. Vargas tivera três ministros da Guerra em quatro anos. Jango teria quatro ministros em três anos.[407] Lott, a essa altura, também acenava com uma nova tentativa de união:

> Divisão das Forças Armadas, no sentido de que porventura se chame separadas por divergências profundas, não considero que exista. Ligam-nas, acima de tudo, o amor à pátria (...) o sentimento geral de disciplina é forte, suficiente para inspirar confiança e manter os militares fiéis ao dever.[408]

Mas as relações entre as Forças Armadas permaneciam calmas apenas na superfície, qualquer mudança poderia trazer novos problemas ao governo.

Acompanhado por uma comitiva de três pessoas, Lott viajou para Roma em outubro de 1958 para representar o Brasil nos funerais do papa Pio XII. Por iniciativa de Juscelino[409], o escolhido para substituir Lott no Ministério foi o ministro da Aeronáutica, brigadeiro Francisco Correa de Mello. Poucos dias depois, chegava a hora da reciprocidade. O ministro da Aeronáutica estava de passagem marcada para os Estados Unidos. Era a vez de Lott ocupar a pasta da Aeronáutica. Já na despedida de Mello, o aviso do que estaria por vir: alguns oficiais deixaram de prestar continência ao ministro interino.

Os oficiais da pasta jamais aceitariam receber ordens de um inimigo, e ainda mais de outra Força. Doze brigadeiros não compareceram à cerimônia de posse.[410] Inconformado por ter Lott no comando, o brigadeiro Ivo Borges deu uma entrevista ao jornal *Diário de Notícias*[411] atacando o ministro. Lott, que na sua época de instrutor da Escola Militar não perdoava um aluno malfardado, contra-atacou: demitiu Borges da Inspetoria Geral da Aeronáutica. Ele também fora um dos que haviam se recusado a prestar-lhe continência no embarque de Mello para os Estados Unidos. Essa demissão acabou provocando agitação também no Exército. Cordeiro de Farias procurou Juscelino, dizendo que a pacificação das Forças Armadas só seria possível com o afastamento de Lott. Não suportava o modo de Lott comandar o Ministério e inventava:[412] "tratava mal os generais, deixando-os de pé, enquanto confabulava com sargentos".[413] Declarou a Juscelino que qualquer união só seria possível depois de "desnovembrizar o Governo".[414] Eram as atitudes de Lott, extremamente severas, que davam origem a novas lendas a respeito de sua personalidade.

No dia seguinte à demissão, o *Diário de Notícias* publicava uma lista de oficiais solidários ao brigadeiro. Lott pediu novas sanções e fez mais, chegando a abrir um processo contra o jornal. O próximo desafio seria a cerimônia de formatura da Escola de Comando e Estado-Maior da Aeronáutica (Ecemar), cujos alunos haviam se reunido e decidido que não receberiam o diploma das mãos de Lott. Quando ele entrou pela porta do salão do Galeão onde seria realizada a formatura, 30 oficiais saíram pelo outro lado. Além de mandar prender todos os oficiais que abandonaram o lugar durante a cerimônia, Lott determinou que os diplomas não fossem entregues e que os cursos passassem a ser considerados como não-concluídos. Os alunos foram presos e distribuídos por diversas bases pelo país, enquanto a FAB manifestava sua adesão aos oficiais presos. O ambiente ficou tenso na Aeronáutica. Lauro Lott ouvia provocações e ameaças ao pai, mas não perdia a calma e até desafiava os mais falantes:

— Vocês não têm coragem de enfrentá-lo. Primeiro, porque ele tem 40 centímetros de braço; segundo, porque ele é muito bom com uma pistola 45.

Se a ordem que impedia a entrega dos diplomas fosse seguida, os oficiais iriam perder o curso e prejudicar muito as próprias carreiras. Pegaram 30 dias de prisão, mas entraram na Justiça e reverteram a sentença. Os diplomas dos 30 oficiais ficaram com uma observação a mais: "Conferido mediante ordem judicial." Ao todo, 240 oficiais aderiram ao movimento contra Lott, que não deu a mínima para a pressão e prosseguiu despachando normalmente nos Ministérios da Guerra e da Aeronáutica. Era o cenário para novas provas de força. Antes que Lott prendesse toda a Força Aérea Brasileira, o brigadeiro Correa de Mello antecipou sua volta ao país e reassumiu. Mal desembarcou e ouviu a ordem de Juscelino para cumprir o regulamento e restabelecer a disciplina. No mesmo dia, Lott foi ao Ministério da Aeronáutica para devolver o cargo. Durante a cerimônia, lamentou que sua passagem à frente da pasta provocasse "tantos acontecimentos".

Depois disso, abriu um processo-crime contra João Dantas, diretor do *Diário de Notícias*. Por trás de tantos ataques, poderia haver uma explicação econômica na fúria contra Lott. O poderoso jornal, de tendência udenista, publicara atos e boletins do Exército na íntegra até junho de 1957, quando o próprio Lott acabou com essa primazia e determinou que se criasse o *Noticiário do Exército*, um tablóide que funcionaria como informativo oficial, com boletins, atos e notícias sobre as atividades profissionais e sociais daquela Força Armada.[415] Dantas perdia assim um bom estímulo de vendas para o jornal.

A briga terminou nos tribunais, com direito a depoimento do próprio ministro. Em 27 de agosto de 1959, o Juiz da 11ª. Vara Criminal do Rio de Janeiro, Epaminondas Pontes, "julgou indispensável a sua palavra" na ação penal movida pelo Ministério da Guerra, que invocou a Lei de Segurança Nacional contra o *Diário de Notícias* e seu diretor João Dantas, por crime de imprensa. A ação teve origem devido às reportagens do jornal enquanto Lott era ministro interino da Aeronáutica. O *Diário de Notícias* era um jornal afinado com os militares antigetulistas e mantivera firme oposição a Juscelino. Com a repercussão de sua convocação, Lott encontrou a oportunidade para tornar públicas as provas guardadas há muito tempo de que havia um movimento preparado para impedir a posse de Juscelino.

O depoimento de Lott começou às nove e quarenta da manhã e terminou às dez para as quatro da tarde do dia 27 de agosto de 1959. Houve apenas três interrupções para que ele tomasse água.[416] Suas palavras caíram como uma bomba sobre as Forças Armadas, desencadeando respostas e réplicas. Os citados apressaram-se a divulgar desmentidos em entrevistas nas quais não se explicavam, apenas faziam outras acusações. Lott desmentiu muitos oficiais que disseram que não compareceram à cerimônia de sua posse como interino na Aeronáutica para protestar. Na verdade, nem foram convidados.

Durante o depoimento, Lott apresentou três documentos que estavam sendo mantidos em sigilo e seriam fundamentais para se entender o desenvolvimento do movimento de 11 de novembro: o Memorial escrito pelo almirante Sylvio Camargo, o relatório do almirante José Augusto Vieira e o memorando expedido por Penna Botto às vésperas do 11 de novembro.

Também citou a famosa entrevista de Botto intitulada "Não podem voltar ao poder os homens que humilharam este país", que foi concedida ao jornal *Tribuna da Imprensa,* na qual Botto opinava sobre a situação política do país, e atacava os candidatos Adhemar de Barros e Juscelino Kubitschek e seu vice João Goulart.

A lembrança dessa entrevista provocou um artigo-resposta de Botto, também publicado na *Tribuna da Imprensa*, em que reconhecia serem exatos os trechos transcritos pelo ministro, mas inexata a afirmação de que ele concedera a entrevista como comandante-em-chefe da esquadra. Contra o argumento de Botto, o autor da matéria esclareceu em um outro artigo, publicado na *Ultima Hora* de 4 de setembro de 1959, que o almirante concordou em dar a entrevista na qualidade de comandante-em-chefe da esquadra, porque achava que haveria uma maior repercussão, acreditando até que a entrevista poderia ser o estopim da crise e que o objetivo de adiar as eleições seria alcançado após a publicação. O jornalista enfatizou que Botto "esperou para dar a entrevista no momento exato em que partia para as manobras em alto-mar, pronto para enfrentar, com tempo e calma, as possíveis reações de seu gesto premeditado". Quando não estava manobrando no mar, Botto manobrava na imprensa. O almirante também mandou reproduzir a entrevista no *Diário de Notícias*, como matéria paga. O processo terminou como todos os outros que Lott moveu contra jornais e revistas. Foi prescrito.

Se sobravam ataques da oposição, Lott receberia uma série de manifestações de solidariedade dos que estavam a seu lado. No dia 16 de novembro, aos deputados que foram lhe dar parabéns pelo aniversário, desabafou: "Ao poder Legislativo cabe a tarefa de dar ao governo os instrumentos de defesa do regime e das instituições. Será um absurdo desejar arrolhar os órgãos que refletem os anseios da opinião pública. A imprensa precisa de liberdade como arma para o próprio fortalecimento do regime. Mas seria (necessário) limitar o direito de denegrir a honra alheia e de solapar as instituições do regime. Os senhores, como representantes do povo, bem poderiam encontrar uma solução para esse problema, sem dúvida, da maior importância para a vida da nação. Repito que não sou favorável ao regime de rolha, que viesse a impedir a liberdade de imprensa no país, mas à adoção de meios legais que impeçam o grande mal que se está fazendo ao Brasil."

No início de 1959, com a eleição virando tema constante das rodas políticas, a oposição voltava a atacar Juscelino, que também se tornava alvo dos nacionalistas radicais, revoltados com o pouco caso norte-americano[417] em relação à OPA. Também desconfiavam da entrada de tanto capital estrangeiro no país. O FMI, por seu lado, não estava nada satisfeito com os rumos do plano de estabilização, que não ajustou o sistema do câmbio, nem controlou a inflação. Havia a ameaça de que um empréstimo de 300 milhões de dólares concedido pelos Estados Unidos não seria liberado.

A pressão sobre Juscelino aumentou. A esquerda não suportava mais as medidas tomadas pela dupla Lopes-Campos. O presidente precisava inverter o tabuleiro de um jogo que começava a virar contra ele. Em junho de 1959, Juscelino ordenou o rompimento com o FMI, entrando em choque com Lucas Lopes e Roberto Campos, que alertavam para o perigo da inflação desestabilizar a economia, e insistiam na redução dos investimentos, algo que Juscelino jamais aceitaria. Na hora certa, o presidente reconquistava a opinião pública. Aproveitou o quanto pôde o impacto causado pela ruptura com o FMI.

O ato de rompimento com o FMI desviava a atenção da inflação e era mais um elemento na onda otimista que contagiava o Brasil do futebol campeão do mundo na Suécia, da tenista Maria Esther Bueno e do pugilista Éder Jofre. Um Brasil com trilha sonora da bossa-nova de Tom Jobim e Vinícius de Moraes. Ao contrário de Chile e Argentina, o país de Juscelino não se dobraria às exigências do FMI. Era a afirmação suprema dos nacionalistas e uma resposta aos entreguistas que partiam "de uma atitude de descrença em relação às potencialidades do Brasil".[418] Como escrevera Nelson Rodrigues — em uma crônica feita para comemorar a conquista da Copa do Mundo —, acabava o "complexo de vira-latas" do povo brasileiro:

> Já ninguém mais tem vergonha da sua condição nacional. E as moças na rua, as datilógrafas, as comerciárias, as colegiais, andam pelas calçadas com um charme de Joana d'Arc. O povo já não se julga mais um vira-latas. Sim, amigos: — o brasileiro tem de si mesmo uma nova imagem. Ele já se vê na generosa totalidade de suas imensas virtudes pessoais e humanas. (...) diziam que nós éramos a flor de três raças tristes. A partir do título mundial, começamos a achar que a nossa tristeza é uma piada fracassada.(...) — o brasileiro sempre se achou um cafajeste irremediável e invejava o inglês. Hoje, com a nossa impecabilíssima linha disciplinar no Mundial, verificamos o seguinte: o verdadeiro, o único inglês é o brasileiro.[419]

No Clube Militar, Juscelino surfava na onda do otimismo e fazia um discurso desafiador:

> O Brasil já se tornou adulto. Não somos os parentes pobres, relegados à cozinha e proibidos de entrar na sala de visitas. Só pedimos a colaboração de outras nações. Através de maiores sacrifícios poderemos obter a independência política e, principalmente, a econômica, sem ajuda de outros.[420]

O carisma de Juscelino conseguira de novo. A população aprovou com entusiasmo o rompimento com o FMI. No mês seguinte, o programa de estabilização, que agonizava, levou o golpe final. Juscelino substituiu Lucas

Lopes por Sebastião Paes de Almeida, Roberto Campos por Lúcio Meira; e o chefe das autoridades monetárias, José Garrido Torres, por Marcos de Souza Dantas. Ninguém mais atrapalharia seu Plano de Metas lembrando-o de inflação e estabilização.

Juscelino atendeu ao pedido de transferência feito em outubro de 1958 por Lott e assinou no dia 28 de janeiro de 1959 o decreto que o transferia para a reserva remunerada (R1). Embora estivesse no limite da idade, Lott se manteve à frente do Ministério. Como já tinha alcançado o mais alto posto do Exército ainda na ativa, ao passar para a reserva foi promovido a marechal,[421] a patente honorífica pela qual seria conhecido nos livros de história.

Capítulo 9

A idéia do lançamento da candidatura de Lott à Presidência surgiu naturalmente durante o governo JK. As causas que defendia — como o voto do analfabeto, a defesa do monopólio da Petrobrás e a restrição de remessas de lucros para o exterior — e o fato de ser o fiador da legalidade contra os conspiradores antigetulistas transformaram-no no principal nome dos nacionalistas de esquerda. O seu nome era lembrado durante todo o governo para a sucessão de Juscelino, que impedira o surgimento de um movimento que defendia sua própria reeleição. Juscelino estava de olho em 1965 e sabia que sua volta ficaria mais fácil se pertencesse à oposição. Bastava que o candidato do governo fosse derrotado.

O efeito Lott acelerou-se a partir do momento em que dois deputados da ala moça, Cid Carvalho e José Joffily, lançaram seu nome à presidência no jornal *Correio da Manhã*. A FPN, que perdia espaço no governo, decidiu-se pelo mesmo candidato. Para os membros da Frente, contrários às interferências norte-americanas na economia do país, nacionalismo era uma "defesa do interesse nacional".[422] Consideravam profundamente danosa a exploração do petróleo pela iniciativa privada e pelo capital estrangeiro, defendiam a escola pública e gratuita para que o Estado gerasse uma cidadania mais rapidamente — idéias calorosamente defendidas por Lott. O desafio agora era fazê-lo aceitar a própria candidatura.

Ainda no começo de 1959, uma das comissões da FPN que tentaria convencê-lo era integrada por um jovem deputado de 29 anos, que ficou muito impressionado ao entrar no gabinete do ministro porque, pela primeira vez na vida, viu alguém trabalhar e, ao mesmo tempo, ouvir música clássica que vinha de um aparelho de radiovitrola. Recém-chegado à Câmara, o petebista Almino Affonso esperava encontrar um generalzão rude, mas descobriu um homem com sensibilidade suficiente para apreciar sinfonias.

Quando não estava escutando discos, Lott ouvia a Rádio Ministério da Educação, e reclamava muito com Celso Brant, então diretor da emissora, da quantidade de músicas americanas executada pela rádio. Em casa, a radiovitrola permanecia sempre ligada. Se não estava sintonizada em emissoras de notícias, algum disco de música clássica girava na vitrola, preferencialmente Chopin. Gostava também de óperas. Tinha discos de óperas inteiras. *Aída* e *Carmem* eram as preferidas. Almino empolgou-se com o costume de Lott no seu gabinete e, a partir daquele momento, iria imitá-lo.

Mas a sinfonia que serviu de fundo musical para o encontro não ajudou a FPN a convencê-lo. Lott não aceitou o convite. Não saía de sua memória a lembrança do seu tio da cidade de Barbacena, José Caldeira Lott, que perdera todos os seus bens em campanhas eleitorais, em uma época em que os homens públicos gastavam o próprio patrimônio para participar da atividade política. Esse fato, que traumatizou a família, marcou a infância do menino Henrique.

Àquela altura, era uma precipitação da FPN fazer o lançamento da candidatura porque as posições de Juscelino e do PSD eram ainda incertas. Mas naquele cenário não havia uma figura tão forte quanto Lott para fazer prevalecer as teses nacionalistas, principalmente a questão do petróleo. Além disso, a candidatura Lott barraria qualquer tentativa de golpe, seja da UDN, que aproveitaria qualquer chance; ou do próprio continuísmo de Juscelino, que chegava a preocupar a FPN. Essa série de fatores transformava a candidatura Lott em um caminho inevitável para a FPN.[423] Agarraram-se ao seu nome, que foi crescendo sem rival. Quando os caciques pessedistas despertaram, já era tarde. O vácuo estava preenchido. O PSD cometera vários erros, como manter na presidência do partido Amaral Peixoto, mesmo enquanto era o embaixador do Brasil em Washington. Erros... ou pequenas sabotagens de Juscelino, que não queria um nome forte do PSD como candidato.

No livro-entrevista *Artes da Política; diálogo com Ernani do Amaral Peixoto*, o líder pessedista tentou explicar à professora Aspásia Camargo como a candidatura Lott atropelou um partido tão experiente:

"Como os outros presidentes de diretórios regionais (do PSD) chegaram a apoiar Lott? *Foi um fato consumado, um fato consumado.*

Consumado por quem? *Lançado o Lott, que era ministro da Guerra, houve o apoio do PTB...*

Mas quem lança o Lott? *Eu presidi uma reunião na Câmara com a bancada federal, e já um grupo da Ala Moça, embora pequeno, falou no nome do Lott. Além disso o PTB se precipitou em apoiá-lo, para evitar justamente o fortalecimento de uma candidatura pessedista.*"[424]

A perfeita identificação de Lott com os ideais nacionalistas o catapultou à condição de celebridade da FPN, que também se autobeneficiaria dessa escolha, alegando ser a criadora da candidatura.[425] A empolgação dos nacionalistas era louvável. E contagiava.

Em março de 1959, Lott viajou para os Estados Unidos em uma visita oficial de três semanas, a convite do governo norte-americano, acompanhado de dona Antonieta e de seus assessores de gabinete: coronel André Fernandes de Souza e capitão Duvally Verlangeiro. Durante o embarque, houve uma grande manifestação popular no aeroporto do Galeão. Políticos e militares compareceram; entre eles, João Goulart, presidente do PTB, e Amaral Peixoto, presidente do PSD. Não era mais possível negar seu nome como candidato natural à sucessão de Juscelino.

Nos Estados Unidos, Lott visitou as principais unidades do Exército norte-americano, o Departamento de Estado, o Colégio de Comando e Estado-Maior do Exército, em Fort Leavenworth, e o Quartel-General da Defesa Aérea. Em Washington, foi questionado sobre o lançamento da sua candidatura à presidência pela Frente Parlamentar Nacionalista. Respondeu simplesmente que não se interessava pela candidatura, justificando:

"Sou um soldado e apenas um soldado. Não espero ser outra coisa que um soldado."

Na volta ao Brasil, a festa repetiu-se com uma vibração ainda maior. Jornais nacionalistas convocaram e incentivaram os leitores a receber Lott. Uma pequena multidão — que carregava faixas em que se lia "O Brasil precisa de Lott" — acompanhou o ministro até sua casa, onde a FPN, através do deputado José Maria Alkimim, faria um pronunciamento em favor de sua candidatura à presidência. Aconteceria mais uma entrevista coletiva:

— Marechal, o senhor aceitará sua candidatura?

— Não sei. Não posso opinar sobre uma coisa que não existe.

— Mas seu nome tem aparecido em faixas e cartazes...

— Não tenho a menor injunção nestas faixas e cartazes. Acabo de chegar dos Estados Unidos, não sou candidato e somente aos partidos cabe deliberar a respeito.

Políticos, jornalistas, simpatizantes. O apartamento do marechal estava lotado. A engrenagem funcionando. Lott foi convidado para ir até a uma praça próxima, onde havia sido montado um pequeno palanque. Seguiram-se mais discursos. A base de sustentação do governo se encontrava bem desgastada, mas pela corrida que se fazia atrás de Lott, naquele momento ele era considerado um candidato fortíssimo, com excelentes chances de ser eleito.

Foi a primeira vez que Lott não disse não: "Ao povo caberá a última palavra." Abertamente, a declaração em que admitiria sua candidatura seria dada ao jornalista Carlos Castello Branco, em *O Cruzeiro*, na última semana de abril de 1959: "Se as circunstâncias exigirem como imperativo do compromisso de servir à pátria." Na mesma entrevista manifestava-se a favor da reforma agrária, contra o comunismo e já falava em desapropriação de latifúndios improdutivos. Começava bem...

Dois foram os fatores que mudaram a sua decisão. O primeiro foi a maneira inteligente como a ala moça e Alkimim apresentaram-lhe a candidatura. Colocaram-no diante de um desafio: aceitar a missão ou negar por medo ou comodismo os riscos da campanha. A partir dessa colocação, Lott faria de sua campanha uma obrigação a ser cumprida, afinal, como ele costumava repetir: "militar não pode recusar missão". Se o primeiro motivo já lhe falava alto, o segundo era definitivo: impedir a vitória do candidato por um partido "com idéias diametralmente opostas às que ele até então pregara". O partido iria "explorá-lo à sua demagogia, à sua penetração na massa popular, à sua capacidade de arrastar o povo, mesmo tendo dados do seu despreparo, dada a maneira pela qual ele tinha agido nas funções anteriores".[426] Para quem não entendia de política, Lott fazia um preciso exercício de adivinhação quanto ao rival que surgia. Enfrentá-lo-ia por sê-lo quem era.

As raposas do PSD entregavam os pontos, apesar de ainda se movimentarem atrás de um candidato que, como procurava o senador Vitorino Freire, não fosse sério demais e impenetrável como Lott. Mas a candidatura era irreversível. Um nome natural que vinha crescendo, não encontrou rejeição dentro das forças que compunham a base de apoio ao governo, e teve o caminho facilitado por Juscelino e por parte do PTB. Cada um dos grupos tinha seus próprios interesses e planos mais ousados a longo prazo e consideravam a candidatura Lott ideal para o momento.

Para finalmente aceitar sua candidatura, Lott declarou que sairia candidato desde que os partidos indicassem seu nome. Os coronéis do PSD aparentemente não tinham nenhum plano na manga. Boicotados por Juscelino, não havia um só cacique disposto a apresentar-se para sua sucessão. As bases mostravam-se empolgadas, mas a cúpula demorou para reagir, talvez anestesiada pelas pesquisas de opinião favoráveis a Lott. As raposas agiram como paquidermes. Em compensação, a ala moça partiu para o ataque e garantiu a escolha de Lott, que permanecia imóvel, sem fazer o mínimo esforço pela própria candidatura. Pelo contrário, chegava a aconselhar que o partido buscasse outros candidatos. Deixaria aberta a possibilidade de um nome de união nacional, com o qual Juscelino sonhava.

No dia 4 de junho de 1959, uma reunião aberta realizada na Associação Brasileira de Imprensa, cuja sala estava lotada, presidida pelo deputado federal do PSD mineiro, Último de Carvalho, presidente da comissão executiva do "comitê nacional pró-candidatura Lott", lançou, pela primeira vez em um encontro oficial, a chapa Lott-Jango para concorrer à eleição presidencial. Nesse encontro foram divulgados os regimentos internos dos comitês de campanha de Lott e suas comissões executivas.

Seguiram-se várias manifestações de governadores e políticos entusiastas da candidatura, que sentiam a resposta das ruas. Em agosto de 1959, Lott foi o protagonista do programa "Esta é sua vida", apresentado por Alcino Diniz e exibido pela TV Tupi do Rio de Janeiro. Dezessete netos estiveram no palco levando flores para presenteá-lo. O programa contou com a surpreendente presença da filha de Lott, Heloísa, que foi trazida dos Estados Unidos pela produção só para participar da homenagem.

A popularidade de Lott, naquele momento, provocou uma corrida de partidos para apoiá-lo. Em 1º de julho de 1959, o PSB do Distrito Federal aprovou por 87 votos a favor e 3 contrários a indicação de Lott para a convenção nacional do partido. Em 15 de julho, a comissão executiva do PSD também indicou Lott como candidato do partido. Ao ser informado da escolha, Juscelino mostrou o que pensava com uma opinião secamente honesta: "O Lott será um ótimo presidente, mas é um péssimo candidato."[427] No dia 23, Amaral Peixoto foi até a casa de Lott, que estava à paisana, de paletó esporte, para comunicá-lo da decisão do Diretório Nacional do partido. Para agradecer a escolha, visitou a sede do PSD. Depois de ser saudado pelos líderes do partido, fez um discurso. Não foram só palavras de candidato, falou o que pensava e no que acreditava:

> Tendo em mira tais diretrizes (do PSD), direi ao povo, relativamente aos magnos problemas nacionais, as idéias com que, no governo, pretendo tentar-lhes a solução (...) não deixarei que se interrompa a imensa, a exemplar obra administrativa do presidente Juscelino Kubitschek. Procurarei dar-lhe continuação, assim como os desenvolvimentos com que ela deve permanentemente frutificar, ao mesmo passo que irei buscando lançar bases de novas iniciativas.[428]

Parecia que aconteceria uma avalanche de apoios. Não foi assim. Essa clara definição no início da campanha presidencial marcou um racha definitivo na FPN. Os udenistas que faziam parte do grupo sentiram-se menosprezados, já que a finalidade da Frente era unir opiniões divergentes, mas que se ligavam pelo nacionalismo.[429] Os entusiastas de Lott esqueceram da ideologia e se empolgaram com os ares eleitoreiros.

A FPN, antes de ser atingida pela briga sucessória, funcionara bem, como deveria trabalhar uma frente interpartidária. Nas questões que envolviam desenvolvimentismo e defesa dos interesses nacionais, deputados udenistas, petebistas e pessedistas votavam juntos. Na hora da sucessão, como era natural, cada nacionalista ficou com seu candidato, apesar de a plataforma política de Lott ter muito mais pontos em comum com a FPN. Os udenistas da FPN não estavam de acordo com a indicação de Lott e não gostaram da forma como os governistas impuseram seu nome. Tampouco se entusiasmaram com a candidatura Jânio, o primeiro político a ser lançado na corrida sucessória, já indicado pelo minúsculo PTN, cujo presidente era o deputado Emilio Carlos.

Mesmo assim o grupo de udenistas que pertencia à Frente — José Sarney, Seixas Dória, Ferro Costa, José Aparecido de Oliveira — manteve-se ao lado daquele que se tornaria o candidato da UDN, partido que também tinha sua corrente nacionalista desde 1957, quando foram criados "centros nacionalistas". Porém os deputados nacionalistas da UDN eram constantemente ignorados pelo diretório central do partido.

O ano de 1959 foi marcado pela fundação do Instituto Brasileiro de Ação Democrática (IBAD), a resposta da direita ao ISEB. O Instituto era mantido por doações de empresas brasileiras e por multinacionais. Financiava campanhas políticas e divulgava idéias anticomunistas, diretamente ligado à CIA.

A UDN também tinha a sua "Frente" — a Ação Democrática Parlamentar (ADP). Quase no mesmo momento[430] também surgiriam o Conselho Superior das Classes Produtoras (Conclap) e o Instituto de Pesquisas e Estudos Sociais (IPES), que funcionaria como comando intelectual dessa movimentação da direita, enquanto o IBAD seria o comando da ação. Eram empresários e militares[431] fascinados pela pose de político sério e moralista de Jânio, e descontentes com o estilo populista de Juscelino e seu arriscado jogo com a inflação.

A óbvia presença de militares na campanha de Lott não agradaria à FPN. Mas o grupo militar que marcharia pelo marechal também não se mostraria muito unido. Os nacionalistas repudiavam as manifestações dos comunistas em favor da candidatura, enquanto um terceiro grupo, de sinceros admiradores do candidato, não se entrosava com nenhum dos dois.

Tinha início assim a aventura de Lott. Com um amplo leque de correntes, frentes, movimentos e partidos que o apoiavam no papel, movidos principalmente pela questão do nacionalismo.[432] Contudo a convivência de ideologias e interesses tão diversos se mostraria um desastre. Não houve uma coordenação que pudesse dar um único rumo a tantas forças que saíram às ruas... cada qual para seu lado. A pacífica classe média — os inocentes do Leblon —, assustada com essa mistura, jamais aceitaria nacionalistas, militares, petebistas, comunistas e pessedistas no mesmo palanque.

Além da *Frente Nacionalista* e da *Frente Parlamentar Nacionalista*, havia o grupo nacionalista do Exército, formado por generais como Ladário Teles, Assis Brasil, Stoll Nogueira, e Euryale de Jesus Zerbini. Lott carregava o respeito militar, por admiração ou por temor. Seu nome ficou associado à legalidade, como uma garantia contra os conspiradores. O único que poderia manter a aliança PSD-PTB e ainda trazer o apoio dos militares, dos nacionalistas e até dos comunistas.

A princípio ampla e, em teoria, imbatível, a união que sustentou o governo e lançou Lott se mostraria contraditória e desunida.

Capítulo 10

Professor, vereador, deputado estadual, prefeito, governador, deputado federal. Jânio da Silva Quadros era um enigma que não se ligava a qualquer corrente. Iniciou sua carreira política envolvendo-se em movimentos populares que mantinham relações com a esquerda. Conseguiu, através de seu estilo único e estridente, atingir uma imunidade de causar inveja a qualquer homem que depende do voto: atacava os políticos, mesmo sendo político. Com talento nos palanques e seus factóides no governo, atingira a fama de bom administrador, e conquistara uma perigosa legião ao personificar o sonho de político para a classe média: um governo atuante, defensor dos costumes, e honesto; era essa a imagem que passava. E essa foi a imagem que grudou nele. Seu discurso naquele momento mudava pouco: ataques aos gastos excessivos do governo Kubitschek, ao descontrole da economia e, principalmente, críticas mordazes à corrupção, que ficaram eternizadas pelo símbolo de campanha, a vassoura. Adotava uma postura visualmente moralista e passava um ar de autoridade.

Mato-grossense de Campo Grande, fez toda sua carreira em São Paulo, onde era advogado e professor de Português. Vinha em uma ascensão fulminante. Pouco importava sua constante troca de partidos: pelo PDC, elegeu-se vereador em 1947 e deputado estadual em 1950, quando falava da insalubridade e da falta de esgotos do bairro paulistano da Vila Maria, seu principal feudo eleitoral. Em 1953 tornou-se prefeito fazendo a histórica campanha do "tostão contra o milhão", com apoio de uma parte do PTB, do PSB e da UDN. Durante sua gestão iria apoiar a greve dos 300 mil, mas nesse período deu uma guinada para a direita. Em 1954, elegeu-se governador, derrotando Adhemar de Barros. Nunca definiu sua posição em relação a Vargas, mas deu palpites e provocou uma crise ministerial no governo Café Filho. Cresceu no vácuo de líderes trabalhistas que não existiam no estado paulista. Com os trabalhistas a seu lado, também conquistou a classe média com discursos e uma postura moral sob medida. Faria uma festa com as verbas obtidas na esteira do Plano de Metas de Juscelino. Consolidou seu estado como uma potência econômica, aproveitando a onda, como reconheceria o próprio presidente.[433] Jânio teve a sorte de ser o governador de um presidente Juscelino. Sob as bênçãos monetárias colhidas do nascimento do desenvolvimentismo e das indústrias, sua atuação ficou bem facilitada.[434] No ano de 1955, a Refinaria Presidente Bernardes era inaugurada. O crescimento industrial paulista atraía novos investimentos: em Cubatão surgiria o maior pólo petroquímico da América Latina. Com o que sobrava em Cubatão, seria fácil asfaltar São Paulo.

Em 1958, com uma espetacular votação, garantiu o mandato de deputado federal pelo Paraná, mesmo sem ter se desincompatibilizado do cargo de governador. A essa altura, já estava no PTB. Alardeando sua qualidade de trabalhista, não participou sequer de uma sessão do Congresso.[435] Quando a UDN tentou instalar a CPI da Novacap e recolheu 109 assinaturas — uma a menos do total necessário — o deputado Jânio se encontrava em viagem pela Europa. Esse fenômeno de comunicação foi construído graças a muitos sanduíches de mortadela engolidos durante os comícios; discursos rebuscados, mas contagiantes; um figurino desgrenhado; uma pose de paladino da honestidade; denúncias ruidosas; um brilhante poder de manipulação; e, para coroar, uma das mais geniais e eficientes campanhas de marketing político da história do país, que se apoiava em *jingles* marcantes:

Varre, varre,
varre, varre, varre
Varre vassourinha
Varre, varre a bandalheira
Que o povo já está cansado
De sofrer desta maneira
Jânio Quadros
É a esperança deste povo abandonado.

Para a campanha presidencial, apresentava uma frase que resumia toda sua proposta política para qualquer problema: "Jânio vem aí".[436] E vinha. E dentre os que sabiam o que vinha por aí, Lott era um. Conhecia bem aquela figura magrela, de óculos, que falava como se estivesse em um interminável discurso. A quem quisesse ouvir, avisava que Jânio não era um homem preparado para a presidência e que o país poderia sofrer muito com sua eleição. Não era discurso de candidato rival. Lott colecionara informações sobre Jânio enquanto servia em São Paulo como comandante da Zona Militar Centro. Passou a ver na própria candidatura um "ato de patriotismo para salvar o Brasil desse homem". Fora do ambiente político, dizia que Jânio era como "uma pessoa que começa a varrer uma escada pelo degrau mais baixo".

Ainda sem oficialização dos partidos, o confronto político que surgia revelava-se totalmente fora do normal. Às vésperas de ser lançado candidato oficial do PSD, Lott autodefiniu sua maneira de agir:

Quando externo um ponto de vista faço-o para expressar o que penso realmente. Atendo sempre à minha consciência. É meu hábito ser franco e não procuro agradar ou desagradar a mim nem a ninguém, mas ser sincero. Sou reservado por temperamento, aliás como todo mineiro. Além disso, tenho sangue inglês em minhas veias. Gosto de ser exato quando falo.

Não eram palavras que buscavam impacto. Era a profissão de fé de um homem sincero. Mas seria difícil encontrar quem estivesse interessado em ideais de honestidade. Se Lott quisesse vencer a eleição, teria de mudar.

Antes de deixar o Ministério para enfrentar esse desafio, Lott precisaria enfrentar mais problemas: sabotagens, espionagens e até uma nova rebelião. Em julho de 1959, Armando Falcão assumiu o Ministério da Justiça e Negócios Interiores e teve acesso a um relatório do Exército, encaminhado por Lott, sobre as Ligas Camponesas. O estudo alertava para a atuação de Francisco Julião em Pernambuco — onde estava fundando várias ligas camponesas — e já advertia sobre o perigo de uma guerrilha rural. Segundo o estudo, as ligas estavam "subvertendo os campos".[437] A seca de 1958 aumentara a miséria na região. O relatório destacava que a situação poderia se tornar grave.

Falcão levou imediatamente o assunto a Juscelino. O ministro manifestou-se a favor do fechamento das ligas. O presidente concordou, mas mostrou-se preocupado com a repercussão política dessa atitude:

— Em princípio, estou de acordo. Mas é melhor ir por partes. Como o governador Cid Sampaio é da UDN, e para não dizerem que estamos indo à revelia dele em Pernambuco, converse primeiro com o deputado Magalhães Pinto, presidente nacional da UDN. Exponha-lhe os fatos, manifeste a preocupação do governo, fale no relatório do Exército e diga-lhe qual é a nossa opinião.

Magalhães organizou uma reunião na sua própria casa com Falcão e Cid, onde o ministro revelou o conteúdo do relatório. Cid Sampaio reconheceu a existência das ligas, admitiu que já houvera alguns incidentes, mas se mostrou contra o fechamento, alegando que "o problema tinha como causa a fome. E só acabando a fome se acaba com a agitação".

Falcão reforçou sua posição para o governador. Procurou Juscelino e transmitiu-lhe o resultado da reunião. O presidente pediu então que Falcão procurasse Lott e lhe contasse sobre o encontro. Lott também alertou o presidente:

— Se não tomarmos uma medida enérgica, essas Ligas Camponesas, manobradas pelos comunistas, vão dar muito trabalho. Vão produzir a violência e nos obrigar à repressão, pela força.[438]

Juscelino preferiu contemporizar. Pediu que Falcão não tomasse nenhuma atitude. Podia fechar os olhos, mas a radicalização política no campo já era uma realidade. As ligas chegariam a ter 40 mil filiados em 1963 no Nordeste. Nesse mesmo ano, Julião garantia que o número dos sem-terra chegava a 12 milhões.[439]

De olho na sua volta ao poder[440], Juscelino reaproximara-se dos velhos caciques do PSD. Tinha um plano para agradar a todos, inclusive à sua própria candidatura em 1965. Desde o fim de 1958, tentava fazer do udenista Juracy Magalhães o sonhado candidato de consenso e apresentava três motivos para isso: a alternância do poder, já que PTB e PSD haviam governado o país; o temor pela vitória de Jânio; e a ameaça de uma nova conspiração da UDN, em caso de derrota. Esperava detonar assim o apoio crescente que a UDN e o próprio PSD — os diretórios do Pará, Maranhão, Goiás e Paraíba achavam a candidatura Lott "trabalhista"[441] demais — demonstravam a Jânio, além de diminuir a influência de Lacerda sobre o partido. O nome de Jânio para presidente já estava lançado desde abril de 1959 pelo PTN e pelo Movimento Popular Jânio Quadros. A oposição ficou em pânico com a proposta de Juscelino. A outrora salvadora tese da "união nacional" não poderia acontecer naquele momento em que a UDN estava de olho em um candidato com forte atração popular.

O apoio a um candidato da UDN resolveria todos os problemas de Juscelino: o presidente que gastara muito deixaria o ônus de um governo austero para a oposição. Ficaria cinco anos preparando-se para a eleição de 1965, na cômoda posição de estilingue, apreciando o desgaste da UDN no poder.

Para levar seu plano à frente, Juscelino precisava tirar Lott do jogo. O presidente convocou Falcão para ser o intermediário de uma negociação. Estava preocupado com a reação do marechal e não queria trair a lealdade devotada por ele a seu governo. Queria saber se aceitaria abandonar a candidatura. Pediu a Falcão, um dos poucos homens do governo que mantinha um diálogo mais aberto com Lott, que sondasse o candidato para testar sua reação. Falcão procurou Lott. Depois de muitas voltas, foi à pergunta:

— O senhor admitiria abrir mão da sua candidatura em troca de um político militante?

— Quem, por exemplo? Você sabe que nunca pleiteei a candidatura (...) Admitindo que eu não quisesse mais continuar nessa desagradável maratona, quem poderia ficar no meu lugar?

— Marechal, sei que o senhor foi candidato quase à força (...) Que tal o nome de Juracy Magalhães?

— Bem, essa seria uma solução aceitável. Se o meu nome puder ser substituído pelo do Juracy, eu até ficaria feliz em sair do barco, dentro do qual não me sinto à vontade. Eu não nasci para ser político, nasci para ser soldado.[442]

Falcão recebeu a autorização de Lott para transmitir essa opinião a Juscelino, que se entusiasmou com o novo cenário que poderia surgir. Em outubro de 1959, Juscelino não escondia que achava Juracy o melhor nome para a presidência[443], enquanto o governador baiano confirmava[444] que o presidente defendia essa candidatura porque seria melhor para o "interesse do país (...) que a UDN tivesse a sua chance". Garantiu que, se Juracy fosse indicado pelos udenistas, lhe daria o apoio. Naquele momento, Jânio fora escolhido oficialmente apenas pelo PDC. Faltava a convenção da UDN.

Procurado pela imprensa, Lott declarou que recebeu apelos para desistir de sua candidatura em favor de um político que unisse os partidos: "tornei-me candidato por um dever cívico a que não poderia fugir (...) não procurei os partidos. Eles é que vieram ao meu encontro. E as reiteradas demonstrações de apoio popular que venho recebendo de todo país obrigaram-me a honrar a posição a que fui conduzido. Devo aduzir, porém, que não sou, nem seria obstáculo a um entendimento patriótico das forças políticas nacionais, para a escolha de qualquer brasileiro digno que as pudesse somar".

Empolgado com a reação de Lott, o presidente tentou passar a idéia à frente, mas os nacionalistas continuavam em campanha. O plano de Juscelino era antigo. Trabalhara muito nos bastidores do PSD e afastara candidatos em potencial como Tancredo, Alkimim e Amaral Peixoto, autor da frase "para Juscelino não existia 60, só 65". Porém esbarrou na ala moça do partido, que tinha várias restrições ao nome de Juracy.

E como explicar aos pessedistas, acostumadíssimos ao poder e a um cargo, que o melhor seria perder a eleição? Juscelino até que tentou. Reuniu-se com os principais nomes do partido e defendeu sua idéia. Os pessedistas chocaram-se[445] e repudiaram a proposta, aumentando ainda mais sua insatisfação. Os pessedistas já não suportavam mais a aliança PSD-PTB;

o que se poderia esperar de uma chapa com a UDN? As eleições de 1958 demonstraram que o PTB lucrara muito mais com essa união. Esses movimentos de Juscelino serviram também para aproximar definitivamente a ala moça da Frente Parlamentar Nacionalista. Os "jovens" do partido adotariam o candidato Lott e suas idéias — legalidade, defesa da democracia e da Petrobrás, política desenvolvimentista, aumento da proteção social — e a ele seriam fiéis até o fim da campanha.

Um diferente painel político esboçou-se depois das eleições de 1958. Havia muito mais no debate político além do velho confronto entre getulistas e antigetulistas. O trator Juscelino obrigou o PSD a discutir temas com os quais nunca se preocupara. O ritmo das cidades começava a se sobrepor ao do interior. O censo de 1960 apontaria pela primeira vez um Brasil urbano com mais população do que o rural. Era hora de Juscelino fazer um recuo tático e voltar a compor forças com os caciques do PSD. A apressada decisão da ala moça e da FPN em indicar Lott como candidato acabaria servindo como manobra para Juscelino enfraquecer aqueles grupos que boicotaram sua surrada proposta de "um candidato de união nacional". (Em julho de 1959, o deputado José Joffily perguntou a Lott como ele ficara sabendo da reforma ministerial. Lott deu uma resposta que demonstrava o nível de consideração que Juscelino tinha, naquele momento, pela ala moça e por ele próprio: "Como o senhor, pelo rádio".[446])

Se Lott, além de tudo um mineiro, vencesse depois de uma campanha alicerçada na continuidade do Plano de Metas, realizaria um governo apoiado pelas mesmas forças políticas que levaram Juscelino ao poder. Mais cinco anos de desgastes que atrapalhariam muito a sua volta. E o ideal para ele seria que a UDN ganhasse uma para sossegar e, finalmente, provar o gostinho do poder.[447] Seria Juracy quem enfrentaria uma inflação crescente, e deveria tomar medidas austeras e impopulares, abrindo o caminho para a volta consagradora no JK-65.

Contudo, mesmo articulando com cuidado, Juscelino mal lançara a idéia da candidatura de Juracy e já teria de sepultá-la. Sem o PSD inteiro e unido seria impossível mudar a chapa. O plano de Juscelino de entregar a presidência à UDN, que lhe permitiria cinco anos tranqüilos na oposição, não dera certo. Por enquanto.

A Juscelino, restaria apoiar Lott com frases nada entusiasmadas: "Eu, como homem do PSD, vou votar no marechal Lott." Para sua alegria, Lott achava correta a atitude neutra do presidente, que deveria fazer o papel de árbitro da sua sucessão, sem se envolver, pois estava exercendo o cargo máximo do país: "O presidente Juscelino não precisa dizer mais do que tem dito: que fui seu auxiliar, que cooperei com lealdade e dedicação. E não está dizendo nada demais, porque esta foi a verdade".[448]

No entanto, Juscelino não se mostrava "preocupado" com a indicação de Lott. Quanto mais forte se tornasse sua candidatura, menor a chance de o PSD emplacar um candidato civil que pudesse rivalizar com Juscelino em futuras eleições. Os caciques viam o nome de Lott crescer. Perplexos e sem reação. Foram surpreendidos enquanto cuidavam de seus quintais. Achavam que ele não seria o candidato ideal, mas nenhum outro pessedista sequer tentou se lançar na disputa.

Como a ala moça identificava-se apaixonadamente com a questão nacional, impulsionou e tornou imbatível dentro do partido o nome de Lott, mesmo com apenas 40 assinaturas no manifesto que o lançara na corrida. Quando se deu conta, o PSD brigava por um candidato que nunca fora seu. O partido esperava pelo menos realizar uma campanha vitoriosa, adequando aquela estranha candidatura aos interesses de cada estado. Se isso desse errado, os caciques simplesmente esqueceriam do candidato e tentariam garantir cada um o seu feudo. A candidatura Lott revertia o quadro tradicional de um candidato que surge de uma aliança. Era uma união política que precisava surgir ou ressurgir em torno de um nome. Em junho de 1959 a reedição da frente PSD-PTB era uma barbada. Imbatível. Acreditava-se que isso bastaria para a vitória[449] que passava por uma conta básica: a vantagem certa de Jânio em São Paulo seria quase anulada pelo sucesso de Lott em Minas. Jango daria a vitória a Lott no sul. E, no nordeste, coronéis e esquerdistas garantiriam, juntos(!), a eleição de Lott.

A princípio viam em Lott a reedição de Dutra, que fizera uma campanha que não empolgou, mas chegou lá. Achavam que somente a estrutura partidária seria suficiente. As vitórias "garantidas" em Minas e no Rio Grande do Sul descontariam a vantagem de Jânio em São Paulo. Bastava apenas que o candidato manobrasse nos bastidores, acertando acordos, indicações e vantagens. Tudo isso se passava enquanto Amaral Peixoto, presidente do PSD, ainda dava entrevistas para garantir que o partido "não chegara à fase de nomes".

Mas um furacão atravessava o caminho. Em 20 de abril de 1959, o Movimento Popular Jânio Quadros (MPJQ), liderado por Carlos Castilho Cabral, lançara a candidatura de Jânio à presidência da República. No dia seguinte, o PTN indicava seu nome. Seguindo o estilo do chefe, Castilho não esperou nem convenção, nem oficializações. No dia seguinte, saiu às ruas com kombis que faziam uma propaganda barulhenta e ininterrupta por São Paulo. Montou pequenos comitês de bairro. A campanha ganhava recursos com coletas, doações e vendas de símbolos da campanha, como pequenas vassouras. Em pouco tempo todo suporte extrapartidário do MPJQ bastaria ao candidato. Juarez Távora tornou-se o patrono do movimento, que contava com a adesão de Carvalho Pinto e João Dantas, do *Diário de Notícias*.

Esse movimento em torno de Jânio também preocupava o presidente. Suas manobras não deram certo, mas a possibilidade que surgia não era ruim: um candidato fraco politicamente que "garantiria a derrota" do PSD. Juscelino poderia ser o homem que puxaria votos para o indicado de seu partido, mas trabalhava pensando em outra eleição, que seria realizada, acreditava, dali a cinco anos. Também mantinha uma pequena esperança na convenção da UDN. Juracy iria disputar a indicação. Se ele ganhasse...

Novembro de 1959. Com o Palácio Tiradentes decorado com vassouras, a convenção da UDN foi regida por Carlos Lacerda, que defendia a candidatura Jânio e pregava uma "aliança com o povo".[450] Os que estavam ao lado de Juracy protestavam gritando que a UDN não precisava de vassouras porque eles eram limpos. Lacerda traía um líder histórico da UDN e colocava todo o peso de seu nome no apoio a Jânio. Estava cansado de derrotas. O fenômeno Jânio vinha atropelando e Lacerda adotou a tática do "candidato de resultados", arriscando tudo em um homem que não era lá muito cumpridor de acordos partidários. Juracy Magalhães, presidente da UDN, e um dos criadores da "Caravana da Liberdade", era devorado pela própria criação, já que fora um dos incentivadores dessa nova postura da UDN. Não resistiu ao poder verborrágico da dupla. Foi humilhado, mas fez um discurso profético: "Acenam-nos, na futura batalha, com o encontro da esperança e do desespero no apoio à candidatura que não defendo nesta convenção. Temo, porém, que cedo os largos campos da esperança sejam batidos pelo vento do desespero. E então? E depois? Ficaríamos talvez como no poema de Carlos Drummond: 'E agora, José? / A festa acabou, / a luz apagou, / o povo sumiu, / a noite esfriou".[451]

Poucos ouviram suas palavras. As vaias foram mais fortes. Juracy perdeu por 205 votos a 83. A mesma convenção escolheu Leandro Maciel, ex-governador de Sergipe, para vice da chapa. Jânio fora para a convenção da UDN já sustentado pelo Partido Trabalhista Nacional (PTN), Partido Libertador (PL) e Partido Democrata Cristão (PDC), que escolhera o petebista dissidente Fernando Ferrari como candidato a vice. Ferrari contava com o apoio da corrente gaúcha do PTB batizada de "Cruzada Cívica das Mãos Limpas". Jânio era um só, mas iria com dois vices para a disputa. Em breve, arrumaria um terceiro.

Menos de um mês depois da convenção, no dia 27 de novembro, Jânio, descontente com a escolha de seu vice pela UDN e prevendo o enfraquecimento político que isso poderia causar, renunciou à candidatura. Nenhuma surpresa. Não era a primeira vez, nem seria a última. Já ameaçara renunciar enquanto governava São Paulo. Dessa vez deu certo. Todos correram para agradá-lo. Mais uma vez, um grande nome da UDN sofreria uma humilhação pública. Leandro Maciel seria substituído por Milton Campos. Foi feita a vontade de Jânio, que queria mais. Conseguiu que todos os partidos envolvidos reafirmassem publicamente que o candidato não se encontrava comprometido com esse apoio. Ótimo para Jânio, que comprometia sem se comprometer e que, mesmo durante a campanha, iria trocar de vice novamente na única dupla traição partidária da história do país.

A renúncia de Jânio também mexeu com a campanha de Lott. Correram novos boatos de que ele também abriria mão de sua candidatura. Dessa vez o marechal, preocupado com o partido, assumiu a candidatura e a disputa: "Não quero e não posso decepcionar, agora, aos que acreditam em mim. Sou candidato. A minha candidatura já está nas ruas. E com ela irei até 3 de outubro de 1960, quando espero ser eleito presidente da República. Sou contra qualquer forma que venha modificar o jogo sucessório. Na democracia é o povo quem decide. Agora, a palavra está com ele."

Jânio, ao renunciar (à candidatura), fez mais do que ele próprio esperava. Deu a senha. A desculpa para que mais uma vez um grupo de oficiais se revoltasse. Vinha aí mais uma rebelião.

Capítulo 11

Oficiais que se auto-intitulavam Comando Aéreo Revolucionário, com planos, ordens e instruções prontos e por escrito, acreditavam que um golpe de esquerda estouraria no dia 15 de dezembro de 1959, sob a liderança do governador gaúcho Leonel Brizola, que implantaria no país uma República Sindicalista Brasileira.[452] Prepararam-se para o combate. Mais uma vez, tentariam organizar em um lugar de difícil acesso um foco de resistência, enquanto esperavam a solidariedade e as adesões dos companheiros.

A renúncia do candidato que solucionaria os problemas do país, na visão dos rebeldes, foi o estopim para a saída do movimento.

Às nove da noite do dia 2 de dezembro de 1959, o doutor Luiz Mendes de Morais Neto, um dos autores intelectuais do movimento, entrava no Clube da Aeronáutica, onde já o esperavam o tenente-coronel aviador João Paulo Moreira Burnier — que se tornaria o verdadeiro líder da rebelião —, o capitão do Exército Tarcísio Célio Carvalho Nunes Ferreira e o civil Roberto Rocha Sousa. Em seguida, chegaram o coronel do Exército Luiz Mendes da Silva e o civil Charles Erba. Do Clube, todos rumaram para o aeroporto do Galeão, onde já estavam a postos os tenentes-coronéis aviadores Haroldo Coimbra Veloso — de novo ele, o líder da revolta de Jacareacanga —, Geraldo Labarth Lebre e o capitão aviador Prospero Punaro Baratta Netto. Entre duas e três da manhã na madrugada do dia 3, seguiram todos, de caminhão, para a Base Aérea.[453] Por volta das quatro e meia da manhã, 3 aviões C-47 da FAB, números 2025, 2060 e 2073[454], decolaram do Galeão.

Quase ao mesmo tempo outro avião, um Beechcraft prefixo C-45 PP-DKD, que pertencia à Companhia Estanífera do Brasil (CESBRA), era roubado e decolava do aeroporto da Pampulha, em Belo Horizonte. A bordo, os capitães-aviadores Gersch Nerval Barbosa e Washington Arnaud Mascarenhas, e o tenente-aviador Leuzinger Marques Lima.

Às três e meia da mesma madrugada, um L-49 Constellation, prefixo PP-PCR, da Panair, que decolara do aeroporto Santos Dumont às onze e quarenta e cinco da noite rumo a Belém e Manaus, com 38 passageiros, 8 tripulantes e o corpo de Regina Coeli Farry, que seria enterrado em Belém, sobrevoava a cidade baiana de Barreiras. O major Eber Teixeira Pinto, que havia conseguido clandestinamente[455] a passagem e estava sendo ajudado pelo engenheiro Charles Erba, conversava com os oficiais na cabine do avião. De repente apontou um revólver calibre 45 para o comandante Mário Borges e comunicou:

— Isto é uma revolução. Irrompeu um movimento e eu preciso deste avião. Vamos para Aragarças.

Como a tripulação ensaiou uma reação, o major virou a arma, ordenando que não se movessem, caso contrário o comandante seria morto. Em seguida, agrediu o radioperador e o mecânico de bordo.[456] Cumprindo as ordens do major Eber Teixeira e do engenheiro Erba, o comandante do avião consultou a carta e mudou o rumo da aeronave para Aragarças. Eram três e vinte e sete da manhã. Estava acontecendo o primeiro seqüestro de avião em todo o mundo. Entre os passageiros, o senador Remy Archer, que seria mantido como refém durante toda a rebelião, e Jaisa Lott, viúva do tenente aviador Hermano Lott, primo em segundo grau do ministro da Guerra. Hermano falecera em um acidente aéreo pouco tempo antes.

O avião chegou em Aragarças às seis e trinta e dois da manhã, mas só pousou depois da autorização do seqüestrador às oito e meia. Os quatro aviões usados pelos rebeldes estavam na pista.

Durante essas duas horas, o major Eber não conseguia esconder o nervosismo, principalmente depois que, às oito da manhã, o *Repórter Esso* anunciava que "a situação em todo o país é de calma". Irritado, depois de muito buscar contato com a base usando o rádio do avião conseguiu contato:

— Queira informar que eu sou o número 3. Qual é o meu apelido?

— Você é o costeleta.

— Alô, 2; aqui é o 3, tudo bem?

— Aqui tudo bem.

— O Veloso está aí?

— Está. Está esperando por vocês.[457]

Quando finalmente o Constellation pousou, os rebeldes recebiam a última adesão ao movimento. Não sabiam disso. Esperavam muito mais.

Um dia antes do seqüestro, o major Eber conseguira juntar, em pleno Regimento Escola de Infantaria (REI) na Vila Militar, vários revólveres, metralhadoras e munição. Em seguida, o major dirigiu-se ao portão de embarque, onde deveriam estar esperando por ele, conforme o combinado, outros dez rebeldes. Havia apenas um. Porém, na hora de embarcar, esse um afirmou estar sentindo uma forte dor de barriga...[458] e sumiu. Eber não se abalou, resolveu continuar com o plano e fazer a sua parte. Fez mais... tornou-se o primeiro seqüestrador de avião em toda a história.

Os antecedentes do movimento lembravam muito Jacareacanga. O planejamento fora bem mais cuidadoso. A execução seria um fiasco.

A base aérea da Fundação Brasil Central, em Aragarças, no estado de Goiás, próxima à fronteira com o Mato Grosso, na confluência dos rios Garças e Araguaia, foi escolhida pelos revoltosos para sediar o movimento. A área tinha uma importância político-estratégica. Era distante dos grandes centros e o acesso por terra apresentava muitas dificuldades. A pista podia aceitar aviões Douglas C-47. A Coluna Prestes usara o local como ponto. Depois disso, serviu de base para a expedição Roncador-Xingu, cujos líderes foram os irmãos Leonardo, Claudio e Orlando Villas-Bôas. A expedição dos Villas-Bôas em 1943 serviu como embrião para a Fundação, cuja finalidade era estimular o surgimento de novas cidades no interior do país.

Foram mais de dois anos de planejamento. Os rebelados trocavam cartas e informes. Relatórios sobre a situação nas capitais chegavam de todo o país. Moreira Burnier, chamado de "Janjão" pelos colegas, centralizava as informações e recebia as cartas dos colegas da Aeronáutica. As cartas e relatórios informavam a procedência, o nome do informante e dos mensageiros. Podia ser o prenome ou sobrenome, mas na maioria das correspondências, os oficiais usavam seus apelidos, o que dificultava a identificação. Os informantes faziam referências a unidades ou guarnições, mapeando a situação na região onde serviam. Relatavam os contatos mantidos com outros oficiais, às vezes afirmavam que determinado oficial "toparia", ou que esta ou aquela unidade aderiria. Eram relatos vagos, que faziam referências delirantes a apoios e a nomes de oficiais que jamais foram informados do planejamento de uma rebelião. Os informantes realizavam triagens classificando os oficiais com expressões como "é nosso", "é bom", ou "é gregório" para quem fosse contra.[459]

Mesmo com o planejamento da ação sendo feito com mais tempo e cuidado, a execução se tornaria uma sucessão de erros e improvisações. No papel as adesões esperadas eram muitas. O movimento teve um comando político responsável por um plano com o qual se comprometeram dezenas de oficiais. No IPM que seria realizado para investigar o movimento, o coronel Luiz Mendes da Silva foi citado algumas vezes como líder. Contudo, as iniciativas partiram sempre das mãos de Haroldo Veloso e João Paulo Burnier. Esperavam que um prócer da UDN aceitasse liderar o movimento, mas terminaram abandonados.

Enquanto os três aviões decolavam do Galeão, o deputado Carlos Lacerda era convidado pelo coronel Gustavo Borges a participar, mas se recusava a fazer parte do levante. Lacerda temia que aquela aventura resultasse em um golpe de Lott. Esperou um tempo para dar chance aos rebeldes e telefonou para o deputado Bento Gonçalves Filho, presidente da Frente Parlamentar Nacionalista, pedindo que ele avisasse Lott. Essa recusa de Lacerda decepcionava parte do Exército que contava com ele como chefe civil do movimento.

Lott já havia terminado seus exercícios físicos quando recebeu o telefonema de Bento, que seguira a orientação de Lacerda.[460] Garantiu ao deputado que começaria a agir naquele instante. Pelo telefone de campanha — já que mais uma vez, seu telefone normal não estava funcionando — falou com o ministro da Justiça. Tirou Falcão da cama.

Logo em seguida, Lott telefonou para o presidente e, além de informar sobre a revolta, passou-lhe todas as ações que estavam sendo realizadas pelas Forças Armadas. Já tomara as primeiras providências, em conjunto com os ministros da Marinha e da Aeronáutica. Juscelino convocou uma reunião para as nove da manhã, na qual exigiu uma resposta forte e imediata. Os ministros militares, contagiados pelas palavras do presidente, garantiram que as Forças Armadas restaurariam a ordem. E rapidamente. Dois aviões com pára-quedistas do Exército foram preparados para combater o movimento.

Os rebelados seguiram todos para Aragarças. Prospero Baratta e Tarcísio Ferreira fizeram o translado do corpo de Regina Coeli para o C-47 2025, enquanto os passageiros foram levados para um hotel na cidade de Barra do Garças. Seguindo os planos, formaram grupos que se separariam e seguiriam de avião para as cidades determinadas. A exemplo de Jacareacanga, esperaram o apoio dos companheiros. As primeiras adesões, não muito convictas, que conseguiram foram de dois civis da região: o comerciante Edmundo Wanderley Chaves e Fernando Wanderley Chaves, funcionário da Fundação Brasil Central.

Em um manifesto publicado nos jornais do Rio, os revoltosos justificaram seus atos pela inviabilidade de solução da crise através de simples apelo às urnas. A garantia da eleição não significava nada, ainda mais quando o candidato dos rebeldes os deixava na mão e renunciava. A exemplo de Jacareacanga, os rebelados continuaram esperando. Mas não esperaram sem agir. Tentaram agir. Depois de interditarem o campo de pouso e a ponte sobre o rio Araguaia, tomaram o avião C-45, da Base Aérea de Campo Grande, que lá descera em vôo do Correio Aéreo. A tripulação não quis aderir e foi presa. Na noite do dia 3, o capitão Arnaud Mascarenhas, um dos responsáveis pelo roubo do avião em Belo Horizonte, dinamitou os pontilhões da rodovia que liga Aragarças a Piranhas. Funcionários da Fundação Brasil Central eram forçados a participar do levante.

Em Aragarças, os rebeldes leram o manifesto do grupo. A confusão provocada por Jânio foi longe:

O dr. Jânio Quadros, candidato da maioria da opinião nacional ao posto supremo da República, porque representava a esperança do início da recuperação moral e material do Brasil, acaba de demonstrar que a única via para o reerguimento nacional e a libertação do país do grupo que atualmente o domina é a revolução.

Em seguida, colocaram os planos em ação. Formaram grupos e, usando os aviões roubados, deslocaram-se para as cidades matro-grossenses de Barra do Garças e Xavantina; depois foram para Balisa, em Goiás; voltaram ao Mato Grosso, dessa vez para Torixoréu e Xingu; e seguiram para Cachimbo e Jacareacanga, no Pará. O objetivo era dominar as cidades situadas entre Jacareacanga e Aragarças, formando uma linha de resistência de 1.300 km.

Veloso e o coronel Luiz Mendes — que chegou a discursar para os passageiros do Constellation em Aragarças — dominaram o destacamento local da FAB com ameaças. Punaro Baratta ameaçou o sargento Raymundo Menezes, se ele desobedecesse às ordens dos revoltosos. Mandaram a polícia bloquear o acesso a Aragarças pela estrada Bom Jardim de Goiás.

Em Barra do Garças, invadiram a agência do telégrafo e retiraram o manipulador. Burnier, quase descontrolado, apontava sua pistola 45 para os funcionários, perguntando quem estava desobedecendo às ordens dos revolucionários. Ao mesmo tempo que engatilhava a arma e ameaçava civis e oficiais, gritava que "enquanto os funcionários do telégrafo o estavam traindo", ele se metia naquilo "para tirar o país da merda". A certa altura, deixou escapar: "quando era indicado um doido como Jânio Quadros para salvar a nação, eles obrigavam o mesmo a renunciar".[461] Janjão estava nervoso. Em Cachimbo, chegou a usar uma bazuca[462] para intimidar um sargento da FAB.

Em Xavantina, sob o comando de Burnier, tentaram incendiar tambores de gasolina com rajadas de metralhadoras, retiraram o receptor de rádio da FAB, roubaram armas e munição da Fundação Brasil Central, e novamente forçaram seus funcionários a ajudar a rebelião. Nove pessoas foram levadas no avião C-47 2060. Burnier também obrigou civis a trabalharem para a sua rebelião. Aos berros de "quem tentar fugir, vai cair",[463] fez com que cinco funcionários da Fundação Brasil Central e cinco trabalhadores da Rota Rio-Manaus da FAB embarcassem no avião C-47 2060, que voltaria a Aragarças pilotado pelo capitão Leuzinger Marques Lima, a quem dissera que se houvesse "qualquer coisa em Aragarças, lançasse bombas".[464] Em Goiás, atacaram a cidade de Balisa, danificando a estação de rádio local.

Quase quatro anos depois, Jacareacanga voltava a ser alvo dos rebeldes, que lançaram uma bomba fumígena contra o avião C-60 2005, que se encontrava na pista de pouso. A tripulação da aeronave foi desarmada e mantida sob a mira da pistola do coronel Luiz Mendes. Retiraram o transmissor do rádio da FAB e saquearam o armazém da pista, roubando 5.600 litros de gasolina, uma bomba manual de reabastecimento, sabonetes, pastas de dente, pentes e uma caixa de leite Ninho.[465]

Em Jacareacanga, Prospero e Tarcísio fizeram um novo translado do corpo de Regina Coeli, dessa vez para o "Lodstar" do parque de São Paulo. A aeronave, pilotada pelo major aviador Feitosa, com o marido da falecida a bordo, seguiu então para Belém, onde o corpo iria finalmente ser enterrado.

A rebelião caiu sem combate.

No dia 4, Veloso, o coronel Luiz Mendes da Silva, o capitão Nerval Barbosa e o civil Roberto Rocha, decepcionados com o abandono dos colegas, desistiram da rebelião. O avião C-47 2073 rumou para Assunção, capital paraguaia, no dia seguinte. Pela rapidez com que decidiram abandonar sua revolução, esperavam que as adesões fossem imediatas. Já haviam assistido a esse filme. O capitão Tarcísio e o capitão-aviador Prospero Baratta decidiram seguir para Assunção em um vôo suicida no qual enfrentaram um perigoso mau tempo, utilizando outro avião da FAB, o C-47 2025. Conseguiram asilo, com restrições, no Paraguai, mas assim que saíram do aviao, a polícia local apreendeu os documentos sobre a rebelião que estavam em seu poder. Na pasta nº1, anexo nº4, estava a ordem geral que continha o plano de operações "LODENYS". Eram folhas datilografadas com a explicação do movimento, a execução, meios e condições necessários. No plano "LODENYS" constava a determinação de impedir de qualquer maneira a ação do ministro da Guerra. Burnier, Labarth Lebre e Arnaud Mascarenhas e o civil Fernando Wanderley fugiram para a Bolívia, usando o avião da FAB C-45 2871.

O major Eber Teixeira e o civil Charles Erba — que se empolgara tanto que vestira um macacão da FAB com as insígnias de tenente-coronel — decidiram fugir de Aragarças no Constellation. Obrigaram o piloto Mário Borges, três oficiais da tripulação e o senador Remy Archer, que foi mantido o tempo todo como refém, a embarcarem. O comandante Mário Borges alertou que o avião só poderia voar depois de uma revisão. Eber Teixeira não gostou do comentário. Respondeu ao comandante "que não arranjasse pane no motor, pois, se isso acontecesse, o senador Remy Archer estava ali para responder". Ameaçou incendiar o avião e garantiu que saberia o que fazer com o piloto.[466]

Na madrugada do dia 4 o Constellation da Panair decolou. Eber Teixeira determinou que o avião fosse para Santarém. Em seguida, mandou que rumasse para Cachimbo. Como não conseguiram avistar a pista, Eber tentou contato pelo rádio. Não conseguiu. Obrigou então o comandante a sobrevoar a área. Depois de dramáticos 45 minutos, desistiu de encontrá-la e ordenou um trajeto arriscado, tomando a direção de Buenos Aires. Para essa insistência em estabelecer contato com Cachimbo, havia duas possibilidades: teria uma missão a cumprir no local ou estaria aguardando que os oficiais se mostrassem solidários. Próximo à capital argentina, Eber mandou que o radioperador se comunicasse com o controle do aeroporto, informando que aquele era "um avião brasileiro sob comando de um major que tomara parte em uma revolução contra o governo brasileiro e que pedia asilo político para si e para o civil Charles Erba".[467] Quase sem combustível, o avião conseguiu chegar ao aeroporto de Ezeiza por volta das quatro e meia da tarde. O asilo foi concedido. Os reféns voltaram ao Brasil.

Os cinco outros rebeldes estavam no C-47 2060, pilotado pelo capitão Leuzinger, com o civil Edmundo Wanderley Chaves a bordo. Passaram por um sufoco. Por volta das onze da manhã do dia 4, o avião voltava a Aragarças e fez o procedimento de pouso. A pista estava livre. Leuzinger percebeu então o movimento das tropas que preparavam uma emboscada. Assim que o avião tocou o solo, tambores rolaram na pista. Um grupo de pára-quedistas, comandado pelo major aviador Mário França, iniciou o ataque. Foi dada voz de prisão. Fecharam-se as portas do avião, que ainda

Henrique Lott

▬ Em 1914, na Escola Militar da Praia Vermelha

▬ Lott (*à esquerda*) acompanha o presidente Getulio Vargas

Lott (*ao centro*) e Lima Brayner (*à direita*) na primeira fila, Castello (*à direita*, na segunda fileira), Amaury Kruel (*ao centro*, na última fileira)

▬ Como comandante do II Exército, ao lado do governador paulista Adhemar de Barros

▬ Café, Lott e Denys

Com Café Filho

Cumprimentado por Café Filho. Ao centro, Eduardo Gomes observa

■ Votando em Juarez, na eleição vencida por Juscelino

■ Maio de 1955, mais um pronunciamento de Lott que não agrada nem a Amorim do Valle (sentado, *à esquerda*), nem a Eduardo Gomes (*à direita*)

Na posse de Nereu Ramos

Juscelino e Edna

Ao lado de Juscelino, no desfile de 7 de setembro de 1956

Lott (*à esquerda*) ao lado de Juscelino na cerimônia do Dia do Soldado, 1956

Ao lado de Juscelino, visitando as obras da construção de Brasília

Lott e Juscelino ouvem o discurso do senador Assis Chateaubriand

Lott é homenageado, em 1957, pelos sargentos no Dia do Soldado. Sentado ao seu lado, o vice-presidente João Goulart

■ Lott acompanha o embarque do ministro da Aeronáutica. Uma posse provisória que provocaria a ira dos brigadeiros

■ Como ministro, recebendo a visita de Fidel Castro em 1959

▰ No Gabinete de ministro, com o gigantesco relógio em sua mesa

▰ Com o general Earle Partridge, comandante-em-chefe do Centro do Colorado, centro operacional de combate do comando aéreo de defesa norte-americano

Coronel André Fernandes de Souza, major Lionel McGarr (do Exército americano) e Lott ouvem o coronel americano Robert Garret no Fort Leavenworth, Kansas, 1959

Cumprimenta um admirador e, à sua esquerda, o governador paulista e futuro adversário Jânio Quadros

No palanque com Jango

Lott, entre Brizola e Jango, preparando a campanha

Discursando em comício durante a campanha, com Jango à sua esquerda

Em campanha no centro de São Paulo, ao lado de Ivete Vargas

No comitê eleitoral, com Jango e Dutra

Tancredo, Wenceslau Braz e Lott, em campanha

Entrevistado na TV Tupi, ao lado de Ulysses Guimarães

O ex-presidente Dutra no comitê eleitoral de Lott

LOTT frente a alguns problemas brasileiros

Em recentes pronunciamentos públicos, o Marechal Lott declarou o seguinte:

"Antes de outros lineamentos, cumpre dizer-vos que sou NACIONALISTA".

"Do choque das grandes fôrças internacionais, umas e outras movidas na defesa dos superiores interêsses de seus respectivos povos, independente dos regimes adotados, resultou, para nós, membros da comunidade das nações subdesenvolvidas, o NACIONALISMO, como "única posição compatível com a dignidade e como arma de emancipação do país".

"Sòmente através dêle, independentemente de filosofia, doutrinas, regimes e sistemas de govêrno, poderemos resguardar, nesta hora, os superiores interêsses do povo brasileiro".

Biografia do Marechal
Henrique Baptista Duffles Teixeira Lott

EXPRESSÃO DA LEGALIDADE DEMOCRÁTICA
CONSOLIDADOR DO REGIME
EXEMPLO DE RESPEITO À VONTADE POPULAR

LOTT
É
O RUMO

Aben Athar Neto

(Contribuição do Comitê Pró-Lott da Ilha do Governador)

Teste Nacionalista

1) — Quem se tem batido sistemàticamente a favor da legalidade democrática e contra a implantação de ditaduras em nossa terra? — Lott / — Jânio

2) — Quem defende a Petrobrás e Volta Redonda contra o interêsse de grupos econômicos internacionais? — Lott / — Jânio

3) — Quem foi contrário à exportação indiscriminada de areias monazíticas e minerais atômicos de modo a resguardar os interêsses da segurança nacional? — Lott / — Jânio

4) — Quem assegurou que o Exército é nacionalista por tradição e por dever? — Lott / — Jânio

5) — Quem é a favor do desenvolvimento econômico regional equilibrado como condição indispensável à perfeita integração nacional? — Lott / — Jânio

6) — Quem assegurou a posse a JK fazendo respeitar a vontade do Povo? — Lott / — Jânio

7) — Quem é o continuador das Metas de JK para a libertação econômica do Brasil? — Lott / — Jânio

8) — Quem é o representante mais autêntico das fôrças nacionalistas do Brasil? — Lott / — Jânio

9) — Quem é o mais ferrenho adversário dos "entreguistas" que se opõem à sonhada independência econômica do Brasil? — Lott / — Jânio

10) — Quem é o candidato dos trustes estrangeiros? — Lott / — Jânio

■ Material de campanha

Entrevistado na TV Tupi, ao lado de Ulysses Guimarães

O ex-presidente Dutra no comitê eleitoral de Lott

Material de campanha

Material de campanha

Dona Antonieta, Lott e Alzira Vargas

A descontração depois da campanha: Duffles, dona Antonieta, Lott e a filha Elys

Edna discursa na Assembléia

Com Edna. Ao fundo, Paulo Dutra

Nelson (*à frente*) na Escola Preparatória de Cadetes, em Campinas

Elys, Edna, Heloísa, Lauro, Regina e Henriette com o pai

Marieta, irmã de Lott, segura Fabiane; Lott e dona Antonieta estão sentados ao lado; Berenice com o filho Nelsinho; Irani e Oscar; e Nelson: o primeiro Natal depois de ser solto, 1974

Em Teresópolis, com os livros e as flores do seu jardim

estava com os motores em funcionamento. Leuzinger fez um giro de 180°
com a aeronave e tentou uma decolagem, mas o major França deu ordens
para que os soldados metralhassem os pneus do avião. Os tiros atingiram
o tanque de gasolina. O C-47 pegou fogo e, levando uma enorme quantidade de munição, explodiu. Os cinco rebeldes — Leuzinger, Chico Piloto, Cid, Raimundo Nonato e Edmundo Wanderley — conseguiram
escapar com vida e foram presos em seguida. Levado para o Rio, Leuzinger
negou-se a responder às perguntas do general Estevão Taurino de Resende,
responsável pelo IPM.

O advogado Luiz Mendes de Morais Neto, que ficara como "especta-
dor"[468] do movimento, preferiu continuar no Brasil. Foi preso em Porto
Esperança, no Mato Grosso.[469] Levado ao Rio, permaneceu detido por ordem de Lott. Declarou em seu depoimento que desde 1957 Veloso já buscava um embasamento teórico e jurídico para sua revolução. Pedira a ele que
redigisse documentos, proclamações, atos e decretos para serem usados por
ocasião do levante.[470] Em novembro, Burnier solicitou de Luiz Mendes um
manifesto que ele mesmo aprovou.[471]

Logo no dia 4, com o movimento em frangalhos, Lott mandou instaurar um IPM para investigar a rebelião de Aragarças. O general Estevão
Taurino de Rezende Neto foi encarregado de realizá-lo. Anos mais tarde,
Rezende Neto seria também o primeiro encarregado, por menos de dois
meses, do IPM que terminaria atingindo o governador de Goiás, Mauro
Borges. Comandou ainda, já como marechal, a Comissão Geral de Investigação (CGI), responsável pela centralização dos inquéritos contra os inimigos do regime militar. (Em julho de 1964, Taurino foi exonerado da CGI
porque seu filho, o professor da Universidade Católica de Pernambuco,
Sérgio de Rezende, fora preso distribuindo um manifesto contra o governo
militar.)

Depois de muitas investigações dos responsáveis pelo IPM para identificar os autores das cartas e dos relatos, com 87 oficiais[472] do Exército sendo
interrogados, só se pôde incriminar o major Alberto Carlos Costa Fortunato,
que servia no QG da VI Região Militar, em Salvador, sob a acusação de
conspiração contra o governo. Ele teve a prisão solicitada em 22 de dezem-

bro. Na véspera do Natal, prestou depoimento confirmando que era autor das cartas a Burnier e que havia também trabalhado em um "plano de mais amplitude do que o de Aragarças, que visava a pôr fim ao estado de anarquia em que se encontrava o país".[473]

Entre outros documentos e relatórios anexados ao IPM, chamava a atenção a frase "deter de qualquer maneira o ministro da Guerra". Os planos determinavam que um grupo de oficiais seria escalado para seqüestrar Lott. Era uma ala mais radical do Exército, liderada pelo coronel "Boliboli" (apelido do coronel Luiz Mendes da Silva), que fugira para o Paraguai junto com Veloso. Foi "Boliboli" quem colocou o plano de seqüestro de Lott no papel. Um dos homens chamados a participar foi o major Osmar dos Reis. Se o movimento seguisse com sucesso, recebendo as esperadas adesões, seriam eles que impediriam "de qualquer maneira" a ação do ministro da Guerra. Esse grupo radical tinha em comum o ódio a Leonel Brizola.

Em 11 e 13 de dezembro de 1959, o ministro da Justiça divulgou o conteúdo dos documentos apreendidos. A primeira atitude tomada pelo Comando Revolucionário seria a adoção de um ato institucional que previa a criação de um comando com representantes das três Forças. Os outros atos pareciam servir de inspiração a outros golpistas num futuro próximo: "Confisco de bens ilegitimamente adquiridos, apuração de crimes contra a economia popular, afastamento de comunistas da administração pública, dissolução do Congresso e demais casas, cassação de direitos, extinção de partidos".[474]

Havia também, no IPM, um relatório escrito pelo major José Rubens Drummond, que fazia referência ao então Comandante da Amazônia, Castello Branco: "O Rocha (major aviador Dilermando Cunha Rocha) já falou, por alto, com o general Castello. O Castello está a par da situação política e reagirá contra um golpe de Lott".[475] Porém, em carta datada de 23 de dezembro de 1959 — dezenove dias após o fracasso do golpe —, escrita ao colega Nilton Freixinho, Castello declarava-se contra a tentativa de rebelião:

O episódio de Aragarças é mais um empurrão que recebemos no plano inclinado em que deslizam as Forças Armadas. Idealismo, possivelmente. Mas, além de inépcia, um erro de visão de que o Brasil não pode melhorar dentro do regime constitucional. Só e só dentro da Constituição, penso, eu, como pensei sempre. Só se faz revolução dentro de uma ideologia e impelido por uma forte corrente de opinião pública. O Brasil não quer quarteladas, nem revoluções, pelo menos no período que atravessamos.[476]

Mesmo assim, Castello chegou a ser interpelado por Estevão Taurino para explicar a que atribuía o "aparecimento de seu nome" nos documentos: "O general Castello está a par da situação política e reagirá contra um golpe de Lott." Castello respondeu com firmeza. Havia ficado contra Aragarças, apesar de suas diferenças com Lott; repetia que era contra revoluções e quarteladas e confirmava que fora realmente procurado por oficiais da 1ª Zona Aérea, mas não para que participasse de uma revolta e sim porque estavam apreensivos com os boatos sobre uma possível "ditadura militar lottista".[477] A possibilidade de uma "ditadura militar lottista" que tanto o apavorava não duraria muito. Em breve, Lott entregaria o Ministério para Denys e o inquérito contra Castello morreria entre outros papéis.

O IPM concluiu, em 24 de março de 1960, já na gestão de Odylio Denys à frente do Ministério, que os envolvidos na rebelião praticaram crimes contra o Estado e a Ordem política, definidos na lei n°1.802, de 5 de janeiro de 1953.

Para a população e a imprensa, Aragarças fora uma "nova Jacareacanga". Para o governo, representara mais do que uma atitude passional de alguns oficiais, era uma conspiração que tentara derrubar o presidente através de um plano montado por rebeldes bem informados. Ainda no dia 4, Juscelino assinou atos punitivos contra os rebeldes. Exonerou os coronéis Luiz Mendes da Silva e Geraldo Labarth Lebre das funções que exerciam no Estado-Maior das Forças Armadas.

Juscelino respondia com determinação ao levante. Sob o presidente pesava a pressão da primeira anistia. Indagado se iria repetir seu gesto ou se a própria anistia havia incentivado o novo levante, ele se pronunciava com outra visão: "O problema está confiado à Justiça e eu não tomarei nenhuma medida para obstaculizar seus passos".[478] Garantia que os rebeldes seriam "punidos com todo o rigor da lei".[479]

A UDN ainda pediu a aplicação da anistia, mas o Congresso não aprovou. Os asilados em Buenos Aires passavam dificuldades. O coronel Tarcísio recebia um dinheiro que era obtido através de contribuições recolhidas nos quartéis pelo coronel Osmar dos Reis, o mesmo convocado a participar do seqüestro de Lott. Tarcísio, que deixara Assunção para se abrigar em Buenos Aires, sobreviveria na capital argentina fazendo empadas, com a ajuda de Prospero Baratta e do coronel Luiz Mendes. O salgadinho não existia na Argentina e a produção fez relativo sucesso. A guloseima recebeu o nome de "bocadito salgado" para não ser confundida com as famosas "empanadas" locais.[480]

Mas a carreira do grupo no ramo alimentício duraria pouco. Assim que Jânio assumiu a presidência, eles começaram a retornar ao Brasil. Tentou-se punir os militares rebelados não só por crime político, já que na época não existia uma Lei de Segurança, mas também por deserção. Em 5 de junho de 1961, o Supremo Tribunal Federal decidiu que a ação deveria ser da competência da Justiça Civil, e não da Militar. Os processos e as condenações foram cancelados. Todos os participantes da rebelião foram revertidos à ativa. Assim, Jânio anularia as sentenças proferidas pelo Tribunal Militar, e os antes condenados pela Justiça Militar voltariam ao serviço com direitos e vantagens garantidos.

Todos eles, inclusive o Janjão. Depois do golpe de 1964 Burnier viu-se livre para dar vazão à sua fúria. Foi escolhido para implantar o serviço secreto da Aeronáutica. Como brigadeiro seria denunciado por ordenar, enquanto comandava a III Zona Aérea, em 1968, que a esquadrilha do Para-sar praticasse atentados terroristas para esmagar os militantes comunistas e jogar a culpa da ação nas próprias vítimas. Participaria do CISA — Centro de Informações da Aeronáutica — de 1970 a 1971. Sob sua responsabilidade foram praticadas torturas e o preso político Stuart Edgard Angel Jones foi morto, em junho de 1971.[481]

O detonador da rebelião permaneceu quieto durante o movimento, mas teve suas vontades políticas atendidas. Depois que Jânio voltou atrás, Burnier, refugiado em La Paz, festejou, declarando que a volta do candidato à disputa significava que o movimento de Aragarças tinha sido vitorioso. Recomeçava bem a candidatura Jânio, com a bênção de um golpista. O futuro presidente recompensaria os rebeldes, dando-lhes comandos em seu governo.

Poucos dias depois, em 12 de dezembro de 1959, a VIII Convenção Nacional do PSD homologou a candidatura Lott por 2.387 votos a favor e 49 abstenções.[482] Aos 65 anos, Lott partia oficialmente para a campanha política e garantia em seu discurso que iria "prosseguir a obra de industrialização do presidente Juscelino e tudo fazer para acabar com o desnível entre o desenvolvimento industrial e o agropastoril".

Naquele momento, as aparências mostravam um cenário superficial que apontava para uma vitória de Lott: a indicação unânime do PSD, a poderosa aliança dos dois maiores partidos do país, o candidato de um presidente que deixava o governo com altos índices de popularidade e a tradicional fraqueza eleitoral da UDN criavam a impressão de que ali se indicava também o futuro presidente. Contudo, os caciques do PSD e até do PTB menosprezavam o resultado da convenção, que era apenas o desejo das bases. O PSD reclamava dos petebistas, mas deixava a indicação a vice em aberto, esperando o nome do PTB para aquela que seria a primeira eleição presidencial em que não se sentiria tão fortemente a influência de Getulio Vargas.

Depois da convenção, o que restou para os descontentes foi reclamar da indicação e da atitude de Juscelino. Os deputados do PSD Abelardo Jurema e Gustavo Capanema saíram em defesa de Lott, pregando que chegara a hora de parar de pensar "mais no próprio ventre que nos interesses do país".

Com o estômago vazio, o PTB[483] aproveitava para cobrar uma reformulação na política econômica de Juscelino, enquanto assistia à reação paquidérmica dos velhos caciques, desnorteados pela ação dos jovens pessedistas. O PTB pressionava, mas queria garantir seu espaço. E quando entrou, foi para ficar na frente. Os próprios petebistas já haviam driblado os pessedistas no dia 1º de maio de 1959, quando realizaram uma convenção nacional e lançaram pela primeira vez a chapa Lott-Jango, pouco depois da entrevista de Lott a *O Cruzeiro*.

Em seguida, quando se esperava que o PTB adotasse a candidatura Lott e saísse às ruas, o partido recuou. Ficou fazendo as contas de quanto poderia levar de vantagem. Esse jogo de espera já mostrava que a união PSD-

PTB estava fragilizada, sofrendo o desgaste natural de uma aliança política ajeitada desde os tempos de Getulio. O PTB, liderado por Jango e Brizola, ampliou suas bases e investiu na ala trabalhista do partido, pedindo a reforma agrária e aproximando-se do PCB e do PSB, o que acabaria por afastar os pessedistas. Ao mesmo tempo em que nada fazia para evitar o aumento de greves que prejudicavam o governo e a candidatura Lott. Lentamente surgiam boatos de que Brizola preparava um golpe, que acabaram justificando a atitude dos rebeldes de Aragarças. O general Osvino Ferreira Alves chegou a escrever uma carta ao governador gaúcho para tentar acalmá-lo, mostrando a importância do apoio à candidatura Lott:

> Qualquer golpe no processo normal de substituição do presidente é perigoso, profundamente incoerente com o que vimos pregando e difundindo; que o povo, apesar de sofrer, está aguardando, ainda, melhores dias; que esse mesmo povo vê no Marechal Lott uma esperançosa e grande solução.[484]

Retardando a decisão para barganhar mais vantagens, os próceres petebistas procuravam um nome que representasse ainda mais o nacionalismo e com apelo bem mais populista.

O início de 1960 seria marcado por greves com a participação do próprio PTB, como houvera na greve de 400 mil trabalhadores em São Paulo, em outubro de 1957, à qual Juscelino reagiu prontamente, ameaçando mandar ao Congresso um pedido de estado de sítio.

O PSD e o PTB estavam no limite da convivência. Não suportariam outro "casamento" de cinco anos. Era a primeira virada do jogo: o candidato lançado pelo PTB tornava-se o candidato do PSD, uma união política que não mais existia, mas insistia em seguir em frente. O PSD flertava com os udenistas, à essa altura muito mais solidários às idéias de Juscelino. Dessa falta de solidez nasceria a relação Jango-Lott. O nacionalismo de Lott, associado à sua determinação em seguir a linha desenvolvimentista de Juscelino, provocou a miragem da continuação da aliança PSD-PTB.[485] Mas a ruptura era inevitável: O PSD não se conformava com o crescimento da influência dos petebistas no campo, enquanto seu maior líder sabotava o lançamento do candidato do partido, fosse quem fosse.

De tão óbvios e incômodos, os problemas dessa aliança fizeram com que fosse criada uma Comissão de Atrito PSD-PTB[486] para resolver, principalmente, as brigas nos estados.

Havia um racha também dentro do próprio PTB, com filiados infiltrados em sindicatos, fazendo ligações com comunistas e agendando greves e manifestações contra a política econômica. Outro grupo, dos fisiologistas, preocupava-se apenas com as boquinhas e a manutenção dos cargos no governo.

O próprio João Goulart, apesar da imagem que passava a todo o país, não dominava totalmente o próprio partido. Uma nova corrente, nascida em seu estado, batizada de "Cruzada Cívica das Mãos Limpas", atacava os fisiologistas e conseguia lançar o deputado Fernando Ferrari como candidato à vice-presidência pela chapa de Jânio. Existia também o "grupo compacto", que defendia as reformas, era contra o apoio a Lott e não acatava o comando de Jango. E havia até quem simplesmente defendesse a candidatura do marechal, movido por ideais, como os deputados petebistas da FPN.

Na chapa imbatível, em teoria, que reunia pessedistas, petebistas, sindicalistas, comunistas e nacionalistas, foram somente estes, os nacionalistas, que vestiram a camisa do candidato. Os outros jogaram para a torcida. A candidatura Lott era de todo o mundo e não era de ninguém. O PSD apenas conformou-se com a indicação, mas muitos começaram a abandonar cedo a candidatura[487] já prevendo que seria muito difícil tirar alguma vantagem com aquele candidato.[488] Eram muitos os que só viam o "próprio ventre".

Capítulo 12

O mês de janeiro marcou o começo da virada de Jânio, que se aproveitava da alta do custo de vida e da ausência de Juscelino na campanha. Ao mesmo tempo em que Brizola diminuía o bate-boca e os ataques ao presidente,[489] que preocupavam os quartéis, e procurava o candidato para explicar que esperava há um ano a liberação de verbas federais para seu estado. Sua manifestação contrária à candidatura Lott decorria de uma retaliação a Juscelino. A ausência do presidente também fora a desculpa para que o governador de Pernambuco, Cid Sampaio, pulasse para o palanque de Jânio. Sem verbas de Juscelino, nada de apoio a Lott.

Enquanto a coligação PSD-PTB não indicava um vice para concorrer ao lado de Lott, Jânio já havia percorrido os estados do Mato Grosso, Acre, Amazonas, Pará, Maranhão, Piauí e Paraíba. Tentava limpar a sua imagem, prejudicada pela renúncia que provocara Aragarças.

Antes de deixar o Ministério para concorrer, Lott recebeu de Juscelino a tarefa de escolher seu substituto no Ministério. Uma pequena agitação formou-se entre os possíveis candidatos. O marechal estava em dúvida entre os generais Zenóbio e Denys. Consultou um grupo de oficiais que optou pelo nome de Denys. Os nacionalistas também se posicionaram em favor dessa indicação.[490] Apesar de "alguns elementos esquerdistas ligados ao governo"[491] tentarem impedir a nomeação de Denys, ele foi o escolhido. Lott tornou-se o fiador da decisão e levou seu nome ao presidente. Juscelino aceitou a indicação. Denys seria o novo ministro da Guerra.

A dúvida sobre quem seria o candidato a vice permanecia. O nome dos sonhos do PSD e de Lott era Osvaldo Aranha, um líder do PTB que agradava a todos partidos. O convite fora feito. Aranha já sinalizara que poderia aceitar. Lott contava com ele a seu lado. O acordo foi mantido em segredo. Seria anunciado na Convenção Nacional do PTB.[492] Mas o súbito falecimento de Aranha, em 27 de janeiro, destruiu uma das raras certezas de reunião dos partidos. A questão do vice seria reaberta, atrasando mais ainda a largada para a campanha. O PTB voltou então a jogar, ameaçando não fechar o acordo para lançamento da chapa PSD-PTB. Era um golpe terrível na candidatura de Lott, que considerava Aranha "um grande brasileiro". Sua indicação para vice na chapa agradara muito a Lott. Jango permitiu a articulação em torno de Aranha e repetiria durante a campanha que, se não fosse a "fatalidade", seria Osvaldo Aranha quem estaria em campanha,[493] mas aproveitou para tentar ganhar tempo em relação à homologação da candidatura Lott pelo PTB. Na hora em que deveria fechar com o candidato, o PTB tentava tirar um último proveito.

Lott seguia sua cartilha moral e não se esforçava em buscar o apoio do PTB. Achava que isso não seria correto. O que realmente o preocupava era a aproximação do prazo para que seu substituto na pasta, o marechal Odylio Denys, deixasse o comando do I Exército, porque, mesmo com a Lei Denys, seu período de convocação para a ativa se encerraria definitivamente no dia 12 de fevereiro. Isso aumentava o poder de barganha dos petebistas. O partido que lançara o candidato agora demorava para oficializar seu nome. Brizola aproveitou para pressionar[494] Jango a atrasar a convenção para depois da data limite. Assim ambos poderiam pleitear mais vantagens do governo. Jango, por seu lado, tentava aprovar leis trabalhistas que estavam sendo ignoradas pelo PSD. Juscelino não concordou em ceder. Jango e Brizola viram que perderiam muito ao romper com o governo. Mesmo sem ter a certeza do apoio do PTB, mas para evitar uma ameaça ao esquema de segurança de Juscelino, Lott decidiu antecipar sua saída do Ministério para que Denys assumisse em seu lugar, sem dar margem a qualquer tentativa de desestabilização.

A carta escrita por Lott pedia sua exoneração do cargo de ministro. Muito mais que isso, era o adeus ao Exército depois de servir por 49 anos. Viveu seu auge militar em uma época de terremotos políticos. Fora ministro de quatro presidentes.

No dia 11 de fevereiro, Juscelino assinou dois decretos: a exoneração de Lott e a nomeação de Odylio Denys para a pasta da Guerra.

Lott transmitiu o cargo a Denys no dia 15, no lotado salão de honra do Gabinete Ministerial. Ele e Clóvis Salgado, da Educação, eram os únicos ministros que estavam com Juscelino desde o início do governo.[495] Nesse mesmo dia escrevia sua *Despedida ao Exército — Ordem do dia do ministro da Guerra*, na qual fazia um resumo de sua passagem pelo Ministério. Ao final da nota dedicava elogios e agradecimentos individuais ao marechal Mascarenhas de Moraes, e aos generais: Denys, comandante do I Exército; João Carlos Barreto, chefe do departamento de Produção e Obras; Jayme de Almeida, chefe do departamento de Provisão-Geral; Floriano de Lima Brayner, chefe do Estado-Maior do Exército; Stênio Caio de Albuquerque Lima, comandante do II Exército; Nestor Souto de Oliveira, chefe do Departamento Geral do Pessoal; Segadas Viana, que comandara a COSEF até dezembro; Osvino Ferreira Alves, comandante do III Exército; Castello Branco, comandante militar da Amazônia e da 8ª Região Militar; Morais Âncora, chefe da comissão superior de Economia e Finanças; Djalma Dias Ribeiro, comandante do IV Exército; Waldemar Levy Cardoso, seu chefe de gabinete; e João Baptista de Mattos, secretário do Ministério.

Depois dos discursos, Lott, com roupas civis, vestindo um paletó azul e uma gravata da mesma cor, carregando na mão direita uma pequena bandeira do Brasil, deixou o Ministério da Guerra em um jipe. Uma pequena multidão o aguardava. Fogos de artifício estouraram no ar. Logo se formou uma carreata para seguir o candidato até o Comitê Nacionalista, que tinha esse nome por insistência de Lott, mesmo alertado pelo deputado Cid Carvalho de que o termo "nacionalista" poderia afugentar outras forças não nacionalistas que pudessem vir a apoiá-lo. Não se importou com o conselho, mostrava como seria sua campanha. Fazia questão que os comitês se chamassem nacionalistas pela simples razão de que ele era um nacionalista. Era uma decisão correta. Não era uma decisão política.

Lott recebia aplausos de pessoas que o saudavam fazendo o V da vitória ou um L com a mão. No comitê da avenida Presidente Vargas fez uma nova proclamação. Mais aplausos. Apenas três dias depois, no dia 18, a Convenção Nacional do PTB homologaria sua candidatura à presidência com João Goulart como candidato a vice.

Durante toda a sua permanência no Ministério, a Segunda Seção passava relatórios para o ministro que, mensalmente, escrevia suas "notas especiais de informações". Na maioria das notas — que eram redigidas pela equipe da segunda seção — Lott procurava acabar com os boatos e esclarecer os militares. Com circulação restrita para o quadro de oficiais, continham análises das principais questões relacionadas à missão constitucional das Forças Armadas e relatórios confidenciais sobre a situação política e social do país, com pesadas críticas ao próprio Exército. Eram distribuídas a todos os Estados-Maiores, comandantes e oficiais das grandes unidades e elaboradas com a colaboração do Serviço Secreto, um órgão de assessoramento que estava subordinado ao Ministério. Apesar de secretas, algumas dessas notas vazaram para a imprensa e foram publicadas nos jornais.

Lott não costumava poupar ninguém nos seus relatórios. Era muito direto e duro, não perdoava falhas e criticava muito a crescente influência do comunismo no Exército. Suas notas de informação acabaram ficando famosas entre oficiais e políticos. No mesmo dia em que fora exonerado do Exército, distribuiu a mais importante nota de informação da sua carreira: a NOTA ESPECIAL DE INFORMAÇÕES n° 22, portaria n° 400, de 12 de fevereiro de 1960 — "SUBSÍDIOS PARA A HISTÓRIA DOS ACONTECIMENTOS DE NOVEMBRO DE 1955" — um dossiê que mostrava toda a articulação do golpe que se formara contra a posse de Juscelino.

Lott decidiu escrever essa Nota Especial para dar a sua versão do 11 de novembro de 1955, respondendo, sempre segundo a regra, aos ataques que recebera durante o período em que fora ministro de Juscelino. Havia decidido guardar as provas e os documentos para evitar o clima de revanche, e tentar manter a estabilidade do governo. Porém, os inimigos não estavam dispostos a esquecer do movimento que chamavam de "Novembrada". Temendo que a versão da oposição se tornasse verdade histórica, Lott perdera a paciência, solicitara ao Ministério da Justiça abertura de processo contra o *Diário de Notícias*, e decidira contar tudo nessa Nota, que ganhou o nome, entre os oficiais de gabinete, de "Livro Azul", por ter sido escrita em papel dessa cor. Pouco tempo depois, também pediria a instauração de uma nova ação penal contra João Portella Dantas, por calúnia e difamação, em resposta ao editorial do mesmo jornal de 28 de janeiro de 1958, que levava o título de "General Petróleo". Porém a gota d'água para essa decisão de Lott fora um editorial de outro jornal. Em 21 de novembro de 1958, *O Globo* desafiava:

> A inocultável verdade é que não há a menor prova, sequer indiciária, de uma trama contra a ordem e as instituições. Se houver, traga o Governo tudo para o claro.

Lott aceitou o duelo. Mas guardou sua fúria. Decidiu que responderia apenas quando saísse do Ministério. Chegava a hora de mostrar as provas.

Com o Livro Azul, Lott também provaria que não foi o 11 de novembro que provocou a divisão das Forças Armadas, como afirmara o *Jornal do Brasil* em 4 de abril de 1959, e como os ideólogos de 1964 tentariam justificar. No dossiê estavam transcritos o depoimento prestado por Carlos Luz em 2 de abril de 1959, na 10ª Vara Criminal:

> Quando tomou posse, já encontrou as Forças Armadas desunidas e por isso disse que se sentiria feliz com a dissipação das divergências.[496]

e também o comentário feito por Café Filho ao chefe de seu gabinete civil, Monteiro de Castro:

> Você sabe que as Forças Armadas estão divididas por não se ter encontrado uma fórmula de união nacional para a minha sucessão. Sempre foram facilmente influenciáveis pelas questões políticas, principalmente em fases de transição de poder.[497]

A derrota ainda doía muito para a Marinha. A fracassada viagem do *Tamandaré* jamais seria esquecida. Os oficiais que perderam o poder com o 11 de novembro nunca perdoariam Lott, "o chato do Lott".

Escrita pelo seu chefe de gabinete, general Waldemar Levy Cardoso, a Nota Especial causou tamanho mal-estar entre os oficiais que chegou a ser queimada pelo governo após o golpe de 1964. Algumas cópias que estavam em poder de militares seguidores de Lott foram conservadas. Com a distribuição dessa nota, Lott acabou de vez com a paciência de seus inimigos e escancarou a participação do grupo militar que iria chegar ao poder através do golpe de 1964, depois de passarem nove anos jurando que não queriam tomar o poder em 1955... como admitiu Carlos Lacerda em *Depoimento*:

> O país legal era esse do PSD, da eleição, do PTB, etc.; e o país real era o país que carecia de reformas profundas inclusive para acabar com o poderio dessa gente; para acabar com as oligarquias; para acabar com o peleguismo (...) Em outras palavras, para resumir, isso seria a avant-première de 64. E nessa época, evidentemente, a minha posição não era nada simpática, sobretudo a uma grande parte do eleitorado que queria votar e não entendia o que pregávamos. Nesse sentido eu era golpista. Foi a mesma coisa em 64. Eu era a favor de um golpe que evitasse o golpe por via eleitoral.[498]

Os nacionalistas não viam as dificuldades pelas quais a candidato teria de passar. Estavam empolgados demais. Jornais como *Brasil Nacionalista*, de Antonio Gurgel Valente, desde março de 1958 publicavam artigos divulgando a candidatura Lott. *O Semanário*, principal órgão de imprensa da FPN, iniciara a campanha havia mais tempo: em julho de 1957 já se encontravam artigos favoráveis à indicação de Lott.

Apesar dessa aguerrida defesa, não era plena a identificação de Lott com o grupo nacionalista desenvolvimentista. O país passava por muitas transformações. Os anos cinqüenta mudaram a história e detonariam a explosão política, social e cultural da década seguinte. A Revolução de Cuba, em 1959, aumentara a atividade sindical e provocara um grande impacto em toda a América Latina. A esquerda radicalizava, achando que poderia chegar ao poder. A direita se apavorava com o sucesso de Fidel que poderia servir de exemplo para outros países. A estratégia seria repassar esse medo para a classe média brasileira. O líder cubano também deixou o Sfici em polvorosa, de olhos atentos para identificar qualquer influência ou ligação com Cuba dentro do país,[499] principalmente durante a campanha presidencial. Fidel encarnava a ameaça do fantasma que rondava a Europa há mais de um século.

No Brasil, a política desenvolvimentista de Juscelino provocara uma tremenda mudança no modo de pensar a nação. O mesmo Brasil que em 1955 era essencialmente agrícola, em 1960 já poderia ser considerado um país industrializado. Esse fenômeno ocorrera de maneira tão meteórica e firme que a agricultura passou a aceitar essa nova posição da indústria. Para consolidar o novo panorama, o preço do café despencou e o confisco cambial perdeu importância, diminuindo a rivalidade entre agricultores e industriais. Outra mudança foi a entrada de várias multinacionais no país como nunca havia acontecido.[500]

A emergente força industrial que precisava da esquerda para garantir a industrialização do país já sobrevivia sozinha. O mesmo acontecia com a própria esquerda, que além de se consolidar, ramificava-se e partia para rumos diferentes.

Entre empresários industriais e a esquerda existia uma relação de mutualismo que estava no fim. Foram forçados a conviver juntos porque só dessa maneira sobreviveriam. Jânio parecia aos industriais emergentes um porto mais seguro para aqueles que antes precisavam do desenvolvimentismo para avançar. Agora era hora de estacionar e desfrutar desse avanço. A união das esquerdas com um representante do tradicional PSD e da nascente indústria elegera Juscelino na eleição anterior. Não parecia mais o melhor caminho para os empresários.[501] O aumento da participação dos nacionalistas[502] no governo, com suas teorias, começava a assustar industriais brasileiros e multinacionais[503] que até então haviam se beneficiado da nova onda.

Os nacionalistas que carregavam ideologicamente a candidatura Lott não perceberam essas mudanças. Continuavam pregando o desenvolvimentismo enquanto a esquerda já queria a revolução. Na roda da história aquela era a eleição da encruzilhada ideológica.

Antes mesmo de a campanha esquentar, com Lott em seus últimos dias como ministro, o coronel Ramos de Alencar revelou ao marechal que, em junho de 1955, servindo na 2ª DI da Zona Militar Centro, em São Paulo, foi chamado pelo general Falconière, comandante da Zona Militar, para participar de uma reunião com Antonio Ribeiro de Andrade, diretor do DOPS de São Paulo. Andrade trazia a ficha de Jânio, feita pelos seus arapongas:

— Trouxe comigo essa ficha de antecedentes de Jânio Quadros que o liga a atividades comunistas para que o Exército fique responsável por ela. Se esse documento permanecer no DOPS, vai desaparecer.

A preocupação tinha fundamento. Jânio era o governador do estado à época, e não interessava ao candidato da UDN manter vivo seu passado ligado a comunistas. O general Falconière recebeu a ficha e a entregou para Alencar:

— Coronel Alencar, bota no cofre.

Enquanto levava a ficha para a sala do cofre de documentos sigilosos, Alencar pôde ler rapidamente dois dos seus tópicos. Em fevereiro de 1948, o DOPS invadiu a redação do jornal comunista *Hoje* e flagrou Jânio. Trinta pessoas foram presas. Mais tarde ele fez discursos na Câmara dos Vereadores de São Paulo contra o fechamento desse jornal. O outro ponto destacava que Jânio assinara o "Manifesto de Estocolmo", de 1950, uma iniciativa dos diversos partidos comunistas em todo o mundo para pedir a proibição das bombas atômicas.

Lott sabia do antigo envolvimento de Jânio. A investigação indicava que havia a possibilidade de Jânio ter usado os comunistas como trampolim, apesar de ser filiado, na década de quarenta, ao PDC. Seria mais fácil para um professor desconhecido tornar-se popular freqüentando reuniões e redações de jornais esquerdistas. Lott descartava essa teoria. Para ele a ligação de Jânio com o comunismo era verdadeira.[504] Tinha informações desde o tempo em que fora comandante da II Região Militar em São Paulo. A segunda seção o manteve informado. Essa ligação de Jânio também era observada pelos departamentos norte-americanos de informação.[505] Curiosamente, Jânio tornou-se vereador em 1948 graças à cassação dos mandatos dos parlamentares do PCB, que tinha a maior bancada da Câmara. Se dependesse apenas dos seus 1.704 votos não se elegeria, mas foi um dos suplentes convocados a substituir os comunistas.

A princípio, Lott descartou o uso dessa ficha na campanha. Porém, através de alianças oportunistas, Jânio insistia em atacar o apoio dos comunistas à candidatura Lott. A intenção janista era confundir o eleitor com acusações sem fundamento e ataques pessoais que irritavam o marechal. Esses ataques ganhavam mais dimensão na cabeça de Lott porque Jânio estivera duas vezes em sua casa[506] para pedir que a campanha fosse realizada em alto nível e "sem ataques pessoais". Jânio começou não só a difamar o candidato, como a pessoa. Lott separava muito bem uma atitude da outra. Agüentava firme as críticas políticas. Jamais toleraria um ataque pessoal.

Pediu, então, que Alencar conseguisse a ficha de Jânio. O coronel passou uma mensagem cifrada para São Paulo. A resposta do QG paulista veio pouco depois. Não havia ficha alguma sobre Jânio Quadros no cofre de documentos sigilosos. Como Lott já estava para deixar o Ministério, não restava mais tempo para realizar uma investigação sobre o sumiço do passado de Jânio. Ao longo da campanha, Alencar recebeu uma informação de que o possível destino dessa ficha teria sido o Serviço Secreto do II Exército.

Com uma crescente rivalidade entre os candidatos chegando às ruas, grupos radicais que apoiavam Lott produziram e distribuíram folhetos agressivos contra os Estados Unidos e a presença de empresas estrangeiras no Brasil. As idéias reproduzidas eram tão violentas que se chocavam contra o pensamento do próprio candidato. Circulavam também folhetos contra Jânio, criticando a maneira demagógica como estava conduzindo a campanha. A intenção era esclarecer o eleitor que não se mostrava muito entusiasmado por explicações, mas se fascinava com um candidato que se vestia de pobre para embarcar em viagens de primeira classe pela Europa.

Outros folhetos exageravam na linguagem e tocavam em pontos principais do pensamento do candidato, analisando os problemas e propondo soluções para o país. Uma análise técnica perfeita, em um folheto frio, sem nenhum apelo emocional.

A linguagem e a comunicação utilizadas por Jânio marcariam uma nova era nas campanhas políticas.[507] Que o homem era um espetáculo, era. Encarnou ao mesmo tempo o protesto e a esperança no momento em que o povo quase se acostumara à participação política. Operários e sindicatos ganhavam mais importância, os meios de comunicação, principalmente rádio e jornais, aumentavam sua influência na população.

A campanha de Lott começava a ser vencida. O candidato dos mesmos eleitores que aplaudiam Juscelino seria facilmente trocado a um pequeno sinal de que seu ideal nacionalista poderia ser uma assombrosa posição comunista. A pecha que tirava o sono da classe média grudaria em Lott, resultado de um belo trabalho da UDN, da direita militar e das brilhantes estratégias de Jânio. E seguiam outras ironias: Lott também perderia votos, principalmente em São Paulo, porque havia uma prevenção contra militares candidatos ou contra uma ditadura militar. Além das críticas pelo apoio que recebia dos comunistas, uma parte dos intelectuais irritava-se com suas declarações contra o comunismo e passaria para o lado de Jânio.

Esse apoio dos comunistas acabaria tirando de Lott boas chances de promover sua candidatura. John Moors Cabot era o embaixador norte-americano no Brasil em maio de 1960 e fora encarregado de preparar a visita do presidente Dwight Eisenhower ao Brasil. Com um telegrama secreto, Cabot conseguiu impedir a visita oficial de Eisenhower ao Catete. Certamente Lott estaria presente, e não seria aconselhável que Ike fosse recebido por um candidato apoiado por "comunistas brasileiros e nacionalistas antiamericanos" como informara Cabot ao Departamento de Estado de seu país.[508]

A sabotagem dos políticos que só ficaram a seu lado até perceberem que não haveria concessões nem negociações também o prejudicava. O que era ético e moral se transformaria em uma piada durante a campanha. Apresentar-se, e manter-se, como um candidato que não faz barganha e não cede ao jogo afastaria os "coronéis" do PSD e os pelegos do PTB. Um afastamento que viria a provocar uma traição eleitoral que ganhou até nome: Jan-Jan. Um arranjo sem um criador definido, mas com vários beneficiários. A solução sonora que agradou aos eternos governistas do PSD, aos sindicalistas que há tantos anos estavam nos seus cargos e, claro, a Jânio, que topava qualquer papel que rendesse mais votos.

Na brecha da absurda lei eleitoral que permitia a eleição do vice separada da eleição do presidente, surgiu uma possibilidade de se montar uma "chapa paralela suprapartidária": Jânio como cabeça, Jango como vice. A conversa entre as duas candidaturas surgiu naturalmente. O advogado J. B. Viana de Moraes tornou-se uma ponte entre os dois partidos. Os institutos de previdência ligados aos trabalhistas, uma parte do PTB[509] e o sindicato dos gráficos entraram com o dinheiro e poderiam financiar as duas candidaturas de Jango: como vice de Lott e como vice de Jânio. Os assessores dos dois candidatos trataram de fechar o negócio. Depois de tanta briga para a escolha de um vice que o agradasse, Jânio agora passava Milton Campos para trás. Fingia que não tinha ligação alguma com o movimento, enquanto prometia dinheiro, que nunca mandaria.[510] O Jan-Jan foi ganhando tamanha força que passaria a assustar a própria UDN. A festa de lançamento da candidatura de Milton Campos à vice-presidência foi realizada em São Paulo, na Vila Maria, bairro que projetara Jânio nacionalmente. Nem mesmo isso fez com que ele comparecesse. Já para Jango, que não tinha força em São Paulo, era uma excelente opção misturar seu nome ligado ao trabalhismo com as fortes bases populares paulistas de Jânio. Como o meio sindical adotou essa dupla, Jango não faria força para rechaçar a idéia. Mas o grupo petebista que aderiu ao Jan-Jan foi alvo de protesto do chamado grupo compacto, uma ala que não gostava muito de Lott, mas era fiel aos compromissos históricos e ideológicos do partido. Sobraram uns poucos deputados que tinham coragem de se manifestar abertamente contra Jânio.

No Rio, essa ligação de Jânio com Goulart agradaria os intelectuais. Seguiram-se diversas adesões, na oportuna combinação de vários interesses que se encontraram em uma única chapa.

Dante Pelacani, presidente da Federação Nacional dos Gráficos, passaria a organizar comitês Jan-Jan por todo o país, conquistando a classe média paulista. Em junho de 1960, lançaria o jornal *Jan-Jan* que circulava apenas entre os sindicatos. Pelacani se tornaria o diretor geral do Departamento Nacional da Previdência Social, até ser demitido pelo ministro Almino Affonso — o que viria a ser considerado um ataque contra o Comando Geral dos Trabalhadores.

O delegado regional do Trabalho Roberto Gusmão, a quem o bem-informado coronel Alencar chamava de "homem do Jan-Jan", também foi decisivo para impulsionar e manter o movimento. Filiado ao PTB, Gusmão inspirou uma parte do partido a embarcar na dobradinha.

O Movimento Popular Jânio Quadros, de Castilho Cabral, que levaria o nome de Jânio de qualquer maneira, também se engajou no movimento, bem como o deputado Gileno dé Carli. Até o próprio Lott contribuiu: quanto mais se negava a participar de esquemas e conchavos, mais adesões fornecia ao Jan-Jan.

O sucesso do Jan-Jan demonstrava que as alianças partidárias perdiam espaço para as correntes sindicais. A quantidade de dinheiro que entrou para financiar o Jan-Jan foi muito grande. Equivalia a uma candidatura à parte, com direito a cartazes e a *jingles* — um deles, de gosto duvidoso, classificava Jânio e Jango como uma "dupla infernal". Pelo menos o *jingle* da dupla Lott-Jango era mais simpático, apesar de bem mais perigoso:

> Vão, vão, vão, vão ganhar...
> Lott e João Goulart vão ganhar!
> Vamos, moçada, vamos,
> Tá na hora de votar:
> Lott pra presidente,
> Pra vice: João Goulart,
> Vão ganhar!
>
> Salve o povo do Brasil
> Salve a classe operária
> Salve o homem do campo
> Que espera a reforma agrária!

Juscelino insistia em não tomar posição. Dava respostas absolutamente distantes, como ao repórter Carlos Castello Branco:

> Já declarei que sou inteiramente solidário com a candidatura apoiada pelo meu partido. Como presidente me conduzirei com a dignidade do cargo que exerço.[511]

E Lott continuava declarando que o presidente deveria manter-se fora da disputa. A opinião do marechal caía como uma luva para quem já preparava a candidatura para 1965. A neutralidade presidencial, que Lott via como ideal, e que Juscelino autoproclamava, foi suficiente para os primeiros fisiologistas iniciarem o processo de deserção. Lott também não cedia a nenhuma oferta que representasse um possível comprometimento futuro. Com isso, começavam a faltar recursos financeiros, enquanto Jânio aceitava todos os acordos políticos e aumentava seu caixa.[512]

Entusiasmado no princípio da campanha, Lott reconheceu que algo ia mal logo no primeiro grande comício — realizado em Belo Horizonte — ao comentar com um dos seus assessores:

— Do aeroporto da Pampulha até o centro da cidade só encontrei faixas com os dizeres JK-65. Não havia nenhuma faixa anunciando a minha candidatura.

Essa indiferença de Juscelino em relação a Lott faria ressurgir um verbo criado e muito usado na campanha presidencial de 1950: "cristianizar". Na época, Cristiano Machado era candidato pelo PSD, que debandou para apoiar Getulio. Com algumas diferenças, Juscelino realizava a "cristianização" de Lott. Para os políticos do PSD restava a esperança de voltar ao poder com Jânio presidente. Ele dava sinais de que aceitaria um acordo futuro. Nesse aspecto, a lembrança da primeira cristianização e de seus resultados aliviava a consciência dos pessedistas. Poderiam abandonar a candidatura apoiados por uma naturalidade histórica.

De olho nas relações com o Brasil, Fidel convidara os dois candidatos para uma visita a Cuba. Lott recusou. Jânio fez as malas. Em março de 1960, já em campanha, o candidato da UDN viajaria a Cuba, com um avião lotado de políticos de diversas correntes — o senador Afonso Arinos; os deputados federais José Aparecido de Oliveira, Carlos Castilho Cabral e Paulo de Tarso Santos; os deputados estaduais pernambucanos Murilo Costa Rego e Francisco Julião; o deputado estadual baiano Juracy Magalhães Júnior; o publicitário Augusto Marzagão — e de jornalistas: João Dantas, Carlos Castello Branco, Helio Fernandes, Rui Marchucci, Carlos Mesquita, Luís Alberto Moniz Bandeira, Fernando Sabino, Rubem Braga e Murilo Melo Filho.[513] Na sua comitiva também se destacava o dirigente das Ligas Camponesas, Clodomir Santos de Moraes, portador de uma carta do Comitê Central do PCB endereçada ao bureau político do partido cubano. A mensagem pedia aos comunistas cubanos a interferência para que Fidel não continuasse a polêmica com Lott que prejudicava o apoio do partido à sua candidatura.[514] Sugeria que depois da eleição o partido poderia se afinar com o governo Lott.

O descompasso ideológico entre Lott e Fidel era irreparável. Mas havia também uma diferença pessoal entre os dois que vinha desde a visita que o cubano fez ao Brasil, em maio de 1959, antes mesmo de Fidel se proclamar socialista. Ele se encontrou com o ministro da Guerra em uma reunião que ficou marcada pelas baforadas de charuto que Fidel dava na direção de Lott, que odiava qualquer tipo de fumo; e pelas mãos de Lott que ostensivamente abanavam a fumaça.[515] Quando Fidel se alinhou com o governo soviético, as diferenças só aumentaram. Lott classificava Fidel de ditador. O PCB tentava diminuir a tensão, deixando claro que Lott tinha o apoio do partido contra Jânio, além de ser considerado um democrata pelos comunistas, que queriam demonstrar sua "linha política coerente com a realidade brasileira".[516] Os cubanos reagiram com irritação ao pedido do PCB, que no mesmo mês da visita de Jânio a Cuba lançaria um manifesto de apoio oficial à candidatura Lott, considerado pelo partido como o "representante mais autorizado da ala nacionalista".[517]

(Lott e Prestes foram amigos enquanto eram cadetes na Escola Militar. Prestes impressionava Lott pela determinação e inteligência. Lott admirou-se ao descobrir nele a primeira pessoa que conhecera que estudava Esperanto.)

O manifesto "Por que os comunistas apóiam Lott e Jango" foi distribuído pelo PCB, que explicava a sua posição, apesar das várias declarações de Lott contra a legalização do partido que ora o apoiava. Os comunistas do baixo clero achavam que Lott não deveria ser o candidato, mas trabalhariam por sua eleição, à exceção da esquerda chique, que ficaria com Jânio. Contudo, o bloco esquerdista não iria para a rua com a intensidade tradicional.[518]

Depois de receber Fidel em seu gabinete; Lott comentou com os familiares e amigos que não gostou da visita, e disse que aproveitou a reunião para "dar uns conselhos" a ele. Falara de sua admiração pela luta dos rebeldes em Sierra Maestra, mas que abominava o justiçamento que se seguira. Fidel explicou que uma revolução era olho por olho; Lott replicou, explicando que o líder cubano não deveria esquecer que violência gerava violência.[519]

A cegueira seletiva da direita e da classe média, que se apavorava com a ameaça comunista, não alterou o quadro sucessório, afinal Jânio também visitara o Santuário de Fátima, em Portugal. Com tamanha performance ideológica mundial, a imagem de comedor de criancinha jamais grudaria nele. Pelo contrário, o candidato da vassoura passava a despertar a simpatia da esquerda, e uma parte dela até começava a acreditar no candidato.[520]

Era a vitória antecipada de Jânio. Ele poderia fazer o que quisesse. O efeito Teflon protegia Jânio. A única imagem que pegara nele era a de candidato infalível,[521] enquanto Lott tinha de explicar repetidamente que "nacionalistas não são comunistas". No começo de setembro, em uma entrevista para a televisão, declarou que "o comunismo é uma organização internacionalista. Seus integrantes não se preocupam com os bens espirituais e sim somente com os materiais. Os nacionalistas advogam uma posição de independência nacional e lutam por soluções nacionais, preferencialmente, para os problemas brasileiros.[522] Fora Lott quem se colocara contra o reatamento completo com a União Soviética, alegando questões de segurança nacional. Fora Jânio quem aceitara o convite de Fidel.

E Lott seguia fazendo questão de renegar esse apoio nos piores lugares. Durante uma visita de sindicalistas, Dante Pelacani, um dos organizadores do Jan-Jan, preparou uma armadilha diante da platéia de esquerda, pedindo uma posição do candidato a respeito dos comunistas. Lott, mais uma vez, manifestou-se contra o comunismo e sugeriu até cadeia[523] para os simpatizantes... E estava falando para sindicalistas. Ao recusar compromissos com os comunistas, Lott nada mais fazia do que seguir sua linha de pensamento. Na verdade, não aceitaria acordo com ninguém, comunista ou não.

Contra a vassoura de Jânio, a espada foi escolhida como símbolo da campanha de Lott. A intenção era dar um ar de autoridade e ordem, principalmente durante o período turbulento pelo qual o país passara e que se acreditava superado. A escolha não deixou de produzir, em menor escala, uma reação oposta. Afinal, o símbolo da espada aumentava o temor de golpe naqueles eleitores que não simpatizavam com a candidatura de um militar.

Manter o Exército fora da campanha era um desejo verdadeiro de Lott. Se quisesse aproveitar-se da máquina, escolheria um substituto que pudesse ser manipulado. Mas preferiu abrir mão dessa estrutura.[524] Tinha poder para isso, mas escolheu Denys. No fundo, parecia saber que não deveria ter feito isso. Denys faria uma radical mudança na estrutura do Ministério, limpando os nacionalistas dos postos de comando, desmobilizando seu esquema e colocando de lado os "oficiais suspeitos".

Desde o início da sua passagem como ministro, Denys mostrou-se preocupado com o serviço de informações[525] e com a infiltração de elementos de esquerda no Exército. Agiu politicamente e construiu uma aliança do centro com a direita dentro do Exército[526] para conter o avanço dos esquerdistas nos quartéis. Advertiu os oficiais que participavam da campanha eleitoral. Deu preferência, na montagem de seu gabinete, a oficiais da Cruzada Democrática. Para chefe de gabinete, escolheu o general Orlando Geisel, e seu irmão, Ernesto, para servir no gabinete. As punições aos oficiais que embarcavam na campanha somente atingiam os simpatizantes de Lott. Para eles, reservaria uma severa vigilância.[527] Essa mudança extrema de Denys era vista com desconfiança até pelos oficiais da Cruzada Democrática, que achavam que ele estava "persuadido pela inevitável vitória" de Jânio. O deslumbre da perpetuação do poder não atingira somente a Denys, como a muitos membros do governo Juscelino.[528] Em poucos dias, com uma espantosa rapidez, Denys desmontou todo o dispositivo articulado por Lott, entregando postos estratégicos a oficiais que tinham aversão ao antigo ministro.[529]

O enteado de Lott, major Duffles, que não fora promovido nenhuma vez durante a passagem de Lott no Ministério, incentivado pelo ajudante-de-ordens Nilson Mario dos Santos, foi pedir que o Ministério da Guerra mantivesse um canal de informações com o comitê de Lott. Denys ouviu o pedido calado e assim permaneceu. Nada disse. Duffles contou a Lott a reação do novo ministro, que repreendeu o enteado, mas não demonstrou surpresa:

— Você foi porque quis, eu já sabia que ele não iria aceitar esse pedido.[530]

Lott já havia sido alertado por Alencar de que isso iria ocorrer. A base militar que poderia ser usada durante a campanha desmoronara. Ou trocara de lado. Denys dava demonstrações de que se encantara por Jânio. Talvez já buscasse garantir seu lugar.

Mesmo fora do governo, Lott mantinha na política a mesma postura que adotara como filosofia de vida:

> Nunca procurei estabelecer ligações, justamente porque — como eu estou lhe mostrando — só aceitava a presidência da República caso eu fosse eleito de uma maneira limpa. Não queria deixar dúvida de que o povo me queria. Achava que só assim poderia vencer tudo que eu tinha contra o exercício da função, no meu interior, no meu consciente e subconsciente. Eu tinha inquestionavelmente medo de errar na presidência.[531]

Durante toda vida, Lott seguiu regras. Estava habituado a obedecer ao relógio e não seria agora, aos 65 anos, que uma simples campanha presidencial mudaria a sua rotina. Não abria espaço para nada que alterasse muito o seu dia. Um homem acostumado aos mesmos horários, a dormir às oito e meia da noite e a acordar às quatro e meia da manhã, dificilmente se adaptaria à agitação do circo eleitoral. Fazer campanha com um candidato que tem hora para dormir, comer... não seria fácil. Como Lott tinha horário até para beber água — costumava pedir um copo d'água para dona Antonieta na hora determinada —, a equipe da campanha encontraria muita dificuldade para marcar encontros e reuniões de última hora. Um atraso de Lott virava notícia de jornal, como ocorreu na reabertura dos trabalhos do Congresso em março de 1956.[532] Durante todo tempo em que permaneceu no Ministério, Lott jantava às sete da noite em ponto, sempre em silêncio, ouvindo no rádio a *Voz do Brasil*.

Não fora só Lott que passara a vida seguindo com rigor horários e missões a cumprir. Os militares nacionalistas que apenas queriam ajudá-lo assumiriam funções importantes na equipe, devido às falhas que surgiriam com o abandono de que o candidato seria vítima ao longo da corrida. Passariam a lidar com problemas que não estavam acostumados a enfrentar. Conheceriam o jogo político de perto. Eram homens de caráter. Ficariam chocados[533] com o que iriam aprender.

A campanha de Lott foi montada, a princípio, por Paulo Dutra e tinha um enfoque político. Paulo se afastou logo depois, já que sua esposa Regina estava grávida. Depois dessa troca, foram criados — informalmente — dois comitês (além do grupo tradicional do PSD e do grupo de Jango): um militar, com Duffles e o coronel Alencar no comando, e outro civil, com sua filha Edna. Ao invés de unificar-se, a campanha de Lott ramificava-se e perdia forças.

Capítulo 13

om quatro meses de atraso em relação a Jânio, no dia 4 de março de 1960, apoiado pela coligação PSD-PTB-PST-PSB, o "pior candidato que o PSD poderia ter escolhido"[534] iniciou oficialmente a campanha em sua cidade natal, que agora se chamava Antonio Carlos. Nesse primeiro comício, falou também pela primeira vez a filha do marechal, Edna, que estreou no palanque. Tancredo Neves, candidato ao governo mineiro, também discursou. Nesse começo de campanha, os familiares viram Lott em um raro momento. Surpreendentemente empolgado, reuniu os parentes para que ouvissem os *jingles* da sua candidatura. Completamente descontraído, gostou das duas músicas. Uma em ritmo marcial:

> De leste a oeste,
> de sul a norte,
> na terra brasileira
> é uma bandeira
> o Marechal Teixeira Lott

E outro em ritmo de valsa. Enquanto ouviam, Lott puxou Edna para dançar:

Há uma voz que alegre canta
e que se levanta
dos trabalhadores,
essa é a mesma voz
que vive em todos nós,
senhoras e senhores.
um Brasil unido e forte,
Marechal Teixeira Lott.

Sem fazer demagogia
E sem trazer ao povo mistificação,
Representa a garantia
E o progresso da nação.
É por isso que cantamos
E acreditamos num Brasil feliz,
Marechal Teixeira Lott,
Sentinela do país.

Edna, a segunda filha de Lott, professora do Instituto de Educação, formada na Faculdade Nacional de Filosofia, cadeira de Geografia e História, passaria a organizar o comitê civil da campanha. Foi muito incentivada pela própria família a participar porque acabara de perder o marido de forma repentina. Oscar de Moraes Costa era primeiro-tenente quando se casou com Edna. O casal teve quatro filhos, além da menina Laura Lúcia, que falecera com sete anos. Em abril de 1959, quando era major e trabalhava no Conselho Nacional de Águas e Energia Elétrica, Oscar sofreu um ataque cardíaco e faleceu vítima de enfarte agudo do miocárdio. Na época, sua promoção a tenente-coronel já estava aprovada e assinada. Segundo o regulamento, o militar que morresse em serviço deveria ser promovido. Assim, teria direito a duas promoções e deveria ser enterrado como coronel. Desde que não fosse genro do ministro. E desde que esse ministro não se chamasse Lott. Ele barrou a dupla promoção. Autorizou apenas uma, a de tenente-coronel. Edna tentou reclamar com o pai, justificando que o marido, apesar de ter morrido em casa, estava a serviço. Falou com o pai, ouviu o ministro. Lott acabou com suas esperanças e manteve a decisão.

Edna ficou viúva e criou seus quatro filhos sem pedir ajuda, nem desistir do combate. Recitava para eles a *Canção do Tamoio*, do poeta Gonçalves Dias. Toda vez que um deles fazia qualquer reclamação, lá vinha Edna:

> Não chores, meu filho;
> Não chores que a vida
> É luta renhida:
> Viver é lutar.
> A vida é combate,
> Que os fracos abate,
> Que os fortes, os bravos,
> Só pode exaltar.

Eles jamais esqueceram dessas palavras, de tanto que a mãe recitava o poema. Quando Edna mergulhou na campanha, transformou-se totalmente. Tornou-se a primeira mulher brasileira a participar ativamente de uma campanha presidencial. Se antes era uma pessoa tímida, durante o processo tornou-se a líder do seu grupo e a principal oradora dos comícios, já que fazer discursos nunca fora o forte do marechal, cuja voz, não tão forte, destoava de seu porte físico. Lott também era fechado e envergonhava-se facilmente, não fazia uma correta entonação nos discursos que se tornavam monótonos. Edna, ao contrário, empolgava e seria a grande responsável por manter o ânimo dos militares nacionalistas.[535]

Com a troca de Paulo Dutra por Duffles, a linha da campanha de Lott sofreu uma guinada: o enfoque deixava de ser político para se tornar cívico. Lott detestava comícios e políticos e, mais ainda, conversas com políticos. A nova equipe iria respeitar isso, preocupando-se em transmitir ao povo o que Lott achava do país e o que ele iria fazer pela nação. Arriscavam ainda mais a eleição ao deixar de fazer as promessas que todo eleitor gostava de escutar.

Todo o esquema da campanha passava a ser montado para que Lott pudesse manter os mesmos horários de almoço, jantar e dormir. Protegendo a pessoa, mas prejudicando o candidato. Apesar dessa tentativa de preservá-lo fisicamente, Lott teria de abandonar todos os horários. Chegaria a voar 40 horas em 4 dias.[536] Era realmente um sacrifício para ele. Mas estava lá para ganhar.

Quase todos os antigos assessores de Lott foram formar o comitê militar da campanha. Duffles e Alencar encabeçavam o fiel e educado grupo formado pelo major Nadir Nasce, responsável pelos discursos de abertura dos comícios: os capitães Roberto de Souza e Duvally Verlangeiro, ajudante-de-ordens que foi escolhido para ficar colado no marechal. Montenegro também saiu do gabinete para acompanhar o antigo chefe. Uma das preocupações dos assessores era jamais deixar faltar banana, sua fruta preferida, em seu café-da-manhã. O capitão Fabio Pinto Coelho não participava da comitiva, mas fazia parte da preparação e da programação das viagens e comícios.

A criação de dois comitês, um civil e outro militar,[537] acabaria destruindo qualquer chance de se criar uma unidade na campanha. Pelo lado militar, homens sem experiência eleitoral, que estavam acostumados às regras do Exército, com muita ordem e planejamento, mas sem agilidade suficiente para as constantes mudanças do jogo, e que não se preocupavam com aqueles agrados tradicionais[538] do mundo político.

Pelo comitê civil, Edna assumiu a liderança do núcleo duro e montou uma campanha voltada principalmente para sindicatos e federações, locais que afugentavam militares. Quando Lott não estava presente, Edna tomava a frente e fazia o comício. Aproximou-se dos sindicalistas e de grupos de esquerda que ainda se mantinham fiéis a Lott. Essa divisão ocorria no Rio, mas em São Paulo havia outro grupo militar nacionalista, ligado à FPN, com o general Stoll Nogueira e o jornalista Oswaldo Costa de *O Semanário* lutando pelo candidato.

Como o vice-presidente era eleito separadamente, João Goulart também tinha seu próprio comitê, o que se converteu em mais um obstáculo à chapa Lott-Jango pois os afastava ainda mais. Goulart participou apenas das primeiras reuniões e depois foi cuidar da sua campanha. Apesar da força política dos dois partidos que apoiavam o marechal, não houve uma unificação da coligação com um comitê central organizado e forte. Esse excesso de comitês provocava um conflito permanente, além de desencontros ideológicos e práticos. A campanha ficava dispersa, com uma organização local que não mantinha contato direto com o comitê central. O coronel Alencar coordenava o comitê militar, porém raríssimas vezes encontrou-se com Edna. A líder informal do grupo civil recebia ordens do pai para procurar Alencar, mas nunca pediu sua ajuda. Alencar e Edna se entendiam diretamente com Lott, como se o candidato fosse ele próprio um só comitê. A candidatura diluiu-se em várias frentes. A impressão inicial era que haveria um apoio muito forte do PSD e do PTB, mas esse entusiasmo foi sumindo. Na parte financeira, a ausência de Juscelino foi decisiva para as poucas contribuições recebidas. Talvez os empresários estivessem economizando para a campanha de 1965.

Durante a campanha criou-se a falsa idéia de que Edna era comunista. Por ser uma das coordenadoras da campanha civil, ela passou a conviver com políticos de esquerda do PTB e do Partido Comunista. Talvez tenha contribuído muito para a formação dessa imagem a grande amizade que mantinha com sua secretária Édila, mulher do coronel Kardec Lemme, um dos mais destacados militares da época e comunista declarado.

Foi Lott quem trouxera Kardec novamente para o Rio de Janeiro. Kardec serviu por dezessete anos na fronteira gaúcha, depois de voltar da guerra, como castigo por sua ideologia. Até o dia em que escreveu uma carta para o ministro expressando seu desejo de voltar. Pouco tempo depois, recebeu um telegrama do Ministério. Seu pedido fora atendido. Kardec foi ao Rio apresentar-se e conhecer o então ministro pessoalmente. Nunca haviam se visto. Tornou-se um dos líderes da esquerda militar que apoiava Lott, participando de um grupo desprovido de qualquer interesse, assim como os outros comitês militares — de Alencar e dos "paulistas" — também não buscavam cargos, nem gostariam de pertencer ao gabinete, nada exigindo em troca.

Dessa natural ligação a sindicalistas e políticos do PTB nasciam também os ataques que procuravam ligar Lott ao comunismo. Edna, apesar da garra que demonstrava, não conseguia manter a mesma frieza do pai ao encarar ataques pessoais durante a campanha. Quando lia nos jornais ou ouvia alguém se referir a ela como comunista, deixava-se abater e caía no choro. Não conseguiu livrar-se da armadilha dos rivais e ficaria com a imagem de comunista.

Em 21 de abril de 1960, Juscelino inaugurou Brasília, a nova capital do país. O Rio transformou-se em uma cidade-estado. Para comandar a Guanabara, Juscelino nomeou o ex-chefe da sua Casa Civil, o embaixador Sette Câmara. Uma grande festa marcou o nascimento da cidade. Lott não compareceu porque estava em campanha, mas que outro lugar poderia render mais votos que a nova capital naquele dia histórico? Sua ausência provocou boatos de que tivera um desentendimento com Juscelino. Mais tarde, alegou que já havia marcado vários compromissos e até mandou uma mensagem para JK pedindo desculpas pela ausência.

Dois dias antes, 19 de abril, data de nascimento de Getulio Vargas, Lott visitara o túmulo do ex-presidente em São Borja, ao lado de seu candidato a vice, João Goulart. Prosseguiu a campanha pelo Rio Grande do Sul. Em Porto Alegre, falou aos estudantes da Faculdade de Ciências Políticas e Econômicas da PUC e elogiou o governo Juscelino, não muito querido entre os gaúchos. Ao final da palestra, teve de responder às perguntas provocativas dos repórteres sobre o frio apoio do presidente, tremendamente impopular[539] naquele estado:

— Estou, inteiramente, sem contatos com o presidente, que, aliás, deve andar muito atribulado para pensar em política neste momento. Nessa altura da campanha, porém, não admito mais um fracasso nas urnas, pois, se assim fosse, não seria mais candidato.[540]

Depois da palestra, Lott teve de comparecer a um jantar e à convenção plenária do PTB. Seguiu-se uma série de discursos. A sessão somente foi encerrada à uma e meia da madrugada, com Duffles visivelmente preocupado com o fato de que "há mais de vinte anos" Lott não ia para a cama depois das onze da noite.[541]

Para Lott realmente era um sacrifício ser candidato. Não suportava o corpo-a-corpo com o eleitor. Até seu tipo físico — forte, pele bem vermelha,[542] olhos azuis penetrantes — prejudicava-o. Ficava mais distante da população, porque "parecia um menino robusto posando para anúncio de leite em pó."[543] Já seu oponente era o magrelo Jânio, que se produzia ainda mais, apresentando-se em comícios com caspa nos ombros,[544] cabelo despenteado e almoçando sanduíches de mortadela em um canto do palanque. Inteligente e com uma brilhante tática, Jânio falava para o público específico de cada local: nas regiões operárias, enaltecia as conquistas sociais, a participação nos lucros e chegava, para arrepios da UDN, a citar Vargas; nos grandes centros, buscava o voto jovem, com a cartilha contra o imperialismo americano e elogios a Fidel Castro, a quem, durante a visita que fizera a Cuba, classificara como "melhor amigo no continente".[545] Para os empresários, garantia o reconhecimento do lucro e prometia coibir os excessos sindicais.[546] Era o que o deputado Santiago Dantas chamava de "frondizismo":[547] "política de direita com técnica eleitoral de esquerda".[548] Nos comícios, Jânio detalhava ponto a ponto os problemas da região, falava das ruas, dos rios, das pessoas, para passar ao texto padrão que empolgava: o ataque aos governantes, à corrupção, e aos exploradores do povo. Era um fenômeno de comunicação que lançou moda e levou ao delírio as massas ao atacar visceralmente os políticos, como se ele não pertencesse à classe. Os eleitores engoliam a isca, fisgados pelo pescador político que atordoava a direita, a esquerda e os inocentes do Leblon.

Os problemas que surgiram na campanha de Jânio eram solucionados drástica e rapidamente. Jânio, José Aparecido de Oliveira, Seixas Dória, Leandro Maciel — ainda mendigando por sua candidatura a vice — visitaram a região da bacia amazônica. Jarbas Passarinho, superintendente da Petrobrás, procurado pelo deputado Ferro Costa, fez um pequeno relatório sobre as 50 equipes e 14 sondas que exploravam petróleo na região. O relatório serviria para deixar o candidato informado sobre a atuação da estatal na Amazônia e para mostrar "todo" seu conhecimento sobre o tema. Porém, no comício realizado em Belém, Jânio fez uma forte declaração contra a Petrobrás, acusando-a de "brincar de procurar petróleo na Amazônia". Aos berros, questionava:

— Que são seis sondas, nessa imensidão de três milhões de quilômetros quadrados?

Passarinho, que acompanhava o comício, ficou arrasado. Respondeu à provocação de Jânio de "brincar de encontrar petróleo" com uma nota por escrito, corrigindo o número de sondas declarado no comício. Pensou inicialmente em distribuir a nota aos jornais, mas concordou que fosse entregue primeiramente ao candidato. Ao tomar conhecimento da nota, Jânio replicou mais violentamente. Em um programa de rádio na mesma noite, citou um "superintendentezinho, que ousa desafiar não o candidato a presidente da República, mas já o próprio presidente a quem está chuchando com vara curta". Passarinho voltou à máquina de escrever. Dessa vez, fazia questão de que sua nota fosse publicada nos jornais: "Jamais juntei minha voz àquelas que o indigitam como entreguista. Vou ouvi-lo no comício e o vejo conduzir a análise do esforço regional da Petrobrás de modo hilariante, a atribuir-nos uma inoperância que, em tom maroto, V. Exa. classificou de brincar de procurar petróleo." O deputado Ferro Costa, também inconformado com os ataques, procurou Dória para que os dois se encontrassem com Passarinho e explicassem que a publicação daquela carta iria beneficiar a candidatura Lott. Passarinho narrou todas suas tentativas com Jânio. Depois das explicações, Dória concordou com o major. A carta alcançou grande repercussão. Foi publicada nos grandes jornais brasileiros e até na Argentina. Castello telefonou-lhe para solidarizar-se, mas apresentou um reparo a fazer: achava desnecessária uma citação elogiosa que fizera a Lott.[549]

Os jornais também haviam publicado que Seixas e Costa ficaram contra Jânio na questão envolvendo Passarinho. Durante o vôo de volta, com o avião lotado de deputados e jornalistas, o deputado paulista Emílio Carlos levou a nota até Jânio. Seixas estava sentado ao lado de José Aparecido. Jânio levantou-se e disse:

— Eu exijo solidariedade integral dos meus companheiros.

Silêncio. Jânio repetiu:

— Eu exijo solidariedade integral dos meus companheiros.

O silêncio continuou. Jânio falou mais uma vez:

— Eu exijo solidariedade integral dos meus companheiros.

Seixas então se levantou e virou-se para trás:

— O senhor está falando comigo?

— Com o senhor mesmo!

— Então vá à puta que o pariu! Eu sou um deputado que estou me dedicando à sua campanha porque acredito que o senhor seja um homem competente, apesar de não ter completado seus mandatos.[550]

E prosseguiu, referindo-se à notícia:

— Eu dei a minha opinião sincera, e vou continuar a dar. Se o senhor me quiser na sua campanha, vai ser assim.

— Mas eu exijo...

— Se o senhor exige, vá à puta que o pariu! Eu desço no próximo aeroporto!

Foi a vez de José Aparecido levantar-se:

— E eu volto com o Seixas Dória.

Até aquele momento era uma briga absolutamente normal para quem acompanhava os rompantes do candidato. Mas com a ameaça de José Aparecido, braço direito de Jânio, a discussão ganhava uma dimensão muito maior. Jânio pediu então para falar com Zé Aparecido. O candidato fez um apelo para que continuasse. Selaram a paz. Zé foi falar com Seixas, que aceitou o apelo:

— Eu estou aqui para colaborar. E não para ser tratado como menino e ficar levando esporro. Se está mandando agora, enquanto é candidato; imagine quando for presidente...[551]

Aparecido, com seu espírito cativante, conseguiu acalmar Seixas. Em seguida, foi a cada jornalista pedir para que o bate-boca fosse mantido em segredo. O espantoso é que quase todos aceitaram. Apenas o *Ultima Hora* negou-se e registrou a discussão em manchete de primeira página. O mesmo jornal também havia divulgado a carta aberta de Passarinho em 22 de janeiro de 1960. Quando a equipe de Lott tentou repercutir mais o caso, Passarinho recusou-se a falar, preferindo embarcar para o interior da Amazônia a fim de supervisionar o trabalho das equipes da Petrobrás. O acerto de contas ficou para o dia da eleição, quando Passarinho votou em Lott.

Na maioria das cidades, o povo lotava os locais do comício de Lott, mas faltava "uma garra, um ímpeto, uma palavra de ordem que empolgasse".[552] Às vezes, raros momentos, Lott se transformava, abandonava o discurso e falava de improviso, como em Volta Redonda, onde se emocionou ao se referir ao socialismo cristão, citando o papa Leão XIII e sua antológica encíclica

Rerum Novarum,[553] que moldou uma nova política trabalhista para o começo do século XX.

Contudo sua falta de experiência em palanques provocava erros básicos. Em São Luís, trocou o nome de um importante rio da região. Alguns dias depois, era a vez de Jânio falar ao povo maranhense. Em seu comício dissecou os rios e afluentes da região, entusiasmando a platéia.

Ainda em maio, a falta de empenho dos caciques pessedistas foi cobrada pelos que lutavam por Lott. A mais de cinco meses da eleição, ouvia-se muito falar em "cristianização". O PSD já fizera uma vez e se dera bem. Esperava-se que repetisse o esquema. Os líderes do partido indignaram-se com a acusação e reagiram, jurando dar todo apoio ao candidato. Prometeram realizar caravanas para "sacudir o país" com um ousado plano de propaganda. O presidente do PSD, Amaral Peixoto, garantiu que participaria de todas as excursões. O plano não saiu do papel. As caravanas passearam apenas em algumas capitais. Peixoto só acompanhou Lott nas cidades fluminenses, onde lhe interessava.

As pesquisas apontavam que o estado de São Paulo seria decisivo na eleição. O comitê de Lott agia para diminuir a diferença entre ele e Jânio. Em junho, Lott assumiu pessoalmente a campanha naquele estado. A intenção era montar uma comissão executiva que reunisse todas as correntes que o apoiavam para acabar com a divisão. A tentativa fracassou. Os grupos continuaram trabalhando separadamente, cada um remando para um lado. E o barco sem sair do lugar.

Foi na sede paulista do Partido Socialista Brasileiro que Lott fez o mais revelador comício de sua campanha. Afirmou que "não havia divergências" entre seu pensamento e o pensamento político dos socialistas. Existiam, segundo ele, somente discordâncias de grau, e não de essência. Defendeu mais uma vez o controle do Estado em setores estratégicos da economia nacional e a responsabilidade total sobre o ensino primário. A "discordância" ficou para a opinião sobre a iniciativa privada, que Lott defendia como parte fundamental no processo de desenvolvimento.

Não fez, como nunca iria fazer, o comício para agradar os ouvintes. Falou porque pensava assim. O peso dessa arriscada declaração poderia reverter-se em votos contra ele, em mais uma franca armadilha que preparava para si mesmo.

Julgar a campanha apenas no território brasileiro seria um erro. Era uma época em que havia uma marcante divisão ideológica no planeta. Comunistas e capitalistas competiam em tudo: países, mentes e até no espaço. No Brasil, não seria diferente. Mas o revolucionário das campanhas políticas congelou essa discussão. Teria caminho aberto para sua apoteose: Jânio Quadros conseguiria, com talento, embaralhar qualquer análise feita sobre ele. Um jovem político disposto a renovar o seu país ou um fenômeno de comunicação realizando sua mais brilhante interpretação? Afinal, era o candidato conservador que visitava Cuba, ignorava as ideologias e fazia o partido do eu sozinho. Era o professor que parecia dominar completamente a língua portuguesa. Era o ídolo. Lott era o marechal que falava bem as línguas portuguesa, francesa e inglesa, entendia espanhol, dinamarquês e italiano e lia em alemão. Era o arrogante.

Restava ao grupo lottista explorar a falta de identificação de Jânio com o nacionalismo ou, ao contrário, a imediata associação de Lott com o nacionalismo — apesar de a própria aposta em si já não alcançar muito efeito. Nacionalismo era "moeda gasta no domínio político".[554] Nos comícios de Jânio, às vezes surgiam faixas provocativas com os dizeres "A Esso te saúda" ou "*go home*, Jânio",[555] mas a crítica não ia muito além de panos, tintas e canções como: "O povo sabe, sabe, sabe, não se engana / Essa vassoura é de piaçava americana / Mas a espada de nosso marechal / Foi fabricada com aço nacional."

Por ironia — ou falha de seus comitês —, não havia um grupo político que assumisse os ataques à "ideologia" de Jânio. Quem mais o combatia era o próprio Lott, afirmando que o tempo dos profetas havia passado: "Homens como ele, nunca se sabe até onde e até quando se pode contar".[556]

A luta de idéias quase não existiu, já que Jânio estava camuflado de tudo ao mesmo tempo, escapando ao grande debate teórico do momento: nacionalistas *versus* entreguistas ou cosmopolitas.[557] Os partidários do candidato podiam até ser tachados de entreguistas, mas ele, não. Jânio se fez como homem da moralidade, aos gritos e encenações. Por suas declarações que chocavam até os próprios aliados, Lott ainda era visto como alguém que não compreendera o nacionalismo em seu "sentido sistemático".[558] Não berrou, nem fez cena, mas abriu sua campanha, em um de seus primeiros discursos, mostrando que muito iria acontecer se chegasse à presidência: "Para punir os dilapidadores, o governo deve ir até o seqüestro de seus bens. Nunca transigi com gente desonesta, e não seria no governo que iria transigir."

A batalha ideológica só existiria para Lott. Somente dele eram cobradas explicações. Quase que diariamente precisava reiterar sua posição sobre o comunismo. Para desespero dos aliados, agia da maneira que julgava ser a correta para governar, e não para vencer. Nos comícios, encontros com estudantes, e entrevistas, defenderia o que acreditava ser o melhor para o Brasil: o nacionalismo, e ser nacionalista, nas palavras do próprio marechal, era "colocar o país acima de tudo. Primeiro ser um todo, integrado e forte, para depois, então, poder entrar em ligação com os outros países. Se o Brasil não atingisse uma posição forte, seria engolido". Era essa a mesma visão que tinha de si mesmo; e que também adotara para a campanha, que para ele não existia. Toda vez que alguém tomava coragem e pedia que Lott tentasse ser menos intransigente em suas declarações, ele respondia que não estava em campanha, mas mostrando como iria ser o seu governo. Explicava assim o que os jornalistas não entendiam e seguiram sem entender. Para Lott, não havia diferença entre a campanha e o seu futuro governo. Não poderia fazer ou prometer nada agora que, mais tarde, teria dificuldades em cumprir. Precisaria dizer ao povo quem era, o que pensava e como iria governar. Se o povo acreditasse, que votasse nele.[559]

Com essa filosofia de campanha terrivelmente honesta, Lott se mostraria um desastre no palanque. Seu adversário vendia ilusão. Lott atirava a realidade na cara do eleitor. Aqueles que estavam a seu lado logo perceberam que, do "Caxias", não conseguiriam favores. Para eles, era uma campanha para perder. Para Lott, uma oportunidade de falar a verdade.[560] Não fazia uma campanha política, fazia uma campanha cívica. Os políticos que o cercavam começavam a perder a paciência.

De sua desconcertante franqueza, surgiram atitudes que o padrão moral eleitoreiro consideraria pérolas da gafe política. Lott, para os profissionais, era uma piada. Lott, para Lott, só estava fazendo o que era certo.[561]

Quando não escorregava sozinho, um empurrãozinho, por maldade ou ignorância, da imprensa ajudava a detonar o candidato.

Em um comício realizado em Fortaleza, Lott sugeriu que se usasse plástico nos rios e açudes da região para evitar a evaporação. A imprensa e a oposição fizeram um carnaval em cima da declaração do marechal, afirmando que ele pretendia cobrir todos os açudes do país com plásticos. Ele se referia na verdade à utilização de filmes monomoleculares de hexadacanol, um método que estava sendo testado na Austrália (e que cinqüenta anos depois seria considerada tecnologia ambientalmente saudável para conservação de água doce pela ONU).[562] Lott seria perseguido por essa declaração. Os inimigos riam.[563] A imprensa ia atrás. Teve de explicar várias vezes que, ao falar plástico, não se referia ao material com que se fabricavam "cortinas de banheiro":

— Trata-se de um composto químico cujas moléculas, sobre a água, agem à medida do azeite, impedindo a evaporação. É um dos mais modernos métodos da ciência para o tratamento da água em regiões de fácil evaporação[564] — explicou a um aluno do quinto ano de engenharia da PUC do Rio, em uma palestra no dia 21 de setembro.

Falhas de comunicação como essa ocorriam porque Lott sabia, e muito, sobre o que falava, porém esquecia de que estava em campanha. Não era mais um instrutor lecionando para alunos preparados, mas não se esforçava para se fazer entender. Quase sem perceber transformava palestras e discursos em aulas. Costumava falar como se ensinasse seus interlocutores.[565] Nos comícios, detalhava suas posições de forma pedagógica. Na Bahia, chegou a explicar aos plantadores de cacau como deveriam ser feitas as plantações. Era espontâneo, mas sua condição e autoridade multiplicavam sua atitude.

Realizava uma campanha imaculada e nem os adversários[566] duvidavam de sua seriedade, mas errava ao não considerar a ignorância e a má-intenção dos que o ouviam. Mostrando uma inaceitável inocência, tornava-se presa fácil do jogo da oposição ao manifestar-se e achar que sua mensagem seria facilmente compreendida. Sempre fora assim, e continuaria sendo, mesmo muito depois da campanha. Em 1978, na entrevista que concedeu ao Cpdoc da Fundação Getulio Vargas, uma passagem ilustra como não se importava em sempre considerar que seu interlocutor tinha conhecimento sobre o que ele falava. A certa altura, citou "navios puxados a cavalo" com uma naturalidade surpreendente. Só se preocupou em dar detalhes depois que o entrevistador Paulo César Farah pediu mais explicações:

> H.L. — Eu vi, na França, navegação naqueles cursos d'água, até navios puxados a parelhas de cavalos.

> P.F. — Navio puxado a cavalo?!
> H.L. — É, navio puxado a cavalo.
> P.F. — Como é que pode?
> H.L. — Na França há, sim senhor.
> P.F. — Mas como é que pode?
> H.L. — *Chemin d'hallage* é o nome. Tem, ao longo do curso d'água, uma pista. O cidadão, a mulher e os filhos moram a bordo. Eles vão dirigindo essa parelha; no fim do dia, param no porto, os animais vêm para bordo comer e descansar.
> P.F. — Os animais vão pelo lado, puxando, pela margem?
> H.L. — É; chama-se *chemin d'hallage*.

Fosse durante a campanha, e o "navio puxado a cavalo" se transformaria na piada da hora. Tinha conhecimento, tinha cultura, mas errava feio no modo de transmiti-los. Fora instrutor, mas de um mundo à parte. Julgou que continuaria falando para alunos interessados. Nas ruas, ninguém estava a fim de ter aulas. Eleitores e políticos queriam um candidato que resolvesse o seu problema ou, ao menos, desse uma mensagem de esperança.

A fragilizada aliança PSD-PTB ruía um pouco mais a cada pronunciamento de seu candidato, que desejava mostrar-se pronto para o cargo. Lott transformava seus discursos em relatórios. Suas qualidades, em currículo. O próprio comitê adotou a idéia e produziu um folheto com sua vida completa: formação, cursos, promoções, serviços em tempos de paz e de guerra, e condecorações nacionais e estrangeiras. Pensavam que assim mostrariam à população que ele era um candidato preparado para a presidência, mas tantos cursos, títulos e condecorações acabariam despertando antipatia e aumentando a distância da população, que preferiria ficar com as roupas sujas e os sanduíches de Jânio.

Ficava evidente que a fórmula de Lott não daria certo nos palanques. Ulysses Guimarães, em um comunicado escrito especialmente ao candidato, sugeriu que ele modificasse esse padrão e que encurtasse os discursos, feitos em tom de aula sobre temas nacionais. Ao contrário de Jânio, que apaixonava a população local falando sobre os problemas da região.

Lott superestimava a capacidade de compreensão de seus interlocutores, da imprensa e do povo que o ouvia nos comícios; enquanto Jânio continuava no mesmo estilo e ainda ironizava o adversário. Ao responder ao assessor que insistia em marcar visitas a algumas cidades baianas onde as previsões eleitorais eram incertas, teria dito: "Não faz mal. Onde eu não puder ir, o Marechal Lott irá por mim[567]".

A um pedido de Manoel Novais — um dos principais líderes do PR —, que queria manter seus domínios feudais na área do Vale do São Francisco, Lott chegou a fazer glosa: "Meu nome é Lott, mas não estou aqui para lotear o Brasil".[568] Na Bahia, em 20 de julho, Novais, "o vice-rei do São Francisco",[569] que comandava a convenção do PR, ainda sem definir seu apoio, deu o troco: "Quando insisti com o Marechal para que ele assumisse conosco determinados compromissos, ele disse: 'Não prometo vantagens e não faço barganhas.' Quem quer correr o risco de apoiar Lott sem compromisso escrito?"

Discussões públicas como essa aumentavam a crise da coligação nacional e o deixariam praticamente sem dinheiro ao final da campanha. Poucos dias depois da troca de provocações, houve a oportuna debandada do PR. Novais largou o governo e passou para o lado janista. A alegação pública dos líderes do partido foi que não poderiam "correr o risco" de apoiar Lott sem um compromisso escrito dos acordos. Os repórteres levaram a justificativa até Lott, que replicou: "O Brasil não é meu. Não posso dividir o que não me pertence."

O PR era um partido tradicionalmente dividido, mas com uma base forte no estado de Minas, onde Lott precisava da vitória. Mais uma vez, não admitiria qualquer tipo de composição que o fizesse abrir mão dos seus princípios. Demonstrava irritação a cada reivindicação que ouvia. Seu tesoureiro, o deputado mineiro pelo PSD, Ovídio de Abreu, teria muito trabalho. Além dele, havia outro tesoureiro no comitê militar que prestava contas de todos os gastos, como se fazia no Exército.

Mas Lott não fez campanha para perder, como se pensava. Apenas jogou limpo. Uma obsessiva necessidade de deixar clara a sua opinião a todo momento. Ao receber 32 pastores protestantes que foram apoiar sua candidatura, fez questão de dizer que era católico, apostólico, romano. Abelardo Jurema presenciou a cena e contou-a a Juscelino, que deu sua aula: "O que ele devia ter dito era 'nós, os cristãos'"...[570]

Lott participava da direção da campanha, ficava atualizado com o andamento e reviravoltas do processo e fazia sugestões que chegaram a ser adotadas pelo comitê. Foi dele a idéia de que fosse escrito seu nome inteiro na cédula, acrescido ainda pelo título de marechal. A justificativa era que as pessoas que tivessem dificuldade para ler deveriam apenas procurar o maior nome da cédula para cravar o "X".

Longe dos acordos, preocupava-se com o que, para ele, realmente interessava: o programa de governo. Queria escolher técnicos e especialistas que, sob seu comando, realizariam um programa como ele desejava. Apesar dos problemas estruturais dos comitês, a candidatura Lott conseguiu reunir, a princípio, um elenco de intelectuais que brilhavam e faziam a vanguarda do pensamento político naquele momento: Hermes Lima, Samuel Duarte, Helio Jaguaribe, Darcy Ribeiro, Nelson Werneck Sodré e Expedito Rezende. Seriam eles os responsáveis pela definição ideológica e pensamento político da candidatura. A coordenação seria do braço-direito de Lott e fiel assessor, o tenente-coronel Carlos Ramos de Alencar. A equipe contava também com o engenheiro Roberto Saturnino Braga. Gustavo Capanema faria a revisão.

Bastaram poucas semanas para que o entusiasmo de muitos desses colaboradores terminasse. Independente da teoria, Lott propunha-se a continuar a linha nacionalista-desenvolvimentista de Juscelino. Tudo que o presidente não queria, já que ele sonhava com um sucessor que colocasse o pé no freio dos gastos.

O plano de governo reconhecia que, graças à "prática do planejamento" do atual governo, os eleitores exigiriam uma definição do candidato frente aos problemas nacionais. O II Plano de Desenvolvimento Nacional flertava com soluções sonhadoras ao propor o aumento do crescimento do produto nacional *per capita* aproveitando-se o máximo do desenvolvimento, mas seguindo uma repartição da renda nacional que diminuiria o número de miseráveis, acabando com a linha extrema da pobreza. O novo Programa de Metas era o motor do II Plano, que pregava o incentivo aos setores da economia necessários para incrementar o processo de industrialização, mas se preocupava igualmente com o desenvolvimento da agricultura, para que ambos crescessem juntos e interrompessem o aumento das diferenças regionais. Justificava que tudo isso consolidaria a soberania nacional e considerava esse um item fundamental. Algumas propostas do Plano teriam validade pelos próximos 40 anos:

> O desafio mais importante (...) é proporcionar às populações desvalidas do Norte, do Nordeste e do Oeste, (...) a assistência que elas merecem. Não deve haver párias no Brasil, nem no sentido de classe social, nem no sentido de região geográfica (...) A liberdade democrática é que permitirá o avanço político, inseparável do progresso econômico. Nenhum regime de força (...) tem as condições do regime democrático (...) Fiz do respeito à lei a base de minha conduta e este é o fundamento democrático com que me apresento.[571]

Nos comícios, Lott defendia que o plano só daria certo se governo e empresas privadas trabalhassem juntos para realizar uma reforma administrativa e deixar a máquina governamental mais eficiente. Garantia o reconhecimento e a defesa dos recursos naturais do país, a utilização de uma economia baseada em modernas técnicas de gestão empresarial; o ataque aos problemas regionais; e a promoção de reformas nas legislações fiscal e de proteção aos recursos naturais.

Nem os autores escondiam que a plataforma era uma continuação do programa de metas de JK, e sabiamente reconheciam que depois do atual governo, o modo de fazer política no país era outro. Seria difícil propor a reversão do acelerado ritmo de crescimento vivido pelo país, mantendo a acumulação interna de riqueza, mas sem uma "cega obediência" aos modelos internacionais.[572] Sempre preocupado com a manutenção da democracia, que o programa classificava como o sistema que "mais convém a uma sociedade de formação inter-racial e em intenso 'processo de valores humanos'", Lott lembrava que o senador Nereu Ramos — que morrera pouco tempo antes em um acidente —, enquanto fora ministro da Justiça, elaborou um plano de reforma constitucional que estimulava o fortalecimento dos partidos para reforçar o sistema democrático.

Em junho, Lott convidaria o antigo chefe da assessoria nacionalista de Vargas, Rômulo Almeida, economista defensor da política desenvolvimentista de Juscelino, para participar da formulação do plano. Almeida fora também consultor econômico da Superintendência da Moeda e do Crédito (SUMOC), deputado federal e secretário da Fazenda da Bahia, onde revolucionou a administração no estado. Lott chamou-o para coordenar um grupo de técnicos nacionais, entre eles Celso Furtado, Lúcio Meira, Cleanto de Paiva Leite, Inácio Rangel e Hélio Jaguaribe. O mesmo desânimo que tomou conta dos políticos lottistas também desceu sobre essa equipe, que acompanhava o melancólico desenrolar da campanha.

Rômulo percebeu as falhas e escreveu um verdadeiro manual para o candidato com o nome de "A campanha do marechal Lott — impressões de um assessor". Com o carimbo de "secreto", o documento chegou às mãos de Lott, que poucas vezes viu alguém ter coragem de falar-lhe tão diretamente. O documento ressaltava a importância do pensamento, da ideologia, do caráter do Marechal, mas tentava trazê-lo para a crua realidade de uma campanha política, fazendo várias advertências. Da ilusão dos apoios prometidos até a estrutura dos discursos, nada escapara à análise de Rômulo. Criticava os improvisos do candidato que falava "ao sabor do momento", lembrava que era essencial "imprimir ao povo e aos seus líderes ânimo de luta e dar ao maior número de indecisos ou de críticos a impressão de que o candidato sabe não só o que, mas como fazer, ou seja, poder prometer e cumprir".

Rômulo percebeu que Lott, imobilizado por sua integridade moral, não falava como candidato, e sim como presidente. Não exigia lealdade para não se comprometer. Em conseqüência, os políticos não se aproximavam, e passavam a se sentir inseguros em relação a ele, temendo a sua austeridade, fechando o ciclo do afastamento. Advertia-o por estar cometendo o "erro de confundir a moral política com a individual. Na atmosfera do poder, o que importa é o poder; e a conquista do poder, no regime democrático, é um trabalho de aglutinação de forças eleitorais". Rômulo analisava certo, mas para o candidato errado. Todo esse esforço não resultaria em uma mudança. Para Lott, moral era uma só: a dele, e isso é que lhe importava.

A atitude de Juscelino também era alvo de Rômulo. O encolhimento da campanha se devia também ao presidente — que já estava nas ruas preparando-se para 1965 — e de Jango, que "queria apenas se eleger", não importando quem fosse o presidente. Até os apoios não se encerravam no próprio candidato. Para Rômulo, os comunistas usavam a campanha para divulgar sua ideologia. Muitos compartilhavam das opiniões de Rômulo, porém só ele decidiu apontar essas falhas cara a cara.

Desenvolvimento era a palavra-chave da plataforma, que reconhecia a necessidade de uma reforma administrativa para promover a rapidez e simplificação de processos cada vez mais complicados e burocráticos. Contudo a grande preocupação, que o próprio Lott reconhecia como a questão vital de seu governo, era a educação. O tema foi o que ganhou mais páginas na plataforma de governo, que continha um Plano Nacional de Educação que Lott, cujas mãe e filhas eram professoras, classificava como "prioridade absoluta" e "objetivo fundamental". Naquele momento, mais da metade da população brasileira era analfabeta e quase 6 milhões de crianças de 7 a 14 anos estavam ausentes dos bancos escolares.[573] Lott parecia mirar no problema certo. Mais de 40 anos depois, os dados da Pesquisa Nacional por Amostra de Domicílios do Instituto Brasileiro de Geografia e Estatística de 2001 demonstravam, por conclusão, que de 5 a 6 milhões de jovens em idade de cursar o ensino médio não estavam sequer na escola.[574] O programa considerava uma "séria ameaça o descompasso entre a expansão e aprimoramento da rede escolar e o progresso social e econômico do país". Criticava que o ensino elementar "só servia, e mal", a quem tivesse chances de continuar os estudos. O Plano Nacional de Educação de Lott determinava um mínimo de instrução, progressivamente aumentado, de 6 anos. Propunha a eliminação do déficit escolar primário em 5 anos; do analfabetismo nas cidades em 10 anos; e em todo o país em 16 anos;

tudo apoiado na polêmica defesa — que lhe renderia um brutal ataque — das escolas gratuitas e obrigatórias.

Na segunda parte do Plano Nacional de Educação, surgia mais uma definição de nacionalismo:

> Tomada de consciência crítica, pela nação, dos problemas de sua existência autônoma e do seu desenvolvimento. A capacidade, enfim tornada pública, de encarar e definir as causas da ignorância, do atraso e da pobreza e a disposição de reunir forças necessárias para extirpá-las.

O Plano explicava que a política educacional nacionalista teria como foco o estudo do Brasil, de sua língua, de sua história, cultura, problemas e soluções.[575] Descia a detalhes como a quantidade de matérias que deveriam ser lecionadas e sugeria uma mudança na grade curricular. Preocupava-se com a primeira geração de brasileiros, filhos de imigrantes, mais identificados com a pátria dos pais. Criticava a fase "em que se podia reivindicar a liberdade de não ser brasileiro". Incentivava a formação de "uma cultura humanística de sentido universal, mas de profundas raízes nacionais" para buscar "o talento artístico do povo brasileiro". Como ponto de honra para um candidato que tanto se desgastara em defesa do voto do analfabeto, Lott garantia a realização de uma campanha nacional de alfabetização.

As soluções para o problema da educação poderiam parar por aí, mas como esse era o plano de governo de Lott, apresentava um item corajoso e revolucionário, mas desastroso para um candidato: uma mudança radical na legislação federal de ensino com a reestruturação no Ministério da Educação e Cultura para que as escolas particulares pagas, religiosas ou não, deixassem de receber subvenções, que representavam "ônus para os parcos recursos" destinados ao setor. Seria o fim da ajuda oficial e dos benefícios às escolas particulares. A prioridade seria o fortalecimento e a implantação de escolas primárias gratuitas que atendessem o número de crianças de cada lugar com um curso inicial de seis anos. Uma avalanche de críticas despencaria sobre essa proposta. As ordens católicas aproveitariam o apoio comunista que estava recebendo para deturpar suas intenções e fazer uma contrapropaganda que deixaria uma mágoa bem forte em Lott.

Os itens nacionalismo e educação foram os únicos a ser desenvolvidos plenamente. O restante de seu Plano preocupava-se com a elevação da produção da agricultura; o aumento de investimento na exploração de petróleo, carvão, eletricidade e a previsão de construção de uma usina núcleo-elétrica. Incentivava a construção de estradas em prejuízo das ferrovias. Na indústria, pretendia duplicar o parque siderúrgico nacional e consolidar vários setores, especialmente a indústria automobilística. Houve até preocupação com o cinema nacional. A meta idealizada seria a produção de 100 filmes por ano, contra os 30 realizados em 1958.

Lott explicaria facilmente cada um de seus pontos de governo. Conhecia o país e sua realidade. Explicava até demais; atacava as falhas, falava em trabalho. Jânio poderia até conhecer seu plano, mas só falava dos problemas e atacava o governo. Lott apontava soluções que seriam realizadas ao longo de mais de 15 anos, Jânio faria milagres instantâneos.

Discutia-se muito o nacionalismo. Mas os próprios nacionalistas não chegavam a um acordo sobre o que queriam. Havia o nacionalismo-legalista, o liberal, o radical e o desenvolvimentista, este defendido na campanha de Lott, a cuja imagem estava diretamente associado. O programa reconhecia que a "grande missão da política nacionalista era formular o pensamento organizador do país e levá-lo à prática". Seguindo o estilo do candidato, não fugia ao ponto mais polêmico do nacionalismo pregado por Lott e assumia, para desespero dos comunistas e uma faixa de sindicalistas que o apoiavam, um nacionalismo que se enquadrava perfeitamente na linha do governo Juscelino:

> O nacionalismo não é isolacionista nem repudia o capital estrangeiro. Isolar-se seria marcar passo dentro do *status quo* existente (...) Repudiar o capital estrangeiro enquadrável no plano Nacionalista do desenvolvimento seria recusar, sem motivo sério, ajuda que temos todo interesse de receber e pagar. Nosso país está maduro para conduzir a política nacionalista de seu desenvolvimento planificado. Seu mercado interno já é poderoso (...) Essa liderança tem de ser exercida pelo Estado (...) Liderança do Estado não significa estatização. Pelo contrário. Essa liderança estabelecerá as condições básicas para o próprio desenvolvimento da empresa privada. A função dessa liderança consiste em cortar os nós-górdios do subdesenvolvimento.[576]

Era essa a opinião de Lott sobre a entrada de capital estrangeiro. Propunha também uma regulamentação que combinasse essa entrada aos interesses do país. Pregava um limite para as remessas de lucros, mas as aceitava. Essa visão acabaria repelida por uma corrente dos antigos teóricos do ISEB, a essa altura já rachado por várias divergências. Guerreiro Ramos, em *A crise do poder no Brasil,* escreveria que era "uma insensatez formidável transformar o nacionalismo num comitê de Lott", apesar de algumas páginas à frente reconhecer que Lott prestara "relevantes serviços ao nacionalismo".

No item específico sobre o nacionalismo, o programa de governo classificava o liberalismo econômico como um sistema superado, e afirmava que, "no caso brasileiro, o nacionalismo é a conquista da autonomia econômica por aqueles que não aceitam apenas uma independência formal".[577] Folhetos de propaganda que seriam distribuídos pouco tempo depois, "assinados por Lott", que se dizia "antes de tudo um nacionalista", trariam sua definição de nacionalismo "como única posição compatível com a dignidade e como arma de emancipação do país. Somente através dele poderemos resguardar os superiores interesses do povo brasileiro". Em uma conversa com Duffles, Lott explicou: "O meu nacionalismo é considerar o nosso país acima dos interesses de qualquer um outro."

A Guerra Fria também era analisada no programa, que defendia que o Brasil deveria fazer mais do que simplesmente acompanhar os debates internacionais nas Nações Unidas. Também igualava em importância a questão do subdesenvolvimento e a Guerra Fria, defendendo a atitude de Juscelino ao lançar a Operação Pan-Americana (OPA).

Para os trabalhadores e sindicalistas, Lott garantia a manutenção da legislação trabalhista e a defesa do reconhecimento da lei de greve como justiça social. O poder público deveria estimular as associações profissionais, citando mais uma vez a encíclica *Rerum Novarum,* do papa Leão XIII. Criticava a ação dos comunistas que procuravam converter o sindicato em instrumento de luta de classes e revolução social, afirmando que só os trabalhadores poderiam organizar os sindicatos.

Nacionalismo, desenvolvimento e educação seriam conceitos inseparáveis. Um resumo do plano foi reproduzido pela revista *O Cruzeiro* de 24 de setembro de 1960. A publicação desejava oferecer uma comparação entre as plataformas dos candidatos. Lott foi fundo e detalhou suas idéias. Jânio falou muito e nada disse, mas pelo menos reconheceu:

> As diretrizes gerais de governo encerram uma programação global (...) Não tenho como incluí-las nos estreitos limites do espaço que a revista me dá. Recuso, por inepto, o esforço de anunciar, como candidato, a plataforma do Governo.

Já Lott apenas reafirmava sua linha de pensamento, incompreendida e inaceitável durante uma disputa política:

> O meu Governo será uma continuação de minha campanha eleitoral: uma mobilização das energias físicas e espirituais do povo brasileiro para uma obra histórica de educação popular.

Uma das maiores decepções de Lott durante o processo eleitoral foi o ataque que a Igreja Católica fez contra o seu nome. Ele, um católico praticante, que ia à missa e comungava todo domingo, foi ofendido várias vezes pelos religiosos. Tão intimamente convicto, Lott jamais usou sua crença para publicidade. Em maio, encerrou-se com uma missa campal o VII Congresso Nacional Eucarístico, em Curitiba. Lott compareceu. Sessenta mil pessoas também.[578] O candidato acompanhou a missa do altar. No fim da cerimônia, a multidão, encantada com a presença de um candidato à presidência, ficou esperando seu pronunciamento. Lott não falou. Fora convidado para a celebração de uma missa, e não para um comício. Jamais misturaria política com religião. Não iria aproveitar para fazer campanha. O povo esperou e Lott não discursou. De política, só um comentário inconformado, vindo de um dos membros da comitiva:

— Não é possível, ele é honesto demais...[579]

Enquanto Lott respeitava a sua fé, os padres da igreja São Paulo Apóstolo, na rua Barão de Ipanema, em Copacabana, distribuíam folhetos para os fiéis com a mensagem: "Votar em Lott é votar no Comunismo"; e o jornal *O Globo* de 9 de julho publicava uma entrevista do padre Álvaro Negromonte que foi distribuída pelo comitê de Jânio. Era uma declaração política, na qual Negromonte driblava o catolicismo de Lott para atacá-lo:

> Sei que pessoalmente o marechal Lott é católico e isto é mais um motivo para lamentar que, como candidato, não possa merecer o voto dos católicos que desejam votar de acordo com as normas da Igreja (...) os católicos, então, já sabem em quem não votar, principalmente quando o candidato, em cargo anterior, nomeou comunistas para altos cargos da administração militar.[580]

D. Jaime de Barros Câmara, cardeal do Rio de Janeiro e presidente da CNBB, tornou-se um dos maiores adversários de Lott. Na mesma igreja que distribuía folhetos contra Lott, os padres faziam da missa comício: "Não vote no marechal Lott, candidato apoiado pelos comunistas"[581] foi a ordem dada a todos fiéis que participavam das missas dominicais, entre eles, Lauro, o filho do candidato. Nessa igreja, todo domingo, Lott participava da missa das oito da manhã.

Sem dar a mínima para a imagem e tentando apenas passar suas idéias, Lott acabava sem convencer os que desconfiavam de suas ligações. Por outro lado, afastava os comunistas com declarações diretas:

— Nenhum comunista traz letreiro na testa e, por isso, não os posso identificar entre as milhares de pessoas que, diariamente, se aproximam de mim. E nem posso impedir que votem em mim no dia 3 de outubro.

Muito mais que o apoio dos comunistas, havia um ponto-chave que motivava toda a campanha que colocou a Igreja Católica em guerra contra a candidatura Lott. E que estava escrito com todas as letras em seu programa: o fim das subvenções às escolas particulares — todas, inclusive as religiosas. Lott defendia que o governo deveria ajudar somente as escolas do governo. Espalhava essa idéia a quem quisesse ouvir.[582] Não voltaria atrás. Toda a verba do governo ficaria concentrada para as escolas públicas nas regiões mais carentes. Não admitia nem discutir essa questão. Mas o "ataque" de Lott aos colégios particulares não parava por aí. Pretendia estatizar todo o ensino primário no país.[583] Era sua meta: que todos os brasileiros cursassem pelo menos o primário. Para ele, seria simples: bastaria cumprir "o dispositivo constitucional que manda o Estado dar 'instrução primária gratuita e obrigatória', assim como foi cumprido o da mudança da capital do país", conforme lembrou em um discurso realizado na cidade paulista de Limeira, em junho. De acordo com seu raciocínio, se estava na Constituição, era só seguir o escrito.

Mas esse desejo do candidato afetava financeiramente todos os colégios particulares comandados por ordens católicas. Santa Catarina era um dos estados onde essa proposta provocaria mais reações. Ao chegar em Florianópolis, Lott foi recebido por Doutel de Andrade, Celso Ramos, irmão de Nereu, e mais uns poucos chefes do PSD local, dividido por uma dissidência comandada por Perachi Barcelos, que fechara com Jânio. Os políticos pediram que, durante os comícios e entrevistas, Lott não tocasse no tema estatização do ensino, já que 80% do ensino no estado era privado,[584] a maior parte deles religioso. À noite, Lott fazia seu comício sem nada dizer sobre o assunto. Falou sobre capital estrangeiro, ligando-o à imigração. Em um comício repleto de "cabeças loiras", a comparação foi um achado: a entrada de capital estrangeiro seria bem-vinda desde que viesse para ajudar o país a crescer, como os imigrantes fizeram. Os políticos locais, aliviados, não poderiam prever aquele *gran finale*. O jornalista Carlos Chagas acompanhava o comício e relatou o que viu e ouviu no livro *O Brasil sem retoque*:

> Ao término, porém, a catástrofe. Celso Ramos estava a seu lado e se vê subitamente puxado pelo orador. E a mensagem final: "Nosso correligionário aqui presente pediu-me, ao desembarcar, que omitisse o que penso sobre a questão do ensino. Mas sou um homem autêntico, um candidato que não teme a impopularidade, se julga estar de acordo com a sua consciência. Se for eleito, não tenham dúvidas: estatizarei todas as escolas e todos os colégios, porque meu governo não será de privilégios..."[585].

A repercussão foi enorme. Para todos, Lott cometera um suicídio político. Mais um. A excursão pelo estado continuou, mas o candidato dessa vez queria combater as reações ao primeiro discurso. Em Blumenau, decidiu explicar a sua idéia e tentar acabar com as distorções da sua proposta. Durante o comício, tirou do bolso um pequeno exemplar da Constituição. Colocou os óculos e leu os artigos: 166 — "A educação é direito de todos e será dada no lar e na escola. Deve inspirar-se nos princípios de liberdade e nos ideais de solidariedade humana"; 167 — "O ensino dos diferentes ramos será ministrado pelos Poderes Públicos e é livre à iniciativa particular, respeitadas as leis que o regulem"; e 169 — "Anualmente, a União aplicará nunca menos de 10%, e os Estados, o Distrito Federal e os Municípios nunca menos de 20% da renda resultante dos impostos na manutenção e desenvolvimento do ensino". Mostrava que apenas iria cumprir a lei, explicando que o Estado era responsável por fornecer um ensino primário gratuito e obrigatório, mas que também seria permitida a presença de colégios particulares, desde que em colaboração, e fiscalizada pelo governo:

Não sou contra a escola particular, mas contra os vendilhões do ensino.

Em Minas Gerais, o tema era outro, mas a postura do candidato foi a mesma. Visitando a região das estâncias, que ainda sonhavam com a reabertura dos cassinos, Lott também não atendeu ao pedido de "não tocar no assunto" e manifestou-se "como católico" totalmente contra a reabertura do jogo no Brasil.[586] Acima de tudo, insistia em afirmar sua independência de pensamento, como fizera em maio, ao participar de uma mesa-redonda com a presença de Ulysses Guimarães e o ex-governador Lucas Garcez, na TV Tupi de São Paulo. O encontro foi transmitido para mais de duzentas cidades do interior. Mais uma vez, prosseguia sua anticampanha. Nessa entrevista, defendeu os direitos dos posseiros à propriedade da terra e a entrega da direção dos institutos de previdência aos trabalhadores. O interior paulista não era o lugar mais indicado para ouvir essas idéias.

O jornalista Sebastião Nery, que acompanhava a trabalho a campanha de Lott, presenciou, em um só evento, duas declarações de Lott que demonstravam seu estilo único para angariar votos. Presidida por Raimundo Eirado, a UNE organizou em 13 de julho de 1960, na sede da ABI, um debate com todas as lideranças regionais para que o movimento estudantil conhecesse as propostas de Lott e Jango. Na platéia, estudantes empolgados com as idéias da esquerda. Lott abriu o encontro fazendo um discurso nacionalista que agradou os ouvintes. Em seguida, começaram as perguntas... e as respostas. Um estudante quis saber a opinião do candidato a respeito da Revolução cubana, ocorrida há pouco tempo. Naquele momento, não havia uma clara postura ideológica de Fidel Castro, que não se definira completamente pela esquerda. Porém suas recentes declarações desagradaram o marechal, que deu uma resposta que chegou a agradar à platéia:

— Não concordo com a intervenção dos Estados Unidos em Cuba, como não concordaria com idêntico procedimento em relação ao Brasil. Cabe ao povo cubano, somente a ele, resolver seus problemas. Acho que abominar um domínio estrangeiro não deve significar, em hipótese alguma, submissão a outro domínio.[587]

Esteve perto de ser ovacionado, poderia terminar por aí. Preferiu deixar claro o seu pensamento:

— Não estou gostando da Revolução cubana. Fidel Castro está fazendo proclamações comunistas e eu sou contra o comunismo.

Foi um banho de água fria no auditório lotado. Eirado, que presidia a mesa, imediatamente tentou salvar a situação. Naquele mesmo dia, o jornal *Ultima Hora* publicara uma grande entrevista em que Lott defendia o nacionalismo, a Petrobrás e a exploração estatal dos recursos naturais. O presidente da UNE tentou reverter o clima, com uma pergunta ideal:

— Marechal, qual é a sua posição sobre a Petrobrás e a exploração das riquezas minerais brasileiras?

Lott, que agora tinha tudo para também dizer o que pensava, respondeu com uma pergunta que desmontou o plano do seu interlocutor:

— O patriota não lê jornal? Hoje foi publicada uma entrevista de duas páginas para o *Ultima Hora* em que falo sobre tudo isso. Vamos à próxima pergunta.

"O patriota não lê jornal?", uma frase que ficaria no ouvido de Nery e da qual ele nunca mais esqueceria.[588]

Nesse mesmo dia, o grupo de intelectuais que apoiava Lott reuniu-se para discutir o rumo da campanha e tentar indicar novos caminhos. Eram reuniões periódicas das quais saíam as orientações de enfoque da campanha. Dessa vez, o principal item debatido foi o polêmico discurso que Edna Lott fizera, atacando a falta de empenho dos comitês estaduais dos partidos. Ela não aceitava as manobras que estavam tirando Lott da disputa e exigiu ética e lealdade, usando palavras duras contra o ministro da Fazenda, Sebastião Paes de Almeida, que se mostrava muito simpático à candidatura Jânio[589] e que estaria "sabotando" a campanha de seu pai.[590] Os efeitos foram sentidos imediatamente. O discurso de Edna também sacudiu os caciques pessedistas, que passaram a temer ser "denunciados" como traidores.

No comitê da Nilo Peçanha, 9, 11º andar, aquelas palavras ainda ecoavam forte. Os professores Rego Monteiro, Antonio Xavier, Constantino Menezes de Barros, Hermes Lima e Leda Barreto; o general Armando Dubois Ferreira, que fora oficial-de-gabinete de Lott em 1955; Samuel Duarte e Moura Palha e o coronel Antonio Joaquim de Figueiredo dividiram-se sobre a atitude de Edna. A situação foi resumida pela opinião de Hermes Lima:

— O discurso de dona Edna foi uma bomba política. Em Brasília, os políticos andaram açodados, como formigueiro onde tamanduá tivesse posto a língua. O discurso teve duas faces: negativa, que foi o impacto político, causando raiva; e positiva, que surgiu depois, porque foi a palavra de verdade na hora exata.

Hermes Lima também contou que, em encontro com Santiago Dantas, dissera que o discurso fazia sentido para "disciplinar as hostes partidárias", com o objetivo de acabar com questiúnculas estaduais que estão prejudicando a campanha do marechal.[591]

Até Lott manifestou-se. Em uma entrevista à TV Itacolomy, de Belo Horizonte, observou que "a filha era maior e tinha orientação própria", mas deu "nota zero"[592] ao discurso de Edna. Lott recomendou que ela fosse mais calma no seu modo de se expressar durante a campanha política.

A reunião tentava solucionar o que o discurso de Edna escancarara: o PSD estava esfacelado e só se preocupava com problemas locais. Não era a primeira vez que havia uma manifestação pública denunciando a falta de empenho dos partidos. Em maio, circulara um Manifesto à Nação assinado por 36 representantes de vários sindicatos. Eles denunciavam as "manobras sucessivas de esvaziamento das candidaturas Lott-Jango" e afirmavam que a propaganda existente era resultado do "esforço dos grupos das forças nacionalistas" e não dos partidos, que criaram um "clima propício para o candidato oposicionista dar expansão à sua demagogia". O Manifesto pedia que todas as forças nacionalistas, organizadas ou não, se unissem para "realizar uma campanha eleitoral de massa" e levar Lott e João Goulart à vitória.

Como forma de virar o jogo, os intelectuais do comitê sugeriam que fossem acentuadas as diferenças entre os dois primeiros colocados. Quem mais defendia que o enfoque deveria ser feito através de uma comparação entre candidatos era Hermes Lima:

— É preciso não esquecer a diferença de caráter entre o marechal e Jânio. Jânio está preparado para prometer tudo e no governo não cumprir nada. O marechal, ao contrário, promete pouco e quer fazer o máximo.

— Isso é bom, em se tratando de um homem sério; mas, politicamente, a demagogia rende — rebateu Samuel Duarte, trazendo o debate de volta à realidade de uma campanha.

A reação da Igreja também foi discutida. O general Dubois mostrou que os ataques partiam muito mais pela posição de Lott a favor do fim das subvenções às escolas particulares do que pelo apoio recebido dos comunistas. Apesar disso, Rego Monteiro sugeriu que Lott fizesse um discurso em São Paulo para explicar que não era contrário à escola particular; apenas pregava que a prioridade do governo deveria ser o ensino público.

Também detectaram um dos maiores problemas da campanha de Lott: a falta de divulgação de suas idéias. No Rio, apenas o *Diário Carioca* e a *Ultima Hora* publicavam seus discursos, e mesmo assim no *Diário Carioca* não era permitido criticar a companhia norte-americana Hanna e as teses antinacionalistas. Decidiram então partir para uma estratégia de distribuição de folhetos com as idéias do marechal e realizar uma propaganda sistemática, respondendo imediatamente a qualquer ataque de Jânio. Porém todos os discursos e pronunciamentos necessitavam de uma divulgação eficiente. As respostas aos ataques de Jânio e da imprensa até que eram escritas e distribuídas rapidamente para os jornais, mas não eram publicadas. Dois dias antes o *Correio da Manhã* publicara uma nota, na qual afirmava que "Lott ameaçara retirar sua candidatura". A notícia não chegou a ser desmentida oficialmente. Ficava difícil contar com a isenção da imprensa, que embarcara no navio de Jânio, lançando também o boato do golpe do continuísmo.

Restava tentar conseguir dinheiro com os industriais brasileiros, a quem, em teoria, interessaria uma vitória da política nacionalista de Lott. Com verbas, seria possível comprar publicidade nos jornais e divulgar a plataforma do candidato, a três meses da eleição. O comitê sugeriu a Lott que buscasse recursos.

Lá foi ele "pedir" dinheiro. Diante de uma platéia de diretores das empresas fabricantes de automóveis, que tinha profunda ligação com o governo JK, advertiu que, se não houvesse redução de preços, o setor automobilístico não sobreviveria. Reclamou do preço dos carros. Saiu da reunião sem uma única contribuição. Mais tarde, Juscelino quis saber por que ele se pronunciara daquela maneira. Teve a resposta que pediu: "porque era verdade".[593]

A arrecadação de dinheiro mingüava à medida que Lott deixava claro que não faria acordos, como enfatizava em seus pronunciamentos e como se lia em faixas espalhadas pelas ruas: "Lott não aceita conchavos".[594] Enquanto isso, Jânio conseguia apoio financeiro do grupo Matarazzo, da indústria automobilística, do grupo Votorantim, da Moinho Santista, da Associação Comercial de São Paulo e da Federação das Indústrias de São Paulo.[595]

Toda essa crise também seria detectada em um novo comunicado do coronel Alencar, que percebia o pouco esforço de João Goulart na candidatura Lott e pedia que o marechal conseguisse uma definição de Jango sobre seus propósitos; e que os próceres do PSD — Amaral Peixoto, Benedito Valadares, Armando Falcão, Tancredo Neves e o presidente Juscelino — manifestassem seu apoio. Alencar também recomendava mais moderação a Edna e ao general Nemo Canabarro e seu Movimento Nacionalista, principalmente para neutralizar a campanha do padre Negromonte, que prosseguia na acusação de ligação com os comunistas — que, por sua vez, espantavam-se com os nacionalistas engajados na campanha de um candidato com posição tão conservadora "que nem relações com a área socialista aceitava".[596] Ao mesmo tempo, em nome do comitê militar, Alencar negava-se a concordar com uma proposta de conciliação feita pelo grupo comunista.

A agilidade pedida pelo comitê surtiu efeito. Em 27 de junho de 1960, o jornal *O Globo* publicou mais um ataque do padre Negromonte, que voltava a ligar Lott com o comunismo e aconselhava o eleitorado católico a não votar nele. No dia seguinte, a resposta estava pronta. Uma nota distribuída à imprensa explicava que Lott "jamais manteve qualquer entendimento ou contato pessoal" com Luiz Carlos Prestes e que "jamais animou ou aliciou, direta ou indiretamente, a arregimentação do eleitorado comunista em favor da sua candidatura". À imprensa, Lott mostrava-se surpreso com a aprovação do cardeal Jaime Câmara às declarações de Negromonte, cuja posição também provocara divisão na Igreja. No comício realizado na cidade de Governador Valadares, o padre Pedro Vidigal, deputado federal pelo PSD, reagiu:

— Este Negromonte qualquer não passa de um "monte negro" de calúnias, de um salteador solerte e intrigante, que não sabe respeitar o que o marechal Lott tem de mais sagrado: a sua fé em Deus.[597]

No mesmo comício, Lott assumiu a provocação e voltou a tocar no tema da estatização do ensino, garantindo que cumpriria o dispositivo constitucional que tornava gratuito e obrigatório o ensino primário.

Coincidência ou não, foi depois da divulgação interna das decisões da reunião do comando do comitê nacionalista que a candidatura Lott voltou a ter um breve momento de união entre pessedistas e petebistas. Lott foi homenageado em um banquete em Brasília. De todos os discursos feitos, o que mais cobrava a participação da coligação na campanha foi o realizado pelo governador Leonel Brizola, que comparecera à homenagem para deixar claro seu apoio a Lott, apesar da desconfiança com que era encarado pelos pessedistas. A candidatura ganhava fôlego. Jango e Amaral Peixoto concordavam que a campanha estava abandonada e selaram um acordo para entrarem juntos na disputa. Mas bastariam umas poucas declarações do candidato para o entusiasmo diminuir novamente. Nem prometia pensar nos pedidos e favores que chegavam. A resposta era não. Sem flexibilidade e "sem temer a impopularidade". A candidatura voltaria a ser boicotada, e pelos próprios aliados, o que não demorou a acontecer. Muitos companheiros de início de campanha, vendo que o marechal se mostrava irredutível quanto à troca de favores comuns, foram abandonando o barco lottista. Com discursos que eram facilmente deturpados pela oposição, sem fazer qualquer concessão, acreditando que a pureza de suas intenções bastaria, Lott perdia cada vez mais apoio.[598]

Os que rondavam Lott percebiam que a candidatura não iria decolar. No DC-3 — emprestado pela VARIG, que também cedera um aparelho a Jânio —, cujo prefixo PP-VBB dera ao avião o apelido de Brigitte Bardot, um repórter amigo da família pôde ouvir sussurradas conversas dos políticos que participavam da comitiva sobre os possíveis substitutos de Lott, já que surgira um boato de que o PSD pensava em trocar de candidato. Se sobravam intenções, faltava coragem. A conversa morreu no silêncio logo depois que um dos participantes fez a pergunta decisiva:

— Quem vai ter coragem de pendurar o guizo no gato?

Enquanto aumentava o número de desistentes, Lott afirmava, mais de uma vez, que tinha esperança de vencer.[599] Mas os rumores de que renunciaria à candidatura tomavam o país. Chegaria o momento em que a vitória de Lott não interessaria a mais nenhum grupo: nem a Juscelino, nem ao PSD que começava a flertar com Jânio, nem ao PTB, que já se pendurava na vitória de Jango.

Ao mesmo tempo, como uma planejada implosão, Denys, o ministro da Guerra, reunia-se com alguns oficiais influentes para deixar clara a nova orientação do Ministério, que combatia um fantasma muito maior no papel do que na realidade:

A situação política do país com o avanço que vai tendo o Comunismo exige a nossa união para poder combatê-lo. Meu propósito, leal e sincero, é de fazer a união do Exército. Unidos venceremos.[600]

Denys realizava também grandes mudanças nos comandos do Exército, afastando militares como Nemo Canabarro e os irmãos Lincoln e Henrique Oest. O Estado-Maior justificava a atitude como forma de "eliminar do Exército os focos de permanente agitação". Para realizar o que pensava que "uniria" o Exército, Denys desprestigiaria os oficiais considerados de esquerda ou simpatizantes[601], não importando a capacidade profissional dos excluídos.

Sem a radicalização de Denys, mas com o mesmo sentimento, os velhos amigos do Exército sentiam-se constrangidos e magoados ao ver Lott, ainda que apenas nos palanques, ao lado de lideranças comunistas. Ainda tinham na memória os assassinatos e traições de novembro de 1935, quando ocorreram levantes comunistas armados em várias unidades do Exército, com mortos dos dois lados. Uma rebelião que ficou doendo na "maioria silenciosa" que não perdoaria os rebeldes.[602]

Lott evitava, mas não podia impedir os encontros que ocorriam durante os comícios. Ironicamente, ao mesmo tempo em que era atacado pelo apoio comunista que recebia, Lott não entusiasmava os comunistas que estavam a seu lado. Costumava repetir que "se os comunistas quiserem votar em mim, que votem, mas qualquer idéia comunista contrária aos interesses do Brasil não será aceita".

Diante das declarações do candidato, sua presença nos eventos estaduais passou a ser considerada um risco. Os próprios aliados preferiam que ele não participasse. O deputado Celso Brant, que cuidava da organização do aguardado comício de Recife, reduto do eleitorado de esquerda, chegou a receber sugestões para que Lott não fosse chamado, pois se temia que seu discurso afugentasse o eleitorado.[603]

Uma tensa expectativa rondava o comício de Recife. Lott recebeu um comunicado confidencial do coronel Ramos de Alencar no qual era informado que os votos na capital pernambucana estavam divididos, com leve vantagem para Jânio; e que no interior do estado a vantagem de Jânio aumentara muito. No mesmo comunicado, Alencar afirmava que, mais que estradas e melhoramentos públicos, o pernambucano gostaria de ter facilidades de obtenção de crédito agrícola, já que boa parte da população rural era formada por pequenos proprietários. Talvez tentando cativar o eleitor de direita, ou melindrado pelos próprios escrúpulos,[604] Lott não agradaria a ninguém no comício de Recife.

O comício que jamais seria esquecido foi realizado na capital pernambucana, no dia 20 de abril. Comunistas com suas bandeiras e faixas lotavam o local para ouvir o candidato. Depois de vários oradores de esquerda se pronunciarem, chegara a vez de Lott. Começou sendo aplaudido:

— Nenhuma nação estrangeira, nem Rússia, nem Estados Unidos, China ou qualquer outra ditará normas ao Brasil.

Prosseguiu o discurso até ser interrompido por um dos populares, que se encontrava bem à frente do palanque e fez aos berros a pergunta que todos queriam ouvir:

— O marechal é ou não é contra a volta do Partido Comunista?

Silêncio. Preocupação e medo tomaram conta dos políticos que estavam no palanque. Mirando o autor da pergunta, Lott respondeu:

— Sim, sou contra o retorno do Partido Comunista Brasileiro à legalidade enquanto se subordinar ou receber influência de uma potência estrangeira. Ninguém ditará normas ao Brasil.[605]

De início, houve até um surpreendente aplauso, que dividiu os participantes. Mas Lott prosseguiu e fez questão de definir-se como um conservador. Atacou até Fidel Castro e lembrou que, no encontro que tiveram quando o comandante cubano veio ao Brasil, criticou pessoalmente as execuções na ilha. A cada negação do comunismo, mais pessoas abandonavam o comício. Em menos de dez minutos, metade da multidão havia deixado o lugar.

Pouco depois do encerramento do discurso, Clodomir de Moraes, que fora o apresentador do comício, e viajara na comitiva de Jânio levando a carta para pacificar as relações entre Fidel e Lott, procurou o candidato:

— Marechal, me desculpe, eu vou ser franco com o senhor. Aqui está o meu título. Eu não vou votar no senhor e nem no outro, por uma questão de coerência.[606]

Clodomir lembrava-se da repetida provocação de Jânio, feita pouco antes de embarcarem para Cuba, quando disse a ele e a Francisco Julião que também não iria ao Recife[607] porque bastava que Lott fizesse um só discurso naquela cidade para ele ter a maioria dos votos. Era Jânio, divertindo-se com a cilada política na qual Lott caíra: não podia simplesmente mudar de idéia de um dia para o outro e mostrar-se a favor da legalização do Partido. O que sobrava para os militantes e simpatizantes era a decepção de ser negado pelo candidato que haviam escolhido para apoiar. Dessa decepção, nasceria uma vingança que seria realizada na hora do voto.

Contudo, Jânio foi a Recife. Até então se manifestara a favor do reatamento apenas das relações comerciais com a União Soviética. Aproveitou os ares da cidade para mudar o discurso. Na capital pernambucana, Jânio se pronunciou, pela única vez durante a campanha, a favor do reatamento das relações diplomáticas[608] com os soviéticos.

Os comícios de Lott e Jânio em Recife foram realizados com poucos dias de diferença. A direita recifense ficava gozando os comunistas,[609] porque

335

Jânio defendia a relação com Cuba e com os países do Leste Europeu, e era a favor da legalização dos partidos comunistas — exatamente o inverso do que propunha Lott. Nas ruas da capital, a situação era nervosa, muitas vezes defensores das duas candidaturas enfrentavam-se e partiam para a briga.

E a ladainha repetia-se. E Lott não se dobrava. Em um comício no bairro operário do Brás, em São Paulo, estavam presentes Edna Lott, Luiz Carlos Prestes, Ulysses Guimarães; e, com o grupo da esquerda nacionalista, o extenente Jacob Pinheiro Goldberg. Durante o comício, mirando uma pequena multidão que erguia bandeiras vermelhas do PCB, Lott mais uma vez disse que "aceitava o voto dos comunistas, mas não aceitava o voto do Partido Comunista". Naquele momento, quem estava no palanque pôde ver as bandeiras serem abaixadas e a multidão dispersar-se lentamente "diante daquele militar rígido".[610] Goldberg virou-se para Ulysses e deu sua sentença:

— Mais uma vez, o marechal proclama sua autoderrota.

Esse comício no bairro do Brás fazia parte de um planejamento dos deputados paulistas, que alertavam a liderança da campanha para uma série de problemas que havia no estado. O deputado Cunha Bueno pedira a presença urgente de Lott em São Paulo para tratar de uma séria "descoordenação" política. Era o abandono da candidatura que se tornava mais forte e evidente no estado onde Jânio mandava. Apesar disso, um grupo militar nacionalista de esquerda, cujos líderes eram o general Stoll Nogueira e o coronel Euryale de Jesus Zerbini, com o apoio do jornalista Oswaldo Costa, fundador do jornal *O Semanário*, carregava com honra a candidatura Lott. Jacob Goldberg era um dos coordenadores desse grupo.

Como tentativa de coordenar a descoordenação, Mario Pacheco, genro de Lott, foi enviado a São Paulo exclusivamente para trabalhar pelo grupo civil paulista do PSD, cujo principal líder era Ulysses, que seguiria até o final da campanha. O PSD escolhera Lott, então Ulysses defenderia Lott. Era o princípio da "Ortodoxia Partidária"[611] a que Ulysses seria fiel durante toda a sua vida pública.

As opiniões expressadas por Lott nos comícios eram resultados apenas do seu próprio pensamento. Não levava em conta nenhum fator externo. Ele estava muito bem-informado sobre a situação em cada local, os números das pesquisas, os problemas da população local e as posições pessoais dos líderes da região. O coronel Alencar, coordenador do comitê militar, abastecia o candidato com informes diários. Alencar jamais foi a um comício. Ficava na sede do comitê, no Rio. Era um dos poucos oficiais que tinham a total confiança de Lott, mas nem por isso deixava de chamá-lo de Vossa Excelência quando escrevia.

No Ministério, Denys ajudava a enterrar a candidatura do velho colega. Ernesto Geisel, agora já chefe da seção de informações do gabinete do ministro, vigiava todos os oficiais que se envolveram na campanha. Seguia seus passos e abria inquéritos[612] para investigar os mínimos deslizes desses oficiais, que só freqüentavam os comitês do candidato depois de cumprirem a carga horária diária. Apesar de ter sido procurado por um oficial que alertava sobre um possível golpe continuísta de Juscelino — a possibilidade da mudança da Constituição para permitir a reeleição de Juscelino fora cogitada e agradara até Jango[613] —, a idéia que perseguia Geisel era que Lott estava preparando um golpe em caso de derrota. Geisel tratou de rapidamente isolar os militares ligados à esquerda[614] e redobrar a vigilância sobre os petebistas que receberam o apoio dos comunistas através do documento "Expansão do Comunismo no âmbito nacional".[615] Um telegrama de um coronel a um sargento comunicando a chegada de Edna à Paraíba rendeu um inquérito que envolvia três generais.[616] Enquanto Geisel ficava farejando qualquer apoio militar a Lott, os oficiais da Cruzada Democrática de Cordeiro de Farias engajavam-se na campanha de Jânio e eram recompensados com cargos no Gabinete. Talvez o pedido de Jânio para que Denys continuasse no cargo já tivesse sido feito...

Apesar das pressões, Alencar seguia abastecendo Lott de informações. Soubera e informara Lott sobre essa visita de um oficial a Denys para falar sobre um esquema continuísta de Juscelino. Preocupado com a aproximação de Jânio com os Diários Associados, Alencar pediu que Lott visitasse a casa de saúde onde Assis Chateaubriand estava internado. Lott fez assim. Poucos dias depois, foi a vez de Jânio. Alencar também sugeriu que Lott se aproveitasse dos ataques que Jânio fazia à política externa e à eficiência do Itamaraty, e desse uma palavra de apoio aos funcionários e diplomatas do Ministério do Exterior.

Em junho de 1960, o coronel Alencar foi procurado pelo general Hugo Bethlem, que estava trabalhando[617] em uma empresa ligada à companhia norte-americana Hanna, interessada em conquistar o monopólio do mercado do transporte marítimo de ferro do Brasil para os Estados Unidos. Bethlem entregou uma série de dossiês, nos quais a direção da empresa procurava desfazer a preocupação da Vale do Rio Doce com um possível encampamento e demonstrava as vantagens que o Brasil teria com a exportação de minérios. Alencar respondeu que o tema estava sendo analisado pela assessoria técnica de Lott e prometeu uma "apreciação desapaixonada". Bethlem tinha motivos para estar preocupado. Lott já havia feito a própria apreciação. Em um comício na cidade mineira de Nova Era, mostrou-se preocupado com a sobrevivência da Vale do Rio Doce se a Hanna entrasse no mercado brasileiro. Seu discurso, realizado em 1º de julho, acabava com qualquer esperança de Bethlem: "Não somos xenófobos, mas não podemos admitir que uma companhia como essa venha para o Brasil prejudicar nossa nascente economia, sob o falso rótulo de ajudar o nosso país. Devemos, por isso, impedir que facilidades tão nocivas aos interesses do Brasil sejam concedidas à Hanna".[618] O *Diário Carioca* reagiu e iniciou uma série de ataques à declaração de Lott, saindo em defesa da Hanna, que operaria no país até outubro de 1961, quando João Goulart cassou sua concessão. (Em dezembro do mesmo ano, Jango assinaria um decreto que dava à Petrobrás o monopólio da importação de petróleo, provocando ainda mais a fúria dos investidores estrangeiros. Foi o presidente Castello Branco, que, "numa canetada",[619] acabou com o monopólio estatal na exploração de minérios no Brasil, para alegria da Hanna.)

No dia a dia da campanha, Lott enfrentava dificuldades crescentes, mas não desanimava. Percorria o Brasil para, pelo menos, transmitir suas idéias. Aos políticos, Lott dizia: "Sou um general e morrerei como tal. Eleito ou não." Nos palanques, viveria momentos dramáticos, emocionantes e até engraçados. Conseguia o feito de ser atacado pelos dois extremos que polarizavam sua candidatura. Duas brigas diferentes dentro da mesma chapa. Além da divisão provocada pela ala moça, deixada de lado por Juscelino, e sem força para levar adiante a candidatura, o PSD sofria com os caciques acostumados a mandar, que queriam dirigir a parte tradicional; por sua vez, o inexperiente comitê militar seguia a mesma linha do candidato — os atrasos na agenda não eram tolerados —, impondo regras aos caciques, que se assustavam com tanta rigidez. Chegavam a demonstrar medo de falar com o candidato ou então não conseguiam furar o bloqueio imposto pelo comitê e afastavam-se. Começaram a surgir acusações de que ele se cercava de um "batalhão"[620] que dificultava seu contato com outros políticos e com a população. Assim os partidos tradicionais acabaram não participando, muito menos comandando, a campanha de Lott, que sentia esse isolamento. Em um momento raro, demonstrou sua emoção no comício realizado na cidade gaúcha de Santana do Livramento, no dia 4 de agosto. Era o terceiro discurso que fazia naquele dia. Lott cansara-se. Não sentia um cansaço físico, mas de quem estava em uma guerra. Deu a impressão de que não conseguia mais suportar o boicote que sofria. Batendo com força a mão contra o encosto do palanque, surpreendeu repórteres e políticos que não estavam acostumados a essa reação, e desabafou:

— Os nossos inimigos têm meios poderosos de ação. Boa parte dos órgãos e dos setores de difusão de idéias está nas mãos deles. Por isso eu digo aos jovens gaúchos que a luta será longa e que nossas pessoas não serão poupadas. Nossas palavras serão deturpadas; nossos pensamentos, deformados. A confusão, a desconfiança e a discórdia serão lançadas em nosso meio por mil ardis e outros tantos artifícios.[621]

Talvez fosse uma resposta aos próprios partidos que o apoiavam. Já era esperado que, com a chegada do mês de agosto, Lott trocasse a forma com que discursava. Nos comícios, seu estilo de professor estava descontentando os aliados. Eles queriam que Lott, que fora o primeiro dos candidatos a abandonar o papel para falar de improviso, trocasse o "precisamos" e o "é necessário" pelo "no meu governo" e pela surrada expressão "darei ao povo".

Envolvida também nas brigas regionais, às vezes a comitiva vivia momentos cômicos. Em Paulo Afonso, na Bahia, havia uma forte rivalidade local entre o PSD, o PTB e o PR, que não permitia exceções, nem para palanques. Foram construídos e distribuídos pelas praças da cidade três palanques para receber Lott. Quando o marechal chegou, foi avisado que haveria três comícios, um em cada palanque. Quem lhe explicou a situação foi o deputado federal Raimundo Reis. Lott espantou-se:

— Por que isso, deputado?

— Um excesso de unanimidade.[622]

— Não, deputado, isso é um excesso de estupidez.

Apenas um comício foi realizado. Lott não subiu em nenhum dos palanques e falou do chão para a população da cidade baiana.

Mas suas palavras não encontravam o destino que mereciam. Seria melhor que ouvissem com atenção seu comício realizado poucos dias depois em Ilhéus. Eram palavras que marcavam finalmente a virada de atitude. Ficava a impressão de que só Lott conseguia enxergar quem era seu adversário: "A nação corre perigo com a eleição do sr. Jânio Quadros. A sua maneira totalitária de agir, o seu desprezo pela personalidade alheia, os seus desacertos de homem desequilibrado e, sobretudo, sua mania de milagroso e iluminado podem provocar reações e perigo de derramamento de sangue e de guerra civil."

E quem ouviu não entendeu. Deputados baianos da UDN protestaram contra esse pronunciamento, alegando que Lott planejava um movimento contra a posse de Jânio. Lott, o profeta, reagiu: " Não serão as Forças Armadas que o derrubarão, mas ele mesmo ou o cabo de sua vassoura, que ele ameaça usar contra todo mundo, a começar pelos partidos que o apóiam".[623]

Poucos dias depois, em Barretos, no interior de São Paulo, um grupo de jovens janistas tentou atrapalhar o discurso de Lott, provocando certa confusão e perturbando o desenvolvimento do comício. Lott voltou à carga contra Jânio no dia seguinte, na cidade de Fernandópolis: "O juízo que faço do sr. Jânio Quadros é o mesmo que fazem seus amigos mais íntimos. A diferença é que eu tenho a coragem de vir à praça pública dizer o que penso. Ele pode ser comparado, na época contemporânea, a Hitler ou Mussolini, que levaram a Alemanha à destruição e à desgraça. No passado, sua figura de déspota se assemelha à de Nero, que pôs fogo em Roma apenas para gozar o espetáculo das chamas devorando a cidade. Há tempos, quando ele fingia ser um homem do povo e disputava a governança de São Paulo, ele apregoava ser o candidato do tostão contra o milhão. Hoje, ele é o candidato dos milhões, cercado do bafejo dos poderosos, festejado pelos grupos econômicos, se opondo à nossa candidatura, que é, realmente, a candidatura do tostão."

Em um comício no bairro do Méier, no Rio, Lott anunciou a aprovação do aumento dos militares pelo Senado e novamente atacou Jânio, citando o empréstimo conseguido pela prefeitura de Porto Alegre recebido do Banco do Estado de São Paulo no valor de 250 milhões de cruzeiros. Poucos dias depois, o prefeito de Porto Alegre, Loureiro da Silva, anunciou seu apoio à candidatura Jânio.[624]

Até passar a idéia de que tinha o apoio da família Vargas, Jânio tentou. Após uma visita a Protásio Vargas, irmão de Getulio, os jornais publicaram fotos e matérias sobre um possível acordo entre a família Vargas e Jânio. Protásio teve de ir aos jornais desmentir as reportagens e garantir que todos os Vargas estavam com Lott.

A guerra eleitoral fazia feridos de verdade. Na manhã de domingo, 24 de julho, na cidade de Lins, quatro assessores que seguiam em um jipe na frente dos outros carros da comitiva sofreram um acidente. Atingido por outro automóvel que tentava fazer uma ultrapassagem, o jipe capotou e ficou com as rodas para o ar. Feriram-se no acidente o major Nadir Nasce, capitão Roberto de Souza, capitão Fabio Pinto Coelho e Manoel Silva Júnior. Lott vinha em seguida e foi um dos que ajudaram a virar o veículo. Silva Júnior e os capitães Fábio e Roberto tiveram ferimentos leves. O major Nasce teve duas fraturas na bacia. Mesmo assim, ainda no hospital, dispensou Lott que acompanhava sua recuperação:

— Não há motivos para o senhor ficar aqui. A população espera por seu comício.

Na madrugada de domingo para segunda, Nasce voltaria ao Rio deitado em uma maca no avião da comitiva. Um dia antes do acidente, boatos no Rio e em São Paulo diziam que o avião de Lott caíra no interior de São Paulo.

Muitos lottistas de primeira hora transformaram-se em janistas de última. Porém outros políticos seguiram com Lott até o fim, como Hermes Pereira de Souza, João Caruso, Hélio Carlomagno, Ruy Ramos, Raimundo Chaves, Bento Gonçalves — presidente da FPN, que, mesmo com pavor de avião, manteve-se firme durante toda a campanha —, Israel Pinheiro, Rogê

Ferreira, César Prieto, Hermano Alves, Cunha Bueno, Bocaiuva Cunha, Ulysses Guimarães, Tancredo Neves, Lomanto Júnior, Batista Luzardo — embaixador de 70 anos que ainda fazia discursos empolgantes —, Danton Jobim, José Joffily, padre José de Souza Nobre, Abelardo e Aderbal Jurema. Além do governador Roberto Silveira, e dos deputados estaduais Hélio Carlomagno e Onofre Gosuen, ex-prefeito da cidade paulista de Franca. Gosuen fora colaborador de Jânio e participara de sua campanha para governador. Durante a disputa, apresentou ao comitê de Lott um dossiê com abusos cometidos por Jânio no controle das finanças de São Paulo. Nos comícios, Gosuen tradicionalmente se referia ao antigo aliado como "esse malandro que governou São Paulo". Incentivado por um discurso de Gosuen realizado na cidade de Pelotas, Lott revelou ao país que Jânio o procurou duas vezes em sua casa para pedir que a campanha fosse feita em um alto nível: "Mas foi ele quem deu início aos ataques pessoais e tentou ridicularizar a minha pessoa, que ele apresentava como a de um homem de reduzida capacidade mental e sem nenhuma experiência administrativa."

Agora Lott estava determinado a mostrar as diferenças entre eles, defendendo o fortalecimento dos partidos enquanto Jânio berrava que "não tinha nenhum compromisso com partidos". Lott reconheceu que demorou a reagir, para então repetir mais uma vez que força o motivava na campanha:

— O que me fez sair candidato à presidência foi a instabilidade emocional e a falta de responsabilidade de Jânio Quadros.[625]

Os poucos jornalistas escalados para cobrir sua campanha acabaram descobrindo um candidato diferente e perceberam essa mudança com a aproximação da eleição. Milton Senna, jornalista dos Diários Associados, cobriria os últimos seis meses da campanha e escreveria o livro *Como não se faz um presidente* (título que ironizava a histórica série de livros *Como se faz um presidente*, escrita pelo jornalista americano Theodore White), Batista de Paula, da *Ultima Hora*; Humberto Setembrino, do *Diário Carioca,* e Salvador Barroso, das *Folhas*, passaram por "panes e arremetidas imprevistas ante a presença inesperada de bois e outros animais nas pistas de pouso improvisadas".[626] Os sustos podiam ser acidentais. Ou às vezes propositais, como em Campina Grande, onde areia foi colocada nos motores do avião, impedindo que ele funcionasse.

Quanto mais próximo o dia da votação, mais antigos aliados acomodavam-se no ninho janista. A onda de deserções só aumentava. Outros já não tinham pudor em mostrar a cara. No dia 23 de setembro, Dante Pelacani assumiu sua parte e distribuiu uma nota à imprensa na qual justificava a formação dos comitês Jan-Jan. No comunicado, Jânio Quadros era visto como "um homem novo e progressista" enquanto Lott era classificado como "reacionário".[627] Dificilmente o movimento Jan-Jan poderia frutificar sem as bênçãos de Goulart. Pelacani se garantia. Viria a se tornar uma importante liderança na CGT e em todo movimento sindical tanto no governo Jânio quanto no de Goulart.

Aos repórteres, Jango fazia questão de se manifestar contra o Jan-Jan e defender seu partido:

— Jamais agi assim ou permiti que membros do PTB tomassem uma iniciativa dessa natureza, não só em São Paulo como em outro estado. É clara e insofismável a minha posição de apoio leal e sincero à candidatura do marechal Lott.[628]

Os ataques à campanha de Lott seguiam uma cartilha radical. Os janistas estavam dispostos ao confronto físico. Em Belo Horizonte, uma "torre de petróleo" estilizada, que representava a defesa da Petrobrás, foi destruída por janistas, em um pequeno conflito que deixou dezoito pessoas feridas, a maioria partidários do marechal que tentaram defender o símbolo. Através de um telegrama, Lott cobrou providências do governador mineiro, Bias Fortes, para "garantir a propaganda dos nacionalistas em favor de seus candidatos" e reiterando que estaria "ao lado dos companheiros de luta pela emancipação econômica nacional, onde quer que eles sejam ameaçados em seus direitos de manifestar-se em praça pública pregando suas idéias".

O conflito refletia o clima eleitoral. Aquele era um mês decisivo. A edição de *O Cruzeiro* de 24 de setembro de 1960, trazia uma pesquisa que dava vitória a Jânio por uma pequena margem de votos.

No mesmo mês, mais um "apoio" ajudava a afundar a candidatura. O V Congresso do Partido Comunista Brasileiro recomendava o voto em Lott e Jango, com Luiz Carlos Prestes lendo um longo manifesto repleto de elogios a Lott.[629] A menos de um mês da eleição, uma decisão dessa serviria para Lott perder mais tempo explicando que aceitaria o voto, mas que era contrário ao comunismo...

Prestes ainda responderia dizendo que sempre soubera que Lott era um "ardoroso anticomunista", mas que "como ministro da Guerra, ninguém foi melhor defensor da Constituição".[630] A vitória de Lott e Jango significaria uma vitória contra os "entreguistas" e "um grande passo na luta pela emancipação completa" do país. Seu discurso acabou publicado nos grandes jornais, de onde, cuidadosamente recortado, foi parar na ficha de Lott no DOPS de São Paulo.

No dia 11 de setembro, o avião da comitiva sofreu outra sabotagem,[631] na cidade de Parnaíba, no Piauí. Lott recebeu informações de seu comitê central de que esses ataques continuariam. Já fora obrigado a cancelar alguns comícios na Paraíba devido a uma pane na aeronave. Temendo pela vida dos que o estavam acompanhando, decidiu encerrar a campanha no Nordeste, Sul e no centro do país, concentrando os comícios na região sudeste. No dia seguinte, já com o avião em condições de vôo, Duffles comunicou a decisão aos jornalistas e aos membros da comitiva. Faltavam vinte dias para a eleição. A notícia foi dada em pleno ar, com a aeronave PP-VBB da Varig se dirigindo para Belo Horizonte. Instantes depois, foi feita uma reunião e redigida uma carta na qual os jornalistas, os membros da comitiva e a tripulação pediam a Lott para voltar atrás e retomar a campanha:

Tomamos conhecimento das suspeitas comunicadas a V. Exa., de que atos de sabotagem estariam sendo planejados não apenas contra o prosseguimento normal da nossa campanha, mas ainda contra a própria vida de V. Exa. Tais suspeitas mantêm V. Exa. preocupado com a sorte dos membros de sua comitiva, a ponto de desejar, por tal motivo, reduzir, nesta hora decisiva, o dinamismo da campanha, diminuindo o número de suas excursões por via aérea aos diversos estados.

Compreendemos, sem dúvida, o drama de consciência em que deve achar-se ante os permanentes riscos a que estão expostos os seus acompanhantes nas viagens (...) Entretanto, conhecendo bem V. Exa., também não estranhamos os escrúpulos, que revelou aos seus íntimos, quanto à sorte dos que o acompanham mais de perto na grande jornada democrática e nacionalista (...) Qualquer redução nos planos da campanha nacionalista chocaria, por certo, a opinião pública e poderia comprometer a vitória que já temos à vista e da qual depende o futuro do Brasil.

Assinavam: Batista Luzardo, Danton Jobim, Samuel Duarte, José Joffily, Pe. Souza Nobre, Onofre Gosuen, Hélio Carlomagno, Batista de Paula, Humberto Setembrino, Milton Senna, Antônio Duffles Amarante, Duvally Verlangeiro, Roberto Ferreira de Souza, Sezefredo Silva, Luís Sanzini Filho, Nilson Caldeira, José Zimermann, Nilson da Silva Freyesleben.[632]

Não só os jornalistas passaram a admirar Lott, como também a tripulação do Brigitte. Durante os vôos, o comandante Sezefredo Silva chegara a dar aulas de pilotagem a Lott. Ficou impressionado com a seriedade com que encarava as lições.

Duffles entregou a carta para Lott no Rio. Ele se sensibilizou com aquela manifestação. A campanha foi retomada, para ser encerrada bem antes do previsto, quase pelo mesmo motivo. No dia 23 de setembro, São João del Rei recebia a comitiva de Lott. Por volta das nove da noite, 10 mil pessoas lotavam a avenida Rui Barbosa, o centro da cidade e as sacadas das casas para ver o comício de Lott, na terra natal de Tancredo, candidato ao governo mineiro. No palanque, estavam Jango, Clóvis Salgado, Santiago Dantas, Benedito Valadares, Bento Gonçalves, Gustavo Capanema, Batista Luzardo, Onofre Gosuen e Danton Jobim, além de Lott e de Tancredo, filho da cidade.

De repente, depois dos primeiros discursos, o palanque desabou em segundos. Uma queda de um metro e meio. A multidão se assustou, mas não chegou a haver pânico. Uma correria naquele momento poderia transformar-se em tragédia.

João Goulart foi o primeiro a reaparecer dos escombros. Acenava para a multidão, tentando transmitir calma. Tancredo repetiu o gesto de Jango. Santiago Dantas mal conseguia andar e era ajudado por outras pessoas. Os feridos eram levados para o comitê nacionalista. A equipe que promovia o evento agiu rápido e conseguiu refazer a ligação do som e o comício recomeçou para desviar a atenção da multidão, ainda assustada.

A situação de Lott preocupava. Foi levado rapidamente pelos populares para a Santa Casa, que ficava a uma quadra do local. Os irmãos e médicos

Euclides Garcia de Lima e Francisco Diomedes Garcia de Lima, que acompanhavam o comício, atenderam o marechal. Ele foi um dos que mais se machucou porque estava logo à frente no palanque. Suas duas pernas foram atingidas. Uma delas fora rasgada na canela por uma tábua que se partira ao meio. Raspou também o tórax contra as madeiras. Os médicos cuidaram dos ferimentos do marechal, que estava furioso com os organizadores do comício. Reclamava de dor, mas não se conformava com a montagem de um palanque tão frágil.

Os médicos fizeram curativos em suas pernas e recomendaram-lhe repouso, porque havia uma leve suspeita de fratura da costela. Enquanto eles esperavam a revelação das chapas de raios X, Lott voltou ao comício. Subiu em um banco da praça e fez seu discurso,[633] que durou quase uma hora.

Foi o último comício de Lott. Para ele, a campanha se encerrava em um palanque que desabara. No dia seguinte, decidiu voltar ao Rio e não seguir com a comitiva para Colatina e Vitória. O padre Souza Nobre, que acompanhara Lott durante quase toda campanha, ficaria em seu lugar nesses comícios e ainda em João Pessoa e Natal. Emocionado, Nobre recebeu do próprio marechal o comando da comitiva.

Por volta das três da tarde, quando o avião chegou ao Rio, Lott atravessou o aeroporto com o mesmo andar duro e forte. Nada na sua postura rígida demonstrava que estava com as duas pernas feridas. Mas na perna direita da calça era possível ver uma mancha de sangue, que vazava dos curativos.

No dia seguinte, em São João del Rei, a maioria udenista divertia-se com os lottistas inconformados com o acidente. O inconformismo virou revolta quando a investigação policial descobriu que os pés do palanque foram quase totalmente serrados na madrugada anterior. Com o peso das pessoas, veio abaixo. Todas as suspeitas recaíram sobre o taxista "Zé Patativa",[634] figura conhecida na cidade, udenista ferrenho e, naquele momento, um exaltado janista. Acusado de ter feito a sabotagem, "Patativa" negava com um sorriso no rosto. Com a derrota de Lott, a investigação não seguiu em frente.

Durante os nove dias que restavam para a eleição, Lott permaneceu em casa, de repouso, recebendo políticos e repórteres. Teria de permanecer na cama, sentado, sem poder deitar completamente, por todo o período de recuperação. Sua idade, 65 anos, recomendava cuidados. Fazia calor. Antes da eleição, Lott quis mostrar que estava bem. Exagerou. Deixou-se fotografar sem camisa, sentado na cama apenas de *short*.

No dia 30 de setembro, último dia permitido para comícios e propaganda no rádio e na TV, Juscelino começou a participar da campanha de Lott. Pronunciou-se com uma mensagem na *Voz do Brasil* afirmando que tinha seus candidatos, Lott e Goulart, mas que acima de tudo estava o seu "dever de chefe da nação".

Com o governador mineiro Bias Fortes lendo o discurso que seria feito por Lott, foi realizado um grande comício em Belo Horizonte. Era o último dia da campanha. Lott acompanhava pelo rádio outro comício, que finalizava sua campanha na Guanabara, realizado na Esplanada do Castelo. Ouviu todos os discursos. Na cama. Enquanto Jânio percorreu quatro capitais: Rio de Janeiro, Porto Alegre, Curitiba e São Paulo. Lott só sairia de casa, quatro quilos mais magro, no dia 3 de outubro para votar. Um dia antes, os jornais anunciavam que ele havia sofrido um enfarte. Já o jornal paulista *O Dia*, que pertencia a Adhemar de Barros, anunciava a sua renúncia em manchete de capa.

Durante toda a tarde do dia 2, chefes políticos do interior paulista receberam telefonemas de correligionários que perguntavam sobre o "enfarte" de Lott. Eles buscavam mais informações para repassá-las aos eleitores. Os responsáveis pelos diretórios não tinham o que dizer. Como os telefonemas demoravam horas para serem completados, foi uma missão difícil desmentir as notícias que surgiam. Os eleitores de Lott ficaram perdidos, sem saber o que fazer.

Muitos votos foram decididos a poucos dias da eleição. Nas últimas semanas, o ex-presidente Dutra manifestou-se abertamente em favor de Lott. Segundo as pesquisas, à véspera do pleito houve uma grande definição de eleitores para Jânio. Em 1º de outubro, *O Cruzeiro* publicava que o IBGE apontava para uma vitória de Lott. Já no comitê de Jânio, previa-se que o candidato da UDN ganharia por uma vantagem de 640 mil votos. Em 8 de outubro, a mesma revista afirmava que Jânio ganharia, no mínimo, por 300 mil votos de diferença.

Segunda-feira, 3 de outubro de 1960. Os tumultos da votação passada tinham ficado para trás. Eleitores dirigiram-se às urnas para votar em cédulas feitas pelos Tribunais Eleitorais. Lott votou na 15ª seção da 5ª Zona eleitoral, na rua Raul Pompéia, às onze e quinze da manhã, acompanhado por Duffles, pelo senador Gilberto Marinho, deputado Bocaiúva Cunha, padre Colombo, os capitães Roberto de Sousa e Fabio Pinto Coelho e dona Antonieta, visivelmente aliviada com o fim daquilo tudo. Logo no começo da apuração, Duffles, na casa do marechal, estava recebendo notícias sobre a apuração em todo o país e fazendo contas com a régua de cálculo. Não demorou muito para ter certeza da derrota. Tentou preparar o marechal:

— Henrique, a situação não está boa.

— Eu já sabia que não ia ganhar.

Lott acreditava na vitória até pouco tempo antes da eleição. Mas aceitou a possibilidade da derrota com tranqüilidade. Ou com alívio:

— Assim não morro com a cangalha.

Um dia antes da eleição, o quadro com a pintura de Laura, primeira mulher de Lott, caiu da parede da casa de Regina, que encarou aquilo como um sinal da derrota, mas, ao mesmo tempo, um aviso de que isso seria melhor para o marechal.

Nervosa por não ter notícias do pai, Heloísa escreveria dos Estados Unidos. Achava que ele estivesse decepcionado. Na resposta à filha, Lott voltou a falar da cangalha e surpreendeu Heloísa, afirmando estar contente, porque assim poderia gozar a velhice.[635]

Foi a primeira derrota de Lott. Políticos de vários partidos consideravam que ninguém ganharia de Jânio,[636] qualquer que fosse o adversário. Seu estilo revolucionaria a história das campanhas políticas no país. Era um fenômeno, mas o momento político contribuiu para a criação de um mito. Jânio venceu. Conseguiu 5.636.623 de votos (48%). Lott teve 3.846.825 (32%). Adhemar de Barros ficou com 2.195.709 (20%).[637] Ao contrário do que "se tornaria realidade", Jânio não conseguiu a maioria absoluta. Os golpistas de cinco anos atrás comemoraram muito. Mas nenhuma palavra foi dita a respeito da outrora polêmica maioria absoluta. Muito menos se ameaçou ir à Justiça para contestar a vitória. A diferença entre Jânio e Lott foi de 1.789.798 votos. Havia 14.856.248 eleitores em condições de votar.[638] Doze por cento dos votos os separaram. O desastre Lott conquistara 1% de votos a menos do que Juscelino. O furacão Jânio tivera proporcionalmente menos votos do que o calmo Dutra. Como a próxima eleição direta para presidente se realizaria somente 29 anos depois, o tempo e a ausência de votações aumentariam essa quantidade de votos a cada nova eleição não realizada. Nos anos seguintes, a saudade das urnas "daria" mais 400 mil votos ao mito, arredondando para seis milhões o seu total de votos. Seria também completamente esquecido o fato de que Jânio não obtivera maioria absoluta. Mas a lenda...

Durante a campanha, Jânio não abrira mão da máquina eleitoral que deixara azeitada em São Paulo, que lhe garantiu 1.558.593 votos, onde, mesmo assim, Lott conseguira 461.589 votos. Contudo, o ponto definitivo da eleição não veio dessa vitória de Jânio, e sim do fracasso de Lott no seu estado natal. Onde se esperava uma folgada vitória, veio uma derrota por 12.093 votos. Em Minas, o candidato mineiro, da coligação que sustentava um presidente mineiro, foi derrotado por um mato-grossense que fizera carreira política em São Paulo. A pequena derrota em Minas significou muito. Tancredo Neves, Benedito Valadares e Bias Fortes trabalharam ou se manifestaram em favor do marechal, o que aumentava ainda mais o impacto desse revés.

No Rio Grande do Sul, outro fracasso de Lott. Com a derrota nesses dois estados, acabava a chance de triunfo do marechal, que, no Rio de Janeiro, obteve uma pífia vitória por apenas 4.052 votos. Lott conseguiria também vencer nos estados do Amazonas, Piauí, Rio Grande do Norte, Maranhão e Sergipe. Ganharia também no Distrito Federal e nos territórios do Amapá, Rio Branco e Rondônia. Em 26 unidades que formavam a Federação, Jânio venceu em 16, Lott em 10. Setenta e oito por cento dos votos do candidato da UDN foram obtidos em São Paulo, Rio, Minas e Rio Grande do Sul.

A candidatura Jânio impulsionou os candidatos estaduais da UDN. Em Minas, Magalhães Pinto superou Tancredo. Na antiga capital federal, Lacerda levou com apenas 28% dos votos, mas não tocou no tema da maioria absoluta. Nos discursos de comemoração da vitória, os seguidores de Jânio classificavam de subversiva qualquer tentativa de modificação do processo eleitoral. Os udenistas pareciam ter um surto coletivo de amnésia.

As derrotas de Lott fizeram história também em outros estados. Em Recife, que vivera uma campanha tensa, com conflito nas ruas, o prefeito Miguel Arraes empenhou-se pela candidatura Lott. A pressão do governador Cid Sampaio, que trabalhara muito por Jânio, foi decisiva para um raríssimo fracasso das "forças populares" no Recife. Arraes ficou inconformado.

O PSD venceu em Santa Catarina, com Celso Ramos, no Maranhão, com Newton Belo, no Pará, com Aurélio do Carmo, e em Goiás, com Mauro Borges, mas não sentiu a derrota na campanha presidencial. Apesar de declarar oficialmente que realizaria um governo pessedista, Lott deixara de ser um candidato do PSD para se tornar do PTB, que não se entusiasmou com a sua campanha e também não se considerava perdedor. Quem sentiu de verdade o gosto do fracasso foi o grupo nacionalista do Exército, que apesar disso manteria Lott como símbolo.

A derrota de Lott, então, não era do PSD, que se auto-sabotara na briga de forças entre as alas moça e velha. Muito menos o PTB lamentava, já que conseguira tudo que queria: Jango vencera com 4.547.010 votos contra 4.237.719 de Milton Campos, uma diferença de 3% apenas. Ferrari teve 2.137.382. Pela primeira vez na história do país o presidente eleito era de uma coligação e o vice, de outra. A euforia udenista era tão grande com uma vitória que não era sua, que até o sucesso de Jango foi pacificamente aceito. O partido conseguiu eleger sozinho, ou com alianças, seis governadores de um total de onze.

No dia em que se confirmou a derrota de Lott, Jacob Goldberg telefonou para o marechal e ouviu: "Esse é um dos poucos telefonemas que eu estou recebendo nesse país hoje, mas eu sei que se estivesse eleito estaria recebendo milhares de telefonemas." Jacob usou uma frase padrão, mas que resumia o que estava sentindo: "Não foi o senhor quem perdeu, foi o Brasil, e estou convencido disso."

Lott consolava os poucos que se mostravam decepcionados com a derrota dizendo: "Agora eu vou descansar, cumpri o meu papel e não posso fazer mais nada". Não teria de concretizar os acordos que não fez. Ao general João Baptista de Mattos, demonstrando um certo alívio, lançou a pergunta: "Como, ou melhor, onde iria encontrar mil homens honestos para administrar esse país?"

Pensava apenas que enfim poderia dedicar-se às rosas do "Meu Cantinho" em Teresópolis. Estava contente porque teria tempo para ler — de livros de história a parapsicologia, um novo interesse seu. Sem conseguir esconder, dona Antonieta mostrava-se até feliz com a derrota do marido, como ficara triste quando ele aceitou ser ministro, pois sabia que ficaria mais tempo longe do companheiro e parceiro no piano, que ela tocava bem e ele apenas arranhava.

Da eleição, o único Lott que poderia ser considerado vencedor era Edna, que se destacou na campanha e definitivamente entusiasmou o mundo político. Ela se candidataria a deputada estadual pelo PTB na eleição de 1962 e conseguiria uma vaga. Seu gosto pela política era diferente do pai. E só. Como deputada, comparecia à Assembléia todos os dias, participava de comissões, trabalhava para representar as colegas professoras, defendendo a bandeira da educação. Também se preocupava com profissionais totalmente esquecidos, como os garis, pelos quais lutou muito, tendo sido importante na regulamentação do uso de uniformes e equipamentos de segurança.

Durante as sessões parlamentares, Edna encontrou um modo muito curioso de fixar sua atenção nos discursos: ela fazia tricô, uma atividade que a ajudava a manter a concentração. Sua foto tricotando na Assembléia foi parar nos jornais. Ela chamou o jornalista que fez a reportagem e, fazendo tricô, explicou-lhe: "Tricotar é um ato mecânico. É o mesmo que rodar uma caneta no dedo ou tamborilar na mesa. O fato de eu ficar tricotando não significa que não estou prestando atenção ao que se fala, como estou comprovando agora."

Os movimentos nacionalistas que apoiaram Lott lançaram um manifesto acusando o governo inflacionário de JK pela derrota. Nemo Canabarro, apesar de tudo, se empenhara pela vitória do marechal, e anunciava a fundação de um partido com os integrantes do Comitê Nacional pró-candidatura do marechal Lott. Convidado a fazer parte, Lott recusou na hora.

Demorou um pouco, mas começou a surgir no meio político uma troca de acusações, principalmente àqueles que aderiram ao Jan-Jan. Entre os pessedistas, a culpa recairia, bem de leve, sobre a falta de empenho de Juscelino. A pressão econômica também fora considerada responsável pela derrota. As acusações eram feitas veladamente, em discretas conversas. Raros foram os políticos que falaram abertamente sobre os problemas reais da campanha.

Preocupado com o que poderia surgir da cabeça do presidente eleito, Juscelino apressou-se em garantir uma imediata imunidade. O estado de Goiás, controlado pelo PSD, mobilizou-se para atender ao seu desejo de tornar-se senador. Como não havia vaga, uma manobra foi planejada. O senador Taciano de Melo renunciou ao mandato em 10 de janeiro de 1961. Juscelino o nomeou ministro do Tribunal de Contas do Distrito Federal. Uma nova eleição seria realizada em 4 de junho.

Sorrateiramente, Jânio incentivou a candidatura de um adversário: Wagner Estelita Campos. Mas não havia páreo para JK, que nasceu para vencer eleições. Com o apoio de uma coligação monstro que contava até com a UDN local, Juscelino seria eleito tranqüilamente: 146.366 votos a 26.800.[639]

No dia 17 de outubro, Lott fez uma declaração para resumir sua atuação durante a campanha. Em uma nota distribuída à imprensa, explicava que combateu o bom combate e que aceitara a candidatura contra sua vontade, mas para servir à democracia e aos pedidos das forças populares. Enumerava as falsas acusações que o prejudicaram. Apontava as infinitas e desleais imagens criadas sobre ele, surgidas graças ao forte poder econômico do adversário. E analisava a contrapropaganda que dividiu e desuniu sua candidatura, que o apontava como:

— comunista e contrário à Igreja, apesar de católico praticante;

— inimigo do avanço de São Paulo, quando entrara na campanha com o título de cidadão paulistano e apenas apontara para o perigo do aumento das diferenças regionais;

— perseguidor das escolas particulares, quando queria fortalecer a escola pública;

— continuador da política econômica que aumentara o custo de vida e a inflação.

Lott também citava as deturpações da causa nacionalista, reafirmava sua defesa intransigente da Petrobrás, e lembrava do combate que faria aos monopólios para que se criasse um desenvolvimento real baseado em moeda nacional.

No curto comunicado, iria se referir até à falsa notícia de sua renúncia. O candidato sem visão enxergou tudo que ocorrera. Continuava achando que agira da maneira correta, mas não explicava porque não lutou com as mesmas armas da rede janista. Quase no final do manifesto, Lott diagnosticava a causa de sua derrota e em quatro linhas dava todas as respostas:

> No cumprimento da missão que me foi confiada, empenhei-me a fundo para levá-la a bom termo. Fui sincero e coerente, não dizendo ao povo senão o que correspondesse às minhas idéias e à minha orientação.

Era o anti-Jânio... em todos os sentidos.

Mais que um comunicado, escrevera um resumo da campanha eleitoral de 1960. Quarenta anos depois, seria um despropósito atribuir somente a ele a derrota naquela campanha.[640]

O grupo militar da esquerda nacionalista, que se reunia todas as noites em São Paulo e tinha como um dos líderes o general Stoll Nogueira, um dos maiores entusiastas da candidatura Lott, não se conformou com o resultado da eleição. Esse inconformismo quase escapou ao controle depois do discurso de Jânio na *Voz do Brasil* em que atacava Juscelino poucas horas depois de ser empossado. Passou a falar-se em golpe contra o novo presidente. Uma possibilidade que chegou a ser debatida[641] por aquele grupo.

Da campanha presidencial ficaram várias e sarcásticas histórias criadas pelos marqueteiros de Jânio e pelas viúvas do 11 de novembro. Cruéis bobagens para transformar um homem em uma piada e enquadrá-lo como militar duro e burro. A intenção não parou na eleição. Depois do Golpe de 1964, outras histórias sobre Lott tornaram-se populares. Era a revanche, quando invenções passaram a ser creditadas como verdades incontestáveis. Olhavam apenas para o candidato que perdeu, não viam a tremenda sucessão de mudanças políticas e econômicas pelas quais o país passava. Ignoravam até o que acontecera durante toda a campanha.

Na fantástica eleição de 1960, a direita flertara com o amigo de Fidel; a esquerda carregara um candidato papa-hóstia contrário ao comunismo. Um candidato venceu por seus defeitos e fraquezas; o outro perdeu por suas qualidades.

Sobre o presidente eleito, Lott profetizou:

— Ele, na presidência, não dura uma gestação.[642]

Acertou. Concebido nas urnas, o fenômeno Jânio não passaria de sete meses na presidência.

Capítulo 14

Em 31 de janeiro de 1961, a verdadeira piada tomou posse. Jânio da Silva Quadros recebia o governo de Juscelino Kubitschek, que estava no auge de sua popularidade. A produção de energia elétrica saltara de 3 milhões para 5 milhões de quilowatts; a de petróleo, de 6 mil barris/dia para 72 mil; 23 mil quilômetros de rodovias e 1.800 de ferrovias foram entregues; e 3 milhões e 500 mil toneladas de aço produzidas por ano; as indústrias naval e automobilística se desenvolveriam com sucesso.[643] Juscelino havia conseguido mais. Entre 1955 e 1961, a produção industrial cresceu 80%; a indústria de aço, 100%; indústrias mecânicas, 125%; elétricas e de comunicações, 380%; de equipamentos de transportes, 600%. Na década de cinqüenta, o crescimento per capita efetivo do país foi três vezes maior que o restante da América Latina.[644] Nesse período, nenhum país do mundo ocidental apresentou ritmo de crescimento equivalente.[645] Juscelino saiu nos braços do povo, carregado em triunfo até o aeroporto. Uma manifestação que foi resumida em uma frase por Juracy Magalhães: "O governo do presidente Juscelino Kubitschek tem um ocaso que mais parece uma alvorada."

Jânio montou seu ministério com políticos da UDN e com os principais líderes dos partidos menores que o apoiaram. Os movimentos populares que o carregaram, mas que não estavam ligados a nenhum partido, não receberam cargo. O único ministro que continuou no governo foi, para surpresa de poucos, justamente Odylio Denys. Depois da limpeza que fizera no Ministério da Guerra, eliminando do seu gabinete os oficiais ligados a Lott,[646] a permanência de Denys era barbada. Ganhava uma recompensa pelas modificações que realizou no antigo Ministério. Apenas três dias após as eleições, seu nome já era considerado "certo".[647] Os oficiais seguidores de Lott aumentaram sua raiva em relação a ele. Os contrários, festejaram: "Não é gostoso o Lott ver sua política mesquinha alterada por seu ex-cupincha número um?", escrevia o coronel Heitor Herrera ao capitão Heitor Ferreira em janeiro de 1961.[648] Para a Marinha, Jânio chamou o almirante Silvio Heck, o mesmo que comandara o *Tamandaré*. O brigadeiro Grün Moss, que fizera vista grossa a Jacareacanga e Aragarças, seguidor de Eduardo Gomes, ficou com a pasta da Aeronáutica. A roda da História girou. E aquele novo quadro de poder nas Forças Armadas deveria ser acompanhado de adequações, mudanças e adesismos. O general Justino Alves Bastos, que fora reeleito em 1960 para a presidência do Clube Militar — dessa vez sem acusações a Lott e ao uso da máquina eleitoral —, imediatamente fechou com Denys, esquecendo-se de seu fervoroso nacionalismo.

Jânio também poderia contar com a "Sorbonne" em peso. Entregou ao coronel Golbery do Couto e Silva a chefia do Gabinete da Secretaria Geral do Conselho de Segurança Nacional. Para auxiliar Golbery foram convocados o capitão Heitor de Aquino Ferreira, os tenentes-coronéis Mario Andreazza, João Baptista Figueiredo e Walter Pires, o general Cordeiro de Farias e os coronéis Ernesto Geisel e Ednardo d'Ávila. Com o Conselho de Segurança Nacional nas mãos, Golbery era um pinto no lixo. Tinha, entre outros poderes, o comando do Sfici para realizar seu sonho. Pôs mãos à obra. Enviava diariamente ao presidente um ou mais relatórios de informações.[649] Mirava na presença dos comunistas nas Forças Armadas, já que os que estavam em postos-chave do Exército foram defenestrados por Denys. Mas seu maior empenho era para reforçar as atividades do Serviço Secreto.

O chefe de gabinete e chefe de Estado-Maior de Denys era o general Orlando Geisel, da ESG e do IBAD. Os generais Idálio Sardenberg, Adhemar de Queiroz, Hugo Panasco Alvim, João Punaro Bley, Inácio Rolim, Syzeno Sarmento, Pedro Geraldo de Almeida, todos com ligações com o

IBAD ou com a ESG, foram designados para postos vitais de comando, ou com forte influência na formação de outros oficiais.[650]

Logo no início de seu governo, Jânio recebeu do Conselho Nacional das Classes Produtoras (Conclap) — que fora decisivo para o apoio dos empresários à sua candidatura — um documento intitulado "Sugestões para uma Política Nacional de Desenvolvimento". O documento defendia que a empresa privada e o capital estrangeiro deveriam ser fundamentais no desenvolvimento e na diminuição da intervenção do Estado na economia.[651] O novo presidente enviava sinais de que estaria de acordo com a doutrina esguiana.[652] Porém, em se tratando de Jânio, enviar sinais não era muito.

Os nacionalistas e lottistas que não aceitaram se adequar ao novo quadro passaram a ser considerados elementos "comunistas, subversivos, perigosos".[653]

O novo presidente iniciou uma arriscada queda de braço com seu vice-presidente ao mandar abrir inquéritos em vários órgãos controlados pelo PTB. Dava ordens através de bilhetinhos que ficaram famosos. A imprensa se divertia com aquela figura que chegava de madrugada para trabalhar vestindo uma roupa estilo safári, que logo foi batizada de "pijânio".[654] Cada gesto do presidente ganhava dimensões gigantescas e ele próprio se aproveitava disso, aumentando sua popularidade. Gostava de apreciar sessões de cinema, à noite, no Palácio, quando consumia uma quantidade generosa de bebidas alcoólicas.[655] Também não esquecia de suas "janices"; proibiu o biquíni em desfiles pela TV, o uso de lança-perfume, as brigas de galo de rinha, as corridas de cavalo em dias de semana. Entre muitas bobagens, escondiam-se medidas polêmicas e bem mais sérias como a ordem para que fosse suspensa a exibição de programas sobre política na televisão.[656]

Na economia planejou a reforma cambial e priorizou a contenção de gastos, como Juscelino imaginara. Na política interna, a UDN percebia que ainda estava longe do poder. As lideranças não eram consultadas pelo presidente, nem o partido conseguia cargos e favores para negociações.[657]

Na política externa, conseguiu surpreender ainda mais. Em 25 de julho, Jânio mandou que seu ministro das Relações Exteriores, Afonso Arinos, iniciasse o processo[658] de restabelecimento das relações diplomáticas entre Brasil e União Soviética. Desejava criar um intercâmbio comercial e cultural. Só o anúncio do "início do processo" bastou para provocar arrepios. Ao mesmo tempo, retomou as relações comerciais com a República Popular da China. D. Jaime de Barros Câmara manifestou-se contra. Os anticomunistas protestaram. Os inimigos de Lott estavam de volta dessa vez contra o ex-aliado. Penna Botto puxava a fila: o presidente da Cruzada Brasileira Anticomunista passou a atacar publicamente as atitudes de Jânio, para quem fizera campanha há poucos meses. Devia estar com saudade de Lott. Botto não perdia por esperar. No dia 18 de agosto de 1961, Ernesto Che Guevara, um dos heróis da Revolução cubana, de passagem pelo Brasil, atendendo a um pedido de Jânio, foi recebido no Palácio do Planalto, onde era costume que as autoridades internacionais fossem condecoradas com a Grã-Cruz da Ordem do Cruzeiro do Sul. Com Guevara, o presidente fez o mesmo. Depois que o condecorado visitante seguiu viagem, a reação a essa homenagem tomou conta do Congresso e dos jornais. Em protesto, oficiais militares devolveram suas condecorações. Lacerda perdia de vez a paciência com seu presidente. Pronto. A ameaça comunista propagandeada ao lado de Lott rapidamente se infiltrara no governo. Jânio, o ex-salvador, tornava-se o principal inimigo. Mais uma vez, a desculpa vermelha servia para a tentativa de desestabilização de um governo.

O candidato que atacava o apoio dos comunistas se transformara no presidente que demonstrava intenção de reatar relações diplomáticas com a União Soviética e condecorava um dos heróis da revolução cubana. Lacerda e a UDN não se conformavam. Iriam à forra, arrumando uma crise política para Jânio.

A profecia de Lott. Sete meses no poder. Dia 25 de agosto de 1961: depois de enviar 3.600 bilhetinhos[659] aos seus assessores, e de participar da cerimônia do Dia do Soldado, na qual, ironicamente, distribuíra mais condecorações, Jânio reuniu-se com os ministros militares para comunicar sua decisão de renunciar. Eles tentaram convencê-lo a recuar. Heck não se conformava: "Levamos tanto tempo para tirar essa gente do poder. Como o senhor vai lhes entregar o governo novamente?".[660] Denys foi mais longe e deu a solução lógica que veio à sua cabeça: se o Congresso era o empecilho, os ministros militares estavam dispostos a fechá-lo.[661]

Jânio pediu para ser poupado desse constrangimento, garantindo que sua decisão era definitiva. Denys, Heck e Moss dirigiram-se para o Ministério da Guerra, onde, baseado no poder que julgavam ter, decidiram o futuro que queriam para o país. Pouco depois, Ranieri Mazzilli, o presidente da Câmara, foi chamado. Ele era o segundo substituto do presidente, já que Goulart encontrava-se em Cingapura, depois de uma estratégica — para o país e para Jânio — visita à China Comunista em uma missão diplomática encomendada pelo presidente.

A "esperança do povo abandonado" abandonava um povo cansado de sofrer, e explicava-se através de um comunicado que entraria para a História:

> Sinto-me esmagado. Forças terríveis levantam-se contra mim e intrigam ou difamam, até com a desculpa da colaboração. Se permanecesse, não manteria a confiança e a tranqüilidade, ora quebradas e indispensáveis ao exercício da minha autoridade. Creio mesmo que não manteria a própria paz pública.

De Brasília, o esmagado ex-presidente seguiu para São Paulo — primeiro para Congonhas e depois para a Base Aérea de Cumbica, onde permaneceu por 23 horas. Aguardando. Esperando. Mas o que desejava não veio. Sonhava com uma reação popular que o fizesse voltar com mais poderes à presidência. Nada aconteceu. Até Penna Botto sentiu-se aliviado com a atitude tomada pelo meteórico político. O almirante chegaria a escrever um livro sobre o presidente para o qual fizera campanha: *A desastrada política exterior do presidente Jânio Quadros*, em que garantia que "o país livrou-se, mercê de Deus, de um homem maléfico e impatriótico".[662]

Foi o ministro da Justiça Pedroso Horta quem se dirigiu ao gabinete do vice-presidente do Senado, Auro de Moura Andrade, para entregar-lhe o ato de renúncia. Eram duas horas e cinqüenta minutos. Andrade sepultou logo qualquer chance da volta de Jânio ao interpelar o ministro:

— Sabe o presidente Jânio Quadros que o ato de renúncia é unilateral e irreversível? Que, uma vez dado conhecimento desse ato ao Congresso Nacional, não haverá discussão da matéria, sendo, assim, um ato perfeito e acabado?

— O presidente Jânio Quadros, como Vossa Excelência e eu, somos todos advogados. Sabe ele perfeitamente que a renúncia é um ato irrevogável e irreversível.[663]

Talvez Jânio tivesse faltado a essa aula. O simples recebimento da carta, naquele momento, significava a formalização da renúncia. O Congresso foi convocado excepcionalmente apenas para ouvir a leitura da carta-renúncia, como explicaria durante a própria sessão o pessedista Gustavo Capanema. Deputados e senadores que se encontravam no aeroporto de Brasília foram chamados e voltaram rapidamente. 46 senadores e 230 deputados estavam presentes quando o deputado Dirceu Cardoso leu a carta-renúncia. Seguiram-se vários apartes e muita confusão no plenário. O líder do PTB, Almino Affonso, discursou lembrando que o presidente afirmava que o país estava em ordem e que as Forças Armadas o apoiavam. Assim perguntava que "forças tão poderosas" seriam essas. Só havia uma hipótese na opinião de Affonso, que seguia no microfone: essa atitude fora tomada para tumultuar o país, e durante a confusão estabelecida, Jânio tentaria voltar em plenitude ao poder. Assim, os deputados não poderiam aceitar que o documento correspondesse à verdade dos fatos: "Renunciou. A renúncia está aceita." Foi um discurso realizado no calor da hora, alguns minutos após tomar conhecimento do ato. Affonso considerou essa sua intervenção como "mediúnica".[664] Gustavo Capanema, em um aparte, pediu que Affonso retificasse a declaração de que a renúncia estava aceita. Em um momento marcante do Parlamento Brasileiro, Capanema fez um pronunciamento que encerrava qualquer dúvida: "A renúncia é, por definição, um ato unilateral, irretratável. A renúncia, portanto, não está aceita. A renúncia é um acontecimento histórico. Não temos competência para aceitá-la, para recusá-la, para aplaudi-la, para tomar qualquer pronunciamento em face dela. A única coisa que nos cabe é tomar conhecimento do acontecimento que foi a renúncia, ato unilateral, irretratável, repito, do sr. presidente da República. Nestas condições, o que se segue é a aplicação pura e simples da Constituição".[665]

A sessão durou menos de vinte minutos. O Congresso estava ciente da renúncia. Andrade também comunicou que o presidente da Câmara, Ranieri Mazzilli, era agora o chefe provisório do governo devido à ausência do vice, que não estava no país. A posse foi marcada para as cinco da tarde.

Nesse horário, o pessedista Mazzilli tornou-se presidente. Foi fácil para os ministros militares colocarem o novo presidente no bolso. Mazzilli também não esboçou qualquer manifestação que os desagradasse. Difícil mesmo seria fazer seguir "a aplicação pura e simples da Constituição".

Os três ministros aceitariam qualquer solução, desde que Goulart não se tornasse presidente. A Mazzilli só restou convocar uma reunião com os chefes de partido e líderes na Câmara e no Senado. O Scifi prosseguia espionando. Ainda com Golbery no comando, as conversas telefônicas de Goulart no exterior eram ouvidas e gravadas.

A pressão dos três ministros militares aumentava. Mazzilli cedia ainda mais e confirmava a continuidade do trio à frente de suas pastas. Para as outras, indicou novos nomes. Horas depois da renúncia, a posse de Goulart tornou-se o tema.

Em Brasília as discussões ficaram limitadas ao Congresso. No Rio, o MPJQ esboçou alguns protestos. Mas um lugar iria mobilizar a atenção de todos na cidade: o apartamento nº 1.003 na rua Dias da Rocha, nº 9, em Copacabana. O esquecido candidato transformava-se em uma referência no auge da crise. Seu apartamento foi tomado por políticos, militares, jornalistas e até simples admiradores que só queriam ouvir sua opinião. Aos repórteres fez uma primeira declaração, mais uma vez sem citar o nome de Jânio, referindo-se ao ex-presidente como "ele":

> Peço a Deus que o Brasil volte ao caminho de suas tradições de país que nasceu sob o signo da Cruz. Para mim, apesar de ser ele um homem capaz de dar aos seus concidadãos surpresas das mais dificilmente imagináveis — como durante o período de sua candidatura, renúncia e a renúncia da renúncia — desta vez ultrapassou suas realizações anteriores nesse campo. Espero que os responsáveis pelos destinos do Brasil, no Poder Legislativo, saibam encontrar uma solução oportuna e respeitável, para o problema constitucional.

O assédio de repórteres era tão grande que Lott escreveu uma nota para ser distribuída às rádios e aos jornais. Era um apelo para a população, principalmente os seus mais de três milhões e oitocentos mil eleitores: "O povo deve respeitar a legalidade e manter-se tranqüilo, diante desta situação que em pouco estará solucionada. Embora reformado, estou disposto a colaborar." Pediu que os brasileiros "cerrassem fileiras"[666] em defesa da Constituição e que "esquecessem das divergências e antipatias porventura existentes e se unissem todos em defesa do regime ameaçado".

A divulgação dessa primeira nota só aumentou o número de pessoas que se dirigiriam à casa do marechal. Com as emissoras de rádio repetindo a nota, o apartamento ficou lotado durante a madrugada. Mais de 20 generais e até oficiais das outras Forças já haviam passado por sua casa desde a notícia da renúncia. Alguns pressionavam para que ele tomasse a frente de um movimento contra os ministros militares e a favor da posse de Jango. Lott repetia sua opinião de que deveria ser respeitada a Constituição. O vice-presidente era o substituto legal. Deveria assumir.

Já passava da meia-noite quando Lott recebeu um telefonema de Juscelino, que confirmava a decisão dos ministros de impedir a posse e prender Jango assim que ele desembarcasse no Brasil. O ex-presidente dissera que também iria lançar uma proclamação ao país. Com um incessante entra e sai de conhecidos, ninguém dormiu naquela noite no apartamento de Lott.[667]

Na manhã de sábado, Lott foi avisado que o governador gaúcho Leonel Brizola desejava falar-lhe. Enquanto Lott aguardava — as ligações telefônicas interestaduais demoravam horas para serem feitas — o deputado do PTB Ruy Ramos, um gaúcho membro da Frente Parlamentar Nacionalista, relatava seu encontro com Denys, que mandara avisar: "Diga ao Brizola que em hipótese alguma o Jango toma posse."

(Mais tarde, em seu livro *Ciclo Revolucionário Brasileiro*, Denys montaria um silogismo muito particular para justificar o movimento que comandou para que Jango não assumisse a presidência: "Se comunista não pode candidatar-se, é porque ele é inelegível. Se ele é inelegível não pode permanecer no cargo, se acaso conseguiu candidatar-se e eleger-se como se deu com Goulart".[668])

Somente às onze da manhã, o esperado telefonema foi completado. Brizola relatou os acontecimentos no Rio Grande do Sul e comunicou que já mobilizara a Brigada Militar e a Polícia Civil. Garantia que estaria disposto a resistir. Lott quis saber se ele contava com o apoio das unidades militares da região. O governador assegurou que vários oficiais se manifestaram a favor da defesa da Constituição, mas que nenhum deles possuía comando de tropa. Foi então que Lott abriu o caminho para o suporte da resistência no Rio Grande do Sul:

— Recomendo que procure o comandante do III Exército, general Machado Lopes, em meu nome. Conheço bem o general, suas qualidades de caráter, inteligência, cultura e zelo cívico. Foi meu aluno em 1919, 20 e 21, quando fui instrutor da Escola Militar.

Lott prosseguiu explicando a Brizola que Lopes havia comandado o Batalhão de Engenharia da 1ª Divisão Expedicionária, na Itália, e que era um homem forte nas suas convicções:

— Procure-o, governador. Tenho certeza de que ele saberá agir certo em circunstâncias como esta.

Ainda disse a Brizola que João Goulart, se estivesse decidido a voltar ao Brasil, não poderia desembarcar no Rio, nem em São Paulo, nem em Brasília:

— Jango deveria retornar à sua pátria entrando pelo Rio Grande do Sul.[669]

Sabendo que haveria resistência no Rio Grande do Sul, Lott tentou conversar com Denys. Por volta da uma da tarde, telefonou-lhe para insistir no dever do cumprimento da Constituição. Dona Antonieta fez a ligação. Foi Lott quem começou a conversa, lembrando das graves conseqüências que a atitude dos ministros militares poderia provocar e pediu que isso fosse evitado "em nome dos ideais do 11 de novembro e de uma amizade de mais de 50 anos".[670] Mostrou-se contra qualquer fórmula que impedisse a posse de João Goulart. A conversa durou aproximadamente quatro minutos, durante os quais Denys pouco disse, apenas repetia "estou ouvindo, estou ouvindo, estou ouvindo".[671] Ou permanecia calado, pois Lott não parava de falar:

— Você, Denys, é o responsável pela ordem e pelo fortalecimento das tradições legalistas do exército, bem como pelo que possa ocorrer no país no caso de fugirmos da Constituição.

Aumentava cada vez mais a dureza das palavras, talvez irritado com o monólogo que estava produzindo:

— Nunca o Exército se colocou contra o povo. Estamos no fim de nossas carreiras e nada mais podemos esperar a não ser deixarmos um bom nome como herança para os nossos filhos.

A conversa terminou aí. Lott despediu-se secamente e desligou com raiva. Seu genro Mário Pacheco foi o primeiro a perguntar:

— O que aconteceu, marechal?

— É o Denys. Ele está com o miolo mole.[672]

Em seguida, virou-se para todos que acompanhavam o telefonema:

— O Denys é teimoso e parece que não está compreendendo bem a gravidade da situação e a sua posição no problema. Em todo o caso, vamos ver o que podemos fazer para resguardar a Constituição.[673]

Dessa vez era o deputado Ruy Ramos, nacionalista ferrenho, quem pedia ao marechal para liderar um movimento contra a violação da Constituição. Lott explicou que não poderia tomar essa atitude, pois estava na reserva e não tinha autoridade para comandar. Ramos insistiu, dessa vez ressaltando que aquele primeiro apelo à população, divulgado anteriormente, não era suficiente. Era preciso algo mais contundente. Um manifesto dirigido diretamente aos militares. Lott pediu então que, a partir dessa discussão, o deputado esboçasse o manifesto.

Os jornalistas Batista de Paula, Arnaldo Vieira Júnior, José Mauro já estavam em seu apartamento, além de Duffles e Regina Lott. O general Olympio Mourão Filho ficou por pouco tempo e saiu logo em seguida.

Com o primeiro esboço do manifesto em mãos, Lott chamou então sua filha Regina, que traduziu o documento para jornalistas franceses que estavam presentes. Vinte minutos depois de Lott assinar o manifesto, a Rádio Difusora de São Paulo transmitia o texto:

Aos meus camaradas das Forças Armadas e ao povo brasileiro.

Tomei conhecimento, nesta data, da decisão do sr. ministro da Guerra, marechal Odylio Denys, manifestada ao governador do Rio Grande do Sul, através do deputado Ruy Ramos, no Palácio do Planalto, em Brasília, de não permitir que o atual presidente da República, dr. João Goulart, entre no exercício de suas funções e, ainda, de detê-lo no momento em que pise o território nacional.

Mediante ligação telefônica, tentei demover aquele eminente colega da prática de semelhante violência, sem obter resultado.

Embora afastado das atividades militares, mantenho compromisso de honra com a minha classe, com a minha pátria e com as suas instituições democráticas e constitucionais.

E, por isso, sinto-me no indeclinável dever de manifestar o meu repúdio à solução anormal e arbitrária que se pretende impor à nação. Dentro desta orientação, conclamo todas as forças vivas da nação, as forças da produção e do pensamento, os estudantes e intelectuais, operários e o povo em geral, para tomar posição decisiva e enérgica pelo respeito à Constituição e preservação integral do regime democrático brasileiro, certo, ainda, de que meus nobres camaradas das Forças Armadas saberão portar-se à altura das tradições legalistas que marcam a sua história nos destinos da pátria.

Essa conclamação definitivamente transformava o apartamento de Lott no QG da resistência no Rio pela posse de Goulart. Os mais radicais tentaram entender o manifesto como a senha para cumprir e marcar, de qualquer maneira, uma "posição decisiva e enérgica". Esse pedido, naquele momento, poderia prestar-se a qualquer tipo de interpretação.

As palavras de Lott foram transmitidas por telefone para outros estados. Em seguida, emissoras de rádio de Minas Gerais e do interior do Rio passaram imediatamente a divulgar o documento. Mas a cidade do Rio de Janeiro ficou sem ouvi-lo. O governador Carlos Lacerda colocou sob vigilância as rádios, mandou prender sindicalistas e estudantes e ordenou invasões nas redações do *Diário de Notícias* e do *Diário Carioca* para impedir a publicação do manifesto de Lott. O jornalista Antônio Perez Júnior tentou ler o manifesto ao microfone da Rádio Continental, mas o censor, que estava presente no estúdio, tirou a emissora do ar.[674]

Por telefone, no fim da tarde, Lott conversou novamente com Leonel Brizola, comunicando que escrevera e mandara divulgar um manifesto. Lott passou o telefone para Mário Pacheco, que leu o documento para Brizola. Em pouco tempo, estava no ar também nas rádios gaúchas. Lott ofereceu-se para lutar pela posse de Goulart e passou mais informações estratégicas para Brizola, que, anos mais tarde, detalharia as orientações recebidas:

365

A conselho do marechal Lott, enviamos num aviãozinho monomotor um professor e um coronel[675] do Exército para um contato com o general Oromar Osório, comandante da divisão de cavalaria do III Exército, uma divisão sediada em Santiago do Boqueirão. Mandou-nos dizer que já se encontrava sobre rodas e que precisava urgente de 11 trens e 200 caminhões, recomendando que procurássemos entendimento com o general Machado Lopes. Também contatamos, a conselho do marechal Lott, o general Pery Bevilacqua, em Santa Maria, que se deslocava para Porto Alegre para uma reunião convocada pelo comandante do III Exército. Os trens e caminhões foram fornecidos ao general Oromar Osório que, como todos sabem, atingiu nos dias seguintes o estado do Paraná. Atuou com a mobilidade do general Patton na Segunda Guerra.[676]

O general Oromar Osório, da 1ª Divisão de Cavalaria, convencido pelo sobrinho, coronel Roberto Riedel Osório, seguiu com suas tropas para lutar ao lado de Brizola na capital. Riedel foi então para Santa Maria e conseguiu novo sucesso, conquistando a adesão do general Pery Constant Bevilacqua, neto de Benjamin Constant, um baluarte da filosofia positivista. Bevilacqua tinha o comando da 3ª Divisão de Infantaria, localizada em Santa Maria. Eram duas adesões que davam outro peso à resistência iniciada pelo governador gaúcho. As indicações de Lott mostraram-se precisas. Brizola montava um esquema militar que poderia garantir a posse de Goulart.

Pouco depois das nove da noite, Juscelino voltava a ligar para Lott. Queria um encontro no apartamento de Fausto Fonseca, um amigo do ex-presidente, na avenida Atlântica. A movimentação na residência de Lott era tão grande que não seria possível um encontro imediatamente. Por volta das dez da noite, lotavam o apartamento, que nem durante a campanha ficara tão cheio,[677] o marechal Arthur Hescket Hall, almirante Paulo de Araújo Suzano, brigadeiro Francisco Teixeira, coronéis Joaquim Montenegro, majores William Stockler e Fernando Correia Lima e muitos civis que lá se encontravam simplesmente para manifestar solidariedade ao marechal. Alguns deles estavam preparados e aguardavam que Lott liderasse um novo 11 de novembro.

Acompanhado por Mário Pacheco, almirantes Suzano e Aragão, general Olympio Mourão, e pelo jornalista Batista de Paula, Lott saiu para encontrar-se com o ex-presidente.

Assim que chegou no apartamento onde Juscelino se encontrava, Lott foi em sua direção e desabafou:

— Presidente, vim aqui porque me considero em parte culpado por tudo isso que lamentavelmente está acontecendo. Eu indiquei ao senhor o nome do Denys para meu substituto no Ministério da Guerra.[678]

JK abraçou e tranqüilizou Lott:

— Vamos manter a Constituição e o Regime, marechal, com a posse de João Goulart.[679]

Em seguida, os dois se isolaram e dialogaram reservadamente durante cinco minutos. Depois da conversa, Lott se despediu e retornou com o mesmo grupo que fora com ele. Uma viatura do Departamento Estadual de Segurança Pública (DESP) seguiu o carro durante o trajeto. Ao retornarem, uma surpresa: o apartamento contava com um número ainda maior de oficiais e jornalistas. Já era madrugada de domingo. Foi combinado que todos deveriam deixar o Marechal descansar "para ser preso no dia seguinte".[680] O boato da prisão de Lott já circulava. Informados, alguns oficiais sugeriram a Lott que fugisse e liderasse a resistência de outro lugar. Lott repudiou a idéia:

— Não sou criança. Sou perfeitamente responsável pelos meus atos. Mas não me considero enquadrado nos dispositivos militares porque acima dos regulamentos está a própria Constituição Federal.[681]

Com exceção de Duffles, que decidira passar a noite lá, todos deixaram o apartamento. Os repórteres, porém, permaneceram na frente do prédio, aguardando o que já era esperado.

A resposta seria desproporcional até para quem já contava com a prisão de Lott. Através da portaria nº 1944, de 26 de agosto de 1961, usando o Regulamento Disciplinar do Exército, Denys determinava sua prisão por 30 dias — por ter "procurado desacreditar o ministro da Guerra, e feito incitação à desordem" — devido à autoria e divulgação do manifesto. A informação partiu do Dentel, que registrou a transmissão pelas emissoras de rádio. O capitão Tarcísio Célio Carvalho Nunes Ferreira, o mesmo que participara da rebelião de Aragarças, recebeu a missão de cercar o prédio e impedir que Lott deixasse o lugar e que qualquer pessoa subisse para o apartamento até a chegada de um oficial superior designado para efetuar a prisão. Tarcísio seguiu com os carros do Exército. Parou em frente à sede da UNE para ver se o chefe do Policiamento Ostensivo da Guanabara, coronel Ardovino Barbosa, precisava de ajuda. O prédio estava cercado pela polícia. Ardovino perguntou então a Tarcísio qual a missão que recebera. Quando Tarcísio explicou que iria cercar o apartamento de Lott para preparar a sua prisão, Ardovino transformou-se, abandonou sua função e seguiu com Tarcísio. A ordem era aguardar a chegada de um oficial para efetuar a prisão, mas Ardovino extrapolou e tomou "medidas que não lhe caberiam bem".[682]

Assim que chegaram à rua, Ardovino dirigiu-se ao prédio. Aos repórteres que o cercaram disse: "Agora chegou a nossa vez".[683] Por volta das três da manhã, bateu à porta do apartamento do marechal. Duffles dormia no sofá. Levantou-se e abriu somente a porta de vidro, mas deixou a grade fechada e se surpreendeu, porque o coronel estava acompanhado de soldados armados. Ardovino se dirigiu secamente a Duffles:

— Estamos cumprindo ordens. Nós viemos prender o Lott.

Ardovino não disse quem dera as ordens. Muito menos que não fora ele que as recebera. Pela hierarquia do Exército, um coronel jamais poderia ser enviado para prender um marechal. Mas assim que a Nota de Prisão foi assinada por Denys, a notícia se espalhou. Vários oficiais ofereceram-se para "ter a honra" de prender o Lott. Era um grupo de oficiais exaltados, conhecido dentro do próprio Exército como "os porra-louca".[684]

Duffles, a princípio, não levou Ardovino a sério:

— Você deve estar brincando. Eu posso tentar falar com Lott e ver se ele quer recebê-lo.

Meio sem graça, Duffles foi até o quarto de Lott, que estava dormindo:

— O Ardovino Barbosa está lá na porta e quer prendê-lo.

— Deixe ele lá.

Duffles, preocupado, insistiu:

— Mas você está armado? Porque eu estou sem arma.

— Eu tenho uma arma aqui, mas não se preocupe com isso. Mande esse patife embora.

Lott estava irritado. Não era todo dia que chamava alguém de "patife". Virou-se de lado e voltou a dormir. Duffles foi até a entrada do apartamento e, amparado pela calma de Lott, simplesmente fechou a porta de vidro na cara do coronel sem dizer nada. Ainda pôde ouvir Ardovino que prometia voltar para arrombar a porta. Ele saiu, mas deixou soldados armados com metralhadoras e bombas de gás na porta do prédio. O oficial designado para a missão seguia as ordens que recebera. O capitão Tarcísio não subira ao apartamento de Lott. Permaneceu na entrada do prédio.

Ardovino desistiu do vale-tudo e resolveu aguardar o oficial escalado para prender Lott. Uma perigosa movimentação começava a nascer na frente do prédio. Além do grupo de choque da Polícia Militar, de agentes do DOPS e soldados com metralhadoras, chegaram também militares admiradores de Lott a fim de impedir a sua prisão. Dispostos a resistir. Um jipe de placa 13-50-664 com quatro oficiais foi o primeiro a aparecer. A bordo estavam o coronel Jefferson Cardim de Alencar Osório, tenente-coronel aviador Vaz Pamplona, os majores Fernando Correia Lima e José Niepce da Silva Filho. Planejavam levar Lott, até mesmo à força, para impedir sua prisão. O general Altamiro da Fonseca Braga apontou o jipe, que foi cercado pela polícia de Lacerda. Os oficiais que seguiam as ordens de Denys estavam de armas em punho e partiram para cima do grupo. Ardovino dava ordem de prisão aos quatro, que mal puderam deixar o jipe. Pamplona, no volante, ainda tentou dar uma arrancada. Ardovino colocou uma arma na cabeça de Correia Lima, que começou a passar mal e a gritar:

— Se quer me matar, mate-me de uma vez.

Tarcísio pedia calma. Ardovino provocava:

— Deixe de ser bobo, major. Só queremos levá-lo preso.[685]

Jefferson Cardim saiu correndo. Tarcísio partiu atrás dele. Jefferson tentou puxar a arma, mas perdeu velocidade. Foi quando Tarcísio o derrubou e imobilizou.[686]

Na confusão, o major Niepce conseguiu escapar.

Pouco depois, chegava um grupo maior de oficiais simpatizantes de Lott, coordenado pelo coronel Figueiredo, da Diretoria Geral de Ensino do Exército. Mais armas em punho. Novas prisões. Mais gritos e discussões.

Somente por volta das quatro e meia da manhã, o marechal da reserva que pertencera aos "jovens turcos", Nilo Horácio de Oliveira Sucupira — que, além de possuir a mesma patente de Lott, era mais antigo que ele —, acompanhado do tenente-coronel Kruger da Cunha Cruz, chegava ao local para prender Lott. A demora foi provocada pela dificuldade de se encontrar uma farda que servisse em Sucupira, que era da reserva. Novamente Duffles atendeu à porta, mas dessa vez, reconhecendo a importância do enviado, convidou o marechal para entrar. Somente ele. Ardovino e Kruger ficaram na porta. Sucupira, então, anunciou:

— Major Duffles, eu quero falar com o Lott.

— Marechal, por favor, aguarde enquanto eu vou dizer a ele que o senhor está aqui.

Duffles dirigiu-se ao quarto de Lott, que já estava de pé e fazia seus exercícios físicos:

— Henrique, o Sucupira está aí e eu acho que ele vai te prender.

— Diga a ele que estou fazendo ginástica.

Duffles voltou à sala e tentou ser mais sutil:

— Marechal Sucupira, o senhor conhece bem o Lott. Ele está fazendo ginástica e pediu para o senhor esperar um pouco.

Lott levava em média duas horas entre a ginástica, o banho e a preparação de seu café-da-manhã. As atividades incluíam, além da ginástica, barbear-se, tomar banho, rezar a oração "Santíssima Trindade, concedei que eu viva e morra na vossa graça, amém" e tomar o café-da-manhã. Ele não mudou em nada a sua rotina por causa da presença do marechal Sucupira.

Mais de uma hora de espera. A idéia era prender Lott de madrugada, sem despertar atenção, mas o sol começava a nascer. Com uma irritação aparente, Sucupira insistiu várias vezes com Duffles, que dava sempre a mesma resposta:

— Não tem jeito, o senhor o conhece muito bem; ele só virá quando terminar suas atividades.

Os repórteres ficaram sabendo do que ocorria graças à impaciência de Ardovino, que subia ao apartamento várias vezes, e descia outras tantas, cada vez com uma informação diferente: "está exercitando-se... está lanchando... está trocando de roupa". Durante a espera, Hugo Ligneul foi avisado e seguiu até o apartamento de Lott. Chegou quando ele tomava banho. Bateu na porta do banheiro e perguntou se precisava de alguma coisa. Lott apenas explicou por que estava demorando:

— Não preciso de nada, Hugo. Esses patriotas não sabem que não se invade a casa de um cidadão antes das seis horas da manhã. Então eles vão ficar esperando para aprender.[687]

Em seguida, disse a Hugo que não era necessário que ele ficasse no apartamento. Pediu que voltasse e "cuidasse das meninas".

Sucupira, muito irritado, aguardava no sofá. Mário Pacheco, que também estava de volta ao apartamento, percebeu sua inquietação. Sugeriu então para dona Antonieta:

— Não é melhor servir um cafezinho para ele?

— De jeito nenhum. Eles vieram aqui de madrugada e eu ainda vou servir cafezinho pra essa gente?

Durante esse espaço de tempo, Duffles havia telefonado para os oficiais, amigos e jornalistas[688] que até há pouco tempo se encontravam no apartamento.

Quando finalmente Lott surgiu, estava vestindo, para espanto de dona Antonieta e de Duffles, um paletó cinza risca-de-giz, camisa branca e gravata. Apresentou-se então a Sucupira. Já passava das sete da manhã do domingo, dia 27. Eles desceram para a rua, completamente tomada por repórteres, amigos e populares, que romperam o cordão de isolamento, cercaram Lott, cantaram o Hino Nacional e o aplaudiram. Mais que uma homenagem, a cena refletia um povo que estava aprendendo o seu valor.[689]

Antes de entrar no carro, um Chevrolet preto placa 9-81-79, Lott ainda olhou para cima e acenou para dona Antonieta, que da janela do apartamento acompanhava a movimentação. O gesto foi flagrado por vários fotógrafos e essa foto de Lott, de braço erguido, cercado por oficiais e populares, seria estampada em vários jornais no dia seguinte. Duffles acompanhou Lott no mesmo carro. A prisão do marechal tornava-se notícia em todo o país. No mesmo dia, circulava uma edição extra da *Ultima Hora*, com a manchete: "Lott assume comando das forças vivas do Brasil para defender regime democrático!".

Em Brasília, às cinco e meia da manhã, a Câmara dos Deputados abriu uma sessão extraordinária. O deputado Sergio Magalhães, que estava na presidência da casa desde a posse de Mazzilli, foi o primeiro a se pronunciar. Passou a palavra ao deputado do PTB, Eloy Dutra, irmão de Paulo, que informou os deputados sobre a situação na Guanabara: a censura nas redações, a ordem de Denys para prender Lott, e as invasões de associações de classe.[690] Em seguida, Eloy passou a ler na tribuna o manifesto de Lott, que lhe fora passado por telefone pelo seu irmão.

À prisão de Lott sucederam-se outras detenções: majores Frederico Augusto Ferreira, Correia Lima, coronéis Jefferson Cardim e Fernando Risque, tenente-coronel Pamplona, tenente-coronel Antonio Joaquim Figueiredo, capitão Fabio Marcio Pinto Coelho, almirante Silva Júnior e brigadeiro Francisco Teixeira — todos levados para navios de guerra.

Uma dessas prisões teve lances de emoção e demonstrava uma fidelidade que só a vida na caserna poderia despertar. O major William Stockler era um dos que estavam na frente do prédio, acompanhando a movimentação. Em um raro gesto de solidariedade, não aceitou a prisão de Lott, protestou e procurou Tarcísio. Disse que queria ser preso junto com Lott. Tarcísio ainda respondeu que não tinha motivos para prendê-lo, mas se ele queria ir, o levaria no carro. Stockler não só foi preso, como também foi levado para um navio de guerra com os outros detidos e lá permaneceu incomunicável.

Vinte minutos depois de saírem do apartamento, o prisioneiro chegava ao Ministério da Guerra. Outros carros com repórteres o seguiram. Lott foi recebido pelo comandante do I Exército, Nestor Souto de Oliveira, pelos generais Emílio Rodrigues Ribas e Aurélio de Lyra Tavares e pelo infalível marechal Mascarenhas de Moraes.

Lott e Sucupira entraram na sala. Duffles permaneceu do lado de fora, mas a porta ficou entreaberta. Sucupira cumprira sua missão. Entregou o preso e em seguida foi até o apartamento de Café Filho para contar seu feito.[691]

Pelo vão da porta, Duffles pôde presenciar uma inesperada reação de Lott, que permaneceu em pé e começou a repreender seriamente e em voz alta o comandante do I Exército. Nestor Oliveira não reagiu e ouviu sentado a bronca:

— Eu vim à paisana porque estou habituado a vestir uniforme limpo e vocês mancharam a farda do Exército.

Não fora o "ouro sinistro" do poema de Bandeira que maculara a sua farda. Mesmo como preso, Lott invertia os papéis e não perdia a oportunidade de advertir a quem o estava prendendo. Todos os oficiais escutaram a descompostura. Lott, como sempre, dava aula e mostrava as violações cometidas durante a sua prisão:

— Que se faça sentir a minha repulsa ante o desrespeito flagrante de dispositivos legais e militares nos fatos relacionados com minha prisão, inclusive o desrespeito a um direito comum dos cidadãos: a inviolabilidade do lar à noite. E ainda mais por um oficial de categoria muito inferior à minha.

A Nota de Prisão dizia que a punição deveria ser "cumprida numa unidade do I Exército". Mas o marechal Mascarenhas o informou que, por ordem do ministro da Guerra,[692] Lott deveria ser recolhido para a Fortaleza da Lage, um presídio escavado em uma rocha em uma pequena ilha na entrada da Baía da Guanabara.

Lott continuou protestando... e ensinando:

— Não posso compreender como um marechal pode ser recolhido a uma fortaleza comandada por um major.

A hierarquia permaneceria ferida. Um marechal ficaria "subordinado" a um major. O general Nestor Souto tentou explicar. Haviam acabado de tomar uma decisão para acabar com esse problema:

— Para a Fortaleza foi transferido o Comando da Artilharia de Costa.

Mas a decisão não resolveu o problema. A questão permanecia:

— Isso não modifica a situação. Continua sendo um posto de patente inferior à minha.

Depois dessa observação, Lott desistiu de protestar, porque, conforme iria declarar mais tarde à revista *O Cruzeiro*, "àquela altura, a palavra direito estava proscrita".[693]

Dessa vez não seriam servidos cafezinhos.

A Fortaleza da Lage foi construída em 1642 para combater as invasões holandesas, e guardou presos famosos como Olavo Bilac, José Bonifácio, Bento Gonçalves e Rafael Tobias de Aguiar. As celas ficavam dentro da pedra. Havia uma grande umidade nas celas e o barulho das ondas quebrando tornava o sono impossível. Mais que a prisão, a escolha da Fortaleza da Lage provocaria indignação no meio militar até entre aqueles que concordavam com Denys. O foco da questão política ficou deslocado para uma vingança pessoal. A escolha da Fortaleza da Lage para Lott foi considerada um exagero. Através de uma mesquinharia, Denys usava a força para mostrar quem estava mandando.

Lott foi levado na mesma viatura para o Forte de São João, de onde seguiu de lancha para a Fortaleza da Lage. Duffles o acompanhou durante todo o trajeto. Ele já havia recebido a orientação de Lott para procurar o coronel Alencar e pedir que ele escrevesse e entrasse na Justiça com o pedido de *habeas-corpus*.

Um pouco mais tarde, Hugo, sua mulher Elys e a cunhada Henriette procuraram o comandante do I Exército. O chefe do gabinete, Aurélio de Lyra Tavares, acompanhou a conversa das filhas de Lott com o general Nestor. Hugo estava à paisana e nada falou. Não vinha como oficial e sim como um genro que levava a esposa e a cunhada para terem informações sobre o pai. Elas estavam inconformadas porque, na verdade, um tenente-coronel comandava o forte para o qual Lott fora levado. Henriette protestou. O general Nelson voltava a ter aula, só que das filhas de Lott:

— Que mau exemplo os senhores estão dando em relação à hierarquia militar. Os senhores acham que mandá-lo para Lage vai dificultar uma tomada de posição de papai? Se ele quisesse tomar uma posição, já teria feito.

Durante a conversa, a porta do gabinete se abriu. Era Castello Branco. Ao ver as filhas de Lott, recuou e não entrou.

Hugo e Elys foram de lancha visitar Lott, que permaneceu três dias na Fortaleza, sem pregar o olho por causa do barulho. Chegou a lamentar não ter mandado reformar a prisão, pelo menos não estaria "sofrendo com a falta de conforto". No quarto dia de prisão, cedendo aos protestos e preocupado com a repercussão, Denys ordenou a transferência de Lott para a Fortaleza de Santa Cruz, em Niterói, dando ordens expressas de que se redobrasse a vigilância ao preso e se observasse a ordem de incomunicabilidade, exceto para os parentes.

Não só a polícia de Lacerda e o exército de Denys olhavam atentamente para o movimento que surgiu em torno de Lott. No sábado, o adido da embaixada norte-americana no Brasil, Niles Bond, informava ao seu governo que a questão da posse de Goulart dividira as lideranças militares entre Denys e Lott. O telegrama dizia que "Lott e seus partidários dispostos continuar lutando pela sucessão de Goulart". Ia além e previa um combate decorrente, indicando que, no caso da posse de Goulart, o grupo de Denys iria "tomar ação mais forçosa para removê-lo do cenário político, caso ele não consinta. Nesse caso, e se Lott e elementos das lideranças militares que o apóiam decidirem tomar o lado de Goulart, a guerra civil seria uma possibilidade real". Ao divulgar o manifesto aos colegas de farda, a atitude de Lott foi vista por parte de nacionalistas e militares mais entusiasmados como um incentivo a uma resistência que poderia ir além de palavras. Entre os documentos confidenciais da CIA, do Departamento de Estado norte-americano e das embaixadas da Grã-Bretanha, França e Alemanha Ocidental em Washington, havia um comunicado secreto, cuja origem seriam as Forças Armadas Brasileiras: na madrugada do dia 27, a mesma em que Lott fora despertado de seu sono para ser preso, enquanto Ardovino estava louco para prendê-lo e Sucupira esperava que ele terminasse seus exercícios físicos; militares favoráveis à posse de Goulart teriam tentado invadir a Vila Militar.[694] A prisão de Lott também foi um resultado da pressão das denúncias do general reformado Altamiro Braga "de que o marechal chefiava uma conspiração contra o governo".[695] Braga acompanhou, da frente do prédio, a prisão.

(Em agosto de 1962, Lott receberia a visita dos militares que foram levados para os navios-presídios. Eles queriam homenageá-lo pelo primeiro aniversário daquele gesto marcante. Lott manifestou-se pela volta do presidencialismo, chamando de "donos do poder" aqueles que queriam a manutenção do parlamentarismo. Achava que poderia surgir um grave atrito entre o Executivo e o Legislativo. Agradeceu a lembrança e surpreendeu a todos, causando espanto ao fazer um pronunciamento que fazia menção a um plano de reação, conforme alertado pelo comunicado secreto: "Não assumi o comando das tropas da Vila Militar para evitar o desencadeamento da guerra civil, pois, assumindo o comando daquelas tropas, teria de agir e, em conseqüência, haveria luta, e na luta o derramamento de sangue. Eu tinha confiança que o estado de humilhação a que todos nós, brasileiros, fomos submetidos naquela noite não duraria muito tempo. E o meu manifesto era para chamar a atenção dos companheiros para o cumprimento do dever militar".[696])

Uma outra mensagem de Niles Bond para os órgãos de segurança dos Estados Unidos, originária das Forças Armadas Brasileiras, envolvia Lott na frente de força: era o comunicado 290920z, da embaixada americana no Rio de Janeiro para vários órgãos americanos:

> Esta é uma mensagem conjunta Exército, Marinha, Força Aérea. Marechal Lott e partidários planejavam tomar Vila Militar às 0400, 27 de agosto. Aparentemente plano fracassou. Denys ordenou detenção de Lott.[697]

Com Lott preso, os esforços voltavam-se para impedir a divulgação de sua proclamação. O chefe do Serviço de Censura, Ascendino Leite, garantiu a apreensão do *Jornal do Brasil* e de *O Dia* que tinham saído com o manifesto. Só puderam circular com uma nova edição depois de sumirem com o polêmico manifesto. O *Correio da Manhã* e o *Diário de Notícias* saíram com espaços em branco. Era a primeira vez, desde a década de quarenta, que os jornais cariocas eram censurados.[698] As redações do *Diário Carioca, A Noite* e *Diário de Notícias*, do mesmo João Dantas que cansara de criticar o ministro Lott, foram invadidas. Parte das tiragens do *Diário Carioca, Gazeta de Notícias* e *Correio da Manhã* acabaram apreendidas por terem publicado a proclamação. O jornal *Folha de S. Paulo* de 30 de agosto de 1961 estampava a manchete: "Censura no Rio: jornal circula com 2/3 de páginas em branco" e mostrava a capa do *Diário de Notícias* tomada por colunas em branco.

Na terça, dia 29, a edição do *Jornal do Brasil* saiu completamente retalhada; no dia seguinte, só circulou com o caderno de classificados. Uma edição extra de *O Globo* ficou impedida de sair.[699] No mesmo dia, o Sindicato dos Proprietários de Jornais e Revistas do estado da Guanabara divulgou uma nota na qual comunicava à Sociedade Interamericana de Imprensa que Carlos Lacerda, "impôs, durante vários dias, aos jornais do Rio de Janeiro, ilegal e intolerante censura, além de apreender edições e determinar a interdição de oficinas". A nota pedia a expulsão de Lacerda que, como membro da SIP, protestara inúmeras vezes contra Juscelino durante o seu governo.

Os abusos não se limitavam às redações de jornais. Lacerda garantia e Ardovino prosseguia impedindo qualquer menção a João Goulart. Na tarde de segunda, uma manifestação com milhares de pessoas na Cinelândia terminou com a polícia lançando bombas de gás lacrimogêneo e disparando tiros para o alto, que provocaram correria e confusão. Os organizadores da manifestação chegaram a falar em pegar em armas para defender a posse de Goulart. A polícia abusava da violência para conter o protesto. Quando prendiam alguém, surgiam vivas a Jango, Lott, ao Exército e à democracia.[700] Sindicatos tomados pela polícia. Operários e sindicalistas presos, entre eles Dante Pelacani, um dos organizadores do Jan-Jan, e presidente da Federação Nacional dos Gráficos, que, àquela altura, já tinha garantido o cargo de diretor do Departamento Nacional de Previdência Social no governo Jânio. Depois dos militares nacionalistas, chegava a vez dos jornalistas. Batista de Paula, repórter do *Ultima Hora* que praticamente passara o fim de semana no apartamento de Lott, não escapou de Ardovino. Com a prisão de Lott e de boa parte dos militares a ele ligados, a imprensa fortemente vigiada e as redações ocupadas, a resistência no Rio ficou enfraquecida.

A farra para Ardovino acabaria em breve. No dia 4 de setembro, o juiz Antonio de Castro Assunção, da 2ª Vara Criminal, expediu ordem de prisão contra o coronel que se negara a dar informações sobre o paradeiro dos civis e oficiais presos por ele logo após a renúncia de Jânio. Na primeira vez, Ardovino respondera que não havia ninguém preso. O oficial que lhe levou o segundo ofício foi recebido aos palavrões. Novamente Ardovino negou saber do destino dos presos. Um terceiro ofício e a mesma resposta. Houve ainda um quarto ofício, esse sim, definitivo. Marcava para o meio-dia o prazo para a resposta. O juiz ainda teve paciência para esperar até as três da tarde, quando então mandou prendê-lo, na forma da lei.

Em Brasília, as principais lideranças políticas se reuniram com o presidente interino Ranieri Mazzilli na segunda, dia 28, e com os três ministros militares. Mazzilli já havia repassado ao Congresso a mensagem que recebera do trio:

Na apreciação da atual situação criada pela renúncia do presidente Jânio da Silva Quadros, os ministros militares, na qualidade de chefes das forças armadas e responsáveis pela ordem interna, manifestam a absoluta inconveniência, por motivos de segurança nacional, do regresso ao país do vice-presidente João Belchior Marques Goulart.

As Forças Armadas estavam de prontidão. O vice-presidente João Goulart não tomaria posse e, se pisasse em solo brasileiro, seria preso. Na Câmara, foi Eloy Dutra, mais uma vez, quem leu a nota dos militares que classificava como "absoluta inconveniência" o regresso de Goulart. Ao encerrar a leitura, lembrou aos deputados o juramento que fizeram de defender a Constituição e completou: "Tão logo esse fato se dê, nesta Casa, eu renunciarei ao meu mandato.[701]" Nesse mesmo dia, já chegavam a "centenas"[702] as mensagens de solidariedade a Lott.

No Rio Grande do Sul, Brizola cercou-se da Brigada Militar e convocou o povo a defender o Palácio Piratini, sede do governo. No domingo, 27, requisitou os transmissores da rádio Guaíba de Porto Alegre. Os sinais de ondas médias e curtas alcançavam outras cidades, cujas emissoras de rádio passaram a se solidarizar com o movimento. Estava formada a "Rede da Legalidade". A "sede" da Rede, que passou a funcionar 24 horas por dia, ficava nos porões do Palácio, com pequenas emissoras integrando-se à transmissão de discursos e pronunciamentos a favor da posse de Goulart. O manifesto de Lott era repetido constantemente. Os sargentos aderiram em peso à causa de Brizola. Denys não tinha como impedir a onda, já que o general Machado Lopes, comandante do III Exército, responsável pela região, fazia vista grossa a todas as atitudes do governador. A Rede da Legalidade inflamava a população. Cada vez mais chegavam à capital gaúcha os "provisórios": peões, com lenços vermelhos e bombachas, que vinham das estâncias a cavalo para defender Porto Alegre.

Nos dias seguintes, a tensão só aumentou. Brasília perdia-se no debate e nos corredores da Câmara começava a ganhar corpo rapidamente a solução parlamentarista, incentivada por parte dos militares. Orlando Geisel pensava em outra solução: bombardear os liderados por Brizola no Rio

Grande do Sul. Denys começava a preparar a reação. Planejava-se um ataque aéreo. Veio a ordem oficial:

1. O Gen. Orlando Geisel transmite ao Gen. Machado Lopes, Cmt III Exército, a seguinte ordem do ministro da Guerra: O III Exército deve compelir imediatamente o sr. LEONEL BRIZOLA a pôr termo a ação subversiva que vem desenvolvendo e que se traduz pelo deslocamento e concentração de tropas e outras medidas que competem exclusivamente às Forças Armadas (...)

2. Faça convergir sobre Porto Alegre toda a tropa do RIO GRANDE DO SUL que julgar conveniente, inclusive a 5ª DI, se necessário.

3. Empregue a Aeronáutica, realizando o bombardeio, se necessário (...)[703]

Às dez da manhã de segunda, dia 28, Machado Lopes se dirigiu ao Palácio Piratini, que estava protegido por sacos de areia. Informou ao governador que havia recebido aquela ordem e que não iria cumpri-la. Naquele momento, estava aderindo a Brizola. Tinha o "III Exército, perfeitamente coeso" disposto a não aceitar mais ordens de Denys. Estava definido o apoio do III Exército à Campanha da Legalidade de Brizola. Em seguida, Machado enviou um radiotelegrama para Denys: "O III Exército está com a Constituição e marcha para Brasília a fim de assegurá-la".[704]

Enquanto uns lutavam, outros se ajeitavam. No Congresso, a emenda parlamentarista era pomposamente desengavetada, e mais uma vez apresentada pelo deputado gaúcho Raul Pilla, que já havia tentado durante o governo JK. Segundo Pilla, o grande responsável pelo fracasso na mudança do regime fora Lott, ministro da Guerra,[705] agora homenageado na Câmara. Em abril de 1956, Lott era o alvo dos parlamentares por ter atacado a reforma parlamentarista, afirmando que essa "aventura perigosa" poderia desestabilizar o governo e que uma mudança dessa deveria ser feita com consulta popular.

Depois de uma nova reunião no dia 31 com governadores e ministros militares, iniciou-se uma tentativa de entendimento. Não tendo como impedir a reação no sul, os militares aceitariam a solução parlamentarista. A Câmara cedia para dar meia-posse a Goulart. No dia seguinte, Auro de

Moura Andrade convocou uma sessão conjunta das duas casas para definir o dia 4 para a posse de Goulart, que também já concordara com o Parlamentarismo. Na madrugada do dia 2, com o nome de Ato Adicional nº 4, a emenda que substituía o regime presidencialista pelo parlamentarista, foi aprovada. A vontade dos eleitores foi deixada de lado. Uma pesquisa realizada pelo IBGE na Guanabara apontara que 81% dos eleitores concordavam com a posse sem parlamentarismo; 10% queriam a posse com parlamentarismo e 9% eram pelo impedimento. Entre os eleitores de Lott, 94% eram a favor da posse sem parlamentarismo.[706]

O Senado também aprovou a emenda, que foi promulgada no domingo, dia 3. O artigo 25 do capítulo IV da emenda abriu a possibilidade da realização de um plebiscito para que se decidisse sobre a manutenção do Parlamentarismo ou a volta do Presidencialismo. A princípio, o plebiscito seria realizado nove meses antes do fim do mandato de Goulart.

A essa altura, Jango já estava no Rio Grande do Sul. Seguiu para Brasília no dia 5, enfrentando os boatos da "Operação Mosquito", mais um plano dos oficiais radicais da Aeronáutica, que pretendiam abater seu avião em pleno vôo.

Dia 7 de setembro. Em sessão solene, o Congresso, presidido por Auro de Moura, dava posse ao novo presidente da República, João Belchior Marques Goulart.

Era o 12º dia de prisão de Lott, que somente seria libertado dois dias depois da posse. Não por ordem de Denys, que tentara "relevar" a prisão com base no art. 58 do RDE: "no caso de relevantes serviços prestados à nação pelo transgressor". Denys só lembrou desse artigo na véspera de deixar o Ministério. Quem ordenou a soltura de Lott foi o novo ministro da Guerra, general Segadas Viana, seu ex-aluno. Foi o primeiro ato do ministro. A libertação ocorreu na manhã do dia 9, depois de ter sido determinada na reunião do conselho de ministros do gabinete de Tancredo Neves, o primeiro-ministro indicado por Jango. Segadas enviou o general Osvino para acompanhar Lott da Fortaleza de Santa Cruz até sua casa. Perto do meiodia, Lott desceu do carro e acenou para os populares que o aguardavam em frente ao prédio. Oficiais do Exército também o esperavam. Não faltou sequer uma criança, filha de um oficial, com ramos de flores para entregar-lhe: "Volto da prisão satisfeito porque a Pátria já retornou ao caminho do qual não deveria ter saído", disse aos mais de vinte jornalistas que o aguardavam em seu apartamento. A eles revelou que, antes de sua prisão, pensou seriamente em viajar para o Rio Grande do Sul para participar da resistência junto com Brizola. Bem-disposto, chegou a provocar: "que se mude a nossa legislação eleitoral a fim de que aqueles que se candidatarem a cargos públicos sejam submetidos a inspeção mental levando em conta sua vida pregressa".[707]

A movimentação comandada no Rio Grande do Sul pelo governador Brizola teve a participação decisiva de Lott na orientação sobre os militares que deveriam ser procurados. Em três dias, Brizola e Lott mostraram um entrosamento bem maior do que em dez meses de campanha. (Apesar do relacionamento distante, Lott iria manter no escritório do seu apartamento — até o fim da vida — um porta-retrato com uma foto em que está ao lado de Jango e Brizola, em um almoço realizado em Porto Alegre, durante a campanha presidencial.)

No mesmo dia em que Lott foi libertado, Jânio, a bordo do *Uruguay Star*, chegou a Las Palmas, nas Ilhas Canárias, Espanha.

"Bons ventos o levem para bem longe." Assim Lott se referiu ao ex-presidente em uma entrevista ao repórter Arlindo Silva, de *O Cruzeiro*, pouco mais de um mês após a renúncia. Fizera também a análise do ato do presidente:

> Quis dar um pulo de gato, visando, certamente, a volta ao poder, mais forte. Mas o gato não calculou bem o salto que fizera e caiu no meio da vala. Contava, certamente, repetir a cena que fizera quando da sua renúncia à sua candidatura. Basta ver que fisionomia alegre ele tinha, na manhã do dia da renúncia, ao participar dos festejos do 25 de agosto, dia do soldado, em Brasília. É semblante de quem antegozava uma grande travessura. O pior é que o país pagou caro por essa brincadeira de irresponsável.[708]

Para alguém inocente no jogo político, Lott percebera cedo a jogada do ex-presidente, principalmente porque essa análise escapava a envolvidos diretamente nos acontecimentos e tornava-se difícil de compreender até para governos estrangeiros que acompanhavam o Brasil a distância, mas com muito interesse.[709]

Lott acertou em cheio. No livro *Dossiê Brasil*, Geneton Moraes Neto afirma que o próprio Jânio confessaria trinta anos depois a seu neto Jânio Quadros Neto:

Jânio Quadros disse ao neto, sem rodeios e sem meias-palavras, que renunciou simplesmente porque tinha certeza de que o povo, os militares e os governadores o levariam de volta ao poder. Não levaram.[710]

Muito antes, Lott diagnosticara bem o seu rival. E, pensando em Jânio, encerrou a entrevista com mais uma sugestão para as próximas eleições:

Por que não se submeter a exame psicotécnico os candidatos a presidente da República?[711]

No mesmo dia da posse de Jango, Golbery foi demitido do Sfici. Mais tarde, o homem do Serviço Secreto de Lott, coronel Carlos Ramos de Alencar, foi convidado para assumir a chefia do Sfici. Quem lhe fez o convite foi o coronel Homero de Castro Neves, que era chefe do gabinete do Sfici, e fora instrutor de Alencar na Escola Militar. Alegando estar honrado com o convite, Alencar disse que não tinha afinidade com João Goulart. Estava com o candidato a vice de Lott engasgado desde a campanha, quando ele cedeu ao Jan-Jan. Alencar observara atentamente os passos de Jango. Tinha certeza de que ele autorizara a aliança com Jânio e jamais perdoaria essa traição ao marechal Lott. Agradeceu o convite e recusou, lembrando que durante toda a campanha de 1960, Jango aparecera "no máximo duas vezes no comitê de Lott".

Homero não concordou com a recusa e propôs que ele colocasse suas condições para aceitar o convite. Alencar só aceitaria se tivesse carta branca para impor sua própria orientação no Sfici, além de poder trazer da Escola do Estado-Maior instrutores nos quais ele confiava. No mesmo dia Homero telefonou dizendo que o general Albino Silva, do gabinete Militar, aceitava as condições.

Alencar iniciou seu trabalho desmontando o "grupinho de esquerda" do Sfici e preocupou-se mais em organizar um bom esquema de informações e menos em fazer política. Descobriu um contrabando de armas[712] em que estavam envolvidos comandantes militares, dentre eles, Silvio Heck, velho conhecido de Alencar desde os tempos do cruzador *Tamandaré*.

Produziu vários informes diários que seriam suficientes para deixar o presidente por dentro da movimentação de seus opositores. Só que esse empenho se perdia porque as informações não chegavam diretamente a Jango. Passavam antes pela Secretaria Geral do Conselho de Segurança Nacional e pelo Gabinete Militar da Presidência. O procedimento de Alencar era ouvir as três Forças e fazer um resumo diário do que se passava em cada uma delas. Palestras internas sobre temas relativos à informação viraram rotina no Sfici. Sempre havia penetras para escutar a orientação de Alencar, desde oficiais da Segunda Seção do Estado-Maior até o pessoal da ESG. O coronel tentava manter-se na tênue linha do centro, manifestando posições contrárias à esquerda do governo e à direita militar. Achava que a radicalização desses dois grupos não iria terminar bem. Sua continuidade na chefia do Sfici espantava os oficiais ligados ao governo Jango, que não lhe davam muito mais tempo no posto. Sentia a reação de Brasília — Alencar continuou trabalhando no Rio — porque suas orientações eram contrárias a quase todas as atitudes do presidente.

Dois dias depois de ter realizado uma palestra na ESG, em outubro de 1963, Alencar deixou a chefia do Sfici. No Gabinete Militar, o general Assis Brasil afundava o serviço, desprezando os alertas de conspiração e poupando o presidente das informações mais graves para não lhe trazer mais preocupações.

O regime parlamentarista ia mal das pernas. O primeiro-ministro Tancredo Neves estava para cair quando Lott, em seu apartamento em Copacabana, recebeu um surpreendente telefonema pedindo um encontro urgente. Aceitou, mas disse que chamaria uma pessoa de sua confiança para presenciar a reunião. Em seguida, contou para dona Antonieta o que ouvira. Por volta das onze da manhã, ela telefonou então para o coronel Carlos Ramos de Alencar, que estava prestes a ocupar a direção do Sfici, e pediu para que ele estivesse no apartamento de Lott às três da tarde. Encerrou a conversa dizendo que ele teria "uma surpresa". No horário combinado, ela recebeu o coronel Carlos Alencar e foi logo explicando:

— O Henrique não queria ter essa reunião. Só concordou depois que eu disse que ele não tinha o direito de negar um encontro. Então ele aceitou com a condição de que houvesse uma testemunha: o senhor.

Menos de cinco minutos depois, a visita misteriosa chegou. Era o governador Carlos Lacerda, que também estava acompanhado de uma "testemunha", Armando Falcão, que havia trocado de lado.

Depois dos cumprimentos, foram até o escritório de Lott. Lacerda logo tomou a palavra:

— Senhor marechal, eu venho aqui para fazer um apelo em nome das forças democráticas: que o senhor aceite ser o primeiro-ministro do presidente João Goulart.

Jango não tinha convidado, nem sequer sondado Lott para o cargo. Mas Lacerda, no seu estilo, já decidira. Lott o interrompeu, visivelmente contrariado. Tentou, mas não conseguiu falar. Lacerda prosseguiu:

— O senhor é o único que pode trazer algum equilíbrio ao governo Goulart.

Lott pôde então responder:

— Eu, em absoluto, não quero mais nada com política. Se o senhor veio aqui para isso, perdeu seu tempo.

Lacerda não se deu por vencido:

— Se o senhor não aceitar, o senhor João Goulart não termina o governo.

Agora Lott mostrava-se aborrecido com a proposta. Sentenciou:

— Vamos mudar de assunto. Eu agora estou dedicado apenas às flores da minha casa em Teresópolis.

Lacerda então percebeu que nada conseguiria. Puxou conversa sobre o sítio. Lott falou um pouco sobre suas roseiras. O assunto acabou. O encontro não durou mais de vinte minutos.

A manobra de bastidor de Lacerda não funcionou. Em *Carlos Lacerda — A vida de um lutador*, John W. Foster Dulles afirma que Lacerda se referira a uma possível escolha de Lott para o lugar de Tancredo, comentando que "o marechal é um patriota honrado". Minimizaria espetacularmente os anos de bate-boca com Lott em uma palavra — "divergência" — e os compararia a uma "briga de família, que se une quando é preciso".[713] O próprio Lacerda se referiu a esse encontro no livro *Depoimento* — "pela mão do Falcão, estive duas vezes com Lott no seu apartamento"[714] —, mas não fez qualquer comentário sobre o que conversaram naquele encontro; nem porque e para que se reuniram.

Na entrevista que concedeu ao Cpdoc, Lott também confirmou a visita de Lacerda. Aos risos lembrou que sua esposa colocara a cadeira do governador em frente a um retrato em alto-relevo de Getulio Vargas. Não se lembrou da data do encontro, como também não revelou qual o assunto, respondendo apenas que era algo "a respeito do problema político". Chegou apenas a manifestar sua opinião sobre o momento do governo Goulart: "Não estava contente com o que se passava, mas (...) estava reformado e não tinha nada a fazer. Estava descontente, mas era só".[715]

Afastada do poder na era Jango, a inteligência da ESG contrária ao presidente migrou para o Instituto de Pesquisas e Estudos Sociais (IPES), que fora criado durante o governo Jânio para propor um programa de reformas mais conservador e reunia os grandes intelectuais que se afinavam com essa tendência.

Golbery, após a posse de Goulart, solicitou sua passagem para a reserva, que lhe valia uma promoção e a patente de general. Passou a dedicar-se em tempo integral ao IPES, muito ligado ao empresariado, que por sua vez dava um sólido apoio financeiro ao instituto. Com tempo livre e verba sobrando, passaria a ser um dos organizadores da conspiração contra o governo.[716] Os dirigentes do IPES começaram a bajular vários oficiais importantes — como Cordeiro de Farias, Jurandyr Mamede, Nelson de Mello, Ulhôa Cintra, Adhemar de Queiroz, Ernesto Geisel, Riograndino Kruel, Odylio Denys e Silvio Heck[717] —, além de manter divisões que cuidavam de fazer *lobby* com deputados e senadores: o Grupo de Assessoria Parlamentar (GAP), responsável por estruturar um forte *lobby* político de oposição, que neutralizaria as propostas de Goulart no Legislativo. Para atuar na mídia, o Grupo de Publicações/Editorial (GPE) reproduzia o material com as idéias do Instituto.

O IPES atuava em silêncio. A propaganda aberta era feita pelo Instituto Brasileiro de Ação Democrática (IBAD), que torrava verbas em rádios e jornais para divulgar as idéias dos grupos. Grande parte do dinheiro para manter tamanha organização funcionando vinha de empresas norte-americanas. A "Sorbonne" voltava à ativa; no subterrâneo, mas a todo vapor. Golbery mantinha a esperança de ainda implantar no país o binômio "segurança e desenvolvimento" da ESG.

Na fase parlamentarista de seu governo, Jango concentrou forças para a volta do presidencialismo. O plebiscito foi adiantado para janeiro de 1963. O presidencialismo venceu o parlamentarismo com mais de sete milhões de votos de vantagem.

Durante o parlamentarismo, Jango tomara várias medidas polêmicas. Reatou as relações diplomáticas com a União Soviética, no processo iniciado no governo Jânio; cassou a concessão da Hanna para exploração de jazidas minerais; implantou a polêmica Lei de Remessa de Lucros, que fora aprovada pelo Congresso em agosto de 1962, e limitou a remessa das multinacionais a 10% do capital registrado. Depois da vitória do presidencialismo, iria entusiasmar-se mais ainda. Suas decisões provocariam pânico na direita. Queria promover as sonhadas reformas. Daria força às mobilizações populares e aos sindicatos. Incentivaria o surgimento do Comando Geral dos Trabalhadores (CGT) e, o terror maior, tentaria implantar a reforma agrária.

Enquanto isso a "Sorbonne" e empresários seguiam conspirando em uma articulação que não mais se restringia apenas ao IPES, IBAD e Conclap. O novo embaixador norte-americano no Brasil, Lincoln Gordon, também recebia a missão de agir contra a nova política externa brasileira que se desenhava. Gordon reclamava com o presidente sobre o espaço excessivo que comunistas e esquerdistas ganhavam em seu governo, Jango retrucava censurando a atuação dos Estados Unidos na América Latina. Para reforçar a ajuda a Gordon, um ano depois chegaria o novo adido militar no Brasil, o coronel Vernon Walters, que se tornara amigo do peito de Castello quando trabalhou junto à FEB na Itália.

No Brasil, as mudanças propostas por Jango personificavam a ameaça do comunismo. Mais uma vez, o chavão-fantasma entrava em ação. Uma campanha da Igreja uniria católicos, a classe média e organizações de senhoras. Para piorar, o presidente entrara em atrito com uma das referências de sustentação de seu governo: o cunhado Leonel Brizola. Em dezembro de 1963, políticos ligados a eles tentaram uma aproximação. Brizola então teria proposto a Jango que o nomeasse ministro da Fazenda e Lott, ministro da Guerra.[718] No final de dezembro, os muros do Rio de Janeiro foram pichados com a mensagem: "Contra a inflação, Brizola é a solução!" Além de Brizola, os nacionalistas da FPN sugeriram várias vezes a Jango que colocasse Lott como ministro da Guerra.[719]

Jango recusou a proposta de Brizola, dizendo que iria estudá-la. Para não desagradar totalmente o cunhado, nomeou o almirante Cândido Aragão, ativo defensor das idéias de Brizola, para o comando dos Fuzileiros Navais. Quanto a Lott, Jango insistia em acreditar no próprio esquema militar.

A crise piorou. Só a notícia da reunião entre Brizola e Jango para uma suposta escolha de novos ministros provocou uma forte reação do PSD e um repúdio dos ministros que ocupavam os cargos e se sentiram desprestigiados.

A conspiração aumentava. Os laços entre políticos de direita e militares também. E Jango querendo realizar as reformas de base.

Na sexta-feira, dia 13 de março de 1964, realizou-se no Rio de Janeiro o Comício da Central do Brasil. Uma concentração popular organizada pelo CGT que reuniu mais de 150 mil pessoas.[720] O objetivo da gigantesca mobilização era conseguir respaldo à decisão do governo de implantar as reformas de base. No palanque, Darcy Ribeiro, chefe do Gabinete Civil, general Assis Brasil, do Gabinete Militar, o ministro da Justiça, Abelardo Jurema, e os três ministros militares, Jair Dantas, da Guerra; Sílvio Mota, da Marinha e Anísio Botelho, da Aeronáutica. Além deles, os governadores Miguel Arraes, Seixas Dória e Badger da Silveira, acompanhados de vários deputados federais e estaduais. Quinze discursos seriam realizados antes de o presidente falar. Brizola estava na lista. Foi o mais aplaudido.

Jango começou a falar às oito da noite. Pediu a revisão da Constituição e garantiu que as reformas não abalariam o processo democrático. Explicou que o decreto da Superintendência da Reforma Agrária (Supra) que havia assinado ainda não era a reforma agrária. Prometeu enviar ao Congresso as reformas eleitoral e universitária e um decreto — assinado no dia seguinte — que tabelava o preço dos aluguéis e desapropriava imóveis que estavam desocupados, para fins de utilidade social.

A repercussão que se seguiu mostrava os extremos tocados por Goulart. A UDN e parte do PSD falavam em *impeachment* enquanto os ministros governistas duvidavam que a oposição teria coragem de colocar a cabeça para fora. Foi das grandes cidades que partiu a resposta. Empresários e entidades rurais organizaram as "Marchas da Família, com Deus, pela Liberdade", que conseguiram reunir a Igreja e a classe média contra as reformas. Milhares de pessoas participaram dessas manifestações. (Só em São Paulo, a passeata contou com 500 mil pessoas.)

Em 20 de março, a convenção do PSD ignorava o turbilhão — ou propositadamente colocava mais lenha na fogueira — e lançava a candidatura de Juscelino Kubitschek para presidente nas eleições de 1965.

E por falta de crise, no dia 26, a Associação de Marinheiros e Fuzileiros Navais rebelou-se contra as restrições profissionais e pessoais que prejudicavam suas carreiras, além de pedirem o reconhecimento da associação por parte do Ministério. Por ordem do ministro da Marinha, almirante Sílvio Mota, fuzileiros navais armados foram enviados ao local para prender os revoltosos, mas não obedeceram a ordem de invasão e aderiram ao movimento sob as bênçãos do comandante do Corpo de Fuzileiros Navais, Cândido Aragão, que dava o exemplo e ignorava seus superiores. Era o fim de qualquer hierarquia. Não havia mais o "elo básico".

Durante a Semana Santa, Jango tentou descansar em São Borja. Retornou ao Rio assim que foi informado sobre as conseqüências da rebelião. Mota se demitiu do Ministério. Os almirantes e oficiais pediram vingança. O Clube Naval se declarou contra o governo, recebendo o apoio do Clube Militar e do Clube da Aeronáutica. Todos os almirantes da ativa recusaram o convite para o Ministério da Marinha. Paulo Mário Rodrigues, o único que aceitou, era da reserva e não mantinha relacionamento algum com outros oficiais da pasta. Mesmo assim, tomou posse na sexta-feira santa. Um de seus primeiros atos foi readmitir o comandante Aragão, "o almirante do povo", demitido por Mota. Rodrigues tinha falhas imperdoáveis para a ala conservadora da Marinha: era de esquerda, não casara oficialmente e sua mulher era negra.[721]

Para desestabilizar de vez o governo, o general Jair Dantas Ribeiro, ministro da Guerra, seria internado no Hospital dos Servidores do Estado para realizar uma operação na próstata. Nesse tumultuado momento, teria surgido a idéia de se chamar Lott para assumir o Ministério da Guerra. Na madrugada de 27 de março, o presidente reuniu-se com seus ministros militares e com os chefes das duas casas no Palácio das Laranjeiras. Darcy Ribeiro, da Casa Civil, chegou a propor "tirar o Âncora (*General Morais Âncora, comandante do I Exército*) e tentar ver se o marechal Lott podia salvar o governo", garantindo que ele próprio o estivera "sondando".[722] Jango viu-se em uma encruzilhada: "Como é que eu vou demitir o ministro Jair Dantas, que está de barriga aberta numa sala de operações?". Naquele momento decisivo, ficava sem ministro da Guerra. Mais tarde, nomearia para o cargo o general Morais Âncora.

Além de ser "sondado" por políticos ligados a Jango, Lott também era procurado por militares que não concordavam com as atitudes do presidente e pediam que ele liderasse um movimento contra o governo. Lott lembrava que, se achavam que Goulart não estava agindo corretamente, o certo seria afastá-lo através de um *impeachment*.

Enquanto o Rio pegava fogo, em Minas o governador Magalhães Pinto organizava a resistência contra Jango e se reunia com importantes oficiais: Olympio Mourão, Luís Guedes e Denys, que recebera um convite especial do próprio Magalhães. No exército já se falava em deposição de governadores. Adhemar de Queiroz, Golbery, Ernesto Geisel, Ulhôa Cintra e Mamede mantinham-se em contato permanente com Castello, que assumiu a liderança desse grupo.

No dia 30 de março, Goulart tomou sua derradeira decisão. Compareceu à cerimônia de aniversário da Associação dos Sargentos, realizada no Automóvel Clube. Dessa vez, passava por cima da hierarquia do Exército.

A situação de Jango tornou-se insustentável. Havia acusações de que o presidente iria fechar o Congresso, prender muita gente e governar por decreto. Assim, a solução dos conspiradores seria dar um golpe militar, prender muita gente e governar por decreto.

Jango confiava no fantasioso dispositivo militar do general Assis Brasil, chefe da casa Militar. O dispositivo não poderia funcionar. Não existia. O presidente ficou sem proteção. O serviço secreto de Jango funcionava, mas mandava informações sobre a conspiração que eram filtradas para evitar aborrecimentos ao presidente. Jango demorou até para descobrir que Castello Branco, chefe do Estado-Maior, um general em quem confiava, era um dos maiores conspiradores. Traição maior sofreria de Amaury Kruel, comandante do II Exército e adesista de última hora. Sua decisão foi fundamental para consolidar a vitória golpista.

Na madrugada do dia 31 de março, aconteceu. Tropas saíram de Minas, lideradas por Mourão. Muitas adesões se seguiram. Nenhuma reação se viu. O governo estava prestes a mudar de mãos.

Há versões desencontradas sobre uma nova sugestão para que se chamasse Lott, e para qual função. Mas com certeza Jango ouviu essa sugestão algumas vezes[723] naquele dia. Segundo o ministro da Justiça de Jango, Abelardo Jurema, chegara a "tomar corpo no pensamento do presidente" a possibilidade de entregar a Lott não só o Ministério da Guerra, mas o "Comando Supremo das Forças Legais":

> Em plenos dias da revolução, os generais se reuniram e propuseram a ele a nomeação imediata do Lott. Foi até por meu intermédio, e ele não aceitou. Talvez assim tivesse evitado a revolução, porque o Lott era um homem de disciplina, um homem de centro, anticomunista.[724]

Brizola, depois Darcy Ribeiro, e agora Abelardo Jurema pediram a Jango que chamasse Lott. Já era tarde para qualquer negociação.[725] A procissão saiu. E novamente acreditava-se que os militares fariam o informal e tradicional papel de "poder moderador". Porém, dessa vez, o Exército não seria o salvador da pátria. Havia uma cartilha a seguir: "Segurança e Desenvolvimento", a doutrina da ESG, que se tornaria a responsável pelas "reformas" que aconteceriam no país.

No dia 1º, Nilson Mário dos Santos, ex-ajudante-de-ordens do marechal, telefonou para Lott, pedindo que redigisse um manifesto. Garantiu que falava a pedido de um grupo de militares que estava contra o golpe. Lott não queria se manifestar de forma alguma, mas houve tanta insistência, que ele acabou escrevendo um apelo favorável à permanência de Jango no poder. Lott enviou ao Palácio das Laranjeiras a seguinte proclamação aos colegas:

> Apelo aos camaradas que se rebelaram contra o poder Executivo para que antes que os acontecimentos se agravem, a ponto de conduzir a pátria aos horrores de uma guerra civil fratricida, reconsiderem sua atitude e voltem a acatar a autoridade do presidente da República.[726]

Dessa vez, o manifesto de Lott não atingiu repercussão alguma.

Ainda no dia 1º de abril, Jango, sem garantias para continuar no Rio, decidiu ir para Brasília. Se demorasse poderia ser preso. Por volta das onze da manhã, no aeroporto Santos Dumont, embarcou no Viscount presidencial pilotado por Lauro Lott. Chegou à capital federal por volta das três da tarde. Lauro recebeu, então, uma ordem de Jango para pegar um avião menor que pudesse decolar da pista da Granja do Torto, onde se encontrava dona Teresa Goulart. Acompanhado por outro piloto, Dickson Lobo, Lauro colocou-se à disposição da primeira-dama durante todo o dia, com um Avro parado no campo de pouso da Granja do Torto.

Às seis da tarde, o coronel Eudo Candiota, a pedido de Jango, telefonou para Lauro. O presidente estava indeciso se tomava ou não um avião Coronado da Varig. Lauro deu sua opinião e devolveu a decisão para o presidente:

— Se o presidente tiver confiança no Berta (Ruben Berta, presidente da Varig), pode ir. Vai ser bem melhor e mais rápido ir em um quadrimotor.

Pouco depois, um defeito "oportunista" impedia a saída da aeronave. Em um novo telefonema, Candiota informava:

— O avião do Berta deu pane na partida. O presidente vai pegar um Avro, e os pilotos escalados foram o Guerra Filho e o Dirlandes.

Lauro sabia que Dirlandes era lacerdista e alertou:

— Negativo. Dirlandes? Darcy Dirlandes? Não! Peça pra escalar, ao lado do Guerra Filho, o Abelardo Moreira Lima. Podemos confiar nesses dois.

Por volta das sete da noite, Jango deixou Brasília em um Avro pilotado por Guerra Filho e Abelardo Moreira Lima. Lauro permaneceu na capital, esperando ordens de dona Teresa.

Quase três horas depois, na madrugada do dia 2, ela informou a Lauro que queria ir. Na pista não havia balizamento. Lauro pediu que um jipe com os faróis acesos fosse colocado na cabeceira da pista. Dessa maneira decolou o avião, levando a primeira-dama, seus dois filhos e uma prima para Porto Alegre, onde chegaram por volta das quatro da manhã. Na capital gaúcha, seguindo orientações de dona Teresa, o avião seguiu para a fazenda Rancho Grande, em São Borja, onde aguardaram pelo presidente. Pouco depois de sua chegada, Jango chamou Lauro e Guerra:

— Eu não quero que vocês sejam prejudicados nas suas carreiras. Sigo agora com o Maneco. Vocês estão dispensados.

Maneco era Manuel Leães, piloto particular do presidente. Mesmo sendo apeado do poder, Jango demonstrava preocupação com a carreira de dois pilotos da Aeronáutica. Lauro e Guerra voltaram a Porto Alegre, levando o Avro. Na capital gaúcha, receberam ordens de regressar ao Rio, onde deixariam a aeronave no Santos Dumont. No dia seguinte, Lauro conseguiu um lugar em um avião que seguiria para Brasília, onde deveria se apresentar. Mas o avião em que estava sofreu uma pane e retornou para a Base Aérea de Santa Cruz. Lauro seguiu então de trem para o aeroporto Santos Dumont. Chegou exatamente no momento em que outra aeronave partia para Brasília. Pegou o avião na pista. Foi sua sorte. No saguão do aeroporto, sargentos do Exército o esperavam com ordem para prendê-lo.

Sua carreira militar foi praticamente encerrada após esse episódio. Pouco tempo depois, Lauro deixou a Aeronáutica, na patente de tenente-coronel, para entrar na aviação civil. Tornou-se o segundo piloto da história em horas de vôo no Learjet e foi o piloto de Mario Covas na campanha presidencial de 1989 e de Fernando Henrique, em 1994.

Assim que soube do golpe, Duffles viajou a Teresópolis para ver se Lott estava bem. Voltou ao Rio, apresentou-se ao seu comandante do Instituto Militar de Engenharia (IME), onde era chefe da seção de eletricidade e demitiu-se:

— Está havendo um movimento revolucionário e quero dizer que eu não vou cumprir nenhuma ordem dessa revolução. Eu sei quem está fazendo essa revolução e por isso não vou obedecer a nenhuma ordem.

Sua demissão foi aceita.

Nesse mesmo dia, Duffles queimou a maioria dos documentos sobre a campanha presidencial de 1960 que estavam em seu poder.

Durante o vôo que o levava a Porto Alegre, Jango deixou de ser o presidente, mesmo em território brasileiro. Na madrugada do dia 2, o senador Auro de Moura Andrade, presidente do Congresso, declarou vaga a Presidência. A "maioria silenciosa" nem se mexeu. A imagem do Exército "pacificador" estava viva. Mais uma vez, esperava-se que as Forças Armadas saíssem dos quartéis para administrar e encerrar uma crise. A população confiava no "Comando Supremo da Revolução". Um governo provisório com o marechal Dutra[727] no comando seria bem aceito. Depois disso, os soldados voltariam à caserna e devolveriam o poder aos civis. Afinal, já acontecera outras vezes...

O deputado Ranieri Mazzilli, presidente da Câmara dos Deputados, mais uma vez assumiu a presidência. Dois dias depois, os governadores Adhemar de Barros, São Paulo, Magalhães Pinto, Minas Gerais, Ney Braga, Paraná, Mauro Borges, Goiás, Fernando Correia da Costa, Mato Grosso, Ildo Meneghetti, Rio Grande do Sul, e Carlos Lacerda, Guanabara; reuniram-se no Palácio da Guanabara. Esses sete homens escolheram o novo presidente da República. Falava-se em Dutra e Kruel, mas os governadores fecharam com Castello.

Buscou-se o apoio de Juscelino e do Congresso. Acertaram que Castello promoveria eleições no ano seguinte enquanto Juscelino garantiria o apoio do PSD ao presidente-tampão. No dia 7, as Forças Armadas homologaram a candidatura de Castello, com José Maria Alkimim indicado a vice-presidente. Nesse mesmo dia, divulgava-se uma primeira lista de oficiais — Kardec Lemme entre eles — que eram mandados para a reserva com os direitos políticos suspensos.

No dia 9, já era possível perceber que o "Comando Supremo da Revolução" não iria largar o osso. Era baixado um Ato Institucional que deveria ser único (seria o primeiro de 17). O Ato marcava eleições indiretas para presidente no dia 11, fixava novas eleições presidenciais para outubro de 1965 e dava ao "Comando" o poder para cassar mandatos e direitos políticos por dez anos.

No dia seguinte, eram cassados mandatos e suspensos direitos políticos por dez anos de 102 brasileiros, entre eles: Luiz Carlos Prestes, João Goulart, Jânio Quadros, Miguel Arraes, Darcy Ribeiro, Leonel Brizola, Dante Pelacani, Celso Furtado, Osvino Ferreira Alves, Abelardo Jurema, Francisco Julião, José Aparecido de Oliveira e Roland Corbusier.

O chefe do Estado-Maior do Exército, Humberto de Alencar Castello Branco, foi eleito no dia 11 pelo Congresso Nacional. Uns eram cassados, outros promovidos. No dia 14 Castello foi transferido para a reserva e passou ao posto de marechal. Um dia depois, assumiu a presidência. Prometia ser "um chefe de estado sem tergiversações no processo para a eleição" e entregar "o cargo a 31 de janeiro de 1966".

Em dez anos, Castello era o nono homem a ocupar a presidência do país. Pouco depois, o mandato do tergiversável presidente foi prorrogado até 15 de março de 1967.

O acerto de contas estava para começar. Todos queriam tirar sua casquinha. Na tarde de 6 de maio de 1964, Costa e Silva, falando como ministro da Guerra, agradeceu uma homenagem do Congresso Nacional às Forças Armadas, explicou o golpe e exagerou muito seu papel no 11 de novembro:

> Em 1955, aí sim, uma verdadeira quartelada, para muitos com as características do restabelecimento da dignidade militar seriamente ferida no célebre episódio do desprestígio do então ministro da Guerra, general Lott, mas, na realidade, servindo aos interesses políticos de um dos candidatos à Presidência, que soube também tirar o melhor dos proveitos da cisão entre os militares. Falo com a autoridade de quem foi elemento decisivo naquela ocasião, ocupando São Paulo.

Não fora tão decisivo assim, pelo menos na opinião de Lott que — em entrevista ao Cpdoc — criticou a falta de ação de Costa e Silva durante o 11 de novembro e revelou um erro tático cometido por ele durante a movimentação das tropas.[728]

Em 8 de junho de 1964, veio a medida decisiva que sinalizava que, acima de tudo, os militares que estavam no poder queriam mais poder. Menos de três meses depois de ter feito um acordo com Castello, o senador Juscelino Kubitschek tinha seu mandato cassado e seus direitos políticos ficavam suspensos por dez anos.

Capítulo 15

1965 era ano de eleições estaduais. O governo militar precisava consolidar-se e criaria uma série de regras manipuladas para desequilibrar o jogo eleitoral, beneficiando candidatos simpáticos ao Golpe.

O PTB indicara o nome de Hélio de Almeida para concorrer ao governo da Guanabara, na sucessão de Carlos Lacerda. Almeida estava no *index* e sua eleição não seria permitida. Foi preciso uma boa dose de criatividade para impedir a candidatura de Hélio, ministro da Viação e Obras Públicas em 1962. Inventou-se um dispositivo que tornava inelegíveis todos que foram ministros de Estado entre 23 de janeiro de 1963 e 31 de março de 1964. Para não atingir Carvalho Pinto, ministro da Fazenda por seis meses na fase presidencialista, foi acrescida uma exceção aos que tivessem desempenhado mandato legislativo. Para livrar Amaury Kruel, que fora ministro da Guerra nos cinco primeiros meses, a exceção da vez foi reduzir a inelegibilidade apenas para os ministérios civis. Simples... sendo assim, Hélio de Almeida não poderia concorrer nas eleições para o governo da Guanabara.

Mas então surgiu um problema considerado mais grave. Para substituir Hélio de Almeida, uma coligação formada pelo PSD, PTB e PSB lançava o nome de Lott como candidato.

Lott não aprovava as atitudes de Jango, principalmente quanto à hierarquia militar, mas mantivera uma postura contrária ao Golpe desde o início. A força da sua imagem legalista permanecia na memória da população. Dessa vez, seria procurado por políticos que já temiam o rumo do Golpe Militar. A caravana de deputados para tentar convencê-lo voltaria a ser montada. Várias viagens foram feitas a Teresópolis para dobrar Lott. Os deputados saíam cedo do Rio para enfrentar o clima frio da cidade serrana e a recepção gelada de Lott, que, às sete da manhã, estava de camiseta e *shorts* terminando seus exercícios físicos matinais. Dona Antonieta já estava perdendo a paciência com aqueles homens que não deixavam seu marido em paz. Novamente ela era contra uma nova candidatura do marido. A mala pesada tornara-se uma pluma em comparação ao peso das botas que passaram a comandar a nação. Lott respondia que não aceitaria porque havia sido traído na campanha presidencial. Os deputados argumentavam que sua candidatura era necessária para que se tentasse controlar o governo militar, porque seu nome impunha um respeito dentro das Forças Armadas.[729]

Um dos que incentivavam a candidatura de Lott era Jango. Segundo os espiões do Serviço de Informações, que o vigiavam desde 1952, conforme prontuário 1.305 guardado no Arquivo Público do Estado do Rio de Janeiro, ele se reuniu com Doutel de Andrade na fazenda de Tacuarembó, e passou instruções para que se promovesse a candidatura de Lott ao governo da Guanabara.[730]

Não eram só os emissários de Jango que subiam a serra vigiados pelos araupongas do Sfici. Dois meses após o golpe,[731] Edna levou o deputado estadual Roberto Gonçalves Lima a Teresópolis para conversar com Lott sobre a candidatura. Um informe secreto do Sfici relatando o encontro foi enviado para o governo.

A articulação em torno de seu nome à candidatura da Guanabara começara cedo. A vigilância em cima dele continuava acirrada. Os militares sabiam que teriam de mantê-lo sob controle.

Lott esforçava-se para recusar a proposta porque não queria voltar a se envolver com política. Ainda estava decepcionado com o abandono de que fora vítima na campanha presidencial. E agora tinha perfeita noção de que só estava sendo convocado porque o país vivia em um regime de exceção. Fosse nos tempos de Juscelino e ele estaria sossegado com suas flores.

Os deputados tentavam vários caminhos. Uns pediram a ajuda de Mário Pacheco. O genro de Lott levou Osvaldo Aranha Filho e Hélio de Almeida até a casa de Teresópolis. Mais uma conversa.

O candidato difícil de carregar seria naquele momento o grande nome que poderia se confrontar com o governo. Todos estavam prontos a fazer esse esforço. Paulo Francis foi um dos jornalistas que, junto com "o grupo habitual de comunistas cascudos e esquerdistas delirantes", também tentou convencer Lott. A visita foi no apartamento de Lott em Copacabana. Recebidos "cordialmente", tiveram de ouvir calados o desabafo do marechal: "O que os senhores podem querer comigo? Sei muito bem que os civis nos consideram a nós, militares, uns bestalhões".[732]

A indicação de Lott transformava a eleição em um perigoso plebiscito sobre a aceitação do golpe. Um ano depois da queda de Goulart, o panorama político era outro. Existia uma certa desconfiança quanto às intenções dos golpistas. O nome de Lott, nas ruas e nos gabinetes, ganhava força como uma resposta da população.

Com essas movimentações quase atingindo o objetivo, aumentou a pressão sobre o governo militar. Não seria possível aos novos donos do poder entregar o bastão ao inimigo. A "sobrevivência da Revolução" estaria em risco, se fosse permitida a candidatura de homens que simbolizavam o oposto do que se pregava.[733]

Afastado, mas não esquecido. A presença de Lott continuava incomodando. Com a chegada dos militares ao poder, viu acontecer no país tudo o que tinha previsto. Em abril de 1965, deu uma entrevista ao *Correio da Manhã* na qual tocava em temas como ditaduras:

A mais frágil das ditaduras é, exatamente, a ditadura militar, porque de um lado contribui para impopularizar as Forças Armadas e de outro as contamina com o micróbio da corrupção.

Criticava a cassação dos direitos políticos de Juscelino, Jango e até de Jânio; e atacava a política econômica do novo governo, totalmente contrária à sua:

Não compreendo as inúmeras medidas que vêm sendo adotadas em detrimento do país e em favor do capital estrangeiro, como por exemplo, as modificações da Lei de Remessa de Lucros, a compra da AMFORP,[734] a aerofotogrametria das regiões mais ricas do país, a concessão de um porto ao grupo Hanna, o caso da Panair e, acima de tudo, o Acordo de Seguro de Investimentos que considero altamente lesivo ao Brasil e atentatório à soberania nacional.

Ainda ousava encerrar a entrevista falando de liberdade e eleições...

Para a restauração do poder legítimo, emanado da vontade popular, e para a confirmação das Forças Armadas Brasileiras, nas suas funções de defensoras da soberania nacional, como brasileiro e como militar, acho que de vemos marchar para eleições livres e efetivamente democráticas, sem discriminações ou impedimentos do direito de votar e ser votado (...) só é legal o poder que emana do povo e em seu nome é exercido, sem tutela de quem quer que seja, dentro dos termos previstos na Constituição.[735]

Até aquele momento, a oposição estava alquebrada. O senador José Ermírio de Moraes e o deputado Doutel de Andrade queriam Lott; Lutero Vargas já tinha firmado acordo com Negrão de Lima; Osvaldo Aranha Filho também era candidato; o PSB não aceitava Negrão e iria lançar o senador Aurélio Viana; e os próceres do PDC, PSB, PRT e PST acusavam o PTB de desunir a oposição anti-Lacerda, que ficou satisfeito[736] com essa divisão. E o PSD só de olho, garantindo-se com Lott e flertando com Negrão de Lima.

Em 31 de julho, Lott aceitou ser candidato. O único nome que todos os partidos da oposição aceitariam. Nas entrevistas mantinha o velho estilo, tanto no que se referia à sua candidatura — "Só serei candidato mesmo se não for encontrado um outro que consiga unir as oposições"[737] — quanto ao que estava achando do governo em curso:

Se não derem ao povo o candidato que ele quer, o eleitorado acaba votando no Bode cheiroso ou no Cacareco (...) tivemos uma revolução em 1930 para permitir eleições e caímos numa ditadura da qual só saímos em 1945.

Negrão de Lima não abriu mão de concorrer. Às vésperas da convenção, o grupo pró-Lott fez acordo com Rubens Berardo, deputado com grande prestígio no PTB que seria candidato a vice. Os militantes petebistas e estudantes lotaram o Palácio Tiradentes para pressionar em nome de Lott. Houve tumulto na convenção, com roubo de urnas e invasão do plenário. Decidiu-se por uma nova convenção, marcada para o dia 3 de agosto, que terminaria apenas nos primeiros minutos do dia 4 com a vitória de Lott, poucos votos à frente de Negrão. Depois da vitória, mostrando empolgação, Lott fez um discurso otimista: "Foi uma vitória popular." Imediatamente o PDC acenou com apoio. O PSB foi além e fez festa pela indicação. Bayard Boiteaux, que chefiava a comissão do PSB, invadiu o plenário comemorando: "O povo venceu"; "Lott é invencível", gritava. Como candidato oficial, Lott soltava o verbo e já se manifestava em favor do restabelecimento dos direitos políticos dos cassados pelo Ato Institucional.

O PSD da Guanabara aprovou o apoio a Lott, mas alguns delegados, já farejando que o governo militar não deixaria essa candidatura passar, indicaram Negrão de Lima. Até aquele momento, seguindo a Constituição de 1946, não havia a exigência do domicílio eleitoral. Brizola saiu do Rio Grande do Sul para ser eleito deputado federal pelo Rio, Jânio fora eleito deputado pelo Paraná, e Juscelino, senador por Goiás.

A equipe de Lott já se preparava para sair à rua. Dessa vez, os erros da campanha presidencial não se repetiriam. Duffles manteve contato com Carlos Pedregal, apresentador do programa *900 Segundos* na TV Tupi do Rio, que ficaria responsável pela propaganda política. Pedregal era um jornalista e publicitário argentino, apelidado de "professor Baskaran", que revolucionara a comunicação no rádio brasileiro. Foram realizadas várias reuniões na casa de Pedregal, em Copacabana. Algumas formas de estratégia da campanha foram acertadas. O contato com os eleitores seria feito através de "comunicados" para reforçar a idéia de que Lott, apesar de ser oposição, era um marechal. A intenção era mostrar Lott como o candidato do equilíbrio em uma época de posições políticas radicais. Os "comunicados" eram panfletos que explicavam a plataforma do marechal, mas com uma linguagem direta. As primeiras pesquisas indicavam uma vitória de Lott.

Porém, no início de junho, a Emenda Constitucional 14 havia sido aprovada no Congresso. Estipulava que os candidatos a governador deveriam ter pelo menos quatro anos de domicílio eleitoral no estado. Com efeito retroativo, era feita sob medida para impedir que os oficiais militares, contra e a favor, concorressem. Lott havia transferido seu título para Teresópolis em maio. Estava assim fora da disputa.

A notícia de que sua candidatura seria impugnada ganhava força. Lott declarara várias vezes que classificava a revolução de "não-democrática",[738] mas em 22 de agosto de 1965 foi muito mais provocativo. Reuniu a imprensa para desafiar "os homens do governo". Se a sua candidatura tinha alguma chance de ser aprovada, a esperança terminou ali:

> O governo federal afirma que a minha candidatura não será tolerada. Os homens do governo dizem que qualquer candidato que se oponha à Revolução não terá registro nos tribunais. O líder do governo no Senado (Daniel Kriegger) chegou a dizer que a Revolução deixará a lei de lado para impedir a minha candidatura (...) Hoje querem impedir que o povo tenha candidatos. Amanhã, o povo não poderá votar. Hoje, os candidatos devem nascer no Palácio. Amanhã, só votarão os que freqüentam o Palácio e só serão votados os que já ocupam o Palácio. Querem um regime pretoriano e palaciano. É contra isso que a minha candidatura se ergue, conclamando o povo da Guanabara e do Brasil inteiro para uma campanha que devolverá ao país a sua dignidade democrática.[739]

Se não conseguiu o objetivo que esperava, Lott pelo menos acertou na mosca ao prever como seria feito o processo eleitoral nos próximos vinte anos.

Seis a zero. No dia 24 de agosto, o Tribunal Regional Eleitoral acolhia a impugnação sugerida no parecer do procurador Eduardo Bahout e negava o registro à candidatura Lott. De quebra, impugnava também seu companheiro de chapa, Rubens Berardo, que era vigiado por policiais do Exército à paisana. A decisão foi baseada no fato de Lott ter transferido seu título em maio para Teresópolis, apesar da lei ser de junho.

O placar de goleada demonstrou que as teses dos advogados de Lott não sensibilizaram os magistrados. Os advogados tentaram provocar alguns questionamentos. Cândido de Oliveira Neto destacou a inconstitucionalidade da lei de inelegibilidade. Defendia que uma lei ordinária não poderia sobrepor-se a um texto constitucional, que só poderia ser modificado através de emenda. O outro advogado de Lott, Marcelo Allencar, analisou a nova lei e ressaltou que ela exigia que o candidato morasse no estado em que iria concorrer. Allencar lembrou que Lott continuava com residência no Rio, onde morava parte do tempo. O advogado do PTB, Fernando Abelheira, tentou uma tese arriscada. Como Lott já tinha completado 70 anos, estava desobrigado de votar, mas poderia ser votado.

Nada adiantou.

E Lott, o não-político, concluía: "Estou com a consciência tranqüila. Quem precisa ficar na mesma situação são os membros do Tribunal Regional Eleitoral."[740]

A cidade do Rio estava esperando essa decisão. E o comitê paulista do Partido Comunista também. Apoiavam Lott, mas torciam para que a candidatura fosse impugnada, o que lhe daria munição para "uma nova e severa campanha contra o atual governo".[741]

Lott recorreu, mas foi derrotado no STF. Dois ministros votaram a favor dele, que perdeu por 5 a 2.

A pressão do governo fora visível. Houve até uma advertência de Castello Branco,[742] que declarou que os inimigos da revolução não teriam acesso a altos postos. Foi uma lei feita para impedir a candidatura de Lott.[743] O veto a seu nome era "unânime" entre civis e militares do governo.[744] Os militares que não estavam ligados à linha dura temiam que a grande aliança político-militar que se formava ao redor do seu nome se transformasse na "gota d'água que levasse a uma ditadura. Cordeiro de Farias inscrevia-se entre os mais apreensivos".[745] A candidatura Lott não saiu; já a ditadura...

E não sairia de maneira alguma. No livro *O Governo Castello Branco*, Luís Viana Filho detalhou a preocupação do governo:

A candidatura Lott, que ultrapassava todos os limites, era o estopim. Contudo não surpreendia o presidente. Do dia imediato à indicação conservo esta nota: 'Há dias que me dizia (o presidente) não ter dúvida quanto à indicação de Lott, cuja candidatura faz prever forte reação militar. O presidente resolve convocar logo os 3 ministros militares. Mais tarde o presidente diz-me que o general Cordeiro virá do Rio, pois está inquieto com a candidatura Lott. Às 22 horas chego ao Alvorada e no Gabinete do presidente encontro-o à mesa com os generais Geisel, Golbery e Cordeiro (...) mostra-me uma nota que sugeriu ao presidente, mas este não se inclina a publicá-la. Dou opinião favorável e o presidente convém na publicação, fazendo algumas alterações. Incumbe-me da redação final e da distribuição'.

Dizia a nota, estampada nos jornais de 4 de agosto: 'As Forças Arma-das reconhecem que a Lei de Inelegibilidades corresponde a um Imperati-vo da conjuntura atual, e aguardam, confiantes, a sua aplicação pela Justiça Eleitoral (...) No episódio, os fados conspiraram a favor do Governo. Uma das exigências para o registro de candidato era domicílio eleitoral no Esta-do. E Lott, que residia em Teresópolis, solicitara a transferência do domi-cílio eleitoral para essa cidade, o que fora deferido. Em julho, ele recebera o novo título, ficando assim inelegível. Mas, ao tornar-se candidato, reque-reu a desistência da transferência, que o PSB também pleiteou ser nula, e em torno da providencial transferência travou-se rumorosa luta judiciária, na qual se empenharam os procuradores Eduardo Bahouth, da Guanabara, e Celso Timponi, do Estado do Rio. (...) Não havia como aceitar uma de-sistência extemporânea, que contrariava a legislação, e mais do que isso o espírito da lei das inelegibilidades. O pedido de Lott foi unanimemente denegado na esfera regional. Restou o recurso para o Superior Tribunal Eleitoral, onde, divididas as opiniões, não se sabia até que ponto influiria a palavra de Lacerda, posto em campo a favor do registro do ex-ministro da Guerra. Atitude um tanto inexplicável, mas envolvida numa aura de gene-rosidade. Afinal, por 5 x 2,[746] o Tribunal cancelou a candidatura de Lott.[747]

Assim, em um Tribunal, ocorreu a primeira derrota de Lott para Castello.

Lott deixava uma campanha na qual contaria mais uma vez com a dedica-ção de Edna, já bem vigiada pelo Sfici. De volta às rosas, ignorou a eleição. Edna se engajou na campanha do candidato substituto, Negrão de Lima, participando como uma das oradoras dos comícios.

No dia 3 de outubro de 1965 foram realizadas as eleições. Negrão ven-ceu e tornou-se governador da Guanabara. Tomou posse, apesar dos pro-testos que se ouviam, principalmente na Marinha.

Pouco depois, o governo adotava mais uma das medidas sugeridas por Lacerda para o golpe de 1955. Em 27 de outubro foi promulgado o Ato Institucional n° 2, que acabava com a eleição direta para presidente e vice, e extinguia os partidos criados a partir de 1945. Surgiam, do lado do governo, a Aliança Renovadora Nacional (Arena) — cuja criação foi coordenada pelo próprio presidente Castello — e, do lado da oposição, o Movimento Democrático Brasileiro (MDB).

Nas eleições parlamentares de 1966, a Arena venceu em quase todo o país. Mas o MDB ganhou em três estados importantes: Guanabara, Rio de Janeiro e Rio Grande do Sul.

Não só deputados davam trabalho para Castello. Mais tarde, quando seu ministro da Guerra, Costa e Silva, passou a dominar a sucessão, Castello reagiu e tentou impedir o corpo a corpo eleitoral e as manifestações em favor de sua candidatura. Convocou os generais Décio Escobar, interino no Ministério da Guerra, Adalberto Pereira dos Santos e Clóvis Brasil. Queria comunicar sua insatisfação com as atitudes de Costa e Silva e "barrar-lhe os passos".[748] Para isso, deu um exemplo significativo quanto ao cargo, definitivo quanto à pessoa: "Lembrem-se do caso Lott e de 1955. Eu não permitiria isso de novo."[749]

Castello perderia mais essa e passaria a faixa para quem não queria, depois de um governo marcado por números incontestáveis — conforme lembrou o jornalista Helio Fernandes ao escrever um artigo por ocasião da morte do presidente na *Tribuna da Imprensa*: Foram 1.065 dias de governo, 3.747 atos punitivos, 116 cassações de mandatos e 547 suspensões de direitos políticos por dez anos. Após a publicação do artigo, Fernandes seria preso e confinado.

Enquanto Castello quebrava recordes, Lott cuidava das flores em Teresópolis. Via televisão, ouvia rádio, lia livros e revistas, principalmente a *Time*, da qual era assinante há mais de trinta anos. Apesar do que se dizia, gostava de receber visitas, desde que não fosse para falar de política. Muitos jornalistas o procuravam.

Alguns hábitos mudaram. Tornou-se menos formal. Assim como passou a gostar de café, suas leituras também mudaram. Deixara as obras sobre política e sociologia e passou a ler — em português, francês e inglês — sobre biologia, nutrição e parapsicologia. Outras manias permaneciam. Bebia cerca de oito copos de água diariamente. Seu cuidado com a limpeza aumentou, chegando perto de uma obsessão.

Definitivamente, estava fora. Preferia seu jardim. No ano do golpe militar, completara 70 anos. Escapara da vingança. Mas quem ainda estava no jogo teria de pagar. Hora da vendeta. Pequenas e injustas. Descabidas e brutais.

Capítulo 16

A 401 quilômetros de Fortaleza, na cidade de Crateús, o coronel Hugo Ligneul comandava o 4º Batalhão de Engenharia e Construção. Como comandante, Ligneul iniciou uma relação com a igreja católica local e criou um movimento de alfabetização baseado no método Paulo Freire. O sistema não tinha nenhuma conotação política. O objetivo era alfabetizar a população local. Sua mulher Elys participava ativamente. O método alcançou repercussão pelos resultados conquistados. Tanta repercussão que a ordem não demorou. Hugo sequer participara da campanha presidencial de Lott, não se mostrava contra o governo militar, nunca se afinara com as idéias políticas do sogro, nem pretendia "desestabilizar" as Forças Armadas com aquele plano; apenas apoiou uma campanha de alfabetização de adultos em uma área pobre do país. Foi destituído do comando, porque sua atitude não estaria de acordo com o governo. Paulo Freire e Lott juntos era muito. Por revanchismo gratuito, Hugo teria de se apresentar no Rio de Janeiro. A ordem revoltou os catorze oficiais do Exército que serviam com Hugo. Eles assinaram um manifesto de solidariedade ao comandante. Foram presos por trinta dias e transferidos.

Com a oficialização de sua transferência, Hugo tratou de cuidar de sua mudança para o Rio. O Exército contratou uma empresa de transporte e providenciou um caminhão para a mudança. Hugo e Elys seguiram para Fortaleza e de lá voltariam de navio para o Rio de Janeiro. Ao chegar em Fortaleza, Hugo foi informado de que sua bagagem pegara fogo. A empresa responsável pelo transporte alegou que os cartuchos de um revólver calibre 38 provocaram um incêndio. Hugo havia colocado 50 cartuchos em uma caixa. Dois deles provocaram o incêndio, mas o próprio dono da transportadora mostrou-lhe a caixa. Os outros 48 cartuchos permaneciam intactos. Hugo pediu explicações. O próprio caminhão que "pegara fogo" trouxera para Fortaleza os salvados do incêndio. O caminhão não tinha sinais de incêndio. Foi instaurado um processo porque, apesar do caminhoneiro possuir um seguro permanente, não tinha colocado a carga no seguro, portanto a indenização não poderia ser paga. Hugo recebeu o seguro do Exército, que cobria cerca de 5% do valor da carga. Depois de uma investigação da seguradora, um dossiê apontou que o seguro não poderia ser pago porque o incêndio tinha sido fraudulento. A essa altura, Hugo queria apenas receber a indenização. Sabia que não adiantaria formalizar uma denúncia, muito menos reclamar que estava sendo vítima de uma perseguição. Conseguiu, depois de muito esforço, receber um valor referente a 60% do valor da bagagem.

Hugo era o primeiro coronel da sua turma para promoção a general. De volta ao Rio, ouviria do ministro da Guerra[750] Lyra Tavares:

— Em Crateús, o senhor não foi muito equilibrado. Agora os oficiais que foram mandados para as circunscrições de recrutamento militar enquanto Lott era ministro querem que o senhor seja mandado para uma circunscrição também.[751]

A vingança cantada por Lyra Tavares se cumpriria. Hugo foi mandado para a primeira circunscrição militar em São Cristóvão. A ele só restava pedir para ser reformado. Foi o que fez.

Principal assessor de Lott, o coronel Carlos Ramos de Alencar nunca se manifestou contra o governo militar. Alencar chefiou o Sfici de Jango até outubro de 1963, quando foi afastado. Em novembro tornou-se comandante do 8º Regimento de Cavalaria Mecanizado, em Uruguaiana, e foi favorável ao golpe. Era um dos primeiros da lista para promoção a general, mas a comissão de promoções há muito abandonara a postura profissional imposta durante o Ministério de Lott. A "peixada" voltou a valer. Depois de dois anos tomando caronas, Alencar conformou-se. Ainda era visto como o braço direito de Lott. Teria de ir para a reserva. Desistiu de tentar. Pagou por sua fidelidade.

Edna Marília Lott de Moraes Costa sempre viveu intensamente ligada ao Exército. Seu marido era militar. Os filhos estudaram em colégios militares. Amava o Exército e dava demonstrações abertas disso, seja topando qualquer discussão para defender a instituição, ou até mesmo inconscientemente, cantando hinos e marchas do Exército enquanto fazia trabalhos domésticos. Estudante da Faculdade Nacional de Filosofia, ganhou das colegas os apelidos de "Pátria Amada" e "Defensora do Glorioso Exército Nacional".

Durante a campanha do pai, tomou gosto pela política. Compraria grandes brigas durante e depois das eleições. Em agosto de 1961, chegou a ser suspensa por três dias como professora pelo próprio ministro da Educação, Brígido Tinoco. O motivo da punição foram as "críticas desairosas" que fizera à política do governo Jânio Quadros, que 25 dias depois já nem era presidente.

Nas eleições de 1962, elegeu-se deputada estadual pelo PTB da Guanabara, com o voto das professoras e prometendo atuar na área da Educação. Tornou-se admirada em uma época de raras mulheres no plenário. Candidatou-se novamente em 1966, pelo Movimento Democrático Brasileiro (MDB), mas sem se entusiasmar com a legenda que, assim como a Arena, classificava de "colcha de retalhos". Na eleição para a Assembléia Legislativa da Guanabara, o MDB deu uma surra no partido do governo e ficou com 40 das 55 cadeiras. Edna puxou a fila dos vencedores. Foi a deputada mais votada com 29.000 votos.[752]

Essa segunda vitória afastava o peso da influência do nome Lott em sua eleição. No primeiro mandato, tornou-se a representante das professoras. Ia à Assembléia todos os dias, participava de reuniões, marcava claramente suas posições. Sua determinação parecia hereditária. Às vezes, algumas atitudes lembravam muito o marechal. Durante a campanha fez uma comparação que veio acompanhada por uma crítica direta aos colegas: "Eu faço política por gosto, meu pai por patriotismo. Ele é um símbolo nacional, como todo mundo sabe, e costumava me prevenir que a política é uma piscina de crocodilos; mas nem isso me desanimou."[753]

O despojamento e a capacidade de comunicação que faltavam em Lott sobravam em Edna. Como deputada estadual, ela ainda mantinha os mesmos hábitos. Andava de ônibus, conversava com desconhecidos nas filas, visitava casas para tomar café com pessoas que acabara de conhecer, mesmo longe da época da eleição. Definitivamente, seu talento para comunicação não fora herdado do pai.

Para ajudá-la a dedicar-se à política, um pequeno círculo de amigos formou um grupo que colaborava com ela e revezava-se no dia a dia dos filhos e da casa. Quase todos eram oficiais que mostravam uma exemplar solidariedade. Dentre eles, estava o cassado coronel Kardec Lemme, que vinha sofrendo uma perseguição sem fim através de IPMs e de inúmeras prisões. Acostumou-se a ser levado para a prisão tantas vezes que passaria a ter sempre consigo uma maleta verde com itens básicos de higiene. Sua folha de herói de guerra servindo na FEB nada valia. Em maio de 1966, seria encaminhado para a Ilha das Cobras, ficaria em uma masmorra escavada na própria rocha, sem luz e ventilação, com o ensurdecedor barulho das ondas quebrando nas pedras. Nem sua família, nem seu advogado, George Tavares, sabiam de seu paradeiro. O motivo da prisão não poderia ser revelado "por ser sigiloso".[754]

Como deputada, Edna chamou a esposa de Kardec para ser sua principal assessora. No plenário, raramente tomou atitudes consideradas frontalmente contrárias ao regime militar. Porém só o sobrenome já bastava. Era muita provocação. Por um decreto do dia 17 de outubro de 1969, Edna sofreria uma injustiça que custaria a entender. Os ministros militares, "tendo em vista indicação do Conselho de Segurança Nacional", usaram suas "atribuições" — garantidas pelo artigo terceiro do AI 16, baixado três dias antes, combinado com o AI 5 — para aposentar e dispensar funcionários, cassar o mandato e suspender os direitos políticos por dez anos de uma leva de deputados. Edna Lott estava entre eles.

Jamais iria se conformar com essa decisão. Poucos dias depois, ela entrou com uma petição no Ministério da Justiça, que recebeu o número 35.939, para obter esclarecimentos sobre a cassação e perda de direitos políticos por dez anos. Até aquele momento, havia sido a única pessoa a fazer isso.[755] Quando provocada, Edna não fugia da briga — chegou a participar de uma passeata pela anistia aos sargentos em 1963 —, mas sua plataforma baseava-se apenas em questões estaduais. Na petição ao governo militar, lembrava de seus mais de vinte anos de magistério como alicerce para se tornar a porta-voz dos professores na Assembléia. Assim como quase todos os deputados estaduais da Guanabara, teve de depor no DOPS algumas vezes. (Sua ficha liberada no DOPS encontra-se incompleta, faltam vários documentos. Esse sumiço era explicado na primeira pasta: "Atendendo à solicitação verbal do presidente do Conselho de Segurança Nacional, a documentação foi retirada." A data da solicitação é maio de 1964.) Dos depoimentos e documentos encontrados em sua ficha, recortes de jornais e informações internas comprovam que ela era seguida e vigiada desde o início da campanha presidencial:

SETOR SECRETO, PASTA 12 — NÃO ENCONTRADA

SETOR SECRETO, PASTA 10, FOLHA 217: reportagem do jornal CORREIO DA MANHÃ sobre o IPM 709/64 do Partido Comunista Brasileiro divulgado na Procuradoria Geral na Justiça Militar que indicia 971 pessoas classificadas em grupos de incriminação, citação, prontuário e depoimento. Na parte referente ao governador Negrão de Lima, o encarregado do IPM faz um apanhado geral de toda campanha ao governo do estado e afirma que Lutero Vargas, "como presidente do PTB representou o seu partido em todas as negociações com o indiciado Negrão de Lima e com o PCB. Em comício proclamou-se aliado do PCB (comício do Méier). Marcou, providenciou e compareceu a reuniões com Valério Konder e líderes comunistas para promover a indicação do Marechal Lott e de outros candidatos. Consta que Edna Lott também foi indiciada por ter chefiado o Comitê Eleitoral integrado por atividades do PCB, prestando-se, desta forma, a ações de funcionamento deste partido".

SETOR SECRETO, PASTA 82, FL. 57 A 64:

Contém 3 documentos:

1º. Cópia de Termo de Sindicância Sumária prestada por Edna Lott à Superintendência de Polícia executiva a 22 de novembro de 1969: "a 22 de novembro de 1969, na Divisão de Operações da Superintendência de Polícia

Executiva da Secretaria de Segurança Pública do estado da Guanabara, a deputada estadual Edna Marília Lott de Moraes Costa, aqui inquirida, deu as seguintes respostas: que faz parte do MDB, mas não pertence a nenhum grupo dentro do partido; que não tem ligação com a UNE; que não fez nenhuma viagem aos países da cortina de Ferro; que não advoga a legalidade do PCB; que admite que alguém seja condenado pela prática de crime contra a segurança do estado; que Jango era um homem bom e bem-intencionado, mas que se deixou ser influenciado por baderneiros; que não conhece Vladimir Palmeira, Dirceu Regis Ribeiro, José Miranda e Mendes Brito, que não sabia que esses fizeram uso de viaturas oficiais da assembléia; que não admite que um partido democrático se ligue ao PCB para fins eleitorais.'

2º. Cópia de documento intitulado "Informação ao Exército" (sem data) — o documento informa que Edna Lott não toma nenhuma decisão sem consultar o ex-tenente-coronel Kardec Lemme. É orientada na política pelo oficial. E foi indiciada no IPM 709 — Atividades do PCB

3º. Cópia de breve histórico de suas atividades (sem data) — o documento informa que Edna Lott é deputada estadual (PTB) e participou de um ato público da UNE em abril de 1961, patrocinado pelos comunistas, que naquela época militavam na Juventude PCB. Foi também signatária do 1º. Encontro Latino-Americano de mulheres. E em dezembro de 1963, fez-se presente ao ato público em prol da anistia dos sargentos presos em Brasília. No referido ato participaram CGT, UNE, Liga Feminina da Guanabara e outros estados, PUA e Movimento Nacional dos Sargentos.

Sem o cargo de deputada, Edna precisava prosseguir sua vida. Viúva e com quatro filhos, teria de voltar a lecionar. Mas a perseguição continuava. Não conseguia mais emprego nos colégios. Escreveu uma carta para Duffles, que nessa época trabalhava no Ministério da Educação e Cultura de Jarbas Passarinho, relatando o boicote que estava sofrendo e pedindo ajuda. Solicitava a Duffles que tentasse falar com o ministro Passarinho. Mesmo sem o cargo de deputada a corrente de solidariedade dos amigos foi mantida. Mas Edna não escondia a decepção pela injustiça que sofrera, e que calava fundo especialmente em um de seus filhos.

Nelson Luiz Lott de Moraes Costa, segundo filho de Edna, seguia o histórico escolar da família: primeiro lugar no primário e no concurso para ingresso no Colégio Pedro II, e um dos primeiros para o Colégio Militar no Rio. Estudava história na Universidade Federal Fluminense e observava a roda da história girando bem naquele momento. Tímido, introvertido, fechado, Nelsinho, como era conhecido pelos colegas, vivia o clima quente do ambiente das universidades. Era filho de militar. Era neto de marechal.

A explosiva reação estudantil marcava uma época. Protestar era preciso. Uma onda sacudia o século. A televisão trazia imagens da Guerra do Vietnã, das manifestações contra o racismo nos Estados Unidos depois do assassinato do líder negro Martin Luther King. A morte do senador Robert Kennedy também abalaria os norte-americanos. A Primavera de Praga, as barricadas em Paris. Para onde se olhasse, havia protestos. Jovens saíam às ruas em vários países para demolir conceitos. A ocupação da Universidade Sorbonne tornou-se o emblema da nova era que se anunciava. 1968, Paris estava em chamas. Era proibido proibir. O entusiasmo do maio francês contaminava estudantes em todo o planeta. No Brasil, as manifestações contra o governo aumentavam com passeatas de estudantes e greves de operários. Na cultura, o caldeirão transbordava. *Terra em Transe*, Beatles, *2001: uma odisséia no espaço*, *Hair*, O Rei da Vela, Caetano e Gil, Hélio Oiticica, Zé Celso Martinez Correa, Geraldo Vandré.

Na roda do movimento estudantil, Nelson era apenas mais um rebelde. Um inverso rebelde. Era difícil para ele aceitar que o Exército, com o qual tinha profundas ligações, estivesse fazendo aquilo. Sentia uma revolta diferente. Tinha mais motivos e menos sonhos.

A decepção pesava mais porque, desde o primeiro som que ouviu — já que nasceu no Hospital Central do Exército — as lembranças de sua infância, sua formação, até as roupas do Colégio Militar que ganhou como "gratuito-órfão", ele devia ao Exército. Recebeu farda, comida, livros, ensinamento. Antes disso, o pai o sustentara com o soldo militar até os dez anos. Depois do Colégio, entrou na Escola Preparatória de Cadetes nas mesmas condições. Era uma das pessoas mais gratas ao Exército. Mas não reconhecia o Exército que o acolhera no Exército que agora estava no poder.

Para ele, "voltar-se contra o Exército era o mesmo que um filho se voltar contra o pai. E um filho só se volta contra o pai quando se sente traído ou ameaçado".[756] Considerava-se muito mais militar do que os homens que, naquele momento, estavam no poder usando farda. Entre as lembranças marcantes que guardava dos detalhes da infância, tinha a mãe cantando o hino da Infantaria. Os amigos eram militares. Os parentes eram militares. Sentia-se à vontade entre militares, com os quais convivia desde criança. Quando perguntado sobre o que queria ser quando crescesse, respondia "dentista da Marinha". Quando a criança virou adolescente e cursava a Preparatória de Cadetes do Exército, em Campinas, viu-se solto no mundo. Deixou de ser um dos primeiros da classe. Não queria mais saber de farda, acampamento, instrução militar. Caiu na expulsória. A mãe pediu por ele. Recebeu anistia. Voltou à expulsória. Não se conformava com a alegação de "ser subversivo" apenas porque queria saber a razão pela qual o sargento estava preso.

Os sargentos eram seus protetores na Escola. Queriam assim agradecer seu avô. Como calouro, revoltou-se contra os trotes. Os trotes acabavam em briga. Tornou-se marcado pelos veteranos. Passou a ser escalado para tirar serviço nos piores lugares e nos piores horários.

Desmotivou-se. Descuidou do estudo e da disciplina. Saiu da escola de cadetes com dezessete anos e foi fazer vestibular em 1966. Assim que deixou a escola, voltou ao Rio e passou uns seis meses como foca na editoria de polícia do jornal *O Dia*, onde conseguiu emprego com carteira assinada.

As atitudes radicais do governo militar, a cassação da mãe, a falta de esperança, o desprezo que manifestavam a seu avô, o desrespeito ao "tio" Kardec, e a prisao de amigos da Universidade só aumentavam sua dor silenciosa. O garoto tímido queria participar. O efervescente espírito estudantil contagiava.

Nelson passou a dar aula para os estudantes do "artigo 99" (madureza). A vocação para professor vinha muito mais da agitação do que por necessidade; um "interesse muito mais político do que profissional".[757] Os cursos eram dados no Instituto Cooperativa de Ensino, que ficava ao lado do galpão do restaurante Calabouço, o epicentro das manifestações estudantis no Rio. O Calabouço era freqüentado por estudantes sem meios de subsistência que viviam de pequenos trabalhos e da solidariedade dos companheiros.[758]

Daí a engajar-se nos protestos foi um curto caminho. Militava no movimento junto com um amigo de infância, Ronaldo Dutra Machado, com quem participara de passeatas, jogara pedras em soldados e fizera segurança de líderes. Também se tornou amigo de um aluno do artigo 99, o "Eiru", um amazonense decidido que vendia enciclopédias para se sustentar, chamado Luiz Antônio de Medeiros Neto. O Calabouço era o local de encontro dos três. Com a ameaça de destruição do restaurante, formou-se a Frente Unida dos Estudantes do Calabouço (FUEC), cujo presidente era Elinor Mendes Brito.

Medeiros e Ronaldo passaram a ter ligações com os grupos de esquerda e a freqüentar a Ala Vermelha, uma dissidência mais à esquerda do PCdoB. Nelson nunca participou efetivamente da Ala Vermelha, apenas foi a algumas reuniões, levado muito mais pela amizade a Ronaldo. Contribuía com dinheiro para a Ala Vermelha, mas nunca se engajou.

Nem se quisesse, teria tempo de dedicar-se. Estudava, trabalhava no jornal, dava aulas e fazia *free-lance*.

Nesse clima, em 28 de março de 1968, Nelson participou das manifestações contra a morte do estudante Edson Luís de Lima Souto, morto durante a invasão da Polícia Militar ao galpão em que estava instalado provisória e precariamente o Calabouço. No momento da invasão, realizava-se uma reunião de estudantes que planejavam um protesto contra a demora para se erguer o novo restaurante que substituiria o antigo, derrubado para construção de uma obra viária. Edson Luís era aluno do Instituto Cooperativa de Ensino, no qual Nelson dava aula. Os estudantes levaram o corpo de Edson até a Assembléia Legislativa, onde fizeram o velório, cercado por forças policiais. Geralmente Nelson era segurança nas passeatas, mas dessa vez ele era apenas mais um manifestante. Alguns deputados mantiveram-se em sessão permanente a fim de evitar a invasão policial na Assembléia. A cidade parou em sinal de luto.

Quanto mais via o que acontecia a seu redor, mais decidido Nelson ficava. Ronaldo, à essa altura, já era da Ação Libertadora Nacional (ALN), uma dissidência do PCB, cujo líder era Carlos Marighela. A ALN, que tinha o lema "a ação faz a vanguarda", deixava de lado a discussão teórica para passar à organização armada. Definitivamente, Nelson queria participar. Mesmo com essa visão do grupo, estava pouco ligando para ideologias. Entrou para a ALN. A opção foi feita simplesmente porque Ronaldo era seu amigo e já fazia parte da organização. Nunca foi simpatizante dessa causa ou de causa alguma, apenas queria protestar. Queria protestar. E protestar com atos.

Já como membro da ALN, Nelson lutou na Batalha da Maria Antonia, que estourou para valer no dia 3 de outubro de 1968. Ele e muitos outros estudantes saíram do Rio para defender a Faculdade de Filosofia da USP, de esquerda, que ficava na rua Maria Antonia, quase em frente ao Mackenzie, marcadamente mais conservador e que tinha um grupo de alunos da direita radical que se autodenominava Comando de Caça aos Comunistas (CCC). Foram para lutar mesmo. Coquetel molotov levavam de sobra, mas tinham poucas armas de fogo. O conflito foi marcado pela morte do estudante José Guimarães, que fora ajudar a defender a filosofia da USP.

O regime não esperou 1968 acabar. Revoltado com um discurso — realizado em setembro — do deputado Marcio Moreira Alves, que atacava as Forças Armadas, o governo solicitou que o Congresso votasse sua licença. Em 12 de dezembro de 1968, a Câmara dos Deputados, por uma diferença de 75 votos, não aprovou o pedido de licença para que Alves fosse processado. Até deputados da Arena ficaram contra a cassação. No dia seguinte, o governo do general Costa e Silva baixou o Ato Institucional nº 5, o AI-5, o mais violento de todos os Atos. Era o apoio legal para mais punições e cassações arbitrárias, demissões, suspensões de direitos políticos e das liberdades de reunião e de expressão. O Congresso foi colocado em recesso. A garantia de *habeas-corpus* para crimes políticos estava suspensa. (Os responsáveis pelos inquéritos desses crimes poderiam prender qualquer suspeito por sessenta dias. O preso poderia ficar até dez dias em regime de incomunicabilidade.[759] A tortura ganhava uma facilidade operacional.)

Pouco depois da decisão, o ministro da Justiça Gama e Silva leu o texto para as emissoras de televisão. Era menos do que ele queria. Na reunião do Conselho de Segurança Nacional da qual sairia o AI-5, Gama e Silva apresentara o Ato Adicional nº 2, que dissolvia o Congresso e o Supremo Tribunal Federal e autorizava "punições severas, que atingiriam gerações de descendentes de punidos".[760] O papel não aceitou a idéia de Gama e Silva.

Os porões a realizariam com competência. Agora não havia outro caminho para quem quisesse protestar. A saída era a clandestinidade.

Em um momento tão fortemente movido a ideais, Nelson queria apenas marcar posição concretamente. Tinha plena consciência de que poderia morrer, uma consciência que beirava a uma certeza. Lia muito sobre guerra e sabia que um sargento na Primeira Guerra durava seis semanas, e um francês que entrasse para a Resistência tinha uma vida média de três meses. Assim, o seu dia ia chegar. As estatísticas indicavam. Não cansava de lembrar aos colegas do movimento de que eram apenas "bucha de canhão". Sua opinião chegava a chocar alguns militantes. Ao contrário dos idealistas dos vários movimentos de luta armada, Nelson pregava que todas as ações que fariam serviriam apenas para demonstrar que era preciso reagir.

Assim que entrou na ALN, deixou clara sua posição: não era político, não iria fazer discursos nem distribuir panfletos. Logo se ofereceu para agir na parte mais perigosa da operação, o grupo tático de ação armada (GTA). Passou a freqüentar as aulas na Universidade Federal Fluminense com arma na cintura. Foi durante as aulas que conheceu e se casou com outra estudante, Berenice, no dia 16 de janeiro de 1970. Ela não participava da militância, mas sabia que Nelson era da ALN e o apoiava.

Nelson tomou parte em quinze assaltos a bancos, cinco a quartéis, vários a guardas-noturnos e postos de sentinelas de polícia; realizou transporte de armas e de pessoas; organizou treinamento de guerrilha e deu orientação sobre tiro aos companheiros, já que havia aprendido a manejar armas nos colégios militares. Também roubava carros para as ações. Tornou-se um especialista. Em um só ano "expropriou" 55 automóveis. O dinheiro dos assaltos era usado para obter armas e para manutenção do movimento. Domingos Fernandes era o líder de seu grupo. Quando Fernandes caiu, Carlos Fayal o substituiu. O comando decidia como seriam realizadas as ações maiores, porque o dia a dia era feito pelos integrantes, como o roubo e a movimentação dos carros, que era necessária para não despertar atenção. Tinham liberdade para agir, mas Nelson mostrava-se extremamente cuidadoso com esse tipo de ação, porque havia uma baixa na atenção nas atividades consideradas menos perigosas. Costumava deixar os carros a apenas dois quarteirões de distância de onde estacionara no dia anterior, o suficiente para não levantar suspeitas e evitar os perigos do trânsito.

Tanta preocupação tinha justificativa. As ações maiores de que participou, como os assaltos a banco, eram planejadas e ensaiadas durante um bom tempo. Nunca houve um erro. As falhas que ocorreram foram provocadas por displicência. Ele mesmo demonstrou um excesso de confiança ao emprestar o seu próprio carro para ser usado pela organização, já que muitos militantes tiveram acesso ao documento do veículo.

Como ele mesmo previra, a sua hora iria chegar. Numa sexta-feira 13, Nelson — ou Paulo, ou Otávio —, com 20 anos de idade, foi entregue por um companheiro da ALN, que o denunciou porque achava que seu nome já estaria na boca da polícia há muito tempo. Pensou que Nelson tivesse caído na clandestinidade. Entregou o seu nome, mas deu o endereço de Edna em Copacabana. A polícia foi imediatamente até lá procurá-lo. Edna ficou surpresa e tentou despistar falando dos outros filhos. Eram três policiais, vestidos à paisana, que revistaram a casa e encontraram as fotos do casamento de Nelson e Berenice. Com o álbum nas mãos, ficou mais fácil:

— É esse aqui que nós queremos.

Os policiais disseram que levariam a irmã mais nova de Nelson e a manteriam presa até que ele se apresentasse. Essa ameaça amedrontou Edna, que também estava apavorada para descobrir porque Nelson era procurado pela polícia. Disse então que levaria os policiais até seu filho, mas impôs uma condição:

— Vocês não vão encostar um dedo na minha nora. Ela está grávida, é muito jovem e não tem nada com isso.

Edna movimentava-se com dificuldade. Recuperava-se de uma flebite que lhe atrapalhava o movimento da perna. Preocupada com Nelson e principalmente com Berenice, que estava no começo de gravidez, temeu que a atitude ameaçadora dos policiais se repetisse com sua nora e que a levassem presa. Acompanhada pelo caçula, Carlos Eduardo, ela conduziu os policiais até a casa de Nelson, que neste dia havia emprestado a sua arma a um colega da organização. Edna acreditava que tudo era um engano e que Nelson seria solto logo em seguida.

Chegaram na hora do almoço. Berenice acabava de tirar uma lasanha do forno. Nelson estava em casa quando a campainha tocou. Ele atendeu a porta. Edna entrou acompanhada por três homens. Berenice percebeu que sua sogra estava assustada, apesar de tentar aparentar calma. Os policiais afirmaram que precisavam que Nelson identificasse uma pessoa que sofrera um acidente de carro. Ele protestou. Já percebera o que queriam. Sentiu-se ridículo porque naquele momento era um combatente sendo surpreendido sem sua arma. Envergonhava-se[761] daquela situação. Não saberia qual poderia ser sua reação se estivesse armado, mas nem teve essa escolha. A mãe pediu calma ao filho, enquanto ele calçava o sapato e saía com os policiais. Edna então abraçou Berenice e sussurrou:

— Saia imediatamente daqui e vá pra casa da tia Déa.

Déa, esposa de Lauro, era a fortaleza da família. Sempre pronta a acolher e ajudar qualquer parente. Berenice seguiu o conselho de Edna e contou a Lauro e a Déa que haviam levado Nelson. Ela voltou para casa somente três dias depois. Encontrou a lasanha no mesmo lugar em que a havia deixado.

Edna e Carlos Eduardo seguiram junto com Nelson na viatura de polícia. No banco da frente encontrava-se um jovem cujas mãos estavam cobertas por uma toalha. Ele olhou para Edna e conseguiu mostrar-lhe as mãos, algemadas e muito machucadas. Era o companheiro da ALN que havia entregado Nelson. Ambos foram levados para o quartel do 1º Batalhão da PE do Rio de Janeiro, na rua Barão de Mesquita, 425, na Tijuca. Edna e Carlos Eduardo não puderam entrar. Ela foi liberada, mas tentaram segurar seu outro filho, alegando que "o caçula" ficaria ali para averiguação. Edna protestou:

— Não, ele não vai ficar para averiguação. Ele vai comigo. Vocês estavam atrás do Nelson. O Nelson está preso. E meu caçula não tem nada com isso.

A partir daí nada mais foi dito a Edna sobre o destino de Nelson. Começava uma dramática peregrinação. Voltou para casa e passaria os dias seguintes no telefone, pedindo ajuda a parentes e amigos. A partir do quarto dia já telefonava a inimigos históricos de seu pai.

No dia seguinte à prisão de Nelson, ela tentou vê-lo, mas não conseguiu. Procurou ajuda com o cunhado, Hugo Ligneul, que mesmo na reserva ainda mantinha alguns contatos, apesar da perseguição que sofrera como coronel. Hugo foi procurar os colegas. Edna ligou também para a professora e colega no Instituto de Educação e no Colégio Pedro II, Umbelina de Mattos Sant'Anna, filha do general João Baptista de Mattos, que falecera um ano antes. Ficou mais de uma hora no telefone com Umbelina. Contou como fora feita a prisão de Nelson e que "sentiu" que os homens que levaram seu filho eram do Exército. Pediu ajuda a Umbelina, que era casada com o major Job Lorena de Sant'Anna (que dez anos depois seria o responsável pelo IPM do caso Riocentro).

Então, finalmente, partiu em busca da ajuda do pai em Teresópolis. Lott estava fazendo uma caminhada pelo jardim e não parou de andar para falar com a filha. Quando Edna disse que Nelson poderia ser vítima de tortura, Lott respondeu:

— Meu Exército não faz isso.

As cinco celas do primeiro andar do quartel da PE estavam lotadas. Nelson foi deixado no corredor, mas não por muito tempo.

NOTA DO AUTOR: Depois de uma série de entrevistas com Nelson, ele revelou que escrevera ao longo de mais de vinte anos tudo que passara na prisão. Tentava assim narrar o que aconteceu a partir do momento em que fora preso. Como uma catarse, recordou seus fantasmas para espantá-los e, de modo mais prático, para não esquecer de pessoas que conheceu e com quem conviveu, e das passagens marcantes daquele período. Há detalhes sobre os quais ele nunca falou, nem em depoimentos na Justiça, nem em auditorias e em entrevistas. Os fatos misturam-se em uma linha do tempo muito particular. O texto começa narrado em terceira pessoa, como se um Nelson do futuro estivesse justificando um Nelson do passado. A certa altura, fixa-se na visão dos torturadores para finalmente assumir a primeira pessoa. Um brutal depoimento escrito com restos de uma lembrança que vai e vem. Mais de cem páginas desse depoimento escrito por Nelson permanecem inéditas.

A seguir, o relato do momento em que o país deixou de seguir um caminho natural para sofrer uma fratura em sua História, ou o relato das primeiras horas de um preso político nas mãos da ditadura militar no Brasil:

Foi pego de surpresa. Não deveria ser tão surpresa assim, pois desde o início da luta aquela era uma hipótese bastante provável. E daí, a morte é uma hipótese líquida e certa e sempre nos surpreende. Como para a morte, não há preparativos ou, quando os há, se mostram tão irreais quanto o fato da vida se findar.

Você é uma pessoa inteligente. Analisar os fatos com frieza. O cérebro funcionando como uma máquina bem azeitada, adequando o racional ao emocional, sem muitos conflitos. Não houve grandes exibições de poderio bélico, talvez não saibam de quem se trata. A vaidade exigia um aparato poderoso, tropa farta, armada e embalada, sirenes, comoção popular. Soldados cobrindo todos os cantos, atiradores de elite, em cada desvão alguém com dedo no gatilho. Nada, apenas um par[762] de simples policiais, com triviais revólveres, mas no momento você não dispunha nem de uma atiradeira. Se pulasse sobre eles talvez conseguisse escapar. Vai passar uma boa temporada lamentando ter deixado passar essa oportunidade que certamente não existiu, na sua agitação, pode ter deixado de ver as pessoas de cobertura. Além disso havia os civis, funcionando como reféns e escudos contra uma possível reação sua. Isso não evitou a sua raiva por ter emprestado a sua "mauser" para um companheiro em ação de cobertura de pessoal de direção. A ausência daquela "mauser", por mais ineficaz que fosse naquelas circunstâncias, irá persegui-lo por muito tempo.

Não foi colocado na "caçapa" do camburão, nem foi algemado. Não, não sabiam quem estavam levando. Talvez houvesse uma chance. Inicialmente, ver quem eram eles. Policiais civis, pelo jeito de falar e se comportar, mas um tanto abusados no trato. Mau sinal, pois são sempre maneirosos no trato com pessoas das classes superiores. Não tomaram rumo de delegacia, mas sim do bairro onde se localizava o quartel no qual eram interrogados os suspeitos de subversão. Rememore todos os rastros e indícios que possa ter deixado para trás. Nenhum. Ponto para você.

Você é inteligente, tem raciocínio rápido e criativo. Se assim não fosse, não seria você a vanguarda da transformação e eles os mantenedores do atraso, o poder das trevas. Elaborar uma história plausível e mantê-la. Não parecem ter nada efetivo contra você, apenas a denúncia, sempre pouco confiável, de algum dos companheiros recentemente capturados. Tudo dependia do quanto haviam "aberto". Eram pessoas firmes, seguras. Se fossem firmes e seguras não o teriam denunciado. Talvez alguma ligação, um endereço, uma antiga associação, uma pessoa de mútuo conhecimento. Não, disseram nome e foram certos no endereço, sem pedir referências a ninguém. Alguém havia falado.

Você é inteligente e esperto, monta a sua estratégia. Primeiramente tenta-se negar tudo: negar que você é quem estão pensando que é, tenta-se até negar sermos nós mesmos. Não se sabe de quem se fala, de que se fala, não se sabe nem mesmo a língua em que se é interrogado. As tentativas iniciais de arrancar informações com conversa chegam a ser risíveis para o interrogado.

Começa-se então a sessão de ameaças e intimidações. Se houver pontos sensíveis na sua mente, com relação a pessoas de sua família ou com relação ao seu próprio temor físico, as coisas ficam difíceis. Escolhem alguém na sua família, geralmente do sexo feminino: esposa, irmã, mãe ou filha. Insinuam as maldades que podem ser feitas com elas. Impressiona, mas não assusta muito, pois não deve haver pessoas capazes de fazer aquelas coisas e, caso haja, deverá haver alguém acima com juízo suficiente para impedir. O clima vai ficando pesado e o preso começa a ansiar pelo esforço físico, melhor do que aquele jogo de gato e rato, estando-se na condição de rato.

Quando ele achar que os interrogadores estão "no escuro", começará a se sentir um pouco mais confiante. Neste momento faça entrar alguém que ele conheça bem e que o identifique perfeitamente, não lhe dando chance de refutar o reconhecimento. Vai começar a ter de mudar a sua história, para adaptá-la às novas circunstâncias. Nós devemos controlar as próprias emoções, deixar o preso mentir desavergonhadamente. O tempo é pouco e precioso, mas devem ser observadas as etapas. Claro, para casos excepcionais, tratamento excepcional. Algumas pessoas são altamente sugestionáveis, comece a insinuar a possibilidade de violência física. Mostre-lhe alguém muito machucado. Ameace a família. Nomeie pessoa a pessoa e avalie a reação ante cada nome de pessoa ameaçada. Não se impressione com a aparente insensibilidade do preso. É somente a primeira volta do torniquete, mas cada volta está representada no aperto final.

Os interrogadores devem ser quatro. A velocidade das perguntas deve acompanhar a pressão psicológica. Muitas perguntas embaralham o preso, na sua tentativa de mostrar a sua "colaboração" ele tentará responder a todas. Quando não responder, repreenda-o com veemência, como se você fosse desrespeitado. Faça-o falar ininterruptamente, pergunte sempre. Sem motivo algum, chegue por trás dele, inadvertidamente, e bata com as duas mãos ao mesmo tempo no ouvido dele. Vai ficar desconcertado, até mesmo vai se sentir ofendido. Reclamem contra o agressor. Isso, reclamem. O preso vai ficar confuso, achando ter sido apenas alguém de sangue mais quente.

A primeira pancada veio por trás, invisível e indefensável, acertando a região da orelha. Realmente é uma surpresa. Todos fingem um certo mal estar com a agressão, até mesmo a vítima, mesmo já consciente de estar ali para ser torturado, mas meio envolvido na atmosfera teatral. Até mesmo reclama do agressor. Retoma-se o interrogatório e nova pancada. Desta vez não há teatro. A questão se coloca de simples maneira: vai falar agora ou só depois de levar muita porrada? Caso se tenha um mínimo de amor-próprio e se esteja um ponto acima da covardia pura e simples — caso de certamente quase todos os que se encontraram em tal situação. As pancadas se sucedem a cada não, a cada resposta evasiva. Não tem jeito: só tortura.

O essencial é deixar o prisioneiro confuso. Quanto menos lógica na aplicação de golpes, melhor. Aos poucos ele irá incorporando a idéia que o interrogador é o dono do arbítrio, pode fazer o que quiser e como quiser. Não se prende a nenhuma regra, bate quando quiser e quanto quiser. É o dono do mundo. O preso tem de se sentir impotente, incapaz de se defender, incapaz de concluir um raciocínio, de mostrar uma idéia plausível. Tem de ser obrigado a tirar as próprias roupas, é humilhante para alguém estar nu quando todos os outros estão vestidos. Ao retirar as próprias roupas, está começando a obedecer às suas ordens, é o início da sua submissão.

Vão empurrando você aos socos e trancos pelo corredor, numa gritaria só deles em meio a um silêncio sepulcral de todo o prédio. O que seria normal, se acontecendo em lugar normal, não acontece: nenhuma porta se abre, nenhum rosto assoma em uma porta por curiosidade. A confusão não atrai ninguém. Todo o prédio é cego, surdo e mudo. A sala de tortura ficava à direita, a última porta. De cada lado da porta uma lâmpada: vermelha e verde. Luz verde e você era atirado lá dentro. Luz vermelha: você ficava apanhando no corredor, enquanto um dos torturadores ia solicitar prioridade.[763] Era uma sala pequena, de uns três metros por três, com as paredes pintadas de uma cor arroxeada.[764] Havia uma escrivaninha de madeira em cada extremidade. Num canto dois cavaletes e um pau roliço, com uns dois metros de comprimento por duas polegadas de diâmetro. Sobre os cavaletes, alguns trapos. Numa das paredes há um espelho de mais ou menos um metro quadrado. Nada de estantes, armários, quadros, enfeites, apenas as paredes nuas e uma lâmpada enfiada num bocal no teto. A iluminação era forte. Nenhuma janela. No lado oposto à porta um aparelho de ar condicionado roncava forte. O bafo da sala era gelidamente desagradável.

A gritaria dos interrogadores aumenta em volume e em quantidade, ainda mais amplificada pela sala fechada. Vem a ordem para se tirar a roupa. Como se fosse numa simples inspeção médica, a tendência da vítima é manter as cuecas e meias, mas a ordem é de tirar tudo. Por estranho que pareça, quase todos obedecem à ordem de despir-se. Sucedem-se perguntas e pancadas. Inicialmente batem com as mãos e há alguma chance de se desviar de algum golpe mais forte. Depois é a pancadaria generalizada, para "quebrar" a pessoa. As perguntas são feitas atabalhoadamente, devidamente acompanhadas por socos, pontapés e empurrões. Palmatórias e cassetetes são usados para poupar as mãos dos torturadores.

Você é inteligente. Na agitação da pancadaria não há tempo para raciocínio, então você passa a negar: "não sei", "não vi", "não conheço", "não me lembro", "eu não". Nega-se sempre, cada vez com maior veemência. Trazem uma testemunha, um companheiro preso anteriormente e visivelmente abatido e destroçado. O rosto é uma grande mancha negra na qual tentam esconder-se os olhos assustados, baixos ou alertas. Hematomas, arranhões, cabelos desgrenhados, dentes quebrados, andar trôpego, voz pastosa de boca inchada, tudo grita sofrimento. Meio temeroso, meio súplice, mas sempre numa voz incerta o companheiro te reconhece, te acusa, diz que é bobagem resistir. O aspecto e o comportamento dele parecem comprovar suas palavras. Está destruído e derrotado, ele que sempre fora tão forte, tão valente. Deve ter demorado muito a ceder, pois está um verdadeiro trapo humano.

A visão do companheiro moído causa dupla sensação: a de que você não se deixará abater como ele ou a dúvida de que você conseguirá ser mais forte do que ele foi. A primeira opção talvez seja a mais natural em corpos jovens e mentes de pessoas de consciência. É pau, é pau, é pedra e é um caminho sem fim e o fim do caminho. Impressionante a quantidade de golpes que alguém pode receber sem desfalecer. E você quer desfalecer, o desmaio é um sonho impossível. Você resiste, resiste, resiste. Nega agora as coisas mais evidentes, numa exibição de força física e confusão mental.

Há uma pausa, talvez para os interrogadores se refazerem, mas não, aquilo é coisa pensada, científica. Voltam as ameaças contra as mulheres de sua família. Descrevem detalhadamente o que vão fazer com elas, com expressão de prazer dançando-lhes nos lábios. São quatro ou cinco ali na sala e nenhum se acanha com o jeito sádico do outro dizer como é bom fazer aquilo. É um momento sério, pois você já viu do que são capazes, o seu companheiro quebrado e o seu próprio corpo dolorido são testemunhas do provável cumprimento das ameaças. Nada é sagrado ou digno de respeito para eles. Quando se fala em Deus, eles dizem ser aquela a casa do diabo. Você pode ignorar as ameaças por ainda considerá-las irrealizáveis, enfrentar a dor de consciência de condenar uma pessoa amada ao sofrimento bárbaro, ou ainda arrostar tudo e todos. Você ainda é um combatente, a vida dos seus companheiros está em suas mãos, em seu corpo, na sua firmeza ideológica.

Dão-lhe uma última oportunidade. Outros companheiros são trazidos para dar testemunho da incapacidade de se resistir. Todos falam, mais cedo ou mais tarde. Os torturadores fazem um "histórico" das "quedas" dos membros da organização: Fulano denunciou Sicrano, Beltrano acabou por entregar Sicrano após quatro dias de tortura. Cedo ou tarde todos falam; para que prolongar o sofrimento? Falando você vai para a sua cela e acabam-se as pancadas. Sua família poderá visitá-lo, se sua responsabilidade na organização não for muito grande poderá até mesmo ser solto, como aconteceu com Fulano. Você é elemento insignificante para eles, não vale a pena.

Você tem dignidade, alguma disposição física e o bom senso de saber que a sobrevivência sua, dos seus e da sua família depende da sua firmeza. É pau. Mandam-lhe segurar as pontas de dois fios ligados a um telefone de campanha, movido a manivela.[765] A eletricidade percorre seu corpo fazendo seus músculos se contraírem e se expandirem. O seu corpo salta no ar, a sua cabeça é um só clarão. Tomba no chão sem mesmo ter o gesto instintivo de proteger a cabeça. Começa a se contorcer sobre algo molhado, a sua própria urina, enquanto é pisado e chutado. Aos gritos e pancadas obrigam-no a pôr-se em pé novamente. Perguntas, muitas perguntas. Nenhuma resposta, apenas o seu corpo lançado para cima por nova descarga elétrica e a explosão no cérebro. Já se está em plena confusão mental, não há espaço para raciocínio, só instinto, e o instinto de um jovem rebelde é lutar, ainda não está intimidado. As descargas elétricas se sucedem, o corpo salta e estala no ar, o coração salta dentro do peito, chocando-se contra o arcabouço interior das costelas. Tenta-se manter a firmeza que o amor-próprio exige: enrijecem-se os músculos para tentar evitar as cambalhotas humilhantes, cerra-se os dentes para evitar o grito demonstrativo de fraqueza, aperta-se o esfíncter anal para impedir uma humilhante descarga. Todos estes cuidados são inúteis, a eletricidade age sobre os músculos e não sobre a sua vontade. Um guincho forte escapa do seu peito, seu corpo se desconjunta e você patina sobre suas próprias fezes. Você é apenas um conjunto de movimentos espasmódicos sobre os quais não tem nenhum controle e isso é desmoralizante. Entre uma sessão de choques elétricos e outra, coisa de segundos, meio minuto, há uma tentativa involuntária de se recompor, de se pôr de pé.

Ainda consegue se pôr de pé? A ponta de um dos fios é amarrada ao pênis e a outra fixada nas pálpebras. Recomeça a sessão: saltos e gritos. A manivela é girada cada vez com maior velocidade. O cansaço físico não influi na quantidade de arrancos do seu corpo. Seu corpo não pertence a você, pertence àqueles fios e àquela manivela. Você não comanda nem o corpo e muito menos a dor que ele transmite ao seu cérebro. As centenas de luzes acendendo e apagando dentro de sua cabeça, a calota craniana oprimindo o cérebro que se agita no seu interior. Já não se preocupa em levantar-se nos intervalos entre as descargas elétricas, fica-se ali no chão em contorções de dores ou espasmódicas. Durante esta fase agitada da tortura são feitas perguntas, mas não se espera pelas respostas da vítima, geralmente numa confusão mental tão grande que não consegue concatenar duas palavras.

Mandam-no pôr-se de pé, auxiliando-o com algumas botinadas. Ajeitam os fios, um em cada orelha. Você é colocado de frente a uma das escrivaninhas, atrás da qual se sentam os torturadores. Um deles se posta por trás de você. Aos poucos sua mente clareia o suficiente para permitir-lhe pensar. O maldito telefone com a maldita manivela está sobre a mesa e a mão de um dos torturadores a balança como uma criança examinando um brinquedo. Aquilo era o suficiente para o gerador produzir lampejos de energia que faziam formigar os lóbulos das orelhas ou provocar pequenos esgares faciais.

Você não consegue desviar os olhos daquela maquininha e dos movimentos dos dedos sobre ela. A manivela vai para frente e para trás. O formigamento cresce. Tenta prestar atenção no movimento para se prevenir de uma descarga mais forte. Umas voltas mais rápidas e aquelas formigas nas suas orelhas se transformarão num monstro poderoso capaz de arremessá-lo para o alto como se fosse uma boneca de trapo, inclusive com a mesma estrutura. Como o gato com o rato, o torturador brinca com seu medo: finge que vai, mas não vai. A mão se movimenta, mas a manivela não. Seu corpo se movimenta para resistir ao choque. O cérebro sobressalta. Nada. Eles riem da brincadeira. O seu alívio é maior do que a vergonha de ter sido feito de palhaço.

Agora começa o interrogatório em si. As perguntas são incisivas e se superpõem umas às outras. Tenta-se responder a todas, a cada hesitação corresponde um giro rápido da manivela e a conseqüente explosão no interior da sua calota craniana. As respostas têm de ser imediatas, sem pausas, instintivas. Algumas respostas desagradam, outras despertam novas perguntas, outras não são dadas. Não dá para pensar na coerência entre respostas, mas é só o que eles fazem, análises rápidas das informações. As opções são não responder, punida com voltas muito rápidas na manivela, ou se estender em uma resposta enquanto se tenta raciocinar, punida com giros menos rápidos mas que o fazem perder o fio da meada.

Você quer esconder a informação a qualquer custo. Na sua confusão mental não sabe se eles sabem que você sabe, até que ponto eles sabem, se já sabem de tudo e querem apenas verificar se não está querendo enganá-los, ou apenas confirmar algo já sabido. Isto roda na sua cabeça como os mostradores dos caça-níqueis. Tendo-se a consciência de que só você sabe que dispõe da informação é menos pior. Não se pode perguntar por uma coisa que não sabem que você sabe. Ledo engano. Vão sendo feitas uma série de perguntas, numa hábil pesquisa de todo o conteúdo de informações possíveis de você estar escondendo. A dúvida cresce dentro de você: eles sabem que eu sei!

Esta sua conclusão pode ser motivada pelo início do pânico mental, ou da sua confusão mental ou mesmo pela racionalização da sua fraqueza. Se eles já sabem torna-se muito mais difícil esconder a informação, pois vão insistir nela até o fim. Agora é uma questão de resistir ao máximo para que ela se torne inútil por caduca, por superada pelos acontecimentos e pelos esquemas de segurança. Sabem disso também, mas você não sabe que eles sabem, se soubesse. Tenta-se desviar do assunto de todas as formas, falando sobre outras coisas, simulando ataques cardíacos, simulando uma rendição total seguida de ampla colaboração. Cria tumulto, agride, revida. Tudo menos aquela pergunta que o deixará em situação difícil.

Precisa ganhar tempo para que entrem em funcionamento os esquemas de segurança da organização. Não são bobos, a sua queda já deve ser sabida, as áreas próximas já foram alertadas, esconderijos abandonados, armas remanejadas de lugar, carros substituídos. A sua família certamente será mais lenta nos cuidados com ela mesma. Certamente estarão mais preocupados em obter notícias suas do que em apagar vestígios e sumir no mundo. Você sabe onde está metido, tem suas retaguardas, seus métodos de ação, seus esquemas de segurança. A sua família não. Enquanto os companheiros abandonam tudo e todos que possam ligá-los a você, seus parentes vêm inocente e destemidamente à sua procura, dentro da jaula do leão. Neste exato momento podem estar ali na sala ao lado, perguntando por você e falando coisas que não deveriam. Ganhar tempo, cada hora, cada minuto, cada segundo de sofrimento significa maiores chances para os companheiros que estão na rua.

A seqüência do seu desmonte como indivíduo prossegue. Exibem-lhe o farto conhecimento que já têm da organização, como se as suas possíveis informações fossem irrelevantes. Estimulam-lhe a animosidade contra companheiros com os quais em alguma época teve divergências ou querelas. É, sabem disso também e usam como arma contra a organização. É informado de coisas que desconhecia, alguma lama é atirada em reputações até então imaculadas. O recado básico é que ninguém resiste à tortura, todos falam mais cedo ou mais tarde. A sua análise superficial das informações repassadas pelos interrogadores parece confirmar esta idéia, pois coisas triviais e particulares são do conhecimento deles e algumas delas somente pessoas de grande responsabilidade sabiam. Recomeçam as ameaças aos parentes.

Você é duro, ou não acharam o caminho do seu coração. "Vamos pendurar o cara" é a ordem. Em torno dos seus pulsos e tornozelos são enrolados trapos de cobertor. Mãos e pés são algemados, com seus braços abraçando suas pernas. No estreito vão formado entre a superposição dos ângulos dos seus cotovelos e joelhos é enfiado um pau roliço. É mais difícil explicar do que eles executarem o serviço. As suas mãos algemadas envolvem as pernas e seu corpo é dobrado até o queixo apoiar-se nos joelhos e as mãos ficarem próximas ao tornozelo. Os joelhos ficam mais elevados do que os braços e neste espaço é colocado um pau, abraçado ao mesmo tempo por seus braços e joelhos. A função dos trapos é não deixar as marcas das algemas nos pulsos. Tecnologia nacional, só existe representação deste tipo de tortura em quadros retratando punição de escravos no Brasil Império. Este pau é levantado na horizontal e apoiado sobre dois cavaletes, a mais ou menos um metro e meio do solo. Fica-se numa posição semelhante a de um frango assado, bunda para cima, costas para baixo. Enquanto resta um mínimo de forças, tenta-se não manter a cabeça pendente, mas só se agüenta minutos.

Nesta situação se está totalmente exposto e indefeso perante o inimigo, não há como se desviar dos golpes, não há como o corpo amortecer a pancada. Sua cabeça está ali pendurada como um saco para treino de boxe. Seus órgãos genitais estão totalmente à mostra. Seus rins estão ao alcance de qualquer botinada, sem chance de erro. Bem, o estômago está protegido, diria o Dr. Pangloss.[766] Ali, pendurado, com o mundo de cabeça para baixo, continua o interrogatório. As mãos golpeiam em concha e simultaneamente os seus ouvidos. Uma forte dor e um zumbido terrível lhe enchem a cabeça. Tapas na cara, chutes nas costas, pauladas. Alguém pega o seu saco e aperta-lhe os testículos. Põem fogo num jornal e aproximam-no do seu rosto. O cheiro de cabelo queimado invade suas narinas. O fogo passa para sua parte de baixo. O calor corre suas costas e vai até os testículos. Um canudo de papel é enfiado no seu ânus. Põem-lhe fogo. Você se contorce tentando livrar-se do papel em chamas, enquanto todos riem em sua volta.

Você é duro, cara. Alguém o segura pelos cabelos e derrama água diretamente no seu nariz. Espirra, tosse, falta o ar... mais água... espirra, tosse, engasga, falta o ar... mais água... espirra, tosse, engasga, bebe água, falta ar... mais água... espirra, tosse, engasga, bebe água, se afoga, se debate até quase arrancar o seu couro cabeludo das mãos que o seguram... mais água... seus pulmões se enchem, você está se afogando. Adeus mundo, adeus todos, principalmente adeus sofrimento. O ar volta, você o aspira com toda a sua força, como se quisesse fazer vácuo naquele mundo. Tosse, tosse, a água espirra para todos os lados. O mundo continua de cabeça para baixo.

Você é duro, cara. Os fios são ligados na sua orelha e no seu pênis. Você está encharcado, o cavalete está encharcado, o chão está encharcado. A manivela roda e roda e você pula e pula. Seu corpo se sacode todo em espasmos desesperados. Eles têm de segurar os cavaletes para que você não derrube tudo. Às vezes um deles toma choque, para divertimento dos demais, mas não seu, pois afirma que você riu e vai vingar-se. A manivela roda em velocidade nunca vista. Os clarões explodem na sua cabeça, o corpo tenta arrancar-se daquelas algemas que o prendem, a alma tenta abandonar o corpo. Está tudo muito bem amarrado, apesar de num arranco maior suas mãos terem escapado pelas pontas dos pés e você ter desabado no chão.

Você é duro, cara. Está tão alquebrado que não nota a nova situação, não sente as botas que te pisam, te chutam. Não sente a água que lhe entornam para aumentar o choque elétrico. Morrer... morrer. Você é duro, cara. Você não sente mais nada, não está vivo, mas também não está morto, está num limbo entre o inferno e alguma coisa pior. Dor física, impotência, medo, pavor. Nem percebeu que os torturadores já são outros, o seu corpo não notou a diferença.

O interrogatório recomeça com alguém calcando o seu pescoço com o pé. O ar que chega aos seus pulmões mal chega para respirar, quanto mais para falar. As perguntas se tornam mais incisivas, você responde qualquer coisa, não pensa, felizmente suas palavras são desconexas na maior parte das vezes. As respostas de 'sim' e 'não' te deixam confuso. Você tenta colocar alguma lógica na seqüência de 'sins' e 'nãos', para dar sentido. Era um erro, você precisa mostrar confusão mental, mas cuidar para que a real confusão mental não se misture com a exibida e dê origem a alguma resposta indicativa.

Quanto tempo se passou? Aquelas horas de sofrimento podem ter sido apenas minutos. Ficou "apagado" quanto tempo? Na sala não há janelas, não há interrupções no interrogatório, ninguém usa relógio. Os minutos voam ou se arrastam ao sabor das pancadas, entre uma e outra curtíssimos e durante elas muito longos. Será que já almoçaram ou jantaram? Dormiram e acordaram? Esta é a mesma equipe ou é outra? O tempo que você julgava seu aliado na proteção dos companheiros faz jogo duplo. Resistiu já o necessário? Quanto tempo ainda agüentará? Como saber, se não tem como adivinhar as horas. Aquilo era fechado como uma caixa. Nenhum som saía, nenhum som entrava. Só especular isto já mostrava o quanto já enfraquecera de espírito.

Você é duro, cara. Eles são muitos e mais duros ainda. A coisa se repete, interrogatório, "pau-de-arara", espancamento, chacotas. E outra vez. Seus pulsos e tornozelos são duas chagas, o aço das algemas parece lhe chegar aos ossos. Suas mãos e pés parecem presuntos de tão inchados. Você não viu a sua cara. Parece incrível como o corpo ainda sente as pancadas, seus sentidos não se amortecem. As perguntas se tornam mais incisivas, o seu espaço para evasivas se torna cada vez menor, aos poucos eles vão se aproximando do que você sabe. É difícil esconder sua tensão, ela é percebida e todos sabem que seu limite se aproxima.

Você é duro, cara. Eles são muitos e mais duros ainda e têm experiência e conhecimento técnico do que estão fazendo. Tenta uma cartada desesperada: provoca-os. É difícil, são profissionais, mas você pode ter sorte e irritar algum deles profundamente. Se tiver sorte conseguirá irritar alguns. A pancadaria se torna generalizada. Batem de qualquer forma, batem de raiva, extravasam as frustrações, os seus demônios. Por algum tempo fica fácil, você não tem de lutar com sua consciência, não tem de escolher palavras, apenas encaixa os golpes e com sorte algum o atingirá de forma a matá-lo. Percebem o seu jogo, trocam a equipe.

Você é duro, cara. É duro, mas é um só. Eles são muitos, bem-treinados e supervisionados. O médico entra e reconhece que você é duro, cara. Pode agüentar mais um bocado, ainda não conseguirá escapar morrendo. Recomeça: interrogatório, "pau-de-arara". Fogo, água, eletricidade. Fogo, água, pau e eletricidade, todos juntos ou um de cada vez.

Você é duro, cara. Deus! Por que me fizeste jovem e sadio? Se fosse velho e cansado já estaria livre disto tudo. Maldizer a sua estrutura física, lamentar a boa alimentação recebida ao longo da vida, a boa constituição física dos seus antepassados. Você não morre. Nem ao mesmo desmaia, ou se desmaiou não notou. Deus! Já é a segunda vez que você o chama, a segunda vez em uns três ou quatro anos, mas o som não se propaga além daquela sala. Tudo morre ali, menos você. Nada existe ali, só você e todo o sofrimento do mundo. Falta pouco, você acha. O médico pensa diferente. A coisa continua.

Chega! Não agüento mais! Meus companheiros já escaparam! Salve-se quem puder. Tempo de murici. Ninguém nota. A vontade dá e passa, mas ela vai voltar, já encontrou uma brecha."[767]

Terminava a primeira sessão. Para Nelson, naquele momento, o único horizonte era morrer. E se era para morrer debaixo de pancada, melhor morrer logo, pensava. Tentava, mas não chegava a ensaiar uma reação. Não conseguia raciocinar, nem analisar como deveria se comportar naquela situação. Nem percebeu que ganhara uns momentos de trégua. Entre uma sessão de tortura e outra, foi largado, desnorteado, depois de horas no pau-de-arara e de pulos no choque elétrico, nu, coberto apenas pelas próprias fezes, no chão da "boate". Nada via porque seus olhos estavam inchados; mal escutava porque um zumbido tomou conta de sua cabeça depois de tantos "telefones". Ficaria prostrado no chão se dois presos não tivessem se aproximado com cuidado para erguê-lo e levá-lo. Outros presos abriram um espaço no corredor para que se deitasse. As celas estavam lotadas. Os recém-chegados ficavam no corredor. Os presos, com um pano molhado, tentavam limpá-lo. Massageavam as regiões mais inchadas para que a circulação voltasse. Nelson não conseguiu falar para agradecer. Dormiu, ou simplesmente ficou imóvel, quebrado de corpo e alma. Foi acordado aos pontapés. Trêmulo, conseguiu levantar-se e estender o braço para ser algemado. Voltaria ao pau-de-arara. Mais uma vez apanhou muito. De nada adiantaria o esforço dos torturadores. Já delirava de tanta dor. Não conseguia falar. Nem reagir. Dessa vez não caiu. Acordou com a claridade. Pendurado. Passara a sua primeira noite na PE no pau-de-arara. Só via vultos. E vultos invadiram a sala, aos gritos. Nelson agora era o exemplo para um recém-chegado. Pela necessidade de ceder a vaga a outro companheiro, tiraram-no do pau-de-arara. Deixaram-no no chão. Assistiria a alguns vultos torturarem outro vulto. Sem dominar seu instinto, começou a gritar junto com o preso, como se cada pancada atingisse ele também. Essa reação provocou risadas nos torturadores. Com isso, de vez em quando, ganhava uma botinada. Seus gritos passaram a incomodar e ele foi levado para fora da cela. Voltava ao descanso do corredor em frente às celas. Lá se espalhavam como podiam presos feridos e torturados. Largados no chão de cerâmica. O estado físico e mental de todos garantia um silêncio total. Ninguém ousava, ou tentava, ou tinha forças para conversar.

O drama aumentava porque o preso deixado no corredor precisava da autorização do sentinela para levantar-se, atravessar o corredor e ir ao banheiro, onde poderia fazer suas necessidades e beber a água da torneira. Seria muito arriscado chamar a atenção para si. Havia o temor do que se poderia encontrar no percurso. A resistência continuava em teste. A mente trabalhava para que o corpo não sentisse nem dor, nem sede, nem qualquer necessidade fisiológica. Mas só ficar no corredor já era uma grande ameaça. Dava menos trabalho para os guardas levarem para a "boate" um preso largado ali. Também era fácil e prático para eles darem chutes em quem estava mais perto. Os largados viravam alvo dos falastrões que só queriam aterrorizar. Nesse quesito, ninguém superava o "Cabo Gil das Três Letras", que abria espaço a pontapés e chutava mãos e bandejas de refeição. Tinha prazer em fazer ameaças e pisar na comida dos presos. Quando era ele quem trazia as refeições, quase sempre "perdia o equilíbrio" e deixava os pratos caírem no chão. Os presos tinham de juntar com a mão a comida que se espalhava no mesmo lugar em que iriam dormir. Por essas razões, tinham uma inocente inveja daqueles que estavam nas celas: não levavam botinadas de graça, podiam beber água e ir ao banheiro, e até tomar banho e deitar no colchão.

Havia também guardas que chegavam a ajudar os presos, um deles chegou a chorar ao ver o estado de uma militante depois da "boate". Outros sentiam pena daqueles jovens e dedicavam atenção especial aos mais castigados. Não faziam mais do que isso. Estavam lá para cumprir ordens. Pertenciam à "maioria silenciosa".

Apenas nos primeiros dias, os torturadores queriam que Nelson confessasse que Lott, então com 75 anos, era um dos líderes dos movimentos da luta armada. Nem o mais fanático deles sonhava com essa possibilidade, mas parecia uma desculpa ideal para baterem mais.

Com Nelson preso, Edna prosseguia em sua jornada de inocente terror, ainda acreditando nas instituições militares. Mesmo alertada por outras mães de que havia tortura na prisão do Exército, ela não queria acreditar e achava apenas que "isso era coisa de comunista". Afinal, como descrer do Exército do seu pai e como aceitar que o que vivera não mais existia? A mãe prosseguia em busca do filho. Onde estava, por que estava, até quando ficou... Edna começou a fazer perguntas. Em pouco, pouco tempo, encontraria as respostas.

Sem hesitar, recorreu imediatamente aos próprios militares, conhecidos e desconhecidos, amigos e inimigos. Pouco importava. Percorreu vários gabinetes tentando livrar o filho da prisão. Ainda inocente, pedia que Nelson fosse mantido preso na Polícia do Exército, porque acreditava que os militares jamais iriam fazer mal a qualquer cidadão. Era lá que Nelson sofria as piores torturas.

Depois de alguns dias, Nelson foi levado para uma cela. Realizava seu sonho de um metro e meio de largura por dois e meio de comprimento, com vaso sanitário, pia e até um chuveiro — na verdade, um pedaço de cano na parede pelo qual escorria água. Até uma janela, com grades, sua cela tinha. Agora era a vez dele tentar mostrar solidariedade com os "habitantes do corredor". Porém, sem caneca e sem copo, só restava a ele carregar água com as mãos em concha para tentar limpar algum preso jogado próximo de onde estava. No fim, a esperança de dias melhores foi acabando. Na cela ou no chão, iria continuar apanhando. Muito. Todos os dias. Como reação aos choques elétricos que levava, as obturações metálicas dos seus dentes caíram em poucos dias, somente as de ouro se mantiveram.[768] Com o tempo, perderia quase a metade dos dentes, como os outros presos, principalmente devido à reação química dos metais aos choques elétricos que estavam tomando.

Não bastava tentar resistir enquanto apanhava. Das feridas da tortura, a que mais doía era aquela que não se mostrava. Os presos, sob constante ameaça, pegos de surpresa, e com alma e orgulho esmigalhados, não se arriscavam a formar grupos de sobrevivência. Assim, não havia esquema de reação. As mentiras defensivas criadas na "boate" eram facilmente desmontadas.

Após ficar cerca de dez dias apanhando na PE, Nelson ouviu o primeiro "pega tuas coisas" de uma terrível série. Foi levado por três torturadores, um deles o tenente Ailton Guimarães Jorge, que ficaria famoso nos desfiles de escolas de samba e no jogo do bicho cariocas como Capitão Guimarães,[769] um dos mais violentos homens da repressão e que um ano antes havia ganho a Medalha do Pacificador.[770] Dessa vez Nelson estava com o instinto determinado. Pensava em todas as possibilidades. Sua mente buscava soluções. Quando percebeu que estavam na Base Aérea do Galeão e que se dirigiam a um jatinho executivo, achou que essa poderia ser a sua última viagem. Ao lado da escada de embarque, o piloto aguardava. Um alívio. Era um colega do Colégio Militar, muito bom em corridas de fundo, com o qual Nelson não mantivera muito contato. Mesmo assim, ao passar por ele, cumprimentou-o, gritando seu nome e sobrenome, demonstrando uma intimidade que nunca existiu, já que o piloto era de uma turma mais antiga. Todos ouviram. Teria pelo menos uma testemunha.

Continuou criando defesas. Durante o percurso, Nelson temeu tornar-se o passatempo contra o tédio de uma viagem aérea. Antes de transformar-se em alvo, tomou a frente. Passou a representar e a fazer um *show* para distrair seus algozes. Fingiu ter pânico de avião. Com a aeronave ainda parada no solo, ele já berrava "de medo", escondendo a experiência adquirida de tanto observar os pilotos fazendo horas de vôo no Campo dos Afonsos. Fingia rezar. Grudava na cadeira. Os torturadores entraram no jogo, dizendo que o avião ia cair. Ameaçaram abrir a porta do avião e jogá-lo. Nelson sabia que na altitude em que estavam isso seria impossível. A *performance* deu certo. Os torturadores divertiram-se e não tiveram tempo de pensar em agredi-lo.

A viagem de Nelson fazia parte do esquema montado pela Operação Bandeirantes (Oban), criada em julho de 1969 pelo comandante do II Exército, general Canavarro Pereira, — o chefe da Casa Militar de Café, o mesmo que fora preso por Lott no 11 de novembro depois de passear no cruzador *Tamandaré*. O comando das operações cabia ao major Waldyr Coelho, chefe da seção de informações do Estado-Maior da 2ª divisão de Exército. Sustentada com recursos de empresários, banqueiros e multinacionais, a Oban assumiu o papel de polícia política dentro do próprio Exército. Seguindo a "Diretriz para a Política de Segurança Interna", passou a controlar a ação dos vários órgãos de repressão nas grandes cidades. Delegacias policiais e DOPS eram obrigados a enviar todos os presos envolvidos em luta armada e ações terroristas para a sede da Oban. Reorganizava-se o quadro repressivo, com ganho de tempo, e evitava-se a duplicidade de trabalho porque todas as ações de repressão realizadas no país estariam lá centralizadas.[771] Depois de um ano e três meses na clandestinidade, a Oban seria substituída pelos DOI/CODI, que passariam a fazer parte da estrutura legal da repressão.

No comando da Oban, um delegado com poderes de general: Sérgio Paranhos Fleury. Em São Paulo, a delegacia policial da rua Tutóia, a 36ª, bem perto do Parque do Ibirapuera, tornou-se a "sede" da Oban — com equipes de busca, torturadores, analistas e carcereiros dividindo o mesmo espaço —, conhecida entre os funcionários como a "casa da vovó".[772] Era para lá que Nelson estava sendo conduzido.

Apesar das dúvidas que rondavam sua cabeça, ele se sentia mais tranqüilo. Acreditava que não poderia ser levado para um lugar pior do que a PE da Barão de Mesquita — ou que tudo acabaria em pouco tempo com uma morte arranjada. Pensava nisso, enquanto sacudia dentro do camburão e tentava respirar debaixo de um capuz preto. Levado para dentro da delegacia, o medo voltou rápido e fácil assim que entrou. Sentiu o cheiro do terror, "facilmente reconhecido por quem já fora torturado".

Sentaram-no em uma cadeira. Continuava com o capuz. Ouviu xingamentos e ameaças. Levou alguns tapas. Começaram as perguntas de sempre. Mais ameaças. Esperava a morte, porque ninguém soubera de sua transferência, a não ser o piloto do avião. Para sua surpresa, soltaram-no e o levaram por uma escada abaixo.

Quando retiraram o capuz, estava na carceragem. Anotaram seu nome e o conduziram até a porta de uma solitária. Estranhou não ter apanhado. Os carcereiros fizeram força para conseguir abrir a porta. Mais força ainda para empurrá-lo para dentro da cela, totalmente escura. De lá, viu a porta sendo fechada bem devagar. Momentaneamente cego, Nelson enrolou-se em seus próprios braços, tentando proteger-se da esperada pancada. Não via nada. Depois de alguns instantes imóvel, sua visão foi se acostumando com a escuridão. Não havia mais ninguém naquele cubículo. Passou a apalpar as paredes e a dar pequenos passos. Encontrou um buraco no chão. Agachou-se e, no tato, descobriu que era uma privada com apoio para os pés no qual as pessoas se agacham. Continuou investigando. Encontrou uma pia na parede. Tinha água e privada, mas o cubículo em que estava era tão pequeno que não conseguia ficar inteiramente deitado no chão. O buraco da privada ficava no meio da cela.

Nelson continuava esperando pela hora em que começaria a apanhar. Não entendia porque tanto trabalho para deixá-lo em uma solitária. Poderia estar passando por mais um ardil da repressão que, ao invés de socos e pontapés, dava-lhe um tratamento até hospitaleiro para quem vinha da PE do Rio. Algumas horas ou poucos minutos depois, ouviu o assustador barulho da pesada porta se abrindo. Surgiu uma mão segurando algo. Nelson segurou sem saber. Eram três cigarros, alguns fósforos e uma lixa. Como recebeu um número razoável de fósforos, ele aproveitou para acabar, por um momento, com a escuridão em que se encontrava. E fumou um cigarro. Nada ouvia e via. Som e luz não ultrapassavam a porta. Não sabia se passavam horas ou segundos.

De novo o barulho da porta se abrindo. Dessa vez, totalmente. A claridade o deixou cego por alguns instantes. Levado até uma mesa, viu vários pratos de comida empilhados. Achou que seriam distribuídos. O cheiro era bom. Lembrou-se de que se esquecera de sentir fome. Recebeu autorização para sentar e comer. Um prato cheio de "picadão de carne com batatas boiando em óleo, arroz empapado e feijão". Era a primeira refeição em muitos dias. Só então reparou que estava no refeitório dos guardas, que circulavam e o olhavam com curiosidade e desconfiança. Lambeu o prato. Retornou à solitária.

Na manhã seguinte, café com leite e pão com manteiga. Novamente no refeitório dos guardas. Sem entender por quê. Pensava e especulava. Sabia que essa súbita trégua não seria para sempre. Tinha certeza de que iria acabar. Não temia morrer. Não tinha receio de ser espancado até a morte. Sentia apenas um único medo: o de morrer sozinho, sem ninguém saber. Sentia-se egoísta, mas queria que todos tivessem consciência do que se passava com ele.

Mas não compreendia sua situação. Recebia a mesma refeição que os policiais. Habitava a pior cela da delegacia. Depois de ficar por um tempo que acreditou ser de uma semana entre a solitária e o refeitório dos policiais, foi levado para uma grande cela coletiva, com uma iluminação natural que se perdia nas cores escuras das paredes. Colchões espalhados pelo chão. Uma divisória sem porta, onde ficava o banheiro com privada no chão e chuveiro. Poucos e antigos presos habitavam o lugar. Nelson não conhecia nenhum deles, o que redobrava a sua atenção. Poderiam ser agentes infiltrados, ou mesmo alcagüetes. Mas que cuidado poderia ter, se a maioria das informações que guardava já perdera o valor? A essa altura, o que sabia não tinha mais importância porque seu grupo já deveria ter eliminado qualquer pista que o ligasse à organização.

Na cela coletiva, tinha café e janta. Porém, não recebia mais aquela refeição gordurosa e farta. Era uma comida industrial, insossa, em pequena quantidade, enviada pela Supergel, em um "prato plástico, envolvido em plástico, com colheres de plástico e com gosto de plástico."[773]

Aqueles dias em que não usava seu corpo e sua mente apenas para tentar sobreviver deram muito tempo para Nelson pensar. E ser tomado por terríveis dúvidas. Como seus parentes reagiram? O que puderam fazer? Estariam bem? Passaram a ficar na mira do governo, já que, com certeza, deveriam ter procurado por ele em quartéis, buscando informações com oficiais. Pediram ajuda a amigos, aliados e até desconhecidos. Não ter como mostrar que estava bem lhe causava uma profunda aflição.

Talvez para compensar o tempo na solitária, puxava conversa sobre diferentes assuntos com outros presos. Alertado da possibilidade da existência de microfones escondidos, continuou falando, afinal, se existissem de fato, iriam captar "um falatório irresponsável, folclórico e desprovido de informações. A avidez de notícias, de novas conversas dos antigos só tem equivalência na vontade de falar de um recém-saído de solitária."[774]

Aqueles presos que estavam com Nelson não tinham envolvimento com os movimentos. Muito menos mantinham ligações entre si, e por isso não se preocuparam em montar algum esquema de organização dentro da cela. Eram pessoas arrastadas por uma neurótica esteira de informações. Vítimas sem culpa. Nem por isso deixavam de pagar pelo que não deviam. Torturas, humilhações, interrogatórios, horrores. Depois de conhecer suas histórias, Nelson concluiu que todos estavam ali para servir de exemplo. A tortura pelo ato de torturar provocando um efeito dominó de pânico. Para aqueles presos, o acaso era o crime. Seria cômico...

Ali, sem o terror da tortura destruindo-lhe qualquer tentativa de relacionamento, Nelson observou um painel de personagens fortes e curiosos, cada qual com uma história surpreendentemente inocente e emocionante.

Nos corredores do regime, Edna prosseguia sua luta para tentar ver Nelson. Depois de muito procurar, descobriu que seu filho fora levado para São Paulo. Apavorou-se, porque continuava acreditando que ele estaria melhor nas mãos do Exército, porque o Exército "dela" cuidava bem de seus presos.

Nelson permaneceu aproximadamente quinze dias preso na Oban da Tutóia sem ser torturado. Ficou lá até ouvir o segundo "pega tuas coisas". Aeroporto. Voltaria ao Rio, dessa vez, levado pela Polícia Federal, sem ameaças. Com ele também viajaram mais dois presos: Manuel Cirilo e Paulo de Tarso. O céu estava azul naquele dia. Nelson esperava que o período em São Paulo tivesse aumentado sua autoconfiança. Mas agora que a dúvida ressurgia, viu que não tinha nenhum plano pronto. O descanso que seu corpo recebeu atrapalhou o trabalho de resistência.

O camburão, os solavancos, o percurso. Fazia força para não acreditar. Estava de volta à PE da Barão de Mesquita. Já na recepção, bofetes e ameaças. Foi levado a uma cela individual quase ao lado da "boate". Pouco depois, era chamado para um interrogatório formal, com perguntas aparentemente sem sentido. Os torturadores tentavam montar organogramas das organizações e descobrir as peças que faltavam. Apresentaram-lhe um painel bem montado da parte que lhe era permitido conhecer. Um "xis" em vermelho cortava diversos retratos dos integrantes da luta armada. Eram os mortos. O GTA do Rio estava estraçalhado.

O interrogatório profissional durou pouco. Estava de volta aos bons tempos. A pancadaria recomeçava. Eles tinham um motivo. Um Aero-Willys, de "propriedade legal" — conforme afirmavam — de Nelson, muito utilizado para deslocamento de seus companheiros, estivera em um tiroteio no qual um dos chefes do DOI/CODI havia sido ferido com gravidade. Nelson voltou a ser barbaramente torturado. O carro, no entanto, não era dele. Nunca teve um Aero-Willys. Nada sabia sobre esse tiroteio. Apesar disso, queriam que confessasse que ele estava envolvido. Mas, mesmo torturado, Nelson sentia-se em paz com sua mente. Afinal, não tinha o que contar. Não existia a tentação de falar em troca de alívio físico. Era só apanhar e agüentar. Apanhar e agüentar. Apanhar e apanhar. Até não ver outra saída. Não tinha horizonte e nem esperança. Tentou mais uma vez acabar com aquilo tudo. Voltou a provocar os torturadores: "Aí, valentão, só sabe bater em gente amarrada"... "Quero ver se você é homem mesmo, vamos lá fora só nós dois". Ficou feio para Nelson. Um dos torturadores, o cabo Marco Antônio Polvorelli, um homem grande e forte, perdeu a cabeça e abandonou a "linha científica" do interrogatório. Quebrou uma cadeira giratória de madeira nas costas de Nelson, que desmaiou na hora e saiu direto da "boate" para o Hospital Souza Aguiar.

Nelson não conseguiu saber quantos dias havia ficado no hospital. Mas sua família foi informada através de um telefonema anônimo, curto e preciso:

— Ele vai pro Souza Aguiar.

Tentaram encontrá-lo. Não conseguiram.

Era a primeira vez que a família recebia um telefonema anônimo com informações sobre Nelson. O segundo veio poucos dias depois, de um sargento, que ligou para Edna e disse que não iria se identificar. Informou que Nelson estava bem e que acabara de chegar na PE.

Nelson retornou sem ataduras, nem gesso. No caminho de volta, teve sua chance de morrer. Com algemas nos pés e nas mãos, foi deixado dentro de um carro no pátio do estacionamento. O calor era insuportável. Nelson transpirava e suas roupas ficaram rapidamente encharcadas de suor. Pôde então ver uma granada de mão largada no porta-objeto da porta do motorista. Parecia uma armadilha. Mesmo assim, fixou a granada e passou a imaginar o que poderia fazer com ela. Se deixasse o carro com a granada na mão seria um alvo fácil, mas teria o fim que ele várias vezes buscara, além de garantir "um lugar no panteão da esquerda revolucionária".[775] Se foi esquecida de verdade, poderia colocá-la no bolso e explodir a "boate". Gostou dessa idéia, mas desistiu de seguir em frente. Tinha quase certeza de que aquela granada não possuía carga explosiva. Era muito esquecimento de uma só vez.

Lamentaria essa decisão. Assim que retornou ao prédio foi levado à boate. De volta ao pau-de-arara, aos choques, às agressões. Os torturadores pareciam estar com saudades de Nelson. Tinham força redobrada. A questão principal permanecia: o carro. O corpo não suportava mais. Tinha certeza de que não iria resistir por muito tempo. A mente buscava algo e encontrava o vazio. Não participara do tiroteio, nem ele, nem seu carro. Precisava provar que, dessa vez, não estava mentindo. Enquanto isso, continuava apanhando. Até o momento em que os torturadores trouxeram a testemunha que dissera ter visto seu carro durante a ação: era uma companheira de Nelson, em farrapos por causa da tortura e com os rins sem funcionar. Estava roxa e amarela, a tez da moda entre os jovens presos políticos. Ela havia dito que Nelson era o dono do carro e que ele estivera presente ao tiroteio. O mais irônico é que ela também não participara da ação. Ambos passaram a ser torturados juntos, lado a lado, durante um bom tempo. Até que a levaram de volta. No momento em que teve um período de descanso, Nelson encontrou uma chance de defesa. Conhecia aquela colega há tempos e sabia que ela não entendia de carros. Falou com os torturadores e pediu que fizessem um teste com ela. Não deu outra. Ela não sabia qual era a diferença entre um Aero-Willys e um Alfa Romeo JK (o verdadeiro carro de Nelson). Era o fim da investigação — científica e física. O carro não era de Nelson.

Os próprios torturadores já estavam cansados daquela ladainha. Mas tanto empenho tinha um motivo especial: o chefe do DOI/CODI que levara dois tiros durante o tiroteio era um dos mais temidos torturadores, o major Freddie Perdigão Pereira, conhecido como dr. Nagib.[776] Entre os presos políticos havia a desconfiança de que Perdigão fora atingido por um preso comum, mas pela gana com que procurava vingança, era mais provável que o autor dos disparos fosse mesmo um militante.[777] Perdigão nunca se recuperou completamente e passou a mancar depois do tiroteio. Foi baleado em uma *blitz* na lagoa Rodrigo de Freitas, no momento em que abordava um carro com um integrante da ALN. Durante o tiroteio, um Aero-Willys participara da ação. Mais tarde, ao longo de uma sessão de tortura, Perdigão ouviu da militante presa que Nelson tinha um Aero-Willys. Até que se provasse o total desconhecimento de carros que a companheira tinha, ele despejou toda a sua raiva em Nelson.

Depois de servir no DOI-CODI de São Paulo e do Rio, Perdigão chegou como coronel ao SNI. Participou do cerco ao capitão Carlos Lamarca na Bahia. Mais tarde, na reabertura da investigação do caso Riocentro, o novo IPM o apontaria como um dos idealizadores do atentado fracassado no qual o sargento Guilherme Pereira do Rosário morreu e o capitão Wilson Chaves Machado ficou gravemente ferido.[778] Perdigão chegou a ser indiciado.

Depois de esclarecer a investigação, os torturadores deram uns dias de folga para Nelson. Agora bastava acostumar-se à rotina do terror. De dia, pancada. À noite, a fúria se acalmava. O terror diminuía. Com o tempo, Nelson era chamado para a "boate" apenas para interrogatórios comuns e para "exercício" dos torturadores.

Certa vez, um deles, já meio alcoolizado, puxou conversa com Nelson, na cela. Falou que estava com medo porque iria participar de uma diligência para prenderem o já famoso — entre os presos e os policiais — capitão Lamarca. Quase chorando e muito assustado, contou que Lamarca atirava bem. Estava preocupado porque tinha mulher e filhos para criar. Disse que Nelson tinha sorte, pois não corria mais risco de vida. Em seguida, foi embora. Era o capitão Guimarães, que escancarava seu outro lado e comprovava, que, na rua, a coragem exibida durante as sessões de tortura diminuía bastante.

Dias depois, Nelson foi levado para uma cela coletiva no segundo andar. Foi um momento de felicidade para ele porque poderia conversar e trocar informações com outros presos. Passada a euforia inicial, percebeu que em todos eles havia mais do que a dor física das torturas. Partiam de um princípio inquestionável e cruel: exceto pelos que caíram presos em tiroteios ou ações armadas, todos que estavam lá haviam sido entregues por companheiros. Uma quebra irreparável na cadeia de confiança que aumentava a solidão de cada um. Uma solidão que só ampliava a dúvida. Uma dúvida que passava pela cabeça dos presos para ser deliciosamente explorada pelos torturadores. Mais do que nunca era preciso vigiar. Mais ainda, era preciso "estar atento e forte" justamente onde não havia perigo aparente.

Um oficial aproximou-se de Nelson. Todos os dias, trazia roupas, toalhas e objetos de higiene. Levava a roupa suja e a devolvia limpa. Era major, mas nunca gritava nem agredia os presos. Polido, aquele oficial baixinho e careca parecia fazer parte daquele grupo que não aceitava os porões do regime. Certo dia perguntou a Nelson se precisava de algo, porque sua mãe estivera no quartel e pedira que ele o protegesse. Falou sobre Edna, deu detalhes da visita dela. Nelson vibrou. Além de felicidade, sentiu alívio. O primeiro alívio porque sua família não fora presa, nem torturada como os próprios torturadores insinuavam. O segundo alívio porque não fora abandonado. Se isso acontecesse, daria até razão para sua família. Afinal, entre seus tormentos, estava o drama de consciência por achar que havia traído seus familiares.

Pediu então que ele tentasse arrumar uma foto da sua mulher. O oficial disse que iria tentar. A partir daquele momento, Nelson só pensava na chegada da foto. Via duas possibilidades: se a foto fosse antiga, ela poderia estar presa ou ferida. Se fosse recente, Berenice estaria a salvo. Recebeu a foto. Era nova. Decidiu abusar da boa-vontade do major e pediu que levasse um bilhete para sua mãe. Em um pequeno pedaço de papel retirado de um maço de cigarro, escreveu o suficiente para tranqüilizá-la. Com toda discrição, entregou o papelzinho bem dobrado para o oficial. Temia ser pego ou, pior ainda, acabar incriminando aquele oficial, que voltou, pouco tempo depois, com a resposta de Edna. Nelson iluminou-se de alegria. A letra era realmente de sua mãe. Ela estava ali, lutando por ele e cuidando da sua esposa que seguia bem na gravidez.

Durante muito tempo o major virou o pombo-correio das notícias da família. Mais tarde, somente bem mais tarde, Edna e Nelson descobririam que aquele homem tão prestativo era o principal analista de informações e responsável pela coordenação das torturas. O major Francisco Demiurgo infiltrava-se nas prisões, ganhava a confiança dos presos e das famílias para buscar as suas fraquezas, os pontos a serem explorados e, claro, informações.

Na linha de Demiurgo, os torturadores batiam e diziam que todo mundo falava. Mostravam o que sabiam, dando a impressão de que todo mundo estava abrindo. Um golpe duro na união entre os presos. Revelavam informações superficiais que não tinham importância, mas que, naquele momento, reviravam a cabeça desnorteada do torturado: "Será que eles já sabem? Como que eles souberam?". Entre socos e chutes, essas dúvidas destruíam as defesas. Na mente vinha a determinação "de resistir à tortura". Nelson falou "mais do que devia e menos do que sabia".[779] A seqüência de sessões de tortura provocou a perda parcial do movimento de alguns dedos da sua mão esquerda. Em pouco tempo, o braço também ficaria prejudicado. Sentia fortes dores na região. Levaria anos para retomar o movimento normal. Não bastasse essa dor real, surgiu o boato de que ele teria sido castrado. Até entre os colegas, na prisão, essa história circulou como verdadeira e o perseguiu durante um bom tempo.

Depois de 43 dias incomunicável, 43 dias sem ver a família, Nelson, junto com o grupo da ALN, foi transferido para o DOPS da rua da Relação, um prédio histórico e imponente por cujas masmorras passaram figuras importantes do Brasil. Outro local marcado por torturas e mortes.

Pouco antes, no dia 17 de abril, Edna conseguiu autorização para ver o filho, que, conforme o registro 290/70 assinado pelo general Syzeno Sarmento, comandante do I Exército e velho inimigo de Lott, saía da responsabilidade do Exército e passava para o DOPS, onde iria ser a visita.

O dia de visita chegou. 25 de abril, dia de seu aniversário. Após 43 dias de isolamento, Nelson iria reencontrar sua família. Na hora marcada, Edna e Berenice estavam lá. Mas só Berenice reviu Nelson.

Católica praticante, como o pai, Edna havia feito a promessa de que, se não acontecesse nada grave com o filho, não iria vê-lo na primeira visita. Assim, uma cena trágica e cômica ocorreu: enquanto Nelson e Berenice conversavam emocionados, podiam ouvir o choro forte de Edna, que manteve a promessa e ficou na sala ao lado. Nelson tentava convencê-la:

— Mãe, pára com isso. Que promessa maluca! A senhora acha que Deus quer que a senhora passe por isso?

— A minha promessa eu vou cumprir. Na próxima visita, eu vejo você — gritava Edna, aos prantos, na outra sala.

Nesse encontro, Nelson falou sobre tudo que estava sofrendo, mas não entrou em detalhes para não apavorá-las. Não havia como esconder as marcas em seus braços. Berenice via o estado chocante de Nelson, vinte quilos mais magro, mas também tentava mantê-lo calmo. Ele a alertou sobre os responsáveis pelas torturas.

Porém, mesmo depois de Berenice contar tudo que ouvira, Edna demorou a aceitar a real dimensão do que estava ocorrendo nos porões do regime. Sem ainda ter noção do enraizamento das relações entre o governo militar e as prisões realizadas no período, Edna chegou a ir ao Ministério do Exército para avisar que "tinha um tal de capitão Guimarães torturando gente nas prisões". Os oficiais ligados à tortura demonstravam muito interesse nas denúncias e prometiam tomar providências imediatas, que nunca seriam executadas. Mas havia militares que não aceitavam o que se passava nos quartéis. Faziam parte da "maioria silenciosa", que permaneceria silenciosa.

Impressionada com as informações que Berenice lhe passara e com tudo que coletara nos encontros com as outras mães durante os primeiros meses da prisão de Nelson, Edna já tinha uma história para contar. Acompanhada pelo filho Oscar, ela voltou a Teresópolis para falar com seu pai. Na cozinha da casa, revelou tudo a Lott, que ao lado de dona Antonieta fazia perguntas gerais sobre os motivos da prisão, com quem ele estava, quem era o comandante do quartel, quem o prendeu. Ficou impressionado quando Edna lhe disse que Nelson estava sendo torturado. Falou-lhe sobre as marcas no corpo do filho, mas Lott mostrou-se cético quanto às torturas. Nada falou, não fez sugestões, não se prontificou a ligar para os amigos, não deu nenhum contato.

Mais tarde, ele iria descobrir que o "seu" Exército não era mais o mesmo. As denúncias de torturas contra presos seriam reproduzidas nas publicações estrangeiras, que ele costumava ler.

Nunca foi característica de Lott usar sua influência em favor da família. Edna esperava alguma palavra, alguma indicação, um nome a quem recorrer. Seu filho Oscar saiu do encontro com a impressão que sempre tivera de seu avô. Para Lott, Nelson tomara a decisão sozinho, por vontade própria e teria de responder pelas conseqüências de seu ato.

Essa primeira visita recebida por Nelson na prisão também marcou o fim das torturas para ele. Continuaria, eventualmente, levando tapas e socos, mas nada que se comparasse ao "sistema profissional" da "boate".

Teve tempo para pensar, para tentar descobrir o "que havia na cabeça de um torturador". Tentava entender a natureza humana. A razão que leva um homem a torturar. O que faz um torturador chorar enquanto outro se diverte. Não aceitava a definição simples de que o torturador era um débil mental ou um louco. Havia malucos torturadores, mas também havia pessoas que sabiam o que estavam fazendo, que eram profissionais e encaravam aquilo como mais um serviço.

Novo dia de visita. Cumprida a promessa, a mãe poderia rever o filho. Depois da emoção do reencontro, depois de verificar o estado de saúde de Nelson, vem a pergunta desconcertante, que demonstrava toda a dúvida de Edna quanto ao momento político:

— Nelson, por que você foi assaltar um banco? Se precisava de dinheiro, por que não me pediu? Você nunca passou fome, por que foi fazer isso?

Se havia[780] inocência em Edna, terminou naquele momento. O estado de Nelson foi um choque para ela, que era informada pelos oficiais de que o filho estava sendo bem-tratado, enquanto na verdade ele apanhava sem parar. Ela juntou cada parte de sua história desde a prisão do filho e percebeu que não investigavam suas denúncias e que seu esforço, em vez de ajudar Nelson, servira apenas aos que o mantinham preso. Naquele momento, tomava conhecimento que, na verdade, havia pedido ajuda para o inimigo.

Até então pensava estar lidando com o Exército do seu pai. Chegou a fazer um xale de tricô para a mulher do major Demiurgo, responsável pelo presídio da PE, e que se fazia passar por amigo de Nelson. Também lhe levava doces em agradecimento porque ele fazia o favor de entregar a roupa suja de Nelson para que ela lavasse.

Essas situações se repetiram várias vezes até ela descobrir que Demiurgo não só participava de todo o esquema, como era um dos líderes, e que só fazia papel de bonzinho para tentar obter informações dos presos de outra maneira. A tortura praticada nas prisões apresentava o seu outro lado. Edna ficou fora de si quando soube. As cartas de Nelson, recados escritos com dor e sangue, serviam apenas para ajudar na manutenção do controle.

As celas do DOPS da rua da Relação ficavam no terceiro andar. A cela principal era chamada de "Maracanã", de tão grande. Havia outras menores, e as solitárias, de teto baixo, conhecidas como "ratão". Naquele DOPS só havia presos envolvidos com a luta armada, "a fina flor dos combatentes da resistência". Umas quarenta pessoas que representavam todo o espectro da militância. Para Nelson, acostumado à solitária ou ao silêncio da PE, aquele falatório causava estranheza. Criticava-se muito os companheiros que "se comportaram mal" durante a tortura; alguns viravam alvo de preconceito e outros sofriam até represálias. Naquele curto período, a luta armada já tinha seus heróis e seus vilões. Havia também diferenças pessoais nascidas por diversos motivos, desde antes das prisões até a fase da tortura. Nelson notava que certos companheiros nada diziam, não participavam e eram ignorados pela maioria. Para piorar, sempre havia os cruéis reencontros entre denunciados e denunciantes. Os mais "velhos" tentavam acalmar os ânimos. Aos poucos, as amizades eram reconstruídas. O "coletivo" acabava vencendo e montando regras para a vida no xadrez. Os presentes levados pelos parentes eram distribuídos igualmente. Como a leitura era permitida pela direção da prisão, todos liam muito, desde os clássicos até os jornais diários. Organizavam-se cursos entre eles. Não havia desânimo. Naquele ano de tricampeonato na Copa do México, a luta armada ainda era realidade. Respirava-se esperança. Não se perdia a ternura. Só uns poucos se demonstravam céticos... ou realistas.

Além de todas essas atividades, também se planejava muito. A repressão, que se mostrava tão articulada e organizada, cometia uma enorme falha, reunindo em alguns metros quadrados grandes lideranças de várias organizações da resistência. "O DOPS transformou-se num 'aparelhão'".[781] Como muitas organizações permaneciam em atividade, alguns presos ainda guardavam informações importantes. Um erro estratégico da repressão permitia assim que os militantes trocassem idéias, fizessem alianças e passassem informações para o exterior. As conversas não eram vigiadas, nem se davam ao trabalho de acompanhar as visitas, que fechavam um simples e prático fluxo de informações.

Porém, o seqüestro do embaixador alemão Ehrenfried Anton Theodor Ludwig Von Holleben, no dia 11 de junho, despertou o regime, que, apesar de já conhecer a intenção e os planos dos terroristas, mantinha um esquema de segurança com apenas um carro e dois agentes[782] para protegê-lo. Os seqüestradores exigiram a libertação de 40 presos e a divulgação de comunicados pela Rádio Nacional. Na noite do dia 15, uma segunda-feira, os 40 presos chegavam à Argélia, levados por um avião da Varig. Entre eles, Carlos Fayal, Daniel Aarão Reis, Domingos Fernandes, Fernando Gabeira, Tânia Rodrigues Fernandes, Vera Sílvia Araújo Magalhães e o grande amigo de

Nelson, Ronaldo Dutra Machado. Nelson e Ronaldo voltariam a encontrar-se somente dez anos depois.

Esse seqüestro fez soar o alarme. Os teóricos da repressão acordaram depois de mais uma humilhação em rede nacional. Em setembro do ano anterior, o embaixador americano Charles Elbrick também fora seqüestrado. Se a intenção era infiltrar algum espião para obter informações no DOPS da Relação, o resultado fora pífio em comparação ao que aquela "reunião de presos" proporcionou. Pouco depois do seqüestro, o "aparelhão" acabou. Seguiram-se transferências para a Ilha Grande, quartéis e para a PE da Barão de Mesquita, dessa vez para as celas coletivas do segundo andar.

Para Nelson sobrou a PE pela terceira vez. Pelo menos, não iria passear pela "boate". As regras do "coletivo" adotadas no DOPS da Relação continuavam valendo. Tudo era dividido. O recém-chegado da tortura recebia tratamento especial e via-se no seu rosto deformado o alívio por estar ali. Para passar o tempo, jogava-se muito: jogos de carta com baralhos feitos com maços de cigarro; xadrez com peças modeladas com miolo de pão. Os códigos de comunicação criados entre as celas chegaram a permitir a organização de greves de fome.

Edna agora enxergava muito. Procurou novamente a amiga Umbelina e jurou na frente dela: "Eu quero ir pro inferno pra me vingar dessa gente toda." Era o fim da inocência. Mergulhou fundo nos bastidores do regime e armou uma surpreendente rede de informantes. Passou a agir sem medo e a cometer atitudes impensadas, como procurar a esposa do major Gomes Carneiro,[783] um dos oficiais que comandavam as torturas em Nelson, e perguntar secamente:

— A senhora sabia que o seu marido é torturador?

Esse seria seu ajuste de contas. A tática de contra-ataque que explorava um lado desprotegido dos torturadores: a vidinha dupla que levavam estava ameaçada.

Edna já enxergava tudo o que se passava e não via limites na luta para libertar o filho. Uma de suas decisões mais surpreendentes foi tentar um encontro com o presidente Medici na casa dele, em Copacabana. Sua irmã Elys, que conhecia o casal Medici desde que Hugo servira nos Estados

Unidos, ofereceu-se para ir junto. Elys e Edna chegaram e se apresentaram. O presidente e a esposa Scylla não estavam. Quem as atendeu foi a cunhada do presidente. Mesmo assim explicaram a história para ela, que desdenhou:

— Não há tortura no Exército.

Elys protestou:

— Como não há tortura no Exército, se eu tenho um sobrinho preso que está sofrendo as piores violências?

Pediram para comunicar ao presidente que estiveram lá e foram embora.

A ousadia de Edna não teria mais fim. Nas filas de banco ou nos pontos de ônibus, fazia pequenos discursos para quem quisesse ouvir. Ao final, tirava os óculos e perguntava:

— Você acha que eu tenho idade para ser avó?

E mostrando a foto de seu neto, apresentava:

— Este é o meu neto. Bonito, não? Só que o pai dele não pode conviver com o filho porque está preso e sendo torturado. Você sabia que existe tortura no Brasil?

Excesso de coragem ou desespero de mãe, Edna passou a ser seguida constantemente, mas não se intimidava e ainda ridicularizava os responsáveis em vigiá-la. A repressão também aprontava das suas: um dos homens escalados para segui-la tinha um dente de ouro e, assim que Edna o via, começava a gritar "Lá vem o Dentinho de Ouro". Era para ser um discreto policial, mas como se manter à sombra com uma marca tão característica? Apelidado de "Dentinho de Ouro", o espião do dente dourado acabou tornando-se um dos poucos motivos de risada na família naquela época. Edna e Déa — a quem Edna sempre recorria quando precisava de apoio — zombavam dele, mas Berenice ainda sentia muito medo e, quando o encontrava na rua, fingia não vê-lo.[784]

Para completar o serviço de arapongagem, o telefone da casa de Edna dava sinais de estar grampeado. Ligações caíam e ouviam-se estalos e, assim como zombava do "Dentinho", Edna também reclamava com o espião: "Quer parar de ouvir a minha conversa?". Durante as madrugadas, Edna e

Berenice eram acordadas por telefonemas assustadoramente silenciosos. Berenice também foi seguida durante o tempo em que morou com Edna, que a ajudou durante a gravidez, acompanhando-a aos exames e levando-a ao médico e ao dentista.

As famílias dos presos uniam-se cada vez mais na dor. Formavam grupos de solidariedade para procurar autoridades e denunciar as torturas. Em defesa do sangue, não tinham medo. Buscavam abrigo na Igreja. Pediam ajuda aos parentes dos que estavam no poder e até para os parentes daqueles que brutalizavam seus filhos. Traziam o porão à tona. Levavam os fatos aos jornais brasileiros e à imprensa estrangeira. A repressão tentava impedir, mas seria impossível calar o boca a boca.

A fase continuava muito difícil para Edna. Cassada, com um filho na prisão, ela, que sempre fora cuidadosa com a aparência, abandonava aos poucos a própria auto-estima. O abatimento era visível em seu rosto. Mesmo assim, prosseguia a sua luta, descobrindo cada vez mais abusos. Na busca de justiça, transformou-se em uma ameaça particular. Participava das movimentações das famílias, mas, além de denunciar as torturas para a imprensa estrangeira, passou a realizar o que acreditava ser uma campanha em favor das Forças Armadas: denunciava o mau militar e as torturas para os próprios militares. As acusações que fazia, olho no olho, ganhavam mais importância do que qualquer denúncia. A feroz censura vencia facilmente a guerra das versões, mas não poderia esconder uma acusação que explodia dentro do próprio Exército. Da imprensa estrangeira, o Exército sofria ataques como organização, dos cabeças aos soldados; de Edna, as laranjas podres recebiam ataques individuais e diretos, de condutas que não podiam ser aceitas pela corporação. Tudo isso provocava um mal-estar entre os militares envolvidos nas torturas e mortes e os que faziam parte da "maioria silenciosa". Aquelas denúncias mexiam com quem era contra os excessos da ditadura, mas não tinha força ou coragem para protestar.

A jornada de Edna, às vezes, recebia acolhida. Uma vez procurou o general Augusto Fragoso para tentar fazer com que a violência contra Nelson fosse abrandada. Apesar de ser comandante da ESG, Fragoso tinha um grande respeito por Lott, com quem começara a trabalhar na FEB e de quem fora adjunto em Washington e oficial-de-gabinete no Ministério da Guerra. O general entrou em contato com o comandante do I Exército, Syzeno Sarmento, seu amigo pessoal, e pediu por Nelson. Além do pedido, Fragoso abriu um caminho para Edna, que não sairia mais do gabinete de Sarmento, o homem que coordenava a repressão no Rio.

Apesar de saber que Sarmento "ganhara" de Lott uma transferência para uma circunscrição de recrutamento em Natal, Edna não esmorecia. O que esperar de um adversário de seu pai? Ela não queria saber. Procurava-o constantemente em seu gabinete. Se havia uma chance de ajudar o filho, lá estava ela, mais uma mulher que cantava "sempre esse lamento".

A movimentação de Edna passou a incomodar. Suas atitudes, que já eram vigiadas desde a campanha presidencial, despertaram mais ainda a atenção dos militares.

"Pega tuas coisas." Uma muda de roupa, cuecas, meias, escova e pasta de dentes. Nelson teria de deixar o baralho de maços de cigarro e o jogo de xadrez feito de miolo de pão. Escondeu os bilhetes e a foto 3x4 de Berenice. Pensava agora na dificuldade para a família encontrá-lo. Teriam de recomeçar a procura. Agora lá estava ele, mais uma vez, na caçapa do camburão escuro e abafado. Não sabia para onde iria, mas o raciocínio continuava valendo: até agora qualquer lugar era melhor que a PE. Sem receber explicação alguma, foi levado para um quartel.

O novo aposento ficava em um corredor de mais de dez metros de comprimento e um metro e meio de largura, onde circulavam muitos presos "jovens e pálidos". De um lado, amplas janelas, do outro, celas, do tamanho de um banheiro, onde havia dois colchões. Estava no Regimento de Obuses, RO 105.

Para quem chegava da PE, Nelson só tinha motivos para ficar feliz: ali só havia presos políticos. A iluminação que vinha das amplas janelas e a limpeza do lugar impressionavam. Os presos ficavam o tempo todo no corredor. As celas nunca eram fechadas. A comida, a mesma dos soldados. E o banheiro tinha chuveiro e privada. Porém Nelson não conhecia nenhum dos presos, na maioria do Partido Comunista Brasileiro Revolucionário (PCBR). Achou que seria "estranhado" pelo grupo, mas sua história já se tornara relativamente conhecida no movimento. Foi recebido com respeito e camaradagem. O esquema montado pelas famílias continuava funcionando. Logo no primeiro ou no segundo dia, Nelson recebeu uma muda de roupa, sua própria roupa, o que mostrava que Edna o havia localizado. A roupa tinha um código muito particular entre presos e familiares. Escondiam sinais que precisavam ser decifrados: roupas antigas eram a confirmação de que a família o encontrara; sujas de sangue mostravam que o preso estava ferido; roupas devolvidas limpas e lavadas para a família poderiam significar que a tortura se transformara em assassinato.

Pouco mais de uma semana depois, todos mudaram de cela, transferidos para um salão com camas-beliche. Lá o "coletivo" também ditava as regras de comportamento. Entre os presos, já havia então uma mistura de organizações, ALN, PCBR, MR-8, Dissidência. Conseguiram autorização para a entrada de uma TV de 14 polegadas na qual assistiam aos telejornais e alguns programas. Durante a madrugada, Nelson e outro preso, Raul Gentile, levavam a televisão para o banheiro, onde passavam a madrugada inteira vendo filmes da Sessão Coruja.

Totalmente entrosadas, as famílias não pensavam apenas em seu parente, mas na comunidade de presos em que ele se encontrava. Os mantimentos recebidos iam para uma despensa geral. Permitiam-se visitas semanais, de uma hora para cada preso. Nelson apagou da memória esses encontros. Não conseguiu recordar-se. De vez em quando, o comandante do quartel, observando a união que havia, tentava enquadrar os presos, impondo horários, fazendo revistas e pressões que não iam muito além disso. Porém, livre da ameaça externa, o grupo passaria a enfrentar disputas internas, ampliadas pelo confinamento e pelas ideologias diferentes. Por um lado, aquela diversidade de opiniões chegava a confundi-lo. Afinal crescera habituado à filosofia do Exército — concordar com a maioria e evitar divergências para não dar chance ao inimigo. Mas, por outro, Nelson sentia-se bem, porque desde pequeno fora criado vivendo o dia a dia de um quartel.

Mais uma vez, a ordem: "Junta tuas coisas." E só para Nelson. Colocou "tudo" que era seu em uma sacola de papel. Teve tempo de escrever uma carta para a família, que os companheiros tentariam entregar. De novo surgia o medo impossível de dominar. PE, Oban, PE, DOPS, PE, RO 105. Mudanças que destruíam resistências. De novo levado e empurrado, o camburão sacudindo, o camburão parado. Fazia calor. Nelson pingava suor enquanto esperava que a porta fosse aberta. Pelos sons que ouvia, pelas imagens vistas através da fresta da porta, já podia imaginar onde estava, apesar de manter a esperança de estar errado. Precisou afastar a sacola de papel para que seu suor não a molhasse enquanto aguardava. Talvez fosse uma escala para pegar mais um preso. Talvez não estivesse na PE. Aí até valeria a pena passar por aquele calor. A porta foi aberta. Era o prédio. De volta à PE, pela quarta vez. Trancos e solavancos o faziam andar. Só não queria ser levado para o térreo. Naquele momento, já sonhava com o segundo andar. Seu desejo foi atendido. Ficou feliz em ser jogado numa solitária fedida e abafada. Quatro paredes com uma cama de lona. Sem torneira e sem privada. Em poucos minutos, todos os momentos passados no RO 105 desapareceram. Preocupava-se apenas em reaprender a não sentir sede e a controlar suas necessidades fisiológicas. Já sabia que não deveria chamar a atenção e incomodar os guardas com um pedido. A julgar pelo cheiro forte de urina que sentia, seu antecessor naquele cubículo também pensava assim.

Enxugou o rosto e fez um travesseiro com as suas roupas. Tentaria dormir. Depois de um tempo, o postigo da porta foi aberto por um oficial de certa idade. Ele percorreu a solitária com os olhos e comentou:

— Essa cela é uma merda!

Nelson não entendeu se o comentário havia sido feito em solidariedade ou como crítica à limpeza do lugar. Foi então que reparou na imundície da lona que forrava a cama. Uma crosta de sangue recobria o pano. Era recente. Talvez do preso anterior.

Passando por um calor insuportável, Nelson permanecia deitado e imóvel para que seu corpo pudesse agüentar o máximo de tempo sem precisar de água. Definitivamente, não incomodaria o inimigo. O fantasma da tortura morava bem ao lado.

O copo de café com leite com pão pela manhã foi suficiente. Dois dias na solitária e "pega tuas coisas". Não viu ninguém, não foi visto. Não falou, nem foi perguntado. Não entendeu essa transferência. Talvez o objetivo fosse despertar suspeitas entre os companheiros, já que um sumiço assim deixava muitas interrogações e desconfianças que poderiam provocar discussões nos grupos. Durante todas essas idas e vindas, Nelson nunca foi chamado para responder em juízo. Muito menos sabia quais eram as acusações que pesavam contra ele.

O camburão, o calor, o sacolejar. A viatura parada, a expectativa. Soldados correndo. A porta se abriu e Nelson saiu tentando demonstrar firmeza ao ver o aparato de guerra que se formara para recebê-lo. Muitos soldados com armas em punho apontadas para ele. Um oficial o conduziu aos empurrões para uma sala fechada de três metros por dois. Um beliche com roupas limpas e bem esticadas, no estilo militar, em um canto; no outro, uma mesa com cadeira. O teto podia ser alcançado com a mão. Ao lado, havia um banheiro pequeno. Nelson nem desconfiava de onde estava. Tentou olhar pela veneziana, fechada com cadeado, mas via apenas uma parte do capacete do soldado que fazia guarda. Achava que era o único preso no lugar. Não entendia então porque toda aquela movimentação. Seria a nova tática da repressão, espalhar os presos por quartéis do país para evitar troca de informações? As dúvidas não paravam de surgir. Pelo menos, não estava na PE.

Barulho de chave. Nelson levantou-se. Entrou um soldado com uniforme de garçom escoltado por três guardas com armas em punho. Uma bandeja de inox foi colocada na mesa. Saíram sem dizer nada. Ficou a bandeja com um bule, uma garrafa d'água gelada, um prato coberto e uma banana em outro prato. A oferta era boa demais...

Aproximou-se da mesa com desconfiança. No bule, laranjada. No prato, arroz, feijão, ovo e carne. Nelson riu e não entendeu mais nada. Fez a melhor refeição desde a lasanha que não comera no dia da sua prisão. Depois, só bem depois, pensou em preocupar-se.

Após dois dias no quartel que servia comida em bandeja de inox, a porta se abriu e Berenice e Edna entraram. Traziam doces, roupas e livros. Nelson apagou o encontro da memória. Não conseguiu nunca mais lembrar desse momento. Pelo menos descobrira que estava no 1º Grupo de Canhões Automáticos Antiaéreo, que tinha a divertida sigla de GcanAuAAe40mm.

O Gcan 40 era uma ilha de neutralidade no meio da luta armada. De manhã, o soldado chegava com o café-da-manhã. Tinha almoço e janta — tão bons que Nelson achava que vinham da refeição destinada aos oficiais. Edna levou uma TV, um fogãozinho elétrico e chuveiro.

Com o tempo, Nelson deixou de ser novidade. Conhecia a rotina de um quartel. Adaptou-se a ela. Quebrou as resistências com perguntas formais que evoluíram para histórias pessoais. Nunca ouviu uma ameaça. Passou a ser tratado como mais um lá dentro. Descobriu que, quando chegara, era considerado um perigoso terrorista. Os vigias passavam as noites com armas apontadas para a porta de sua cela. Soldados faziam rondas especiais.

As visitas ficaram marcadas para quartas e sábados, das três às cinco da tarde. O horário ficou maior, mais flexível. Cada vez Edna e Berenice chegavam mais cedo. Até que, aos sábados, o horário informal de entrada ficou sendo às nove da manhã. Dependendo do oficial-de-dia, fazia-se vista grossa à visita nos domingos, feriados e dias sem expediente. Foi no Gcan 40 que Nelson conheceu seu filho, então com 21 dias de vida.

As precauções quanto a Nelson mudaram com a chegada do coronel Mario Guadalupe Montezuma. Quando ele assumiu o comando do Gcan foi até a cela para conhecer Nelson. Repetiu o surrado discurso de que não podia concordar com as idéias dele, que eram reflexo do ímpeto da juventude. Abriu o jogo e disse que faria de tudo para que sua jornada no quartel fosse menos amarga possível, mas que não ultrapassasse os limites tolerados. Para Nelson, Montezuma era a exceção do momento. Chegou a lembrar-se de seu pai, tios e avô. Era um daqueles militares que embarcaram no discurso do Brasil Grande, além de simplesmente não acreditar no que Nelson lhe contava sobre suas torturas. O coronel fazia parte de uma geração rara, que ainda fazia sermões sobre o Exército e o amor ao país. Elogiava a dedicação da sua família. Ele próprio passou a avisar sobre os dias livres para que o horário de visita pudesse durar quase doze horas. Mas a dúvida permanecia: por que Nelson era o único preso político no Gcan?

Recuperada do impacto da descoberta da sujeira que tomava conta do Exército, Edna despertou para o novo momento político com força redobrada. Imediatamente fez amizade com todos os oficiais do Gcan e praticamente tomou conta do lugar, entrando e saindo na hora em que queria. No Gcan, Nelson passava os dias com a televisão ligada, alimentava-se bem, montava miniaturas de avião que recebia de sua família e lia quase um livro por dia. Embora nunca tivesse perguntado, acreditava que havia muito do esforço de sua mãe para o fato de estar preso ali. Jamais soube por que foi poupado ou por que apenas conheceu a solitária da Oban e não a sala de tortura. O fato é que Edna ainda tinha contatos e não parava de envolver-se. Queria agora tirar Nelson do país.

Uma movimentação incomum tomou conta do quartel naquele dia. Nelson passava por um período tão tranqüilo que acabou baixando a guarda. Antes atento a qualquer gesto dos carcereiros, agora não dava importância às mudanças. Mesmo assim, foi até a janela da sua cela e viu Kardec Lemme passar, escoltado por dois soldados. Quase por reflexo, saudou-o — "oi, tio!" — e recebeu o cumprimentou de volta — "Oi, Nelson". Kardec não mostrou surpresa, nem se deteve, prosseguiu em frente. Segundos depois, Nelson pensou no que tinha feito. Relaxado demais com o ambiente do Gcan, esqueceu-se de que aquele cumprimento poderia trazer complicações para ambos. Somente depois se lembrou de que os relacionamentos entre as famílias eram conhecidos de qualquer espião que lesse jornal. Eram os mesmos laços que fizeram a alegria de janistas durante a campanha presidencial.

Apesar de tudo, Nelson chegou a "sentir orgulho" de estar preso no mesmo lugar em que seu "tio" Kardec, que era um ídolo para Nelson desde criança. Ele estudara com Lúcia, filha de Kardec, no primário. Na campanha presidencial, Kardec destacara-se pela dedicação com que encarava a candidatura Lott. Pouco depois, a esposa de Kardec, Édila, tornou-se assessora de Edna. Assim Nelson tornou-se grande amigo de Luiz Carlos, filho de Kardec. Passavam as férias juntos. O coronel virou "tio". Um intelectual comunista famoso nas Forças Armadas, condecorado por sua participação na Segunda Guerra, e que pagou pelo que acreditava. Só era designado para servir em postos de fronteira.

Kardec também preencheu um pouco a falta que Nelson sentia do pai. Na prisão, recordava-se de fatos que, apesar de não haver entendido na época, sentia que eram responsáveis por uma mudança na sua vida. Veio 1964. A cassação de Kardec significou um batismo de fogo para Nelson. Um garoto talvez não entendesse o que o verbo "cassar" com dois "esses" pudesse significar. Até o dia em que Nelson foi visitá-lo na prisão. Quando viu uma pessoa tão querida, seu herói corajoso e inteligente, jogada numa masmorra, o menino sofreu um impacto que jamais iria esquecer. Depois do golpe, Kardec tornou-se um preso "de sempre". A ordem de "prender todos os suspeitos" era respondida com sua detenção. Tornou-se o primeiro a andar com a maleta com o kit básico de prisão.

No mesmo dia em que viu o "tio" Kardec, Nelson teve outra surpresa. A porta da cela se abriu e um senhor entrou. Era o coronel Artur Donato, que trabalhara na campanha de seu avô. Um oficial respeitado e muito sério, que mereceu a visita de Montezuma na cela para explicar-lhe o motivo da prisão: "treinamento" da tropa. Seria cômico...

Poucos dias depois, Kardec e Donato deixaram o Gcan, confirmando a possibilidade de terem sido presos para "avaliar o sistema".

Capítulo 17

Nelson e os outros militantes foram enquadrados na Lei de Segurança Nacional, nos artigos 25: praticar atos destinados a provocar guerra revolucionária ou subversiva; 27: assaltar, roubar ou depredar estabelecimento de crédito ou financiamento, qualquer que seja a motivação; 28: devastar, saquear, assaltar, roubar, seqüestrar, incendiar, depredar ou praticar atentado pessoal, ato de massacre, sabotagem ou terrorismo.[785] Somente em maio de 1971, depois de um ano e três meses preso, Nelson foi levado para a primeira audiência de qualificação, realizada na segunda Auditoria da Aeronáutica.

As auditorias representavam uma grande chance para troca de informações entre os presos e para um contato mais próximo com os familiares. Mais uma vez a repressão cometia um erro estratégico e permitia que, durante horas, famílias e presos permanecessem juntos. Os juízes tinham uma relativa — mas não muito grande — autonomia. Mandavam tirar as algemas dos réus, permitiam conversas. Na maioria dos casos, contudo, quando os presos falavam em tortura, os juízes interrompiam a declaração e ordenavam que o escrevente registrasse que o réu "alegava tortura".

As auditorias eram realizadas geralmente em uma grande sala, na qual ficavam de um lado a mesa com os militares, o escrevente e, próximo a eles, os advogados. Os réus ficavam do lado de seus familiares, como se fossem uma platéia. Nelson costumava ficar com o filho no colo, ao lado de Berenice e de Edna. As mães passavam lanches e bolachas para os filhos. Um repórter de uma revista alemã chegou a entrevistar Nelson, tamanha a facilidade permitida. Nas auditorias, os elos se ligavam. Presos de São Paulo traziam notícias para os que estavam no Rio e vice-versa. A informação corria.

Para cada acusação, Nelson passava por três audiências públicas. Na primeira, as acusações eram lidas e ele fazia declarações; na segunda, eram ouvidas as testemunhas; e, na última, a sentença era proferida.

Naquele momento, dos integrantes da ALN com quem Nelson tivera contato participando de ações, dez estavam banidos na Argélia, trocados pelo embaixador alemão, e onze estavam mortos, depois de serem presos e torturados.

Em uma dessas primeiras audiências, Nelson fez seu depoimento ao Conselho de Justiça do Rio:

(...) que nesse quartel (PE) foi submetido a humilhações, como ficar despido na frente de todo mundo; que foi torturado por choques elétricos aplicados por telefone de campanha, contados com a tomada de parede; que foi submetido ao chamado 'pau-de-arara', pancadas conhecidas como 'telefone', socos, botinadas, bolachadas, cassetetes, sendo que não reagiu a nenhuma agressão dessas; que foi ameaçado de morte, tendo sido lhe colocado um cartaz amarrado no seu peito, com uma caveira, duas tíbias cruzadas, o chamado símbolo do Esquadrão da Morte, com o seguinte dizer 'que era ladrão de automóveis'; que ainda fizeram brincadeiras, que lhe apontaram pistolas carregadas prontas para atirar, que um acidente nessa situação seria fácil, que o gatilho do revólver era puxado, que a partir daí passaram a fazer ameaças a sua família; que, apesar de saberem que sua esposa estava grávida, ameaçavam estuprá-la para fazê-la abortar; que, além disso, faziam perguntas sobre coisas que o depoente nunca ouviu falar; que assinou vários papéis em branco para manter a integridade de sua esposa; que, inclusive, chegou a assinar papéis datilografados (...) que o seu comportamento era psico-maníaco-depressivo, ausência total de sentimentos, inclusive, ao chegar numa cela coletiva às 8 horas da noite falando sem parar até às 3 horas da manhã, emitindo palavras desconexas (...).[786]

(...) que os depoimentos que constam dos autos foram feitos sob coação física e moral, ocasião em que foi obrigado a assinar diversos papéis brancos e datilografados, sendo que destes desconhecia o seu teor; que em época nenhuma, ou melhor, por um período de 43 dias, não teve acesso a nenhum advogado, pois se encontrava preso incomunicável; que, por ocasião de assinar os citados papéis, se encontrava incapaz, falando palavras desconexas, monologando sem qualquer discernimento (e) devido a esse estado foi levado ao Hospital Souza Aguiar, onde foi medicado (...).[787]

Contra Nelson foram instaurados dezesseis processos. Era um dos recordistas de participação em assaltos a bancos e roubos de carro. Os advogados George Tavares e João Alfredo Portela foram contratados pela família. George instruiu Nelson a adotar a tática de negar sua participação no assalto ao Banco Bordallo, sobre o qual o interrogatório se referia.[788] A audiência foi realizada na 2ª Auditoria de Aeronáutica e nela estavam presentes, além de Nelson, quatro integrantes da ALN. Se durante o inquérito Nelson confessara ter participado da ação, ao ser ouvido na auditoria, negava qualquer envolvimento com a ALN. Denunciou para o juiz-auditor que sua confissão fora obtida mediante tortura e ameaças. Disse também que, durante a invasão a seu apartamento, dinheiro e roupas desapareceram, e que nenhuma testemunha o reconhecera.[789] Nelson não transformou seu depoimento em discurso. Sabia que, independente do que fizesse ou dissesse, não alcançaria repercussão alguma. Não havia uma orientação do grupo sobre como proceder nos depoimentos, mas todos se preocupavam em denunciar que haviam sido torturados durante a fase do inquérito.

Os outros acusados, entre eles Rômulo Noronha, admitiram pertencer à ALN e transformaram o depoimento em manifesto contra o regime militar. Rômulo chegou a citar o escritor, poeta e teatrólogo Bertolt Brecht: "O que é um assalto a banco em comparação à fundação de um banco?".[790] Nesse mesmo mês, Nelson ainda seria interrogado sobre os assaltos à Construtora Presidente e aos bancos do Estado de Minas Gerais, de Crédito Territorial e da Bahia. Seguiria negando qualquer envolvimento.

Continuaria com a mesma tática ao ser ouvido na 1ª Auditoria da Aeronáutica sobre o assalto ao Banco Nacional. Afirmou que havia vendido o carro que fora usado na ação bem antes da data do assalto. Repetiu que sua confissão fora obtida depois de ter ficado incomunicável, sofrendo todo tipo de tortura, durante 43 dias. No dia 31 de agosto, Nelson, mais uma vez, declarou não ter qualquer envolvimento com o assalto ao Banco Novo Mundo, declarando que não conhecia a agência, nem os outros acusados. Além de insistir em denunciar que fora vítima de tortura, foi além e chegou a acusar os responsáveis pelas prisões e inquéritos, afirmando que havia uma perseguição contra sua família e que estava surpreso por ter visto oficiais compactuando com as torturas aos presos, manchando assim a farda do Exército.[791]

Em novembro de 1971, todos foram absolvidos pelo assalto ao Banco Bordallo. Porém, no julgamento do Banco Nacional, somente Nelson escapou da condenação. Os outros foram condenados a vinte anos.

Escapar de uma condenação poderia ser mais fácil do que se pensava em uma época tão autoritária. Havia um relaxamento dos encarregados dos IPM na apresentação das provas. Um sinal típico de quem se julgava acima da lei. A primeira parte dos depoimentos era sempre a mesma, pois o escrivão simplesmente copiava os dados dos depoimentos anteriores. As acusações apresentavam provas imprecisas sobre o dia, local e hora do crime. O reconhecimento das testemunhas era feito apenas com a apresentação de um suspeito, e não de um grupo de pessoas, como exigiam os artigos 368 do Código de Processo Penal Militar e 226 do Código de Processo Penal.[792]

George Tavares insistia em destacar a semelhança entre os depoimentos de Nelson nos inquéritos. Por preguiça ou excesso de confiança, os crimes eram apurados sob o signo da autoridade. Escrivães copiavam também os depoimentos, mudando apenas os nomes dos bancos, dos presos e os seus próprios. Não se juntavam provas. Não se apresentavam armas nem dinheiro. As únicas sustentações do processo eram as confissões durante a fase de inquérito — obtidas de um modo que já se tornava conhecido em todo o mundo.

Apesar disso, a tática adotada por Nelson e seu advogado iria falhar. Em dezembro de 1971, voltou a ser julgado. Dessa vez pelo assalto ao Banco da Bahia, realizado no dia 16 de dezembro de 1969, na agência Méier. Continuou negando qualquer participação, mas foi reconhecido pelo gerente do banco. O Conselho Permanente de Justiça da Segunda Auditoria da Aeronáutica o condenou a dez anos de prisão, por unanimidade. Tavares recorreu, mas a apelação demoraria a ser julgada. Nelson permaneceria preso.

Três meses depois, um novo julgamento: assalto ao Departamento de Pessoal da Construtora Presidente S/A. Nelson repetiu seu depoimento. Denunciou as torturas — tática que foi desqualificada pelo Conselho Permanente de Justiça —, mas foi absolvido.

No Gcan, a rotina de Nelson só mudava quando tinha de comparecer às auditorias da Justiça Militar. Pelo menos, não havia o pânico da mudança. O camburão sacudia, mas Nelson sabia seu destino. As datas eram marcadas com antecedência. No tribunal, Nelson podia rever sua família, os companheiros e ter notícias. Em algumas dessas viagens, o Exército dava demonstrações de toda a sua força: não era possível estacionar o camburão para chegar até a auditoria do Exército, na Praça da República. Os presos tinham de sair do chiqueirinho no meio da rua. Um circo era armado com dezenas de policiais e várias viaturas que conduziam um ou dois presos.

A TV, como sempre, estava ligada. Era a grande companheira na sua cela de oito metros quadrados no Gcan 40. Nelson não assistia à novela exibida pela TV Globo, apenas a escutava, para ter companhia, enquanto desenhava ou lia. No intervalo da programação, entrou no ar a chamada do Jornal Nacional: "Ex-deputada é morta em sua casa de campo." Apesar de ouvir apenas isso, ele já tinha certeza. Não houve um instante de dúvida. Sua mãe fora assassinada. Agora só lhe restava sentar na frente da TV e aguardar o *Jornal Nacional* — cada minuto doído — para saber mais informações. A primeira sensação foi de pena, porque ela mal conhecera o neto, e pena da mulher que rapidamente entendera a sua luta em um processo político que se mostrava cada vez mais irreversível. Depois veio o medo — pela esposa, pelo filho e pelos irmãos que perderam a pessoa que os defendia. Quando o *Jornal* começou, veio a confirmação. Edna tinha sido assassinada.

Berenice também viu a notícia no *Jornal Nacional* e ficou sem ação. Foi sua mãe quem a ajudou, lembrando que Nelson estaria precisando dela naquele momento. As duas foram ao quartel. Elas já estavam sendo esperadas. Quando chegaram, a porta da cela de Nelson estava aberta e um oficial conversava com ele. Depois de tentarem entender o que havia acontecido, Berenice, que não tinha ouvido a notícia toda — ou tinha ouvido e apagado da memória —, perguntou:

— Nelson, alguém avisou o Eduardo?

— Berê, foi o Eduardo quem matou a minha mãe.

Eduardo Fernandes da Silva era um dos secretários e motorista de Edna. Freqüentava a Assembléia Legislativa do Rio e apresentava-se como funcionário para criar ligações e realizar negócios com as secretarias do governo estadual. Era comunicativo e simpático. Vários contratos foram assinados entre sua firma, Guanabara Planejamento e Serviços, e a Assembléia, para realização de obras de recuperação no prédio, como consertos de vitrais e telhados. Demonstrava um grande conhecimento da rotina da Assembléia, onde Edna foi apresentada a ele.

Com o estreitamento da amizade, Edna o convidou para ser seu assessor. Como ela era uma pessoa de ação e não tinha paciência com papéis e burocracia, Eduardo acabou se tornando um faz-tudo, de contínuo a secretário. Ou apenas mais um que havia se oferecido para ajudar Edna, que, entre seus muitos colaboradores, contava com a figura sempre prestativa do tenente Jaime Solon, ex-combatente da FEB e um admirador de Lott. Solon continuou trabalhando para Edna mesmo depois da campanha presidencial. A dedicação de Eduardo a princípio foi vista da mesma maneira como era encarado o gesto de Solon, que continuou fazendo os serviços gerais. Eduardo ficou com os investimentos, já que mostrava grande conhecimento em aplicações financeiras e em mercado de ações que, naquele momento, graças à política de estímulos às bolsas de valores, era uma "fábrica de dinheiro".[793] Édila por sua vez cuidava da rotina dos filhos de Edna.

Eduardo logo cativou os filhos de Edna, sempre pronto a ajudar qualquer um deles. Apesar disso, nunca chegou a freqüentar a casa socialmente, apenas a serviço. Nunca almoçou lá. E na casa de Edna era comum que os motoristas sentassem à mesa com a família na hora das refeições. A relação de amizade criada com Nelson foi tão forte que Eduardo foi um de seus padrinhos de casamento. Chegou a emprestar o próprio carro para que ele transportasse armas que seriam usadas nos assaltos realizados pela ALN.

Algum tempo depois, Edna teve flebite na perna — uma inflamação na veia. Precisou ficar de cama. Enquanto ela se recuperava, Eduardo praticamente a substituiu nas suas atividades. Para facilitar seu trabalho, Edna assinou procurações e as entregou a Eduardo. Para ele, que vinha de uma família humilde, trabalhar com Edna significou uma melhora social e financeira, além do prestígio que ganhou ao tornar-se assessor de uma deputada estadual. Com tamanha desenvoltura, mostrando profundo conhecimento dos bastidores da Assembléia Legislativa, ninguém jamais se preocupou em desconfiar de seu passado, marcado por uma extensa ficha policial — conhecida dos militares — e que Edna e sua família ignoravam. Eduardo já havia sido processado cinco vezes por lesão corporal — em um dos processos foi condenado a dois anos e quinze dias de prisão, sendo beneficiado pela prescrição; duas vezes por contravenção no jogo do bicho; uma vez por tentativa de homicídio; uma vez por apropriação indébita; uma vez por estelionato; e uma vez por apostas de cavalo fora do recinto permitido. Em março de 1962, envolveu-se em um golpe que desfalcou o Banco da Província do Rio Grande do Sul, agência da rua Acre.

Mesmo depois da cassação de Edna, ele se manteve a seu lado. Como secretário e motorista. Só que ela descobriu que Eduardo não estava honrando os negócios que realizavam. Edna lhe vendera um automóvel Volkswagen e Eduardo ficou devendo em notas promissórias a quantia de 12.111,38 cruzeiros, que não estavam sendo pagas. Em 10 dezembro de 1970, através de uma declaração registrada no cartório do 2º ofício de Lambari, cidade mineira onde Edna e Eduardo possuíam, cada um, uma casa de veraneio, ela cancelou a procuração de Eduardo, declarando ter recebido um rádio portátil consertado, as chaves da casa de Lambari, as notas referentes à compra de ações relativas às distribuidoras Loba e Tamoyo, uma caixa com as correspondências políticas que se encontravam no escritório dele, a quitação de uma dívida de 165 cruzeiros referente à venda de uma cômoda, uma máquina de lavar quebrada, uma tábua de passar roupa, um porta-legume e uma banqueta. Também acertava a forma de pagamento para Eduardo quitar suas dívidas, referentes ao carro e a um televisor.

No dia 10 de junho de 1971, feriado de Corpus Christi, Edna viajara para Lambari de carona com um casal de amigos. Durante a viagem, ela contou ao casal[794] que Eduardo lhe devia cerca de 13.000 cruzeiros[795] e que não confiava mais nele nos negócios. Sua melhora de padrão de vida era visível depois que começara a trabalhar com Edna. Na mesma ocasião Eduardo também estava em Lambari. Viera de Santos para participar de um churrasco em homenagem ao delegado José Eduardo de Siqueira Assis, que seria transferido da cidade. Edna e o casal também compareceriam à festa.

Em Lambari, Edna e o casal encontraram-se com Eduardo e foram ao churrasco, mas ficaram por pouco tempo. Depois de uma discussão, Edna e Eduardo retornaram para a casa dela na alameda Hélio Salles, nº 15. Ao chegarem, o casal permaneceu na sala, enquanto Edna e Eduardo foram ao quarto para conversar. Pouco depois, dois sons secos e fortes foram ouvidos. Eduardo voltou à sala com o braço direito atrás das costas e perguntou sobre a chave do carro. Ao pegar a chave, o casal viu sangue na mão que ele tentava esconder. O homem então correu ao quarto e encontrou o corpo de Edna encostado a um móvel, com sangue escorrendo pela cabeça e pescoço. Voltou à sala e viu que Eduardo estava saindo com seu carro. Tentou impedi-lo, mas ele arrancou. Pediu então que os vizinhos chamassem os médicos.

De volta ao sítio, Eduardo chamou alguns amigos, pediu que cuidassem de seus filhos e escondeu-se em uma fazenda na região até a noite.

Para a população de Lambari, que via Edna sempre seguida por Eduardo, eles tinham um romance. A maioria dos jornais do dia seguinte também apontava como motivo do crime o fim do relacionamento. Não foi levantada sequer a possibilidade de o assassinato ter sido cometido por motivo financeiro.

Eduardo Fernandes da Silva era filho de um oficial da Marinha que tinha seu mesmo nome e fora amigo do coronel Waldemar Cordeiro Kitzinger. Em carta do dia 3 de novembro de 1952, o pai indicava Eduardo ao general Stenio Caio de Albuquerque Lima. Ao longo do processo a que iria responder, apresentaria vários políticos como referência. Afirmou que muitos deputados estaduais foram "secretariados" por ele: Baeta Neves, Sinval Sampaio, Índio do Brasil, Samy Jorge, Fabiano Villanova, José Colagrossi, Yara Lopes Vargas e Geraldo Araújo de Souza. Citava também o deputado federal José Bonifácio Diniz de Andrade e o deputado estadual José Bretas.

Como referências militares, apontou os nomes dos coronéis Waldemar Cordeiro Kitzinger e Heckel Fontela Lopes, do tenente-coronel Gastão Fontela Lopes e — uma coincidência que fazia pensar — citava também o coronel Osmar dos Reis, o mesmo homem que fora chamado a participar de Aragarças com a missão de seqüestrar Lott. Eduardo teria enviado um telegrama pedindo o apoio de Reis, que o conhecia do Exército. Reis, no entanto, nada respondeu.

Mas não era só o acusado quem escrevia pedindo ajuda. Às vezes as manifestações partiam do próprio Exército. O general-de-brigada Cristovam Massa escreveu uma declaração em favor de Eduardo, anexada ao processo, garantindo que se tratava de uma pessoa de confiança.

Quando Edna descobriu sobre o passado de Eduardo, foi aconselhada pelas irmãs a deixar o Rio de Janeiro, mas preferiu ficar porque não queria abandonar Nelson. Ao tornar-se secretário de Edna, Eduardo alcançou um *status* que nunca tivera antes. Participou de encontros e reuniões políticas, ascendeu socialmente e passou a levar uma vida tranqüila. Ao assassinar quem lhe abriu tantas portas, ele, que se apresentava como seu namorado, jogava fora todas as regalias que conquistara. Um ato impensado que não combinava com seu modo de agir.

No dia 18, uma semana depois do crime, Eduardo apresentou-se ao juiz de Direito da comarca de Lambari. O inquérito já estava na delegacia de Pouso Alegre. Em seu depoimento, disse que eles tinham um romance e que estava devendo a Edna 5.706 cruzeiros, resultado da venda de um automóvel Volkswagen. Declarou ter recebido uma procuração de Edna que lhe dava poderes para tratar de assuntos como locação de imóveis. Nesse depoimento, não conseguiu comprovar uma profissão definida, já que apenas se fazia passar por assessor da Assembléia Legislativa da Guanabara.

Apresentou uma incrível versão de uma luta corporal com Edna pela posse do revólver e declarou não ter percebido onde as balas tinham acertado. Explicou que fugira para São Paulo, Belo Horizonte e Rio de Janeiro durante a semana. Contratou os advogados Mário Figueiredo, do Rio, e José Vicente Lamounier de Vilhena, de Lambari.

O relatório do corpo de delito e o laudo pericial atestaram que as duas balas passaram por apenas um orifício, próximo ao ouvido esquerdo, que estava chamuscado. Não foram tiros de defesa. Edna fora imobilizada por Eduardo, que colocou a arma encostada à sua cabeça e a executou. As conclusões dos peritos desmontavam a versão de Eduardo. Edna ainda sentia as dores da flebite. Caminhava com dificuldade. Mesmo se tentasse, jamais poderia ter lutado com ele.

Na prisão, Eduardo conseguiu ser transferido de Lambari para Pouso Alegre, onde, inexplicavelmente, passava o dia circulando na delegacia e não na cadeia, entre os policiais e os peritos[796] encarregados do seu processo. Através do advogado, fez uma petição e foi transferido para Jesuânia um mês depois. Obrigado a retornar a Lambari, Eduardo conseguiu a autorização do delegado e bancou do próprio bolso várias reformas na cadeia. Enquanto esteve preso em Pouso Alegre, seu comportamento foi considerado exemplar. Deu aulas do Mobral para os outros detentos e escreveu uma carta ao bispo da região solicitando que ele enviasse padres para celebrar missas aos domingos.

As ações nominais que Edna possuía não puderam ser resgatadas e perderam seu valor devido à lentidão do processo e do inventário; as ações ao portador ficaram com Eduardo, que era sócio da firma Guanabara Planejamentos e Serviços, cujo ex-sócio se tornou liquidante e brigava na Justiça com Eduardo desde 1968.

As notas promissórias encontradas apontavam para uma dívida de 6.000 cruzeiros, mas Edna insistia em dizer que Eduardo lhe devia quase 13.000 cruzeiros. Ela mantinha um rigoroso controle dos gastos. Sempre foi zelosa com dinheiro. Exigia os comprovantes dos gastos realizados por Eduardo. Em uma lista de pagamento chegou a incluir a compra de um balde. Era um estranho relacionamento amoroso feito à base de notas promissórias; ou, mais romântico ainda, uma lista de pagamento na qual se incluía a compra de um balde.

Nelson não foi ao enterro da mãe no Rio de Janeiro. Sua presença somente seria permitida se fosse algemado e com escolta. Lamentaria para sempre não ter comparecido. Berenice ficou com ele durante o enterro e a missa de sétimo dia. Aos jornalistas, Lott fez apenas uma declaração: "O que poderia falar num momento de tamanha dor?"

Cerca de cem pessoas compareceram ao enterro. No dia seguinte, alguns jornais apresentaram os desmentidos da família, que citava as dívidas que Eduardo tinha com Edna. A situação financeira dela — cassada, sem emprego e com gastos para manter a defesa de Nelson — não era muito boa. Assim tornou-se ainda mais controladora do dinheiro que gastava. Entre os colegas de Nelson que estavam presos surgiu uma suspeita de crime político. Principalmente pela maneira decidida com que ela lutava pelo filho.

Durante toda a cerimônia, Lott permaneceu calado, com uma postura inflexível, mas visivelmente abalado. À dor de um avô que enterrara a neta, de um marido que perdera a esposa, somava-se agora a tristeza de um pai que perdia a filha. A morte de Edna o fez sofrer muito, passou alguns dias sem dizer uma só palavra. Apesar de tentar não demonstrar, dessa vez não conseguia esconder o que sentia. Na missa de sétimo dia, manteve o corpo rígido sem se curvar, mas não pôde evitar que sua face ficasse muito vermelha e que as lágrimas brotassem dos seus olhos. Chorou muito pela filha que mais se engajara em sua luta política.

Em 26 de outubro de 1971, a primeira Câmara Criminal do Tribunal de Justiça do Estado de Minas Gerais concedeu *habeas-corpus* a Eduardo. Quatro meses e oito dias depois do assassinato, ele estava solto. O *habeas-corpus* foi concedido porque o processo não terminou no prazo de 108 dias, fixado pelo Conselho Superior da Magistratura, quando indicadas testemunhas de defesa. Como Eduardo encontrava-se preso há 131 dias, o Ministério Público julgou procedente a denúncia. O mandado de prisão saiu apenas no dia 8 de novembro de 1972, mais de um ano depois do *habeas-corpus*. Mesmo com a prisão decretada, Eduardo só se apresentou em 5 de abril de 1973. Ao todo contava com quatro meses e onze dias de prisão e mais de um ano e cinco meses em liberdade.

Dois dias antes de Eduardo se apresentar, Nelson foi levado para a Auditoria do Exército. O camburão tinha de parar na rua para que os presos descessem e fossem até o prédio. Porém, para que realizassem esses trinta passos, a polícia montava um espetáculo com vários elementos: pelotão de choque, sirenes, soldados, armas pesadas. Toda vez que precisavam ir para a Auditoria do Exército a cena se repetia. Mas naquele dia 3 de abril, houve uma ordem dos policiais para reforçar o jogo de cena: os presos políticos deveriam vestir uniformes de presidiários ao se apresentarem na Auditoria. O grupo que estava no presídio da Frei Caneca — Rômulo Noronha de Albuquerque, Jorge Raimundo Jr, Carlos Roberto Nolasco, Aton Fon Filho, Paulo Henrique Lins — se recusou e resistiu, mas acabou sendo vestido à força. Porém não desistiram. Dentro do camburão, enquanto eram levados para a Auditoria, eles decidiram contribuir com o figurino do *show* e tiraram a roupa.

O camburão chegou. Policiais fecharam a rua. A tropa de choque estava pronta e o espetáculo, montado. O local começava a ficar congestionado. Assim que a porta do camburão foi aberta, os presos saíram, alguns de cueca e outros de sunga, provocando um pequeno tumulto em plena Praça da República, no centro do Rio de Janeiro. Os policiais foram pegos de surpresa e rapidamente levaram o grupo para um pátio que servia de estacionamento.

Lá, eles ficaram esperando os juízes decidirem para onde deveriam ir. Nelson, enquanto aguardava, teve uma grande surpresa. Viu Eduardo cumprimentando policiais e funcionários e andando com uma desenvoltura natural de quem conhecia o lugar. De terno azul e gravata vermelha, Eduardo estava sozinho e à vontade. Nelson sentiu muita raiva e ficou inconformado. Eduardo percebeu que Nelson estava entre os presos. Apenas apressou o passo, entrando no prédio e desaparecendo pelos corredores.

Dois dias depois de visitar a Auditoria do Exército, Eduardo apresentou-se ao delegado de Lambari.

O julgamento foi marcado para 30 de maio de 1973. Fazia frio em Lambari. A temperatura era de 8°C e a praça Duque de Caxias, onde ficava o fórum, estava lotada. O julgamento começou às oito da manhã em ponto. A inquirição do réu e das testemunhas terminou às doze horas e vinte minutos. Houve uma hora e dez minutos de intervalo. O objetivo da defesa era mostrar Edna como uma mulher que tinha um amante. Mas nenhuma prova foi apresentada. Romance só na tese da defesa e nos depoimentos de Eduardo, que uma semana antes havia nomeado mais dois advogados, Márcio Nogueira e Laércio Nogueira.

Passava um pouco das dez e meia da noite quando o Tribunal do Júri decidiu por cinco votos contra dois que Eduardo praticara um crime de homicídio qualificado contra Edna por motivo fútil. Por seis votos contra um, também reconheceu o agravante de crime praticado com o réu prevalecendo-se das relações de coabitação. O júri condenou Eduardo a dezenove anos de prisão. Mas os antecedentes, o dolo, os motivos e a circunstância agravante fizeram com que o juiz aumentasse a pena em um ano. Condenado a mais de vinte anos, Eduardo ganhava, graças ao juiz, o direito de recorrer. Dois dias depois, o advogado de acusação Newton Feital já recebia o ofício 41/73, comunicando que o réu seria submetido a um novo julgamento na próxima sessão do Tribunal do Júri.

Ainda seguindo ordem do juiz, Eduardo deveria continuar na prisão onde estava até que fosse aberta uma vaga em uma prisão estadual. A apelação foi marcada para 30 de agosto, mas os advogados de defesa, alegando que Eduardo "não se encontrava em condições de saúde para suportar o julgamento", pediram o adiamento. Remarcada para 29 de novembro de 1973, a defesa pediu mais um cancelamento. O julgamento foi novamente adiado.

O juiz Arnaldo Garcia da Costa pediu que uma junta médica examinasse Eduardo para comprovar se ele realmente estava doente, até que ponto essa doença poderia atrapalhar no julgamento, e se era necessária uma transferência de local do julgamento. Em fevereiro de 1974, os médicos Sylvio Fleming dos Santos e José Benedito Rodrigues atestaram que Eduardo se encontrava em boas condições de saúde, porém teria de se submeter a exames periódicos, não urgentes. Em Lambari não havia condições técnicas para realizar esses exames. A defesa aproveitava e tentava trocar o local do julgamento porque a população da cidade estava contra Eduardo.

Feitos os exames, os médicos atestaram que Eduardo tinha disfagia, uma dificuldade de comer alimentos sólidos, mas teria condições de enfrentar um novo julgamento. Alegando incapacidade física para suportar uma outra sessão do júri, Eduardo foi transferido para o Rio, onde realizaria tratamento médico.

O julgamento do recurso foi marcado para 28 de março de 1974, em Lambari. Os quesitos se mantiveram os mesmos, mas o júri, por quatro votos contra três, dessa vez decidia que o réu cometera o crime "sob domínio de violenta emoção", desclassificando o homicídio de qualificado para simples. O juiz Arnaldo Garcia Costa fixou a pena em 12 anos, mas diminuiu em três e aumentou em seis meses pelo agravante. A pena passava a ser de nove anos e seis meses, a ser cumprida na Penitenciária Agrícola de Neves, quando "fosse aberta vaga".

Feital e a Promotoria Pública pediram apelação do veredicto. Estavam inconformados com a declaração de Eduardo de que "na luta pela posse da arma, desequilibrou-se, escorregando e neste momento a arma disparou". Os relatórios dos peritos apontavam que a vítima estava imobilizada e os tiros foram disparados à queima-roupa, porque havia sangue no interior do cano da arma.

Durante esse período em que esteve preso, Eduardo apenas dormia na cadeia, passando o dia na delegacia, trabalhando como escrivão no setor de emplacamento do departamento de trânsito. Trabalhou até 12 de março de 1975, com um "exemplar comportamento carcerário", como escreveria o comandante João Felipe Ferreira em uma carta com o timbre da Secretaria de Estado da Segurança Pública de Minas Gerais. O delegado Fernando de Oliveira Costa Custódio Nunes também assinou uma carta com o mesmo timbre na qual lamentava o afastamento de Eduardo "por motivos alheios à nossa vontade" e agradecia o "valioso apoio que prestou (...) como escrivão por ter instalado em Lambari um serviço de trânsito modelo e impecável". Essas duas cartas foram anexadas ao processo. Na delegacia, Eduardo seguia convivendo com os peritos que fizeram a análise do seu caso e com os policiais que atuaram na investigação.

O terceiro julgamento foi adiado muitas vezes porque vários jurados apresentaram dispensa médica. Dessa vez, foi a acusação que pediu o desaforamento do julgamento. O aumento de pessoas doentes em Lambari seria provocado, segundo a promotoria, pela "pressão exercida pela defesa, pelo próprio réu e por pessoas influentes" que estariam ameaçando os possíveis jurados. Sete jurados fizeram declarações — reunidas ao processo — de que receberam algum tipo de intimidação.

Enquanto isso, a Penitenciária Agrícola de Neves continuava sem vaga. Eduardo permanecia em Lambari, viajando constantemente ao Rio para ser examinado por médicos.

O terceiro julgamento foi marcado para 15 de dezembro de 1975. O perito criminal Walter Matos Moura depôs e confirmou seu relatório, que destruía o depoimento de Eduardo de que houvera briga pela posse da arma. O Júri decidiu por homicídio simples, sem agravantes nem atenuantes. O juiz José Affonso da Costa Torres fixou a pena em 15 anos. Mais uma vez determinou que Eduardo fosse mantido na prisão em Lambari até que se abrisse uma vaga em Neves, onde cumpriria pena. Os quatro advogados de defesa apelaram, mas o Tribunal de Justiça do Estado de Minas Gerais negou definitivamente o pedido em outubro de 1976. Nesse mesmo mês, Eduardo contratava um novo advogado, e, em agosto de 1977, mais um outro advogado fazia parte de sua defesa, um dos mais famosos de Minas Gerais, Ariosvaldo Campos Pires. Um ano depois, no dia 8 de agosto de 1978, Eduardo beneficiava-se do regime de prisão albergue graças ao seu histórico médico. Permaneceu em Lambari ou em Pouso Alegre durante os cinco anos e nove meses em que esteve realmente preso, sem que a penitenciária de Neves tivesse aberto uma vaga para ele durante esse período.

Capítulo 18

Janeiro de 1972. Nelson teria de deixar o Gcan 40. Essa mudança contribuiu para aumentar ainda mais uma certeza que carregava consigo: foi sua mãe quem tivera papel decisivo nesse ano e meio em que permanecera preso onde se servia comida em bandejas de inox. Assim como acreditava que aquele inexplicável período na Oban da rua Tutóia, em que ficou na solitária mas foi poupado das torturas, também contara com a participação dela.

Daquela vez havia "muitas coisas" para juntar, mas ele só pôde levar algumas roupas do muito que tinha reunido no Gcan. De novo, no camburão. Sem saber para onde iria. Assim que a porta do camburão foi aberta reconheceu onde estava: complexo penitenciário da Frei Caneca. Foi levado pelo corredor das celas e somente então, depois de dois anos preso, veio à sua mente as histórias sobre mortes e estupros na prisão. Entrou numa cela quadrada com duas fileiras de quatro camas cada. Todas de concreto. Na cela para oito, havia apenas dois detentos. Um baixo e gordo; outro, alto e magro. Ambos bem pálidos. Nelson temeu que estivessem lá para arrumar briga na cela e matá-lo. Abriu o jogo e disse logo quem era, porque fora preso e as ações de que participara. Talvez para não ficarem por baixo, os dois disseram que eram do PCBR. Nelson falou sobre alguns membros do PCBR e eles nada souberam responder. E as outras celas superlotadas...

Com a conversa fluindo, as barreiras diminuíram e um deles se apresentou: era o "Serginho do Pó". Disse que aquela cela era para presos enquadrados na Lei de Segurança Nacional. Depois de alguns dias, os três juntaram as coisas. Camburão. Nelson sacudiria como nunca em uma longa viagem até a cidade de Mangaratiba, no litoral sul do estado.

Ainda sem ter sua apelação julgada, seria levado para o Instituto Penal Cândido Mendes, o presídio da Ilha Grande, onde as visitas só eram permitidas de quinze em quinze dias. Quem se dispunha a fazer a viagem enfrentava mais de catorze horas entre a ida e a volta ao Rio. Logo na sua primeira transferência, ele já receberia o tratamento padrão aplicado nas viagens. O camburão quase sempre chegava bem antes que o barco de transporte dos presos. Os policiais saltavam e esperavam fora do carro. Sol a pique, o chiqueirinho virava um forno. Nem Nelson, nem os outros presos, reclamavam. Assavam silenciosamente.

Quando saíam da viatura, passavam por um corredor de policiais e viravam-se como podiam para entrar no barco com algemas nas mãos. O velho barco cargueiro, construído em 1910, e adaptado para transporte de pessoas, tinha o nome de *Tenente Loretti*. Os presos comuns ficavam no convés, sem algemas. O porão era o lugar reservado para os presos políticos, que permaneciam algemados durante todo o trajeto. Em dias de sol, a ampla escotilha permitia a entrada de ar puro e luz. Nas tempestades, jatos de água despencavam sobre eles. Ondas jogavam o barco, que por sua vez jogava os presos. A água chegava a encobrir os seus pés. Os presos tentavam ficar na direção da escotilha, porque em caso de naufrágio havia uma chance maior de escapar e não ser tragado pelo barco. Como conseguir nadar algemado era outro problema...

Da praia do Abraão, na ilha, os presos eram levados em um caminhão de carroceria de madeira para o presídio. Os presos políticos só entravam depois de longa revista. Havia uma galeria exclusiva para eles. A limpeza era boa. O "coletivo" cobrava e funcionava. A comida era razoável. Havia um campo de futebol de terra batida, onde os presos comuns realizavam partidas levadas a sério, nas quais valia tudo, com regras muito particulares. Discussão em campo podia dar morte.

Estavam todos incursos na Lei de Segurança Nacional, descaracterizados como presos políticos, porque o regime queria demonstrar que não havia crime político no país. Assim, assaltantes de banco de origem comum também eram condenados pela mesma Lei de Segurança Nacional. Somente a convivência entre eles já se mostrou suficiente para que os "comuns" aprendessem suas regras de convivência. A comida, o jornal e os cigarros recebidos das famílias eram distribuídos para todos por igual. Como solidariedade política, os "comuns" passaram a fazer parte desse coletivo. Até um pacote de bolacha era repartido.

Os presos continuavam seguindo a estrutura das organizações, mantendo cada um sua militância, mesmo dentro da prisão. As organizações fechavam as posições principais e passavam a irradiar e divulgar as decisões. Raríssimas vezes havia discussões, porque as organizações aceitavam o coletivo como o "poder supremo" dentro da cadeia. Os outros presos perceberam que o coletivo e a organização traziam segurança, refletida na força da solidariedade das famílias, e aprenderam a reivindicar, a se organizar e a dar importância à divulgação do que acontecia dentro dos muros da prisão. Greves de fome pela melhoria das condições e pelo fim dos constrangimentos a que as visitas eram submetidas alcançaram seus objetivos. De início houve uma tentativa dos presos políticos para reverter a situação de alguns bandidos, doutrinando-os para que entrassem na luta armada[797] e aderissem à causa dos militantes, mas, na prática, o máximo que se conseguiu foi fazer com que os presos comuns analfabetos tivessem aulas.

Com o tempo, o coletivo obteve grandes vitórias e as celas da galeria dos presos políticos passaram a ficar abertas. A circulação e a comunicação entre eles tornaram-se mais fáceis. Poderiam fazer a própria comida e construir peças artesanais para serem vendidas. O regime observava atento àquelas relações que nasciam. Quando as prisões se iniciaram, havia um grande número de presos políticos, a maioria marinheiros, e pouquíssimos assaltantes comuns. Percebendo que seria muito difícil controlar os presos políticos, buscou-se reverter essa relação, aumentando o número de presos comuns enviados para a ilha. Com a inversão da balança, os "políticos" precisariam dividir-se em grupos para fazer a própria segurança.

A partir de 1973, houve um aumento no número de assaltos a banco. Quadrilhas com cerca de vinte integrantes chegavam ao presídio ao mesmo tempo. Tornava-se impossível serem absorvidos pelos "políticos". A partir daí, ficou difícil manter o controle. Começou uma onda de conflitos. O caldeirão ferveu depois de uma briga entre presos comuns e políticos. A direção do presídio separou os grupos.

Nelson participava apenas recebendo e cumprindo as decisões dos líderes dos grupos políticos. Continuou com o mesmo pensamento que tinha antes de se engajar. Por estar agindo por "conta própria", não ganhava a confiança dos que o cercavam, mas também não era visto com desconfiança. Não falava em público nem fazia questão de participar das decisões, mas seguia as orientações transmitidas pelo grupo. Ficava isolado e esse comportamento reservado criava uma distância entre ele e o grupo, fechando o ciclo. Por outro lado, Nelson também confiava nos líderes e sabia que não possuía o conhecimento político que eles tinham. Sua disposição era para dirigir carro, empunhar metralhadora, lutar. Não possuía, naquele momento, o entendimento que as lideranças demonstravam ao planejar estratégias políticas em momentos importantes, como todas as bem-sucedidas greves de fome realizadas em ocasiões oportunas. Mas Nelson estava satisfeito com seu papel. Julgava-se um bom soldado e um bom cumpridor das suas ações.

No dia 22 de setembro de 1972, Nelson e Carlos Nolasco conseguiram alvarás de soltura expedidos pela 2ª Auditoria da Marinha da 1ª CJM. Uma semana depois, o delegado de polícia Alladyr Ramos pedia busca dos presos para a Justiça Militar. Um protocolo do DOPS apressava-se em informar que Nelson continuava com a prisão preventiva decretada. Dois meses depois, o mesmo documento, agora com dois carimbos de confidencial, estava em poder do DOPS. Nelson não foi solto.

No dia anterior, ele viveu um dos mais tristes momentos na prisão. Uma nova auditoria seria realizada. Entre os casos apreciados, o do seu amigo Frederico Eduardo Mayr, que — julgado à revelia — foi absolvido pelo Conselho Permanente de Justiça (a sentença seria confirmada pelo STM em fevereiro de 1974). Nelson conhecia Frederico desde o tempo de estudante, tinham amigos em comum, entre eles Ronaldo Dutra Machado.

Frederico estudava no colégio Mallet Soares, em frente ao prédio onde Nelson morava.

Ao ouvir a decisão da Justiça que inocentava seu filho, dona Gertrud, mãe de Frederico, comemorou. Foi muito duro para Nelson ver aquela manifestação de felicidade que poderia não fazer sentido. Nelson e os outros presos tinham informações de que Frederico estava morto. As histórias que chegavam na cadeia diziam que ele fora assassinado ao tentar atravessar a fronteira. Enquanto ela ainda festejava, Nelson e os outros presos mantiveram-se num calado desespero. Não suportando o que via, ou até revivendo a sua própria história, Nelson perguntou a Gertrud se Frederico ainda estava vivo. A partir desse momento, ela tomou "consciência"[798] de que o filho poderia estar morto. Já havia notícias da morte de outro amigo comum, Flavio Molina, também militante da ALN. Nelson, ao mesmo tempo em que se revoltara com a falsa esperança que estavam dando a Gertrud, se arrependeria da pergunta e carregaria consigo — para sempre — o peso de involuntariamente ter comunicado a ela a morte do filho.

A verdade só apareceu muito tempo depois. Gertrud sofreria muito em sua busca. Somente em setembro de 1990, com a descoberta de uma vala clandestina no Cemitério Dom Bosco, em Perus, na periferia de São Paulo, Gertrud ficou sabendo onde o corpo de seu filho fora enterrado. A mesma dor sofreu a família de Molina, sepultado com um nome falso, no mesmo cemitério.

Finalmente no começo de dezembro de 1973 o recurso de Nelson foi julgado. O ministro do STF, Aliomar Baleeiro, que tantas vezes como deputado da "banda de música" da UDN criticara o ministro Lott e tentara desestabilizar o governo Juscelino, destacou sua "perplexidade" pelo fato de Nelson não ter sido "preso em flagrante", não ser conhecido das pessoas presentes ao fato, não ter em sua posse os frutos e meios do crime, e só ter sido indiciado muito tempo depois da prisão. Mesmo com "tantas estranhezas", Aliomar aplicou uma pena base de cinco anos baseada na filiação de Nelson a uma organização ilegal. A pena foi reduzida em 1/5 do total porque Nelson era réu primário e sem antecedentes.[799] Portanto, ele teria de aguardar até o dia 13 de março de 1974, quando completaria quatro anos de prisão, para ser solto. Já passara quase dois anos na Ilha Grande, onde as visitas eram um sacrifício — tanto para sua esposa Berenice, quanto para todos os familiares dos presos.

Dois dias antes da data marcada para ser libertado, Nelson foi transferido para a enorme Fortaleza de Santa Cruz. Essa transferência fez nascer mais uma vez sua desconfiança de que seria assassinado, uma vez que deveria ser solto dois dias antes do general Ernesto Geisel substituir Garrastazu Medici na presidência da República. Nelson tinha certeza de que não seria libertado em um momento tão delicado para o país.

As celas da Fortaleza de Santa Cruz, onde seu avô cumprira dez dias de prisão durante a crise da posse de Jango, eram encravadas na rocha que se transformava em uma "caverna com grade".[800] A água corria pelas paredes. A umidade era muito grande.

O dia 13, que seria o de sua libertação, chegou e passou. O dia 14 também. O dia 15, já com Geisel presidente... Dia 16...

Tomado por uma mistura de medo e esperança, Nelson procurou os oficiais responsáveis e perguntou quando iria ser libertado. Eles se mostraram surpresos e responderam com uma nova pergunta:

— Por que você seria solto, se foi condenado a dez anos de prisão? Está aqui em sua ficha.

Nelson ficou arrasado. Já não protestava, nem lutava. Ao contrário da Ilha Grande, o clima na Fortaleza era muito ruim. A esperança desaparecera. A luta armada estava esmagada.

A desconfiança da morte foi trocada pela certeza de que seria "esquecido" na prisão. Esse grupo de presos políticos enviados à Santa Cruz fazia parte de uma experiência[801] do Exército para ver quem era recuperável, irrecuperável e passível de recuperação. A transferência desses presos para a fortaleza representou uma tentativa do Exército de retomar o controle sobre os presos políticos, que estavam saindo vitoriosos com greves de fome, notícias em jornais estrangeiros e absolvições.

A princípio, o regime determinou que não haveria visita na Fortaleza de Santa Cruz. Em reação, os presos iniciaram uma greve de fome. A direção endureceu. O conflito corria o risco de terminar em tragédia. A administração da Fortaleza torcia para que o ambiente ficasse mais tenso e contribuía para isso. Parecia esperar por um conflito.

O governo queria quebrar e derrubar pela força a união dos presos. O primeiro grupo levado para a Fortaleza era o mais combativo, com os principais líderes: Ottoni Fernandes, Cláudio Torres, Rômulo Noronha e Alípio Cristiano de Freitas. Nelson e esse grupo de aproximadamente 15 presos estava incomunicável, sem receber visitas e sem ter qualquer contato externo. Até que, certa tarde, Nelson ouviu a ordem, a mesma ordem, só que diferente de todas as anteriores:

— Pega tuas coisas.

— Por quê?

— Você vai embora.

— Pra onde?

— Você vai ser solto.

Desconfiança, euforia e medo. Novamente os sentimentos se embaralham em sua cabeça. Sem assinar nenhum documento e sem falar com mais ninguém, Nelson foi praticamente colocado para fora do presídio. A Fortaleza de Santa Cruz possuía um grande portão de entrada e, logo em seguida, um estreito e longo caminho de quase três quilômetros, que separava esse portão do presídio. Carregando sua pequena mala, Nelson percorreu esses três quilômetros preparado para receber um tiro nas costas. Estava certo de que seria morto e que seus assassinos alegariam que ele havia tentado fugir. Andando pela beira do caminho, Nelson acreditava que poderia ter uma chance de pular no mar, caso errassem o tiro.

Quando se aproximava do portão de saída, viu Berenice, Carlos Eduardo e Laurinha em um fusca. Eles não foram avisados sobre a sua libertação. Sabiam que Nelson estava para ser solto e foram até lá para buscar informações e verificar se o alvará de soltura havia chegado. Foi uma coincidência.

Assim que o avistaram, Berenice, Carlos Eduardo e Laurinha saíram do carro, correram até ele e o abraçaram. Abraçaram-se sem nada entender. Choros, gritos e risos. Nelson estava livre. Apavorado e cheio de dúvidas, mas livre. Era o dia 2 de abril de 1974, ou como o próprio Nelson passaria a lembrar para sempre: "o dia em que eu não morri".

Pouco depois, no dia 25, Nelson iria comemorar seu aniversário. Livre. Naquele mesmo 25 de abril, do outro lado daquele mesmo mar que banhava a Fortaleza de Santa Cruz, Portugal vivia a mais utópica das revoluções: um governo de esquerda, com a ajuda de militares, assumia o poder com o apoio da população, que distribuía flores aos soldados. Poderia ser um sinal. Nelson buscaria agora a sua "Grândola Vila Morena". Talvez a encontrasse.

CAPÍTULO 19

gora Nelson teria de enfrentar a reconstrução de sua vida. Era hora de conviver mais com seu filho, que também levava o seu nome, e que ele via apenas em visitas e auditorias. Preparava-se também para enfrentar a permanente ameaça de ser preso novamente. Sua maior preocupação agora era deixar uma situação mais confortável para a família.

Continuaria obrigado a lutar contra a tentacular rede do governo militar. Um combate desigual, como ele percebeu ao tentar voltar a freqüentar o terceiro ano do curso de história na Universidade Federal Fluminense. Na primeira vez em que foi se informar a respeito de uma nova matrícula, percebeu a força do regime a partir da resposta recebida dos funcionários da secretaria da Universidade:

— Você nunca estudou aqui.

Todos os registros e documentos que comprovavam que Nelson havia freqüentado a universidade desapareceram. Naquele instante, tomado de raiva, mas já entendendo o que ocorria, veio à sua cabeça apenas um pensamento: "Não, Kafka não!"

Imediatamente voltou para casa, reuniu as atas de reunião do período em que participara do Diretório Acadêmico e suas carteirinhas de estudante, tirou uma cópia de todos os documentos e retornou à universidade. Exibindo a cópia dos documentos, ele questionou a direção da instituição: "Como eu nunca estudei aqui, se participei do corpo discente?"

Mesmo provando que havia sido aluno, só conseguiu um documento afirmando que esteve matriculado na universidade. Os seus quase três anos de estudo haviam sido simplesmente apagados.

Poderia valer-se de sua experiência como repórter policial, mas não quis tentar voltar ao jornalismo. Sabia que as redações estavam sob forte censura e ele, definitivamente, não gostaria de ficar facilmente à vista de espiões e censores. Na busca de um emprego, Nelson viveu um drama maior. Apresentava-se e conseguia a vaga até "sua ficha chegar" e ser mandado embora logo em seguida. Ele até trabalhava por alguns dias, contudo, era um procedimento comum, na época, as empresas pedirem a ficha corrida de seus funcionários.[802] Quando a militância política de Nelson chegava às mãos dos donos das firmas, ele era despedido imediatamente.

Por esquecimento estratégico, a Polícia Civil não recebia informações sobre as prisões e cumprimentos de penas dos presos políticos. Um Boletim de Serviço da Secretaria de Segurança Pública do Rio de Janeiro, datado de 6 de janeiro de 1976, recomendava a captura de Nelson, baseado no Mandado 4.030/72. Em setembro de 1971, segundo o Centro de Informações do Departamento de Polícia Federal, Nelson estava foragido, quando na verdade era prisioneiro no Gcan. Outro documento, da Justiça Militar Federal, do Rio de Janeiro, com data de 18 de abril de 1975, informava que ele se encontrava preso, um ano depois de ter sido libertado.

Mesmo depois da Anistia — que não existia para quem procurava emprego — Nelson continuou tendo problemas com sua ficha. Em 3 de agosto de 1981, o documento interno da Petrobrás PB nº 7554/81DIVIN/ PETROBRÁS (DI 7042/81) indicava que Nelson tivera prisão preventiva decretada em 13 de abril de 1971, quando já se encontrava preso, e que em setembro estaria foragido, quando continuava preso no Gcan. Havia no dossiê transcrições de ofícios do Exército nas quais se "constatava" que Nelson pertencia à ALN. A lista trazia outros nomes de militantes e a relação dos artigos pelos quais se encontravam detidos. Ainda anexado ao dossiê que não deveria existir, uma ficha de Nelson, sua lista de inquéritos e os artigos em que fora incurso. Baseado na Lei de Anistia, Nelson pediu a devolução dos mandados de prisão preventiva datados de 2 de abril de 1971. Esses mandados continuaram valendo até 13 de novembro de 1979. O prontuário de Nelson, n° 3.842, da Divisão de Informações da Secretaria de Segurança Pública, continuou sendo atualizado até 23 de fevereiro de 1981. Relatava que as fichas referentes à divisão de informações, atividades comunistas e DOPS foram inutilizadas. Mesmo depois desse dia, o prontuário permaneceu sendo atualizado. A última vez em que Nelson teve acesso a ele, a data marcada no documento era de 5 de outubro de 1981.

A ficha do DOPS era um motivo de grande preocupação. Pouco importava em que área iria trabalhar, apenas queria um emprego. Foi finalmente contratado pela Capemi (Caixa de Pecúlio, Pensões e Montepios), quando enfim pôde tentar retomar o seu caminho. Mais tarde, seu irmão Oscar conseguiu um emprego para ele na área de engenharia.

Tendo motivos para não acreditar na Anistia, o desconfiado Nelson não procurou mais ninguém. Não participou nem de grupos, nem de reuniões. Duvidava ainda do processo de redemocratização anunciado pelo presidente João Figueiredo e também achava que já tinha cumprido o seu dever. Ficou com medo de que, com o fim do ciclo militar, se formasse um "gueto", construído por um bloco de presos políticos. Defendia que "cessada a causa, cessado o efeito". Para ele, o que importava era a democracia. Nelson queria apenas votar. Havendo eleição e liberdade, com a urna decidindo quem governava, para ele não faria mais sentido a luta armada. Nunca teve a idéia de ocupar o poder. Nunca foi um elemento de partido e a todo momento lembrava e era lembrado disso. Quando havia uma decisão partidária a ser tomada, ele não participava. Queria apenas ser um colaborador.

Não só o medo teórico do rumo da luta armada perseguia Nelson. Seu outro temor era bem mais real: morrer. Sabia que continuava vigiado e que sua ordem de prisão estava mantida para oportunismo de quem fosse fazer o serviço. Jamais festejou a Anistia. Não se conformava com o fato de que seus autores continuavam no poder. "Isso era um acordo com o mais forte".[803]

Além dos fantasmas, ele agora levava uma vida totalmente diferente: sua mãe estava morta, os irmãos tinham suas famílias. Nelson precisava cuidar da sua mulher e de seus filhos — além de Nelsinho; Fernanda e Rafael aumentaram a família. Com medo de perseguição, não colocou o nome "Lott" em nenhum deles.

Seguia sem retaguarda e achava isso justo. No seu julgamento interno, sentenciara que na hora em que tomara a decisão de entrar para a luta armada, sabia que estava rompendo com sua família. Por isso, não procurou ninguém durante muito tempo. Agora queria "levantar com as próprias pernas, mostrar que não pediria arrego, que se garantia sozinho", herdando a noção de dever que corria no sangue de sua família. Quando quis seguir por vontade própria um caminho perigoso, ele seguiu; na hora de ajeitar a vida, não iria pedir socorro. É preciso fazer, é preciso ser feito. Levava esse sentimento da obrigação de cumprir um dever. Tinha a seu lado a esposa, companheira que nunca lhe faltou. Deixou a zona sul, deixou de freqüentar a classe média alta carioca para trabalhar em obras e conheceu um novo mundo.

A esperança voltava a soprar sobre o país. Mas Nelson e outros preferiram se afastar. Sem divergências. As recordações e o trauma eram fortes e "maltratavam sempre que precisavam dele".[804] Nos anos que se seguiram, quando fazia referência à sua participação na luta armada, ninguém acreditava. Espantou os colegas de trabalho quando certa vez levou uma foto sua tirada no DOPS e a pregou na parede do escritório.

Nelson não sentiu vontade de ir à forra e mostrar para todo mundo o quanto sofreu. Gostaria apenas de ver seus torturadores na cadeia, mas sendo bem tratados. Desejaria monitorar pessoalmente a prisão de seus algozes para que eles jamais sofressem quaisquer tipos de tortura. Visitaria com prazer Gomes Carneiro no xadrez apenas para saber se ele estava sendo bem cuidado.

Não entrou na Justiça para pedir indenização pelo que sofreu na prisão e perdeu na vida. Apenas solicitou — e não conseguiu — que os anos em que passou preso pudessem contar para sua aposentadoria. Foi à luta para acabar com as injustiças e jamais poderia usufruir os privilégios contra os quais lutara. Afinal, era um Lott. Justificava sua atitude dizendo "que o povo já pagou para me prender, pagou pra me bater e agora era demais se tivesse de pagar pra me indenizar".

Capítulo 20

Uma pergunta iria calar fundo na família durante os anos seguintes: Por que Lott não tentou tirar Nelson da cadeia? Aos jornalistas, Lott respondia que se tivesse feito qualquer gesto para libertar o neto, acabaria por prejudicá-lo mais ainda: "Minha interferência só aumentaria seu tempo de permanência na prisão, além de servir de provocação àqueles que o colocaram lá."

Lott nunca foi visitar Nelson na prisão. Nunca ofereceu ajuda a Berenice. Ficou cercado por uma situação delicada quanto aos argumentos que poderia usar. Qualquer que fosse a justificativa que usasse, certamente ouviria que a lei, que sempre defendera, estava sendo cumprida.

Entre as pessoas que conviviam com ele, surgiam várias respostas, especulativas, que não passavam de teorias construídas para tentar explicar a ausência de Lott durante esse tempo tão difícil e até mesmo depois do assassinato de Edna.

Quem conviveu com Lott sabe que ele nunca abria precedentes. Se Nelson era um assaltante e participante da luta armada deveria pagar pelo que fez. Além disso, se ele decidisse intervir não teria a menor chance para melhorar a situação de Nelson. Era o peso da vendeta. Até os que conspiraram e participaram do golpe encontraram resistência para penetrar no porão. O marechal Cordeiro de Farias, peça importante na derrubada de

Goulart e um dos organizadores da "Marcha da Família com Deus pela Liberdade", pediu, durante o governo Medici,[805] pela militante do MR-8 Lucia Maria Murat Vasconcelos, que estava sofrendo brutais violências nas mãos de torturadores. Mas, somente depois de um mês do governo Geisel no poder, escreveu uma carta ao general Rodrigo Otávio Jordão Ramos, ministro do STM, em favor de Lucia. Na carta, Cordeiro de Farias afirmava acreditar que Lucia tinha "suas culpas", porém perguntava a si mesmo se os soldados que a barbarizaram eram "brasileiros ou simples encarnações dos nazi-fascistas ou comunistas?". Nada exigia de Rodrigo Otávio, pedia apenas que fizesse da carta "o uso que entender, conversando, se achar conveniente, com os amigos comuns do Tribunal".[806]

Outra possibilidade, mais remota, é a de que Lott não tinha noção do que se passava na PE e no DOI-CODI. Ou, pelo contrário, estaria bem-informado e temia que qualquer manifestação pudesse aumentar o sofrimento do neto.

Um comentário espontâneo feito por Lott comprovou que ele tinha pleno conhecimento do que ocorria nos porões do governo. Uma outra neta, Laura Schneider, filha de Henriette, fazia Faculdade de Direito no começo da década de setenta. Ela costumava cantar a "Canção do Subdesenvolvido", de Carlos Lyra e Francisco de Assis:

O povo brasileiro, embora pense, cante e dance como americano
Não come como americano,
Não bebe como americano,
Vive menos, sofre mais
Isso é muito importante
Muito mais do que importante
Pois difere o brasileiro dos demais
Personalidade, personalidade, personalidade sem igual
Porém,
Subdesenvolvida, subdesenvolvida,
Essa é que é a vida nacional.

Mostrando uma mistura de preocupação com inocência, Lott pediu que ela prometesse que não iria mais cantar essa música, porque sabia que a polícia tivera acesso ao álbum de fotografias de casamento de Nelson e que, naquele momento, qualquer gesto que desagradasse o regime poderia ser motivo para prisão. Lott também disse a ela que não agüentaria[807] ter outro neto preso.

Duffles, com a liberdade que possuía como enteado de Lott, perguntou-lhe várias vezes qual seria sua atitude quanto à prisão de Nelson. A resposta era sempre a mesma: "Eu não posso te falar nada. Qualquer coisa que eu fale, ou faça, vai prejudicar meu neto."

A violenta censura à imprensa que existia na época provocou o surgimento de vários boatos. Uma dessas histórias fantasiosas — envolvendo Lott e Nelson — se tornaria uma lenda nos presídios e nas redações. A versão que corria de preso em preso, de jornalista em jornalista, era que Lott teria matado um torturador ou o oficial responsável pela prisão do neto. Durante muitos anos, a imprensa continuaria repetindo ou colocando dúvidas[808] sobre essa atitude do "marechal legalista". Contribuía para essa história o fato de Lott andar sempre armado com um revólver 38 cano curto.

O boato variava nos detalhes e nos coadjuvantes. O enredo principal contava que Lott tinha ido ver Nelson na prisão, mas como não foi bem recebido e nem conseguiu autorização para visitá-lo, teria voltado para casa, colocado a farda militar e retornado à prisão para atirar e matar o oficial de dia da PE que não permitira sua entrada. Em outras versões, a vítima fatal teria sido o major Francisco Moacyr Meyer Fontenelle[809] — que realmente fora um dos torturadores de Nelson —, ou que o assassinado foi o "torturador" de seu neto. Circulou ainda uma história mais leve de que Lott somente discutiu com o comandante da PE tendo ficado em prisão domiciliar.

O item que parecia dar mais credibilidade ao boato era justamente o que o desmontava: a farda. A mesma farda que Lott fez referência na entrevista ao Cpdoc, quando foi questionado sobre a "visita ao neto": "Um militar reformado não deve, a não ser depois de morto, usar uniforme militar."[810] Fazia onze anos que Lott não usava uma farda. Ele não iria desobedecer ao regulamento "apenas" para ser recebido com respeito dentro de uma unidade do Exército.

Essa história foi considerada verdadeira durante muitos anos. Tornou-se verdade entre os presos políticos. Tornou-se lenda nos corredores de silêncio do regime. E lendas crescem no silêncio. Em uma das auditorias de Nelson, o guarda do tribunal chegou a perguntar a Berenice se o marechal havia matado o torturador. Berenice negou, mas o guarda não acreditou.

É possível que esse boato tenha sido inventado por pessoas que eram contrárias ao regime militar, para demonstrar que ainda havia resistência. Lott nada fez para intervir na prisão de Nelson. Nunca o visitou. Tomou conhecimento da história de que teria matado alguém através da leitura de "um jornal da Europa".[811]

O boato foi longe e ganhou novos capítulos. Em 4 de dezembro de 1970, ainda com Nelson na prisão, o jornal *O Globo* publicou uma entrevista de Lott porque circulavam rumores de que ele teria morrido. Lott desmentiu "sorrindo" a sua morte, mas revelou que a notícia falsa mereceu até sentinela:

> Está correndo um boato no Rio e em São Paulo de que eu havia dado tiros e que eu teria morrido. Meu telefone passou dias tocando. O delegado de Teresópolis chegou a vir até aqui, vinte dias atrás, à meia-noite, perguntar se eu queria proteção. Disse que não, mas ele acabou colocando guardas na minha porta.

Ao tentar definir Lott quando ele assumiu o Ministério, Nelson Werneck Sodré afirmou que ele seguia a tese do "apoliticismo do militar, mantida como dogma; as lutas políticas não deveriam interessar ao soldado, a pureza deste ficaria contaminada com a participação ou mesmo o interesse por elas; quanto mais distante e avesso aos problemas políticos, mais próximo estaria da perfeição".[812] O soldado que pulsava dentro de Lott talvez fosse muito mais forte do que o avô.

Dezembro de 1974. A primeira vez que Nelson passaria um Natal com a família após a prisão. A primeira vez que ele se reencontraria com o avô depois de tudo que havia passado. Como era costume, quase todos os parentes estariam reunidos na casa de Lott. O avô finalmente iria conhecer seu bisneto, Nelsinho, e Berenice. Depois da ceia, Lott segurou no colo os filhos de Nelson e de Oscar, e ficou visivelmente emocionado. Nelson nunca tinha visto o avô tão sensível.

Capítulo 21

O velho Lott continuava caminhando pelas ruas, sempre com o revólver que comprara quando era aspirante. Os netos e as filhas tentavam impedi-lo de andar armado, mas ele respondia que a cidade do Rio andava muito violenta, o que provocava a pergunta dos familiares:

— Mas se o senhor for assaltado, vai sacar o revólver?

— Claro que vou.

Lott passou a década de setenta como sempre desejou: cuidando das flores do jardim da casa de Teresópolis. (Cumprindo o que dissera a Lacerda.) Levava a vida que queria, em uma rotina agradável que só era quebrada pelas visitas de jornalistas, recebidos com resistência mas, depois de alguma conversa, sempre bem atendidos. Nas entrevistas e depoimentos, Lott não deixava escapar nenhum ataque pessoal. Quando teria a chance de acertar as contas, preferia o silêncio. Não mostrava nenhuma ponta de amargura.

Às tradicionais aulas de história que costumava dar a seus interlocutores foram acrescentadas passagens sobre biologia e parapsicologia.

Via os bisnetos somente quando eram levados até ele. Muito raramente saía de casa para ver algum parente. Sua presença em festas familiares, casamentos ou aniversários provocava espantos. Tornou-se um acontecimento de família a visita que fez a Oscar para conhecer a bisneta Fabiane. No entanto, brincava muito com as crianças e agora se mostrava bem menos rígido com eles do que com os filhos e com os primeiros netos. Sua vida ficava entre o "Meu Cantinho" e o apartamento de Copacabana. Aos domingos, não perdia a missa.

Manteve a linha militar. Continuou acordando de madrugada para fazer exercícios físicos. Suas manias permaneciam as mesmas, mas a idade avançada e o tempo livre as tornaram mais exageradas. Cheirando a sabonete, não abandonava a velha rotina: a ginástica matinal, os cuidados com a limpeza, o atencioso preparo do café-da-manhã, o almoço sempre no mesmo horário e sem variar o cardápio: frango grelhado, arroz, salada e suflê. Ele praticamente ensinou a família a comer suflê. A comida tinha de ser saudável, não cedia quase a doces, a não ser pé-de-moleque e sorvete. Em Teresópolis, descobriu que gostava de café. Seus hábitos de TV também mudaram: além dos telejornais, passou a assistir novelas.

Mesmo vendo acontecer no país tudo o que havia previsto, não tinha mais força ou vontade de se manifestar. Aos 80 anos, voltou às manchetes ao receber, em setembro de 1975, no consulado norte-americano do Rio de Janeiro, a comenda da Escola de Estado-Maior dos Estados Unidos. Entrava para a galeria de oficiais aliados do Exército daquele país. A entrega da comenda trouxe seu nome de volta aos jornais, quando ainda era considerado uma provocação ao governo falar sobre Lott. Ao *Jornal do Brasil*, por ocasião do aniversário de vinte anos do movimento de 11 de novembro, deu uma entrevista na qual demonstrava acreditar na promessa de abertura política.[813] Mas nas declarações aos repórteres mostrava-se cansado de política, ou das mesmas perguntas, e disse que não fazia mais nada, apenas continuava gostando muito de ler sobre qualquer assunto.

Dois meses depois, no apartamento de seu genro, Mario Pacheco, a comemoração aos seus 81 anos transformou-se em um ato político, mesmo contra sua vontade. Somente as presenças de Juscelino, Tancredo e do marechal Machado Lopes já seriam suficientes. Na portaria do prédio, Nelson recebeu uma carta que foi deixada por Luiz Carlos Prestes para ser entregue ao seu avô.

Aos 85 anos foi realizada outra grande comemoração que reuniu 150 pessoas. Ao som de música clássica, vários políticos como Tancredo Neves, Mauro Borges, Último de Carvalho, Abelardo Jurema, Gustavo Capanema, Amaral Peixoto, Magalhães Pinto, Waldir Pires e Ovídio de Abreu foram cumprimentá-lo. Aos jornalistas disse — mais uma vez — que confiava na abertura, defendendo a importância da anistia e dando a receita do segredo da sua saúde: "dieta de alimentos naturais, dormir cedo e muito banho de sol".[814]

Sobre a sua campanha presidencial, ele se auto-ironizou e provocou os repórteres lembrando que era considerado uma mala pesada, um "burro": "Eu falava a verdade, falava o que sentia."

Lott gostava das festas — com muito brigadeiro e guaraná — porque tinha chance de reencontrar os colegas de turma, mas não permitia que a comemoração se transformasse em uma manifestação. Nem, claro, que mexesse muito com sua rotina.

Com os problemas de saúde que surgiram devido à idade avançada, chegava a vez dos médicos encararem a eterna determinação de Lott que, depois de uma pneumonia e de um problema de varizes, concordou em diminuir a carga diária de ginástica. Mesmo nas situações mais difíceis, as manias persistiam. Certa vez, após tomar banho, ele caiu no banheiro e não conseguiu levantar-se. Dona Antonieta não tinha forças para erguê-lo e pediu ajuda pelo telefone. O neto Carlos Eduardo foi o primeiro a chegar. Quando se aproximou do avô, teve de ouvir a pergunta:

— Você lavou a mão, meu filho?

— Vovô, eu tô puro álcool.

Antes tão raras, as idas aos hospitais tornaram-se constantes. Nem assim se dobrava. Doente e febril, insistia em mostrar sua força. Era só dona Antonieta pedir que se deitasse e repousasse, para ele retrucar:

— Febre não mata ninguém. Eu tenho de mostrar minha resistência.

Dona Antonieta já não conseguia cuidar do marido e da casa. Lott precisava de mais cuidados. Marilda, esposa de Duffles, passaria a morar no apartamento com eles até que Lott melhorasse. Mesmo assim, tinham muita dificuldade para fazer com que ele se adaptasse às recomendações dos médicos. Não tomava a dose de antibióticos da meia-noite. Tinha como regra jamais se alimentar após às nove da noite. Não poderia abrir exceção, inclusive para os remédios, que deveriam ser tomados com leite.

No dia 17 de maio de 1984, uma quinta-feira, Lott sofreu um enfarte. Foi atendido a tempo pelos médicos. Ficou de cama. Passou bem durante o dia seguinte.

Mas, no sábado, voltou a sentir dores fortes. Estava pálido. Os médicos foram novamente chamados. Assim que entraram no quarto, tiveram de ouvir a pergunta padrão:

— Os senhores lavaram as mãos?

Os médicos atenderam o marechal, fizeram uma pequena incisão no pescoço que facilitou a respiração e deixaram recomendações expressas para que ele ficasse em repouso absoluto. Conversou com as filhas Regina e Elys, e com a neta Laura Schneider, que o acompanhavam. Sentia-se melhor.

Pouco tempo depois delas saírem, Lott perguntou para a mulher e para Marilda:

— Vocês vão querer me matar de fome?

Em seguida, sentou-se na cama. Juntou suas forças e levantou-se. Duffles ainda tentou argumentar:

— Henrique, você acabou de ter um enfarte e precisa descansar!

Caminhando em direção a uma poltrona do quarto, apoiado em Marilda, Lott respondeu:

— Mas eu quero sentar na poltrona.

Em seguida, Marilda trouxe um lanche para ele. Lott só conseguiu comer três pedaços do lanche. Disse que queria deitar-se. Marilda foi, então, ajudá-lo, mas não conseguiu erguê-lo. Lott apoiou a cabeça em seu braço, suspirou e morreu, às nove horas e quinze minutos da noite de 19 de maio de 1984.

Capítulo 22

Quando Lott deixou a vida pública, após sua candidatura ao governo da Guanabara ter sido impugnada, possuía o apartamento de Copacabana, a casa em Teresópolis e um fusca ano 1960. Quando morreu, possuía o apartamento e a casa. Havia vendido o fusca em 1974, quando parou de dirigir. Jamais teve ou participou de negócios. Sua única fonte de renda veio da caserna. Levou uma vida integralmente dedicada ao Exército, ao contrário de muitos outros oficiais que dividiram seu tempo e dedicação entre quartéis e empresas privadas.[815]

Nem sua morte serviria para aliviar o rancor dos militares que estavam no poder. A família comunicou o falecimento ao Ministério do Exército, que não demonstrou qualquer intenção de participar dos preparativos para o funeral, muito menos providenciar honras militares. No domingo, dia 20, cerca de trezentas pessoas acompanharam o enterro de Lott no cemitério do Caju. Dona Antonieta recusou a bandeira levada pelo general Theodomiro Serra Filho, oficial da ativa que comandava uma pequena comissão enviada pelo governo. No enterro de um militar tão importante, essa era a única manifestação do Exército, além de uma coroa de flores e um corneteiro que iria executar o toque de silêncio. Espontânea e militar, só havia a presença de uma delegação do Clube dos Subtenentes e Sargentos.

O descaso do Exército com Lott provocou reações. Os tempos eram outros e pequenas faíscas eram permitidas. O enterro transformou-se em uma manifestação da oposição, já que nenhuma autoridade do governo federal compareceu. O governador do Rio, Leonel Brizola — que decretou três dias de luto oficial no estado —, fez um discurso lembrando que Lott fora a primeira pessoa que ele visitou depois de voltar do exílio. Também compareceram o prefeito do Rio, Marcello Allencar — seu advogado na questão da impugnação da candidatura —, o secretário estadual de Justiça Vivaldo Barbosa, os deputados Eduardo Chuahy, Carlos Fayal e José Gomes Talarico, e o velho amigo Sobral Pinto, que deu um depoimento corajoso à imprensa:

> ...se tivesse ido para a presidência do Brasil teria instaurado um governo de legalidade e de respeito à pessoa humana, e uma vinculação com partidos políticos, porque era um democrata sincero, inteligente e honrado. Com Lott na presidência, não teríamos ditadura militar durante vinte anos, não teríamos a falência nacional. Nada disso teria acontecido.[816]

Muitos anônimos também compareceram para homenagear o marechal. O deputado Talarico fez um discurso no qual chamou Lott de "soldado da legalidade, defensor da Constituição" enquanto era executado o toque de silêncio. Monsenhor Narbal da Costa Stencel representou o cardeal do Rio de Janeiro, D. Eugênio Sales.

A imprensa repercutiu a ausência de honras militares no enterro. O ministro do Exército, Walter Pires, apressou-se em divulgar uma nota oficial em que apresentava uma lista de generais (entre eles, Syzeno Sarmento, Gentil Marcondes Filho e Ednardo d'Ávila, comandante do II Exército durante a morte do jornalista Vladimir Herzog) que foram enterrados sem o cerimonial militar. Porém nenhum dos nomes da lista havia sido ministro da Guerra. O Centro de Comunicação Social do Exército alegou ter seguido o regulamento, que previa que somente oficiais da ativa e em serviço poderiam ser enterrados com honras fúnebres militares. Fizeram apenas o que devia ser feito, enviando uns oficiais para acompanhar a cerimônia em nome do Ministério. Contudo, a nota não esclarecia porque o general

Adalberto Pereira dos Santos e os generais e ex-ministros Orlando Geisel e Odylio Denys receberam todas as honras determinadas por um decreto presidencial. A diferença de tratamento não foi justificada. A nota não explicava também por que o sargento Guilherme Pereira do Rosário (morto depois que uma bomba que estava em seu colo explodiu durante a realização de um *show* no Riocentro) fora sepultado com honras militares.

O último ataque que Lott sofria vinha de militares que comandavam um Exército que, independente dos homens, para ele era o mesmo Exército que amara durante toda a sua vida e pelo qual fizera sua profissão de fé.

Capítulo 23

O mistério Lott parecia ter um destino a cumprir desde o princípio: ser soldado, e ser apenas soldado, absolutamente um soldado. Isso ficara claro um dia antes dele completar 11 anos de idade, quando se comemorava o aniversário da Proclamação da República no Colégio Militar do Rio de Janeiro. Na parada de 1905, os pais acompanhavam o desfile dos estudantes esperando um gesto de atenção. O filho marchava concentrado e seus pais não receberam sequer um leve olhar dele. Ao final da parada, depois do "fora de forma", o menino Henrique encontrou-se com os pais que perguntaram se ele não os tinha visto. O filho olhou para eles e explicou: "Eu os vi, mas um soldado não olha para os lados..."

Notas

1. Café Filho — *Do Sindicato ao Catete* — Vol. I, p. 358.
2. Murilo Melo Filho, *Testemunho Político*, p. 173.
3. Café Filho — *Do Sindicato ao Catete* — Vol. I, p. 359.
4. Café Filho — *Do Sindicato ao Catete* — Vol. II, p. 371.
5. Café Filho — *Do Sindicato ao Catete* — Vol. II, p. 377.
6. Na biografia de Café, Café Filho — *Do Sindicato ao Catete*, p. 383, Vol. II, ele afirma que foi na tarde do dia 26, mas os jornais desse dia já trazem em manchete a nomeação de Lott como ministro da Guerra.
7. Café Filho — *Do Sindicato ao Catete* — Vol. II, p. 385.
8. Manifesto "Aos homens de bem do meu País", publicado no *Diário de Notícias*, de 27 de agosto de 1954.
9. Juarez Távora, *Uma vida e muitas lutas*, vol. III, p. 11.
10. Café Filho — *Do Sindicato ao Catete* — Vol. II, p. 387
11. Em Café Filho — *Do Sindicato ao Catete*. Vol I, p. 338: "Quando eu já estava no poder, numa reunião realizada no Catete, sob a minha presidência, o General Lott confessou que firmara aquele documento contra Getulio por que, na ocasião, já não havia mais Governo."
12. *Diário de Notícias*, 27 de agosto de 1954.
13. "No exercício dessas funções, tive oportunidade de lidar com uma boa parte da oficialidade do Exército, principalmente com aqueles que nessa ocasião estavam em postos mais elevados. Portanto, conhecia-os, sabia o que eles eram, o que podiam fazer e como poderiam agir, dados seus temperamentos e suas inclinações. Por isso,

aceitei." Lott, Henrique Batista Duffles Teixeira. "Henrique Teixeira Lott (depoimento, 1978)". Rio de Janeiro, Cpdoc, 2002.

14. Odylio Denys, *Ciclo revolucionário brasileiro*, p. 55.

15. "Na década de 50 atingiu seu apogeu a questão nacionalista. Talvez os dois detonadores tenham sido a controvérsia sobre a remessa de lucros e a questão do petróleo". Roberto Campos, *A lanterna na popa*, p. 295.

16. "As diferenças entre a Doutrina de Segurança Nacional e as bases ideológicas do nacionalismo determinam em certa medida a evolução e o tipo de relações entre os grupos civis. O nacionalismo não era uma ideologia especificamente militar; comportava em sua aplicação uma direção civil capaz de mobilizar as camadas populares". Antonio Carlos Peixoto, *Os partidos militares no Brasil*, coordenado por Alain Rouquié, p. 87.

17. Definição criada por Inácio Rangel.

18. "Em um sistema civil com forte componente militar, como o Brasil de 1930 a 1964, as eleições do Clube Militar eram (...) quase tão importantes para a sobrevivência dos governos quanto as eleições nacionais. A partir de 1945, a imprensa fez abertamente campanha por uma ou outra tendência, que se organizavam como verdadeiros partidos políticos." Alain Rouquié, *Os partidos militares no Brasil*, p. 14.

19. "Os oficiais podiam expressar suas opinião livremente , visto como o debate ocorria no seio da própria instituição militar. O peso da hierarquia era, portanto, menor." Antonio Carlos Peixoto, *Os partidos militares no Brasil*, coordenado por Alain Rouquié, p. 89.

20. Antonio Carlos Peixoto, *Os partidos militares no Brasil*, coordenado por Alain Rouquié, p. 74.

21. Para a falta de unidade das Forças Armadas, Café Filho, Memórias, *Diário da Noite*, 23 de abril de 1958.

22. Para as três dúvidas de Lott e a discussão que se seguiu, Carlos Castello Branco, coluna "Diário de um Repórter", *Diário Carioca,* 26 de agosto de 1954.

23. Em 1948, o então município de Sítio passou a se chamar "Antonio Carlos", em homenagem ao político mineiro.

24. Um ano depois, a Escola de Guerra voltaria a ter o nome de Escola Militar; a mesma escola que, em 1904, fora palco da Revolta da Vacina.

25. O apelido "jovens turcos" vinha da modernização que Mustafá Kemal, um militar reformista que adotou o nome de Ataturk, promovia em toda a Turquia, que foi transformada em república. Ataturk elegeu-se presidente e, ironicamente, tornou-se ditador, governando o país até sua morte. Durante seu governo, ocidentalizou

radicalmente o país, acabando com o califado e o sultanato e adotando uma legislação mais "européia". O islamismo deixou de ser, constitucionalmente, a religião do Estado. A Turquia de Ataturk abandonou a linha muçulmana para se alinhar com a corrente euro-americana.

26. Para as mudanças no Exército, ocorridas sob influência da Escola Militar Francesa, Manuel Domingos Neto, *Os partidos militares no Brasil*, coordenado por Alain Rouquié, p. 47 a 49.

27. Entrevista de Lott ao jornalista Pedro Rogério Couto Moreira em 1978, publicada no *Correio Braziliense,* de 21 de maio de 1984.

28. Lira Neto, *Castello — A marcha para a ditadura,* p. 25.

29. "(Lott) tinha aquela energia, aquela disciplina... No nosso tempo foi feita uma paródia, a Ceia dos cardeais (...) Essa peça terminava assim: ouve-se o toque de corneta, marcando revista, e os cadetes levantam correndo e dizem: 'Vamos depressa porque o Lott está de dia.' Isso mostra como ele era exigente." Muricy, Antônio Carlos da Silva. *Antônio Carlos Muricy I* (depoimento, 1981). Rio de Janeiro, Cpdoc, 1993, 768 p. dat.

30. Lott, Henrique Batista Duffles Teixeira. "Henrique Teixeira Lott (depoimento, 1978)". Rio de Janeiro, Cpdoc, 2002.

31. *Boletim do exército n° 215*, de 31 de janeiro de 1925, p. 131-132.

32. "Para ele (Castello), era indiferente ficar em segundo ou último lugar. Restava-lhe a mesma sensação amarga de derrota. E toda aquela amargura parecia estar sendo temperada com um indisfarçável sentimento de vingança, que lhe roía dentro do peito", Lira Neto, *Castello: a marcha para a ditadura*, p. 78.

33. Nelson Werneck Sodré, *Memórias de um soldado*, p. 60.

34. No jargão militar, significa ser preterido na promoção por companheiro mais moderno ou de número inferior na lista de promoções.

35. Carta assinada por Lott, datada de 7 de fevereiro de 1937.

36. Lira Neto, *Castello — A marcha para a ditadura*, p. 101.

37. Major Joffre Gomes da Costa em *Marechal Henrique Lott*, p. 165.

38. Para a rotina de Lott no quartel, major Joffre Gomes da Costa em *Marechal Henrique Lott*, p. 165.

39. Em *A serviço do Brasil na Segunda Guerra Mundial*, p. 97, o general Leitão se referiu ao caso: "a excitação do distinto comandante do regimento, a quem vexavam as observações fundadas do chefe, sobre o estado presente da tropa, observações feitas, aliás, em termos suaves, de conselho e advertência, levou-o a uma impertinente

intervenção em defesa dos oficiais, criando um incidente que, se não teve no momento graves conseqüências, foi devido à prudência e firmeza que usamos".

40. "Uma missão militar não era apenas uma garantia para a realização de bons negócios na venda de armas, mas também um instrumento de primeira ordem para conquistar posições sólidas dentro do país. Ao vencer seus concorrentes em 1919, a França obteve importantes encomendas para suas fábricas. Conseguiu ampliar seu tradicional prestígio intelectual para os domínios militar e econômico". Manuel Domingo Neto, *Os partidos militares no Brasil*, coordenado por Alain Rouquié, p. 52.

41. Cordeiro de Farias, *Diálogo com Cordeiro de Farias: Meio século de combate,* p. 269.

42. "Mas eu, por exemplo, assim como Castello Branco, tinha uma instrução militar muito maior que a dos oficiais que me estavam ensinando na Escola Superior de Guerra, devido à ligação que mantivemos com a Missão Militar Francesa." Lott, Henrique Batista Duffles Teixeira. "Henrique Teixeira Lott (depoimento, 1978)". Rio de Janeiro, Cpdoc, 2002.

43. "Não sei o que se passava, mas o fato é que as propostas que nós preparávamos para o ministro da Guerra, que nesse tempo era o general Dutra, levavam vários dias para ir até o gabinete do ministro e voltar com a decisão". Lott, Henrique Batista Duffles Teixeira. "Henrique Teixeira Lott (depoimento, 1978)". Rio de Janeiro, Cpdoc, 2002.

44. Coronel Cláudio Moreira Bento, Informativo Guararapes em http://www.resenet.com.br/ahimtb/FAMM2GM.htm

45. Mal. Floriano de Lima Brayner, *A verdade sobre a FEB*, p. 205.

46. O marechal Floriano de Lima Brayner, em *A verdade sobre a FEB,* p. 206, classificou Lott como "excepcional chefe", e seu trabalho na organização inicial da 1ª DIE como "notável".

47. Lira Neto, *Castello: A marcha para a ditadura,* p. 133.

48. Para o diálogo entre Mascarenhas e Lott, e entre Dutra e Lott; Lott, Henrique Batista Duffles Teixeira. "Henrique Teixeira Lott (depoimento, 1978)". Rio de Janeiro, Cpdoc, 2002.

49. Pedro Rogério Moreira, *Encontro*, julho de 2002.

50. Lira Neto, *Castello — A marcha para a ditadura,* p. 136

51. Major Joffre Gomes da Costa em *Marechal Henrique Lott*, p. 201: "O Exército brasileiro vestiu-se e armou-se pelo figurino americano."

52. Lott, Henrique Batista Duffles Teixeira. "Henrique Teixeira Lott (depoimento, 1978)". Rio de Janeiro, Cpdoc, 2002.

53. René Armand Dreifuss, *1964: A conquista do Estado*, p. 79.

54. Durante o governo Médici, sete ministros eram graduados da ESG, conforme Gordon Campbell, em *Brazil struggles for development*, citado em *A televisão no Brasil: 50 anos de história*, de Sérgio Mattos, p. 40.

55. Elio Gaspari, *A ditadura derrotada*, p. 121.

56. Lira Neto, *Castello — A marcha para a ditadura*, p. 163.

57. "O período 1950-52, durante o qual Estillac exerceu a presidência do Clube, conheceu confrontos bastante violentos entre as duas correntes." Antonio Carlos Peixoto, *Os partidos militares no Brasil*, coordenado por Alain Rouquié, p. 93.

58. Os mandatos para governador poderiam ser de quatro ou cinco anos, conforme a Constituição de cada estado.

59. Lott, Henrique Batista Duffles Teixeira. "Henrique Teixeira Lott (depoimento, 1978)". Rio de Janeiro, Cpdoc, 2002.

60. João Batista de Mattos chegaria a marechal. Foi o único negro a atingir essa patente no Exército brasileiro.

61. Na biografia de Juarez Távora, *Uma vida e muitas lutas*, p. 30, vol. III, ele afirma que o general Fiúza de Castro também assinou o documento.

62. Major Joffre Gomes da Costa, em *Marechal Henrique Lott*, p. 232

63. *Café Filho — Do Sindicato ao Catete — Vol. II*, p. 490. Lott reforçaria essa opinião ao discursar na Escola de Instrução Especializada e garantir que "o Exército não sairá da órbita de suas atribuições"; Carlos Chagas, *O Brasil sem retoque*, p. 675.

64. Juarez Távora, *Uma vida e muitas lutas*, p. 29, vol. III.

65. Claudio Bojunga, *JK: O artista do impossível*, p. 278.

66. *Tribuna da imprensa*, 4 de janeiro de 1955.

67. Café Filho — *Do Sindicato ao Catete* — Vol II, p. 489.

68. Café Filho — *Do Sindicato ao Catete* — Vol. II, p. 496.

69. Para as articulações do presidente, Café Filho — *Do Sindicato ao Catete* — Vol. II, p. 496.

70. Carlos Chagas, *O Brasil sem retoque*, p. 747, retirado de Riedinger, Edward Anthony. *Como se faz um presidente: a campanha de J. K.* Tradução de Roberto Raposo. Rio de Janeiro: Nova Fronteira, 1988.

71. Murilo Melo Filho, em *Testemunho Político*, p. 182

72. Carlos Chagas, *O Brasil sem retoque*, p. 749, retirado de Riedinger, Edward Anthony. *Como se faz um presidente: a campanha de J. K.* Tradução de Roberto Raposo. Rio de Janeiro: Nova Fronteira, 1988, p. 309.

73. *Artes da política; diálogo com Ernani do Amaral Peixoto*, p. 398.

74. Claudio Bojunga, *JK: O artista do impossível*, p. 293.

75. Depoimentos do advogado H. Sobral Pinto a respeito dos acontecimentos dos dias 11 e 21 de novembro de 1955, Secretaria Geral do Ministério da Guerra, p. 11.

76. Claudio Bojunga, *JK: O artista do impossível*, p. 293-294.

77. Depoimentos do advogado H. Sobral Pinto a respeito dos acontecimentos dos dias 11 e 21 de novembro de 1955, Secretaria Geral do Ministério da Guerra, p. 13.

78. Discurso de Armando Falcão na Câmara dos Deputados, *Diário do Congresso*, p. 937, 7 de fevereiro de 1956.

79. Durante o governo Vargas, o ministro João Goulart propôs um aumento de 100% no salário mínimo. Essa proposta foi um dos itens mais atacados pelo *Memorial dos Coronéis*, escrito no dia 8 de fevereiro de 1954: "A elevação do salário mínimo(...) resultará (...) em aberrante subversão de todos os valores profissionais, destacando qualquer possibilidade de recrutamento para o Exército de seus quadros inferiores". O ministro da Guerra, general Ciro do Espírito Santo, demitiu-se. O general Zenóbio da Costa foi indicado para o seu lugar, mas exigiu, como condição para assumir, a demissão de Jango, que foi substituído por Hugo de Faria. Era antigo o ódio entre Goulart e os militares. Assinaram o Memorial dos Coronéis: Amaury Kruel, Antonio Carlos Muricy, Ednardo D'Ávila, Geraldo de Menezes Cortes, Golbery do Couto e Silva, Jurandyr Bizarria Mamede, Syzeno Sarmento e Sylvio Frota, entre outros.

80 Juarez Távora, *Uma vida e muitas lutas*, vol. III, p. 40-41.

81. Para os cargos desejados, para a declaração de Jânio e para a concordância do presidente, Café Filho — *Do Sindicato ao Catete* — Vol. II p. 518.

82. Juarez Távora, *Uma vida e muitas lutas*, Vol. III, p. 45.

83. Juarez Távora, *Uma vida e muitas lutas*, Vol. III, p. 45.

84. Juarez Távora, *Uma vida e muitas lutas*, Vol. III, p. 45.

85. Juarez Távora, *Uma vida e muitas lutas*, Vol III, p. 48.

86. Juarez Távora, *Uma vida e muitas lutas*, Vol III, p. 50.

87. Juarez Távora, *Uma vida e muitas lutas*, Vol. III, p. 50.

88. Café Filho — *Do Sindicato ao Catete* — Vol. II, p. 520.

89. Café Filho — *Do Sindicato ao Catete* — Vol. II, p. 521-522.

90. Jânio indicou os nomes de José Maria Whitaker para a Fazenda, Marcondes Ferraz para a Viação e Alcides Vidigal para o Banco do Brasil. Café aceitou as indicações e fez as substituições, em Café Filho — *Do Sindicato ao Catete* — Vol. II, p. 521-522

91. Juarez Távora, *Uma vida e muitas lutas*, Vol. III, p. 123.

92. Para os detalhes da entrevista de Botto, Nota Especial de Informações nº 22, portaria nº 400 de 12 de fevereiro de 1960 — Subsídios para a história dos acontecimentos de novembro de 1955, p. 11.

93. Thomas Skidmore, *Brasil: de Getulio a Castello*, p. 185.

94. Nelson Werneck Sodré, *Memórias de um soldado*, p. 479

95. Oliveiros S. Ferreira, *O Estado de S. Paulo*, 1996.

96. Nelson Werneck Sodré, *Memórias de um soldado*, p. 479: "Já não havia, na Inspetoria, trabalho profissional; todas as energias, todas as horas eram destinadas à trama política."

97. Jarbas Passarinho, junho de 2002.

98. Jarbas Passarinho, junho de 2002.

99. Café Filho — *Do Sindicato ao Catete* — Vol. II, p. 540.

100. *O Cruzeiro*, de 13 de agosto de 1955, p. 13-14.

101. Sylvio de Camargo, *Comentários sobre a situação*, Comunicado secreto n° 1.852, de 23 de agosto de 1955.

102. *Jornal do Commercio*, 20 de agosto de 1955.

103. Sebastião Nery, *Grandes pecados da imprensa*, p. 124.

104. Para o resultado final da eleição, Claudio Bojunga, *JK: O artista do impossível*, p. 745.

105. Nelson Werneck Sodré, *Memórias de um soldado*, p. 471.

106. *O Estado de S. Paulo*, 28 de setembro de 1980, entrevista de Lott a Lourenço Dantas Mota e Luiz Carlos Lisboa.

107. Nota Especial de Informações n° 22, Portaria n° 400 de 12 de fevereiro de 1960 — Subsídios para a História dos Acontecimentos de Novembro de 1955, p. 30. Em seu depoimento à 11ª Vara Criminal em 27 de agosto de 1959, Lott confirmou o diálogo.

108. Carta do general Manoel de Azambuja Brilhante a Lott, datada de 16 de novembro de 1958.

109. Depoimento de Eduardo Gomes na 11ª Vara Criminal, em 22 de dezembro de 1958.

110. A UDN, através do deputado Aliomar Baleeiro chegou a levantar a tese da maioria absoluta para impedir a posse de Vargas, que tinha recebido 48% dos votos do eleitorado. Murilo Melo Filho, *Testemunho político*, p. 120.

111. Thomas Skidmore, *Brasil: de Getulio a Castello*, p. 188

112. Fernando Morais, *Chatô, o rei do Brasil*, p. 575.

113. Em 5 de novembro de 1956, o documento, que era confidencial, foi desclassificado por Juscelino e pôde enfim ser divulgado.

114. *O Globo*, de 14 de outubro de 1955.

115. Nota Especial de Informações n° 22, Portaria n° 400, de 12 de fevereiro de 1960 — Subsídios para a História dos Acontecimentos de Novembro de 1955, p. 64.

116. Zenóbio da Costa, *Boletim Especial n° 1*, 15 de outubro de 1955.

117. Em Café Filho — *Do sindicato ao Catete* — Vol. II, p. 537-8, Café afirma que Lott leu a declaração de Zenóbio antes da divulgação; mas na entrevista a Otto Lara Resende para a revista *Manchete*, de 19 de novembro de 1955, Lott garantiu que tomou conhecimento depois.

118. "Conheci-o melhor que alguns dos seus pretensos amigos". Lott em entrevista a Otto Lara Resende: *O depoimento de Lott,* revista *Manchete,* 19 de novembro de 1955.

119. Café Filho — *Do Sindicato ao Catete* — Vol II, p. 543.

120. Café Filho — *Do Sindicato ao Catete* — Vol II, p. 545.

121. *Tribuna da Imprensa*, 4 de novembro de 1955.

122. Associação presidida pelo jornalista Amaral Neto fundada em 1953 para combater o governo Vargas.

123. O "Boletim Confidencial" n° 12, de 5 de novembro de 1955, tornou-se conhecido ao ser publicado pelo jornal *O Semanário* de 11 de julho de 1957.

124. Juarez Távora, *Uma vida e muitas lutas,* Vol. III, p. 91.

125. Hélio Silva, *História da república brasileira*, Vol. XV, p. 94.

126. Depoimento de Lott à 11ª Vara Criminal em 27 de agosto de 1959.

127. Munhoz da Rocha, *Radiografia de novembro,* p. 62.

128. Café Filho — *Do Sindicato ao Catete* — Vol II, p. 558.

129. Murilo Melo Filho em *Testemunho político*, p. 191.

130. Há o registro dessa frase no *Diário de S. Paulo* de 16 de novembro de 1955. O jornalista Otto Lara Resende em reportagem para a revista *Manchete*, de 19 de novembro de 1955, escreveu que Lott teria dito: "Esclareci, de minha parte, que não serviria, em hipótese alguma, a um governo que não se conservasse fiel à Constituição e no qual não tivesse eu plena confiança". A frase reproduzida — "Não servirei a um governo golpista" — foi também relatada pela filha de Lott, Regina, e confirmada por dois oficiais, cujos nomes não serão revelados.

131. *Folha da Manhã*, 10 de novembro de 1955.

132. Depoimento de Odylo Costa Filho, ao repórter Gilberto Negreiros, *Folha de S. Paulo*, 11 de janeiro de 1979.

133. "A arbitragem civil de conflitos internos significaria o debilitamento e a fragmentação da organização militar." Antonio Carlos Peixoto, *Os partidos militares no Brasil*, coordenado por Alain Rouquié, p. 36.

134. Depoimento de Lott na 11ª Vara Criminal em 27 de agosto de 1959.

135. Juarez Távora, em *Uma vida e muitas lutas*, Vol. III, p. 96, também confirma a cena armada por Luz, que já tinha tomado a decisão de demitir Lott muito antes da reunião: "No dia 10 de novembro de 1955, às 16 horas, recebi, em minha casa, a visita

do coronel Rodrigo Otávio. Vinha informar-me que o presidente Carlos Luz resolvera exonerar do cargo de ministro da Guerra o general Teixeira Lott, e substituí-lo, nesse posto, pelo general-de-exército R-1 Fiúza de Castro."

136. Café Filho — *Do Sindicato ao Catete* — Vol. II, p. 558.

137. Café Filho — *Do sindicato ao Catete* — Vol. II, p. 561.

138. Para a disposição de Lott, naquele momento, de passar o cargo para Fiúza: Antonio José Duffles, maio de 1999.

139. Regina Lott, maio de 1999.

140. Depoimento de Lott na 11ª Vara Criminal em 27 de agosto de 1959.

141. Depoimento de Lott na 11ª Vara Criminal em 27 de agosto de 1959.

142. Depoimento de Lott na 11ª Vara Criminal em 27 de agosto de 1959.

143. O próprio Sobral Pinto sentiria a mesma dúvida moral. Em Depoimentos do Advogado H. Sobral Pinto, a respeito dos acontecimentos dos dias 11 e 21 de novembro de 1955, Secretaria Geral do Ministério da Guerra, p. 16, citou que a *Liga de Defesa da legalidade* ficou ao lado de Lott porque "atuou na conjuntura, de acordo, além do mais, com a distinção, feita por G. Ferrero entre *revolução construtiva* e *revolução destrutiva*. Aquela visa a garantir a liberdade e a ampliar o princípio de representação popular; esta visa a destruir o princípio de representação popular, sem apresentar, porém, nenhum outro capaz de o suprir".

144. Armando Nogueira trabalhava na *Manchete* quando Otto Lara voltou do Ministério. Acompanhou de perto a redação da matéria. Em setembro de 2002, Nogueira deu o seguinte depoimento ao autor: "A entrevista durou mais de três horas e ele *(Otto)* não anotou nem uma vírgula (...) O Otto, que tinha uma memória de elefante, levou estocado na cabeça todo o relato feito pelo ministro da Guerra. Chegou na redação, sentou-se à máquina e escreveu 27 laudas em um só fôlego. A velha máquina Remington ia cuspindo as laudas num ritmo frenético, e eu, ao seu lado, lendo, página a página, um texto sem ao menos um erro de datilografia sequer. O Otto mandou para o Ministério e o ministro aprovou integralmente, sem cortar uma única vírgula. E ainda mandou distribuir pra todos os adidos militares das embaixadas brasileiras no exterior a revista *Manchete*, como sendo a versão oficial do golpe que ele não chamava de golpe, mas o retorno do país aos quadros constitucionais vigentes."

145. Para os generais, Aurélio de Lyra Tavares, em *O Brasil de minha geração*, p. 336.

146. Para a motivação relativa à hierarquia, Nelson Werneck Sodré em *Memórias de um soldado*, p. 487: "A maioria dos chefes militares, os detentores dos comandos no Rio, por exemplo, havia sido movida pelo aspecto disciplinar do caso" ; e Odylio Denys,

em *Ciclo revolucionário brasileiro*, p. 66: "Foram acontecimentos que causaram indignação na oficialidade. Ela se sentiu ferida nos seus brios, com o que era feito ao seu ministro."

147. Odylio Denys, *Ciclo revolucionário brasileiro*, p. 66.

148. Um oficial da Aeronáutica, cujo nome, a pedido, não será divulgado, foi convidado e participou de uma das reuniões do MMC, na qual verificou que havia planos de ataque contra o golpe "que estava andando na rua". Mas o próprio oficial põe em dúvida a capacidade dos irmãos Bittencourt de assumir a liderança e realizar a ação.

149. Para o horário do início do movimento, Odylio Denys, *Ciclo revolucionário brasileiro*, p. 66.

150. "Foram iniciadas, ainda na madrugada do dia 11 de novembro, as providências para a articulação do dispositivo previsto, fim para o qual foi encerrada a reunião. Cada general seguiu o seu destino." Aurélio de Lyra Tavares, *O Brasil de minha geração*, p. 336.

151. Depoimento do general Olympio Falconière prestado ao juiz da 11ª Vara Criminal, em 29 de setembro de 1959.

152. Rubens Bayma Denys, abril de 2005.

153. *O Estado de S. Paulo*, 28 de setembro de 1980, entrevista de Lott a Lourenço Dantas Mota e Luiz Carlos Lisboa.

154. Nota especial de informação nº 22, Portaria nº 400, de 12 de fevereiro de 1960, do Ministério da Guerra.

155. O general Rubens Bayma Denys, em depoimento ao autor em abril de 2005, afirmou que os planos foram elaborados sem o conhecimento de Lott, por iniciativa exclusiva de Denys, que teria procurado o tenente-coronel Souza Melo e solicitado que ele realizasse esse planejamento.

156. Em sua biografia *Depoimento*, p. 190, Carlos Lacerda reconheceu o preparo do ministro e admitiu a conspiração: "Lott tinha conhecimento de que um grande número de oficiais era naquele momento contra a posse do Juscelino. Isso, sem dúvida. Além disso, ele estava muito informado e trabalhado pelos políticos do PSD. Ele sabia e o Serviço de Informações do Exército estava farto de saber. A conspiração não era clandestina. Era feita publicamente e os coronéis opinavam até nos jornais dizendo: 'Isso não pode ser assim! Depois de tanta revolução no Brasil, não podemos repetir tudo de ruim que aconteceu.'"

157. Lott, Henrique Batista Duffles Teixeira, "Henrique Teixeira Lott (depoimento, 1978)". Rio de Janeiro, Cpdoc, 2002.

158. Para a ocupação militar, major Joffre Gomes da Costa, em *Marechal Henrique Lott*, p. 303.

159. Nota Especial de Informações nº 22, Portaria nº 400, de 12 de fevereiro de 1960 — Subsídios para a história dos acontecimentos de novembro de 1955, p. 44.

160. Para a expressão "Restrição mental": *Restrictio mentalis*. A restrição mental, apesar de ser defendida por teólogos católicos do século XVII, foi condenada pelo Santo Ofício em 1679. Mais recentemente, teólogos católicos introduziram a diferença entre a mentira e uma afirmação falsa moralmente justificada, desde que apresente uma conotação positiva, aceita como "uma exceção exigida pelo dever de ocultar em certas ocasiões a verdade" em Marciano Vidal, *Moral de Actitudes — Etica de la persona*. Lott, profundamente católico, mostrava seu conhecimento de filosofia e moral cristã, que admitem a restrição mental, para esconder ou disfarçar parte do pensamento para encobrir a verdade, desde que praticada por um motivo justo, segundo a própria consciência. Alguns jornalistas acharam que Otto Lara Resende colocara a expressão na boca de Lott, mas Paulo Francis, em *Trinta anos esta Noite: 1964, o que vi e vivi*, p. 74, confirma que foi Lott quem usou a expressão: "Lott enganou a gente de Café Filho para derrubar o governo dele, então com Carlos Luz, e Otto Lara Resende perguntou o que era aquilo, e Lott respondeu que se obrigou a 'restrições mentais'. Otto gozou-o, mas é o que todos fazemos, em política e na vida."

161. Armando Falcão, *Tudo a declarar*, p. 101.

162. Lott nunca revelou quem lhe deu o conselho de seguir para o Catete. Armando Falcão, em *Tudo a declarar*, p. 102, afirma que a idéia foi sugerida pelo marechal Mascarenhas.

163. Claudio Bojunga, *JK: O artista do impossível*, p. 314.

164. Jarbas Passarinho, junho de 2002.

165. Claudio Bojunga, *JK: O artista do impossível*, p. 313.

166. Para o diálogo entre Lott e Fiúza, Claudio Bojunga, *JK: O artista do impossível*, p. 313.

167. Para os presos e para o café, Nelson Werneck Sodré, *Memórias de um soldado*, p. 484.

168. No livro *O Brasil sem retoque*, p. 714, o jornalista Carlos Chagas destaca que o título escolhido por Lott apresentava "um cochilo de seus redatores, porque não se retorna ao que é vigente...". Não foi um nome pensado. Foi um nome que surgiu na urgência das operações. Mas, talvez na sua aparente contradição "retorno-vigente" estivesse a justificativa de seu surgimento para a defesa da manutenção do regime democrático. Um golpe que garantia a posse de um presidente eleito pelas urnas. Ou até para ressaltar o caráter provisional do movimento. Outros jornalistas acreditam que Otto Lara Resende teria criado o nome. Há ainda a versão de que Tancredo Neves dera o nome durante a reunião realizada com os deputados no Copacabana Palace. Lacerda classificaria o título como "absurdo lógico, contrafação e contra-

senso". Mas o fato é que essa frase estava no telegrama enviado às seis horas e vinte e seis minutos do dia 11 de novembro de 1955. A entrevista de Lott para que Otto escrevesse a histórica reportagem seria concedida apenas no dia 15 de novembro.

169. Sebastião Nery, fevereiro de 1999.

170. Sebastião Nery, *Grandes pecados da imprensa*, p. 125-126

171. Flávio Tavares, *O dia em que Getulio matou Allende*, p. 112.

172. José Augusto Vieira, Relatório sobre cumprimento de missão junto à Marinha na manhã de 11 de novembro de 1955.

173. Arquivo pessoal do marechal Lott.

174. *Manchete*, 4 de abril de 1959, entrevista de Silvio Heck.

175. *Manchete*, 4 de abril de 1959, entrevista de Silvio Heck.

176. O militar em prontidão rigorosa deve permanecer armado e não pode deixar seu local de trabalho.

177. *Manchete*, 4 de abril de 1959, entrevista de Silvio Heck.

178. Penna Botto, palestra na Secretaria de Educação e Assistência, em Belo Horizonte, abril de 1956.

179. Carlos Lacerda, *Depoimento,* p. 193.

180. Arquivo Pessoal do marechal Lott, Cópia do comunicado "Diretivas" do ministro da Marinha Jordão Amorim do Valle, com uma observação escrita a mão por Lott: "cópia do original feita por um oficial de Marinha".

181. Carta de Penna Botto publicada no *Diário de Notícias*, de 25 de novembro de 1958.

182. Revista *Manchete* de 19 de novembro de 1955. A lista completa dos oficiais que estavam no *Tamandaré* está em *Radiografia de novembro*, de Munhoz da Rocha, p. 103-104.

183. Penna Botto, Anexo nº 9, Ordem do dia nº 0009-55.

184. Essa determinação de Lott foi confirmada pelo coronel Menezes Cortes, que estava detido no gabinete de Lott e ouviu quando o ministro deu a ordem ao comandante da Artilharia de Costa.

185. Lott, Henrique Batista Duffles Teixeira. "Henrique Teixeira Lott (depoimento, 1978)". Rio de Janeiro, Cpdoc, 2002.

186. Murilo Melo Filho em *Testemunho político*, p. 204.

187. Depoimento de Lott à 11ª Vara Criminal em 27 de agosto de 1959.

188. Durante a Revolução de 1930, o navio alemão *Baden* zarpou do porto do Rio de Janeiro sem permissão. Depois de ignorar a mensagem de rádio que exigia sua volta, a embarcação recebeu dois tiros de advertência do Forte do Leme. O *Baden* prosseguiu no seu rumo. Em seguida, um disparo certeiro atingiu e destruiu o mastro principal do navio.

189. "O general Lott encarna a ilegabilidade de meios para manter a legalidade de fins, viola a Constituição para defendê-la". Maria Victoria de Mesquita Benevides, *O governo Kubitschek*, p. 153.

190. Armando Falcão, *Tudo a declarar*, p. 102.

191. *Ultima Hora*, 23 de novembro de 1955.

192. Nota Especial de Informações n° 22, Portaria n° 400, de 12 de fevereiro de 1960 — Subsídios para a história dos acontecimentos de novembro de 1955, p. 47.

193. Nota Especial de Informações n° 22, portaria n° 400, de 12 de fevereiro de 1960 — Subsídios para a história dos acontecimentos de novembro de 1955, p. 48.

194.*Folha da Manhã*, 12 de novembro de 1955.

195. Murilo Melo Filho, *Testemunho Político*, p. 205.

196. Arquivo pessoal do marechal Lott.

197. Carlos Chagas, *O Brasil sem retoque*, p. 733.

198. www.senado.gov.br/web/historia

199. Armando Falcão, *Tudo a declarar*, p. 102-103.

200. Depoimento de Lott na 11ª Vara Criminal em 27 de agosto de 1959.

201. Para as palavras de Lott e Nereu, *Folha da Manhã*, 12 de novembro de 1955.

202. Murilo Melo Filho, *Testemunho político*, p. 206.

203. "A aliança entre os setores fiéis a Lott e os nacionalistas é selada e Lott torna-se o chefe natural dessa nova corrente que é, sem qualquer dúvida, pelo menos de início, mais constitucionalista do que nacionalista." Antonio Carlos Peixoto, *Os partidos militares no Brasil*, coordenado por Alain Rouquié, p. 104.

204. *Correio Paulistano*, 17 de novembro de 1955.

205. "Nacionalismo e Antinacionalismo haviam se tornado os dois pólos principais do processo político no âmbito das Forças Armadas. A articulação de cada um desses pólos com os grupos civis deu aos debates e confrontos políticos nas Forças Armadas uma importância e amplitude tais que os choques entre as facções militares não podem ser isolados dos processos que ocorreram na sociedade e na esfera política nacional. As confrontações entre essas duas correntes acompanharam toda a história do Brasil entre 1945 e 1964." Antonio Carlos Peixoto, *Os partidos militares no Brasil*, coordenado por Alain Rouquié, p. 84.

206. Para Odylio Denys, a divisão no Exército surgiu depois de 1930, *Ciclo revolucionário brasileiro*, p. 59.

207. Munhoz da Rocha, *Radiografia de Novembro*, p. 58.

208. *Diário de Notícias*, 16 de maio de 1959.

209. Murilo Melo Filho, *Testemunho político*, p. 211.

210. Murilo Melo Filho, *Testemunho Político*, p. 212.

211. Juarez Távora, *Uma Vida e Muitas Lutas*, vol. III, p. 102.

212. Juarez Távora, *Uma Vida e Muitas Lutas*, vol. III, p. 108.

213. Depoimento de Lott na 11ª Vara Criminal em 27 de agosto de 1959.

214. Depoimento de Lott na 11ª Vara Criminal em 27 de agosto de 1959.

215. Depoimento de Lott na 11ª Vara Criminal em 27 de agosto de 1959.

216. Lott, Henrique Batista Duffles Teixeira "Henrique Teixeira Lott (depoimento, 1978), Rio de Janeiro, Cpdoc, 2002.

217. Carlos Chagas, *O Brasil sem retoque*, Vol. II, p. 738.

218. Nota Especial de Informações nº 22, portaria nº 400, de 12 de fevereiro de 1960 — Subsídios para a história dos acontecimentos de novembro de 1955, p. 61.

219. Nota Especial de Informações nº 22, Portaria nº 400, de 12 de fevereiro de 1960 — Subsídios para a história dos acontecimentos de novembro de 1955, p. 62.

220. *O Globo,* 5 de dezembro de 1955.

221. Mônica Kornis, *Dicionário Histórico-Biográfico Brasileiro,* Cpdoc-FGV, Vol. I, p. 1.213.

222. "Pela primeira vez na vida, Castello concordava com Lott." Lira Neto, em *Castello — A marcha para a ditadura*, p. 178.

223. Lira Neto, *Castello — A marcha para a ditadura*, p. 179.

224. Nelson Werneck Sodré, *Memórias de um soldado*, p. 497.

225. Nelson Werneck Sodré, *Memórias de um soldado*, p. 497.

226. Para os diálogos , Armando Falcão, *Tudo a declarar*, p. 109.

227. Para o motivo e os detalhes do encontro, H. Sobral Pinto, *Diário de Notícias*, 29 de novembro de 1956.

228. H. Sobral Pinto, *Diário de Notícias*, 29 de novembro de 1956.

229. "Quem são os inimigos do Brasil? Os comunistas ou os setores militares que conspiram contra Kubitschek? A necessidade de preservar a obediência constitucional obriga as correntes militares pró-Kubitschek a atacar tanto a direita quanto a esquerda." Antonio Carlos Peixoto, *Os partidos militares no Brasil*, coordenado por Alain Rouquié, p. 105.

230. Claudio Bojunga, *JK: O artista do impossível*, p. 338.

231. Luiz Gutemberg, *Moisés: codinome Ulysses Guimarães — uma biografia*, p. 65.

232. *Ultima Hora*, 30 de junho de 1956.

233. Para as idéias da Frente Parlamentar Nacionalista, Almino Affonso, dezembro de 2003.

234. "A chefia de polícia era a rede de informações mais bem montada de que o governo dispunha (não havia o SNI) e seus chefes — sempre oficiais do Exército — eram nomeados diretamente pelo presidente." Maria Victoria de Mesquita Benevides, em *O governo Kubitschek*, p. 166.

235. Expressão usada por Afonso Arinos ao responder a uma questão da professora Maria Victoria Benevides, reduzindo às "botas de Lott" o tripé de segurança de Juscelino.

236. Nelson Werneck Sodré, *Memórias de um soldado*, p. 497.

237. Juscelino Kubitschek, *50 anos em 5*, p. 24.

238. Jarbas Passarinho, *Um híbrido fértil*, p. 92.

239. Juscelino Kubitschek, *50 anos em 5*, p. 24.

240. Juscelino Kubitschek, *50 anos em 5*, p. 23.

241. Murilo Melo Filho, *Testemunho político*, p. 255.

242. Avião anfíbio bimotor usado na Segunda Guerra que se tornaria um dos símbolos do desbravamento da Amazônia.

243. *Diário de S .Paulo*, 28 de fevereiro de 1956.

244. Primeira versão da morte do capitão Cazuza: Murilo Melo Filho, *Testemunho político*, p. 258.

245. Segunda versão da morte do capitão Cazuza: Leopoldo Oberst, em *O Cruzeiro,* edição extra: "Jacareacanga".

246. Leopoldo Oberst em *O Cruzeiro:* edição extra "Jacareacanga".

247. Para o gentil diálogo entre Cabral e Lameirão, Luciano Carneiro, em *O Cruzeiro*, edição extra: "Jacareacanga".

248. Arlindo Silva, março de 2002.

249. Para os detalhes do ataque do brigadeiro Cabral à base de Jacareacanga e os diálogos entre o brigadeiro Câmara e Veloso, Luciano Carneiro, em *O Cruzeiro*, edição extra: Jacareacanga.

250. Rui Moreira Lima, agosto de 2004.

251. Murilo Melo Filho, *Testemunho político*, p. 260.

252. Juscelino Kubitschek, *50 anos em 5*, p. 36.

253. Carlos Chagas, *O Brasil sem retoque*, vol. II, p. 754.

254. *O Cruzeiro*, 10 de março de 1956.

255. Juarez Távora, *Uma vida e muitas lutas*, vol. III, p. 109.

256. Lott, Henrique Batista Duffles Teixeira. "Henrique Teixeira Lott" (depoimento, 1978) Rio de Janeiro, Cpdoc, 2002.

257. Eduardo Chuahy, maio de 2004.

258. Eduardo Chuahy, março de 2004.

259. Nelson Werneck Sodré, *Memórias de um soldado*, p. 489.

260. Jarbas Passarinho, junho de 2002.

261. Eduardo Chuahy, maio de 2004.

262. Depois de Lott deixar o Ministério, Oest foi enviado para uma Circunscrição de Recrutamento em Ilhéus.

263. "O Exército passou a ser contra o comunismo, embora dentro dele houvesse oficiais comunistas. Inclusive oficiais que depois foram servir no gabinete do ministro Lott. Ele dizia que não eram comunistas, que eram muito bons oficiais, que podiam ter suas idéias, mas isso não tinha importância nenhuma... O Comunismo, a partir daí, constituiu uma preocupação constante, embora ainda houvesse outras quizilas políticas." *Ernesto Geisel*, organizadores Maria Celina D'Araujo e Celso Castro, p. 75.

264. Murilo Melo Filho, *Testemunho político*, p. 222.

265. *O Globo,* 18 de abril de 1956.

266. *Diário de S. Paulo*, 20 de abril de 1956.

267. *Time*, 28 de maio de 1956.

268. *Correio Paulistano*, 8 de maio de 1956.

269. Carta de Sobral Pinto a Lott, datada de 12 de maio de 1956. Arquivo pessoal do marechal Lott.

270. *Diário de S. Paulo*, 26 de maio de 1956.

271. Major Joffre Gomes da Costa, *Marechal Henrique Lott*, p. 344.

272. Hélio Silva, *1954, Um tiro no coração*, p. 121.

273. Lott nunca votou nas eleições do Clube Militar; Lott, Henrique Batista Duffles Teixeira. "Henrique Teixeira Lott (depoimento, 1978)". Rio de Janeiro, Cpdoc, 2002.

274. Antonio Carlos Peixoto, *Os partidos militares no Brasil*, coordenado por Alain Rouquié, p. 104.

275 "Na medida em que as atividades do Clube eram de domínio público, as discussões e os confrontos eleitorais tornaram-se acontecimentos que afetaram intensamente a vida política brasileira." Antonio Carlos Peixoto, *Os partidos militares no Brasil*, coordenado por Alain Rouquié, p. 89.

276. Nelson Werneck Sodré, *Memórias de um soldado,* p. 503.

277. Maria Victoria de Mesquita Benevides, *O governo Kubitschek*, p. 166.

278. Maria Victoria de Mesquita Benevides, *A UDN e o Udenismo*, p. 103.

279. Centro de Comunicação Social do Exército (CComSEx), junho de 2004.

280. "Tivemos problemas no Acre, por exemplo. Gente dos países vizinhos entrava para tirar os nossos recursos na *hiléia* amazonense, sem que tivéssemos meio de defendê-los. Era preciso que tivéssemos lá uma guarda, uma sentinela ou um corpo de tropa, tendo-se para tanto necessidade de construir esses quartéis." Lott, Henrique Batista Duffles Teixeira. "Henrique Teixeira Lott (depoimento, 1978)". Rio de Janeiro, Cpdoc, 2002.

281. *Boletim interno do Ministério da Guerra*, n° 8, 15 de janeiro de 1959.

282. *Despedida ao Exército* — Ordem-do-dia do ministro da Guerra, 15 de fevereiro de 1960.

283. "Ninguém era poupado. O general Lott vivia no pelourinho." Juscelino Kubitschek, *50 anos em 5*, p. 75.

284. "O que realmente nos preocupava, e era motivo fundamenal da nossa divergência, era a situação interna do país, a influência crescente dos oficiais comunistas, a maneira excessivamente centralizadora de o Lott administrar o Exército, e o governo do Juscelino, cujo conceito pessoal era muito desfavorável". *Ernesto Geisel*, organizadores Maria Celina D'Araujo e Celso Castro, p. 125.

285. Juscelino Kubitschek, *50 anos em 5*, p. 75.

286. Maria Victoria de Mesquita Benevides, *A UDN e o Udenismo*, p. 102

287. Juscelino Kubitschek, *Por que construí Brasília*, p. 46.

288. Juscelino Kubitschek, *50 anos em 5*, p. 146.

289. Sérgio Lamarão, *Dicionário Histórico-Biográfico Brasileiro*, Cpdoc-FGV, Vol. II, p. 2.395.

290. "JK se dava conta que esse tipo de companhia era politicamente arriscada". Claudio Bojunga, *JK: O artista do impossível*, p. 380.

291. "A chamada 'Frente de Novembro' era, sem dúvida, um movimento característico de guerra ideológica, em que o comunismo importado se apossava mais uma vez da bandeira do nacionalismo para empolgar o espírito das massas inadvertidas, de modo a conquistar adeptos nas camadas mais representativas do povo. Promovera-se, para isso, uma homenagem de apreço ao ministro da Guerra, cuja figura de Chefe Militar, de incontestáveis virtudes morais e profissionais, merecia, sem dúvida, pelos grandes serviços prestados ao país, na paz e na guerra, o acatamento e o apreço de todo os brasileiros. Mas era evidente o propósito político da manifestação (...)." Aurélio de Lyra Tavares, *O Brasil de minha geração*, p. 30-31.

292. Para Juscelino, o responsável pela idéia fora o PTB, como escreveria, anos mais tarde: "Foi o PTB que organizara, em 1956, a manifestação da 'entrega da espada de ouro', que tanta preocupação trouxera ao governo". Juscelino Kubitschek, *Por que construí Brasília*, p. 218.

293. Nunca houve essa separação que classificava os movimentos entre Rio e São Paulo. Adoto-as por uma questão de narração.

294. Kardec Lemme, julho de 2004.

295. Juscelino Kubitschek, *50 anos em 5*, p. 94.

296. Lott, Henrique Batista Duffles Teixeira. "Henrique Teixeira Lott (depoimento, 1978)". Rio de Janeiro, Cpdoc, 2002.

297. 405 mil cruzeiros equivalem a aproximadamente 30 mil reais. O índice de correção adotado foi o IPC/FIPE. Para os detalhes da espada, major Joffre Gomes da Costa, em *Marechal Henrique Lott*, p. 355.

298. O poema, mais tarde, seria publicado na obra *Estrela da vida inteira*, poesias reunidas de Manuel Bandeira.

299. Sérgio Lamarão, *Dicionário Histórico-Biográfico Brasileiro*, Vol. II, p. 2395, Cpdoc-FGV. "Muita gente fora trazida de Minas, São Paulo e do interior do estado", Claudio Bojunga, *JK: O artista do impossível*, p. 384.

300. "Retrospectivamente, Juscelino veria naquela cerimônia da entrega da espada a Lott uma antecipação do que aconteceria durante o governo João Goulart, quando as 'reformas de base' serviriam de tema para o fatal comício da Central." Claudio Bojunga, *JK: O artista do impossível*, p. 384.

301. Discurso de João Goulart: *O Jornal,* 13 de novembro de 1956.

302. Discurso de Lott: *O Jornal,* 13 de novembro de 1956.

303. Carta de 8 de novembro de 1956, citada em *O governo Castello Branco*, de Luís Viana Filho, p. 41.

304. Luís Viana Filho, *O governo Castello Branco*, p. 41.

305. "Castello Branco, por igual convidado, marcou a sua estatura de líder militar, de soldado profissional austero e inflexível, com a resposta que dirigiu aos promotores da manifestação". Aurélio de Lyra Tavares, *O Brasil de minha geração*, vol. II, p. 31.

306. Sérgio Lamarão, *Dicionário Histórico Biográfico Brasileiro*, Vol. II, p. 2.395, transcrevendo a revista *Manchete* de 17 de novembro de 1956.

307. Claudio Bojunga, *JK: O artista do impossível*, p. 384.

308. Para o encontro e o diálogo entre o presidente e Alves Câmara, Juscelino Kubitschek, *50 anos em 5*, p. 97-98.

309. Juscelino Kubitschek, *50 anos em 5*, p. 100.

310. "Fora o PTB que emprestara conteúdo político à chamada Frente de Novembro, que só servira para reacender ódios e radicalizar posição, obrigando-me a fechá-la, justamente com a organização sua rival, o Clube da Lanterna, quando me empenhava numa sincera política de pacificação nacional". Juscelino Kubitschek, *Por que construí Brasília*, p. 218.

311. Juscelino Kubitschek, *50 anos em 5*, p. 102.

312. "Para eles *(integrantes da Frente de Novembro)*, o general Lott era um símbolo — a personificação da Legalidade, o Cavaleiro Andante da cruzada pela Constituição." Juscelino Kubitschek, *50 anos em 5*, p. 74.

313. Juscelino Kubitschek, *50 anos em 5*, p. 74.

314. Para o diálogo entre o presidente e Lott; Juscelino Kubitschek, *50 anos em 5*, p. 108.

315. *O Cruzeiro*, de 2 de abril de 1960, p. 91.

316. Para a sintonia, Maria Victoria de Mesquita Benevides, *O governo Kubitschek*, p. 183.

317. "A industrialização permitiria o desenvolvimento de uma cultura nacional autêntica, provocaria a diversificação da estrutura social do país, excluiria definitivamente a aristocracia rural do Governo do país. O nacionalismo, portanto, englobava o industrialismo, mas colocava uma ressalva: a industrialização deve ser realizada através de uma burguesia nacional." Luiz Carlos Bresser Pereira, *Desenvolvimento e crise no Brasil*, p. 100.

318. Seixas Dória, novembro de 2003; Almino Afonso, dezembro de 2003; Celso Brant, fevereiro de 2004.

319. "O governo Kubitschek executa uma política econômica de abertura do país aos investimentos estrangeiros. A industrialização se faz sob o signo da implantação de firmas estrangeiras, sobretudo na construção naval e na indústria automobilística. Mas atacar tal política teria significado a ruptura da aliança com a hierarquia militar constitucionalista e teria também provocado o enfraquecimento do governo no seio das Forças Armadas, o que iria favorecer um golpe de estado contra Kubitschek. O dispositivo militar do governo repousava sobre uma estreita aliança entre nacionalistas e legalistas". Antonio Carlos Peixoto, *Os partidos militares no Brasil*, coordenado por Alain Rouquié, p. 105-106.

320. Thomas Skidmore, em *Politics in Brazil*, p. 87-92, aponta três correntes: neoliberal, nacionalista-desenvolvimentista e nacionalista-radical.

321. Claudio Bojunga, setembro de 2003.

322. Claudio Bojunga, setembro de 2003, e Carlos Heitor Cony, outubro de 2003.

323. Claudio Bojunga, setembro de 2003.

324. Para o juramento imposto por Denys e as condições honrosas de Lott, Jarbas Passarinho, *Um híbrido fértil*, p. 113.

325. Jarbas Passarinho, junho de 2002.

326. "Lott não foi um divisor dentro do Exército", Jarbas Passarinho, junho de 2002.

327. Carta do general Idálio Sardenberg a Jarbas Passarinho, em Passarinho, *Um híbrido fértil*, p. 111-112. Foi uma resposta a uma carta escrita por Passarinho em agosto de 1973, na qual ele pedia explicações sobre os verdadeiros motivos daquele convite. Sardenberg era coronel e chefe da Divisão de Informações do gabinete de Lott, e se tornara o "principal suspeito" de ser o responsável pela idéia da indicação.

328. "É que o processo de escolha dos novos generais teve, no meu caso, como base, a indicação pessoal feita por todos os sessenta e três chefes militares em serviço ati-

vo e a confrontação da lista, assim estabelecida, com o número de pontos de merecimento de cada um, mediante apuração feita nas bases estabelecidas pelo ministro da Guerra, como encargo atribuído à Comissão de Promoções do Exército. Foi por esse processo, inteiramente livre de qualquer influência pessoal, graças às iniciativas do próprio ministro, general Henrique Lott, conforme consta dos documentos oficiais, que eu fui promovido a general-de-brigada, a 30 de dezembro de 1955." Aurélio de Lyra Tavares, *O Brasil de minha geração*, p. 351. Jarbas Passarinho, julho de 2002.

329. "Estando politicamente no terreno oposto ao de Vossa Excelência, eu tinha que pensar antes de responder se aceitava ou não a um convite partindo de Vossa Excelência (...) É como eu digo: a gente tem que admirar o Lott em certas coisas. Ele disse: 'Coronel, o senhor acredita que o seu ministro iria convidá-lo para uma missão que o pudesse colocar mal moralmente?" Muricy, Antônio Carlos da Silva. "Antônio Carlos Muricy I (depoimento, 1981)". Rio de Janeiro, Cpdoc, 1993, 768 p. dat.

330. Armando Falcão, *Tudo a declarar*, p. 110.

331. Nelson Werneck Sodré, *História da imprensa no Brasil*, p. 467.

332. Lott, Henrique Batista Duffles Teixeira. "Henrique Teixeira Lott (depoimento, 1978)". Rio de Janeiro, Cpdoc, 2002.

333. *Tribuna da Imprensa*, 3 de novembro de 1958.

334. Idem, 6 de novembro de 1958.

335. Idem, 14 de novembro de 1958.

336. Idem, 20 de novembro de 1958.

337. Idem, 22 de novembro de 1958.

338. Idem, 1º de dezembro de 1958.

339. Idem, 5 de dezembro de 1958.

340. Idem, 8 de dezembro de 1958.

341. "A crise nas Forças Armadas é porque eles perderam sua função específica, que é fazer a guerra — embora ainda conservem a missão precípua de defender a soberania nacional e a segurança interna (...) é essa inadequação do pensamento estratégico à realidade política que se tornou responsável, no lento correr dos anos, pelo desajustamento das Forças Armadas à realidade nacional." Oliveiros S. Ferreira, *As Forças Armadas e o desafio da Revolução*, p. 57. Apesar de enxergarem o mesmo problema, Ferreira aponta uma solução completamente diferente da proposta por Lott. Ferreira mostra-se a favor de um grupo organizado de civis sob o comando de um coronel para realizar projetos que correspondessem ao nível de conhecimento do grupo.

342. *Correio Braziliense*, 21 de maio de 1984.

343. "Entre minhas metas, incluía-se a que previa o aumento da produção de petróleo de 6.800 barris — produção oficial, naquela época — para 100.000 barris diários." Juscelino Kubitschek, *50 anos em 5*, p. 45.

344. Almino Affonso, dezembro de 2003.

345. "Luiz Carlos Prestes, o líder comunista, depois de permanecer escondido durante dez anos, reaparecia em público e (...) Lott achava isso muito natural." Joaquim Ferreira dos Santos, *1958: O ano que não devia terminar*, p. 11.

346. "Juscelino temia Lacerda. Certa vez confessou que era a primeira pessoa em quem pensava ao acordar." Claudio Bojunga, *JK: O artista do impossível*, p. 382.

347. Maria Victoria de Mesquita Benevides, março de 2002.

348. Carlos Chagas, *O Brasil sem retoque*, p. 781.

349 "A única rádio que irradiou os discursos da caravana, a Rádio Liberdade de Guaratinguetá, de São Paulo, foi imediatamente punida com uma suspensão." Claudio Bojunga, *JK: O Artista do Impossível*, p. 442.

350. Sérgio Mattos, *A Televisão no Brasil: 50 anos de história (1950-2000)*, p. 265.

351. "Muitos anos depois, já em Lisboa, quando encontrei com o Juscelino, uma das perguntas que lhe fiz foi essa: 'Presidente, como é que você caiu nessa armadilha? Por que você, que pediu anistia para Jacareacanga e Aragarças, que fez, inegavelmente, um governo onde, tirando o fato de me proibir de ir à televisão... Aí ele me interrompeu: 'Bom, mas eu também não era maluco, não ia deixar você ir à televisão para me derrubar!' Rimos e eu continuei: 'Bom, mas tirando isso, no resto, realmente, houve liberdade no seu governo. Como você caiu nessa esparrela de me dar a chance de ter aquela vitória na Câmara?." Carlos Lacerda, *Depoimento*, p. 217.

352. Seixas Dória, novembro de 2003.

353. Seixas Dória, novembro de 2003.

354. *Correio Paulistano*, 30 de junho de 1957.

355. *E o fogo levou*, reportagem de Cassiano Elek Machado, publicada na *Folha de S. Paulo*, de 28 de dezembro de 2003.

356. Zuenir Ventura, *Cidade partida*, p. 52.

357. Zuenir Ventura, *Cidade partida*, p. 48-49.

358. Zuenir Ventura, *Cidade partida*, p. 50.

359. Márcia Regina da Costa, *São Paulo e Rio de Janeiro: A constituição do esquadrão da morte*. (Departamento de Antropologia e Programa de Estudos Pós-graduados em C. Sociais da PUC/SP.)

360. Zuenir Ventura, *Cidade partida*, p. 51.

361. Claudio Bojunga: *JK: O artista do impossível*, p. 550.

362. Em Claudio Bojunga, *JK: O artista do impossível*, p. 636.

363. Elio Gaspari, *A ditadura envergonhada*, p. 263.

364. www.abin.gov.br/abin/index.jsp

365. Para a retomada do funcionamento do Sfici e sua estrutura, Lucas Figueiredo, *Ministério do silêncio*, p. 50, 63 a 68.

366. John W. F. Dulles, *Castello Branco — O presidente reformador*, p. 19.

367. Arquivo UDN, 28/8/57, citado em *A UDN e o udenismo*, de Maria Victoria de Mesquita Benevides, p. 105.

368. Claudio Bojunga, *JK: O artista do impossível*, p. 276.

369. José Celso Martinez Corrêa em www.teatrobrasileiro.com.br/entrevistas/zecelso1.htm

370. "Conquanto filiado às teses nacional-desenvolvimentistas, Jaguaribe ousava admitir uma eventual colaboração de capitais estrangeiros no setor petrolífero, sobretudo na petroquímica. Distinguia corretamente entre 'nacionalista de fins' e 'nacionalista de meios'." Roberto Campos, *A lanterna na popa*, p. 301.

371. Luiz Carlos Bresser-Pereira, *Os três momentos de Hélio Jaguaribe*, p. 5.

372. Maria Victoria de Mesquita Benevides, *O governo Kubitschek*, p. 242.

373. "O sucesso da política econômica de Kubitschek foi o resultado direto de seu sucesso no sentido de manter a estabilidade política". Thomas Skidmore, *Brasil: de Getulio a Castelo*, p. 207.

374. Lira Neto, *Castello — A marcha para a ditadura*, p. 184.

375. *Jornal do Brasil*, 23 de maio de 1958.

376. Luís Viana Filho, *O governo Castello Branco*, p. 42.

377. Para a troca de notas entre Castello e Lott, Lira Neto em *Castello — A marcha para a Ditadura*, p. 184-185, e Luís Viana Filho, *O governo Castello Branco*, p. 41-42.

378. Lira Neto, *Castello: A marcha para a ditadura*, p. 186.

379. Hugo Ligneul, junho de 2004.

380. Sobre a promoção, "JK recomendou isenção a Lott e recebeu visita de agradecimento de Castello, no Laranjeiras". Claudio Bojunga, *JK: O artista do impossível*, p. 815.

381. Luís Viana Filho, *O governo Castello Branco*, p. 42.

382. Lira Neto, *Castello: A marcha para a ditadura*, p. 187.

383. Luís Viana Filho, *O governo Castello Branco*, p. 45

384. "O relatório do general Orlando Ramagem, enviado por Kubitschek ao Nordeste para verificar o grau de eficácia da assistência federal aos flagelados, pintava em cores dramáticas um quadro de ineficiência, descoordenação e corrupção. Vicejava a 'in-

dústria da seca', espécie de parasita do monturo. A experiência posterior revelaria que a 'indústria da seca' é um parasita resistente aos mais variados antibióticos." Roberto Campos, *A lanterna na popa*, p. 342.

385. Paulo Kramer, *Dicionário Histórico-Biográfico Brasileiro*, FGV-cpdoc, Vol. IV, p. 4.183.

386. Nelson Werneck Sodré, *Memórias de um soldado*, p. 508.

387. Lott, Henrique Batista Duffles Teixeira. "Henrique Teixeira Lott (depoimento, 1978)". Rio de Janeiro, Cpdoc, 2002.

388. Carta datada de 15 de junho de 1960 do Centro Social dos Cabos e Soldados da Força Pública. Arquivo pessoal do marechal Lott.

389. Maria Victoria de Mesquita Benevides, *O governo Kubitschek*, p. 149.

390. Maria Victoria de Mesquita Benevides, *A UDN e o udenismo*, p. 101.

391. *Ernesto Geisel*, organizadores Maria Celina D'Araujo e Celso Castro, p. 126.

392. Ricardo Maranhão, *O governo Juscelino Kubitschek*, p. 79.

393. Maria Victoria de Mesquita Benevides, *O governo Kubitschek*, p. 171

394. Nathaniel Leff em *Economic Policy-Making and Development in Brazil, 1947-1964*, John Wiley and Sons, Nova York, 1968, p. 53, citado por Maria Victoria de Mesquita Benevides, em *O Governo Kubitschek*, p. 172.

395. A justificativa formal seria a desincompatibilização para sua campanha a deputado nas eleições de 1958, segundo Maria Victoria de Mesquita Benevides, *O governo Kubitschek*, p. 182.

396. Lucia Hippolito, *De raposas e reformistas: o PSD e a experiência democrática brasileira, 1945-64*, p. 181.

397. Juscelino Kubitschek, *50 anos em 5*, p. 223.

398. Juscelino Kubitschek, *Por que construí Brasília*, p. 218.

399. "Lucas via-se como o guardião da racionalidade monetária. Sustentava que não havia ambigüidade de sua parte em lutar pelo desenvolvimento econômico e, ao mesmo tempo, pregar a estabilização". Claudio Bojunga, *JK: O artista do impossível*, p. 527.

400. Maria Victoria de Mesquita Benevides, *A UDN e o udenismo*, p. 105.

401. Em *Brasil: de Getulio a Castello*, p. 217, Thomas Skidmore afirma que o problema persistiria e faz a grande pergunta: "Como poderiam ser conciliados objetivos tão contraditórios, tais como a manutenção de um alto nível de investimento e a obtenção de uma estabilidade de preços?"

402. Thomas Skidmore, *Brasil: de Getulio a Castello*, p. 218.

403. "Lott era o ministro com quem o chefe do governo não tinha intimidades; o acordo tácito que se estabelece entre eles foi cumprido até o fim: nem o presidente interferia nos assuntos específicos do ministro da Guerra, nem este na área privativa do presidente." Nelson Werneck Sodré, *Memórias de um soldado*, p. 485.

404. "As intervenções do ministro da Guerra na vida civil são freqüentemente visando a defesa do governo e do regime, que pretendia defender a qualquer preço". Maria Victoria de Mesquita Benevides, *O governo Kubitschek*, p. 180.

405. Carlos Heitor Cony, setembro de 2003.

406. Expressão usada por Claudio Bojunga para se referir a Lott no livro *JK — O artista do impossível*.

407. "O sentimento de disciplina e unidade militar é reforçado pela própria permanência do general Lott no Ministério, pois essa continuidade, essa unidade de chefia, é condição indispensável para a estabilidade do período." Maria Victoria de Mesquita Benevides, em *O governo Kubitschek*, p. 156.

408. *O Cruzeiro* 17 de novembro de 1956.

409. "Quando, a mando do presidente da República, estive no estrangeiro, o tenente-brigadeiro Francisco Correia de Melo me substituiu no Ministério da Guerra. Mais tarde, quando o brigadeiro Melo teve também uma missão no estrangeiro, o presidente Juscelino perguntou-me se aceitaria exercer temporariamente a função de ministro da Aeronáutica. Para mim era desagradável, porque iria acumular mais um trabalho indo, ademais, para um meio que pouco conhecia. Mas como acho que um militar não pode recusar missão, aceitei essa determinação do presidente". Lott, Henrique Batista Duffles Teixeira. "Henrique Teixeira Lott (depoimento, 1978)". Rio de Janeiro, Cpdoc, 2002. Juscelino Kubitschek em *50 anos em 5*, p. 246, afirma que a idéia fora um "arranjo" entre os ministros.

410. Claudio Bojunga, *JK: O artista do impossível*, p. 528.

411. *Diário de Notícias,* 28 de outubro de 1958.

412. Jarbas Passarinho em *Um híbrido fértil*, p. 104, desmente Cordeiro ao narrar uma audiência que teve com Lott.

413. Claudio Bojunga, *JK: O artista do impossível*, p. 528.

414. Juscelino Kubitschek, *50 anos em 5*, p. 247.

415. www.exercito.gov.br/05Notici/VO/173/produto.htm

416. *Ultima Hora*, de 28 de agosto de 1959.

417. "Só depois do rompimento de relações com Fidel Castro que os Estados Unidos, apressadamente, lançaram uma versão atrasada da Aliança para o Progresso, programa multilateral essencialmente similar ao que Kubitschek havia proposto." Thomas Skidmore, *Brasil: de Getulio a Castello*, p. 215.

418. Luiz Carlos Bresser Pereira, *Desenvolvimento e crise no Brasil*, p. 101.

419. Nelson Rodrigues, Manchete Esportiva, 12 de julho de 1958, extraído do livro *À sombra das chuteiras imortais*, p. 61.

420. *New York Times*, 28 de junho de 1959, citado por Thomas Skidmore em *Brasil: de Getulio a Castello*, p. 224.

421. "Lott tornara-se marechal e passara à reserva remunerada em 28 de janeiro de 1959, quando o decreto que continha sua promoção foi publicado do Diário Oficial." Major Joffre Gomes da Costa, *Marechal Henrique Lott*, p. 400.

422. Almino Affonso, dezembro de 2003.

423. Para a radiovitrola com música clássica e para os motivos da opção pela FPN da candidatura Lott; Almino Affonso, dezembro de 2003.

424. *Artes da Política; diálogo com Ernani do Amaral Peixoto,* Aspásia Camargo, Lucia Hippolito, Maria Celina Soares D'Araujo, Dora Rocha Flaksman, p. 432.

425. "Lott não era pessedista, ou melhor, não era político(...) No início, dizia-se que seria indicado pelo PSD, mas que a Frente Parlamentar Nacionalista, cujos integrantes pertenciam a diferentes partidos, iria reivindicar para si essa iniciativa." Juscelino Kubitschek, *Por que construí Brasília*, p. 214.

426. Lott, Henrique Batista Duffles Teixeira. "Henrique Teixeira Lott (depoimento, 1978)". Rio de Janeiro, Cpdoc, 2002.

427. Juscelino Kubitschek, *50 anos em 5*, p. 408.

428. *Diário Carioca,* 24 de novembro de 1959.

429. Seixas Dória, novembro de 2003.

430. Oficialmente, a data do início do IPES é 29 de novembro de 1961.

431. A lista detalhada está em *1964: A conquista do estado*, de René Armand Dreifuss.

432. "O nacionalismo era uma ideologia pertencente a toda a sociedade: tinha representantes em todas as camadas sociais, da burguesia até a classe operária, e a componente militar no interior da coligação não tinha o mesmo peso nem as mesmas funções que o outro grupo". Antonio Carlos Peixoto, *Os partidos militares no Brasil*, coordenado por Alain Rouquié, p. 88.

433. "O programa de industrialização que o governo federal vinha realizando beneficiara enormemente o estado bandeirante (...) A maioria das indústrias havia se localizado em São Paulo. E, como uma coisa chama a outra, no rastro das fábricas que se fundaram, outras atividades tiveram início, transformando em poucos anos a fisionomia econômica de São Paulo". Juscelino Kubitschek, *Por que construí Brasília*, p. 217.

434. "Jânio foi o beneficiário desse surto desenvolvimentista, impulsionado pelo governo federal. Assim, quando se abrira a questão sucessória, ele se projetara como um candidato natural." Juscelino Kubitschek, *Por que construí Brasília.*, p. 216.

435. *Dicionário Histórico-Biográfico Brasileiro, FGV-Cpdoc,* Jorge Miguel Mayer/Libânia Xavier, Vol. IV, p. 4.821.

436. "Uma obra-prima de exoterismo político, passível de todas as interpretações." Juscelino Kubitschek, *Por que construí Brasília*, p. 340.

437. Sebastião Nery, *Folclore político*, p. 471.

438. Para as declarações de Lott e Juscelino sobre as Ligas Camponesas, Armando Falcão, *Tudo a declarar*, p. 188.

439. Carlos Chagas, *O Brasil sem retoque*, p. 1.190.

440. "Seus movimentos táticos, a partir de 1958, obedecem a um objetivo estratégico maior: preparar cuidadosamente o terreno para a sua volta ao poder em 1965". Claudio Bojunga, *JK: O artista do impossível*, p. 535.

441. *O Cruzeiro*, 28 de fevereiro de 1959.

442. Armando Falcão, *Tudo a declarar*, p. 189-190.

443. "Prometi a Juracy Magalhães auxiliá-lo nessa tarefa, esforçando-me por dissipar as inevitáveis resistências dentro dos partidos." Juscelino Kubitschek, *Por que construí Brasília*, p. 216.

444. Juracy Magalhães, "Minhas memórias provisórias" — Depoimento prestado ao Cpdoc, p. 143

445. "Renato Archer e Eurico Sales ficaram perplexos. Archer diz que, nunca na história do PSD, alguém havia proposto perder uma eleição. Na calçada, Eurico Sales disse a Archer que o PSD não perdoaria Juscelino, e que o presidente encontraria grandes dificuldades mais tarde." Claudio Bojunga, *JK: O artista do impossível*, p. 539.

446. *O Cruzeiro*, 22 de agosto de 1959.

447. "Levando em conta que esses dois grandes partidos (PSD e PTB) já tinham governado o país, nada mais justo, portanto, que a UDN também fosse levada à chefia do governo, com apoio do PSD e do PTB, com cujos líderes eu conversaria." Juscelino Kubitschek, *Por que construí Brasília*, p. 215.

448. José Amádio apresenta o marechal Teixeira Lott, *O Cruzeiro*, 24 de setembro de 1960.

449. Saturnino Braga, março de 2004.

450. Thomas Skidmore, *Brasil: de Getulio a Castello*, p. 235.

451. Juracy Magalhães, *Minhas memórias provisórias*, p. 158.

452. Prospero Punaro Baratta Netto, *Amazônia: Tua vida é minha história*, p. 20 e 28.

453. Resumo do depoimento de Luiz Mendes de Morais Neto no "IPM do Movimento de Aragarças", apresentado no "Relatório do Movimento de Aragarças", p. 22.

454. "Relatório do Movimento de Aragarças", p. 13.

455. A passagem foi conseguida com o auxílio de Moreira Burnier, "IPM do Movimento de Aragarças", fls. 700, 740, 746, 751, 756, 3º volume.

456. "IPM do Movimento de Aragarças", fls. 742, 757, 762, 764, 765, 767, 773, 3º volume.

457. Para o diálogo no rádio do avião, "IPM do Movimento de Aragarças", fls. 743, 758, 765, 768, 3° volume.

458. Para a dor de barriga e os detalhes da ação no Galeão, Murilo Melo Filho, *Testemunho Político*, p. 263.

459. Para o conteúdo e as expressões das cartas, "Relatório do movimento de aragarças", p. 27-28.

460. Carlos Lacerda em *Depoimento*, p. 221 a 224, conta que foi convidado a tomar parte do levante, mas, ouvindo a opinião da esposa, recusou-se a participar. Comunicou aos revoltosos que, depois de dar algumas horas de vantagem para o avião, iria avisar as autoridades. Pela manhã, telefonou para o deputado José Bonifácio, da UDN, relatando o que ocorrera. Naquele momento, Lacerda temia pela ordem democrática e estava convencido de que Lott "ia se aproveitar desse movimento para pedir o estado de sítio" ou que o "próprio Juscelino" se transformasse "virtualmente em um ditador". Em seguida, Lacerda telefonou para Bento Gonçalves pedindo que ele entrasse em contato com Lott. Durante muito tempo, Lacerda seria odiado por oficiais radicais por causa dessa atitude. O IPM aponta o horário de três e meia da manhã. Conforme depoimento de Eduardo Gomes no IPM (fls. 591, 3° volume), Lacerda teria dito que uma cópia do Manifesto fora colocada debaixo da porta de seu apartamento e do apartamento do brigadeiro, que desmentiu essa versão. Claudio Bojunga em *JK: O artista do impossível*, p. 550, afirma que "Juscelino fora informado de que Lacerda tivera conhecimento do que tramavam os subversivos quando ainda se encontrava em Cabo Frio. Voltara rapidamente ao Rio para avaliar as possibilidades do êxito do movimento. Quando percebeu que a insurreição não tinha futuro, avisou Bento Gonçalves para que desse conhecimento a Lott do que se passava."

461. Para as declarações de Burnier, "IPM da Rebelião de Aragarças", fls. 78, 1° volume.

462. "IPM do Movimento de Aragarças", fls. 98, 1° volume.

463. "IPM do Movimento de Aragarças", fls. 190, 194 e 201, 1° volume.

464. "IPM do Movimento de Aragarças", fls. 194, 1° volume.

465. Relatório do Movimento de Aragarças, p. 17.

466. "IPM do Movimento de Aragarças", fls. 744, 3° volume.

467. "Relatório do Movimento de Aragarças", p. 24.

468. "Relatório do Movimento de Aragarças", p. 21.

469. Para o destino dos rebeldes, "Relatório do Movimento de Aragarças", p. 17.

470. "IPM do Movimento de Aragarças", depoimento de Luiz Mendes de Morais Neto, fls. 148, 1° volume.

471. "IPM do Movimento de Aragarças", fls. 150, 1º volume.

472. "Relatório do Movimento de Aragarças", p. 27.

473. "Relatório do Movimento de Aragarças", p. 30.

474. Prospero Punaro Baratta Netto, *Amazônia: Tua vida é minha história*, p. 63.

475. Luís Viana Filho, *O governo Castelo Branco*, p. 44, citando o ofício 18 do "IPM do Movimento de Aragarças".

476. Luís Viana Filho, *O governo Castello Branco*, p. 45.

477. Luís Viana Filho, *O governo Castello Branco*, p. 44.

478. Murilo Melo Filho, *Testemunho político*, p. 267.

479. *Folha de S. Paulo*, 4 de dezembro de 1959.

480. Prospero Punaro Baratta Netto, *Amazônia: Tua vida é minha história*, p. 82.

481. Hélio Silva, *História da república brasileira*, Vol. XX, p. 135.

482. A candidatura de Lott no Supremo Tribunal Eleitoral foi registrada em 6 de abril de 1960.

483. "No PTB, as lideranças acompanham atentamente a movimentação e a indefinição do PSD. De um lado, os petebistas têm consciência de que ainda não são suficientemente fortes para dispensar o concurso do PSD numa eleição presidencial. De outro, não se contentam mais em ser os 'primos pobres' da aliança". Lucia Hippolito, *De raposas e reformistas: o PSD e a experiência democrática brasileira, 1945-64*, p. 206.

484. *O Cruzeiro*, 15 de agosto de 1964.

485. "A partir do final do Governo Kubitschek os oradores petebistas eram mais aparteados, no Congresso, pelo pessedistas, enquanto que a UDN aparteava favoravelmente o PSD." Maria Victoria de Mesquita Benevides, *O governo Kubitschek*, p. 128.

486. Lucia Hippolito, *De raposas e reformistas: o PSD e a experiência democrática brasileira, 1945-64*, p. 207.

487. "Dentro do PSD, existiam diversos líderes contra a candidatura Lott." Juscelino Kubitschek, *Por que construí Brasília*, p. 217.

488. Nelson Werneck Sodré, *Memórias de um soldado*, p. 509.

489. *O Cruzeiro*, 23 de janeiro de 1960.

490. Nelson Werneck Sodré, *Memórias de um soldado*, p. 511.

491. Odylio Denys, *Ciclo revolucionário brasileiro*, p. 67.

492. Juscelino Kubitschek, *Por que construí Brasília*, p. 241.

493. *Ultima Hora*, 15 de julho de 1960.

494. Claudio Bojunga, *JK: O artista do impossível*, p. 550.

495. Clóvis Salgado permaneceu no cargo até julho de 1960.

496. *Diário de Notícias*, 26 de abril de 1959.

497. *Diário da Noite*, 7 de julho de 1958.

498. Carlos Lacerda, *Depoimento*, p. 191.

499. Lucas Figueiredo, *Ministério do silêncio*, p. 72.

500. Para a seqüência de mudanças políticas e econômicas ocorridas durante a década de cinqüenta, Luiz Carlos Bresser-Pereira, outubro de 2004.

501. "Agora, (a burguesia industrial) chegando ao topo, começa a abandonar as ideologias que levavam o processo social a um estado de contínua transformação. Aliando-se aos demais setores da classe capitalista, preocupa-se agora em conservar as vantagens conseguidas. Em outras palavras, os empresários industriais, que já não tinham no industrialismo uma ideologia avançada, progressista, para defender, começam a caminhar para a direita rompendo a aliança com a débil esquerda." Luiz Carlos Bresser Pereira, *Desenvolvimento e crise no Brasil*, p. 111.

502. "Esse recrudescimento de atividade do nacionalismo militar está intimamente ligado ao desenvolvimento de uma reflexão mais ampla e mais global cujo foco foi o ISEB". Antonio Carlos Peixoto, *Os partidos militares no Brasil*, coordenado por Alain Rouquié, p. 106.

503. "Os interesses multinacionais e associados cresceram rápida e estavelmente, estimulados pela política de desenvolvimento de Juscelino Kubitschek." René Armand Dreifuss, *1964: A conquista do estado*, p. 71.

504. "Meu serviço secreto da região tinha provas de que ele dava dinheiro para organizações comunistas em São Paulo. Então eu sabia também que ele era comunista e, em conseqüência, na presidência da República, seria muito perigoso para o Brasil." Lott, Henrique Batista Duffles Teixeira. "Henrique Teixeira Lott (depoimento, 1978)". Rio de Janeiro, Cpdoc, 2002.

505. "No início dos anos cinqüenta, Quadros tentou fazer uma visita aos Estados Unidos. Teve grandes problemas na hora de obter o visto, devido às suas supostas ligações com esquerdistas. Quando desembarcou em Nova York, foi severamente interrogado pelas autoridades da Imigração." Relatório de Arthur Schlesinger, assessor especial da Casa Branca no governo John Kennedy, reproduzido em *Nitroglicerina Pura*, de Geneton Moraes Neto e Joel Silveira, p. 115.

506. Milton Senna, *Como não se faz um presidente*, p. 243.

507. "(Jânio) era atração de comícios, onde se ia para rir, mas dos quais a maioria, ingênua ou moralista, saía seu eleitor. Ele era um furibundo moralista, lançando anátemas sobre costumes, pessoas e fatos, Jânio sabia tirar perturbadores efeitos dramáticos das suas introduções cômicas e indignava as pessoas contra os políticos. Como se

ele não fosse um deles." Depoimento de Ulysses Guimarães, em *Moisés: Codinome Ulysses Guimarães — uma biografia*, de Luiz Guttemberg, p. 82.

508. *O Cruzeiro*, 4 de junho de 1960.

509. Sebastião Nery, fevereiro de 2000.

510. Para a promessa de envio de dinheiro de Jânio, Sebastião Nery, fevereiro de 2000.

511. *O Cruzeiro*, 2 de abril de 1960.

512. "Em dezenas e dezenas de cidades visitadas, (...) o Comitê Eleitoral de Lott abria suas portas, num dia, para receber o candidato, e fechava-as, no dia seguinte, à falta de recursos e assistência, enquanto luzes em profusão, alto-falantes em funcionamento, viaturas em permanente atividade, marcavam a aura iluminada do futuro eleito das urnas." Milton Senna, *Como não se faz um presidente*, p. 26.

513. Jorge Miguel Mayer e Libânia Xavier, *Dicionário Histórico-Biográfico Brasileiro*, FGV-Cpdoc, Vol. IV, p. 4.822.

514. Clodomir Santos de Moraes, abril de 2005.

515. Flávio Tavares, *O dia em que Getulio matou Allende*, p. 99.

516. Luís Mir, *A revolução impossível*, p. 35.

517. Jacob Gorender, *Combate nas trevas*, p. 30.

518. Jamil Haddad, abril de 2004.

519. *O Cruzeiro*, 1º de outubro de 1960.

520. Nelson Werneck Sodré, *Memórias de um soldado*, p. 516.

521. "Formara-se, então, a crença de que o ex-governador era uma revelação, um iluminado, uma figura carismática, surgida para fazer a redenção do país." Juscelino Kubitschek, *Por que construí Brasília*, p. 218.

522. Milton Senna, *Como não se faz um presidente*, p. 311.

523. Silvio Tendler, outubro de 2002.

524. "Perguntei se ele (Denys) ia manter o Exército fora da campanha eleitoral ou ia apoiar o Lott. Ele me disse: 'O Exército vai ficar fora. Não vai se envolver'. Se houvesse o intuito de o Exército apoiar o Lott, eu não iria para o gabinete." *Ernesto Geisel*, organizadores Maria Celina D'Araujo e Celso Castro, p. 130.

525. "Denys tinha um serviço de informações que era todo complicado".*Ernesto Geisel*, organizadores Maria Celina D'Araujo e Celso Castro, p. 130.

526. Odylio Denys, *Ciclo revolucionário brasileiro*, p. 71.

527. Elio Gaspari, *A ditadura derrotada*, p. 98.

528. Para a tendência de punição contra os partidários de Lott, e para a mudança de Denys, Plínio de Abreu Ramos, *Dicionário Histórico-Biográfico Brasileiro*, FGV-Cpdoc, Vol. II, p. 1.826.

529. Nelson Werneck Sodré, *Memórias de um soldado*, p. 513.

530. Antonio Duffles Amarante, maio de 1999.

531. Lott, Henrique Batista Duffles Teixeira. "Henrique Teixeira Lott (depoimento, 1978)". Rio de Janeiro, Cpdoc, 2002.

532. *Correio Paulistano*, 17 de março de 1956.

533. "Faltava-lhes (aos militares) prática daquilo, moviam-se mal, acanhados. Constrangiam os políticos e sentiam-se por eles constrangidos. Habituados a normas fixas, rígidas, aos gestos previsíveis, às reações rotinadas, irritava-os a passividade de uns e, principalmente, a solércia de muitos." Nelson Werneck Sodré, *Memórias de um soldado*, p. 513.

534. Murilo Melo Filho, *Testemunho político*, p. 275.

535. "O movimento nacionalista só não perdeu totalmente o contato com o marechal porque contava, em suas fileiras, com sua filha, Edna Lott, cuja atividade e dedicação à campanha foram de grande valor". Nelson Werneck Sodré, *Memórias de um soldado*, p. 514.

536. *O Cruzeiro*, 24 de setembro de 1960.

537. Os dois grupos não eram chamados, na época, dessa maneira. Não havia uma classificação para nomeá-los.

538. "O regime era militarizado, servia-se laranjada e água mineral para todo mundo, jamais uísque, sendo a comitiva organizada demais, cheia de coronéis." Carlos Chagas, *O Brasil sem retoque*, p. 811.

539. "Em todo o Rio Grande do Sul não se ouve um só aplauso ao presidente da República, quando o seu nome é citado nos comícios do marechal". Milton Senna, *Como não se faz um presidente*, p. 80.

540. Milton Senna, *Como não se faz um presidente*, p. 54.

541. Milton Senna, *Como não se faz um presidente*, p. 56.

542. "Durante a campanha eleitoral, (Lott) foi dar com os costados numa cidadezinha do Nordeste, onde predominavam os habitantes pálidos e amarelados pela falta de vitaminas e sais minerais. Quando passou pela rua principal, a pé, distribuindo saudações genéricas aos futuros eleitores, um deles exclamou com estupor: 'Virge! O homem é encarnado!'. Até há bem pouco tempo era comum chamar o vermelho de encarnado. E, em certas regiões, o encarnado era a cor do demônio. O resultado é que naquela vila o general perdeu feio para seu oponente, que era Jânio Quadros, cujo tipo físico combinava com o desnutrido padrão antropológico da região." Carlos Heitor Cony, *Folha de S. Paulo*, 3 de setembro de 1999.

543. Nelson Werneck Sodré, *Memórias de um soldado*, p. 497.

544. O jornalista Carlos Chagas, em *Brasil sem retoque*, p. 712, afirma que a caspa de Jânio era, na verdade, casca de queijo. José Aparecido de Oliveira, em novembro de 2003, garantiu que nunca presenciou nenhuma performance de Jânio, e considerou a versão da caspa de queijo "com todo respeito e admiração, um absurdo. O que havia é que os cronistas não estavam habituados e preparados para um talento de comunicação como Jânio".

545. *O Cruzeiro*, 23 de abril de 1960.

546. Carlos Chagas, *O Brasil sem retoque*, p. 810.

547. Arturo Frondizi, presidente argentino eleito em 1958, e deposto por uma junta militar em 1962.

548. *O Cruzeiro*, 20 de junho de 1959.

549. Jarbas Passarinho, *Um híbrido fértil*, p. 138.

550. Seixas Dória, novembro de 2003.

551. Seixas Dória, novembro de 2003.

552. Almino Affonso, dezembro de 2003.

553. "Propondo-se projetar luz sobre o *conflito* que se estava a adensar entre capital e trabalho, Leão XIII afirmava os direitos fundamentais dos trabalhadores. Por isso, a chave de leitura do texto leonino é a *dignidade do trabalhador* enquanto tal e, por isso mesmo, a *dignidade do trabalho,* que aparece definido como 'a atividade humana destinada a prover às necessidades da vida, e especialmente à sua conservação'. Simultaneamente o trabalho tem uma dimensão social, pela sua íntima relação quer com a família, quer com o bem comum, 'porque pode-se afirmar de verdade que o trabalho dos operários é o que produz as riquezas dos Estados'". Em www.vatican.va/ holy_father/john_paul_ii/encyclicals/documents

554. Guerreiro Ramos, *A crise de poder no Brasil*, p. 119.

555. José Aparecido de Oliveira, novembro de 2003.

556. Milton Senna, *Como não se faz um presidente*, p. 183.

557. Classificação adotada por Hélio Jaguaribe em *O nacionalismo na atualidade brasileira.*

558. Guerreiro Ramos, *A crise de poder no Brasil*, p. 119.

559. Para o raciocínio de Lott, Antonio Duffles Amarante, maio de 1999; e Nelson Werneck Sodré, *Memórias de um soldado*, p. 515.

560. "O marechal, por uma decisão íntima e secreta, não era mais o candidato — e esta foi sua grandeza — e sim o missionário, o homem que tinha o objetivo de levar ao povo uma mensagem de esperança, calcada nos postulados nacionalistas que pregava". Milton Senna, *Como não se faz um presidente*, p. 26.

561. "Suas gafes tornaram-se célebres, mas Lott não as via como gafes, pois as exprimia com honestidade e finalidade edificante. Suas qualidades pessoais — o sentimento do dever e a honra — não se coadunavam com o universo matreiro e hipócrita da política. Certa vez, o general recusou-se a encontrar com empresários que vinham lhe trazer apoio e recursos 'por não desejar misturar política e dinheiro'." Claudio Bojunga, *JK: O artista do impossível*, p. 545.

562. Agradeço ao engenheiro químico Marcos Eduardo Sedras Gugliotti a informação.

563. "Havia coisas inacreditáveis, como aquela de querer resolver o problema da evaporação dos açudes, cobrindo-os com plástico". Carlos Lacerda, *Depoimento*, p. 251.

564. Milton Senna, *Como não se faz um presidente*, p. 331.

565. "Mandou-me chamar e passou a me dar uma aula sobre borracha. Ele (Lott) tinha o hábito de ensinar". *Ernesto Geisel*, organizadores Maria Celina D'Araujo e Celso Castro, p. 129. Geisel era o representante do Exército no Conselho Nacional do Petróleo e estudava o assunto há tempos quando foi chamado pelo ministro.

566. "(Lott) Dá trabalhos aos seus assessores políticos que esperam opiniões convenientes ao momento, ou apenas convencionais, e o candidato as expressa, a seu modo, com segurança e bom senso". Munhoz da Rocha, *Radiografia de novembro*, p. 44.

567. *O Cruzeiro*, 3 de setembro de 1960.

568. Jamil Haddad, abril de 2004.

569. *Correio da Bahia*, 11 de outubro de 2002.

570. *O Cruzeiro*, 2 de julho de 1960.

571. *Diretrizes de um Programa de Governo*, 1ª série, item 1, p. 3 e 4.

572. *Diretrizes de um Programa de Governo*, 1ª série, item 1, p. 1, 2, 3

573. *Diretrizes de um Programa de Governo*, 1ª série, item 8, 1ª parte, p. 3.

574. *Censo Escolar de 2001*, que se encontra no site do Ministério da Educação: www.mec.gov.br/semtec/ensmed/politicas

575. *Diretrizes de um Programa de Governo*, 1ª série, item 9, 2ª parte, p. 1

576. *Diretrizes de um Programa de Governo*, 1ª série, item 1, p. 2 e 3.

577. *Diretrizes de um Programa de Governo*, 1ª série, item 2, apresentação.

578. Milton Senna, *Como não se faz um presidente*, p. 86.

579. Milton Senna, *Como não se faz um presidente*, p. 87.

580. *O Globo*, 9 de julho de 1960.

581. Lauro Lott, agosto de 2004.

582. Milton Senna, *Como não se faz um presidente*, p. 160.

583. Milton Senna, *Como não se faz um presidente*, p. 126.

584. Carlos Chagas, *O Brasil sem retoque*, Vol. II, p. 811.

585. Carlos Chagas, *O Brasil sem retoque*, Vol. II, p. 811.

586. Silvio Tendler, outubro de 2002.

587. Milton Senna, *Como não se faz um presidente*, p. 195.

588. Sebastião Nery, fevereiro de 2000.

589. Nelson Werneck Sodré, *Memórias de um soldado*, p. 514.

590. *Correio Braziliense*, 2 de julho de 1960.

591. Para a reunião no comitê, Coronel Antonio Joaquim de Figueiredo, *Informe Reservado de 14 de julho de 1960*. Arquivo pessoal do marechal Lott.

592. Milton Senna, *Como não se faz um presidente*, p. 188.

593. Claudio Bojunga, *JK: O artista do impossível*, p. 545.

594. Guerreiro Ramos, *A crise de poder no Brasil*, p. 129.

595. Para detalhes das doações de empresários e indústrias à campanha de Jânio, *Anatomia da renúncia*, Gileno de Carli, p. 171.

596. "Queríamos (...) um candidato conservador — o que não deve ser confundido com reacionário. Um candidato cujas posições fossem autênticas, um soldado afeiçoado ao regime democrático". Nelson Werneck Sodré, *Memórias de um soldado*, p. 516-517.

597. Milton Senna, *Como não se faz um presidente*, p. 166.

598. "(Lott) parecia empenhado em contribuir para a sua derrota. Continuava o mesmo soldado duro que não alisava o peito de ninguém". Nelson Werneck Sodré, *Memórias de um soldado*, p. 515.

599. Milton Senna, *Como não se faz um presidente*, p. 152.

600. Odylio Denys, *Ciclo revolucionário brasileiro*, p. 60.

601. "Eu sabia que não podia com eles contar, porque nós não éramos seus chefes, pois estes são ocultos e estranhos ao país". Odylio Denys, *Ciclo revolucionário brasileiro*, p. 60.

602. Leônidas Pires Gonçalves, abril de 2005.

603. Celso Brant, fevereiro de 2004.

604. "Os que o conheciam (Lott) sabiam dessas posições que ancoravam em convicção honesta. Não esperávamos que as escondesse, muito menos que as negasse; o que desejávamos é que colocasse a tônica de seus pronunciamentos naqueles pontos em que, também por honesta convicção, estavam próximos das tendências populares". Nelson Werneck Sodré, *Memórias de um soldado*, p. 515.

605. Milton Senna, *Como não se faz um presidente*, p. 57.

606. Clodomir de Moraes, abril de 2005.

607. Clodomir de Moraes, abril de 2005.

608. Durante seu governo Jânio deu início ao processo de reatamento das relações diplomáticas com Cuba. Inconformado, o senador Padre Calazans, até então aliado de Jânio, discursou no Senado Federal: "Política se faz com mais seriedade, com menos uísque, menos cinema e menos outras coisas". Gileno dé Carli, *JQ, Brasília e a grande crise*, p. 14.

609. Roberto Freire, "vítima" das piadas, abril de 2004.

610. Jacob Pinheiro Goldberg, *Monólogo a dois*, p. 439.

611. Luiz Gutemberg, fevereiro de 2005.

612. Elio Gaspari, *A ditadura derrotada*, p. 98.

613. Murilo Melo Filho, *Testemunho político*, p. 243.

614. Elio Gaspari, *A ditadura derrotada*, p. 68-69.

615. Elio Gaspari, *A ditadura envergonhada*, p. 212.

616. Ofício do general Orlando Geisel, de 18 de abril de 1960, em Elio Gaspari, *A ditadura derrotada*, p. 98.

617. Para as relações de políticos e oficiais militares com a Hanna, *1964: A conquista do Estado*, p. 90 e 91.

618. Milton Senna, *Como não se faz um presidente*, p. 168.

619. Lira Neto, *Castello — A marcha para a ditadura*, p. 308.

620. Milton Senna, *Como não se faz um presidente*, p. 27.

621. Milton Senna, *Como não se faz um presidente*, p. 240.

622. Sebastião Nery, *Folclore político*, p. 323.

623. Milton Senna, *Como não se faz um presidente*, p. 205.

624. Milton Senna, *Como não se faz um presidente*, p. 225.

625. Milton Senna, *Como não se faz um presidente*, p. 243-244.

626. Milton Senna, *Como não se faz um presidente*, p. 26.

627. Nota do livro *Depoimento*, Carlos Lacerda, p. 249.

628. Milton Senna, *Como não se faz um presidente*, p. 149.

629. *O Estado de S. Paulo*, 7 de setembro de 1960.

630. *Ultima Hora*, 9 de junho de 1960.

631. Milton Senna, *Como não se faz um presidente*, p. 27.

632. Milton Senna, *Como não se faz um presidente*, p. 29-30.

633. Milton Senna, *Como não se faz um presidente*, p. 334.

634. *IstoÉ*, 5 de agosto de 1998.

635. Carta de Lott à filha Heloísa, novembro de 1960.

636. José Aparecido de Oliveira, novembro de 2003.

637. Para o resultado das eleições presidenciais, Jorge Miguel Mayer e Libânia Xavier *Dicionário Histórico-Biográfico Brasileiro*, FGV-Cpdoc, p. 4.822.

638. *O Cruzeiro*, 1º de outubro de 1960.

639. Claudio Bojunga, *JK: O artista do impossível*, p. 581.

640. "A vitória tem muitos pais, a derrota é órfã. Depois da derrota, procurou-se dar a impressão de que Lott tivesse sido um candidato pesado a ser carregado. Isso é uma mentira. Lott foi levado em triunfo pela esquerda (...) A esquerda autêntica jamais abandonou a candidatura Lott." Jacob Pinheiro Goldberg, outubro de 2003.

641. Jacob Pinheiro Goldberg, outubro de 2003.

642. Lauro Lott, julho de 2004.

643. Carlos Chagas, *O Brasil sem retoque*, p. 786.

644. Thomas Skidmore, *Brasil: de Getulio a Castello*, p. 204, citando Celso Furtado, *Diagnosis of the Brazilian Crisis* (Berkeley, 1965) p. 88-90.

645. Carlos Heitor Cony, *JK: Como nasce uma estrela*, p. 112.

646. Moniz Bandeira, *A renúncia de Jânio Quadros e a crise pré 64*, p. 28.

647. *Correio Paulistano*, 6 de outubro de 1960.

648. Elio Gaspari, *A ditadura derrotada*, p. 70.

649. Lucas Figueiredo, *Ministério do silêncio*, p. 96.

650. A relação detalhada dos oficiais militares que pertenceram à ESG ou ao IBAD e que fizeram parte do governo Jânio está em *1964: A conquista do Estado*, René Armand Dreifuss, p. 126 a 128.

651. René Armand Dreifuss, *1964: A conquista do Estado*, p. 126.

652. Octavio Ianni, *Crisis in Brazil*, p. 147.

653. Nelson Werneck Sodré, *Memórias de um soldado*, p. 527.

654. Carlos Chagas, *O Brasil sem retoque*, p. 824.

655. Thomas Skidmore, *Brasil: de Getulio a Castello*, p. 249.

656. Rixa, *Almanaque da Televisão*, p. 140.

657. Maria Victoria de Mesquita Benevides, *A UDN e o udenismo*, p. 117.

658. As relações diplomáticas seriam oficialmente restabelecidas em novembro por João Goulart.

659. Carlos Chagas, *O Brasil sem retoque*, p. 847

660. Carlos Chagas, *O Brasil sem retoque*, p. 860.

661. Carlos Chagas, *O Brasil sem retoque*, p. 860.

662. Citado por Marco Antonio Villa em *Jango: um perfil (1945-1964)*, p. 44.

663. Gileno dé Carli, *JQ, Brasília e a grande crise*, p. 25.

664. Almino Affonso, dezembro de 2003.

665. Gileno dé Carli, *JQ, Brasília e a grande crise*, p. 33.

666. Arlindo Silva entrevista Lott, *O Cruzeiro,* 30 de setembro de 1961.

667. Arlindo Silva entrevista Lott, *O Cruzeiro*, 30 de setembro de 1961.

668. Odylio Denys, *Ciclo revolucionário brasileiro*, p. 81.

669. Para o telefonema de Brizola a Lott, Arlindo Silva entrevista Lott, *O Cruzeiro,* 30 de setembro de 1961.

670. José Mauro, *Ultima Hora*, 7 de setembro de 1961.

671. Gileno dé Carli, *JQ, Brasília e a grande crise*, p. 48.

672. Mário Pacheco, julho de 2004.

673. Para as palavras de Lott ao telefone e para as pessoas que estavam em seu apartamento, José Mauro, *Ultima Hora*, 7 de setembro de 1961.

674. Batista de Paula, *Ultima Hora*, 8 de setembro de 1961.

675. Roberto Riedel Osório, sobrinho de Oromar, que serviu de intermediário e convenceu o tio a participar.

676. Carlos Chagas, *O Brasil sem retoque*, vol. II, p. 923.

677. Entrevista de Lott a Arlindo Silva, *O Cruzeiro*, 30 de setembro de 1961.

678. Batista de Paula, *Ultima Hora*, 8 de setembro de 1961.

679. José Mauro, *Ultima Hora*, 7 de setembro de 1961.

680. Batista de Paula, *Ultima Hora*, 8 de setembro de 1961.

681. *Ultima Hora*, 29 de agosto de 1961.

682. Tarcísio Célio Nunes Carvalho Ferreira, junho de 2004.

683. *Ultima Hora*, 28 de agosto de 1961.

684. Para o apelido do grupo, Jarbas Passarinho, junho de 2002.

685. *Diário da Noite*, 28 de agosto de 1961.

686. Tarcísio Célio Nunes Carvalho Ferreira, agosto de 2004.

687. Hugo Ligneul, junho de 2004.

688. Para os detalhes da prisão de Lott, Antonio Duffles, maio de 1999.

689. "Desde 1955 o povo brasileiro, talvez pela primeira vez na sua história, tem sido instilado de um senso de orgulho e destino nacional que fez com que eles se associassem intelectual e emocionalmente às aspirações brasileiras de ser levado a sério como contendor de um status de grande potência(...) Contra esse quadro, o fiasco da renúncia de Quadros e a batalha pelo poder que se seguiu têm sido fatos desagradavelmente ruins de engolir para o povo brasileiro, tornando seu recém-descoberto orgulho nacional em humilhação e zombando, ao menos aos olhos deles, das pretensões brasileiras de ser levado a sério pelo resto do mundo." Trecho do telegrama escrito pelo adido Niles Bond, da embaixada norte-americana no Rio de Janei-

ro, para a Secretaria de Estado de seu país, Paulo Markun e Duda Hamilton, *1961: que as armas não falem*, p. 273.

690. Hélio Silva, *1964: golpe ou contragolpe?*, p. 52.

691. Café Filho — *Do Sindicato ao Catete* — Vol. II, p. 579.

692. Para o protesto de Lott e a ordem do ministro da Guerra, entrevista de Lott a Arlindo Silva, *O Cruzeiro*, 30 de setembro de 1961.

693. Entrevista de Lott a Arlindo Silva, *O Cruzeiro*, 30 de setembro de 1961.

694. Paulo Markun e Duda Hamilton, *1961: que as armas não falem*, p. 370.

695. Gileno dé Carli, *JQ, Brasília e a grande crise*, p. 49.

696. *Folha de S. Paulo*, 30 de agosto de 1962.

697. Para os comunicados de Niles Bond, Paulo Markun e Duda Hamilton, *1961: que as armas não falem*, p. 367-370, 380.

698. Elio Gaspari, *A ditadura derrotada*, p. 150.

699. Paulo Markun, Duda Hamilton, *1961: que as armas não falem*, p. 170-172.

700. *Ultima Hora*, 30 de agosto de 1961.

701. Paulo Markun, Duda Hamilton, *1961: que as armas não falem*, p. 259.

702. Hélio Silva, *1964: golpe ou contragolpe?*, p. 488.

703. General José Machado Lopes, *Boletim Especial Reservado n°1,* de 15 de outubro de 1961, do III Exército, p. 4.

704. Carlos Chagas, *O Brasil sem retoque*, p. 915.

705. Paulo Markun, Duda Hamilton, *1961: que as armas não falem*, p. 256.

706. Para a votação na Câmara e para a pesquisa do IBGE, Paulo Markun e Duda Hamilton, *1961:que as armas não falem*, p. 272.

707. *Diário de S. Paulo*, 10 de setembro de 1961.

708. Entrevista de Lott a Arlindo Silva, *O Cruzeiro*, 30 de setembro de 1961.

709. "Quadros fora um candidato civil reformista em um país dominado pelos militares. Logo depois de sua eleição, renunciou. Numa visita ao Brasil, alguns anos atrás, me contaram o motivo: os militares queriam governar por seu intermédio e ele dissera não, e assunto encerrado. Porém nós — isto é, eu — não fazíamos idéia disto em agosto de 1961." Gore Vidal, *Palimpsesto*, p. 346.

710. Geneton Moraes Neto, *Dossiê Brasil*, p. 84.

711. Entrevista de Lott a Arlindo Silva, *O Cruzeiro*, 30 de setembro de 1961.

712. Lucas Figueiredo, *Ministério do silêncio*, p. 113.

713. John W. F. Dulles, *Carlos Lacerda: A vida de um lutador*, p. 107.

714. Carlos Lacerda, *Depoimento*, p. 251.

715. Lott, Henrique Batista Duffles Teixeira. "Henrique Teixeira Lott (depoimento, 1978)". Rio de Janeiro, Cpdoc, 2002.

716. Para a atuação do IPES na queda de Goulart, Elio Gaspari, *A ditadura derrotada*, p. 156-165.

717. Carlos Chagas, *O Brasil sem retoque*, p. 1.026

718. Helio Fernandes, *Tribuna da Imprensa*, 23 de junho de 2004.

719. Celso Brant, fevereiro de 2003.

720. 200 mil para o jornal *A Noite*; e 130 mil para o *Jornal do Brasil*. Ambos de 14 de março de 1964.

721. Para as "falhas" de Rodrigues, Marco Antonio Villa, *Jango: um perfil (1945-1964)*, p. 199-200.

722. Darcy Ribeiro, *Confissões*, p. 351.

723. Hélio Silva: *1964: Golpe ou Contragolpe?*, p. 121.

724. Jurema, Abelardo de Araújo. "Abelardo Jurema (depoimento, 1978)". Rio de Janeiro, Cpdoc, 2002.

725. Abelardo Jurema, *Sexta-feira, 13 — Os últimos dias de João Goulart*, p. 102.

726. Carlos Chagas, *O Brasil sem retoque*, p. 1.146.

727. *Tribuna da Imprensa*, 2 de abril de 1964.

728. "O general Cintra pôs a tropa na estrada. O general Costa e Silva, então, que era comandante da brigada, quis mais tarde prender o Cintra sob alegação de que ele tinha agido sem ordens. Eu disse: 'Não, ele agiu sob ordens dadas pelo comandante da região e nesse caso, você é que está errado, porque devia ter agido e não agiu. Você é que deve explicar por que não agiu.' E não deixei que o Cintra fosse preso. Este foi o único incidente de maior monta ocorrido naquele episódio." Lott, Henrique Batista Duffles Teixeira. "Henrique Teixeira Lott (depoimento, 1978)". Rio de Janeiro, Cpdoc, 2002.

729. Para o frio, para as roupas de Lott, para a opinião de que tinha sido traído, e para o argumento dos deputados, Jamil Haddad, abril de 2004. Haddad foi um dos deputados que fez várias viagens até a fria Teresópolis para convencer Lott a aceitar a candidatura.

730. Luiz Antônio Ryff, Mário Magalhães; Relatórios mantinham governo informado sobre as supostas atividades de João Goulart no exterior, *Folha de S. Paulo*, 21 de maio de 2000.

731. Informe Secreto n° 1817/ Sfici (SPS-PI/240/29 MAI 64)

732. Paulo Francis, *Trinta anos esta noite: 1964, o que vi e vivi*, p. 88.

733. Luís Viana Filho, *O governo Castello Branco*, p. 313.

734. Concessionárias norte-americanas de energia elétrica.

735. *Correio da Manhã*, 25 de abril de 1965.

736. John W. F. Dulles, *Castello Branco — O presidente reformador*, p. 127.

737. *Folha de S. Paulo*, 31 de julho de 1965.

738. *Time*, 3 de setembro de 1965.

739. *Folha de S. Paulo*, 23 de agosto de 1965.

740. *Folha de S. Paulo*, 25 de agosto de 1965.

741. Informação reservada do serviço secreto do DOPS, 13 de agosto de 1965, nº159.

742. Thomas Skidmore, *Brasil: de Getulio a Castello*, p. 377.

743. "O domicílio eleitoral é um 'entulho autoritário' criado pelos militares para impedir a candidatura Lott ao governo da Guanabara. Foi um casuísmo. Buscou-se um caso para se criar uma lei." Roberto Freire, maio de 2004. Em 1999, o senador do PPS, Roberto Freire, apresentou um projeto de lei que terminava com a exigência do domicílio eleitoral.

744. Carlos Castello Branco, *Jornal do Brasil*, 6 de agosto de 1965.

745. Luís Viana Filho, *O governo Castello Branco*, p. 320.

746. O TSE declarou Lott inelegível no dia 6 de setembro por 5 a 2. Lacerda, com uma visão política infinitamente superior, considerava que Negrão e Lott concorrendo juntos dividiriam os votos da oposição.

747. Luís Viana Filho, *O governo Castello Branco*, p. 324-325.

748. Luís Viana Filho, *O governo Castello Branco*, p. 380.

749. Luís Viana Filho, *O governo Castello Branco*, p. 380.

750. A partir do governo Costa e Silva, o Ministério da Guerra passou a se chamar Ministério do Exército.

751. Hugo Ligneul, julho de 2004.

752. John W. F. Dulles, *Carlos Lacerda: a vida de um lutador*, p. 467.

753. *Jornal do Brasil*, 11 de junho de 1971.

754. Jason Tércio, *A espada e a balança*, p. 71.

755. *Correio da Manhã*, 25 de novembro de 1969.

756. Nelson Lott, março de 2004.

757. Nelson Lott, junho de 2003.

758. Nelson Lott, junho de 2003.

759. Elio Gaspari, *A ditadura envergonhada*, p. 341.

760. Jarbas Passarinho, *Um híbrido fértil*, p. 328.

761. Nelson Lott, maio de 1999.

762. Foram três policiais que prenderam Nelson.

763. Relatos de outros presos falam que havia apenas uma lâmpada de cor azul.

764. Nelson se refere à "sala roxa" ou "boate", sala de tortura também descrita por outros presos políticos: Alcir Henrique da Costa, Carta aberta ao coronel Josias Quintal, em www.torturanuncamais-rj.org.br/denuncias; e Álvaro Caldas, *Tirando o capuz*, p. 71.

765. Aparelho de tortura conhecido como "Maricota".

766. Personagem de Voltaire que tinha uma visão otimista e acreditava estar vivendo no melhor dos mundos.

767. Nelson Lott, depoimento escrito.

768. As obturações feitas de amálgama, formado por vários metais — como estanho, prata, mercúrio, cobre e outros — fundem-se em tempos diferentes, provocando trincas que aumentam a cada choque e terminam por romper a restauração, que se soltará do dente. As obturações de ouro apresentam condutividade elétrica mais alta, reduzindo o aquecimento e resistindo aos choques elétricos. Agradeço à doutora Paula Valentim pela pesquisa.

769. O tenente Ailton Guimarães Jorge serviu na Polícia do Exército do Rio de Janeiro, entre 1969 e 1970, e no DOI-CODI até 1974. No ano seguinte, foi para a reserva como capitão. Tornou-se um poderoso banqueiro do jogo do bicho no Rio de Janeiro e no Espírito Santo e foi presidente da Liga Independente das Escolas de Samba do Rio de Janeiro. Em 1989, Guimarães e Polvorelli foram presos pela Polícia Federal do Rio de Janeiro, acusados de envolvimento com grupos de extermínio no Espírito Santo. Foi libertado pouco tempo depois. Voltou à prisão em 1993, por ordem da juíza Denise Frossard. Seu nome foi citado sete vezes na lista de "Pessoas envolvidas diretamente em torturas", do *Projeto Brasil Nunca Mais*, Tomo II, volume 3, "Os Funcionários", p. 22.

770. http://www.torturanuncamais-rj.org.br/denuncias

771. Para a estrutura da Oban, Elio Gaspari, *A ditadura escancarada*, p. 60.

772. Percival de Souza, *Autópsia do medo*, p. 11.

773. Nelson Lott, depoimento escrito.

774. Nelson Lott, depoimento escrito.

775. Nelson Lott, depoimento escrito.

776. O major do DOI/CODI, Freddie Perdigão, dr. Nagib, aparece em duas listas do *Projeto Brasil Nunca Mais*: em "Elementos Envolvidos Diretamente em Torturas", p. 39, Tomo II, Vol. 3, "Os Funcionários", e em "Membros dos órgãos da Repressão", p. 233, Tomo II, Vol. 3, "Os Funcionários".

777. "(Perdigão) mancava de uma perna desde que um terrorista lhe dera dois tiros durante uma batida." Elio Gaspari, *A ditadura escancarada*, p. 377.

778. Percival de Souza, *Autópsia do medo*, p. 278 e 448.

779. Nelson Lott, março de 2004.

780. Em agosto de 2004, em entrevista ao autor, Nelson levantou a possibilidade de Edna estar insinuando, com essa pergunta, que concordaria em dar dinheiro para as organizações de luta armada.

781. Nelson Lott, depoimento escrito.

782. http://www.ternuma.com.br/alemao.htm

783. Gomes Carneiro é citado como autor de torturas na p. 427 do Tomo V, Volume 2, "As Torturas"; na p. 541 do Tomo V, vol. 1 "As Torturas"; p. 394 do Tomo V, Vol. 2 "As Torturas"; e na p. 576 do Tomo V, vol. 2, "As Torturas", do *Projeto Brasil Nunca Mais*.

784. Berenice Moraes Costa, junho de 2004.

785. Jason Tércio, *A espada e a balança*, p. 137.

786. *Projeto Brasil Nunca Mais*, Tomo V, Vol. 3, p. 284.

787. *Projeto Brasil Nunca Mais*, Tomo V, Vol. 3, p. 286.

788. Jason Tércio, *A espada e a balança*, p. 149.

789. Jason Tércio, *A espada e a balança*, p. 149.

790. Rômulo Noronha, maio de 2004.

791. Jason Tércio, *A espada e a balança*, p. 150.

792. Jason Tércio, *A espada e a balança*, p. 152.

793. Elio Gaspari, *A ditadura escancarada*, p. 209.

794. Os nomes, a pedido, não serão divulgados.

795. 13.000 cruzeiros equivaliam a 70 salários mínimos da época.

796. Walter Matos Moura, abril de 2005.

797. "O regime militar concretizou a sua radicalização com a promulgação do Ato Institucional nº 5 (AI-5) em 13/12/68. Alguns meses depois, a Lei de Segurança Nacional de 1969 também trouxe uma série de conseqüências para os destinos políticos do Brasil . Um de seus artigos (art. 27 do Dec.-Lei nº 898 de 29/ 09/ 69) definia como crime contra a segurança nacional '(...) assaltar, roubar ou depredar estabelecimento de crédito ou financiamento qualquer que seja a sua motivação'. Preocupado em defender o regime contra os seus opositores e em punir exemplarmente os supostos 'terroristas' que, em busca de dinheiro para garantir a luta e oposição ao governo vinham assaltando bancos, a ditadura militar regulamentou esse artigo na Lei de Segurança Nacional. Todavia essa Lei teve outras conseqüências. Uma dessas foi a convivência que se estabeleceu, principalmente em prisões do Rio de Janeiro como a Penitenciária Cândido Mendes na Ilha Grande, entre presos co-

muns assaltantes de bancos e presos políticos. Essa convivência, apesar de problemática, contribuiu para que os presos comuns entrassem em contato com noções de organização, planejamento e defesa de interesses coletivos." Márcia Regina da Costa, *São Paulo e Rio de Janeiro: A Constituição do Esquadrão da Morte*. (Departamento de Antropologia e Programa de Estudos Pós-graduados em Ciências Sociais da PUC/SP.)

798 Depoimento de Gertrud Mayr em http://www.torturanuncamais-rj.org.br/ MDDetalhe.asp?CodMortosDesaparecidos=112

799. Para o julgamento da apelação, Jason Tércio, *A espada e a balança*, p. 155.

800. Nelson Lott, junho de 2002.

801. Rômulo Noronha, maio de 2004.

802. "Grandes montadoras do ABC paulista submetiam ao DOPS nomes dos funcionários que contratavam." Elio Gaspari, *A ditadura escancarada*, p. 226.

803. Nelson Lott, junho de 2003.

804. Nelson Lott, junho de 2003.

805. Jacob Gorender, *Combate nas trevas*, p. 227.

806. *Diálogo com Cordeiro de Farias*, p. 625.

807. Laura Maria Lott da Nobrega Schneider, junho de 2004.

808. *Folha de S. Paulo*, 27 de maio de 1984.

809. No *Projeto Brasil Nunca Mais*, Fontenelle é citado como Major atuando no DOI/ CODI do Rio de Janeiro, envolvido com tortura: p. 19, Tomo II, Vol. III, "Os Funcionários"; na p. 541, Tomo V, vol. I, "As Torturas"; p. 796, Tomo V, Vol. II, "As Torturas"; p. 809, Tomo V, Vol. II, "As Torturas".

810. Lott, Henrique Batista Duffles Teixeira. "Henrique Teixeira Lott (depoimento, 1978)". Rio de Janeiro, Cpdoc, 2002.

811. Lott, Henrique Batista Duffles Teixeira. "Henrique Teixeira Lott (depoimento, 1978)". Rio de Janeiro, Cpdoc, 2002.

812. Nelson Werneck Sodré, *Memórias de um soldado*, p. 469.

813. *Jornal do Brasil*, 11 de novembro de 1975.

814. *Jornal do Brasil*, 17 de novembro de 1979.

815. Para detalhes sobre a participação de oficiais militares em empresas privadas, *1964: A conquista do estado*, René Armand Dreifuss, p. 78-80.

816. *O Globo*, 21 de maio de 1984.

Entrevistados

Abelardo Jurema Filho
Adelino Carlos Martins Filho
Almino Affonso
Antonio Ferreira Marques
Antonio José Duffles Amarante
Ariosvaldo Campos Pires
Arlindo Silva
Armando Nogueira
Aton Fon Filho
Augusto César Buonicore
Berenice Moraes Costa
Carlos Eduardo Lott de Moraes Costa
Carlos Heitor Cony
Carlos Ramos de Alencar
Cecília Coimbra
Celso Brant
Celson Altenhosen
Claudio Bojunga
Claudio Torres
Clodomir dos Santos Moraes
Colombo Vieira de Sousa
Déa Lott
Eduardo Chuahy

Elys Lott Ligneul
Enéas Machado de Assis
Euclides Garcia de Lima Filho
Gustavo de Oliveira Borges
Helio Jaguaribe
Heloísa Lott Moneis
Henriette Lott Pacheco
Hugo Ligneul
Irani de Moraes Costa
Ivan de Souza Mendes
Jacob Pinheiro Goldberg
Jamil Haddad
Jarbas Passarinho
João de Scantimburgo
Joaquim Augusto Montenegro
José Aparecido de Oliveira
José Macedo Filho
Kardec Lemme
Lamounier de Vilhena
Laura Maria Lott da Nobrega Schneider
Laura Lucia Lott de Moraes Costa
Lauro Lott
Leônidas Pires Gonçalves
Lira Neto
Lúcia Hippólito
Lucilia de Almeida Neves Delgado
Luiz Antonio de Medeiros
Luiz Carlos Bresser-Pereira
Luiz Gutemberg
Marcia Regina da Costa
Maria Aparecida de Aquino
Maria Cecília Ribas Carneiro
Maria Luiza Tucci Carneiro
Maria Victoria de Mesquita Benevides

Marilda Lopes Duffles Amarante
Mario Guadalupe Montezuma
Mario Pacheco
Mercedes Pires Gomes
Murilo Melo Filho
Nelson Luiz Lott de Moraes Costa
Nilton Freixinho
Oliveiros S. Ferreira
Oscar Henrique Lott de Moraes Costa
Osmar dos Reis
Osny de Abreu
Ottoni Fernandes Júnior
Paulo Evaristo Arns
Pedro Rogério Moreira
Raymundo Negrão Torres
Regina Lott Dutra
Renato Guimarães
Roberto Freire
Rômulo Noronha de Albuquerque
Rubens Bayma Denys
Rui Moreira Lima
Saturnino Braga
Sebastião Nery
Seixas Dória
Sergio Lamarão
Silvana Walmsley Melato
Silvio Tendler
Tarcísio Célio Nunes Carvalho Ferreira
Tarcísio Holanda
Therezinha Zerbini
Umbelina Mattos Sant'Anna
Villas Bôas-Côrrea
Walter Matos Moura
Yaperi Tupiassu de Britto Guerra

Bibliografia

Artes da Política; diálogo com Ernani do Amaral Peixoto / Aspásia Camargo, Lucia Hippolito, Maria Celina Soares D'Araujo, Dora Rocha Flaksman. Rio de Janeiro: Nova Fronteira, 1986.

Atheniense, Aristóteles. *Sobral Pinto, o Advogado*. Belo Horizonte: Del Rey, 2002.

Baratta Netto, Prospero Punaro. *Amazônia: Tua vida é minha história*. (Sem Editora).

Benevides, Maria Victoria de Mesquita. *A UDN e o Udenismo*. Rio de Janeiro: Paz e Terra, 1981.

———. *O governo Kubitschek: desenvolvimento econômico e estabilidade política, 1956-1961*. Rio de Janeiro: Paz e Terra, 1979.

Bojunga, Claudio. *Jk, O artista do Impossível*. Rio de Janeiro: Objetiva, 2001.

Café Filho, João. *Do Sindicato ao Catete — Memórias Políticas e Confissões Humanas*, dois volumes. Rio de Janeiro: Livraria José Olympio Editora, 1966.

Caldas, Álvaro. Tirando o capuz. Rio de Janeiro. Editora Garamond, 2004.

Campos, Roberto de Oliveira. *A lanterna na popa: memórias* / Roberto Campos. Rio de Janeiro:Topbooks, 1994; 4ª edição revista, 2001.

Caili, Gileno dé. *JQ, Brasília e a grande crise*. Rio de Janeiro, Irmãos Pongetti Editores, 1961.

Carvalho, General Leitão de. *A Serviço do Brasil na Segunda Guerra Mundial*. Rio de Janeiro: Editora A Noite, 1952.

Castro, Viriato de. *Espada X Vassoura — Marechal Lott*. São Paulo: Editor José Viriato de Castro, 1959.

Chagas, Carlos. *O Brasil sem retoque: 1808-1964: a História contada por jornais e jornalistas, volumes 1 e 2* / Carlos Chagas. Rio de Janeiro: Record, 2001.

Cony, Carlos Heitor. *JK: Como nasce uma estrela*. Rio de Janeiro: Record, 2002.

Costa, Major Joffre Gomes da. *Marechal Henrique Lott*. (Sem editora) Rio de Janeiro, 1960.

D'Araujo Maria Celina e Celso Castro. (org.) *Ernesto Geisel*. Rio de Janeiro: Editora Fundação Getulio Vargas, 1997.

D'Araújo, Maria Celina et al. *Visões do Golpe: a memória militar sobre 1964* / introdução e organização: Rio de Janeiro: Relume-Dumará, 1994.

Delgado, Lucilia de Almeida Neves. *PTB: do getulismo ao reformismo (1945-1964)*. São Paulo: Editora Marco Zero, 1989.

Denys, Odylio. *Ciclo revolucionário brasileiro: memórias: 5 de julho de 1922 a 31 de março de 1964*. Rio de Janeiro: Biblioteca do Exército, 1993.

Dicionário Histórico-Bibliográfico Brasileiro pós-1930 / coordenação Alzia Alves de Abreu [et al.]. Ed. Ver. e atual. Rio de Janeiro: Editora FGV; *Cpdoc*, 2001.

Dines, Alberto. *Os idos de março e a queda em abril*. 2ª edição. Rio de Janeiro: José Álvaro editor: 1964.

Dossiê dos mortos e desaparecidos políticos a partir de 1964. Comissão de Familiares de Mortos e Desaparecidos Políticos, Instituto de Estudo da Violência do Estado (IEVE). Recife: Grupo Tortura Nunca Mais / Companhia Editora de Pernambuco / Governo do Estado de Pernambuco, 1995. Governo do Estado de São Paulo, 1996.

Dreifuss, René Armand. *1964: A conquista do estado — Ação política, poder e golpe de classe*. Petrópolis: Editora Vozes, 1981.

Dulles, John W. F. *Castello Branco: O presidente reformador*. Tradução de Heitor A. Herrera. Brasília: Editora Universidade de Brasília, 1983.

———. *Carlos Lacerda: a vida de um lutador*, volumes 1 e 2. Tradução de Daphne F. Rodger. Rio de Janeiro: Nova Fronteira, 2000.

Falcão, Armando. *Tudo a declarar / Armando Falcão*. Rio de Janeiro: Nova Fronteira, 1989.

Farias, Oswaldo Cordeiro de. *Diálogo com Cordeiro de Farias: meio século de combate* / (entrevista a) Aspásia Camargo e Walder de Góes. Rio de Janeiro: Biblioteca do Exército Editora, 2001.

Fernandes Júnior, Ottoni. *O baú do guerrilheiro*. Rio de Janeiro: Record, 2004.

Ferreira, Oliveiros S. *As Forças Armadas e o Desafio da Revolução*. Rio de Janeiro: Edições GRD, 1964

Figueiredo, Lucas. *Ministério do Silêncio*. Rio de Janeiro: Record, 2005.

Francis, Paulo. *Trinta anos esta noite: 1964, o que vi e vivi* / Paulo Francis. São Paulo: Companhia das Letras, 1994.

Furtado, Celso. *O longo amanhecer: reflexões sobre a formação do Brasil*. Rio de Janeiro: Paz e Terra: 1999.

Gaspari, Elio. *A Ditadura Derrotada*. São Paulo: Companhia das Letras, 2003.

———. *A ditadura encurralada*. São Paulo: Companhia das Letras, 2004.

———. *A ditadura envergonhada*. São Paulo: Companhia das Letras, 2002.

———. *A ditadura escancarada*. São Paulo: Companhia das Letras, 2002.

Goldberg, Jacob Pinheiro. *Monólogo a Dois*. São Paulo, Edição Centro de Estudos da Mentalidade, 2002.

Gorender, Jacob. *Combate nas Trevas — A Esquerda Brasileira: das ilusões perdidas à luta armada*. São Paulo: Editora Ática, 1987.

Gutemberg, Luiz. *Moisés: codinome Ulysses Guimarães: uma biografia*. São Paulo: Companhia das Letras, 1994.

Hippolito, Lucia. *De raposas e reformistas: o PSD e a experiência democrática brasileira, 1945-64* / Lucia Hippolito. Rio de Janeiro: Paz e Terra, 1985.

Ianni, Octavio. *O colapso do populismo no Brasil*. Rio de Janeiro: Editora Civilização Brasileira, 1978.

Jardim, Serafim. *Juscelino Kubitschek: Onde está a verdade?*; apresentação Márcia Kubitschek. Petrópolis: Vozes, 1999.

Jorge, Salomão. *A vida do Marechal Lott, a espada a serviço da lei*. São Paulo: Editora Edigraf, 1960.

Jurema, Abelardo. *Sexta-feira 13 — Os últimos dias do Governo João Goulart*. Edições O Cruzeiro, 1964.

Kubitschek, Juscelino. *50 anos em 5 — 3º volume de "Meu Caminho para Brasília"*. Rio de Janeiro: Bloch Editores, 1978.

———. *Por que construí Brasília*. Rio de Janeiro: Bloch Editores, 1975.

Labaki, Amir. *1961 — A crise da renúncia e a solução parlamentarista*. São Paulo: Brasiliense,1986.

Lacerda, Carlos. *Depoimento / Carlos Lacerda*; prefácio de Ruy Mesquita; organização de texto, notas e seleção de documentos de Claudio Lacerda Paiva. Rio de Janeiro: Nova Fronteira, 1987.

Lima Brayner, Marechal Floriano de. *A verdade sobre a FEB: memórias de um chefe de estado-maior da campanha da Itália, 1943-1945*. Rio de Janeiro: Editora Civilização Brasileira, 1968.

Lira Neto. *Castello: A marcha para a ditadura* / Lira Neto. São Paulo: Contexto, 2004.

Magalhães, Juracy. *Minhas Memórias Provisórias: depoimento prestado ao Cpdoc* / coordenação de Alzira Alves de Abreu, Eduardo Raposo Vasconcelos e Paulo César Farah. Rio de Janeiro: Civilização Brasileira, 1982.

Maranhão, Ricardo. *O governo Juscelino Kubitschek*. São Paulo: Editora Brasiliense, 1988.

Markun, Paulo. *1961: que as armas não falem* / Paulo Markun, Duda Hamilton — 2ª edição. São Paulo: Editora SENAC, 2001.

Monis, Bandeira, Luiz A. — *A renúncia de Jânio e a crise pré-64*. São Paulo: Editora Brasiliense, 1979.

Mattos, Sérgio. *A televisão no Brasil: 50 anos de história (1950-2000)*. Salvador: Editora PAS-Edições Ianamá, 2000.

Melo Filho, Murilo. *Testemunho político*. São Paulo: Elevação, 1999.

Mir, Luís. *A revolução impossível — A esquerda e a luta armada no Brasil*. São Paulo: Editora Best Seller: 1984.

Moraes, J.B. Mascarenhas. *Memórias*. 2ª edição. Rio de Janeiro: Biblioteca do Exército, 1984.

Moraes Neto, Geneton. *Dossiê Brasil*. Rio de Janeiro: Editora Objetiva: 1997.

———. *Nitroglicerina Pura* / Geneton Moraes Neto, Joel Silveira. Rio de Janeiro: 3ª ed. Record, 1992.

Morais, Fernando. *Chatô: o rei do Brasil, a vida de Assis Chateaubriand*. São Paulo: Companhia das Letras, 1994.

Mourão Filho, Gal. Olympio. *Memórias: a verdade de um revolucionário*. Porto Alegre: L&PM Editores ltda: 1978.

Nery, Sebastião. *Folclore Político: 1950 histórias*. São Paulo: Geração Editorial, 2002.

———. *Grandes Pecados da Imprensa*. São Paulo: Geração Editorial, 2000.

Passarinho, Jarbas. *Um híbrido fértil*. 4ª edição. Rio de Janeiro: Expressão e Cultura, 1997.

Pereira, Luiz Carlos Bresser. *Desenvolvimento e Crise no Brasil — 12ª* edição. São Paulo: Editora Brasiliense, 1972.

Ramos, Guerreiro. *A crise do poder no Brasil*. Rio de Janeiro: Zahar editores, 1961.

Ribeiro, Darcy. *Confissões*. São Paulo: Companhia das Letras, 1997.

Rixa. *Almanaque da Televisão*. Rio de Janeiro: Editora Objetiva, 2000.

Rocha, Munhoz da. *Radiografia de Novembro*. Rio de Janeiro: Editora Civilização Brasileira, 1960.

Rodrigues, Nelson. *À sombra das chuteiras imortais*: crônicas de futebol; seleção e notas Ruy Castro. São Paulo: Companhia das Letras, 1993.

Rouquié, Atoin (coord.). *Partidos militares no Brasil, Os* / Les Partis Militaires au Brésil. Antonio Carlos Peixoto / Eliezer Rizzo de Oliveira / Manuel Domingos Neto. Rio de Janeiro: Record, 1980.

Santos, Joaquim Ferreira dos. *1958: o ano que não devia terminar — 4ª* edição. Rio de Janeiro: Record, 1998.

Senna, Milton. *Como não se faz um presidente*. Rio de Janeiro: Editora Gernasa, 1968.

Silva, Golbery do Couto e. *Conjuntura Política Nacional: O Poder Executivo & Geopolítica do Brasil*. Rio de Janeiro. J. Olympio, 1981.

Silva, Hélio. *1954: um tiro no coração — o Ciclo de Vargas*. / Hélio Silva, Maria Cecília Ribas Carneiro. Porto Alegre: L&PM, 2004.

——. *1964: Golpe ou contragolpe?* Porto Alegre. LP&M Editores, 1978.

Silva, Hélio, Maria Célia Ribas Carneiro. *História da República Brasileia* — 24 volumes. São Paulo: Editora Três, 1998.

Silveira, Joel. *A feijoada que derrubou o Governo*. São Paulo: Companhia das Letras, 2004.

Skidmore, Thomas E. *Brasil: de Getulio Vargas a Castello Branco, 1930-1964*. 7ª ed. Rio de Janeiro: Paz e Terra, 1982.

——. *Politics in Brazil 1930-1964*. Nova York: Oxford University Press, 1967.

Sodré, Nelson Werneck. *Memórias de um soldado*. Rio de Janeiro: Editora Civilização Brasileira, 1967.

——. *História da imprensa no Brasil*. 2ª ed. Rio de Janeiro: Edições do Graal, 1997.

Souza, Percival de. *Autópsia do Medo: vida e morte do delegado Sérgio Paranhos Fleury*. São Paulo: Editora Globo, 2000.

Sydow, Evanize. *Dom Paulo Evaristo Arns: um homem amado e perseguido* / Evanize Sydow, Marilda Ferri. Petrópolis, Vozes, 1999.

Tavares, Aurélio de Lyra. *O Brasil de minha geração*, 2 volumes. Rio de Janeiro: Biblioteca do Exército, 1976.

Tavares, Flávio. *O dia em que Getulio matou Allende e outras novelas do poder*. Rio de Janeiro: Record, 2004.

Távora, Juarez. *Uma vida e muitas lutas, Memórias*, 3 volumes. Rio de Janeiro: Biblioteca do Exército / Editora e Livraria José Olympio Editora, 1973.

Tércio, Jason. *A Espada e a Balança: crime e política no banco dos réus*. Rio de Janeiro: Jorge Zahar Ed., 2002.

Toledo, Caio Navarro de. *O Governo Goulart e o Golpe de 64*, 13ª edição. São Paulo: Editora Brasiliense, 1993.

Ventura, Zuenir. *Cidade Partida*. São Paulo: Companhia das Letras, 1994.

Viana Filho, Luís. *O Governo Castello Branco*, 2ª ed. Rio de Janeiro: J. Olympio, 1975.

Vidal, Gore. *Palimpsesto: Memórias*. Rio de Janeiro. Rocco, 1996

Vidal, Marciano. *Moral de Actitudes — Etica de la Persona*. Madri: Editorial El Perpetuo Socorro, 1979.

Villa, Marco Antonio. *Jango: um perfil (1945-1964)*. São Paulo: Globo, 2004.

Wainer, Samuel. *Minha razão de viver; memórias de um repórter,* organização e editoração de Augusto Nunes. Rio de Janeiro: Record, 1993.

Outras fontes

Almanaque do Exército 1960 Ministério da Guerra.

Costa, Marcia Regina da. *São Paulo e Rio de Janeiro: A Constituição do Esquadrão da Morte.* (Departamento de Antropologia e Programa de Estudos Pós-graduados em C. Sociais da PUC/SP.)

Jurema, Abelardo de Araújo. *Abelardo Jurema (depoimento, 1978).* Rio de Janeiro, Cpdoc, 2002.

Lott, Henrique B. Duffles Teixeira — *Depoimento, 1978.* Rio, FGV/Cpdoc — História Oral, 1982. Entrevistadores: Ignez Cordeiro de Farias e Paulo César Farah.

Muricy, Antônio Carlos da Silva. *Antônio Carlos Muricy (depoimento, 1981).* Rio de Janeiro, Cpdoc, 1993. 768p. dat.

Ianni, Octavio — *Crisis in Brazil* — Nova York, Columbia Univ. Press 1970

Projeto Brasil: Nunca mais. 6 tomos. São Paulo / Petrópolis: Arquidiocese de São Paulo / Vozes, 1985.

Três momentos de Hélio Jaguaribe, Os — Luiz Carlos Bresser-Pereira.

Walmsley, Silvana Maria Moura. *Origens do janismo:* São Paulo, 1946-1953. Mestrado, Unicamp, 1992. Orient: Michael Hall.

JORNAIS E REVISTAS

A Noite
Correio Braziliense
Correio da Bahia
Correio da Manhã

Correio Paulistano

Diário Carioca

Diário da Noite

Diário de Notícias

Diário de S. Paulo

Diário Oficial

Época

Folha da Manhã

Folha da Noite

Folha de S.Paulo

Folha da Tarde

IstoÉ

Jornal da Tarde

Jornal do Brasil

Jornal do Commercio

Manchete

O Cruzeiro

O Estado de S. Paulo

O Globo

Time

Tribuna da Imprensa

Ultima Hora

Veja

VÍDEOS

Jânio a 24 Quadros, de Luiz Alberto Pereira

Os Anos JK, de Silvio Tendler

DOCUMENTOS

A campanha do marechal Lott — Impressões de um assessor, de Rômulo de Almeida.
   APML.

Carta do Coronel Mamede a Oficial de Gabinete do ministro da Guerra, 14 de novembro
   de 1955. APML.

Carta de Carlos Lacerda ao "Ditador do Brasil General Teixeira Lott", escrita em Nova York, 14 de dezembro de 1955.

Carta do general Juarez Távora ao general Lott, 18 de novembro de 1955. APML.

Carta do general Manoel de Azambuja Brilhante ao ministro Guerra, 16 de novembro de 1958. APML.

Carta do ministro Guerra ao promotor Figueira de Melo, 23 de março de 1959. APML.

Comunicado do governador do Estado de São Paulo, 12 de novembro de 1955. APML.

Correspondência trocada com o cardeal D. Mota, 11/ 13 de novembro de 1955. APML.

Depoimentos do advogado H. Sobral Pinto a respeito dos acontecimentos dos dias 11 e 21 de novembro de 1955, Secretaria Geral do Ministério da Guerra, Imprensa Militar. Rio de Janeiro: 1956.

Diário do Congresso.

Diretrizes de um Programa de Governo — Asessores: Hermes Lima, Samuel Duarte, Hélio Jaguaribe, Darcy Ribeiro, Nelson Werneck Sodré, Expedito Rezende. Coordenação: Carlos Ramos de Alencar e Roberto Saturnino Braga. Revisão: Gustavo Capanema.

Informação reservada, coronel Carlos Ramos de Alencar, junho de 1960.

Informação Reservada, coronel Antonio Joaquim Montenegro.

IPM de Aragarças.

Manifesto de fundação da Liga pela Legalidade, Sobral Pinto, agosto de 1955. APML.

Mensagens expedidas pelo Gabinete do ministro da jornada de 11/12 de novembro de 1955.

Moção da Assembléia Legislativa do Estado de São Paulo, novembro de 1955. APML.

Moção da Câmara dos Deputados, 21 de novembro de 1955.

Moção da Câmara dos Vereadores do Distrito Federal, 11 de novembro de 1955.

Nota Especial de Informações nº 22 - Subsídios para a História do Acontecimentos de novembro de 1955 — general Waldemar Levy Cardoso — Imprensa do Exército. Rio de Janeiro: 1960.

Ordem Geral de Serviço nº 17, do Comandante em Chefe da Esquadra, 12 de outubro de 1955.

Relação da munição recebida por navio da esquadra, 18 de outubro de 1955.

Relatório de Aragarças.

Relatório do Comandante do CFN ao ministro da Marinha, 23 de agosto de 1955.

Retorno aos Quadros Constitucionais Vigentes. Exposição dos ministros militares ao presidente Nereu Ramos, 14 de novembro de 1955.

SITES:

www.abin.gov.br
www.exercito.gov.br
www.mec.gov.br
www.planalto.gov.br
www.resenet.com.br
www.teatrobrasileiro.com.br
www.ternuma.com.br
www.torturanuncamais-rj.org.br
www.vatican.va

Siglas

ABI = Associação Brasileira de Imprensa
AD = Artilharia Divisionária
ALN = Ação Libertadora Nacional
APML = Arquivo Pessoal do Marechal Lott
Arena = Aliança Renovadora Nacional
BC = Batalhão de Caçadores
BCCL = Batalhão de Carros de Combate Leves
BNDE = Banco Nacional de Desenvolvimento Econômico
CEMA = Chefe de Estado-Maior da Armada
CFN = Corpo de Fuzileiros Navais
CIA = Central Intelligence Agency (Agência Central de Inteligência — EUA)
CJM = Circunscrição Judiciária Militar
Cosef = Comissão Superior de Economia e Finanças
Cpdoc = Centro de Pesquisa e Documentação de História Contemporânea do Brasil
DC = Divisão de Cavalaria
DESP = Departamento Estadual de Segurança Pública
DI = Divisão de Infantaria
DIE = Divisão de Infantaria Expedicionária
DOI/CODI = Destacamento de Operações de Informações — Centro de Operações de Defesa Interna
DEOPS = Departamento Estadual de Ordem Política e Social
DOPS = Departamento de Ordem Política e Social
DPPS = Departamento de Polícia Política e Social (RJ)
ECEME = Escola de Comando e Estado-Maior do Exército
EME = Estado-Maior do Exército
EMFA = Estado-Maior das Forças Armadas

ESAO = Escola de Aperfeiçoamento de Oficiais
ESG = Escola Superior de Guerra
FEB = Força Expedicionária Brasileira
FPN = Frente Parlamentar Nacionalista
GcanAuAAe = Grupo de Canhões Automáticos Antiaéreo
IBAD = Instituto Brasileiro de Ação Democrática
IBESP = Instituto Brasileiro de Economia, Sociologia e Política
IBGE = Instituto Brasileiro de Geografia e Estatística
ISEB = Instituto Superior de Estudos Brasileiros
IPES = Instituto de Pesquisa e Estudos Sociais
IPM = Inquérito Policial Militar
MDB = Movimento Democrático Brasileiro
MMC = Movimento Militar Constitucionalista
MPJQ = Movimento Popular Jânio Quadros
MR-8 = Movimento Revolucionário 8 de Outubro
Novacap = Companhia Urbanizadora da Nova Capital do Brasil
ONU = Organização das Nações Unidas
PCB = Partido Comunista Brasileiro
PCBR = Partido Comunista Brasileiro e Revolucionário
PDC = Partido Democrata Cristão
PE = Polícia do Exército
PL = Partido Libertador
PR = Partido Republicano
PRP = Partido Republicano Paulista
PSB = Partido Socialista Brasileiro
PSD = Partido Social Democrático
PTB = Partido Trabalhista Brasileiro
PTN = Partido Trabalhista Nacional
RDE = Regulamento Disciplinar do Exército
RecMec = Regimento de Reconhecimento Mecanizado
RI = Regimento de Infantaria
Sfici = Serviço Federal de Informações e Contra-Informação
SNI = Serviço Nacional de Informações
SPVEA = Superintendência do Plano de Valorização Econômica da Amazônia
Sudene = Superintendência do Desenvolvimento Econômico do Nordeste
UDN = União Democrática Nacional
UNE = União Nacional dos Estudantes
VPR = Vanguarda Popular Revolucionária

índice onomástico

Abreu, Ovídio de, 147, 317, 490
Affonso, Almino, 251, 294, 360
Agripino, João, 146, 154
Aguiar, Rafael Tobias de, 373
Alaíde (irmã de Lott), 27
Alencar, Alexandrino Faria de, 172
Alencar, Carlos Ramos de, 127, 142, 172,
 173, 226, 227, 290, 292, 294, 299, 301,
 305, 306, 317, 331, 334, 337, 338, 374,
 382-384, 407, 408
Alkimim, José Maria, 82, 113, 117, 122, 123,
 128, 129, 140, 146, 162, 168, 170, 189,
 207, 240, 253, 263, 393
Allencar, Marcelo, 402, 493
Almeida, Hélio de, 396
Almeida, Jayme de, 132, 286
Almeida, Pedro Geraldo de, 356
Almeida, Rômulo, 319, 320
Almeida, Sebastião Paes de, 249, 329
Alves, Figueiredo, 195
Alves, Hermano, 342

Alves, Marcio Moreira, 415
Alves, Osvino Ferreira, 282, 286, 380, 394
Alvim, Hugo Panasco, 38,144, 356
Amado, Jorge, 227
Amaral Neto, 193, 194, 207
Amaral, Edgard do, 28
Amaral, Laura Ferreira do, 30, 38
Âncora, Morais, 286, 389
Andrade, Antonio Ribeiro de, 291
Andrade, Auro de Moura, 71-73, 359, 360,
 379, 393
Andrade, Doutel de, 326, 397, 399
Andrade, Evandro Carlos de, 148
Andrade, José Bonifácio Diniz de, 464
Andreazza, Mario, 356
Aparecido, José, 309, 310
Aracy (irmã de Lott), 27
Aragão, Cândido, 366, 387, 388
Aranha Filho, Osvaldo, 398, 399
Aranha, Osvaldo, 70, 122, 285
Araújo Motta, Osvaldo de, 123

Araújo, Ernesto de, 107, 137
Archer, Remy, 270, 276
Archer, Renato, 130, 140, 170
Argentina (esposa de Castello branco), 40
Arinos, Afonso, 146, 147, 189, 296, 357
Arraes, Miguel, 350, 387, 394
Arruda, Teophilo de, 123
Assis, Francisco de, 485
Assunção, Antonio de Castro, 377
Aurelina (irmã de Lott), 27
Ayres, Francisco, 227

Bahout, Eduardo, 401, 403
Balbino, Antonio, 59, 194
Baleeiro, Aliomar, 146, 189, 476
Bandeira, Manuel, 197
Baratta Netto, Prospero Punaro, 270, 273-275, 280
Barbosa Filho, José (Cazuza), 177, 178, 181
Barbosa, Ardovino, 368-370, 374, 377
Barbosa, Gersch Nerval, 270, 275
Barbosa, Horta, 23
Barbosa, Vivaldo, 493
Barcelos, Perachi, 69, 326
Barreto, João Carlos, 286
Barreto, Leda, 329
Barreto, Pedro Tedim, 135
Barros, Adhemar de, 13, 19, 53, 59, 65, 71, 77, 88, 91, 241, 246, 259, 347, 348, 393
Barros, Constantino Menezes de, 329
Barroso, Parsifal, 241
Barroso, Salvador, 342
Bastos, Justino Alves, 123, 233, 356
Batista, Fulgêncio, 169
Belo, Newton, 350
Benevides, Maria Victoria, 172, 224

Berardo, Rubens, 400, 401
Berenice (mulher de Nelson), 416-418, 441, 443, 448-450, 453, 454, 458, 461, 462, 466, 477, 478, 484, 487
Bernardes, Arthur, 173
Berta, Ruben, 391
Bethlem, Hugo, 338
Bevilacqua, Pery Constant, 21, 366
Bilac, Olavo, 31, 373
Bittencourt, Alberto, 58, 78, 99
Bittencourt, Alexínio, 58, 233, 239
Bley, João Punaro, 356
Boiteaux, Bayard, 400
Bond, Niles, 374, 376
Bonifácio, José, 373
Borer, Cecil, 228
Borges, Gustavo, 272
Borges, Ivo, 133, 141, 142, 244
Borges, Mário, 270, 276
Borges, Mauro, 277, 350, 393, 490
Borges, Nino, 157
Botelho, Anísio, 387
Botto, Penna, 77, 79, 86, 95, 96, 100, 116, 121, 135, 137, 139, 145, 148, 169, 183, 195, 246, 247, 358, 359
Braga, Altamiro da Fonseca, 369, 375
Braga, Ney, 393
Braga, Roberto Saturnino, 317
Braga, Rubem, 296
Brandi, Antonio Jesus, 88, 89
Brant, Celso, 251, 334
Brasil, Assis, 257, 383, 387, 389
Brasil, Clóvis, 404
Brasil, Índio do, 464
Brasil, Penha, 20, 21, 43, 133, 134
Brayner, Floriano de Lima, 43, 44, 45, 47, 48, 129, 147, 286

Braz, Wenceslau, 173
Brecht, Bertolt, 459
Bretas, José, 464
Brilhante, Manoel de Azambuja, 93-94, 123, 160
Brito, Elinor Mendes, 411, 414
Brito, Oliveira, 170
Brito, Raimundo de, 13, 16, 17, 19, 75, 129, 160, 161
Brizola, Leonel, 241, 269, 278, 282, 284, 285, 332, 362, 363, 365, 366, 378, 379, 381, 387, 390, 394, 400, 493
Brizola, Neusa, 241
Bueno, Cunha, 336, 342
Bueno, Maria Esther, 248
Burnier, João Paulo Moreira (Janjão), 269, 271, 272, 274, 275, 278, 280

Cabanas, João, 34
Cabot, John Moors, 293
Cabral, Alves, 176-182
Cabral, Carlos Castilho, 72, 266, 295, 296
Café Filho, 13-20, 22, 56-58, 60, 62-67, 69, 71-77, 80, 83-85, 89, 92, 96-100, 104-107, 109, 111-113, 116, 118, 119, 121, 123, 125, 129, 149, 155-165, 174, 203, 206, 259, 288, 372, 434
Caldeira, Maria Tereza Gomes da Silva, 26
Caldeira, Nilson, 345
Câmara, Alves, 148, 174, 206-208
Câmara, Antonio José de Lima, 123, 163
Câmara, Armando Pereira da, 59
Câmara, D. Jaime de Barros, 128, 157, 325, 332, 358
Câmara, Lima, 160
Câmara, Sette, 307

Camargo, Aspásia, 252
Camargo, Sylvio de, 85, 86, 133, 134, 246
Campos, Milton, 76, 91, 92, 147, 153, 267, 294, 350
Campos, Pedro Leonardo de, 100, 101, 104
Campos, Roberto, 232, 233, 242, 247, 249
Campos, Sena, 45
Campos, Wagner Estelita, 352
Canabarro Lucas, Nemo, 194-196, 205, 225, 331, 333, 351
Candiota, Eudo, 391
Capanema, Gustavo, 140, 145, 146, 162, 281, 317, 345, 360, 490
Cardoso, Adauto Lúcio, 146, 153-156, 189, 241
Cardoso, Ciro do Espírito Santo, 205
Cardoso, Dirceu, 360
Cardoso, Fernando Henrique, 392
Cardoso, Waldemar Levy, 286, 289
Carli, Gileno dé, 295
Carlomagno, Hélio, 341, 342, 345
Carlos Eduardo (neto de Lott), 54, 417, 418, 478, 490
Carlos, Emilio, 256, 309
Carmem (irmã de Lott), 27, 29
Carmo, Aurélio do, 350
Carneiro, Gomes, 447, 483
Carneiro, Luciano, 179, 181
Carneiro, Maria Luiza Tucci, 227
Carneiro, Rui, 236
Caruso, João, 341
Carvalho, Cid, 170, 250, 286
Carvalho, Leitão de, 31, 42, 46
Carvalho, Último de, 254, 490
Castello Branco, Carlos, 186, 253, 295, 296
Castello Branco, Humberto de Alencar, 21,

22, 33, 34, 38-40, 43-46, 48, 84, 166, 167, 203-205, 210, 230, 233-236, 278, 279, 286, 309, 338, 374, 386, 389, 390, 393-395, 402-404

Castro, Caiado de, 59

Castro, Fidel, 289, 290, 296-298, 308, 328, 335, 354

Castro, Milton, 180

Castro, Monteiro de, 118, 137, 288

Cavalcanti, Deschamp, 36

Cavalcanti, Tenório, 224

Cavalcanti, Themístocles, 114

Caxias, 154

Chagas, Carlos, 326

Chateaubriand, Assis, 95, 337

Chaves, Edmundo Wanderley, 273, 276, 277

Chaves, Fernando Wanderley, 273, 275

Chaves, Raimundo, 341

Chaves, Sebastião, 131

Chopin, 251

Chuahy, Eduardo, 493

Cintra, Ulhôa, 385, 389

Cirilo, Manuel, 438

Coelho, Danton, 91, 129

Coelho, Fabio Marcio Pinto, 305, 341, 348, 372

Coelho, Saladino, 63

Coelho, Waldyr, 434

Colagrossi, José, 464

Constant, Benjamin, 192, 366

Corbisier, Roland, 232, 394

Cordeiro, Arquimedes, 141

Cordero, Alberto Jorge Mestre, 88

Côrrea, Vitorino, 113

Correia Lima, Augusto Frederico de Araújo, 123, 137, 160

Correia Lima, Fernando, 366, 369, 372

Costa e Silva, 33, 143, 204, 394, 404, 415

Costa Filho, Odylo, 116

Costa, Arnaldo Garcia da, 469, 470

Costa, Edgar, 82, 93

Costa, Fernando Correia da, 393

Costa, Ferro, 256, 308, 309

Costa, Miguel, 34

Costa, Nelson Luiz Lott de Moraes, 411, 412, 415-419, 431-447, 449-462, 465-468, 472, 473, 475-484, 486, 487, 489

Costa, Oscar de Moraes, 303

Costa, Oswaldo, 305, 336

Costa, Oziel de Almeida, 215

Costa, Thales Ribeiro da, 45

Costa, Zenóbio da, 15-20, 25, 44-46, 58, 79, 93, 97-99, 105, 122, 123, 173, 221, 284

Couto e Silva, Golbery do, 18, 22, 131, 150, 230, 356, 361, 382, 385, 386, 389, 403

Couto Filho, Miguel, 59

Covas, Mario, 392

Cruz, Kruger da Cunha, 370

Cruz, Newton, 129

Cunha, Bocaiuva, 342, 348

Cunha, Flores da, 97, 122, 123, 127, 128, 140, 145, 146, 162

Cunha, Henrique Moura e, 58

Cunha, Vasco Leitão da, 14

D'Avila, Ednardo, 356, 493

Dantas, João Portella, 245, 266, 288, 296, 376

Dantas, Santiago, 308, 329, 345

Déa (esposa de Lauro), 418, 448

Delayte, Hugo, 177, 178

Demiurgo, Francisco, 442, 445

Braz, Wenceslau, 173
Brecht, Bertolt, 459
Bretas, José, 464
Brilhante, Manoel de Azambuja, 93-94, 123, 160
Brito, Elinor Mendes, 411, 414
Brito, Oliveira, 170
Brito, Raimundo de, 13, 16, 17, 19, 75, 129, 160, 161
Brizola, Leonel, 241, 269, 278, 282, 284, 285, 332, 362, 363, 365, 366, 378, 379, 381, 387, 390, 394, 400, 493
Brizola, Neusa, 241
Bueno, Cunha, 336, 342
Bueno, Maria Esther, 248
Burnier, João Paulo Moreira (Janjão), 269, 271, 272, 274, 275, 278, 280

Cabanas, João, 34
Cabot, John Moors, 293
Cabral, Alves, 176-182
Cabral, Carlos Castilho, 72, 266, 295, 296
Café Filho, 13-20, 22, 56-58, 60, 62-67, 69, 71-77, 80, 83-85, 89, 92, 96-100, 104-107, 109, 111-113, 116, 118, 119, 121, 123, 125, 129, 149, 155-165, 174, 203, 206, 259, 288, 372, 434
Caldeira, Maria Tereza Gomes da Silva, 26
Caldeira, Nilson, 345
Câmara, Alves, 148, 174, 206-208
Câmara, Antonio José de Lima, 123, 163
Câmara, Armando Pereira da, 59
Câmara, D. Jaime de Barros, 128, 157, 325, 332, 358
Câmara, Lima, 160
Câmara, Sette, 307

Camargo, Aspásia, 252
Camargo, Sylvio de, 85, 86, 133, 134, 246
Campos, Milton, 76, 91, 92, 147, 153, 267, 294, 350
Campos, Pedro Leonardo de, 100, 101, 104
Campos, Roberto, 232, 233, 242, 247, 249
Campos, Sena, 45
Campos, Wagner Estelita, 352
Canabarro Lucas, Nemo, 194-196, 205, 225, 331, 333, 351
Candiota, Eudo, 391
Capanema, Gustavo, 140, 145, 146, 162, 281, 317, 345, 360, 490
Cardoso, Adauto Lúcio, 146, 153-156, 189, 241
Cardoso, Ciro do Espírito Santo, 205
Cardoso, Dirceu, 360
Cardoso, Fernando Henrique, 392
Cardoso, Waldemar Levy, 286, 289
Carli, Gileno dé, 295
Carlomagno, Hélio, 341, 342, 345
Carlos Eduardo (neto de Lott), 54, 417, 418, 478, 490
Carlos, Emilio, 256, 309
Carmem (irmã de Lott), 27, 29
Carmo, Aurélio do, 350
Carneiro, Gomes, 447, 483
Carneiro, Luciano, 179, 181
Carneiro, Maria Luiza Tucci, 227
Carneiro, Rui, 236
Caruso, João, 341
Carvalho, Cid, 170, 250, 286
Carvalho, Leitão de, 31, 42, 46
Carvalho, Último de, 254, 490
Castello Branco, Carlos, 186, 253, 295, 296
Castello Branco, Humberto de Alencar, 21,

22, 33, 34, 38-40, 43-46, 48, 84, 166, 167, 203-205, 210, 230, 233-236, 278, 279, 286, 309, 338, 374, 386, 389, 390, 393-395, 402-404

Castro, Caiado de, 59

Castro, Fidel, 289, 290, 296-298, 308, 328, 335, 354

Castro, Milton, 180

Castro, Monteiro de, 118, 137, 288

Cavalcanti, Deschamp, 36

Cavalcanti, Tenório, 224

Cavalcanti, Themístocles, 114

Caxias, 154

Chagas, Carlos, 326

Chateaubriand, Assis, 95, 337

Chaves, Edmundo Wanderley, 273, 276, 277

Chaves, Fernando Wanderley, 273, 275

Chaves, Raimundo, 341

Chaves, Sebastião, 131

Chopin, 251

Chuahy, Eduardo, 493

Cintra, Ulhôa, 385, 389

Cirilo, Manuel, 438

Coelho, Danton, 91, 129

Coelho, Fabio Marcio Pinto, 305, 341, 348, 372

Coelho, Saladino, 63

Coelho, Waldyr, 434

Colagrossi, José, 464

Constant, Benjamin, 192, 366

Corbisier, Roland, 232, 394

Cordeiro, Arquimedes, 141

Cordero, Alberto Jorge Mestre, 88

Côrrea, Vitorino, 113

Correia Lima, Augusto Frederico de Araújo, 123, 137, 160

Correia Lima, Fernando, 366, 369, 372

Costa e Silva, 33, 143, 204, 394, 404, 415

Costa Filho, Odylo, 116

Costa, Arnaldo Garcia da, 469, 470

Costa, Edgar, 82, 93

Costa, Fernando Correia da, 393

Costa, Ferro, 256, 308, 309

Costa, Miguel, 34

Costa, Nelson Luiz Lott de Moraes, 411, 412, 415-419, 431-447, 449-462, 465-468, 472, 473, 475-484, 486, 487, 489

Costa, Oscar de Moraes, 303

Costa, Oswaldo, 305, 336

Costa, Oziel de Almeida, 215

Costa, Thales Ribeiro da, 45

Costa, Zenóbio da, 15-20, 25, 44-46, 58, 79, 93, 97-99, 105, 122, 123, 173, 221, 284

Couto e Silva, Golbery do, 18, 22, 131, 150, 230, 356, 361, 382, 385, 386, 389, 403

Couto Filho, Miguel, 59

Covas, Mario, 392

Cruz, Kruger da Cunha, 370

Cruz, Newton, 129

Cunha, Bocaiuva, 342, 348

Cunha, Flores da, 97, 122, 123, 127, 128, 140, 145, 146, 162

Cunha, Henrique Moura e, 58

Cunha, Vasco Leitão da, 14

D'Avila, Ednardo, 356, 493

Dantas, João Portella, 245, 266, 288, 296, 376

Dantas, Santiago, 308, 329, 345

Déa (esposa de Lauro), 418, 448

Delayte, Hugo, 177, 178

Demiurgo, Francisco, 442, 445

Denys, Odylio, 21, 22, 33, 120, 123-125, 133, 135, 159, 160, 169, 172, 184, 190, 191, 193, 215, 237, 279, 284-286, 299, 300, 333, 337, 356, 358, 359, 362-364, 367-369, 372-376, 378-380, 385, 389, 494

Denys, Rubens Bayma, 125, 169, 230

Dias, Gonçalves, 304

Diniz, Alcino, 255

Dirlandes, Darcy, 391

Donato, Artur, 456

Dória, Seixas, 226, 256, 308-310, 387

Dourado, Arlindo, 181

Drummond de Andrade, Carlos, 267

Drummond, José Rubens, 278

Duarte, Samuel, 317, 329, 330, 345

Duffles, Antonio José, 20, 53, 122, 215, 217, 299, 301, 304, 305, 307, 322, 344, 345, 348, 364, 367, 368, 370-372, 374, 392, 393, 400, 411, 486, 490, 491

Duffles, Sebastiana Camargo, 27

Duffles, Tomaz, 26

Dulles, John W. Foster, 237, 384

Dutra, Eloy, 223, 371, 372, 378

Dutra, Eurico Gaspar, 19, 28, 41, 44-49, 80, 153, 159, 229, 265, 347, 349, 393

Dutra, Paulo, 120, 301, 304, 371

Édila (esposa de Kardec Lemme), 306, 455, 462

Edith (irmã de Lott), 27

Eduardo (irmão de Lott), 27

Eirado, Raimundo, 327, 328

Eisenhower, Dwight, 237, 293

Elbrick, Charles, 447

Elys (filha de Lott), 33, 35, 50, 52, 53, 217, 374, 406, 447, 448, 491

Erba, Charles, 269, 270, 276

Escobar, Décio, 404

Etchegoyen, Alcides, 21, 60, 78, 99, 105, 107, 109, 111, 119, 129, 130

Fabiane (bisneta de Lott), 488

Fagundes, Seabra, 16

Falcão, Armando, 70, 92, 128, 140, 167, 168, 218, 224, 231, 261-263, 272, 331, 384, 385

Falconière, Olympio, 33, 44-47, 58, 123, 124, 127, 141-144, 151, 157, 291

Farah, Paulo César, 315

Farias, Gustavo Cordeiro de, 42

Farias, Osvaldo Cordeiro de, 44-47, 59, 74, 75, 85, 244, 337, 356, 385, 402, 403, 484, 485

Farry, Regina Coeli, 270, 273, 275

Fayal, Carlos, 416, 446, 493

Feijó, Luiz, 161

Feital, Newton, 469, 470

Feitosa (major aviador), 275

Fernanda (filha de Nelson), 482

Fernandes, Domingos, 416, 446

Fernandes, Helio, 296, 404

Fernandes, Ottoni, 478

Fernandes, Reginaldo, 72

Fernandes, Tânia Rodrigues, 446

Ferrari, Fernando, 267, 283, 350

Ferraz, Marcondes, 136, 137

Ferreira, Armando Dubois, 329, 330

Ferreira, Heitor de Aquino, 356

Ferreira, João Felipe, 470

Ferreira, Rogê, 341-342

Ferreira, Tarcísio Célio Carvalho Nunes, 269, 273, 275, 280, 367-369, 372

Figueiredo, Antonio Joaquim de, 329, 372

Figueiredo, Euclydes, 31

Figueiredo, João Baptista, 356, 482

Fiúza de Castro, Álvaro, 18, 20, 111, 117-120, 127, 129, 130

Fleiuss, Henrique, 181, 210

Fleury, Sérgio Paranhos, 435

Fon Filho, Aton, 468

Fonseca Neto, Hermes da, 162

Fonseca, Fausto, 366

Fonseca, Hermes, 172-173

Fontenelle, Francisco Moacyr Meyer, 486

Fontes, Arivaldo Silveira, 125

Fontes, Lourival, 59

Fontoura, Olavo, 71-73

Fortes, Bias, 343, 347, 349

Fortes, Borges, 100, 101

Fragoso, Augusto, 214, 449, 450

França, Mário, 276, 277

Francis, Paulo, 398

Freire, Paulo, 406

Freire, Vitorino, 254

Freitas, Alípio Cristiano de, 478

Freitas, Tácito Lívio Reis de, 185

Freixinho, Nilton, 278

Freyesleben, Nilson da Silva, 345

Furtado, Celso, 236, 319, 394

Gabeira, Fernando, 446

Galloti, Luiz, 93, 94

Gama e Silva, 415

Gamelin, Maurice, 31

Garcez, Lucas, 327

Geisel, Ernesto, 239, 299, 337, 356, 385, 389, 403, 477

Geisel, Orlando, 299, 356, 378, 379, 494

Gentile, Raul, 451

Gertrud (mãe de Frederico Eduardo Mayr), 476

Gil das Três Letras, 432

Gil, Gilberto, 412

Góis Monteiro, 21

Goldberg, Jacob Pinheiro, 336, 350

Gomes, Eduardo, 14, 15, 17, 20, 34, 62-64, 72, 74, 81, 92-94, 97, 105, 106, 112, 114, 115, 121, 132, 133, 136, 139, 141, 142, 144, 145, 149, 156, 161, 181, 356

Gonçalves Filho, Bento, 172, 272, 341, 345, 373

Gordon, Lincoln, 386

Górki, Máximo, 227

Gosuen, Onofre, 342, 345

Goulart, João Belchior Marques, 59, 70, 83, 86-89, 91, 92, 94, 96, 108, 115, 171, 182, 183, 186, 195, 198-201, 203, 204, 207, 224, 225, 241, 243, 246, 252, 254, 265, 281-283, 285, 287, 293-295, 297, 301, 305, 307, 320, 327, 329-333, 337, 338, 343-345, 347, 350, 359, 361-367, 374, 375, 377-394, 396-398, 407, 411, 477, 485

Goulart, Teresa, 391, 392

Grossman, Wilson, 21, 125, 129, 172

Gudin, Eugênio, 73, 75

Guedes, Luís, 389

Guerra Filho, 391, 392

Guevara, Ernesto Che, 358

Guilhobel, Renato, 203

Guimarães Jorge, Ailton (Capitão Guimarães), 433, 441, 444

Guimarães, Alencastro, 129, 161

Denys, Odylio, 21, 22, 33, 120, 123-125, 133, 135, 159, 160, 169, 172, 184, 190, 191, 193, 215, 237, 279, 284-286, 299, 300, 333, 337, 356, 358, 359, 362-364, 367-369, 372-376, 378-380, 385, 389, 494

Denys, Rubens Bayma, 125, 169, 230

Dias, Gonçalves, 304

Diniz, Alcino, 255

Dirlandes, Darcy, 391

Donato, Artur, 456

Dória, Seixas, 226, 256, 308-310, 387

Dourado, Arlindo, 181

Drummond de Andrade, Carlos, 267

Drummond, José Rubens, 278

Duarte, Samuel, 317, 329, 330, 345

Duffles, Antonio José, 20, 53, 122, 215, 217, 299, 301, 304, 305, 307, 322, 344, 345, 348, 364, 367, 368, 370-372, 374, 392, 393, 400, 411, 486, 490, 491

Duffles, Sebastiana Camargo, 27

Duffles, Tomaz, 26

Dulles, John W. Foster, 237, 384

Dutra, Eloy, 223, 371, 372, 378

Dutra, Eurico Gaspar, 19, 28, 41, 44-49, 80, 153, 159, 229, 265, 347, 349, 393

Dutra, Paulo, 120, 301, 304, 371

Édila (esposa de Kardec Lemme), 306, 455, 462

Edith (irmã de Lott), 27

Eduardo (irmão de Lott), 27

Eirado, Raimundo, 327, 328

Eisenhower, Dwight, 237, 293

Elbrick, Charles, 447

Elys (filha de Lott), 33, 35, 50, 52, 53, 217, 374, 406, 447, 448, 491

Erba, Charles, 269, 270, 276

Escobar, Décio, 404

Etchegoyen, Alcides, 21, 60, 78, 99, 105, 107, 109, 111, 119, 129, 130

Fabiane (bisneta de Lott), 488

Fagundes, Seabra, 16

Falcão, Armando, 70, 92, 128, 140, 167, 168, 218, 224, 231, 261-263, 272, 331, 384, 385

Falconière, Olympio, 33, 44-47, 58, 123, 124, 127, 141-144, 151, 157, 291

Farah, Paulo César, 315

Farias, Gustavo Cordeiro de, 42

Farias, Osvaldo Cordeiro de, 44-47, 59, 74, 75, 85, 244, 337, 356, 385, 402, 403, 484, 485

Farry, Regina Coeli, 270, 273, 275

Fayal, Carlos, 416, 446, 493

Feijó, Luiz, 161

Feital, Newton, 469, 470

Feitosa (major aviador), 275

Fernanda (filha de Nelson), 482

Fernandes, Domingos, 416, 446

Fernandes, Helio, 296, 404

Fernandes, Ottoni, 478

Fernandes, Reginaldo, 72

Fernandes, Tânia Rodrigues, 446

Ferrari, Fernando, 267, 283, 350

Ferraz, Marcondes, 136, 137

Ferreira, Armando Dubois, 329, 330

Ferreira, Heitor de Aquino, 356

Ferreira, João Felipe, 470

Ferreira, Rogê, 341-342

Ferreira, Tarcísio Célio Carvalho Nunes, 269, 273, 275, 280, 367-369, 372

Figueiredo, Antonio Joaquim de, 329, 372

Figueiredo, Euclydes, 31

Figueiredo, João Baptista, 356, 482

Fiúza de Castro, Álvaro, 18, 20, 111, 117-120, 127, 129, 130

Fleiuss, Henrique, 181, 210

Fleury, Sérgio Paranhos, 435

Fon Filho, Aton, 468

Fonseca Neto, Hermes da, 162

Fonseca, Fausto, 366

Fonseca, Hermes, 172-173

Fontenelle, Francisco Moacyr Meyer, 486

Fontes, Arivaldo Silveira, 125

Fontes, Lourival, 59

Fontoura, Olavo, 71-73

Fortes, Bias, 343, 347, 349

Fortes, Borges, 100, 101

Fragoso, Augusto, 214, 449, 450

França, Mário, 276, 277

Francis, Paulo, 398

Freire, Paulo, 406

Freire, Vitorino, 254

Freitas, Alípio Cristiano de, 478

Freitas, Tácito Lívio Reis de, 185

Freixinho, Nilton, 278

Freyesleben, Nilson da Silva, 345

Furtado, Celso, 236, 319, 394

Gabeira, Fernando, 446

Galloti, Luiz, 93, 94

Gama e Silva, 415

Gamelin, Maurice, 31

Garcez, Lucas, 327

Geisel, Ernesto, 239, 299, 337, 356, 385, 389, 403, 477

Geisel, Orlando, 299, 356, 378, 379, 494

Gentile, Raul, 451

Gertrud (mãe de Frederico Eduardo Mayr), 476

Gil das Três Letras, 432

Gil, Gilberto, 412

Góis Monteiro, 21

Goldberg, Jacob Pinheiro, 336, 350

Gomes, Eduardo, 14, 15, 17, 20, 34, 62-64, 72, 74, 81, 92-94, 97, 105, 106, 112, 114, 115, 121, 132, 133, 136, 139, 141, 142, 144, 145, 149, 156, 161, 181, 356

Gonçalves Filho, Bento, 172, 272, 341, 345, 373

Gordon, Lincoln, 386

Górki, Máximo, 227

Gosuen, Onofre, 342, 345

Goulart, João Belchior Marques, 59, 70, 83, 86-89, 91, 92, 94, 96, 108, 115, 171, 182, 183, 186, 195, 198-201, 203, 204, 207, 224, 225, 241, 243, 246, 252, 254, 265, 281-283, 285, 287, 293-295, 297, 301, 305, 307, 320, 327, 329-333, 337, 338, 343-345, 347, 350, 359, 361-367, 374, 375, 377-394, 396-398, 407, 411, 477, 485

Goulart, Teresa, 391, 392

Grossman, Wilson, 21, 125, 129, 172

Gudin, Eugênio, 73, 75

Guedes, Luís, 389

Guerra Filho, 391, 392

Guevara, Ernesto Che, 358

Guilhobel, Renato, 203

Guimarães Jorge, Ailton (Capitão Guimarães), 433, 441, 444

Guimarães, Alencastro, 129, 161

Guimarães, José, 415
Guimarães, Ulysses, 162, 170, 171, 316, 327, 335, 342
Gunther (sargento), 180
Gusmão, Roberto, 294

Hall, Arthur Hescket, 366
Heck, Silvio, 135, 137, 144, 356, 358, 359, 383, 385
Heloísa Maria (filha de Lott), 30, 35, 38, 50, 255, 348
Henriette (filha de Lott), 33, 35, 374, 485
Henriette (primeira filha de Lott), 30
Henrique (neto de Lott), 218
Herrera, Antonio, 131
Herrera, Heitor Almeida, 150, 356
Herzog, Vladimir, 493
Hitler, 340
Horta, Pedroso, 359

Isler, Vitor, 122

Jaguaribe, Hélio, 23, 212, 232, 317, 319
João (avô de Lott), 28
João Baptista (irmão de Lott), 27
Jobim, Danton, 243, 342, 345
Jobim, Tom, 248
Joffily, José, 170, 250, 264, 342, 345
Jofre, Éder, 248
Jones, Stuart Edgard Angel, 280
Jorge, Samy, 464
Jost, Nestor, 170
Julião, Francisco, 261, 262, 296, 335, 394
Jurema, Abelardo, 281, 317, 342, 387, 390, 394, 490
Jurema, Aderbal, 342

Kafka, 480
Keller, Peixoto, 204
Kelly, Prado, 14, 105, 114, 136, 137, 161
Kennedy, Robert, 412
Kitzinger, Waldemar Cordeiro, 464, 465
Klinger, Bertoldo, 31
Knack, Geraldo, 230
Konder, Valério, 410
Kriegger, Daniel, 401
Kröner, Hayes, 44
Kruel, Amaury, 44, 45, 228, 390, 393, 396
Kruel, Nei, 228
Kruel, Riograndino, 385
Kubitschek de Oliveira, Juscelino, 64-68, 70-72, 76, 77, 80, 82, 83, 86-89, 91, 92, 94-96, 106, 108, 113, 115, 120, 122, 132, 134, 147, 150, 153, 154, 156, 163, 165, 167-176, 182-184, 186, 189, 190, 192-196, 199, 201, 202, 204-213, 215, 217-219, 221-233, 235-237, 239-252, 254-256, 258, 259, 261-266, 273, 279, 281, 282, 284-287, 290, 293, 295, 296, 299, 306, 307, 317-320, 322, 331, 333, 337, 338, 347, 348, 351-353, 355, 357, 362, 366, 367, 376, 388, 393, 395, 397, 398, 400, 489

Lacerda, Carlos, 24, 59, 64, 67, 74, 77-79, 83, 84, 86, 88, 107, 115, 121, 128, 136, 137, 144, 147, 149, 165, 169, 189, 194, 197, 203, 219-221, 223-226, 228, 241, 262, 266, 272, 289, 349, 358, 365, 369, 374, 376, 377, 384, 385, 393, 396, 403, 404, 488
Lamarca, Carlos, 440, 441
Lameirão, José Chaves, 173, 175, 177-180

Landa, Gabriel, 147

Laura (primeira esposa de Lott), 50, 53, 348

Laura Lúcia (neta de Lott), 49, 53, 54, 303

Leães, Manuel (Maneco), 392

Leal, Leoberto, 170

Leal, Newton Estillac, 34, 43, 56-58

Leão XIII, 310, 322

Lebre, Geraldo Labarth, 269-270, 275, 279

Leite, Ascendino, 376

Leite, Cleanto de Paiva, 319

Lemme, Kardec, 306, 393, 409, 411, 413, 455, 456

Levy, Herbert, 241

Ligneul, Hugo, 51-53, 217, 370, 371, 374, 406, 407, 419, 447

Lima, Abelardo Moreira, 391

Lima, Euclides Garcia de, 346

Lima, Francisco Diomedes Garcia de, 346

Lima, Gervásio Duncán de, 63, 100, 101, 106, 107

Lima, Hermes, 317, 329, 330

Lima, Leuzinger Marques, 270, 275-277

Lima, Negrão de, 235, 399, 400, 403, 410

Lima, Roberto Gonçalves, 397

Lima, Stenio Caio de Albuquerque, 143, 145, 286, 464

Linhares, José, 127

Lins, Álvaro, 70

Lins, Etelvino, 64, 69, 76

Lins, Paulo Henrique, 468

Lobo, Dickson, 391

Lomanto Júnior, 342

Lopes, Gastão Fontela, 465

Lopes, Heckel Fontela, 465

Lopes, Isidoro Dias, 34

Lopes, Lucas, 147, 240-242, 247-249

Lopes, Machado, 21, 363, 366, 378, 379

Lott de Moraes Costa, Edna Marília, 30, 35, 38, 49, 54, 218, 301-306, 328, 329, 331, 335, 337, 351, 397, 403, 408-411, 417-419, 432, 438, 439, 441-445, 448-451, 453-455, 458, 461-469, 484

Lott, Antonieta (Dona Antonieta), 18-20, 40, 53, 54, 120, 122, 153, 213, 252, 300, 348, 351, 363, 371, 383, 397, 444, 490, 492

Lott, Edward William Jacobson, 26

Lott, Henrique Matthew Caldeira, 26

Lott, Hermano, 270

Lott, Jaisa, 270

Lott, José Caldeira, 251

Lott, Lauro Henrique, 33, 35, 38, 218, 245, 325, 391, 392, 418

Lucia (filha de Kardec Lemme), 455

Luiz Carlos (filho de Kadec Lemme), 455

Luiz, Washington, 36

Luther-King, Martin, 412

Luz, Carlos, 82, 83, 97, 103, 109, 111-113, 115-121, 123, 128, 129-131, 134-137, 139-150, 157-161, 174, 288

Luzardo, Batista, 342, 345

Lyra, Carlos, 485

Machado, Cristiano, 296

Machado, Ronaldo Dutra, 413, 447, 475

Machado, Wilson Chaves, 440-441

Maciel, Leandro, 267, 308

Magalhães Júnior, Juracy, 296

Magalhães, Clóvis Andrade, 153

Magalhães, Juracy, 59, 224, 241, 262-264, 266, 267

Magalhães, Sergio, 371

Magalhães, Vera Sílvia Araújo, 446
Malfussi, Fernando Francisco, 88
Mamede, Jurandyr de Bizarria, 18-20, 22, 69-70, 81, 101, 103-107, 109, 112, 117, 121, 131, 135-137, 144, 145, 147, 149, 150, 154-156, 185, 385, 389
Mangabeira, Otávio, 156
Marchucci, Rui, 296
Marcondes Filho, Gentil, 493
Mariani, Clemente, 75
Marietta (irmã de Lott), 27, 42, 53
Marighela, Carlos, 414
Marilda (esposa de Duffles), 490, 491
Marinho, Gilberto, 348
Marinho, Roberto, 116
Marrey Júnior, 72
Martinez Correa, Zé Celso, 412
Martins Filho, Adelino Carlos, 138
Martins, Oséas, 161
Mary (irmã de Lott), 27
Marzagão, Augusto, 296
Mascarenhas de Moraes, 16, 18, 19, 42, 44-48, 58, 63, 128-130, 132, 286, 372, 373
Mascarenhas, Washington Arnaud, 270, 273, 275
Massa, Cristovam, 465
Matos, Lino de, 151
Mattos, João Baptista de, 62, 286, 350, 419
Maurell Filho, Emílio, 89, 129, 167
Mauro, José, 364
Mayr, Frederico Eduardo, 475, 476
Mazza, Saldanha, 21, 158
Mazzilli, Ranieri, 82, 359-361, 371, 377, 393
Medeiros Neto, Luiz Antônio de (Eiru), 414
Médici, Garrastazu, 447, 477

Médici, Scylla, 448
Meira, Lúcio, 189, 207, 249, 319
Mello, Francisco Correa de, 175, 244, 245
Mello, Humberto de Souza, 125, 169, 230
Mello, Nelson de, 385
Mello, Tarcísio Vieira de, 162, 170, 171, 226
Melo Filho, Murilo, 66, 296
Melo, Nelson de, 133, 194
Melo, Taciano, 352
Mendes de Moraes, Ângelo, 15, 158, 182
Mendes de Morais Neto, Luiz, 269
Meneghetti, Ildo, 59
Menezes Cortes, 117, 125, 185, 228
Mesquita, Carlos, 296
Mestrinho, Gilberto, 241
Mineiro, Francisco Inácio, 178
Miranda, José, 411
Molina, Antonio Mendonça, 150
Molina, Flavio, 476
Moniz Bandeira, Luiz Alberto, 296
Monteiro, Rego, 329, 330
Montenegro, Joaquim Augusto, 125, 173, 305, 366
Montépin, Xavier Aymond de, 27
Montezuma, Mário Guadalupe, 454, 456
Montoro, Franco, 151
Moraes Neto, Geneton, 382
Moraes, Clodomir Santos de, 296, 335
Moraes, J. B. Viana de, 294
Moraes, José Ermínio de, 399
Moraes, Prudente de, 27
Moraes, Vinícius de, 248
Morais Neto, Luiz Mendes de, 277
Morais, Henrique Eduardo da Silva, 43
Moreira Lima, Rui, 181
Morel, Edmar, 228

Moses, Herbert, 116
Moss, Grün, 356, 359
Mota (cardeal), 152
Mota, Sílvio, 388
Moura, Armínio Borba de, 29
Moura, Walter Matos, 471
Mourão Filho, Olympio, 224, 364, 366, 389, 390
Muniz, Guedes, 141, 142
Mussolini, 340

Nasce, Nadir, 305, 341
Negromonte, Padre Álvaro, 324, 325, 331, 332
Nelsinho (bisneto de Lott), 482, 487
Nelson (irmão de Lott), 27
Nelson Luiz (neto de Lott), 54, 374
Nery, Sebastião, 327, 328
Neves, Homero de Castro, 382
Neves, Tancredo, 162, 207, 263, 302, 331, 342, 345, 349, 380, 383, 384, 489, 490
Niemeyer, Oscar, 194
Nogueira, Arnaldo, 205
Nogueira, Stoll, 257, 305, 336, 353
Nolasco, Carlos Roberto, 468, 475
Nonato, Raimundo, 277
Noronha de Albuquerque, Rômulo, 459, 468, 478
Novais, Manoel, 316
Nunes, Heleno, 130

Oberst, Leopoldo, 177, 178
Oest, Henrique Cordeiro, 185, 333
Oest, Lincoln, 333
Oiticica, Hélio, 412
Oliveira Neto, Cândido, 402

Oliveira, João Adil de, 182
Oliveira, José Aparecido de, 256, 296, 308, 394
Oliveira, Nestor Souto de, 21, 286, 372-374
Oliveira, Gonçalves de, 193
Oscar Henrique (neto de Lott), 54, 444, 482, 487
Osório, Jefferson Cardim de Alencar, 369, 372, 374
Osório, Oromar, 366
Osório, Roberto Riedel, 366

Pacheco, Mario, 336, 364-366, 371, 398, 489
Pacheco, Rondon, 228
Padilha, Raimundo, 192
Palha, Moura, 329
Palmeira, Vladimir, 411
Pamplona, Vaz, 369, 372
Passarinho, Jarbas, 80, 81, 185, 214-216, 308-310, 411
Paula, Batista de, 342, 345, 364, 366, 377
Peçanha, Nilo, 172
Pedregal, Carlos, 400
Peixoto, Ernani do Amaral, 14, 59, 69, 251, 252, 255, 263, 266, 311, 331, 332, 490
Peixoto, Gilberto Fontes, 218
Pelacani, Dante, 294, 298, 343, 377, 394
Pena, Affonso, 172
Pereira da Costa, Canrobert, 18, 20-21, 58, 63, 64, 78-80, 100, 101, 103, 104, 106, 107, 121, 126, 150, 201
Pereira, Álvaro Leonardo, 15
Pereira, Augusto Magessi, 172, 193
Pereira, Freddie Perdigão (dr. Nagib), 440, 441
Pereira, José Canavarro, 106, 107, 136, 137, 147, 434

Pereira, Renato Goulart, 175
Perez Júnior, Antônio, 365
Perón, Juan, 49, 88, 225
Petit, Carlos César, 176
Pilla, Raul, 186, 379
Pinheiro, Israel, 341
Pinto, Bilac, 189
Pinto, Carvalho, 72, 241, 266, 396
Pinto, Eber Teixeira, 270, 271, 276
Pinto, Magalhães, 261, 349, 389, 393, 490
Pinto, Sobral, 67, 68, 82, 113, 117, 121, 168, 169, 187, 188, 208, 209, 493
Pio XII, 243
Pires, Waldir, 490
Pires, Walter, 356, 493
Piza, Toledo, 203
Polvorelli, Marco Antônio, 439
Portela, Jayme, 136, 137
Portela, João Alfredo, 459
Prestes, Luiz Carlos, 32, 70, 86, 227, 297, 332, 335, 343, 344, 394, 489
Prieto, César, 342

Quadros Neto, Jânio, 382
Quadros, Jânio da Silva, 59, 71-77, 136, 139, 140, 142, 151, 152, 231, 235, 241, 242, 256, 258-260, 262, 263, 265-268, 273, 274, 280, 281, 283, 284, 290-297, 299, 300, 302, 307-312, 316, 322, 324, 326, 330, 331, 333-337, 340, 341, 342, 343, 347, 348-350, 352-355, 357-361, 377, 378, 381, 382, 386, 394, 398, 400, 408
Queiroz, Adhemar de, 119, 120, 204, 356, 385, 389

Rafael (bisneto de Lott), 482
Raimundo Jr., Jorge, 468
Ramagem, Orlando, 236
Ramos, Celso, 326, 350
Ramos, Graciliano, 227
Ramos, Guerreiro, 23, 232, 322
Ramos, Nereu, 69, 123, 127-129, 140, 146-149, 156, 157, 160, 161,-163, 167, 168, 172, 189, 207, 319, 326
Ramos, Rodrigo Otávio Jordão, 18-20, 51, 52, 60, 73, 485
Ramos, Ruy, 341, 362, 364
Rangel, Inácio, 23, 319
Regina Célia (filha de Lott), 33, 35, 120, 301, 348, 364, 491
Rego, Murilo Costa, 296
Reis, Antônio José Coelho dos, 21
Reis, Daniel, Aarão, 446
Reis, Newton Fontoura de Oliveira, 131
Reis, Osmar dos, 278, 280, 465
Reis, Raimundo, 340
Resende, Estevão Taurino de, 277, 279
Resende, Otto Lara, 121, 123, 127, 132, 167
Reys, Netto dos, 111
Rezende, Expedito, 317
Rezende, Sérgio de, 277
Ribas Júnior, 204
Ribas, Emílio Rodrigues, 372
Ribeiro, Darcy, 317, 387, 389, 390, 394
Ribeiro, Dirceu Regis, 411
Ribeiro, Djalma Dias, 123, 160, 286
Ribeiro, Jair Dantas, 21, 389
Rio Branco, 31
Risque, Fernando, 372
Rocha, Bento Munhoz da, 72, 73, 75, 76, 107, 136, 137, 161

Rodrigues, Nelson, 248

Rodrigues, Paulo Mário, 388

Rolim, Inácio, 356

Rosário, Guilherme Pereira do, 440, 494

Sabino, Fernando, 296

Salema, Garção, 144

Sales, Aloísio, 161

Sales, Apolônio, 82, 140

Sales, D. Eugênio, 493

Salgado, Clóvis, 71, 132, 286, 345

Salgado, Plínio, 71, 91

Salles, Dagoberto, 226

Sampaio, Cid, 241, 261, 284, 350

Sampaio, Sinval, 464

Sant´Anna, Job Lorena de, 419

Sant´Anna, Umbelina de Mattos, 419, 447

Santa Rosa, Silvio, 179

Santos, Adalberto Pereira dos, 404, 494

Santos, Anor Teixeira dos, 18, 44

Santos, Nelson Pereira dos, 223

Santos, Nilson Mario dos, 125, 299, 390

Santos, Paulo de Tarso, 296

Sanzini Filho, Luís, 345

Sardenberg, Idálio, 214-216, 227, 356

Sarmento, Syzeno, 185, 356, 443, 450, 493

Sarney, José, 228, 256

Sátyro, Enani, 146, 187

Sayão, Bernardo, 194

Schmidt, Augusto Frederico, 167, 168, 231, 235

Schneider, Laura, 485, 491

Seco, Alves, 148, 174, 181

Senna, Milton, 342, 345

Setembrino, Humberto, 342, 345

Silva Filho, José Niepce da, 369

Silva Júnior, Manoel, 341, 372

Silva, Arlindo, 179, 381

Silva, Eduardo Fernandes da, 462-471

Silva, Loureiro da, 341

Silva, Luiz Mendes da (Boliboli), 269, 272, 274, 275, 278-280

Silva, Paulo Victor da, 175-181

Silva, Sezefredo, 345

Silveira, Badger da, 387

Silveira, Roberto, 342

Soares, José Henrique, 230

Soares, Macedo, 19, 225

Sodré, Abreu, 241

Sodré, Benjamin, 40, 134

Sodré, Nelson Werneck, 58, 131, 167, 232, 317, 487

Solon, Jaime, 462

Sousa, Nicanor Guimarães de, 189, 190, 204

Sousa, Roberto Rocha, 269, 275, 348

Souto, Edson Luís de Lima, 414

Souza Nobre, Padre José de, 342, 345, 346

Souza, André Fernandes de, 252

Souza, Geraldo Araújo de, 464

Souza, Hermes Pereira de, 341

Souza, Roberto Ferreira de, 305, 341, 345

Stencel, Monsehor Narbal da Costa, 493

Stockler, William, 21, 125, 130, 172, 173, 366, 372

Sucupira, Nilo Horácio de Oliveira, 21, 123, 160, 369, 370, 372, 374

Suzano, Paulo de Araújo, 366

Talarico, José Gomes, 493

Tarso, Paulo de, 438

Tavares, Aurélio de Lyra, 372, 374, 407

Tavares, George, 409, 459-461
Távora, D. José, 157
Távora, Juarez, 15-21, 23, 34, 56, 58, 60, 63, 64, 68, 71-76, 78, 90, 91, 94, 111, 147, 155-158, 183, 205, 208, 238, 266
Teixeira, Batista, 193, 207
Teixeira, Francisco, 366, 372
Teixeira, Lima, 59
Teixeira, Maria Baptistina Duffles, 26, 27, 29, 41
Teles, Ladário, 257
Terra, Faria, 101
Timponi, Celso, 403
Tinoco, Brígido, 408
Tinoco, Tasso, 115, 132, 136, 139, 141-143, 204
Torres, Alberto, 31, 146
Torres, Cláudio, 478
Torres, Paulo, 15

Valadares, Benedito, 69, 331, 345, 349
Valente, Antonio Gurgel, 289
Valle, Amorim do (almirante), 16, 63, 85, 92, 93, 112, 114, 121, 133, 134, 136, 143, 145, 149, 161
Vandré, Geraldo, 412
Vargas, Alzira, 14
Vargas, Getulio, 13-25, 36, 39, 42, 56, 58-60, 65, 69, 76, 77, 79, 93, 94, 98, 104, 123, 129, 153, 155, 194, 199, 225, 243, 259, 281, 282, 296, 307, 308, 319, 341, 385

Vargas, Lutero, 59, 399, 410
Vargas, Protásio, 341
Vargas, Yara Lopes, 464
Vasconcelos, Lucia Maria Murat, 485
Vaz, Rubens, 24, 79-81, 103, 182
Veloso, Caetano, 412
Veloso, Haroldo Coimbra, 173-181, 269, 271, 272, 274, 275, 278
Verlangeiro, Duvally, 125, 252, 305, 345
Viana Filho, Luís, 235, 402
Viana, Aurélio, 399
Viana, Bulcão, 144
Viana, João de Segadas, 123, 160, 189, 190, 233, 286, 380
Vidigal, Pedro, 332
Vieira Júnior, Arnaldo, 364
Vieira Pinto, Álvaro, 232
Vieira, José Augusto, 133, 134, 203, 246
Villanova, Fabiano, 464
Villas-Boas, Claudio, 271
Villas-Boas, Leonardo, 271
Villas-Boas, Orlando, 271
Von Holleben, Ehrenfried Anton Theodor Ludwig, 446

Walters, Vernon, 48, 386
White, Theodore, 342

Xavier, Antonio, 329

Zerbini, Euryale de Jesus, 257, 336

Agradecimentos

Agradeço a paciência, a confiança, o incentivo, a colaboração e, principalmente, a coragem digna de brasileiros como Nelson Lott, Antonio José Duffles e os irmãos Henriette, Elys, Regina, Heloísa e Lauro.

O mesmo vale para Oscar, Carlos Eduardo e Laura.

Agradecimentos especiais a Ricardo Andrade dos Santos, Alberto Fidalgo, Carlos Fidalgo, Cláudio Chiavarini, Alexandre Sousa, Carolina Gazal, Marcio Roberto, Carlos Roberto Lazarin, Danilo Toth Lombardi, Donizetti Ferreira de Araújo, Murilo Fraga, Eduardo Miranda, Elói José Schons, Fernando Pelegio, Mariana Jardim Braga, Pedro Possato, Mauro Lissoni, Roseli Paixão, Jorge Ferreira, Michel Frey, Gilberto Gaeta, Luis Felipe Agostinelli, Richard Civita, Sandro Rossi, Silvio Luiz, Ana Paula Costa, Elisa Rosa e Magda Tebet.

Meu muito obrigado às equipes da Subsecretaria de Arquivo do Senado Federal, Centro de Comunicação Social do Exército (CCOMSEX), Arquivo Público do Estado de São Paulo.

Agradeço ainda a Alexandre Perez e Henrique Perez a pesquisa e leitura; a Carlos Saraiva, os esclarecimentos jurídicos e a "tradução" do processo; a Marcelo Perez, que respirou muita poeira durante a pesquisa dos jornais; a Eliel, Fernanda, Ana, Henry e a toda equipe de Janice Florido; a Lourdes Perez e Ignez Esteves, a dedicada e atenciosa pesquisa; a Luciana Villas-Boas e Sérgio Machado, a recepção que me deram e a confiança; a Isabel, a paciência, as perguntas e por estar sempre presente.

Este livro foi composto na tipografia
ElegaGaramond, em corpo 12/15,5, e impresso
em papel off-white no Sistema Digital Instant
Duplex da Divisão Gráfica da Distribuidora Record.